Der grosse Konflikt

D1728457

Missionsgesellschaft
zur Erhaltung und Förderung
adventistischen Glaubensgutes e. V.
Elstergasse 21, 13505 Berlin, Tel. 030-431164?
www.melag.de - E-Mail: info@melag.de

E. G. White

Der grosse Konflikt

INTER-EURO PUBLISHING

Der grosse Konflikt

Titel der amerikanischen Originalausgabe:
„THE GREAT CONTROVERSY"

Erste Veröffentlichung im Jahre 1888

Lizenzausgabe:

WEGBEREITER-VERLAG
Schloß Lindach
D - 73527 Schwäbisch Gmünd
Telefon 07171-979168
Fax   07171-979169

Printed in Germany
1998 by WEGBEREITER-VERLAG, Bestell-Nr. 0103163

ISBN 3-9806300-0-5

Vorwort

Eine der gefährlichsten Erscheinungen ist die schrittweise Einschränkung unserer persönlichen Entscheidungsfreiheit. Während führende Männer aus Politik, Gesellschaft und Kirche anscheinend über den Frieden und die Freiheit wachen, wirken anonyme Interessengruppen darauf hin, unsere demokratischen Grundlagen in aller Stille systematisch zu untergraben.

Solche Bestrebungen können nicht ohne beträchtliche Konsequenzen für uns sein. Schon heute ist ein plötzlicher Umsturz der gegenwärtigen Machtverhältnisse über Nacht möglich! Eine genaue Kenntnis der tatsächlichen Hintergründe ist deshalb entscheidend wichtig für uns, zumal die Regierenden in Ost und West mehr denn je den Frieden beschwören, ohne die eigentlichen Hindernisse zu beseitigen.

Die Autorin dieses Buches vermittelt eine klare Einsicht in all die wichtigen Fragen, die uns heute beschäftigen. Sie werden die wahren Ursachen und Verflechtungen des „großen Konfliktes"erkennen. In klaren Zügen wird von Kapitel zu Kapitel enthüllt, weshalb die geschichtliche Vergangenheit der unfehlbare Schlüssel für unsere Zukunft ist. Die Wurzeln der Verfolgung Andersdenkender werden aufgezeigt und anhand von erschütternden Berichten anschaulich erläutert; angefangen mit Kaiser Neros grausamen Theaterspielen über die Scheiterhaufen der Inquisition bis hin zur französischen Guillotine. Die allzu verwundbaren Stellen unserer freiheitlich-demokratischen Grundordnung werden am Beispiel der amerikanischen Verfassung verdeutlicht.

Sie werden einen Blick hinter die Kulissen der gegenwärtigen Weltpolitik werfen und erfahren, daß gewisse Mächte eine weltweite Vereinigung kirchlicher und machtpolitischer Blöcke in die Wege leiten. Auf diese Weise wollen sie unter dem Vorwand der Notwendigkeit die Geschichte der gnadenlosen Verfolgungen wiederholen.

Dieses Buch wird Sie nicht mehr loslassen. Es könnte zum allerwichtigsten Buch werden, das je in Ihre Hände kam! Nicht umsonst wurde es in mehr als 45 Sprachen übersetzt und von Millionen ernster Menschen mit großem Gewinn gelesen.

Inhalt

Bilder sind mit freundlicher Genehmigung von
LLT Production©.

Einleitung

Ehe die Sünde in die Welt kam, erfreute sich Adam eines freien Verkehrs mit seinem Schöpfer; doch seit der Mensch sich durch die Übertretung von Gott trennte, wurde ihm diese hohe Segnung entzogen. Im Erlösungsplan entstand jedoch ein Weg, durch den die Bewohner der Erde noch immer mit dem Himmel in Verbindung treten können. Gott war durch seinen Geist mit den Menschen verbunden. Indem er sich seinen erwählten Dienern offenbarte, vermittelte er der Welt göttliches Licht. „Die heiligen Menschen Gottes haben geredet, getrieben von dem heiligen Geist" (2. Petrus 1, 21).

Während der ersten 2500 Jahre der menschlichen Geschichte gab es keine geschriebene Offenbarung. Die Gott gelehrt hatte, teilten ihre Erkenntnis andern mit, die vom Vater über den Sohn auf die folgenden Geschlechter überliefert wurde. Die Niederschrift des überlieferten Wortes begann zur Zeit Moses. Die vom Geist Gottes eingegebenen Offenbarungen wurden damals zu einem Buch vereinigt, dessen Worte von Gottes Geist durchweht waren. Dies wiederholte sich während eines Zeitraumes von 1600 Jahren, beginnend mit Mose, dem Geschichtsschreiber der Schöpfung und der Gesetzgebung, bis zu Johannes, dem Schreiber der erhabensten Wahrheiten des Evangeliums.

Die Heilige Schrift bezeichnet Gott als ihren Urheber; doch sie wurde von Menschenhand geschrieben und zeigt auch in dem verschiedenartigen Stil ihrer einzelnen Bücher die wesenseigenen Züge der jeweiligen Verfasser. Ihre offenbarten Wahrheiten sind alle von Gott eingegeben (2. Timotheus 3, 16), werden aber in menschlichen Worten ausgedrückt. Der Unendliche hat durch seinen Heiligen Geist den Verstand und das Herz seiner Diener erleuchtet. Er hat Träume und Gesichte, Symbole und Bilder gegeben, und alle, denen die Wahrheit auf diese Weise offenbart wurde, haben die Gedanken mit ihren Worten zum Ausdruck gebracht.

Die Zehn Gebote sprach und schrieb Gott selbst, Sie sind göttlichen und nicht menschlichen Ursprungs. Die Heilige Schrift aber, mit ihren von Gott eingegebenen, in menschlichen Worten ausgedrückten Wahrheiten, stellt eine Verbindung des Göttlichen mit dem Menschlichen dar. Eine solche Verbindung bestand in

Christus, welcher der Sohn Gottes und eines Menschen Sohn war. Mithin gilt von der Heiligen Schrift, was auch von Christus geschrieben steht: „Das Wort ward Fleisch und wohnte unter uns" (Johannes 1, 14).

In verschiedenen Zeitaltern von Menschen geschrieben, die ihrer gesellschaftlichen Stellung, ihrem Beruf, ihren geistigen und geistlichen Fähigkeiten nach sehr ungleich waren, sind die Bücher der Heiligen Schrift nicht nur besonders unterschiedlich in ihrem Stil, sondern auch mannigfaltig in der Art des dargebotenen Stoffes. Die verschiedenen Schreiber bedienen sich verschiedener Ausdrucksweisen; oft wird die gleiche Wahrheit von dem einen nachdrücklicher betont als von dem andern. Und wo mehrere Schreiber denselben Fall unter verschiedenen Gesichtspunkten und Beziehungen betrachten, mag der oberflächliche, nachlässige oder vorurteilsvolle Leser da Ungereimtheiten oder Widersprüche sehen, wo der nachdenkende, gottesfürchtige Studierende mit klarer Einsicht die zugrunde liegende Übereinstimmung erblickt.

Da verschiedene Persönlichkeiten die Wahrheit dargelegt haben, sehen wir sie auch unter deren verschiedenen Gesichtspunkten. Der eine Schreiber zeigt sich von der einen Seite des Gegenstandes stärker beeindruckt; er erfaßt die Dinge, die mit seiner Erfahrung oder mit seinem Verständnis und seiner Vorstellung übereinstimmen. Ein zweiter nimmt sie unter einem andern Blickwinkel auf, aber jeder stellt unter der Leitung des Geistes Gottes das dar, was sein Gemüt am stärksten beeindruckte. So hat man in jedem eine bestimmte Seite der Wahrheit und doch eine vollkommene Übereinstimmung in allem. Die auf diese Weise offenbarten Wahrheiten verbinden sich zu einem vollkommenen Ganzen, das den Bedürfnissen der Menschen in allen Verhältnissen und Erfahrungen des Lebens angepaßt ist.

Es war Gottes Wille, der Welt die Wahrheit durch menschliche Werkzeuge mitzuteilen. Er selbst hat durch seinen Heiligen Geist die Menschen befähigt, diese Aufgabe durchzuführen. Was zu reden oder zu schreiben war, zu dieser Auswahl hat er die Gedanken geleitet. Der Schatz war irdischen Gefäßen anvertraut worden, aber nichtsdestoweniger ist er vom Himmel. Das Zeugnis wird mit Hilfe unvollkommener, menschlicher Worte mitgeteilt und ist dennoch das Zeugnis Gottes. Das gehorsame, gläubige Gotteskind sieht darin die Herrlichkeit einer göttlichen Macht voller Gnade und Wahrheit.

In seinem Wort hat Gott den Menschen die für das Seelenheil nötige Erkenntnis anvertraut. Die Heilige Schrift soll als eine maßgebende, untrügliche Offenbarung seines Willens angenommen werden. Sie ist der Maßstab für den Charakter, die Verkünderin der Grundsätze, der Prüfstein der Erfahrung. „Alle Schrift, von Gott eingegeben, ist nütze zur Lehre, zur Strafe, zur Besserung, zur Züchtigung in der Gerechtigkeit, daß ein Mensch Gottes sei vollkommen, zu allem guten Werk geschickt"(2. Timotheus 3, 16.17).

Doch die Tatsache, daß Gott den Menschen seinen Willen durch sein Wort offenbart hat, ließ die beständige Gegenwart des Heiligen Geistes und seine Führung nicht überflüssig werden. Im Gegenteil, unser Heiland verhieß den Heiligen Geist, damit dieser seinen Dienern das Wort erschließe, dessen Lehren erhelle und bei ihrer Verwirklichung helfe. Da Gottes Geist die Heilige Schrift durchweht, ist es auch unmöglich, daß die Lehren des Geistes der Schrift je entgegen sein können.

Der Geist wurde nicht gegeben – und kann auch nie dazu verliehen werden –, um die Heilige Schrift zu verdrängen; denn die Schrift erklärt ausdrücklich, daß das Wort Gottes der Maßstab ist, an dem alle Lehren und jede Erfahrung geprüft werden müssen. Der Apostel Johannes sagt: „Glaubet nicht einem jeglichen Geist, sondern prüfet die Geister, ob sie von Gott sind; denn es sind viel falsche Propheten ausgegangen in die Welt" (1. Johannes 4,1). Und Jesaja erklärt: „Ja, nach dem Gesetz und Zeugnis! Werden sie das nicht sagen, so werden sie die Morgenröte nicht haben" (Jesaja 8,20).

Durch die Irrtümer etlicher Menschen ist auf das Werk des Heiligen Geistes große Schmach geworfen worden. Sie beanspruchen, von ihm erleuchtet zu sein, und behaupten, einer weiteren Führung nach Gottes Wort nicht mehr zu bedürfen. Sie lassen sich von Eindrücken leiten, die sie für die Stimme Gottes im Herzen halten, aber der Geist, der sie beherrscht, ist nicht der Geist Gottes. Gefühlen nachzugeben, durch die das Studium der Heiligen Schrift vernachlässigt wird, kann nur zu Verwirrung, Täuschung und Verderben führen. Sie dienen nur dazu, die Vorhaben des Bösen zu fördern. Da die Wirksamkeit des Heiligen Geistes für die Gemeinde Christi außerordentlich bedeutsam ist, gehört es auch zu den listigen Anschlägen Satans, durch die Irrtümer der Überspannten und Schwärmer das Werk des Geistes zu schmähen und das Volk Gottes zu veranlassen, diese Kraftquelle, die uns der Herr selbst gegeben hat, zu vernachlässigen.

In Übereinstimmung mit dem Worte Gottes sollte der Heilige Geist seine Aufgabe während der ganzen Zeit der Evangeliumsverkündigung fortsetzen. Selbst in der Zeit, da die Schriften des

Alten und des Neuen Testaments gegeben wurden, hörte der Heilige Geist, abgesehen von den Offenbarungen, die dem heiligen Buche hinzugefügt werden sollten, nicht auf auch die Seelen einzelner zu erleuchten. Die Heilige Schrift berichtet, daß Menschen durch den Heiligen Geist in Angelegenheiten, die in keiner Beziehung zur Übermittlung der Heiligen Schrift standen, gewarnt, getadelt, beraten und belehrt wurden. Zu verschiedenen Zeiten werden Propheten erwähnt, über deren Wirksamkeit nichts verzeichnet steht. Gleicherweise sollte auch nach Zusammenstellung des Kanons der Schrift der Heilige Geist seine Aufgabe, zu erleuchten, zu warnen und Gottes Kinder zu trösten, weiterführen.

Jesus verhieß seinen Jüngern; „Aber der Tröster, der heilige Geist, welchen mein Vater senden wird in meinem Namen, der wird euch alles lehren und euch erinnern alles des, das ich euch gesagt habe" (Johannes 14, 26). „Wenn aber jener, der Geist der Wahrheit, kommen wird, der wird euch in alle Wahrheit leiten ... und was zukünftig ist, wird er euch verkündigen" (Johannes 16, 13). Die Schrift lehrt deutlich, daß diese Verheißungen, weit davon entfernt, auf die Zeit der Apostel beschränkt zu sein, für die Gemeinde Christi in allen Zeiten gelten. Der Heiland versicherte seinen Nachfolgern; „Siehe, ich bin bei euch alle Tage bis an der Welt Ende" (Matthäus 28, 20), und Paulus erklärte, daß die Gaben und Bekundungen des Geistes der Gemeinde gegeben worden seien, damit „die Heiligen zugerichtet werden zum Werk des Dienste, dadurch der Leib Christi erbaut werde, bis daß wir alle hinankommen zu einerlei Glauben und Erkenntnis des Sohnes Gottes und ein vollkommener Mann werden, der da sei im Maße des vollkommenen Alters Christi" (Epheser 4, 12.13).

Für die Gläubigen zu Ephesus betete der Apostel: „Der Gott unseres Herrn Jesu Christi, der Vater der Herrlichkeit, gebe euch den Geist der Weisheit und der Offenbarung zu seiner selbst Erkenntnis und erleuchtete Augen eures Verständnisses, daß ihr erkennen möget, welche da sei die Hoffnung eurer Berufung, ... und welche da sei die überschwengliche Größe seiner Kraft an uns, die wir glauben" (Epheser 1, 17-19). Die Wirksamkeit des Geistes Gottes in der Erleuchtung des Verständnisses und dem Auftun der Tiefe der Heiligen Schrift war der Segen, den Paulus auf die Gemeinde zu Ephesus herabgefleht hatte.

Nach der wunderbaren Ausgießung des Heiligen Geistes am Pfingsttage ermahnte Petrus das Volk zur Buße und Taufe auf den Namen Jesu Christi zur Vergebung ihrer Sünden, und er schloß mit den Worten: „So werdet ihr empfangen die Gabe des heiligen Geistes. Denn euer und eurer Kinder ist die Verheißung und aller, die ferne sind, welche Gott, unser Herr, herzurufen wird" (Apostelgeschichte 2, 38.39).

In unmittelbarem Zusammenhang mit dem Geschehen des großen Tages Gottes hat der Herr durch den Propheten Joel eine besondere Offenbarung des Geistes verheißen (Joel 3, 1). Diese Prophezeiung erfüllte sich teilweise in der Ausgießung des Heiligen Geistes am Pfingsttage; ihre volle Erfüllung wird sie jedoch in der Offenbarung der göttlichen Gnade erreichen, die die abschließende Verkündigung des Evangeliums begleiten wird.

Der große Kampf zwischen dem Guten und dem Bösen wird bis zum Ende hin an Heftigkeit zunehmen. Zu allen Zeiten trat der Zorn Satans der Gemeinde Christi entgegen. Gott hat seinem Volk seine Gnade und seinen Geist verliehen, um es zu stärken, damit es vor der Macht des Bösen bestehe. Als die Apostel das Evangelium in die Welt hinaustragen und für alle Zukunft überliefern sollten, wurden sie in besonderer Weise von dem Geist Gottes erleuchtet. Wenn sich aber der Gemeinde Gottes die endgültige Befreiung naht, wird Satan mit größerer Macht wirken. Er kommt herab „und hat einen großen Zorn und weiß, daß er wenig Zeit hat" (Offenbarung 12, 12). Er wird „mit allerlei lügenhaftigen Kräften und Zeichen und Wundern" wirken (2. Thessalonicher 2, 9). Sechstausend Jahre lang hat jener mächtige Geist, einst der höchste unter den Engeln Gottes, es völlig auf Täuschung und Verderben abgesehen. In dem letzten Kampf wird er alle Mittel der Verlogenheit, Verschlagenheit und Grausamkeit, die er jahrhundertelang erprobt hat, in Vollendung gegen Gottes Volk einsetzen. In dieser gefahrvollen Zeit sollen die Nachfolger Christi der Welt die Botschaft von der Wiederkunft des Herrn bringen; ein Volk muß zubereitet werden, das bei seinem Kommen „unbefleckt und unsträflich" vor ihm stehen kann (2. Petr. 3, 14). Zu dieser Zeit bedarf die Gemeinde der besonderen Gabe der göttlichen Gnade und Macht nicht weniger als in den Tagen der Apostel.

Durch die Erleuchtung des Heiligen Geistes sind mir, der Verfasserin dieser Seiten, die Ereignisse des langanhaltenden Kampfes zwischen dem Guten und dem Bösen enthüllt worden. Von Zeit zu Zeit wurde es mir gestattet, den großen Kampf zwischen Christus, dem Fürsten des Lebens, dem Herzog unserer Seligkeit, und Satan, dem Fürsten des Bösen, dem Urheber der Sünde, dem ersten Übertreter des heiligen Gesetzes Gottes, in verschiedenen Zeitaltern zu schauen. Satans Feindschaft gegen Christus bekundet sich gegen dessen Nachfolger. Der gleiche Haß gegen die Grundsätze des Gesetzes Gottes, die gleichen trügerischen Pläne, durch die der Irrtum als Wahrheit erscheint, durch die menschliche Gesetze an die Stelle des Gesetzes Gottes gestellt und die Menschen verleitet werden, eher das Geschöpf als den Schöpfer anzubeten, können durch die ganze Vergangenheit hindurch verfolgt werden. Satan ist seit jeher bemüht, Gottes Wesen falsch darzustellen, damit die Menschen dem Schöpfer nicht mit Liebe, sondern in Furcht und Haß begegnen. Aus diesem Grunde bemüht sich Satan, die Menschen dahin zu bringen, das göttliche Gesetz beiseite zu setzen und sie glauben zu machen, daß sie von den Forderungen Gottes entbunden seien. In allen Jahrhunderten wurden nachweisbar alle, die sich seinen Täuschungen widersetzten, um ihres Glaubens willen verfolgt. Diese Verfolgung zeichnet sich ab in der Geschichte der Patriarchen, Propheten und Apostel, der Märtyrer und Reformatoren.

In dem letzten großen Kampf wird Satan dieselbe Klugheit anwenden, denselben Geist bekunden und nach demselben Ziel streben wie in allen vergangenen Zeitaltern. Was gewesen ist, wird wieder sein. Jedoch wird der kommende Kampf alles bisher Dagewesene an Heftigkeit übertreffen. Satans Täuschungen werden listiger, seine Angriffe entschlossener sein. Wenn es möglich wäre, würde er selbst die Auserwählten verführen (Markus 13, 22).

Als mir durch den Geist Gottes die großen Wahrheiten seines Wortes und die Ereignisse der Vergangenheit und der Zukunft erschlossen wurden, erhielt ich den Auftrag, anderen weiterzugeben, was mir offenbart worden war: die Geschichte des Kampfes in der Vergangenheit zu verfolgen und sie so nachzuzeichnen, daß dadurch Licht auf den rasch herannahenden Kampf der Zukunft geworfen werde. Um dieser Absicht zu dienen, habe ich mich bemüht, Ereignisse aus der Kirchengeschichte auszuwählen und so zusammenzustellen, daß sie die Entfaltung der großen entscheidenden Wahrheiten zeigen, die zu verschiedenen Zeiten der Welt gegeben wurden, die den Zorn Satans und die Feindschaft einer verweltlichten Kirche erregten und die durch das Zeugnis derer aufrechterhalten werden, die ihr Leben nicht geliebt haben bis an den Tod (Offenbarung 12, 11).

In diesen Berichten können wir ein Bild des uns bevorstehenden Kampfes erblicken. Wenn wir sie in dem Licht des Wortes Gottes und durch die Erleuchtung seines Geistes betrachten, sehen wir unverhüllt die Anschläge des Bösen und die Gefahren, denen alle ausweichen müssen, die beim Kommen des Herrn „unsträflich" gefunden werden wollen.

Die großen Ereignisse, die den Fortschritt der geistlichen Erneuerung in den vergangenen Jahrhunderten kennzeichneten, sind wohlbekannte und von der protestantischen Welt allgemein bestätigte geschichtliche Tatsachen, die niemand bestreiten kann. Dieses Geschehen habe ich in Übereinstimmung mit der Aufgabe des Buches und der Kürze, die notwendigerweise beachtet werden mußte, deutlich dargestellt und so weit zusammengedrängt, wie es zu ihrem richtigen Verständnis möglich war. In etlichen Fällen, in denen ein Historiker die Ereignisse so zusammengestellt hat, daß sie in aller Kürze einen umfassenden Überblick gewährten, oder wo er die Einzelheiten in passender Weise zusammenfaßte, ist er wörtlich zitiert worden; aber in einigen Fällen wurden keine Namen angegeben, da die Zitate nicht in der Absicht angeführt wurden, den betreffenden Verfasser als Autorität hinzustellen, sondern weil seine Aussagen eine treffende und kraftvolle Darstellung der historischen Ereignisse boten. Von den Erfahrungen und den Ansichten der Männer, die das Erneuerungswerk in unserer Zeit vorwärts führen, wurde aus ihren veröffentlichten Werken in ähnlicher Weise zitiert.

Es ist nicht so sehr die Absicht dieses Buches, neue Wahrheiten über die Kämpfe früherer Zeiten zu bringen, als vielmehr Tatsachen und Grundsätze hervorzuheben, die die kommenden Ereignisse beeinflussen werden. Diese Berichte über die Vergangenheit erlangen, angesehen als ein Teil des Kampfes zwischen den Mächten des Lichts und der Finsternis, eine neue Bedeutung. Durch sie scheint ein Licht auf die Zukunft und erhellt den Pfad derer, die selbst auf die Gefahr hin, alle irdischen Güter zu verlieren, wie die früheren Reformatoren berufen werden, Zeugnis abzulegen um des Wortes Gottes und des Zeugnisses Jesu Christi willen.

Die Begebenheiten des großen Kampfes zwischen Wahrheit und Irrtum zu beschreiben, Satans listige Anschläge und die Möglichkeiten, durch die wir ihm widerstehen können, zu offenbaren, eine befriedigende Lösung des großen Problems der Sünde zu geben, indem der Ursprung und die endgültige Abrechnung mit allem Bösen so erhellt werden, daß sich dadurch die Gerechtigkeit und die Güte Gottes in all seinem Handeln mit seinen Geschöpfen eindeutig bekundet, sowie die Heiligkeit und ewige Gültigkeit seines Gesetzes zu zeigen, das ist die Aufgabe dieses

Buches. Möge der Einfluß dieses Buches helfen, Seelen von der Macht der Finsternis zu befreien, damit sie teilhaben am „Erbe der Heiligen im Licht" zum Lobe dessen der uns geliebt und sich selbst für uns gegeben hat! Dies ist mein aufrichtiges Gebet.

E.G.White

1 Die Zerstörung Jerusalems

„Wenn doch auch du erkenntest zu dieser Zeit, was zum Frieden dient! Aber nun ist's vor deinen Augen verborgen. Denn es wird eine Zeit über dich kommen, da werden deine Feinde um dich einen Wall aufwerfen, dich belagern und von allen Seiten bedrängen, und werden dich dem Erdboden gleich machen, samt deinen Kindern in dir und keinen Stein auf dem andern lassen in dir, weil du die Zeit nicht erkannt hast, in der du heimgesucht worden bist." (Lk. 19,42-44)

Vom Gipfel des Ölberges herab schaute Jesus auf Jerusalem. Lieblich und friedvoll war die vor ihm ausgebreitete Szene. Es war die Zeit des Passahfestes, und aus allen Ländern hatten sich die Kinder Jakobs versammelt, um dies große Nationalfest zu feiern. Inmitten von Gärten, Weinbergen und grünen, mit Zelten der Pilger übersäten Abhängen erhoben sich die terrassenförmig abgestuften Hügel, die stattlichen Paläste und massiven Bollwerke der Hauptstadt Israels. Die Tochter Zions schien in ihrem Stolz zu sagen: „Ich sitze als eine Königin, ... und Leid werde ich nicht sehen;" sie war so anmutig und wähnte sich der Gunst des Himmels sicher, wie ehedem der königliche Sänger, da er ausrief: „Schön ragt empor der Berg Zion, des sich das ganze Israel tröstet; ... die Stadt des großen Königs." (Offb. 18,7; Ps. 48,3) Direkt vor seinen Augen lagen die prächtigen Gebäude des Tempels; die Strahlen der sinkenden Sonne erhellten das schneeige Weiß seiner marmornen Mauern und leuchteten von dem goldenen Tor, dem Turm und der Zinne. In vollendeter Schönheit stand Zion da, der Stolz der jüdischen Nation. Welches Kind Israels konnte bei diesem Anblick ein Gefühl der Freude und der Bewunderung unterdrücken! Doch die Gedanken Jesu waren mit etwas anderem beschäftigt. „Als er nahe hinzukam, sah er die Stadt und weinte über sie." (Lk. 19,41) Inmitten der allgemeinen Freude des triumphierenden Einzuges, während Palmzweige ihm entgegenwehten, fröhliche Hosiannarufe von den Hügeln widerhallten und Tausende von Stimmen ihn zum König ausriefen, überwältigte den Welterlöser ein plötzlicher und geheimnisvoller Schmerz. Er, der Sohn Gottes, der Verheißene Israels, dessen Macht den Tod besiegt und seine Gefangenen aus den Gräbern hervorgerufen hatte, weinte keine Tränen eines gewöhnlichen Wehs, sondern eines heftigen, unaussprechlichen Seelenschmerzes.

Christi Tränen flossen nicht um seinetwillen, obgleich er wohl wußte, wohin sein Weg ihn führte. Vor ihm lag Gethsemane, der Schauplatz seines bevorstehenden Seelenkampfes. Das Schaftor war ebenfalls sichtbar, durch das seit Jahrhunderten die Schlachtopfer geführt worden waren, und das sich auch vor ihm auftun sollte, wenn er „wie ein Lamm zur Schlachtbank geführt" (Jes. 53,7) würde. Nicht weit entfernt lag Golgatha, die Stätte der Kreuzigung. Auf den Pfad, den er bald zu betreten hatte, mußten die Schatten großer Finsternis fallen, da Christus seine Seele zu einem Sühnopfer für die Sünde geben sollte. Doch war es nicht die Betrachtung derartiger Szenen, die in dieser Stunde der allgemeinen Fröhlichkeit den Schatten auf ihn warf. Keine Vorahnungen seiner eigenen übermenschlichen Angst trübten das selbstlose Gemüt. Er beweinte das Los der Tausenden in Jerusalem, die Blindheit und Unbußfertigkeit derer, die er zu segnen und zu retten gekommen war.

Gottes besondere Gunst und Fürsorge, die sich über tausend Jahre dem auserwählten Volke offenbart hatte, lagen offen vor dem Blick Jesu. Dort erhob sich der Berg Morija, wo der Sohn der Verheißung, ein ergebenes Opfer, auf den Altar gebunden worden war (1. Mose 22,9), ein Sinnbild des Opferweges des Sohnes Gottes. Dort war der Bund des Segens, die glorreiche messianische Verheißung, dem Vater der Gläubigen bestätigt worden. (1. Mose 22,16-18) Dort hatten die gen Himmel aufsteigenden Flammen des Opfers auf der Tenne Ornans das Schwert des Würgeengels abgewandt (1. Chr. 21) – ein passendes Symbol von des Heilandes Opfer für die schuldigen Menschen. Jerusalem war von Gott vor der ganzen Erde geehrt worden. Der Herr hatte „Zion erwählt", er hatte „Lust, daselbst zu wohnen." (Ps. 132,13) Dort hatten die heiligen Propheten jahrhundertelang ihre Warnungsbotschaften verkündigt; die Priester hatten ihre Rauchnäpfe geschwungen, und die Wolke des Weihrauchs mit den Gebeten der Frommen war zu Gott aufgestiegen. Dort war täglich das Blut der geopferten Lämmer dargebracht worden, die auf das Lamm Gottes hinwiesen. Dort hatte der Herr in der Wolke der Herrlichkeit über dem Gnadenstuhl seine Gegenwart offenbart. Dort hatte der Fuß jener geheimnisvollen Leiter geruht, die die Erde mit dem Himmel verband (1. Mose 28,12; Joh. 1,51), jener Leiter, auf der die Engel Gottes auf- und niederstiegen und die der Welt den Weg in das Allerheiligste öffnete. Hätte Israel als eine Nation dem Himmel seine Treue bewahrt, so würde Jerusalem, die auserwählte Stadt Gottes, ewig gestanden haben. (Jer. 17,21-25) Aber die Geschichte jenes bevorzugten Volkes war ein Bericht über Abtrünnigkeit und Empörung. Es hatte sich der Gnade des Himmels widersetzt, seine Vorrechte mißbraucht und die günstigen Gelegenheiten unbeachtet gelassen.

Die Israeliten „verspotteten die Boten Gottes und verachteten seine Worte und verhöhnten seine Propheten", (2. Chr. 36,15.16) und doch hatte Gott sich ihnen immer noch als der „Herr, Gott, barmherzig und gnädig und geduldig und von großer Gnade und Treue" erwiesen. (2. Mose 34,6) Ungeachtet der wiederholten Zurückweisungen war ihnen immer wieder seine Gnade nachgegangen. Mit mehr als väterlicher, mitleidsvoller Liebe für das Kind seiner Fürsorge ließ Gott „immer wieder gegen sie reden durch seine Boten; denn er hatte Mitleid mit seinem Volk und seiner Wohnung." (2. Chr. 36,15) Nachdem Ermahnungen, Bitten und Zurechtweisungen fehlgeschlagen hatten, sandte er ihnen die beste Gabe des Himmels; ja er schüttete den ganzen Himmel in jener einen Gabe aus.

Der Sohn Gottes selbst wurde gesandt, um mit der unbußfertigen Stadt zu unterhandeln. War es doch Christus, der Israel als einen guten Weinstock aus Ägypten geholt hatte. (Ps. 80,9) Seine eigene Hand hatte die Heiden vor ihm her ausgetrieben. Er hatte den Weinstock „an einen fetten Ort" (Jes. 5,1-4) gepflanzt. In seiner Fürsorge hatte er einen Zaun um ihn herum gebaut und seine Knechte ausgesandt, ihn zu pflegen. „Was sollte man noch mehr tun an meinem Weinberge," ruft er aus, „das ich nicht getan habe an ihm?" Doch als er „wartete, daß er Trauben brächte," hat er „Herlinge gebracht." (Jes. 5,1-4) Dessen ungeachtet kam er mit einer noch immer sehnlichen Hoffnung auf Fruchtbarkeit persönlich in seinen Weinberg, damit dieser, wenn möglich, vor dem Verderben bewahrt bliebe. Er lockerte die Erde um den Weinstock herum; er beschnitt und pflegte ihn. Unermüdlich waren seine Bemühungen, diesen selbst gepflanzten Weinstock zu retten.

Drei Jahre lang war der Herr des Lichts und der Herrlichkeit unter seinem Volk ein- und ausgegangen. Er umhergezogen und hatte wohlgetan und gesund gemacht, die vom Teufel überwältigt waren; (Apg. 10,38; Lk. 4,18; Mt. 11,5) er hatte die zerstoßenen Herzen geheilt, die Gefangenen losgelassen, den Blinden das Gesicht wiedergegeben, die Lahmen gehend und die Tauben hörend gemacht, die Aussätzigen gereinigt, die Toten auferweckt und den Armen das Evangelium verkündigt. An alle ohne Unterschied war die gnadenreiche Einladung ergangen: „Kommet her zu mir alle, die ihr mühselig und beladen seid, ich will euch erquicken." (Mt. 11,28)

Obgleich ihm Gutes mit Bösem und Liebe mit Haß belohnt wurde (Ps. 109,5), so war er doch unverwandt seiner Mission der Barmherzigkeit nachgegangen. Nie waren diejenigen abgewiesen worden, die seine Gnade suchten. Selbst ein heimatloser Wanderer, dessen tägliches Teil Schmach und Entbehrung hieß, hatte er gelebt, um den Bedürftigen zu dienen, das Leid der Menschen zu lindern und Seelen zur Annahme der Gabe des Lebens zu bewegen. Die Wogen der Gnade, obgleich sie sich an widerspenstigen Herzen brachen, kehrten in noch stärkerer Flut mitleidsvoller, unaussprechlicher Liebe zurück. Aber Israel hatte sich von seinem besten Freund und einzigen Helfer abgewandt, hatte die Mahnungen seiner Liebe verachtet, seine Ratschläge verschmäht, seine Warnungen verlacht.

Die Stunde der Hoffnung und der Gnade nahte sich dem Ende; die Schale des lange zurückgehaltenen Zornes Gottes war beinahe voll. Die nunmehr unheildrohende Wolke, die sich während der Zeit des Abfalls und der Empörung gesammelt hatte, war im Begriff, sich über ein schuldiges Volk zu entladen. Und er, der allein von dem bevorstehenden Schicksal hätte retten können, war verachtet, mißhandelt, verworfen worden und sollte bald gekreuzigt werden. Mit Christi Kreuzestod auf Golgatha würde Israels Zeit als eine von Gott begünstigte und gesegnete Nation aufhören. Der Verlust auch nur einer Seele ist ein Unglück, das den Gewinn und die Schätze der ganzen Welt unendlich überwiegt. Als aber Christus auf Jerusalem blickte, sah er das Schicksal einer ganzen Stadt, einer ganzen Nation, jener Stadt, jener Nation, die einst die Auserwählte Gottes, sein besonderes Eigentum gewesen war.

Propheten hatten über den Abfall der Kinder Israel und die schrecklichen Verwüstungen geweint, die infolge ihrer Sünden über sie ergingen. Jeremia wünschte, daß seine Augen Tränenquellen wären, um Tag und Nacht die Erschlagenen der Tochter seines Volkes und des Herrn Herde, die gefangengeführt worden war, beweinen zu können. (Jer. 8,23; 13,17) Welchen Schmerz muß aber Christus empfunden haben, dessen prophetischer Blick nicht Jahre, sondern ganze Zeitalter umfaßte! Er sah den Würge-engel mit dem Schwert gegen die Stadt erhoben, die so lange des Herrn Wohnstätte gewesen war. Von der Spitze des Ölberges, derselben Stelle, die später von Titus und seinem Heer besetzt wurde, schaute er über das Tal auf die heiligen Höfe und Säulen-hallen, und mit seinem tränenumflorten Auge erblickte er ein grauenhaftes Zukunftsbild; die Stadtmauern von einem feindli-chen Heer umzingelt. Er hörte das Stampfen der sich sammeln-den Horden, vernahm die Stimmen der in der belagerten Stadt nach Brot schreienden Mütter und Kinder. Er sah ihren heiligen, prächtigen Tempel, die Paläste und Türme den Flammen preis-gegeben, und wo sie einst gestanden hatten, sah er nur einen Haufen rauchender Trümmer.

Den Strom der Zeit überblickend, sah er das Bundesvolk in alle Länder zerstreut, gleich Wracks an einem öden Strande. In der zeitlichen Vergeltung, die im Begriff war, seine Kinder heim-zusuchen, sah er die ersten Tropfen aus jener Zornesschale, die sie bei dem Gericht bis zur Neige leeren mußten. Göttliches Er-barmen, mitleidige Liebe fand ihren Ausdruck in den klagenden Worten: „Jerusalem, Jerusalem, die du tötest die Propheten und steinigst, die zu dir gesandt sind! Wie oft habe ich deine Kinder versammeln wollen, wie eine Henne ihre Küken versammelt un-ter ihre Flügel; und ihr habt nicht gewollt!" (Mt. 23,37) O daß du, das vor allen andern bevorzugte Volk, die Zeit deiner Heim-suchung und das, was zu deinem Frieden dient, erkannt hättest! Ich habe den Engel der Gerechtigkeit aufgehalten, ich habe dich zur Buße gerufen, aber umsonst. Nicht nur Knechte, Boten und Propheten hast du abgewiesen, sondern den Heiligen Israels, deinen Erlöser, hast du verworfen; wenn du vernichtet wirst, so bist du allein verantwortlich. „Ihr wollt nicht zu mir kommen, daß ihr das Leben hättet." (Joh. 5,40)

Christus sah in Jerusalem ein Sinnbild der in Unglauben und Empörung verhärteten Welt, die dem vergeltenden Gericht Got-tes entgegeneilt. Die Leiden eines gefallenen Geschlechtes be-drückten seine Seele und entlockten seinen Lippen jenen außer-ordentlich bitteren Schrei. Er sah im menschlichen Elend, in Trä-nen und Blut die Spuren der Sünde; sein Herz wurde von unend-lichem Mitleid mit den Bedrängten und Leidenden auf Erden bewegt; er sehnte sich danach, ihnen allen Erleichterung zu ver-schaffen. Aber selbst seine Hand vermochte nicht die Flut mensch-lichen Elends abzuwenden, denn nur wenige würden sich an ihre einzige Hilfsquelle wenden. Er war bereit, seine Seele in den Tod zu geben, um Erlösung für sie erreichbar zu machen, aber nur wenige würden zu ihm kommen, daß sie das Leben haben möchten.

Die Majestät des Himmels in Tränen! Der Sohn des ewigen Gottes niedergebeugt von Seelenangst! Dieser Anblick setzte den ganzen Himmel in Erstaunen. Jene Szene offenbart uns die überaus große Sündhaftigkeit der Sünde; sie zeigt, welch eine schwere Aufgabe es selbst für die göttliche Allmacht ist, die Schuldigen von den Folgen der Übertretung des Gesetzes zu retten. Herabblickend auf das letzte Geschlecht, sah Jesus die Welt von einer Täuschung befallen, ähnlich der, welche die Zerstörung Jerusalems bewirkte. Die große Sünde der Juden war die Verwerfung Christi; das große Vergehen der christlichen Welt würde die Verwerfung des Gesetzes Gottes, der Grundlage seiner Regierung im Himmel und auf Erden, sein. Die Vorschriften des Herrn würden verachtet und verworfen werden. Millionen in den Banden der Sünde und Sklaven Satans, verurteilt, den andern Tod zu erleiden, würden sich in den Tagen ihrer Heimsuchung weigern, auf die Worte der Wahrheit zu lauschen. Schreckliche Blindheit! Seltsame Verblendung!

Zwei Tage vor dem Passahfest, als Christus zum letzten Male den Tempel verließ, wo er die Scheinheiligkeit der jüdischen Obersten bloßgestellt hatte, ging er abermals mit seinen Jüngern nach dem Ölberg und setzte sich mit ihnen auf den mit Gras bewachsenen Abhang, der einen Blick über die Stadt gewährte. Noch einmal schaute er auf ihre Mauern, Türme und Paläste; noch einmal betrachtete er den Tempel in seiner blendenden Pracht, ein Diadem der Schönheit, das den heiligen Berg krönte.

Tausend Jahre zuvor hatte der Psalmist die Güte Gottes gegen Israel gepriesen, weil er dessen heiliges Haus zu seiner Wohnstätte gemacht hatte: „So erstand in Salem sein Zelt und seine Wohnung in Zion." Er „erwählte den Stamm Juda, den Berg Zion, den er liebhat. Er baute sein Heiligtum wie Himmelshöhen, wie die Erde, die er gegründet hat für immer." (Ps. 76,3; 78,68.69) Der erste Tempel war während der Glanzzeit der Geschichte Israels errichtet worden. Große Vorräte an Schätzen waren zu diesem Zweck vom König David gesammelt und die Pläne zu seiner Herstellung durch die göttliche Eingebung entworfen worden. (1. Chr. 28,12.19) Salomo, der weiseste der Herrscher Israels, hatte das Werk vollendet. Dieser Tempel war das herrlichste Gebäude, das die Welt je gesehen hatte. Doch hatte der Herr durch den Propheten Haggai betreffs des zweiten Tempels erklärt: „Es soll die Herrlichkeit dieses neuen Hauses größer werden, als die des ersten gewesen ist." „Ja, alle Heiden will ich erschüttern. Da sollen dann kommen aller Völker Kostbarkeiten, und ich will dies Haus voll Herrlichkeit machen, spricht der Herr Zebaoth." (Haggai 2,9.7)

Nach der Zerstörung des Tempels durch Nebukadnezar wurde er ungefähr fünfhundert Jahre vor der Geburt Christi wieder erbaut von einem Volk, das aus einer ein Menschenleben währenden Gefangenschaft in ein verwüstetes und beinahe verlassenes Land zurückgekehrt war. Unter ihm waren bejahrte Männer, welche die Herrlichkeit des salomonischen Tempels gesehen hatten und bei der Gründung des neuen Gebäudes weinten, daß es so sehr hinter dem ersten zurückstehen müsse. Das damals herrschende Gefühl wird von dem Propheten eindringlich beschrieben: „Wer ist unter euch noch übrig, der dies Haus in seiner vorigen Herrlichkeit gesehen hat? Und wie seht ihr's nun an? Sieht es nicht wie nichts aus?" (Haggai 2,3; Esra 3,12) Dann wurde die Verheißung gegeben, daß die Herrlichkeit dieses letzteren Hauses größer sein sollte, denn die des vorigen.

Der zweite Tempel kam jedoch dem ersten an Großartigkeit nicht gleich, wurde auch nicht durch jene sichtbaren Zeichen der göttlichen Gegenwart geheiligt, welche dem ersten Tempel eigen waren. Keine übernatürliche Macht offenbarte sich bei seiner Einweihung; die Wolke der Herrlichkeit erfüllte nicht das neuerrichtete Heiligtum; kein Feuer fiel vom Himmel hernieder, um das Opfer auf seinem Altar zu verzehren. Die Herrlichkeit Gottes thronte nicht mehr zwischen den Cherubim im Allerheiligsten; die Bundeslade, der Gnadenstuhl und die Tafeln des Zeugnisses wurden nicht darin gefunden. Keine Stimme ertönte vom Himmel, um dem fragenden Priester den Willen des Herrn kundzutun.

Jahrhundertelang hatten die Juden vergebens versucht zu zeigen, inwiefern jene durch Haggai gegebene Verheißung Gottes erfüllt worden war; jedoch verblendeten Stolz und Unglauben ihre Gemüter, so daß sie die wahre Bedeutung der Worte des Propheten nicht verstehen konnten. Der zweite Tempel wurde nicht durch die Wolke der Herrlichkeit des Herrn geehrt, sondern durch die lebendige Gegenwart dessen, in dem die Fülle der Gottheit leibhaftig wohnte, der Gott selbst war, offenbart im Fleische. Der „aller Heiden Bestes" war tatsächlich zu seinem Tempel gekommen, als der Mann von Nazareth in den heiligen

Vorhöfen lehrte und heilte. Durch die Gegenwart Christi, und nur dadurch, übertraf der zweite Tempel den ersten an Herrlichkeit. Aber Israel hatte die angebotene Gabe des Himmels von sich gestoßen. Mit dem demütigen Lehrer, der an jenem Tage durch das Goldene Tor hinausging, war die Herrlichkeit für immer von dem Tempel gewichen. Und damit waren die Worte des Heilandes erfüllt: „Siehe, euer Haus soll euch wüst gelassen werden." (Mt. 23,38)

Die Jünger waren bei Jesu Weissagung von der Zerstörung des Tempels mit heiliger Scheu und mit Staunen erfüllt worden, und sie wünschten die Bedeutung seiner Worte besser zu verstehen. Reichtum, Arbeit und Baukunst waren mehr als vierzig Jahre lang in freigebiger Weise zu seiner Verherrlichung verwendet worden. Herodes der Große hatte dafür sowohl römischen Reichtum als auch jüdische Schätze aufgewandt, und sogar der römische Kaiser hatte ihn mit seinen Geschenken bereichert. Massive Blöcke weißen Marmors von geradezu unwahrscheinlicher Größe, zu diesem Zweck aus Rom herbeigeschafft, bildeten einen Teil seines Baues; und auf diese hatten die Jünger die Aufmerksamkeit ihres Meisters gelenkt, als sie sagten: „Meister, siehe, was für Steine und was für Bauten!" (Mk. 13,1)

Auf diese Worte machte Jesus die ernste und bestürzende Erwiderung: „Wahrlich, ich sage euch: Es wird hier nicht ein Stein auf dem andern bleiben, der nicht zerbrochen werde." (Mt. 24,2)

Die Jünger verbanden mit der Zerstörung Jerusalems die Ereignisse der persönlichen Wiederkunft Christi in zeitlicher Herrlichkeit, um den Thron des Weltreiches einzunehmen, die unbußfertigen Juden zu strafen und das römische Joch zu zerbrechen. Der Herr hatte ihnen gesagt, daß er wiederkommen werde; deshalb richteten sich ihre Gedanken bei der Erwähnung der Gerichte, die über Jerusalem kommen sollten, auf jenes Kommen, und als sie auf dem Ölberg um den Heiland versammelt waren, fragten sie ihn: „Sage uns, wann wird das geschehen? Und was wird das Zeichen sein für dein Kommen und für das Ende der Welt?" (Mt. 24,3)

Die Zukunft war den Jüngern barmherzigerweise verhüllt. Hätten sie zu jener Zeit die zwei furchtbaren Tatsachen völlig verstanden – des Heilandes Leiden und Tod sowie die Zerstörung ihrer Stadt und ihres Tempels – so wären sie von Entsetzen überwältigt worden. Christus gab ihnen einen Umriß der wichtigsten Ereignisse, die vor dem Ende der Zeit stattfinden sollen. Seine Worte wurden damals nicht völlig verstanden; aber ihr Sinn sollte enthüllt werden, sobald sein Volk der darin gegebenen Belehrung bedürfe. Die Prophezeiung, die er aussprach, hatte eine doppelte Anwendung, indem sie sich zunächst auf die Zerstörung Jerusalems bezog und gleichzeitig die Schrecken des Jüngsten Tages schilderte.

Jesus erzählte den lauschenden Jüngern von den Gerichten, die auf das abtrünnige Israel kommen sollten, und sprach besonders von der vergeltenden Heimsuchung, die es wegen der Verwerfung und Kreuzigung des Messias ereilen werde. Untrügliche Zeichen sollten dem furchtbaren Ende vorausgehen. Die gefürchtete Stunde würde plötzlich und schnell hereinbrechen. Und der Heiland warnte seine Nachfolger: „Wenn ihr nun sehen werdet den Greuel der Verwüstung stehen an der heiligen Stätte, wovon gesagt ist durch den Propheten Daniel, – wer das liest, der merke auf! –, alsdann fliehe auf die Berge, wer in Judäa ist." (Mt. 24,15.16; Lk. 21,20) Wenn die Römer ihre Standarten mit den heidnischen Symbolen auf dem heiligen Boden, der sich auch auf einige hundert Meter außerhalb der Stadtmauern ausdehnte, aufgepflanzt hätten, dann sollten die Nachfolger Christi sich durch die Flucht retten. Sobald das Warnungszeichen sichtbar würde, dürften diejenigen, welche zu entrinnen wünschten, nicht zögern; im ganzen Lande Judäa, wie in Jerusalem selbst müßte man dem Zeichen zur Flucht sofort gehorchen. Wer gerade auf dem Dache sein würde, dürfte nicht ins Haus gehen, selbst nicht, um seine wertvollsten Schätze zu retten. Wer auf dem Felde oder im Weinberg arbeitete, sollte sich nicht die Zeit nehmen, wegen des Oberkleides, das er während der Hitze des Tages abgelegt hatte, zurückzukehren. Sie dürften nicht einen Augenblick zögern, wenn sie nicht in der allgemeinen Zerstörung mit zugrunde gehen wollten.

Während der Regierung des Herodes war Jerusalem nicht nur bedeutend verschönert worden, sondern durch die Errichtung von Türmen, Mauern und Festungswerken war die von Natur schon geschützte Stadt, wie es schien, uneinnehmbar geworden. Wer zu dieser Zeit öffentlich ihre Zerstörung vorhergesagt hätte, wäre wie einst Noah ein verrückter Störenfried genannt werden. Christus aber hatte gesagt: „Himmel und Erde werden vergehen; aber meine Worte werden nicht vergehen." (Mt. 24,35) Ihrer Sünde wegen war der Zorn Gottes über die Stadt Jerusalem angedroht worden, und ihr hartnäckiger Unglaube besiegelte ihr Schicksal.

Der Herr hatte durch den Propheten Micha erklärt: „So höret doch dies, ihr Häupter im Hause Jakob und ihr Herren im Hause Israel, die ihr das Recht verabscheut und alles, was gerade ist, krumm macht; die ihr Zion mit Blut baut und Jerusalem mit Unrecht – seine Häupter richten für Geschenke, ihre Priester lehren für Lohn, und ihre Propheten wahrsagen für Geld – und euch dennoch auf den Herrn verlaßt und sprecht: Ist nicht der Herr unter uns? Es kann kein Unglück über uns kommen." (Micha 3,9-11)

Diese Worte schilderten genau die verderbten und selbstgerechten Einwohner Jerusalems. Während sie behaupteten, die Vorschriften des Gesetzes Gottes streng zu beachten, übertraten sie alle seine Grundsätze. Sie haßten Christus, weil seine Reinheit und Heiligkeit ihre Bosheit offenbarte; und sie klagten ihn an, die Ursache all des Unglücks zu sein, das infolge ihrer Sünden über sie gekommen war. Obwohl sie wußten, daß er sündlos war, erklärten sie, daß sein Tod notwendig sei, um ihr Bestehen als Nation zu gewährleisten. „Lassen wir ihn so," sagten die jüdischen Obersten, „dann werden sie alle an ihn glauben, und dann kommen die Römer und nehmen uns Land und Leute." (Joh. 11,48) Wenn Christus geopfert würde, könnten sie noch einmal ein starkes, einiges Volk werden. So urteilten sie und stimmten der Entscheidung ihres Hohenpriesters zu, daß es besser sei, ein Mensch sterbe, denn daß das ganze Volk verderbe.

Auf diese Weise hatten die jüdischen Leiter „Zion mit Blut gebaut und Jerusalem mit Unrecht," und während sie ihren Heiland töteten, weil er ihre Sünden tadelte, war ihre Selbstgerechtigkeit so groß, daß sie sich als Gottes begnadetes Volk betrachteten und vom Herrn erwarteten, er werde sie von ihren Feinden befreien. „Darum," fuhr der Prophet fort, „wird Zion um euretwillen wie ein Acker gepflügt werden, und Jerusalem wird zu Steinhaufen werden und der Berg des Tempels zu einer Höhe wilden Gestrüpps." (Micha 3,10.12)

Beinahe vierzig Jahre, nachdem das Schicksal Jerusalems von Christus selbst verkündet worden war, verzögerte der Herr seine Gerichte über die Stadt und das Volk. Bewundernswert war die Langmut Gottes gegen die Verwerfer seines Evangeliums und die Mörder seines Sohnes. Das Gleichnis vom unfruchtbaren Baum stellte das Verfahren Gottes mit dem jüdischen Volke dar. Das Gebot war ausgegangen: „Haue ihn ab! Was nimmt er dem Boden die Kraft?" (Lk. 13,7) Aber die göttliche Gnade hatte ihn noch ein wenig länger verschont. Es gab noch viele Juden, die in bezug auf den Charakter und das Werk Christi unwissend waren; die Kinder hatten nicht die günstigen Gelegenheiten gehabt und nicht das Licht empfangen, das ihre Eltern von sich gestoßen hatten. Durch die Predigt der Apostel und ihrer Glaubensgefährten wollte Gott auch ihnen das Licht scheinen lassen; ihnen wurde es gestattet zu sehen, wie die Prophezeiung nicht nur durch die Geburt und das Leben Christi, sondern auch durch seinen Tod und seine Auferstehung erfüllt worden war. Die Kinder wurden nicht um der Sünden ihrer Eltern willen verurteilt; sobald sie aber trotz der Kenntnis alles Lichtes, das ihren Eltern gegeben worden war, das hinzukommende, ihnen selbst gewährte Licht verwarfen, würden sie Teilhaber der Sünden ihrer Eltern und füllten das Maß ihrer Missetat.

Gottes Langmut gegen Jerusalem bestärkte die Juden nur in ihrer hartnäckigen Unbußfertigkeit. In ihrem Haß und ihrer Grausamkeit gegen die Jünger Jesu verwarfen sie das letzte Anerbieten der Gnade. Daraufhin entzog Gott ihnen seinen Schutz; er beschränkte die Macht Satans und seiner Engel nicht länger, und die Nation wurde der Herrschaft des Leiters überlassen, den sie sich gewählt hatte. Ihre Kinder hatten die Gnade Christi verschmäht, die sie befähigt hätte, ihre bösen Triebe zu unterdrücken, und diese bekamen nun die Oberhand. Satan erweckte die heftigsten und niedrigsten Leidenschaften der Seele. Die Menschen überlegten nicht; sie waren von Sinnen, wurden durch Begierde und blinde Wut geleitet. Sie wurden satanisch in ihrer Grausamkeit. In der Familie wie unter dem Volk, unter den höchsten wie unter den niedrigsten Klassen herrschten Argwohn, Neid, Haß, Streit, Empörung, Mord. Nirgends war Sicherheit zu finden. Freunde und Verwandte verrieten sich untereinander. Eltern erschlugen ihre Kinder und Kinder ihre Eltern. Die Führer des Volkes hatten keine Kraft, sich selbst zu beherrschen. Ungezügelte Leidenschaften machten sie zu Tyrannen. Die Juden hatten ein falsches Zeugnis angenommen, um den unschuldigen Gottessohn zu verurteilen. Jetzt machten falsche Anklagen ihr eigenes Leben unsicher. Durch ihre Handlungen hatten sie lange gesagt: „Laßt uns doch in Ruhe mit dem Heiligen Israels!" (Jes. 30,11) Nun war ihr Wunsch gewährt; Gottesfurcht beunruhigte sie nicht länger. Satan stand an der Spitze der Nation, und die höchsten bürgerlichen und religiösen Obrigkeiten wurden von ihm beherrscht.

Die Anführer der Gegenparteien vereinigten sich zeitweise, um ihre unglücklichen Opfer zu plündern und zu martern, und dann fielen sie übereinander her und mordeten ohne Gnade. Selbst die Heiligkeit des Tempels konnte ihrer schrecklichen Grausamkeit nicht wehren. Die Anbetenden wurden vor dem Altar niedergemetzelt, und das Heiligtum ward durch die Leichname der Erschlagenen verunreinigt. Und doch erklärten die Anstifter dieses höllischen Werkes in ihrer blinden und gotteslästerlichen Vermessenheit öffentlich, daß sie nicht fürchteten, Jerusalem könnte zerstört werden, denn es sei Gottes eigene Stadt. Um ihre Macht fester zu gründen, bestachen sie falsche Propheten, die, selbst als die römischen Legionen den Tempel bereits belagerten, verkündigen mußten, daß das Volk auf Befreiung von Gott warten solle. Bis aufs Äußerste hielt die Menge an dem Glauben fest, daß der Allerhöchste sich zur Vernichtung der Gegner ins Mittel legen werde. Israel aber hatte den göttlichen Schutz verschmäht und stand nun ohne Verteidigung da. Unglückliches Jerusalem! Durch innere Spaltungen zerrissen, die Straßen gefärbt von dem Blut seiner Söhne, die sich gegenseitig erwürgten, während fremde Heere seine Festungswerke niederwarfen und seine Krieger erschlugen!

Alle Weissagungen Christi in bezug auf die Zerstörung Jerusalems wurden buchstäblich erfüllt. Die Juden erfuhren die Wahrheit seiner Warnungsworte: „Mit welcherlei Maß ihr meßt, wird euch zugemessen werden." (Mt. 7,2)

Als Vorboten von Unglück und Gericht erschienen Zeichen und Wunder. Inmitten der Nacht schwebte ein unnatürliches Licht über dem Tempel und Altar. Auf den Abendwolken zeigten sich der Anblick von Kriegern und Streitwagen, die sich zum Kampfe sammelten. Die nachts im Heiligtum dienenden Priester wurden erschreckt durch geheimnisvolle Töne; die Erde erbebte, und eine Menge Stimmen hörte man sagen: „Lasset uns von hinnen gehen!" Das große östliche Tor, das so schwer war, daß es nur mit Mühe von zwanzig Männern geschlossen werden konnte, und dessen ungeheure eiserne Riegel tief in der Steinschwelle befestigt waren, tat sich um Mitternacht von selbst auf. (Josephus, Vom jüd. Kriege, VI, 5. Siehe auch Milman, Geschichte der Juden, 13. Buch.)

Sieben Jahre lang ging ein Mann die Straßen Jerusalems auf und ab und verkündigte das Unglück, das über die Stadt kommen sollte. Tag und Nacht sang er das wilde Trauerlied: „Stimme von Morgen, Stimme von Abend, Stimme von den vier Winden, Stimme über Jerusalem und den Tempel, Stimme über den Bräutigam und die Braut, Stimme über das ganze Volk." Dies seltsame Wesen wurde eingekerkert und gegeißelt; aber keine Klage entrang sich seinen Lippen. Auf Schmähungen und Mißhandlungen kam nur die Antwort: „Wehe, wehe Jerusalem! Wehe,

wehe der Stadt, dem Volk und dem Tempel!" Dieser Warnungsruf hörte nicht auf, bis der Mann bei der Belagerung, die er vorhergesagt hatte, umkam.

Nicht ein Christ kam bei der Zerstörung Jerusalems um. Christus hatte seine Jünger gewarnt und alle, die seinen Worten glaubten, warteten auf das verheißene Zeichen. „Wenn ihr aber sehen
werdet, daß Jerusalem von einem Heer belagert wird, dann erkennt, daß seine Verwüstung nahe herangekommen ist. Alsdann,
wer in Judäa ist, der fliehe ins Gebirge, und wer in der Stadt ist,
gehe hinaus." (Lk. 21,20.21) Nachdem die Römer unter Cestius
die Stadt eingeschlossen hatten, hoben sie unerwartet die Belagerung auf, gerade zu einer Zeit, da alles zu einem unmittelbaren
Angriff günstig zu sein schien. Die Belagerten, die an einem erfolgreichen Widerstand zweifelten, waren im Begriff, sich zu
ergeben, als der römische Feldherr ohne ersichtlichen Grund
plötzlich seine Streitkräfte zurückzog. Gottes gnädige Vorsehung
gestaltete die Ereignisse zum Besten seines Volkes. Das
verheißene Zeichen war den wartenden Christen gegeben worden. Nun wurde allen, die des Heilandes Warnung Folge leisten
wollten, die Gelegenheit geboten, und zwar ordnete der Herr die
Ereignisse derart, daß weder die Juden noch die Römer die Flucht
der Christen hindern konnten. Nach dem Rückzug des Cestius
machten die Juden einen Ausfall aus Jerusalem und verfolgten
das sich zurückziehende Heer, und während beider Streitkräfte
auf diese Weise völlig in Anspruch genommen waren, hatten die
Christen Gelegenheit, die Stadt zu verlassen. Um diese Zeit war
auch das Land von Feinden, die hätten versuchen können, sie
aufzuhalten, gesäubert worden. Zur Zeit der Belagerung waren
die Juden zu Jerusalem versammelt, um das Laubhüttenfest zu
feiern, und auf diese Weise waren die Christen im ganzen Lande
imstande, unbehelligt zu flüchten. Ohne Verzug flohen sie nach
einem sicheren Ort, der Stadt Pella, im Lande Peräa, jenseits des
Jordans.

Die jüdischen Streiter, die Cestius und sein Heer verfolgten, warfen sich mit solcher Wut auf die Nachhut, daß ihr vollständige Vernichtung drohte. Nur mit großer Schwierigkeit gelang es den
Römern, sich zurückzuziehen. Die Juden kamen beinahe ohne Verlust davon und kehrten mit ihrer Beute triumphierend nach Jerusalem zurück. Doch brachte ihnen dieser scheinbare Erfolg nur Unheil. Er beseelte sie mit einem hartnäckigen Widerstandsgeist gegen die Römer, wodurch schnell ein unaussprechliches Weh über
die verurteilte Stadt hereinbrach.

Schrecklich war das Unglück, das über Jerusalem kam, als die Belagerung von Titus wieder aufgenommen wurde. Die Stadt wurde zur Zeit des Passahfestes, da Millionen von Juden in ihren Mauern weilten, umlagert. Die Vorräte an Lebensmitteln, die, wenn sorgfältig bewahrt, jahrelang für die Einwohner ausgereicht hätten, waren schon durch die Eifersucht und Rache der streitenden Parteien zerstört worden, und jetzt erlitten sie alle Schrecken der Hungersnot. Ein Maß Weizen wurde für ein Talent verkauft. So schrecklich waren die Qualen des Hungers, daß manche an dem Leder ihrer Gürtel, Sandalen und Bezüge ihrer Schilde nagten. Viele Leute schlichen des Nachts aus der Stadt, um wilde Kräuter, die außerhalb der Stadtmauern wuchsen, zu sammeln, obwohl etliche ergriffen und unter grausamen Martern mit dem Tode bestraft wurden, während man anderen, die wohlbehalten zurückkehrten, das unter so großer Gefahr Gesammelte wegnahm. Die unmenschlichsten Qualen wurden von den Machthabern auferlegt, um den vom Mangel Bedrückten die letzten spärlichen Vorräte, die sie möglicherweise verborgen hatten, abzuzwingen. Und diese Grausamkeiten wurden nicht selten von Menschen ausgeübt, die selbst wohlgenährt waren und nur danach trachteten, einen Vorrat an Lebensmitteln für die Zukunft aufzuspeichern.

Tausende starben an Hunger und Seuchen. Die natürlichen Bande der Liebe schienen zerstört zu sein. Der Mann beraubte seine Frau und die Frau ihren Mann. Man sah Kinder, die den greisen Eltern das Brot vom Munde wegrissen. Der Frage des Propheten: „Kann auch ein Weib ihres Kindleins vergessen?" (Jes. 49,15) wurde innerhalb der Mauern jener verurteilten Stadt die Antwort zuteil: „Es haben die barmherzigsten Frauen ihre Kinder selbst kochen müssen, damit sie zu essen hätten in dem Jammer der Tochter meines Volkes." (Klgl. 4,10) Wiederum wurde die warnende Weissagung erfüllt, die vierzehn Jahrhunderte zuvor gegeben worden war: „Eine Frau unter euch, die zuvor so verwöhnt und in Üppigkeit gelebt hat, daß sie nicht einmal versucht hat, ihre Fußsohle auf die Erde zu setzen, vor Verwöhnung und Wohlleben, die wird dem Mann in ihren Armen und ihrem Sohn und ihrer Tochter nicht gönnen die Nachgeburt, die von ihr ausgegangen ist, und ihr Kind, das sie geboren hat; denn sie wird beides vor Mangel an allem heimlich essen in der Angst und Not, mit der dich dein Feind bedrängen wird in deinen Städten." (5. Mose 28, 56.57)

Die römischen Anführer versuchten, die Juden mit Schrecken zu erfüllen und dadurch zur Übergabe zu bewegen. Gefangene, die sich bei ihrer Ergreifung widersetzten, wurden gegeißelt, gefoltert und vor der Stadtmauer gekreuzigt. Hunderte wurden täglich auf diese Weise getötet und das grauenvolle Werk fortgesetzt, so daß das Tal Josaphat entlang und auf Golgatha die Kreuze in so großer Anzahl aufgerichtet waren, daß kaum Raum blieb, sich zwischen ihnen zu bewegen. So schrecklich erfüllte sich die frevelhafte, vor dem Richterstuhl des Pilatus ausgesprochene Verwünschung: „Sein Blut komme über uns und über unsere Kinder." (Mt. 27,25)

Titus hätte der Schreckensszene gern ein Ende gemacht und damit der Stadt Jerusalem das volle Maß ihres Gerichts erspart. Er wurde mit Entsetzen erfüllt, als er die Leichname der Erschlagenen haufenweise in den Tälern liegen sah. Wie bezaubert schaute er vom Gipfel des Ölberges auf den herrlichen Tempel und gab den Befehl, nicht einen Stein davon zu berühren. Ehe er daranging, diese Stätte einzunehmen, ließ er einen ernsten Aufruf an die jüdischen Führer ergehen, ihn doch nicht zu zwingen, die heilige Stätte mit Blut zu entweihen. Wenn sie herauskommen und an irgendeinem anderen Ort kämpfen wollten, so sollte kein Römer die Heiligkeit des Tempels verletzen. Josephus selbst beschwor sie in einer höchst beredten Ansprache, sich zu ergeben, sich selbst, ihre Stadt und die Stätte der Anbetung zu retten. Aber seine Worte wurden mit bitteren Verwünschungen beantwortet. Wurfspieße wurden nach ihm, ihrem letzten menschlichen Vermittler, geschleudert, als er vor ihnen stand, um mit ihnen zu verhandeln. Die Juden hatten die Bitten des Sohnes Gottes verworfen, und nun machten die ernsten Vorstellungen und Bitten sie nur um so entschiedener, bis aufs äußerste zu widerstehen. Des Titus Bemühungen, den Tempel zu retten, waren vergeblich. Ein Größerer als er hatte erklärt, daß nicht ein Stein auf dem andern gelassen werden sollte.

Die blinde Hartnäckigkeit der jüdischen Anführer und die verabscheuungswürdigen Verbrechen, die in der belagerten Stadt verübt wurden, erweckten bei den Römern Entsetzen und Entrüstung, und endlich beschloß Titus, den Tempel im Sturm zu nehmen, ihn jedoch, wenn möglich, vor der Zerstörung zu bewahren. Aber seine Befehle wurden mißachtet. Als er sich abends in sein Zelt zurückgezogen hatte, unternahmen die Juden einen Ausfall aus dem Tempel und griffen die Soldaten draußen an. Im Handgemenge wurde von einem Soldaten ein Feuerbrand durch eine Öffnung der Halle geschleudert, und unmittelbar darauf standen die mit Zedernholz getäfelten Räume des heiligen Gebäudes in Flammen. Titus eilte nach dem Ort, gefolgt von seinen Generälen und Obersten, und befahl den Soldaten, die Flammen zu löschen. Seine Worte blieben unbeachtet. In ihrer Wut schleuderten die Soldaten Feuerbrände in die an den Tempel stoßenden Gemächer und metzelten viele mit dem Schwert nieder, die daselbst Zuflucht gefunden hatten. Das Blut floß gleich Wasser die Tempelstufen hinunter. Tausende und aber Tausende von Juden kamen um. Das Schlachtgetöse wurde übertönt von Stimmen, die riefen: „Ikabod!" – die Herrlichkeit ist dahin.

„Titus war es unmöglich, der Wut der Kriegsknechte Einhalt zu tun; er trat mit seinen Offizieren ein und besichtigte das Innere des heiligen Gebäudes. Der Glanz erregte ihre Bewunderung, und da die Flammen noch nicht bis zum Heiligtum vorgedrungen waren, machte er einen letzten Versuch, es zu retten. Er sprang hervor und forderte die Mannschaften auf, das Umsichgreifen der Feuersbrunst zu verhindern. Der Hauptmann Liberalis versuchte mit seinem Stab Gehorsam zu erzwingen; doch selbst die Achtung vor dem Kaiser verging vor der rasenden Feindseligkeit gegen die Juden, der heftigen Aufregung des Kampfes und der unersättlichen Beutegier. Die Soldaten sahen alles um sich herum von Gold blitzen, das im wilden Licht der Flammen einen blendenden Glanz erzeugte; sie wähnten, unermessliche Schätze seien in dem Heiligtum aufgespeichert. Unbemerkt warf ein Soldat eine brennende Fackel zwischen die Angeln der Tür, und im Nu stand das ganze Gebäude in Flammen. Der erstickende Rauch und das Feuer zwangen die Offiziere, sich zurückzuziehen, und der herrliche Bau wurde seinem Schicksal überlassen.

War es schon für die Römer ein erschreckendes Schauspiel, was mag es für die Juden gewesen sein! Der ganze Gipfel, der die Stadt weit überragte, erschien wie ein feuerspeiender Berg. Eins nach dem andern stürzten die Gebäude ein und wurden von dem feurigen Abgrund verschlungen. Die Dächer von Zedernholz waren einem Feuermeer gleich, das vergoldete Zinnenwerk erglänzte wie leuchtende Feuerzungen, die Türme der Tore schossen Flammengarben und Rauchsäulen empor. Die benachbarten Hügel waren erleuchtet; gespenstisch wirkende Gruppen von Zuschauern verfolgten in fürchterlicher Angst die fortschreitende Zerstörung; auf den Mauern und Höhen der oberen Stadt drängte sich Kopf an Kopf, einige bleich vor Angst und Verzweiflung, andere mit düsteren Blicken ohnmächtiger Rache. Die Rufe der hin- und hereilenden römischen Soldaten, das Heulen der Aufständischen, die in den Flammen umkamen, vermischten sich mit dem Getöse der Feuersbrunst und dem donnernden Krachen des stürzenden Gebälks. Das Echo antwortete von den Bergen und widerhallte die Schreckensrufe des Volkes auf den Höhen; die Wälle entlang erscholl Angstgeschrei und Wehklagen; Menschen, die von der Hungersnot erschöpft im Sterben lagen, rafften alle Kraft zusammen, um einen letzten Schrei der Angst und der Trostlosigkeit auszustoßen.

Das Blutbad im Innern war sogar noch schrecklicher als der Anblick von außen. Männer und Frauen, alt und jung, Aufrührer und Priester, Kämpfende und um Gnade Flehende wurden ohne Unterschied niedergemetzelt. Die Anzahl der Erwürgten überstieg die der Würger. Die Soldaten mußten über Haufen von Toten hinwegsteigen, um ihr Vertilgungswerk fortsetzen zu können." (Milman, Geschichte der Juden, 16. Buch.)

Nach der Zerstörung des Tempels fiel bald die ganze Stadt in die Hände der Römer. Die Anführer der Juden gaben ihre uneinnehmbaren Türme auf, und Titus fand sie alle verlassen. Mit Verwunderung blickte er auf sie und erklärte, daß Gott sie in seine Hände gegeben habe; denn keine Kriegsmaschinen, wie gewaltig sie auch sein mochten, hätten über jene staunenswerten Festungsmauern die Oberhand gewinnen können. Sowohl die Stadt als auch der Tempel wurden bis auf den Grund geschleift, und der Boden, worauf das heilige Gebäude gestanden hatte, wurde „wie ein Acker gepflügt." (Jer. 26,18) Während der Belagerung und dem darauffolgenden Gemetzel kamen über eine Million Menschen um; die Überlebenden wurden in die Gefangenschaft geführt, als Sklaven verkauft, nach Rom geschleppt, um des Eroberers Triumph zu zieren, in den Amphitheatern den wilden Tieren vorgeworfen oder als heimatlose Wanderer über die ganze Erde zerstreut.

Die Juden hatten ihre eigenen Fesseln geschmiedet, sich selbst den Becher der Rache gefüllt. In der vollständigen Vernichtung, die sie als eine Nation befiel, und in all dem Weh, das ihnen in ihrer Zerstreuung nachfolgte, ernteten sie nur, was sie mit eigenen Händen gesät hatten. Der Prophet schreibt: „Israel, du bringest dich in Unglück ... denn du bist gefallen um deiner Missetat willen." (Hosea 13,9; 14,1) Ihre Leiden werden oft als eine Strafe hingestellt, mit der sie auf direkten Befehl Gottes heimgesucht wurden. Auf diese Weise sucht der große Betrüger sein eigenes Werk zu verbergen. Durch eigensinnige Verwerfung der göttlichen Liebe und Gnade hatten die Juden es bewirkt, daß ihnen der Schutz Gottes entzogen und es Satan gestattet wurde, sie nach

Willkür zu beherrschen. Die schrecklichen Grausamkeiten, die bei der Zerstörung Jerusalems verübt wurden, kennzeichnen Satans rachgierige Macht über diejenigen, die sich seiner Leitung überlassen.

Wir können nicht ermessen, wieviel wir Christus für den Frieden und Schutz schuldig sind, deren wir uns erfreuen. Es ist die zurückhaltende Kraft Gottes, die es verhindert, daß die Menschen völlig unter die Herrschaft Satans geraten. Die Ungehorsamen und die Undankbaren haben allen Grund, Gott für seine Gnade und Langmut dankbar zu sein, weil er die grausame, boshafte Macht des Bösen im Zaum hält. Überschreiten aber die Menschen die Grenzen der göttlichen Nachsicht, dann wird jene Einschränkung aufgehoben. Gott stellt sich dem Sünder nicht als ein Vollstrecker des Urteils für die Übertretungen gegenüber, sondern er überläßt die Verwerfer seiner Gnade sich selbst, damit sie ernten, was sie gesät haben. Jeder verworfene Lichtstrahl, jede verschmähte oder unbeachtete Warnung, jede geduldete Leidenschaft, jede Übertretung des Gesetzes Gottes ist ein gesäter Same, der seine bestimmte Ernte hervorbringt. Der Geist Gottes wird schließlich dem Sünder entzogen, der sich ihm beharrlich widersetzt, und dann bleibt dem Betreffenden keine Kraft mehr, die bösen Leidenschaften der Seele zu beherrschen, und kein Schutz der ihn vor der Bosheit und Feindschaft Satans bewahrt. Die Zerstörung Jerusalems ist eine furchtbare und ernste Warnung an alle, die das Anerbieten der göttlichen Gnade geringachten und den Mahnrufen der Barmherzigkeit Gottes widerstehen. Nie wurde ein entschiedeneres Zeugnis für den Haß Gottes gegen die Sünde und für die sichere Bestrafung der Schuldigen gegeben.

Die Weissagung des Heilandes, die die heimsuchenden Gerichte über Jerusalem ankündigte, wird noch eine andere Erfüllung haben, von der jene schreckliche Verwüstung nur ein schwacher Schatten war. In dem Schicksal der auserwählten Stadt können wir das Los einer Welt sehen, die Gottes Barmherzigkeit von sich gewiesen und sein Gesetz mit Füßen getreten hat. Grauenhaft sind die Berichte des menschlichen Elends, dessen die Erde während der langen Jahrhunderte des Verbrechens Zeuge sein mußte. Das Herz wird beklommen und der Geist verzagt beim Nachdenken über diese Dinge. Schrecklich sind die Folgen der Verwerfung der Machtstellung des Himmels gewesen. Doch ein noch furchtbareres Bild wird uns in den Offenbarungen über die Zukunft enthüllt. Die Berichte der Vergangenheit –

die lange Reihe von Aufständen, Kämpfen und Empörungen, alle Kriege „mit Ungestüm ... und die blutigen Kleider" (Jes. 9,5) – was sind sie im Vergleich zu den Schrecken jenes Tages, an dem der zügelnde Geist Gottes den Gottlosen gänzlich entzogen und die Ausbrüche menschlicher Leidenschaften und satanischer Wut nicht länger im Zaume halten wird! Dann wird die Welt wie nie zuvor die Folgen der Herrschaft Satans sehen.

An jenem Tage aber, wie zur Zeit der Zerstörung Jerusalems, wird Gottes Volk errettet werden, „ein jeder, der aufgeschrieben ist zum Leben in Jerusalem." (Jes. 4,3) Christus hat vorhergesagt, daß er wiederkommen will, um seine Getreuen um sich zu sammeln: „Und dann wird erscheinen das Zeichen des Menschensohns am Himmel. Und dann werden wehklagen alle Geschlechter auf Erden und werden sehen den Menschensohn kommen auf den Wolken des Himmels mit großer Kraft und Herrlichkeit. Und er wird seine Engel senden mit hellen Posaunen, und sie werden seine Auserwählten sammeln von den vier Winden, von einem Ende des Himmels bis zum andern." (Mt. 24,30.31) Dann werden alle, die dem Evangelium nicht gehorchen, mit dem Geist seines Mundes umgebracht und durch die Erscheinung seiner Zukunft vernichtet werden. (2. Thess. 2,8) Gleichwie Israel vor alters bringen die Gottlosen sich selbst um; sie fallen infolge ihrer Übertretungen. Durch ein Leben der Sünde sind sie so wenig im Einklang mit Gott, und durch das Böse ist ihre Natur so entwürdigt worden, daß die Offenbarung seiner Herrlichkeit für sie ein verzehrendes Feuer ist.

Hüteten die Menschen sich doch davor, die ihnen in Christi Worten gegebenen Lehren geringzuschätzen! Gleichwie er seine Jünger vor der Zerstörung Jerusalems warnte, indem er ihnen ein Zeichen des herannahenden Unterganges gab, damit sie fliehen könnten, so hat er die Welt vor dem Tag der endgültigen Vernichtung gewarnt und ihr Zeichen dieses kommenden Tages gegeben, damit alle, die wollen, dem zukünftigen Zorn entrinnen können. Jesus erklärt: „Es werden Zeichen geschehen an Sonne und Mond und Sternen; und auf Erden wird den Völkern bange sein." (Lk. 21,25; Mt. 24,29; Mk. 13,24-26; Offb. 6,12-17) Wer diese Vorboten seines Kommens sieht, soll wissen, „daß es nahe vor der Tür ist." „So wachet nun," sind seine Worte der Ermahnung. Alle, welche auf diese Stimme achten, sollen nicht in Finsternis gelassen werden, daß jener Tag sie unvorbereitet übereile; aber über alle, die nicht wachen wollen, wird der Tag des Herrn kommen wie ein Dieb in der Nacht. (Mt. 24,33; Mk. 13,35)

Die Welt ist jetzt nicht geneigter, die Warnungsbotschaften für diese Zeit anzunehmen als damals die Juden, die sich der Botschaft unseres Heilandes über Jerusalem widersetzten. Mag er kommen, wann er will, der Tag des Herrn wird die Gottlosen unvorbereitet finden. Wenn das Leben seinen gewöhnlichen täglichen Gang geht, wenn die Menschheit von Vergnügen, Geschäften, Handel und Gelderwerb in Anspruch genommen ist, wenn religiöse Leiter den Fortschritt und die Aufklärung der Welt verherrlichen und das Volk in falsche Sicherheit gewiegt ist – dann wird, wie ein Dieb sich um Mitternacht in die unbewachte Behausung einschleicht, das plötzliche Verderben die Sorglosen und Bösewichte überfallen, „und sie werden nicht entrinnen." (1. Thess. 5,2-5)

2 Verfolgung in den ersten Jahrhunderten

Als Christus seinen Jüngern das Schicksal Jerusalems und die Ereignisse seines zweiten Kommens enthüllte, sprach er auch über die zukünftigen Erfahrungen seines Volkes von der Zeit an, da er von ihnen genommen werden sollte, bis er sie bei seiner Wiederkunft in Macht und Herrlichkeit befreien würde. Vom Ölberg aus sah der Heiland die bald über die apostolische Gemeinde hereinbrechenden Stürme, und weiter in die Zukunft dringend, erblickte sein Auge die grimmigen, verwüstenden Wetter, die sich in den kommenden Zeiten der Finsternis und der Verfolgung über seine Nachfolger entladen würden. In wenigen kurzen Äußerungen furchtbarer Bedeutsamkeit sagte er ihnen im voraus, in welchem Ausmaß die Herrscher dieser Welt die Gemeinde Gottes verfolgen werden. (Mt. 24,9.21.22) Die Nachfolger Christi müßten denselben Pfad der Demütigung, der Schmach und des Leidens betreten, den ihr Meister gegangen war. Die Feindschaft, die sich gegen den Erlöser der Welt erhob, würde auch gegen alle, die an seinen Namen glauben, offenbar werden.

Die Geschichte der ersten Christengemeinde bezeugt die Erfüllung der Worte Jesu. Die Mächte der Erde und der Hölle vereinigten sich gegen den in seinen Nachfolgern lebendigen Christus. Sehr wohl sah das Heidentum voraus, daß seine Tempel und Altäre niedergerissen würden, falls das Evangelium triumphierte; deshalb bot es alle Kräfte auf, um das Christentum zu vernichten. Die Feuer der Verfolgung wurden angezündet, Christen wurden ihrer Besitztümer beraubt und aus ihren Heimstätten vertrieben. Sie erduldeten „einen großen Kampf des Leidens" (Hebr. 10,32). Sie „haben Spott und Geißeln erlitten, dazu Fesseln und Gefängnis" (Hebr. 11,36). Eine große Anzahl besiegelte ihr Zeugnis mit ihrem Blut; Edelmann und Sklave, reich und arm, Gelehrte und Unwissende wurden ohne Unterschied erbarmungslos umgebracht.

Diese Verfolgungen, die unter Nero, ungefähr zur Zeit des Märtyrertums des Paulus begannen, dauerten mit größerer oder geringerer Heftigkeit jahrhundertelang fort. Christen wurden fälschlich der abscheulichsten Verbrechen angeklagt und als die Ursache großer Unglücksfälle, wie Hungersnot, Pestilenz und Erdbeben hingestellt. Da sie zum Gegenstand des allgemeinen Hasses und Verdachts wurden, fanden sich auch leicht Ankläger, die um des Gewinns willen Unschuldige verrieten. Sie wurden als Empörer gegen das Reich, als Feinde der Religion und als Schädlinge der Gesellschaft verurteilt. Viele wurden wilden Tieren vorgeworfen oder lebendig in den Amphitheatern verbrannt. Etliche wurden gekreuzigt, andere mit den Fellen wilder Tiere bedeckt in die Arena geworfen, um von Hunden zerrissen zu werden. Die ihnen verhängte Strafe bildete oft den Hauptgegenstand der Unterhaltung bei öffentlichen Festen. Große Mengen versammelten sich, um sich des Anblicks zu erfreuen, und begrüßten ihre Todesschmerzen mit Gelächter und Beifallklatschen.

Wo die Nachfolger Christi auch Zuflucht fanden, immer wurden sie gleich Raubtieren aufgejagt. Sie waren genötigt, sich an öden und verlassenen Stätten zu verbergen. „Sie haben Mangel, Bedrängnis, Mißhandlung erduldet. Sie, deren die Welt nicht wert war, sind umhergeirrt in Wüsten, auf Bergen, in Höhlen und Erdlöchern." (Hebr. 11,37.38) Die Katakomben boten Tausenden eine Zufluchtsstätte. Unter den Hügeln außerhalb der Stadt Rom waren lange, durch Erde und Felsen getriebene Gänge, deren dunkles, verschlungenes Netzwerk sich meilenweit über die Stadtmauern hinaus erstreckte. In diesen unterirdischen Zufluchtsstätten bestatteten die Nachfolger Christi ihre Toten, und hier fanden sie auch, wenn sie verdächtigt und geächtet wurden, eine Heimstätte. Wenn der Herr des Lebens diejenigen, die den guten Kampf gekämpft haben, auferwecken wird, werden viele, die um Christi Sache willen Märtyrer geworden sind, aus diesen düsteren Höhlen hervorkommen.

Unter der heftigsten Verfolgung hielten diese Zeugen für Jesus ihren Glauben unbefleckt. Obwohl jeder Bequemlichkeit beraubt, abgeschlossen vom Licht der Sonne, im dunkeln aber freundlichen Schoß der Erde ihre Wohnung aufschlagend, äußerten sie keine Klage. Mit Worten des Glaubens, der Geduld und der Hoffnung ermutigten sie einander, Entbehrungen und Trübsale zu erdulden. Der Verlust aller irdischen Segnungen vermochte sie nicht zu zwingen, ihrem Glauben an Christus zu entsagen. Prüfungen und Verfolgungen waren nur Stufen, auf denen sie ihrer Ruhe und Belohnung näher kamen.

Viele sind gleich den Dienern Gottes vor alters „gemartert worden und haben die Freilassung nicht angenommen, damit sie die Auferstehung, die besser ist, erlangten." (Hebr. 11,35) Sie riefen sich die Worte ihres Meisters ins Gedächtnis zurück, daß sie bei Verfolgungen um Christi willen fröhlich und getrost sein sollten, denn groß würde ihre Belohnung im Himmel sein; auch die Propheten vor ihnen waren so verfolgt worden. Sie freuten sich, würdig erachtet zu werden, für die Wahrheit zu leiden, und Siegeslieder stiegen mitten aus den prasselnden Flammen empor. Im Glauben aufwärtsschauend, erblickten sie Christus und heilige Engel, die, über die Brüstung des Himmels lehnend, sie mit innigster Anteilnahme beobachteten und wohlgefällig ihre Standhaftigkeit betrachteten. Eine Stimme kam vom Throne Gottes zu ihnen hernieder: „Sei getreu bis an den Tod, so will ich dir die Krone des Lebens geben." (Offb. 2,10)

Vergeblich waren Satans Anstrengungen, die Gemeinde Christi mit Gewalt zu zerstören. Der große Kampf, in dem Christi Jünger ihr Leben hingaben, hörte nicht auf, als diese getreuen Bannerträger auf ihrem Posten fielen. Durch ihre Niederlage siegten sie. Gottes Arbeiter wurden erschlagen; sein Werk aber ging beständig vorwärts. Das Evangelium breitete sich aus, die Zahl seiner Anhänger nahm zu; es drang in Gebiete ein, die selbst für den römischen Adler unzugänglich waren. Ein Christ, der mit den heidnischen Herrschern verhandelte, die die Verfolgung eifrig betrieben, sagte: „Tötet uns, quält uns, verurteilt uns; ... eure Ungerechtigkeit ist der Beweis für unsere Unschuld! Auch nützt ausgeklügelte Grausamkeit von eurer Seite nichts; sie dient eher zur Verbreitung unserer Überzeugung. ... Wir werden jedesmal zahlreicher, sooft wir von euch niedergemäht werden; das Blut der Christen ist ein Same." (Tertullians Apologetikus, Kap. 50)

Tausende wurden eingekerkert und umgebracht; aber andere standen auf, um diese Lücken auszufüllen. Die, die um ihres Glaubens willen den Märtyrertod erlitten, waren Christus gewiß und wurden von ihm als Überwinder angesehen. Sie hatten den guten Kampf gekämpft und sollten die Krone der Herrlichkeit empfangen, wenn Christus wiederkommen würde. Die Leiden, die die Christen erduldeten, verbanden sie inniger miteinander und mit ihrem Erlöser. Ihr Beispiel im Leben, ihr Bekenntnis im Sterben waren ein beständiges Zeugnis für die Wahrheit; und wo es am wenigsten zu erwarten war, verließen Untertanen Satans seinen Dienst und stellten sich unter das Banner Christi.

Satan plante, erfolgreicher gegen die Regierung Gottes Krieg zu führen, indem er sein Banner in der christlichen Gemeinde aufpflanzte. Könnten die Nachfolger Christi getäuscht und verleitet werden, Gott zu mißfallen, dann würde ihre Kraft, Festigkeit und Beharrlichkeit dahin sein und sie ihm als Beute leicht zufallen.

Der große Gegner suchte nun durch Hinterlist das zu erreichen, was er sich mit Gewalt nicht hatte sichern können. Die Verfolgungen hörten auf, an ihre Stelle traten die gefährlichen Lockungen irdischen Wohllebens und weltlicher Ehre. Götzendiener wurden veranlaßt, einen Teil des christlichen Glaubens anzunehmen, wogegen sie andere wesentliche Wahrheiten verwarfen. Sie gaben vor, Jesus als den Sohn Gottes anzuerkennen und an seinen Tod und seine Auferstehung zu glauben; aber sie hatten keine Erkenntnis ihrer Sünden und fühlten kein Bedürfnis der Reue oder einer Veränderung des Herzens. Selbst zu einigen Zugeständnissen bereit, schlugen sie den Christen vor, ebenfalls Zugeständnisse zu machen, um alle auf der Grundlage des Glaubens an Christus zu vereinigen.

Nun befand sich die Gemeinde in einer furchtbaren Gefahr, mit der Gefängnis, Folter, Feuer und Schwert verglichen, als Segnungen gelten konnten. Einige Christen standen fest und erklärten, daß sie auf keinerlei Vergleichslösungen eingehen könnten. Andere stimmten für ein Entgegenkommen oder die Abschwächung einiger ihrer Glaubensgrundsätze und verbanden sich mit denen, die das Christentum teilweise angenommen hatten, indem sie geltend machten, es möchte jenen zur vollständigen Bekehrung dienen. Dies war für die treuen Nachfolger Christi eine Zeit großer Angst. Unter dem Deckmantel eines scheinbaren Christentums wußte Satan sich in die Gemeinde einzuschleichen, um ihren Glauben zu verfälschen und die Gemüter vom Wort der Wahrheit abzulenken.

Der größte Teil der Christen war bereit, von ihrer erhöhten Stufe hinabzusteigen, und eine Vereinigung zwischen dem Christentum und dem Heidentum kam zustande. Obwohl die Götzendiener vorgaben, bekehrt zu sein, und sich der Gemeinde anschlossen, hielten sie doch noch am Götzendienst fest. Sie vertauschten nur den Gegenstand ihrer Anbetung; an die Stelle ihrer Götzen setzten sie Abbilder von Jesus, von Maria und den Heiligen. Ungesunde Lehren, abergläubische Zeremonien wurden ihrem Glauben und ihrem Gottesdienst einverleibt. Als die Nachfolger Christi sich mit den Götzendienern verbanden, wurde die christliche Gemeinde verderbt, und ihre Reinheit und Kraft ging verloren. Immerhin gab es etliche, die durch diese Täuschungen nicht irregeleitet wurden, die dem Fürsten der Wahrheit ihre Treue bewahrten und Gott allein anbeteten.

Unter den bekenntlichen Nachfolgern Christi hat es jederzeit zwei Klassen gegeben. Während die eine das Leben des Heilandes erforscht und sich ernstlich bemüht, jeglichen Fehler an sich zu verbessern und ihrem Vorbilde ähnlich zu werden, scheut die andere die klaren, praktischen Wahrheiten, die ihre Irrtümer bloßstellen. Selbst in ihrem besten Zustand bestand die Gemeinde nicht nur aus wahren, reinen und aufrichtigen Seelen. Unser Heiland lehrte, daß die, die sich willig der Sünde hingeben, nicht in die Gemeinde aufgenommen werden sollen; dennoch verband er sich mit Männern von fehlerhaftem Charakter und gewährte ihnen die Vorteile seiner Lehren und seines Beispiels, damit sie Gelegenheit hätten, ihre Fehler zu sehen und zu verbessern. Unter den zwölf Aposteln war ein Verräter. Judas wurde nicht um seiner Charakterfehler willen, sondern ungeachtet derselben aufgenommen. Er wurde den Jüngern zugezählt, damit er durch die Unterweisungen und das Beispiel Christi lernte, worin ein christlicher Charakter besteht. Auf diese Weise sollte er seine Fehler erkennen, Buße tun und mit Hilfe der göttlichen Gnade seine Seele reinigen „im Gehorsam der Wahrheit". Aber Judas wandelte nicht in dem Licht, das ihm so gnädig schien; er gab der Sünde nach und forderte dadurch die Versuchungen Satans heraus. Seine bösen Charakterzüge gewannen die Oberhand. Er ließ sich von den Mächten der Finsternis leiten, wurde zornig, wenn seine Fehler getadelt wurden, und gelangte auf diese Weise dahin, das furchtbare Verbrechen des Verrats an seinem Meister zu begehen. So hassen alle, die unter einem Bekenntnis von Gottseligkeit das Böse lieben, diejenigen, die ihren Frieden stören und dadurch ihre sündhaften Lebenswandel verurteilen. Bietet sich ihnen eine günstige Gelegenheit, so werden sie, wie auch Judas tat, diejenigen verraten, die versucht haben, sie zu ihrem Besten zurechtzuweisen.

Die Apostel trafen Glieder in der Gemeinde die vorgaben, fromm zu sein, während sie insgeheim der Sünde huldigten. Ananias und Saphira waren Betrüger, denn sie behaupteten, Gott ein vollständiges Opfer darzubringen, obwohl sie habsüchtig einen Teil davon für sich zurückhielten. Der Geist der Wahrheit offenbarte den Aposteln den wirklichen Charakter dieser Scheinheiligen, und Gottes Gericht befreite die Gemeinde von diesem Flecken, der ihre Reinheit beschmutzte. Dieser offenbare Beweis, daß der scharfsichtige Geist Christi in der Gemeinde war, wurde ein Schrecken für die Heuchler und Übeltäter, die nicht lange in Verbindung mit jenen bleiben konnten, die ihrem Handeln und ihrer Gesinnung nach beständig Stellvertreter Christi waren; und als Prüfungen und Verfolgungen über seine Nachfolger hereinbrachen, wünschten nur die seine Jünger zu werden, die bereit waren, alles um der Wahrheit willen zu verlassen. Somit blieb die Gemeinde, solange die Verfolgung dauerte, verhältnismäßig rein. Als die Verfolgung aber aufhörte und Neubekehrte, die weniger aufrichtig und ergeben waren, hinzugetan wurden, öffnete sich der Weg für Satan, in der Gemeinde Fuß zu fassen.

Es gibt aber keine Gemeinschaft zwischen dem Fürsten des Lichts und dem Fürsten der Finsternis, mithin auch keine Verbindung unter ihren Nachfolgern. Als die Christen einwilligten, sich mit Seelen zu verbinden, die nur halb vom Heidentum bekehrt waren, betraten sie einen Pfad, der sie weiter und weiter von der Wahrheit abführte; Satan aber frohlockte, daß es ihm gelungen war, eine so große Zahl der Nachfolger Christi zu täuschen. Dann übte er seine Macht in einem noch stärkeren Grade auf die Betrogenen aus und trieb sie an, diejenigen zu verfolgen, die Gott treu blieben. Niemand konnte dem wahren Christenglauben so kräftig widerstehen wie seine ehemaligen Verteidiger; und diese abtrünnigen Christen im Verein mit ihren halbheidnischen Gefährten zogen gegen die wesentlichsten Lehren Christi in den Kampf.

Es bedurfte eines verzweifelten Ringens der Getreuen, festzustehen gegen die Betrügereien und Greuel, die in priesterlichem Gewande in die Gemeinde eingeführt wurden. Die Bibel wurde nicht mehr als Richtschnur des Glaubens angenommen. Die Lehre von wahrer Religionsfreiheit wurde als Ketzerei gebrandmarkt, und ihre Verteidiger wurden gehaßt und geächtet.

Nach langem und schwerem Kampf entschlossen sich die wenigen Getreuen, jede Gemeinschaft mit der abtrünnigen Kirche aufzuheben, falls diese sich beharrlich weigere, dem Irrtum und dem Götzendienst zu entsagen. Sie erkannten, daß Trennung eine unbedingte Notwendigkeit war, wenn sie selbst dem Worte Gottes gehorchen wollten. Sie wagten weder Irrtümer zu dulden, die für ihre eigenen Seelen gefährlich waren, noch ein Beispiel zu geben, das den Glauben ihrer Kinder und Kindeskinder gefährden würde. Um Frieden und Einheit zu wahren, waren sie bereit, irgendwelche mit ihrer Gottestreue vereinbare Zugeständnisse zu machen; sie fühlten aber, daß selbst der Friede unter Aufopferung ihrer Grundsätze zu teuer erkauft wäre. Konnte Einigkeit nur dadurch gesichert werden, daß Wahrheit und Rechtschaffenheit aufs Spiel gesetzt würden, dann mochte lieber Spaltung, ja selbst Kampf kommen.

Es würde für die Gemeinde und die Welt gut sein, wenn die Grundsätze, die diese standhaften Seelen zum Handeln bewogen, im Herzen des bekenntlichen Volkes Gottes wiederbelebt würden. Es herrscht eine beunruhigende Gleichgültigkeit bezüglich der Lehren, die die Pfeiler des christlichen Glaubens sind. Die Meinung gewinnt die Oberhand, daß sie nicht von so großer Wichtigkeit sind. Diese Geringschätzung stärkt die Hände der Vertreter Satans so sehr, daß die falschen Lehrbegriffe und verhängnisvollen Täuschungen, in deren Bekämpfung und Bloßstellung die Getreuen in vergangenen Zeiten ihr Leben wagten, jetzt von Tausenden vorgeblicher Nachfolger Christi wohlgefällig betrachtet werden.

Die ersten Christen waren in der Tat ein besonderes Volk. Ihr tadelloses Betragen und ihr unwandelbarer Glaube waren ein beständiger Vorwurf, der die Ruhe der Sünder störte. Obwohl gering an Zahl, ohne Reichtümer, Stellung oder Ehrentitel, waren sie überall, wo ihr Charakter und ihre Lehren bekannt wurden, den Übeltätern ein Schrecken. Deshalb wurden sie von den Gottlosen gehaßt, wie ehemals Abel von dem bösen Kain verabscheut wurde. Derselbe Beweggrund, der Kain zu Abels Mörder machte, veranlaßte die, die sich vom hemmenden Einfluß des Geistes Gottes zu befreien suchten, Gottes Kinder zu töten. Aus dem gleichen Grunde verwarfen und kreuzigten die Juden den Heiland; denn die Reinheit und Heiligkeit seines Charakters war ein beständiger Vorwurf gegen ihre Selbstsucht und Verderbtheit. Von den Tagen Christi an bis jetzt haben seine getreuen Jünger den Haß und den Widerspruch derer erweckt, die die Wege der Sünde lieben und ihnen nachgehen.

Wie kann denn aber das Evangelium eine Botschaft des Friedens genannt werden? Als Jesaja die Geburt des Messias vorhersagte, gab er ihm den Titel „Friedefürst". Als die Engel den Hirten verkündigten, daß Christus geboren sei, sangen sie über den Ebenen Bethlehems: „Ehre sei Gott in der Höhe und Friede auf Erden und den Menschen ein Wohlgefallen." (Lk. 2,14) Es scheint ein Widerspruch zu bestehen zwischen diesen prophetischen

Aussagen und den Worten Christi: „Ihr sollt nicht meinen, daß ich gekommen bin, Frieden zu bringen auf die Erde. Ich bin nicht gekommen Frieden zu bringen, sondern das Schwert" (Mt. 10,34), aber richtig verstanden sind beide Aussprüche in vollkommener Übereinstimmung. Das Evangelium ist eine Botschaft des Friedens. Das Christentum verbreitet, wenn es angenommen wird, Friede, Eintracht und Glückseligkeit über die ganze Erde. Die Religion Christi verbindet alle, die ihre Lehren annehmen, in inniger Bruderschaft miteinander. Es war Jesu Werk, die Menschen mit Gott und somit auch miteinander zu versöhnen. Aber die Welt im großen und ganzen befindet sich unter der Herrschaft Satans, des bittersten Feindes Christi. Das Evangelium zeigt ihr die Grundsätze des Lebens, die vollständig im Widerspruch mit ihren Sitten und Wünschen stehen, und gegen die sie sich empört. Sie haßt die Reinheit, die ihre Sünden offenbart und verurteilt, und sie verfolgt und vernichtet alle, die ihr diese gerechten und heiligen Ansprüche vorhalten. In diesem Sinne – weil die erhabenen Wahrheiten, die das Evangelium bringt, Haß und Streit veranlassen – wird es ein Schwert genannt.

Das geheimnisvolle Wirken der Vorsehung, die zuläßt, daß der Gerechte von der Hand des Gottlosen Verfolgung erleidet, ist für viele, die schwach im Glauben sind, eine Ursache großer Verlegenheiten geworden. Einige sind sogar bereit, ihr Vertrauen auf Gott wegzuwerfen, weil er es zuläßt, daß es den niederträchtigsten Menschen wohlergeht und die besten und aufrichtigsten von ihrer grausamen Macht bedrängt und gequält werden. Wie, fragt man, kann ein Gerechter und Barmherziger, der unendlich in seiner Macht ist, solche Ungerechtigkeit und Unterdrückung dulden? – Mit einer solchen Frage haben wir nichts zu tun. Gott hat uns genügend Beweise seiner Liebe gegeben, und wir sollen nicht an seiner Güte zweifeln, weil wir das Wirken seiner Vorsehung nicht zu ergründen vermögen. Der Heiland sagte zu seinen Jüngern, da er die Zweifel voraussah, die in den Tagen der Prüfung und der Finsternis ihre Seelen bestürmen würden: „Gedenkt an das Wort, das ich euch gesagt habe: Der Knecht ist nicht größer als sein Herr. Haben sie mich verfolgt, so werden sie euch auch verfolgen." (Joh. 15,20) Jesus hat mehr gelitten für uns, als irgendeiner seiner Nachfolger von der Grausamkeit gottloser Menschen zu leiden haben kann. Wer berufen ist, Qualen und Märtyrertod durchzumachen, folgt nur in den Fußstapfen des teuren Gottessohnes.

„Der Herr verzögert nicht die Verheißung." (2. Petr. 3,9) Er vergißt oder vernachlässigt seine Kinder nicht, aber gestattet den Gottlosen, ihren wahren Charakter zu offenbaren, auf daß keiner, der wünscht, seinen Willen zu tun, über sie getäuscht werden möchte. Wiederum läßt er die Gerechten durch den Feuerofen der Trübsal gehen, damit sie selbst gereinigt werden, damit ihr Beispiel andere von der Wirklichkeit des Glaubens und der Gottseligkeit überzeuge und ihr treuer Wandel die Gottlosen und Ungläubigen verurteile.

Gott läßt es zu, daß die Bösen gedeihen und ihre Feindschaft gegen ihn bekunden, damit, wenn das Maß ihrer Ungerechtigkeit voll ist, alle Menschen in ihrer vollständigen Vernichtung seine Gerechtigkeit und Gnade sehen können. Der Tag seiner Rache rückt rasch näher, da allen, die sein Gesetz übertreten und sein Volk unterdrückt haben, die gerechte Vergeltung für ihre Taten zuteil werden wird; da jede grausame und ungerechte Handlung gegen die Getreuen Gottes bestraft werden wird, als ob sie Christus selbst angetan worden sei.

Es gibt eine andere und wichtigere Frage, die die Aufmerksamkeit der Kirchen unserer Tage in Anspruch nehmen sollte. Der Apostel Paulus erklärt, daß „alle, die fromm leben wollen in Christus Jesus, müssen Verfolgung leiden." (2. Tim. 3,12) Wie kommt es dann, daß die Verfolgung gewissermaßen zu schlummern scheint? Der einzige Grund ist, daß die Kirchen sich der Welt angepaßt haben und deshalb keinen Widerstand erwecken. Die gegenwärtig volkstümliche Religion hat nicht den reinen und heiligen Charakter, der den christlichen Glauben in den Tagen Christi und seiner Apostel kennzeichnete. Weil man mit der Sünde gemeinsame Sache macht, weil man die großen Wahrheiten des Wortes Gottes so gleichgültig betrachtet, und weil wenig wahre Gottseligkeit in der Gemeinde herrscht, deshalb ist anscheinend das Christentum in der Welt beliebt. Sobald ein Wiederbeleben des Glaubens und der Macht der ersten Christengemeinden stattfindet, wird auch der Geist der Verfolgung abermals erwachen und die Feuer der Trübsal aufs neue schüren.

3   Der Abfall

Der Apostel Paulus erklärte in seinem zweiten Brief an die Thessalonicher, daß der Tag Christi nicht kommen werde, „in keinerlei Weise; denn zuvor muß der Abfall kommen und der Mensch der Bosheit offenbart werden, der Sohn des Verderbens. Er ist der Widersacher, der sich erhebt über alles, was Gott oder Gottesdienst heißt, so daß er sich in den Tempel Gottes setzt und vorgibt, er sei Gott". Und weiter warnt der Apostel seine Brüder: „Es regt sich bereits das Geheimnis der Bosheit." (2. Thess. 2,3.4.7) Schon zu jener frühen Zeit sah er, daß sich Irrtümer in die Kirche einschlichen, die den Weg für die Entwicklung des geweissagten Abfalls vorbereiteten.

Das Geheimnis der Bosheit führte nach und nach, erst verstohlen und stillschweigend, dann, als es an Kraft zunahm und die Herrschaft über die Gemüter der Menschen gewann, offener sein betrügerisches und verderbliches Werk aus. Beinahe unmerklich fanden heidnische Gebräuche ihren Weg in die christliche Gemeinde. Zwar wurde der Geist des Nachgebens und der Anpassung eine Zeitlang durch die heftige Verfolgung, die die Gemeinde Gottes unter dem Heidentum erduldete, zurückgehalten; als aber die Verfolgung aufhörte und das Christentum die Höfe und Paläste der Könige betrat, vertauschte es die demütige Einfachheit Christi und seiner Apostel mit dem Gepränge und dem Stolz der heidnischen Priester und Herrscher und setzte an die Stelle der Forderungen Gottes menschliche Theorien und Überlieferungen. Die angebliche Bekehrung Konstantins Anfang des vierten Jahrhunderts verursachte große Freude, damit jedoch zog die Welt, angetan mit dem Schein der Gerechtigkeit, in die Kirche ein. Jetzt machte das Verderben schnellen Fortschritt. Das Heidentum wurde, während es besiegt zu sein schien, zum Sieger. Sein Geist beherrschte die Kirche. Seine Lehren, seine Zeremonien und sein Aberglaube wurden dem Glauben und der Gottesverehrung der bekenntlichen Nachfolger Christi einverleibt.

Dieser Kompromiß zwischen Heidentum und Christentum hatte die Entwicklung des „Menschen der Bosheit" zur Folge, von dem die Prophezeiung voraussagte, daß er der Widersacher sei und sich über alles, was Gott heißt, erheben werde. Dies riesenhafte

System falscher Religion ist ein Meisterstück der Macht Satans – ein Denkmal seiner Anstrengungen, sich selbst auf den Thron zu setzen und die Erde nach seinem Willen zu beherrschen.

Satan versuchte es einmal, sich mit Christus zu einigen. Er kam zum Sohne Gottes in der Wüste der Versuchung, zeigte ihm alle Reiche der Welt und ihre Herrlichkeit und machte ihm das Anerbieten, alles in seine Hände zu geben, falls er nur die Oberherrschaft des Fürsten der Finsternis anerkennen wollte. Christus schalt den verwegenen Versucher und zwang ihn, sich zu entfernen. Satan hat aber größeren Erfolg, wenn er mit den gleichen Versuchungen an die Menschen herantritt. Um sich irdischen Gewinn und weltliche Ehren zu sichern, wurde die Kirche dazu verleitet, die Gunst und den Beistand der Großen dieser Erde zu suchen. Da sie auf diese Weise Christus verwarf, gelangte sie dahin, dem Stellvertreter Satans – dem Bischof von Rom – die Treue zu leisten.

Es ist eine der Hauptlehren der römischen Kirche, daß der Papst das sichtbare Haupt der allgemeinen Kirche Christi sei, angetan mit höchster Autorität über Bischöfe und Geistliche in allen Teilen der Welt. Mehr als das, man hat dem Papst sogar die Titel der Gottheit beigelegt. Er ist „der Herr Gott Papst" (s. Anhang, Anm. 1.) genannt und als unfehlbar erklärt worden. Er verlangt, daß alle Menschen ihm Verehrung zollen. Somit werden dieselben Ansprüche, die Satan in der Wüste der Versuchung vorbrachte, von ihm immer noch durch die Kirche von Rom gemacht, und viele sind bereit, ihm Huldigung zu gewähren.

Diejenigen aber, die Gott fürchten und ihn verehren, begegnen dieser den Himmel herausfordernden Anmaßung ebenso, wie Christus den Verlockungen des verschlagenen Feindes gegenübertrat: „Du sollst den Herrn, deinen Gott, anbeten und ihm allein dienen." (Lk. 4,8) Gott hat in seinem Wort nie einen Hinweis gegeben, daß er irgend einen Menschen bestimmt hat, das Oberhaupt der Gemeinde zu sein. Die Lehre von der päpstlichen Oberherrschaft ist den Aussprüchen der Heiligen Schrift geradezu entgegen. Der Papst kann keine Macht haben über die Gemeinde Christi, außer durch unrechtmäßige Aneignung.

Die Römlinge haben darauf beharrt, die Protestanten der Ketzerei und der eigenwilligen Trennung von der wahren Kirche zu beschuldigen. Aber diese Anklagen lassen sich eher auf sie selber anwenden. Sie sind diejenigen, die das Banner Christi niederlegten und von dem Glauben abwichen, „der ein für allemal den Heiligen übergeben ist." (Judas 3)

Satan wußte gar wohl, daß die Heilige Schrift die Menschen befähigen würde, seine Täuschungen zu erkennen und seiner Macht zu widerstehen; hatte doch selbst der Heiland der Welt seinen Angriffen durch das Wort Gottes widerstanden. Bei jedem Ansturm hielt Christus ihm den Schild der ewigen Wahrheit entgegen und sagte: „Es steht geschrieben". Jeder Einflüsterung des Feindes widerstand er durch die Weisheit und Macht des Wortes. Um die Herrschaft über die Menschen aufrechtzuerhalten und seine Autorität zu festigen, mußte Satan das Volk in bezug auf die Heilige Schrift in Unwissenheit halten. Die Bibel würde Gott erheben und den sterblichen Menschen ihre wahre Stellung anweisen; deshalb mußten ihre heiligen Wahrheiten geheim gehalten und unterdrückt werden. Dieser Plan wurde von der Kirche angenommen. Jahrhundertelang war die Verbreitung der Bibel (in der Volkssprache) verboten; das Volk durfte sie weder lesen noch im Hause haben, und Geistliche legten ihre Lehren zur Begründung ihrer eigenen Behauptungen aus. Auf diese Weise wurde das Kirchenoberhaupt beinahe allgemein anerkannt als Statthalter Gottes auf Erden, der mit Autorität über Kirche und Staat ausgestattet worden sei.

Da das einzig zuverlässige Mittel zur Entdeckung des Irrtums beseitigt worden war, wirkte Satan ganz nach seiner Willkür. Die Prophezeiung hatte erklärt, das Papsttum werde „sich unterstehen, Zeit und Gesetz zu ändern." (Dan. 7,25) Dieses Werk zu versuchen war es nicht müßig. Um den vom Heidentum Bekehrten ein Ersatzmittel für die Anbetung von Götzen zu bieten und so ihre äußerliche Annahme des Christentums zu fördern, wurde stufenweise die Verehrung von Bildern und Reliquien in den christlichen Gottesdienst eingeführt. Das Dekret einer allgemeinen Kirchenversammlung bestätigte schließlich dieses System der Abgötterei. (Das zweite nicäische Konzil, im Jahre 787) Um das gotteslästerliche Werk zu vollenden, maßte sich Rom an, aus dem Gesetz Gottes das zweite Gebot, das die Bilderanbetung (s. Anhang, Anm. 2.) verbietet, auszulassen und das zehnte in zwei zu teilen, um die Zehnzahl beizubehalten.

Der Geist des Zugeständnisses dem Heidentum gegenüber öffnete den Weg für eine noch größere Mißachtung der Autorität des Himmels. Satan tastete durch ungeheiligte Leiter der Kirche auch das vierte Gebot an und versuchte, den alten Sabbat, den Tag, den Gott gesegnet und geheiligt hatte (1. Mose 2,2.3), beiseitezusetzen und statt seiner den von den Heiden als „ehrwürdigen Tag der Sonne" begangenen Festtag zu erheben. Diese

Veränderung wurde anfangs nicht offen versucht. In den ersten Jahrhunderten war der wahre Sabbat von allen Christen gehalten worden. Sie eiferten für die Ehre Gottes, und da sie glaubten, daß sein Gesetz unveränderlich sei, wahrten sie eifrig die Heiligkeit seiner Vorschriften. Aber mit großer Schlauheit wirkte Satan durch seine Werkzeuge, um sein Ziel zu erreichen. Um die Aufmerksamkeit des Volkes auf den Sonntag zu richten, wurde er zu einem Festtag zu Ehren der Auferstehung Christi gemacht und an ihm Gottesdienst gehalten; doch betrachtete man ihn nur als einen Tag der Erholung und hielt den Sabbat noch immer heilig.

Um den Weg für das von ihm beabsichtigte Werk vorzubereiten, hatte Satan die Juden vor der Ankunft Christi verleitet, den Sabbat mit höchst strengen Anforderungen zu belasten, so daß seine Feier eine Bürde wurde. Jetzt benutzte er das falsche Licht, in dem er ihn auf diese Weise hatte erscheinen lassen, um auf ihn, als auf eine jüdische Einrichtung, Verachtung zu häufen. Während die Christen im allgemeinen fortfuhren, den Sonntag als einen Freudentag zu feiern, veranlaßte er sie, um ihren Haß gegen alles Jüdische zu zeigen, den Sabbat zu einem Fasttag, einem Tag der Trauer und des Trübsinns, zu gestalten.

Am Anfang des vierten Jahrhunderts erließ Kaiser Konstantin ein Dekret (s. Anhang, Anm. 3.) im ganzen Römischen Reich, demzufolge der Sonntag als ein öffentlicher Festtag eingesetzt wurde. Der Tag der Sonne wurde von den heidnischen Untertanen verehrt und von den Christen geachtet, und der Kaiser verfolgte die Absicht, die widerstreitenden Ansichten des Christentums mit denen des Heidentums zu vereinen. Er wurde dazu von den Bischöfen der Kirche gedrängt, die, von Ehrgeiz und Durst nach Macht beseelt, einsahen, daß den Heiden die äußerliche Annahme des Christentums erleichtert und somit die Macht und Herrlichkeit der Kirche gefördert würde, wenn sowohl von den Christen als auch von den Heiden derselbe Tag beobachtet würde. Aber während viele fromme Christen allmählich dahin kamen, dem Sonntag einen gewissen Grad von Heiligkeit beizumessen, hielten sie doch den wahren Sabbat als dem Herrn heilig und beachteten ihn im Gehorsam gegen das vierte Gebot.

Der Erzbetrüger hatte sein Werk nicht vollendet. Er war entschlossen, die ganze christliche Welt unter sein Banner zu sammeln, und durch seinen Statthalter, den stolzen Oberpriester, der behauptete, der Stellvertreter Christi zu sein, seine Macht geltend zu machen. Durch halbbekehrte Heiden, ehrgeizige Prälaten und weltliebende Geistliche erreichte er seinen Zweck. Von Zeit zu Zeit wurden große Kirchenversammlungen gehalten, zu denen die Würdenträger der Kirche aus allen Weltgegenden zusammenkamen. Auf fast jedem Konzil wurde der von Gott eingesetzte Sabbat etwas mehr erniedrigt und der Sonntag dementsprechend erhöht. So wurde der heidnische Festtag schließlich als eine göttliche Einrichtung verehrt, während der biblische Sabbat als Überbleibsel des Judentums verschrieen und seine Beobachter als verflucht erklärt wurden.

Dem großen Abtrünnigen war es gelungen, sich über „alles, was Gott oder Gottesdienst heißt," (2. Thess. 2,4) zu erheben. Er hatte sich erkühnt, die einzige Vorschrift des göttlichen Gesetzes, die unverkennbar alle Menschen auf den wahren und lebendigen Gott hinweist, zu verändern. Im vierten Gebot wird Gott als der Schöpfer Himmels und der Erde offenbart und dadurch von allen falschen Göttern unterschieden. Zum Andenken an das Schöpfungswerk wurde der siebente Tag als Ruhetag für die Menschen geheiligt. Er war dazu bestimmt, dem Menschen den lebendigen Gott als die Quelle des Seins und den Gegenstand der Verehrung und Anbetung beständig vor Augen zu halten. Satan jedoch bemüht sich, die Menschen von ihrer Treue zu Gott und vom Gehorsam gegen sein Gesetz abwendig zu machen, und deshalb richtet er seine Angriffe besonders gegen das Gebot, das Gott als den Schöpfer kennzeichnet.

Die Protestanten machen heute geltend, daß die Auferstehung Christi am Sonntag diesen Tag zum Ruhetag der Christen mache; jedoch fehlen hierfür die Beweise aus der Heiligen Schrift. Weder Christus noch seine Apostel haben diesem Tage eine solche Ehre beigelegt. Die Feier des Sonntags als eine christliche Einrichtung hat ihren Ursprung in dem „Geheimnis der Bosheit," das schon in den Tagen Pauli sein Werk begonnen hatte. (2. Thess. 2,7; Grundtext: „Geheimnis der Gesetzlosigkeit.") Wo und wann aber hat der Herr dieses Erzeugnis des Abfalls angenommen? Welcher rechtsgültige Grund kann für eine Veränderung gegeben werden, die die Heilige Schrift nicht billigt?

Im sechsten Jahrhundert hatte das Papsttum bereits eine feste Grundlage gewonnen. Der Sitz seiner Macht war in der kaiserlichen Stadt aufgerichtet und der römische Bischof als Oberhaupt der ganzen Kirche erklärt worden. Das Heidentum hatte dem Papsttum Platz gemacht, der Drache dem Tier „seine Kraft, seinen Thron und große Macht" gegeben. (Offb. 13,2; s. auch Anhang, Anm. 4.) Und nun begannen die zwölfhundertsechzig Jahre der päpstlichen Unterdrückung, wie sie in den Prophezeiungen Daniels und der Offenbarung vorhergesagt sind. (Dan. 7,25; Offb. 13,5-7) Die Christen wurden gezwungen zu wählen, ob sie entweder ihre Rechtschaffenheit aufgeben und die päpstlichen Gebräuche und den päpstlichen Gottesdienst annehmen oder ihr Leben in Kerkerzellen aufreiben oder auf der Folterbank, auf dem Scheiterhaufen oder durch das Henkerbeil den Tod erleiden wollten. Nun wurden die Worte Jesu erfüllt: „Ihr werdet aber verraten werden von Eltern, Brüdern, Verwandten und Freunden; und man wird einige von euch töten. Und ihr werdet gehaßt sein von jedermann um meines Namens willen." (Lk. 21,16.17) Verfolgung ergoß sich mit größerer Wut über die Gläubigen als je zuvor, und die Welt wurde ein weites Schlachtfeld. Jahrhundertelang fand die Gemeinde Zuflucht in Zurückgezogenheit und Verborgenheit. So sagt der Prophet: „Und die Frau entfloh in die Wüste, wo sie einen Ort hatte, bereitet von Gott, daß sie dort ernährt werde tausendzweihundertundsechzig Tage." (Offb. 12,6)

Der Beginn des dunklen Mittelalters wurde dadurch gekennzeichnet, daß die römische Kirche zur Macht gelangte. Je mehr ihre Macht zunahm, desto dichter wurde die Finsternis. Der Glaube wurde von Christus, dem wahren Grund, auf den Papst von Rom übertragen. Statt für die Vergebung der Sünden und das ewige Heil auf den Sohn Gottes zu vertrauen, sah das Volk auf den Papst und auf die von ihm bevollmächtigten Priester und Prälaten. Es wurde gelehrt, daß der Papst der irdische Mittler sei und niemand sich Gott nähern könne, es sei denn durch ihn, und ferner, daß er für die Menschen an Gottes Stelle stehe und ihm deshalb unbedingt zu gehorchen sei. Ein Abweichen von seinen Anforderungen war hinreichende Ursache dafür, die härtesten Strafen an Leib und Seele über die Schuldigen zu verhängen. So wurden die Gemüter des Volkes von Gott ab und auf fehlbare, irrende und grausame Menschen gelenkt, ja noch mehr, auf den Fürsten der Finsternis selbst, der durch diese seine Macht ausübte. Die Sünde war unter einem Gewand von Heiligkeit verdeckt. Wenn die Heilige Schrift unterdrückt wird und die Menschen sich selbst als maßgebend betrachten, so dürfen wir nur Betrug, Täuschung und erniedrigende Ungerechtigkeit erwarten. Mit der Erhebung menschlicher Gesetze und Überlieferungen wurde die Verderbnis offenbar, die immer aus der Verwerfung des Gesetzes Gottes hervorgeht.

Dies waren Tage der Gefahr für die Gemeinde Christi. Der treuen Fahnenträger waren wahrlich wenige. Obwohl die Wahrheit nicht ohne Zeugen blieb, schien es doch zuzeiten, als ob Irrtum und Aberglaube vollständig überhandnehmen wollten und die wahre Religion von der Erde verbannt werden würde. Das Evangelium wurde aus den Augen verloren, religiöse Gebräuche hingegen wurden vermehrt und die Leute mit strengen, harten Forderungen belastet.

Nicht nur wurden sie gelehrt, den Papst als ihren Mittler zu betrachten, sondern auch zur Versöhnung ihrer Sünden auf ihre eigenen Werke zu vertrauen. Lange Pilgerfahrten, Bußübungen, die Errichtung von Kirchen, Kapellen und Altären, das Bezahlen großer Geldsummen an die Kirche – diese und viele ähnliche Lasten wurden auferlegt, um den Zorn Gottes zu besänftigen oder sich seiner Gunst zu versichern, als ob Gott, gleich einem Menschen, wegen Kleinigkeiten erzürnt oder durch Gaben und Bußübungen zufriedengestellt werden könnte.

Obwohl die Sünde selbst unter den Leitern der römischen Kirche überhandnahm, so schien doch der Einfluß der Kirche beständig zu wachsen. Gegen Ende des achten Jahrhunderts erhoben die Verteidiger des Papsttums den Anspruch, daß im ersten Zeitalter der Kirche die Bischöfe von Rom die gleiche geistliche Macht besessen hätten, die sie sich jetzt anmaßten. Um diesen Anspruch geltend zu machen, mußte irgendein Mittel angewendet werden, um ihm den Schein von Autorität zu verleihen, und dies wurde von dem Vater der Lügen bereitwillig ins Werk gesetzt. Alte Handschriften wurden von Mönchen nachgeahmt; bis dahin unbekannte Beschlüsse von Kirchenversammlungen wurden entdeckt, die die allgemeine Oberherrschaft des Papstes von den frühesten Zeiten an bestätigten. Und eine Kirche, die die Wahrheit verworfen hatte, nahm diese Fälschungen begierig an. (s. Anhang, Anm. 5.)

Die wenigen Getreuen, die auf den wahren Grund bauten (vgl. 1. Kor. 3,10.11), wurden verwirrt und gehindert, da der Schutt falscher Lehren das Werk lähmte. Gleich den Bauleuten auf den Mauern Jerusalems in den Tagen Nehemias, waren einige bereit zu sagen: „Die Kraft der Träger ist zu schwach, und der Schutt ist zu viel, wir können an der Mauer nicht weiterbauen." (Neh. 4,4) Ermüdet von dem ständigen Kampf gegen Verfolgung, Betrug, Ungerechtigkeit und jedes andere Hindernis, das Satan ersinnen konnte, um ihren Fortschritt zu hindern, wurden einige Bauleute, die treu gewesen waren, entmutigt und um des Friedens, der Sicherheit ihres Eigentums und ihres Lebens willen wandten sie sich von dem wahren Grund ab. Andere, unerschrokken bei dem Widerstand ihrer Feinde, erklärten furchtlos: „Fürchtet euch nicht vor ihnen; gedenket an den Herrn, der groß und furchtbar ist!" (Neh. 4,8) Und sie fuhren fort mit der Arbeit, ein jeglicher sein Schwert um seine Lenden gegürtet (vgl. Eph. 6,17).

Dergleiche Geist des Hasses und des Widerstandes gegen die Wahrheit hat zu jeder Zeit Gottes Feinde angefeuert, und die gleiche Wachsamkeit und Treue ist von seinen Dienern verlangt worden. Die an die ersten Jünger gerichteten Worte Christi gelten allen seinen Nachfolgern bis ans Ende der Zeit: „Was ich aber euch sage, das sage ich allen: Wachet!" (Mk. 13,37)

Die Finsternis schien dichter zu werden. Die Bilderverehrung breitete sich immer mehr aus. Vor den Bildern wurden Kerzen angezündet und Gebete dargebracht. Die unsinnigsten und abergläubischsten Gebräuche nahmen überhand. Die Gemüter der Menschen wurden so vollständig vom Aberglauben beherrscht, daß die Vernunft selbst ihre Herrschaft verloren zu haben schien. Während Priester und Bischöfe selbst vergnügungssüchtig, sinnlich und verdorben waren, konnte man nur erwarten, daß das Volk, das um Leitung zu ihnen aufschaute, in Unwissenheit und Laster versinken würde.

Ein weiterer Schritt in der päpstlichen Anmaßung erfolgte, als im elften Jahrhundert Papst Gregor VII. die Vollkommenheit der römischen Kirche verkündigte. Unter den von ihm vorgebrachten Anträgen war einer, der erklärte, daß die Kirche nie geirrt habe noch der Heiligen Schrift gemäß je irren werde; aber biblische Beweise begleiteten diese Behauptung nicht. Der stolze Oberpriester beanspruchte auch die Macht, Kaiser abzusetzen, und erklärte, daß kein von ihm ausgesprochener Rechtsspruch von irgend jemand umgestoßen werden könne, während es sein Vorrecht sei, die Beschlüsse anderer aufzuheben. (s. Anhang, Anm. 6.)

Einen schlagenden Beweis seines Charakters lieferte dieser Befürworter der Unfehlbarkeit in der Behandlung des deutschen Kaisers Heinrich IV. Weil dieser Fürst gewagt hatte, die Macht des Papstes zu mißachten, wurde er in den Kirchenbann getan und als entthront erklärt. Erschreckt über die Untreue und die Drohungen seiner eigenen Fürsten, die in ihrer Empörung gegen ihn durch den päpstlichen Erlaß ermutigt wurden, hielt Heinrich es für notwendig, Frieden mit Rom zu schließen. In Begleitung seiner Gemahlin und eines treuen Dieners überschritt er mitten im Winter die Alpen, damit er sich vor dem Papst demütige. Als er Schloß Canossa erreichte, wohin Gregor sich zurückgezogen hatte, wurde er ohne seine Leibwache in einen Vorhof geführt und dort erwartete er in der strengen Kälte des Winters, mit unbedecktem Haupt und nackten Füßen, in jämmerlicher Kleidung die Erlaubnis des Papstes, vor ihm erscheinen zu dürfen. Erst nachdem er drei Tage mit Fasten und Beichten zugebracht hatte, ließ sich der Papst herab, ihm Verzeihung zu gewähren, und selbst dann geschah es nur unter der Bedingung, daß der Kaiser seine Genehmigung abwarte, ehe er sich aufs neue mit dem Amtszeichen schmücke oder die Macht der Kaiserwürde ausübe. Gregor aber, durch seinen Sieg erkühnt, prahlte, daß es seine Pflicht sei, den Stolz der Könige zu demütigen.

Wie auffallend ist der Unterschied zwischen der Überheblichkeit dieses Priesterfürsten und der Sanftmut und Milde Christi, der sich selbst darstellt als an der Tür des Herzens um Einlaß bittend, damit er einkehre, um Vergebung und Frieden zu bringen, der seine Jünger lehrt: „Und wer unter euch der Erste sein will, der sei euer Knecht." (Mt. 20,27)

Die nachfolgenden Jahrhunderte waren Zeugen einer beständigen Zunahme des Irrtums in den von Rom ausgehenden Lehren. Schon vor der Aufrichtung des Papsttums waren die Lehren heidnischer Philosophen beachtet worden und hatten einen Einfluß in der Kirche ausgeübt. Viele vorgeblich Bekehrte hingen noch immer an den Lehrsätzen ihrer heidnischen Philosophie und fuhren nicht nur fort, sie selbst zu erforschen, sondern drängten sie auch andern auf, um ihren Einfluß unter den Heiden auszudehnen. Auf diese Weise wurden bedenkliche Irrtümer in den christlichen Glauben eingeschleppt. Herausragend unter diesen war der Glaube an die natürliche Unsterblichkeit des Menschen und sein Bewußtsein nach dem Tode. Diese Lehre legte den Grund, auf den Rom die Anrufung der Heiligen und die Anbetung der Jungfrau Maria baute. Hieraus entsprang auch die Irrlehre von einer ewigen Qual für die bis zuletzt Unbußfertigen, die dem päpstlichen Glauben schon früh einverleibt wurde.

Damit war der Weg vorbereitet für die Einführung einer weiteren Erfindung des Heidentums, die Rom das Fegfeuer nannte und dann anwandte, um der leichtgläubigen und abergläubischen Menge Furcht einzujagen. Durch diese Lehre wird das Vorhandensein eines Ortes der Qual behauptet, an dem die Seelen derer, die keine ewige Verdammnis verdient haben, für ihre Sünden bestraft werden und von wo aus sie, sobald sie frei von aller Unreinheit sind, in den Himmel aufgenommen werden. (s. Anhang, Anm. 7.)

Noch eine andere Verfälschung war notwendig, um Rom in den Stand zu setzen, die Furcht und die Sünden seiner Anhänger für sich auszunutzen. Diese fand sich in der Ablasslehre. Volle Vergebung der vergangenen, gegenwärtigen und zukünftigen Sünden und Erlaß aller sich dadurch zugezogenen Strafen und Qualen wurden allen zugesichert, die sich an den Kriegen des Papsttums beteiligten, sei es um seine weltliche Herrschaft zu erweitern, seine Feinde zu züchtigen oder die auszutilgen, die sich erkühnten, seine geistliche Oberherrschaft zu bestreiten. Es wurde ferner gelehrt, daß man sich durch Bezahlen von Geld an die Kirche von Sünden befreien und auch die Seelen verstorbener Freunde, die in den quälenden Flammen gefangen gehalten wurden, erlösen könnte. Durch solche Mittel füllte Rom seine Kassen und unterhielt den Prunk, das Wohlleben und das Laster der vorgeblichen Vertreter dessen, der nicht hatte, wo er sein Haupt hinlegte (s. Anhang, Anm. 8.)

Die schriftgemäße Verordnung des Abendmahls war durch das Messopfer verdrängt worden. Die Priester behaupteten durch ihren sinnlosen Hokuspokus, einfaches Brot und Wein in den persönlichen Leib und das wirkliche Blut Christi zu verwandeln. In gotteslästerlicher Anmaßung beanspruchten sie öffentlich, die Macht zu besitzen, Gott, den Schöpfer aller Dinge, „zu schaffen." (s. Anhang, Anm. 9.) Von den Christen wurde bei Todesstrafe verlangt, ihren Glauben an diese entsetzliche, den Himmel spottende Irrlehre zu bekennen. Scharenweise wurden solche, die sich weigerten, den Flammen übergeben.

Im dreizehnten Jahrhundert wurde das schrecklichste der Werkzeuge des Papsttums – die Inquisition – eingeführt. Der Fürst der Finsternis wirkte mit den Vorstehern der päpstlichen Priesterherrschaft zusammen. In ihren geheimen Beratungen beherrschten Satan und seine Engel die Gemüter der schlechten Menschen, während ungesehen ein Engel Gottes in ihrer Mitte stand und den furchtbaren Bericht ihrer gottlosen Beschlüsse aufnahm und die Geschichte von Taten niederschrieb, die zu schrecklich sind, um vor menschlichen Augen zu erscheinen. „Babylon die Große" war „trunken von dem Blute der Heiligen". Die verstümmelten Leiber und das Blut der Millionen von Märtyrer schrieen zu Gott um Rache gegen diese abtrünnige Macht.

Das Papsttum war zum Zwingherrn der Welt geworden. Könige und Kaiser beugten sich vor den Erlassen des römischen Oberpriesters. Das Schicksal der Menschen, für Zeit und Ewigkeit, schien in seiner Gewalt zu sein. Jahrhunderte lang waren die

Lehren Roms ausschließlich und unbedingt angenommen, seine Gebräuche ehrfurchtsvoll vollzogen, seine Feste allgemein beobachtet worden. Seine Geistlichkeit wurde geehrt und freigebig unterstützt. Nie seither hat die römische Kirche größere Würde, Herrlichkeit oder Macht erlangt.

Doch „die Zeit der Mittagssonne über dem Papsttum war die sittliche Mitternacht der Welt". (J.A.Wylie, The History of Protestantism, B. 1, Kap. 4) Die Heilige Schrift war nicht nur dem Volke, sondern auch den Priestern beinahe unbekannt. Gleich den Pharisäern vor alters haßten die päpstlichen Anführer das Licht, das ihre Sünden aufgedeckt hätte. Da Gottes Gesetz, die Richtschnur der Gerechtigkeit, weggetan worden war, übten sie Gewalt aus ohne Grenzen und begingen Laster ohne Einschränkung. Betrug, Geiz, Verworfenheit waren an der Tagesordnung. Die Menschen schreckten vor keinem Verbrechen zurück, durch das sie Reichtum oder Positionen erlangen konnten. Die Paläste der Päpste und Prälaten waren der Schauplatz der wüstesten Ausschweifungen. Einige der regierenden Päpste machten sich so empörender Verbrechen schuldig, daß weltliche Herrscher es versuchten, diese Würdenträger der Kirche, die zu niederträchtig waren, um geduldet zu werden, abzusetzen. Jahrhundertelang hatte Europa keinen Fortschritt in den Wissenschaften, der Kunst oder der Zivilisation gemacht. Eine sittliche und geistlichen Lähmung hatte das Christentum befallen.

Der Zustand der Welt unter der römischen Macht war eine furchtbare und auffallende Erfüllung der Worte des Propheten Hosea: „Mein Volk ist dahin, weil es ohne Erkenntnis ist. Denn du hast die Erkenntnis verworfen; darum will ich dich auch verwerfen ... du vergißt des Gesetzes deines Gottes, darum will ich auch deine Kinder vergessen." „Denn es ist keine Treue, keine Liebe, und keine Erkenntnis Gottes im Lande, sondern Verfluchen, Lügen, Morden, Stehlen und Ehebrechen haben überhand genommen, und eine Blutschuld kommt nach der andern." (Hosea 4,6.1.2) Derart waren die Folgen der Verbannung des Wortes Gottes.

4 Die Waldenser

Inmitten der Dunkelheit, die sich während des langen Zeitabschnittes der päpstlichen Herrschaft über die Erde lagerte, konnte das Licht der Wahrheit nicht vollständig ausgelöscht werden. In jedem Zeitalter gab es Zeugen für Gott – Menschen, die den Glauben an Christus als den einzigen Vermittler zwischen Gott und den Menschen werthielten, denen die Bibel als die einzige Richtschnur des Lebens galt und die den wahren Sabbat feierten. Wieviel die Welt diesen Leuten schuldet, wird die Nachwelt nie erkennen. Sie wurden als Ketzer gebrandmarkt, sie wurden verleumdet, ihre Beweggründe angefochten, ihre Schriften unterdrückt, mißdeutet oder entstellt; dennoch standen sie fest und bewahrten von Jahrhundert zu Jahrhundert ihren Glauben in seiner Reinheit als ein heiliges Erbteil für die kommenden Geschlechter.

Die Geschichte des treuen Volkes Gottes während der Jahrhunderte der Finsternis, die der Erlangung der Oberherrschaft Roms folgten, steht im Himmel geschrieben. Nur wenige Spuren davon lassen sich in menschlichen Berichten finden, ausgenommen in den Anschuldigungen und den Anklagen ihrer Verfolger. Es war Roms Verfahrensweise, jede Spur von Abweichung von ihren Lehren oder Verordnungen auszutilgen. Alles Ketzerische, ob Personen oder Schriften, wurde vernichtet. Ein einziger Ausdruck des Zweifels, eine Frage hinsichtlich der Autorität der päpstlichen Dogmen, war genug, um das Leben von reich oder arm, hoch oder niedrig zu verwirken. Rom war auch bestrebt, jeden Bericht seiner Grausamkeit gegen Andersdenkende zu vernichten. Päpstliche Konzilien verordneten, daß Bücher und Schriften, die dergleichen Berichte enthielten, den Flammen übergeben werden sollten. Vor der Erfindung der Buchdruckerkunst waren die Bücher gering an Zahl und in einer für ihre Aufbewahrung nicht günstigen Form; deshalb fiel es den Römlingen nicht schwer, ihre Absicht auszuführen.

Keine Gemeinde innerhalb der Grenzen der römischen Gerichtsbarkeit blieb lange ungestört im Genuß der Gewissensfreiheit. Kaum hatte das Papsttum Macht erlangt, als es schon seine Arme ausstreckte, um alles zu erdrücken, was sich weigerte, seine Oberhoheit anzuerkennen, und eine Gemeinde nach der anderen unterwarf sich seiner Herrschaft.

In Großbritannien hatte das Urchristentum schon früh Wurzel gefaßt. Das von den Briten in den ersten Jahrhunderten angenommene Evangelium war damals noch unverdorben von dem römischen Abfall. Die Verfolgung durch heidnische Kaiser, die sich bis nach diesen entfernten Küsten ausdehnte, war die einzige „Gabe", die die ersten britischen Gemeinden von Rom erhielten. Viele Christen, die vor der Verfolgung in England flohen, fanden eine Zuflucht in Schottland; von dort wurde die Wahrheit nach Irland getragen, und in allen diesen Ländern nahm man sie mit Freuden auf.

Als die Sachsen in Britannien eindrangen, gewann das Heidentum die Herrschaft. Die Eroberer verschmähten es, von ihren Sklaven unterwiesen zu werden, und die Christen wurden gezwungen, sich in die Berge und wilden Moore zurückzuziehen. Doch das eine Zeitlang verborgene Licht brannte weiter. In Schottland schien es ein Jahrhundert später mit einem Glanz, der sich über weit entlegene Länder erstreckte. Von Irland kamen der fromme Kolumban und seine Mitarbeiter; sie sammelten die zerstreuten Gläubigen auf der einsamen Insel Iona um sich und machten sie zum Mittelpunkt ihrer Missionstätigkeit. Unter diesen Evangelisten befand sich ein Beobachter des biblischen Sabbats, und so wurde diese Wahrheit unter dem Volk eingeführt. Auf Iona wurde eine Schule errichtet, von wo aus Evangelisten nicht nur nach Schottland und England, sondern auch nach Deutschland, der Schweiz und sogar nach Italien ausgingen.

Aber Rom hatte seine Augen auf Britannien gerichtet und war entschlossen, es unter seine Oberherrschaft zu bringen. Im sechsten Jahrhundert unternahmen seine Sendboten die Bekehrung der heidnischen Sachsen. Sie wurden von den stolzen Barbaren günstig aufgenommen und brachten viele Tausende dahin, sich zum römischen Glauben zu bekennen. Beim Fortschritt des Werkes trafen die päpstlichen Führer und ihre Bekehrten mit den Urchristen zusammen, die einfach, bescheiden und biblisch in Charakter, Lehre und Lebensart waren. Die römischen Abgesandten verlangten, daß diese Christengemeinden die Oberherrschaft des Papstes anerkennen sollten. Die Briten erwiderten demütig, daß sie alle Menschen zu lieben wünschten, daß jedoch der Papst nicht zur Oberherrschaft in der Kirche berechtigt sei und sie ihm nur die Untertänigkeit erweisen könnten, die jedem Nachfolger Christi gebühre. Wiederholte Versuche wurden gemacht, um ihre

Untertanentreue gegen Rom zu sichern; aber diese demütigen Christen, erstaunt über den von Roms Sendlingen entfalteten Stolz, erwiderten standhaft, daß sie keinen andern Herrn als Christus kannten. Nun offenbarte sich der wahre Geist des Papsttums. Der römische Führer sagte: „Wenn ihr die Bruderhand, die euch den Frieden bringen will, nicht annehmen mögt, so sollt ihr Feinde bekommen, die euch den Krieg bringen. Wenn ihr nicht mit uns den Sachsen den Weg des Lebens verkündigen wollt, so sollt ihr von ihrer Hand den Todesstreich empfangen." (Beda, Hist. Eccl., II, Kap. 2, Oxford, 1896. d'Aubigné, Gesch. d. Ref., 17. Buch, 2. Abschn. Neander Kirchengesch., 3. Par., 1. Abschn., S. 9. Gotha, 1856.) Dies waren keine leeren Drohungen. Krieg, Intrigen und Betrügereien wurden gegen diese Zeugen biblischen Glaubens angewandt, bis die Kirchen Britanniens zerstört waren, oder gezwungen wurden, sich der Herrschaft des Papstes zu unterwerfen.

In Ländern außerhalb der Gerichtsbarkeit Roms bestanden während vieler Jahrhunderte Gemeinschaften von Christen, die sich beinahe frei von der päpstlichen Verderbnis hielten. Sie waren vom Heidentum umgeben und litten im Laufe der Jahre durch dessen Irrtümer; aber sie fuhren fort, die Bibel als alleinige Richtschnur des Glaubens zu betrachten und hielten manche Wahrheitspunkte fest. Sie glaubten an die ewige Gültigkeit des Gesetzes Gottes und feierten den Sabbat des vierten Gebotes. Derartige Gemeinden fanden sich in Afrika und unter den Armeniern in Kleinasien.

Unter denen aber, die sich den Eingriffen der päpstlichen Macht widersetzten, standen die Waldenser mit an erster Stelle. Gerade in dem Lande, wo das Papsttum seinen Sitz aufgeschlagen hatte, wurde seiner Falschheit und seiner Verderbtheit der entschlossenste Widerstand geleistet. Jahrhundertelang hielten die Gemeinden in Piemont ihre Unabhängigkeit aufrecht, aber schließlich kam die Zeit, da Rom auf ihrer Unterwerfung bestand. Nach erfolglosen Kämpfen gegen die römische Tyrannei erkannten die Leiter dieser Gemeinden widerstrebend die Oberherrschaft der Macht an, der sich die ganze Welt zu beugen schien. Eine Anzahl jedoch weigerte sich, der Autorität des Papstes oder der Prälaten nachzugeben, und war entschlossen, Gott die Treue zu halten und die Reinheit und Einfachheit ihres Glaubens zu bewahren. Eine Trennung fand statt. Die, die dem alten Glauben treu blieben, zogen sich nun zurück; einige verließen ihre heimatlichen Alpen und pflanzten das Banner der Wahrheit in fremden Landen auf; andere zogen sich in entlegene Bergschluchten und felsige Bergfesten zurück und bewahrten dort ihre Freiheit, Gott zu verehren.

Der Glaube, der viele Jahrhunderte lang von den Waldensern bewahrt und gelehrt wurde, stand in einem scharfen Gegensatz zu den von Rom verkündeten Lehrsätzen. Ihr Glaube hatte das geschriebene Wort Gottes, die Grundsätze des wahren Christentums zur Grundlage. Doch waren diese einfachen Landleute in ihren dunklen Zufluchtsorten, abgeschlossen von der Welt und an ihre täglichen Pflichten unter ihren Herden und in ihren Weingärten gebunden, nicht von selbst zu der Wahrheit gekommen, die im Widerspruch zu den Lehrsätzen und Irrlehren der gefallenen Kirche stand; ihr Glaube war nicht ein neu angenommener; ihre religiöse Überzeugung war ein Erbgut ihrer Väter. Sie kämpften für den Glauben der apostolischen Kirche, „der einmal den Heiligen übergeben ist." (Judas 3) Die „Gemeinde in der Wüste", nicht die stolze Priesterherrschaft auf dem Thron der großen Welthauptstadt Rom, war die wahre Gemeinde Christi, der Wächter der Schätze der Wahrheit, die Gott seinem Volk anvertraut hatte, um sie der Welt zu übermitteln.

Unter den Hauptursachen, die zur Trennung der wahren Gemeinde von Rom geführt hatten, war ihr Haß gegen den biblischen Sabbat. Wie von der Prophezeiung vorhergesagt, warf die päpstliche Macht die Wahrheit zu Boden. Das Gesetz Gottes wurde in den Staub getreten, während die Überlieferungen und Gebräuche der Menschen erhoben wurden. Die Kirchen, die unter der Herrschaft des Papsttums standen, wurden schon früh gezwungen, den Sonntag als einen heiligen Tag zu ehren. Unter dem vorherrschenden Irrtum und Aberglauben wurden selbst von dem wahren Volke Gottes viele so verwirrt, daß sie den Sabbat feierten und gleichzeitig sich auch am Sonntag der Arbeit enthielten. Dies aber genügte den päpstlichen Führern nicht. Sie verlangten nicht nur, daß der Sonntag geheiligt, sondern auch, daß der Sabbat entheiligt werde, und sie verurteilten in den stärksten Ausdrücken alle, die es wagten, ihm Ehre zu erweisen. Nur wer der römischen Macht entronnen war, konnte dem Gesetz Gottes in Frieden gehorchen.

Die Waldenser gehörten mit zu den ersten Völkern Europas, die in den Besitz einer Übersetzung der Heiligen Schrift gelangten (s. Anhang, Anm. 10.). Jahrhunderte vor der Reformation besaßen sie eine Abschrift der Bibel in ihrer Muttersprache; somit hatten sie die Wahrheit unverfälscht und wurden dadurch zu einem besonderen Gegenstand des Hasses und der Verfolgung. Sie erklärten die römische Kirche für das abtrünnige Babylon der Offenbarung und erhoben sich unter Gefahr ihres Lebens, um seinen Verführungen zu widerstehen. (Hahn, Gesch. d. Ketzer, Bd. 2, S. 80-86) Unter dem Druck einer langanhaltenden Verfolgung wurden etliche in ihrem Glauben schwankend und ließen nach und nach die unterscheidenden Grundsätze fahren; andere hielten an der Wahrheit fest. In den finsteren Zeiten des Abfalls fanden sich Waldenser, die die Oberherrschaft Roms bestritten, die Bilderverehrung als Götzendienst verwarfen und den wahren Sabbat feierten. Unter den grimmigsten Stürmen des Widerstandes bewahrten sie ihren Glauben. Obwohl von den savoyischen Speeren durchbohrt und von den römischen Brandfackeln versengt, standen sie doch unentwegt für Gottes Wort und Ehre ein.

Hinter den hohen Bollwerken der Gebirge – zu allen Zeiten der Zufluchtsort für die Verfolgten und Unterdrückten – fanden die Waldenser ein Versteck. Hier wurde das Licht der Wahrheit während der Finsternis des Mittelalters leuchtend erhalten; hier bewahrten tausend Jahre lang Zeugen der Wahrheit den alten Glauben.

Gott hatte für sein Volk ein Heiligtum von feierlicher Erhabenheit vorgesehen, den gewaltigen Wahrheiten entsprechend, die ihm anvertraut worden waren. Den getreuen Verbannten waren die Berge ein Sinnbild der unwandelbaren Gerechtigkeit des Herrn. Sie wiesen ihre Kinder auf die Höhen hin, die sich in unveränderlicher Majestät vor ihnen auftürmten und sprachen zu ihnen von dem Allmächtigen, bei dem keine Veränderung noch Wechsel ist, dessen Wort ebenso fest gegründet ist wie die ewigen Hügel. Gott hatte die Berge festgesetzt und sie mit Kraft gegürtet; kein Arm außer dem der unendlichen Macht konnte sie von ihrer Stelle bewegen. In gleicher Weise hatte er sein Gesetz, die Grundlage seiner Regierung im Himmel und auf Erden, aufgerichtet. Wohl konnte der Arm des Menschen seine Mitmenschen erreichen und deren Leben vernichten; aber er vermochte ebensowenig die Berge aus ihren Grundfesten zu reißen und sie ins Meer zu schleudern, wie eines der Gebote Gottes zu verändern oder eine seiner Verheißungen auszutilgen, die denen gegeben sind, die seinen Willen tun. In ihrer Treue gegen Gottes Gesetz sollten seine Diener ebenso feststehen wie die unbeweglichen Berge.

Die Gebirge, die ihre tiefen Täler umrahmten, waren beständige Zeugen von Gottes Schöpfungsmacht und eine untrügliche

Versicherung seiner schützenden Fürsorge. Diese Pilger gewannen die stillen Sinnbilder der Gegenwart des Herrn lieb. Sie gaben sich keiner Unzufriedenheit über die Härte ihres Loses hin, fühlten sich inmitten der Einsamkeit der Berge nie allein. Sie dankten Gott, daß er ihnen einen Zufluchtsort vor dem Zorn und der Grausamkeit der Menschen bereitet hatte. Sie freuten sich ihrer Freiheit, vor ihm anzubeten. Oft, wenn sie von ihren Feinden verfolgt wurden, erwies sich die Feste der Höhen als sicherer Schutz. Von manchem hohen Felsen sangen sie das Lob Gottes, und die Heere Roms konnten ihre Dankeslieder nicht zum Schweigen bringen.

Rein, einfältig und inbrünstig war die Frömmigkeit dieser Nachfolger Christi. Sie schätzten die Grundsätze der Wahrheit höher als Häuser, Güter, Freunde, Verwandte, ja selbst als das Leben. Diese Grundsätze versuchten sie ernstlich den Herzen der Jugend einzuprägen. Von frühester Kindheit an wurden die Kinder in der Heiligen Schrift unterwiesen und gelehrt, die Forderungen des Gesetzes Gottes heilig zu achten. Da es nur wenige Abschriften der Bibel gab, wurden ihre köstlichen Worte dem Gedächtnis eingeprägt, und viele Waldenser wußten große Teile des Alten und des Neuen Testaments auswendig. Gedanken an Gott wurden sowohl mit den erhabenen Naturlandschaften als auch mit den bescheidenen Segnungen des täglichen Lebens verbunden. Kleine Kinder wurden dazu angehalten, dankbar zu Gott als dem Geber jeder Hilfe und allen Trostes aufzublicken.

Die Eltern, so zärtlich und liebevoll sie auch ihren Kindern entgegenkamen, in ihrer Liebe zu ihnen waren sie zu klug, um sie daran zu gewöhnen, gegen sich selbst nachsichtig zu sein. Vor ihnen lag ein Leben voller Prüfungen und Schwierigkeiten, vielleicht der Tod eines Märtyrers. Sie wurden von Kindheit an dazu erzogen, Schwierigkeiten zu ertragen, sich Befehlen zu unterwerfen und doch für sich selbst zu denken und zu handeln. Schon früh wurden sie gelehrt, Verantwortung zu übernehmen, auf der Hut zu sein im Reden und die Klugheit des Schweigens zu verstehen. Ein unbedachtes Wort, das in Gegenwart der Feinde fallen gelassen wurde, konnte nicht nur das Leben des Sprechenden, sondern auch das von Hunderten seiner Brüder gefährden; denn gleichwie Wölfe ihre Beute jagen, verfolgten die Feinde der Wahrheit die, die es wagten, Glaubensfreiheit zu beanspruchen.

Die Waldenser hatten ihre weltliche Wohlfahrt der Wahrheit wegen geopfert und arbeiteten unermüdlich und mit beharrlicher

Geduld für ihr tägliches Brot. Jeder Fleck bestellbaren Bodens in den Gebirgen wurde sorgfältig ausgenutzt; die Täler und die wenigen fruchtbaren Abhänge wurden urbar gemacht. Sparsamkeit und strenge Selbstverleugnung bildeten einen Teil der Erziehung, die die Kinder als einziges Vermächtnis erhielten. Sie wurden gelehrt, daß Gott das Leben zu einer Schule bestimmt habe und daß ihre Bedürfnisse nur durch persönliche Arbeit, durch Vorsorge, Sorgfalt und Glauben gedeckt werden könnten. Wohl war das Verfahren mühsam und beschwerlich, aber es war heilsam und gerade das, was allen Menschen in ihrem gefallenen Zustande not tut; es war die Schule, die Gott für ihre Erziehung und Entwicklung vorgesehen hatte. Während die Jugend an Mühsal und Ungemach gewöhnt wurde, vernachlässigte man nicht die Bildung des Verstandes. Man lehrte, daß alle Kräfte Gott gehören und daß sie für seinen Dienst vervollkommnet und entwickelt werden müssen.

Die Gemeinden der Waldenser glichen in ihrer Reinheit und Einfachheit der Gemeinde zu den Zeiten der Apostel. Indem sie die Oberherrschaft des Papstes und der Prälaten verwarfen, hielten sie die Bibel als die höchste und einzig unfehlbare Autorität. Ihre Prediger folgten dem Beispiel ihres Meisters, der nicht gekommen war, „daß er sich dienen lasse, sondern daß er diene". Sie speisten die Herde Gottes, indem sie sie auf die grüne Aue und zu dem frischen Wasser seines heiligen Wortes führten. Weit abgelegen von den Denkmälern weltlicher Pracht und Ehre versammelte sich das Volk nicht in stattlichen Kirchen oder großartigen Kathedralen, sondern im Schatten der Gebirge, in den Alpentälern oder in Zeiten der Gefahr in dieser oder jener Felsenfeste, um den Worten der Wahrheit von den Lippen der Knechte Christi zu lauschen. Die Seelenhirten predigten nicht nur das Evangelium, sondern besuchten auch die Kranken, unterrichteten die Kinder, ermahnten die Irrenden und wirkten darauf hin, Streitigkeiten zu schlichten und Eintracht und brüderliche Liebe zu fördern. Zur Zeit des Friedens wurden sie durch die freiwilligen Gaben des Volkes unterhalten; doch, gleich Paulus, dem Teppichmacher, erlernte ein jeder ein Handwerk oder einen Beruf, wodurch er im Notfall für seinen eigenen Unterhalt sorgen konnte.

Die Seelenhirten unterrichteten die Jugend. Während die Zweige des allgemeinen Wissens nicht unbeachtet blieben, machte man die Bibel zum Hauptgegenstand des Studiums. Die Schüler lernten das Matthäus- und das Johannes-Evangelium nebst vielen der Briefe auswendig und befaßten sich mit dem Abschreiben der Heiligen Schrift. Etliche Handschriften enthielten die ganze Bibel, andere nur kurze Auszüge, denen von Personen, die imstande waren, die Bibel auszulegen, einige einfache Erklärungen des Textes beigefügt waren. Auf diese Weise wurden die Schätze der Wahrheit, die so lange von denen, die sich über Gott erheben wollten, verborgen gehalten worden waren, zutage gefördert.

Durch geduldige, unermüdliche Arbeit, oft in den tiefen finsteren Felsenhöhlen bei Fackellicht, wurden die Heiligen Schriften Vers für Vers, Kapitel für Kapitel, abgeschrieben. So ging das Werk voran, indem der offenbarte Wille Gottes wie reines Gold hervorleuchtete; wieviel strahlender, klarer und mächtiger infolge der Prüfungen, die um seinetwillen erduldet wurden, konnten nur diejenigen erkennen, die sich an dem Werk beteiligten. Engel vom Himmel umgaben ständig diese treuen Arbeiter.

Satan hatte die päpstlichen Priester und Prälaten angetrieben, das Wort der Wahrheit unter dem Schutt des Irrtums, der Ketzerei und des Aberglaubens zu begraben; aber in höchst wunderbarer Weise wurde es in allen Zeiten der Finsternis unverdorben bewahrt. Es trug nicht das Gepräge des Menschen, sondern den Stempel Gottes. Die Menschen sind unermüdlich gewesen in ihren Anstrengungen, die klare, einfache Bedeutung der Schrift zu verdunkeln und sie so hinzustellen, als ob sie sich selbst widerspräche; aber gleich der Arche auf den Wogen der Tiefe widersteht das Wort Gottes den Stürmen, die ihm mit Vernichtung drohen. Wie die Mine reich an Gold- und Silberadern ist, die unter der Oberfläche verborgen liegen, so daß alle, die ihre köstlichen Schätze entdecken wollen, danach graben müssen, so hat die Heilige Schrift Schätze der Wahrheit, die nur dem ernsten, demütigen, betenden Sucher offenbar werden. Gott beabsichtigte, daß die Bibel ein Lehrbuch für alle Menschen sowohl in der Kindheit als auch in der Jugendzeit und im Mannesalter sein und immer erforscht werden sollte. Er gab den Menschen sein Wort als eine Offenbarung seiner selbst. Mit jeder neuerkannten Wahrheit wird der Charakter ihres Urhebers deutlicher enthüllt. Das Studium der Heiligen Schrift ist das göttlich verordnete Mittel, die Menschen in engere Verbindung mit ihrem Schöpfer zu bringen und ihnen eine klarere Erkenntnis seines Willens zu geben. Es ist das Kommunikationsmittel zwischen Gott und dem Menschen.

Während die Waldenser die Furcht des Herrn als der Weisheit Anfang erkannten, übersahen sie keineswegs die Wichtigkeit einer Berührung mit der Welt, einer Kenntnis der Menschen und des tätigen Lebens, um den Geist zu erweitern und den Verstand zu schärfen. Aus ihren Schulen in den Bergen wurden etliche Jünglinge auf Erziehungsanstalten in den Städten Frankreichs oder Italiens gesandt, wo sie ein ausgedehnteres Feld zum Studieren, Denken und Beobachten haben konnten als in ihren heimatlichen Alpen. Die auf diese Weise hinausgesandten Jünglinge waren Versuchungen ausgesetzt; sie sahen Laster und begegneten Satans verschlagenen Werkzeugen, die ihnen die verfänglichsten Irrlehren und die gefährlichsten Täuschungen aufzudrängen suchten. Aber ihre Erziehung von Kind auf war dazu angelegt, sie auf alle diese Gefahren vorzubereiten.

In den Schulen, die sie besuchten, sollten sie niemanden zum Vertrauten machen. Ihre Kleider waren besonders eingerichtet, um ihren größten Schatz – die kostbaren Abschriften der Heiligen Schrift – darin zu verbergen. Diese Handschriften, die Frucht monate- und jahrelanger harter Arbeit, führten sie mit sich, und wenn es ihnen, ohne Verdacht zu erregen, möglich war, boten sie diese denen an, deren Herzen für die Wahrheit empfänglich zu sein schienen. Von Mutterschoß an waren die waldensischen Jünglinge mit diesem Ziel vor Augen erzogen worden; sie verstanden ihr Werk und vollführten es treulich. Viele wurden in diesen Lehranstalten zum wahren Glauben bekehrt, ja häufig durchdrangen dessen Grundsätze die ganze Schule, und doch konnten die päpstlichen Leiter trotz sorgfältigen Nachforschens der sogenannten verderblichen Ketzerei nicht auf den Grund kommen.

Christi Geist ist ein Missionsgeist. Der allererste Drang des erneuerten Herzens geht darauf hinaus, andere zum Heiland zu bringen. Derart war auch der Geist der Waldenser. Sie fühlten, daß Gott mehr von ihnen verlangte, als nur die Wahrheit in ihrer Lauterkeit unter den eigenen Gemeinden zu erhalten, daß auf ihnen die feierliche Verantwortlichkeit ruhte, ihr Licht denen, die in der Finsternis waren, leuchten zu lassen, und durch die gewaltige Macht des Wortes Gottes suchten sie die Bande, die Rom auferlegt hatte, zu brechen. Die Prediger der Waldenser wurden als Missionare ausgebildet, und jeder, der ins Predigtamt eintreten wollte, mußte zuerst Erfahrung als Evangelist sammeln, mußte drei Jahre lang in dem einen oder anderen Missionsfeld wirken, ehe er über eine Gemeinde in der Heimat eingesetzt wurde. Dieser Dienst, der von vornherein Selbstverleugnung und Opfer forderte, war eine geeignete Einführung in die Erfahrungen eines Seelenhirten in jenen Zeiten, die die Menschenherzen

auf die Probe stellten. Die Jünglinge, die zum heiligen Amt eingesegnet wurden, hatten keineswegs irdische Reichtümer und
Ehre in Aussicht, sondern sahen einem Leben von Mühsalen und
Gefahren und möglicherweise dem Märtyrertod entgegen. Die
Sendboten gingen je zwei und zwei hinaus, wie Jesus seine Jünger aussandte. Mit jedem Jüngling ging gewöhnlich ein älterer
und erfahrener Begleiter, der als Führer des jüngeren diente und
für dessen Ausbildung verantwortlich war und dessen Anweisungen jener Folge leisten mußte. Diese Mitarbeiter waren nicht
immer beisammen, vereinigten sich aber oft zum Gebet und zur
Beratung und stärkten sich auf diese Weise gegenseitig im Glauben.

Es würde sicherlich zu Niederlagen geführt haben, wenn diese Leute den Zweck ihrer Mission bekanntgegeben hätten; deshalb verbargen sie sorgfältig ihre wirkliche Aufgabe. Jeder Prediger verstand irgendein Handwerk oder Gewerbe, und diese
Glaubensboten führten ihr Werk unter dem Gewand eines weltlichen Berufes, gewöhnlich eines Verkäufers oder Hausierers, aus.
„Sie boten Seide, Schmucksachen und andere Gegenstände, die
zu der Zeit nur aus weitentfernten Handelsplätzen zu beziehen
waren, zum Verkauf an und wurden dort als Handelsleute willkommen geheißen, wo sie als Missionare zurückgewiesen wor-
den wären." (Wylie, Geschichte des Protestantismus, 1. Buch, 7.
Kap.) Während der Zeit erhoben sie ihre Herzen zu Gott, um
Weisheit, damit sie einen Schatz, der köstlicher als Gold und
Edelsteine war, ausbreiten konnten. Sie trugen Abschriften der
Bibel, ganz oder teilweise, verborgen bei sich, und wenn sich
eine Gelegenheit dazu bot, lenkten sie die Aufmerksamkeit ihrer
Kunden auf diese Handschriften. Oft wurde auf diese Weise ein
Verlangen wachgerufen, Gottes Wort zu lesen, und ein Teil der
Schrift solchen mit Freuden überlassen, die es annehmen woll-
ten.

Das Werk dieser Sendboten begann in den Ebenen und Tälern
am Fuße ihrer eigenen Berge, erstreckte sich jedoch weit über
diese Grenzen hinaus. Barfuß, in groben, von der Reise be-
schmutzten Gewändern, wie die ihres Herrn, zogen sie durch
große Städte und drangen bis in entlegene Länder vor. Überall
streuten sie den köstlichen Samen aus. Gemeinden entstanden
auf ihrem Wege, und das Blut von Märtyrern zeugte für die Wahrheit. Der Tag Gottes wird eine reiche Ernte von Seelen offenbaren, die durch die Arbeit dieser getreuen Männer eingesammelt
wurde. Heimlich und schweigend bahnte sich Gottes Wort sei-

nen Weg durch die Christenheit und fand in den Wohnungen und Herzen vieler Menschen ein freundliches Willkommen.

Den Waldensern war die Heilige Schrift nicht nur ein Bericht von Gottes Handlungsweise mit den Menschen in der Vergangenheit und eine Offenbarung der Verantwortungen und Pflichten in der Gegenwart, sondern auch eine Enthüllung der Gefahren und Herrlichkeiten der Zukunft. Sie glaubten, daß das Ende aller Dinge nicht weit entfernt sei; und indem sie die Bibel unter Gebet und Tränen erforschten, machten ihre köstlichen Aussprüche einen um so tieferen Eindruck, und sie erkannten deutlicher ihre Pflicht, anderen die darin enthaltenen seligmachenden Wahrheiten mitzuteilen. Durch das heilige Buch wurde ihnen der Erlösungsplan klar offenbart, und sie fanden Trost, Hoffnung und Frieden im Glauben an Jesus. Je mehr das Licht ihr Verständnis erleuchtete und ihre Herzen fröhlich machte, desto mehr sehnten sie sich danach, seine Strahlen auch auf diejenigen zu lenken, die noch in der Finsternis des päpstlichen Irrtums befangen waren.

Sie sahen, daß viele Menschen unter Führung des Papstes und der Priester sich umsonst bemühten, durch das Peinigen ihrer Leiber Vergebung ihrer Sünden zu empfangen. Gelehrt, ihre Seligkeit durch gute Werke zu verdienen, waren sie ständig mit sich selbst beschäftigt, ihre Gedanken verweilten bei ihrem sündigen Zustand, sie wähnten sich dem Zorn Gottes ausgesetzt, kasteiten Seele und Leib und fanden doch keine Erleichterung. So wurden gewissenhafte Seelen durch die Lehren Roms gebunden. Tausende verließen Freunde und Verwandte und brachten ihr Leben in Klosterzellen zu. Durch oft wiederholtes Fasten und grausame Geißelungen, durch nächtliche Andachten und stundenlanges Knieen auf den kalten, feuchten Steinen ihrer armseligen Behausungen, durch lange Pilgerfahrten, erniedrigende Bußübungen und furchtbare Qualen versuchten Tausende vergebens den Frieden des Gewissens zu erlangen. Niedergebeugt von dem Bewußtsein der Sünde und beunruhigt von der Furcht vor dem strafenden Zorn Gottes litten viele so lange, bis die erschöpfte Natur vollständig unterlag, und ohne einen Licht- oder Hoffnungsstrahl sanken sie ins Grab.

Diesen schmachtenden Seelen das Brot des Lebens zu brechen, ihnen die Botschaft des Friedens in den Verheißungen Gottes zu erschließen und sie auf Christus als ihre einzige Hoffnung der Rettung hinzuweisen, war das Verlangen der Waldenser. Die Lehre, daß gute Werke für die Übertretungen des Gesetzes

Gottes Genugtuung zu leisten vermögen, betrachteten sie als Irrtum. Das Vertrauen auf menschliche Verdienste versperrt dem Blick die unendliche Liebe Christi. Jesus starb als Opfer für die Menschen, weil die gefallene Menschheit nichts tun kann, um Gott zu gefallen. Die Verdienste eines gekreuzigten und auferstandenen Heilandes sind die Grundlage des christlichen Glaubens. Die Seele ist von Christus genauso abhängig, und muß mit ihm genauso innig verbunden sein, wie ein Glied am Leibe oder eine Rebe am Weinstock.

Die Lehren der Päpste und Priester hatten die Menschen verleitet, Gottes und selbst Christi Charakter für streng, finster und abstoßend zu halten. Der Heiland wurde dargestellt, als ob er des Mitleids mit den Menschen in ihrem gefallenen Zustand so sehr ermangele, daß die Vermittlung von Priestern und Heiligen notwendig sei. Die Gläubigen, deren Verständnis durch das Wort Gottes erleuchtet war, verlangten danach, diese Seelen auf Jesus als ihren mitleidsvollen, liebenden Heiland hinzuweisen, der mit ausgestreckten Armen alle einlädt, mit ihren Sündenlasten, ihren Sorgen und Schwierigkeiten zu ihm zu kommen. Sie sehnten sich danach, die Hindernisse wegzuräumen, die Satan aufgetürmt hatte, damit die Menschen die Verheißungen nicht sehen und nicht direkt zu Gott kommen sollten, um ihre Sünden zu bekennen und Vergebung und Frieden zu erlangen.

Eifrig erklärte der waldensische Glaubensbote den forschenden Seelen die köstlichen Wahrheiten des Evangeliums und brachte vorsichtig die sorgfältig geschriebenen Teile der Heiligen Schrift hervor. Es war ihm die größte Freude, solchen aufrichtig Suchenden, unter ihren Sünden Gebeugten die Hoffnung einzuflößen, daß sie es nicht mit einem Gott der Rache zu tun haben, der nur darauf wartet, seiner Gerechtigkeit freien Lauf lassen zu können. Mit bebenden Lippen und tränenden Augen, manchmal knieend, eröffnete er seinen Brüdern die köstlichen Verheißungen, die des Sünders einzige Hoffnung offenbaren. Auf diese Weise durchdrang das Licht der Wahrheit manches verfinsterte Gemüt und vertrieb die dunkle Wolke, bis die Sonne der Gerechtigkeit mit ihren heilenden Strahlen in das Herz schien. Oft wurde ein Teil der Heiligen Schrift immer wieder gelesen, weil der Hörer es wünschte, als ob er sich vergewissern wolle, daß er recht gehört habe. Besonders jene Worte wollten die Gläubigen immer wieder hören: „Das Blut Jesu, seines Sohnes, macht uns rein von aller Sünde." (1. Joh. 1,7) „Wie Mose in der Wüste die Schlange erhöht hat, so muß der Menschensohn erhöht werden, damit alle, die an ihn glauben, nicht verloren werden, sonder das ewige Leben haben." (Joh. 3,14.15)

Viele wurden bezüglich der Ansprüche Roms aufgeklärt. Sie erkannten, wie vergeblich die Vermittlung von Menschen oder Engeln zugunsten des Sünders ist. Als das Licht ihnen aufging, riefen sie mit Freuden aus: „Christus ist mein Priester; sein Blut ist mein Opfer; sein Altar ist mein Beichtstuhl." Sie stützten sich völlig auf die Verdienste Jesu und wiederholten die Worte: „Ohne Glauben ist's unmöglich, Gott zu gefallen." Es ist „kein anderer Name den Menschen gegeben, darin wir sollen selig werden." (Hebr. 11,6; Apg. 4,12)

Die Gewißheit der Heilandsliebe schien einigen dieser armen, sturmumwehten Seelen zu groß, ja geradezu unfassbar. So groß war die verursachte Erleichterung, solch eine Flut von Licht wurde über sie ausgeschüttet, daß sie sich in den Himmel versetzt glaubten. Ihre Hand ruhte vertrauensvoll in der Hand Christi, ihre Füße standen auf dem Fels des Heils. Alle Todesfurcht war verbannt, ja, sie verlangten Gefängnis und Scheiterhaufen, wenn sie dadurch den Namen ihres Erlösers verherrlichen konnten.

An geheimen Orten wurde das Wort Gottes hervorgeholt und vorgelesen, zuweilen einer einzelnen Seele, manchmal einer kleinen Schar, die sich nach Licht und Wahrheit sehnte. Oft wurde die ganze Nacht auf diese Weise zugebracht. So groß war das Erstaunen und die Bewunderung der Zuhörer, daß der Evangeliumsbote sich nicht selten gezwungen sah, mit dem Lesen innezuhalten, bis der Verstand die frohe Botschaft des Heils erfassen konnte. Oft wurden ähnliche Worte wie diese laut: „Wird Gott wirklich mein Opfer annehmen? Wird er gnädig auf mich herabschauen? Wird er mir vergeben?" Die Antwort wurde gelesen: „Kommet her zu mir alle, die ihr mühselig und beladen seid; ich will euch erquicken." (Mt. 11,28)

Der Glaube erfaßte die Verheißung, und als freudige Erwiderung hörte man: Keine langen Pilgerfahrten mehr; keine beschwerlichen Reisen nach heiligen Reliquienschreinen mehr. Ich kann zu Jesus kommen, so wie ich bin, sündhaft und unheilig, und er wird das bußfertige Gebet nicht verachten. „Deine Sünden sind dir vergeben"; auch meine, sogar meine, können vergeben werden!

Eine Flut heiliger Freude erfüllte das Herz, und der Name Jesu wurde durch Lobgesänge und Danksagungen verherrlicht. Jene glücklichen Seelen kehrten in ihre Wohnungen zurück, um Licht zu verbreiten und andern, so gut sie konnten, ihre neue Erfahrung zu wiederholen, daß sie den wahren und lebendigen Weg gefunden hätten. Es lag eine seltsame und feierliche Macht in den Worten der Heiligen Schrift, die jenen, die sich nach der Wahrheit sehnten, unmittelbar zu Herzen ging. Es war die Stimme Gottes, die alle, die sie hörten, zur Überzeugung führte.

Der Bote der Wahrheit ging seinen Weg; aber sein demütiges Auftreten, seine Aufrichtigkeit, sein Ernst und seine tiefe Inbrunst waren häufig Gegenstand von Gesprächen. In vielen Fällen hatten seine Zuhörer ihn nicht gefragt, woher er käme noch wohin er ginge. Sie waren erst so von Überraschung und nachher von Dankbarkeit und Freude überwältigt gewesen, daß sie nicht daran gedacht hatten, Fragen an ihn zu richten. Hatten sie ihn gebeten, zu ihren Wohnungen zu kommen, so hatte er erwidert, daß er die verlorenen Schafe der Herde besuchen müsse. Konnte er ein Engel vom Himmel gewesen sein? fragten sie sich.

In vielen Fällen sahen sie den Wahrheitsboten nie wieder. Er war vielleicht in andere Länder gegangen oder verbrachte sein Leben in irgendeinem unbekannten Gefängnis, oder seine Gebeine bleichten wohl gar an der Stelle, wo er für die Wahrheit gezeugt hatte. Die Worte aber, die er zurückgelassen hatte, konnten nicht vernichtet werden; sie führten ihr Werk in Menschenherzen aus, und ihre segensreichen Folgen werden erst im Gericht völlig erkannt werden.

Die waldensischen Sendboten drangen in das Gebiet Satans ein und regten dadurch die Mächte der Finsternis zu größerer Wachsamkeit an. Jede Anstrengung, die Sache der Wahrheit zu fördern, wurde von dem Fürsten der Bosheit überwacht, und er erweckte die Befürchtungen seiner Werkzeuge. Die Führer der Kirche sahen in dem Wirken dieser bescheidenen Wanderer ein Anzeichen der Gefahr für ihre Sache. Falls sie das Licht der Wahrheit ungehindert scheinen ließen, würde es die schweren Wolken des Irrtums, die das Volk einhüllten, hinwegfegen, die Gemüter der Menschen auf Gott allein lenken und am Ende die Herrschaft Roms zugrunderichten.

Schon allein das Vorhandensein dieser Leute, die den Glauben der alten Gemeinde aufrechterhielten, war ein beständiges Zeugnis für Roms Abfall und erregte deshalb bittersten Haß und Verfolgung. Ihre Weigerung, die Heilige Schrift auszuliefern, war ebenfalls eine Beleidigung, die Rom nicht ertragen konnte. Es beschloß deshalb, sie von der Erde zu vertilgen. Jetzt begannen die schrecklichsten Kreuzzüge gegen Gottes Volk in seinen Gebirgswohnungen. Inquisitoren spürten ihm nach, und oft geschahen Dinge, die den Brudermord Kains an dem unschuldigen Abel von einst wiederholten.

Wiederholt wurden ihre fruchtbaren Äcker verwüstet, ihre Wohnungen und Kapellen der Erde gleichgemacht, so daß dort, wo einst blühende Felder und die Wohnungen eines unschuldigen, arbeitsamen Volkes waren, nur eine Wüste übrig blieb. Viele dieser Zeugen für den reinen Glauben wurden über die Berge hin verfolgt und in den Tälern aufgescheucht, wo sie, eingeschlossen von mächtigen Wäldern und Felsspitzen, verborgen waren.

Der sittliche Charakter dieser geächteten Christen war über jede Beschuldigung erhaben. Sogar ihre Feinde erklärten, daß sie ein friedfertiges, ruhiges und frommes Volk seien. Ihre große Missetat bestand darin, daß sie Gott nicht nach dem Willen des Papstes dienen wollten. Um dieses Verbrechens willen wurde jegliche Demütigung, Beleidigung und Marter, die Menschen und Teufel ersinnen konnten, auf sie gehäuft.

Als Rom einst beschloß, diese verhaßte Sekte auszurotten, wurde eine Bulle erlassen, die ihre Anhänger als Ketzer verdammte und sie der Niedermetzelung preisgab. (s. Anhang, Anm. 11.) Sie wurden nicht als Müßiggänger, Unredliche oder Ausschweifende angeklagt, sondern es wurde erklärt, daß sie einen Schein von Frömmigkeit und Heiligkeit bewahrten, wodurch die Schafe der wahren Herde verführt würden. Deshalb wurde verordnet, diese heimtückische und abscheuliche Sekte von Bösewichtern, falls sie sich weigerte abzuschwören, gleich giftigen Schlangen zu zermalmen. (Wylie, 16. Buch, 1. Kap. Siehe auch Bender, Geschichte der Waldenser, S. 81. 125, Ulm, 1850, Hahn, Gesch. d. W., S. 744 f.) Erwarteten die Machthaber, diese Worte je wieder zu hören? Wußten sie, daß sie in den Büchern des Himmels aufgezeichnet wurden, um ihnen im Gericht vorgehalten zu werden? Jesus sagte: „Was ihr getan habt einem von diesen meinen geringsten Brüdern, das habt ihr mir getan." (Mt. 25,40)

Eine Bulle forderte alle Glieder der Kirche auf, sich dem Kreuzzug gegen die Ketzer anzuschließen. Als Aufmunterung zu diesem grausamen Werk sprach sie von allen Kirchenbußen und Strafen, allgemeinen und persönlichen, frei; entband alle, die den Kreuzzug mitmachten, von irgendwelchen Eiden, die sie geleistet haben mochten; gab ihnen Rechtsanspruch auf unrechtmäßig erworbenen Besitz und verhieß jedem, der einen Ketzer tötete, Erlaß aller Sünden. Sie erklärte alle zugunsten der Waldenser geschlossenen Verträge für nichtig, befahl den Dienstboten, ihren Dienst bei den Waldensern aufzugeben, verbot allen, jenen irgendwelche Hilfe zu gewähren und ermächtigte jedermann, von ihrem Eigentum Besitz zu nehmen. Dies Schriftstück offenbarte deutlich den Geist, der diese Maßnahmen beherrschte das Gebrüll des Drachen und nicht die Stimme Christi ließ sich darin vernehmen.

Die päpstlichen Anführer wollten ihren Charakter nicht mit dem großen Maßstab des Gesetzes Gottes in Übereinstimmung bringen, sondern stellten einen Maßstab auf, der ihnen paßte und beschlossen, alle zu zwingen, sich nach diesem zu richten, weil Rom es so haben wollte. Die schrecklichsten Tragödien spielten sich ab. Verdorbene und gotteslästerliche Priester und Päpste taten das Werk, das Satan ihnen zugewiesen hatte. Erbarmen hatte keinen Raum in ihren Herzen. Der gleiche Geist, der Christus kreuzigte und die Apostel tötete und den blutdürstigen Nero gegen die treuen Christen wüten ließ, arbeitete daran, die Erde von denen zu befreien, die von Gott geliebt wurden.

Die Verfolgungen, von denen diese gottesfürchtigen Menschen viele Jahrhunderte lang heimgesucht wurden, wurden mit einer Geduld und einer Ausdauer ertragen, die ihren Erlöser ehrte. Ungeachtet der gegen sie unternommenen Kreuzzüge, ungeachtet der unmenschlichen Metzelei, der sie ausgesetzt waren, fuhren sie fort, ihre Sendboten auszuschicken, um die köstliche Wahrheit zu verbreiten. Sie wurden zu Tode gejagt; doch ihr Blut tränkte die ausgestreute Saat, die gute Frucht brachte. So zeugten die Waldenser für Gott schon Hunderte von Jahren vor der Geburt Luthers. Über viele Länder verstreut, säten sie den Samen der Reformation aus, die zur Zeit Wiklifs begann, in den Tagen Luthers weit um sich griff und bis zum Ende der Zeit fortgeführt werden soll von denen, die ebenfalls willig sind, alles zu leiden „um des Wortes Gottes willen und des Zeugnisses von Jesus." (Offb. 1,9)

5   John Wiklif

Vor der Reformation waren zeitweise nur sehr wenige Exemplare der Bibel vorhanden, aber Gott hatte sein Wort nicht völlig untergehen lassen. Seine Wahrheiten sollten nicht für immer verborgen bleiben. Er konnte ebenso leicht das Wort des Lebens entketten wie Gefängnistüren öffnen und eiserne Tore entriegeln, um seine Diener zu befreien. In den verschiedenen Ländern Europas wurden Menschen vom Geist Gottes angetrieben, nach der Wahrheit wie nach verborgenen Schätzen zu suchen. Durch die Vorsehung zur Heiligen Schrift geführt, studierten sie den Inhalt mit größtem Interesse. Sie waren willig, das Licht anzunehmen, koste es, was es wolle. Konnten sie auch nicht alles deutlich sehen, so wurden sie doch befähigt, manche lang begraben gewesene Wahrheit zu erkennen. Als Boten vom Himmel gesandt, gingen sie hinaus, sprengten die Ketten des Aberglaubens und des Irrtums und forderten Menschen auf, die lange Sklaven gewesen waren, sich zu erheben und ihre Freiheit zu behaupten.

Das Wort Gottes war ausgenommen bei den Waldensern jahrhundertelang durch Sprachen, die nur den Gelehrten verständlich waren, versiegelt geblieben; doch die Zeit war gekommen, da es übersetzt und den Völkern verschiedener Länder in ihrer Muttersprache gegeben werden sollte. Die Welt hatte ihre Mitternachtszeit überschritten. Die Stunden der Finsternis schwanden dahin, und in vielen Ländern erschienen Anzeichen der anbrechenden Morgendämmerung.

Im 14. Jahrhundert ging in England der „Morgenstern der Reformation" auf. John Wiklif war der Herold der Reformation nicht allein für England, sondern für die ganze Christenheit. Der mächtige Protest gegen Rom, den er einleiten durfte, sollte nicht mehr zum Schweigen gebracht werden, sondern den Kampf eröffnen, der zur Befreiung von einzelnen Personen, von Gemeinden und Völkern führen sollte.

Wiklif erhielt eine gute Erziehung, und für ihn war die Furcht des Herrn der Weisheit Anfang. Er war auf der Universität seiner inbrünstigen Frömmigkeit, seiner hervorragenden Talente und seiner gründlichen Gelehrsamkeit wegen bekannt. In seinem Wissensdrang suchte er sich mit jedem Zweig der Wissenschaft bekannt zu machen. Er wurde in der scholastischen Philosophie, in den Glaubensvorschriften der Kirche und den bürgerlichen Gesetzen, besonders denen seines eigenen Landes, unterwiesen. In seiner späteren Arbeit wurde der Wert seiner früheren Schulung offenbar. Seine gründliche Kenntnis der spekulativen Philosophie seiner Zeit befähigte ihn, deren Irrtümer bloßzustellen, und durch seine Studien der Landes- und Kirchenrechte war er vorbereitet, sich an dem großen Kampf um bürgerliche und religiöse Freiheit zu beteiligen. Während er die dem Worte Gottes entnommenen Waffen zu führen verstand, hatte er auch die geistige Ausbildung der Schulen erworben und war mit der Kampfesweise der Gelehrten vertraut. Dank seiner natürlichen Anlagen und dem Umfang und der Gründlichkeit seiner Kenntnisse erwarb er sich die Achtung von Freund und Feind. Seine Anhänger sahen mit Genugtuung, daß er unter den tonangebenden Geistern der Nation einen führenden Platz einnahm, und seine Feinde konnten die Sache der Reformation nicht durch Bloßstellen irgendeiner Unwissenheit oder Schwäche ihres Verteidigers in Verruf bringen.

Noch auf der Universität nahm Wiklif das Studium der Heiligen Schrift auf. In den damaligen Zeiten, da es nur Bibeln in den alten Sprachen gab, waren die Gelehrten allein imstande, den Pfad zur Quelle der Wahrheit zu finden, der den ungebildeten Klassen verschlossen blieb. Somit war der Weg für Wiklifs zukünftiges Werk als Reformator bereits gebahnt worden. Gelehrte Männer hatten die Heilige Schrift studiert und die große Wahrheit von der darin offenbarten freien Gnade Gottes gefunden. In ihrem Unterricht hatten sie die Erkenntnis dieser Wahrheit ausgestreut und andere veranlaßt, sich zu dem lebendigen Gotteswort zuzuwenden.

Als Wiklifs Aufmerksamkeit auf die Heilige Schrift gerichtet wurde, machte er sich mit derselben Gründlichkeit, die ihn in den Stand gesetzt hatte, die Gelehrsamkeit der Schulen zu meistern, an ihre Erforschung. Bisher hatte er einen großen Mangel gefühlt, den weder seine Schulstudien noch die Lehren der Kirche befriedigen konnten. Im Wort Gottes fand er, was er zuvor vergeblich gesucht hatte; er fand darin den Erlösungsplan offenbart und Christus als den alleinigen Fürsprecher für die Menschen dargestellt. Er widmete sich dem Dienst Christi und beschloß, die entdeckten Wahrheiten zu verkündigen.

Gleich späteren Reformatoren sah Wiklif anfangs nicht voraus, wohin sein Wirken ihn führen würde. Er widersetzte sich Rom nicht absichtlich; doch war bei seiner Hingabe zur Wahrheit ein Streit mit dem Irrtum unvermeidlich. Je deutlicher er die Irrtümer des Papsttums erkannte, desto ernsthafter trug er die Lehren der Bibel vor. Er sah, daß Rom Gottes Wort um menschlicher Überlieferungen willen verlassen hatte; er beschuldigte unerschrocken die Geistlichkeit, die Heilige Schrift verbannt zu haben, und verlangte, daß die Bibel dem Volke wiedergegeben und ihre Autorität in der Kirche wieder aufgerichtet werde. Er war ein fähiger, eifriger Lehrer, ein beredter Prediger, und sein tägliches Leben zeugte für die Wahrheiten, die er predigte. Seine Schriftkenntnis, sein durchdringender Verstand, die Reinheit seines Lebens sowie sein unbeugsamer Mut und seine Rechtschaffenheit gewannen ihm allgemeines Zutrauen und Achtung. Viele aus dem Volk waren mit ihrem früheren Glauben unzufrieden, als sie die Ungerechtigkeit sahen, die in der römischen Kirche herrschte, und sie begrüßten die Wahrheiten, die nun durch Wiklif ans Licht gebracht wurden, mit unverhohlener Freude. Die päpstlichen Führer aber rasten vor Wut, als sie wahrnahmen, daß dieser Reformator einen größeren Einfluß gewann als sie selbst besaßen.

Wiklif war ein scharfsinniger Entdecker des Irrtums und griff furchtlos viele der von Rom gebilligten Mißbräuche an. Während er als Kaplan des Königs tätig war, behauptete er kühn seine Stellung gegen die Abgaben, die seitens des Papstes von dem englischen Monarchen verlangt wurden, und zeigte, daß die päpstliche Anmaßung der Gewalt über weltliche Herrscher sowohl der Vernunft als auch der Offenbarung zuwider sei. Die Ansprüche des Papstes hatten große Entrüstung hervorgerufen, und

Wiklifs Lehren übten einen Einfluß auf die tonangebenden Geister des Volkes aus. Der König und der Adel vereinigten sich, den Anspruch des Papstes auf weltliche Machtstellung zu verneinen und die Zahlung der verlangten Steuer zu verweigern. Auf diese Weise wurde ein kräftiger Schlag gegen die päpstliche Oberherrschaft in England geführt.

Ein anderes Übel, gegen das der Reformator einen langen und entschlossenen Kampf führte, war der Orden der Bettelmönche. Diese Mönche schwärmten in England umher und waren der Größe und Wohlfahrt der Nation ein großes Hindernis. Wirtschaft, Wissenschaft und Volksmoral fühlten den lähmenden Einfluß. Das träge Bettlerleben der Mönche stellte nicht nur schwere Anforderungen an die Mittel des Volkes, sondern machte nützliche Arbeit verächtlich. Die Jugend wurde entsittlicht und verderbt. Durch den Einfluß der Mönche ließen sich viele zum Mönchsleben verleiten und traten nicht nur ohne die Einwilligung, sondern sogar ohne das Wissen ihrer Eltern und entgegen ihren Anordnungen ins Kloster ein. Einer der ersten Väter der römischen Kirche, der die Ansprüche des Mönchstums als erhaben über den Verpflichtungen der kindlichen Liebe und des Gehorsams hinstellte, behauptete: „Sollte auch dein Vater weinend und jammernd vor deiner Tür liegen, und deine Mutter dir den Leib zeigen, der dich getragen und die Brüste, die dich gesäugt, so siehe zu, daß du sie mit Füßen trittst und dich unverwandt zu Christus begibst." (Luthers Werke, Erl., Bd. 25, S. 337, Op. lat. X, 269.) Durch dies „greulich ungeheuer Ding", wie Luther es später kennzeichnete, das mehr an den Wolf und den Tyrannen als an den Christen und den Mann erinnert, wurden die Herzen der Kinder gegen ihre Eltern verhärtet. Auf diese Weise haben die päpstlichen Leiter gleich den Pharisäern vor alters die Gebote Gottes um ihrer Satzungen willen aufgehoben. Die Heime verödeten, und die Eltern mußten die Gesellschaft ihrer Söhne und Töchter entbehren.

Selbst die Studierenden auf den Universitäten wurden durch die falschen Vorspiegelungen der Mönche verlockt und dazu bewogen, deren Orden beizutreten. Viele bereuten diesen Schritt später und sahen ein, daß sie ihr Lebensglück zerstört und ihren Eltern Kummer bereitet hatten; aber wenn sie einmal in der Falle festsaßen, war es ihnen unmöglich, ihre Freiheit wiederzugewinnen. Viele Eltern weigerten sich aus Furcht vor dem Einfluß der Mönche, ihre Söhne auf die Universitäten zu schicken. Dies hatte eine erhebliche Abnahme der Zahl der Studierenden in den großen Bildungszentren zur Folge. Die Schulen lagen danieder; die Unwissenheit nahm überhand.

Der Papst hatte diesen Mönchen das Recht übertragen, Beichten zu hören und Vergebung zu erteilen. Dies wurde zu einer Quelle großen Übels. Entschlossen, ihre Einkünfte zu vermehren, gewährten die Bettelmönche die Absolution unter so leichten Bedingungen, daß Verbrecher aller Art zu ihnen strömten; und infolgedessen nahmen die schrecklichsten Laster schnell überhand. Die Armen und Kranken ließ man leiden, wogegen die Gaben, die ihre Bedürfnisse hätten befriedigen können, den Mönchen zuteil wurden, die unter Drohungen die Gaben des Volkes forderten und jene als gottlos erklärten, die ihren Orden Geschenke verweigerten. Ungeachtet ihres Bekenntnisses zur Armut nahm der Reichtum der Mönche beständig zu und ihre prächtigen Gebäude und reichen Tafeln ließen die wachsende Armut des Volkes um so sichtbarer erscheinen. Während sie ihre Zeit in Üppigkeit und Freuden zubrachten, sandten sie an ihrer Statt unwissende Männer aus, die wunderbare Geschichten, Legenden und Späße zur Unterhaltung der Leute erzählen mußten, um sie dadurch noch vollkommener in den Betrug der Mönche zu fangen. Diesen hingegen gelang es, ihren Einfluß auf die abergläubische Menge zu wahren und sie glauben zu machen, daß die Oberhoheit des Papstes anzuerkennen, die Heiligen zu verehren und den Mönchen Almosen zu geben die Summe aller religiösen Pflichten sei und hinreiche, um ihnen einen Platz im Himmel zu sichern.

Gelehrte und fromme Männer hatten sich umsonst bemüht, eine Reform unter diesen Mönchsorden durchzuführen; Wiklif jedoch ging mit klarer Einsicht dem Übel an die Wurzel und erklärte, daß das System selbst unrichtig sei und abgetan werden müsse. Jetzt erhoben sich Debatten und Fragen. Als die Mönche das Land durchzogen und den Ablaß des Papstes verkauften, fingen viele an, die Möglichkeit, Vergebung mit Geld zu erkaufen, zu bezweifeln, und sie fragten sich, ob sie nicht lieber Vergebung ihrer Sünden bei Gott als bei dem Priesterfürsten zu Rom suchen sollten. (s. Anhang, Anm. 12.) Nicht wenige waren über die Raubgier der Bettelmönche beunruhigt, deren Habsucht nie befriedigt zu werden schien. „Die Mönche und Priester", sagten sie, „fressen uns wie ein Krebsschaden; Gott muß uns helfen, sonst geht alles zugrunde." (D'Aubigné, Geschichte d. Ref., Buch 17, Kap. 7, Stuttgart, 1854.) Um ihre Habsucht zu verdecken, behaupteten diese Bettelmönche, daß sie des Heilandes Beispiel befolgten, da auch Christus und seine Apostel von den Almosen des Volkes gelebt hätten. Diese Behauptung jedoch gereichte ihrer Sache zum Schaden, da sie viele veranlaßte, zur Bibel zu greifen, um die Wahrheit für sich selbst zu erfahren – eine Folge, wie sie von Rom am allerwenigsten gewünscht wurde. Die Gemüter der Menschen wurden auf die Quelle der Wahrheit gelenkt, die Rom zu verbergen wünschte.

Wiklif fing an, kurze Abhandlungen gegen die Bettelmönche zu schreiben und zu veröffentlichen, um mit ihnen so weit in Streit zu geraten, wie nötig war, um das Volk auf die Lehren der Bibel und ihres Urhebers aufmerksam zu machen. Er erklärte, daß der Papst die Macht der Sündenvergebung und des Kirchenbannes in keinem höheren Grade besitze als die gewöhnlichen Priester, und daß niemand rechtsgültig ausgeschlossen werden könne, es sei denn, er habe sich erst die Verdammung Gottes zugezogen. In keiner wirksameren Weise hätte er den Umsturz des riesenhaften Machwerkes der geistlichen und weltlichen Herrschaft, die der Papst aufgerichtet hatte, und in der Leib und Seele von Millionen gefangengehalten wurden, unternehmen können.

Wiederum wurde Wiklif berufen, die Rechte der englischen Krone gegen die Übergriffe Roms zu verteidigen, und er brachte als königlicher Gesandter zwei Jahre in den Niederlanden zu, wo er mit Abgeordneten des Papstes verhandelte. Hier wurde er mit den französischen, italienischen und spanischen Würdenträgern der Kirche in Verbindung gebracht und hatte Gelegenheit, hinter den Vorhang zu schauen und einen Einblick in manche Dinge zu gewinnen, die ihm in England verborgen geblieben wären. Er erfuhr manches, das seinem späteren Wirken das Gepräge und die Schärfe gab. In diesen Gesandten des päpstlichen Hofes las er den wahren Charakter und die echten Absichten der Priesterherrschaft. Er kehrte nach England zurück, wiederholte seine früheren Lehren offener und mit größerem Eifer und erklärte, daß Habsucht, Stolz und Betrug die Götter Roms seien.

In einer seiner Abhandlungen schrieb er wider die Geldgier Roms: Der Papst und seine Einsammler „ziehen aus unserm Lande, was zum Lebensunterhalt der Armen dienen sollte, und viele tausend Mark aus dem Schatz des Königs für die Sakramente und die geistlichen Dinge, was verfluchte ketzerische Simonie ist. Gewiß, wenn unser Reich einen ungeheuren Berg von Gold hätte, und keiner davon nähme, als nur der Einsammler dieses hochmütigen, weltlichen Priesters, so würde im Laufe der Zeit dieser Berg verzehrt worden sein. Er zieht alles Geld aus unserem Lande und gibt nichts dafür zurück als Gottes Fluch für seine Simonie." (Lewis, Leben und Leiden Wiklifs, Kap. 3, S. 37. Siehe auch Neander, Kirchengesch., 6. Per., 2. Abschn., 2 Par., Gotha, 1856.)

Bald nach seiner Rückkehr nach England wurde Wiklif vom König zum Pfarrer von Lutterworth bestimmt. Es war dies ein Beweis, daß wenigstens der König kein Mißfallen an seiner offenen Rede gefunden hatte. Wiklifs Einfluß verspürte man sowohl in der Umgangsweise am Hofe als auch in der Umgestaltung des Glaubens der Nation.

Roms Donner trafen ihn bald. Drei Bullen wurden nach England befördert, an die Universität, an den König und an die Prälaten, die alle befahlen, unverzügliche und entscheidende Maßregeln zu treffen, um den ketzerischen Lehrer zum Schweigen zu bringen. (s. Anhang, Anm. 12.) Vor der Ankunft der Bullen jedoch hatten die Bischöfe in ihrem Eifer Wiklif schon zu einem Verhör vorgeladen. Zwei der mächtigsten Fürsten des Reiches begleiteten ihn zum Gerichtshof, und das Volk, das das Gebäude umgab und in es eindrang, schüchterte die Richter derart ein, daß die Verhandlungen einstweilen ausgesetzt wurden, und es dem Reformator gestattet wurde, friedlich seines Weges zu gehen. Bald darauf starb Eduard III., den die Prälaten in seinen alten Tagen gegen den Reformator zu beeinflussen gesucht hatten, und Wiklifs ehemaliger Beschützer wurde Herrscher des Reiches.

Aber die Ankunft der päpstlichen Bullen legte ganz England den unbedingten Befehl auf, den Ketzer festzunehmen und einzukerkern. Diese Maßregeln wiesen direkt auf den Scheiterhaufen, und es schien sicher zu sein, daß Wiklif bald der Rache Roms anheimfallen werde. Er aber, der zu seinem Knecht vor alters gesagt hatte: „Fürchte dich nicht, ich bin dein Schild," (1. Mose 15,1) streckte wiederum seine Hand aus, um seinen Diener zu beschützen. Der Tod kam, nicht zu dem Reformator, sondern zu dem Papst, der seinen Untergang beschlossen hatte. Gregor XI. starb und die Geistlichen, die sich zu Wiklifs Verhör versammelt hatten, gingen auseinander.

Gottes Vorsehung leitete auch weiterhin die Ereignisse, um dem Wachstum der Reformation Gelegenheit zu geben. Dem Tode Gregors folgte die Wahl zweier Gegenpäpste. Zwei streitende Mächte, jede unter dem Vorwand der Unfehlbarkeit, verlangten Gehorsam. (s. Anhang, Anm. 13.) Eine jede forderte die Gläubigen auf, ihr beizustehen, um gegen die andere Krieg zu führen, und bekräftigte ihre Forderungen mit schrecklichen Bannflüchen gegen ihre Gegner und mit Verheißungen auf Belohnungen im Himmel für ihre Helfer. Dieser Vorfall schwächte die Macht des Papsttums sehr. Die nebenbuhlerischen Parteien hatten vollauf zu tun, sich gegenseitig zu bekämpfen, und Wiklif hatte eine Zeitlang Ruhe. Flüche und Gegenbeschuldigungen flogen von Papst zu Papst, und Ströme von Blut wurden vergossen, um ihre widersprechenden Ansprüche geltend zu machen. Verbrechen und Schandtaten überfluteten die Kirche. Unterdessen war der Reformator in der stillen Zurückgezogenheit seiner Pfarrei zu Lutterworth eifrig damit beschäftigt, die Menschen von den streitenden Päpsten ab und auf Jesus, den Fürsten des Friedens, zu lenken.

Diese Spaltung mit all dem Streit und der Verderbnis, die daraus hervorgingen, bereitete den Weg für die Reformation; denn durch sie erkannte das Volk, was das Papsttum eigentlich war. In einer Abhandlung über die Päpste forderte Wiklif das Volk auf, zu überlegen, ob diese beiden Priester nicht die Wahrheit sagten, da sie sich gegenseitig als Antichrist verurteilten. Und so „wollte Gott nicht leiden", sagte er, „daß der Feind in einem einzigen solcher Priester herrschte, sondern ... machte eine Spaltung zwischen zweien, so daß man in Christi Namen leichter sollte beide überwinden können." (Neander, Kirchengesch., 6. Per., 2. Abschn., 28. Par., Gotha, 1856. Siehe auch Vaughan, Leben und Glauben des John Wiklif, 2. Bd., S. 6.)

Wiklif, seinem Meister ähnlich, predigte den Armen. Nicht damit zufrieden, das Licht in den bescheidenen Familien seines eigenen Kirchspiels Lutterworth zu verbreiten, beschloß er, daß es in alle Gebiete Englands getragen werden sollte. Um dies auszuführen, organisierte er eine Schar einfacher, Gott ergebener Männer, die die Wahrheit liebten und nichts so sehr begehrten, als sie zu verbreiten. Diese gingen überall hin, lehrten auf den Marktplätzen, in den Straßen der Großstädte und auf den Landwegen, suchten die Betagten, die Kranken und Armen auf und eröffneten ihnen die frohe Kunde von Gottes Gnade.

Als Professor der Theologie zu Oxford verkündigte Wiklif das Wort Gottes in den Hörsälen der Universität, belehrte die Studenten, die seine Vorlesungen besuchten, so getreu über die Wahrheit, daß er den Titel „der evangelische Doktor" erhielt. Das größte Werk seines Lebens jedoch sollte die Übersetzung der Heiligen Schrift in die englische Sprache sein. In seinem Werk „Über die Wahrheit und den Sinn der Heiligen Schrift" drückte er seine Absicht aus, die Bibel zu übersetzen, so daß jeder Engländer in seiner Muttersprache die Wundertaten Gottes lesen könne.

Plötzlich aber wurde seiner Arbeit Halt geboten. Obwohl er noch nicht sechzig Jahre alt war, hatten unaufhörliche Arbeit, das viele Studieren und die Angriffe seiner Feinde seine Kräfte geschwächt, und er war vorzeitig gealtert. Er wurde von einer gefährlichen Krankheit ergriffen. Diese Kunde bereitete den Mönchen große Freude. Jetzt, dachten sie, werde er das Übel, das er der Kirche zugefugt hatte, bitter bereuen, und sie eilten in sein Zimmer, um seine Beichte zu hören. Die Vertreter der vier religiösen Orden mit vier weltlichen Beamten versammelten sich um den scheinbar sterbenden Mann. „Der Tod sitzt euch auf den Lippen," sagten sie, „denket bußfertig an eure Sünden, und nehmet in unserer Gegenwart alles zurück, was ihr gegen uns gesagt habt." Der Reformator hörte schweigend zu; dann bat er seinen Diener, ihn im Bett aufzurichten, und seinen Blick ernst auf die Wartenden heftend, sagte er mit der festen, starken Stimme, die sie so oft hatte erzittern lassen: „Ich werde nicht sterben, sondern leben bleiben und fortfahren, die Übeltaten der Bettelmönche bloßzustellen." (Neander, Kirchengesch., 6. Per., 2. Abschn., 10. Par., Gotha 1856.) In Bestürzung und Verwirrung eilten die Mönche aus dem Zimmer.

Wiklifs Worte erfüllten sich. Er lebte, um die Bibel, die mächtigste aller Waffen gegen Rom, das vom Himmel bestimmte Werkzeug, um das Volk zu befreien, zu erleuchten und zu evangelisieren, in die Hände seiner Landsleute zu legen. Es gab viele große und schwierige Hindernisse in der Ausführung dieses Werkes zu überwinden. Wiklif war von Gebrechlichkeit niedergebeugt; er wußte, daß ihm nur wenige Jahre zur Arbeit übrigblieben; er sah den Widerstand, dem er entgegentreten mußte; aber ermutigt durch die Verheißungen des Wortes Gottes, ging er unerschrocken voran. In voller geistiger Kraft und reich an Erfahrung hatte Gottes besondere Vorsehung ihn für dies größte seiner Werke erhalten und vorbereitet. Während die ganze Christenheit in Aufregung war, widmete sich der Reformator in seiner Pfarrei zu Lutterworth, ohne die Wut des Sturmes, der draußen um ihn tobte, zu beachten, seiner selbsterwählten Arbeit.

Endlich war das Werk, die erste englische Übersetzung der Bibel, vollendet. Das Wort Gottes war England zugänglich. Jetzt hatte der Reformator keine Furcht vor dem Gefängnis noch vor dem Scheiterhaufen; hatte er doch in die Hände des englischen

Volkes ein Licht gegeben, das nie ausgelöscht werden sollte. Indem er seinen Landsleuten die Bibel gab, hatte er mehr getan, um die Ketten der Unwissenheit und des Lasters zu brechen und sein Land zu befreien und zu erheben, als je durch die glänzendsten Siege auf dem Schlachtfeld erreicht wurde.

Da die Buchdruckerkunst damals noch unbekannt war, konnten durch langsame und mühevolle Arbeit nur Abschriften der Bibel hergestellt werden. Das Verlangen, das Buch zu erhalten, war so groß, daß viele sich freiwillig dem Werk des Abschreibens hingaben, und doch konnten die Abschreiber nur mit Mühe der Nachfrage gerecht werden. Einige wohlhabende Käufer verlangten die ganze Bibel; andere schafften sich nur Teile des Wortes Gottes an. In vielen Fällen vereinigten sich mehrere Familien, um ein Exemplar zu kaufen. So fand Wiklifs Bibel in kurzer Zeit ihren Weg in die Wohnungen des Volkes.

Indem Wiklif sich an den klaren Menschenverstand wandte, weckte er das Volk aus seiner widerstandslosen Unterwerfung unter die päpstlichen Glaubenssätze auf. Er lehrte nun die unterschiedlichen Lehren des Protestantismus: Erlösung durch den Glauben an Christus und die alleinige Unfehlbarkeit der Heiligen Schrift. Die Prediger, die er ausgesandt hatte, verbreiteten die Bibel und des Reformators Schriften mit solchem Erfolg, daß der neue Glaube von nahezu der Hälfte des englischen Volkes angenommen wurde.

Das Erscheinen der Bibel versetzte die kirchlichen Behörden in Bestürzung. Sie hatten es nun mit einem mächtigeren Gegner zu tun als mit Wiklif selbst, einem Gegner, gegen den ihre Waffen nicht viel vermochten. Zu jener Zeit bestand in England kein Gesetz, das die Bibel verbot; denn sie war nie zuvor in der Sprache dieses Landes veröffentlicht worden. Solche Gesetze wurden später verordnet und streng gehandhabt. Unterdessen fand sich trotz der Bemühungen der Priester Gelegenheit, das Wort Gottes zu verbreiten.

Aufs neue versuchte die päpstliche Kirche, die Stimme des Reformators zum Schweigen zu bringen. Dreimal wurde er zum Verhör vor Gericht geladen, aber umsonst. Erst erklärte eine Synode von Bischöfen seine Schriften für ketzerisch, und indem sie den jungen König Richard II. für sich gewann, erlangte sie einen königlichen Erlaß, der alle, die sich zu den verurteilten Lehren halten würden, dem Gefängnis überwies.

Wiklif berief sich aufs Parlament, beschuldigte furchtlos die Hierarchie vor der nationalen Ratsversammlung und verlangte eine Reform der ungeheuren Mißbräuche, die von der Kirche gebilligt wurden. Mit überzeugender Kraft schilderte er die Übergriffe und die Verderbnis des päpstlichen Stuhles. Seine Feinde wurden in Verlegenheit gebracht. Die Freunde und Helfer Wiklifs waren zum Nachgeben gezwungen worden, und man hatte zuversichtlich erwartet, daß der Reformator in seinem hohen Alter, allein und ohne Freunde, sich der vereinten Macht der Krone und der Mitra beugen werden. Statt dessen aber sahen sich die Römlinge geschlagen. Das Parlament, angeregt durch die kräftigen Ansprachen Wiklifs, widerrief das Edikt zu seiner Verfolgung, und der Reformator war wiederum in Freiheit.

Zum drittenmal wurde er verhört, und zwar vor dem höchsten kirchlichen Gerichtshof des Reiches. Hier würde der Ketzerei keine Gunst erwiesen werden; hier würde endlich Rom siegen und das Werk des Reformators zum Stillstand gebracht werden. So dachten die Römlinge. Konnten sie ihren Zweck erreichen, dann würde Wiklif gezwungen werden, seiner Lehre abzuschwören oder den Gerichtshof zu verlassen, um den Flammen übergeben zu werden.

Aber Wiklif widerrief nicht; er wollte nicht heucheln. Furchtlos verteidigte er seine Lehren und widerlegte die Anklagen seiner Verfolger. Sich selbst, seine Stellung und die Veranlassung vergessend, forderte er seine Zuhörer vor das göttliche Gericht und wog ihre Spitzfindigkeiten und Täuschungen auf der Waage der ewigen Wahrheit. Die Macht des Heiligen Geistes wurde im Gerichtssaal verspürt. Gott hielt die Zuhörer im Bann; sie schienen keine Macht zu haben, den Ort zu verlassen. Wie Pfeile aus dem Köcher des Herrn durchbohrten die Worte des Reformators ihre Herzen. Die Anklage der Ketzerei, die sie gegen ihn vorgebracht hatten, schleuderte er mit überzeugender Macht auf sie selbst zurück. Aus welchem Grunde, fragte er, hätten sie sich erkühnt, ihre Irrtümer zu verbreiten? – Um des Gewinnes willen, um mit der Gnade Gottes Handel zu treiben.

„Mit wem glaubt ihr," sagte er zum Schluß, „daß ihr streitet? Mit einem alten Manne am Rande des Grabes? – Nein! Mit der Wahrheit, die stärker ist als ihr und euch überwinden wird." (Wylie, Buch 2, Kap. 13.) Mit diesen Worten zog er sich aus der Versammlung zurück, und kein einziger seiner Feinde versuchte, ihn zu hindern.

Wiklifs Werk war nahezu erfüllt; das Banner der Wahrheit, das er so lange getragen hatte, sollte seiner Hand bald entfallen; aber noch einmal mußte er Zeugnis für das Evangelium ablegen.

Die Wahrheit sollte gerade von der Festung des Reiches des Irrtums verkündigt werden. Wiklif wurde aufgefordert, sich vor dem päpstlichen Gerichtshof zu Rom, der so oft das Blut der Heiligen vergossen hatte, zu verantworten. Er war nicht blind gegen die Gefahr, die ihm drohte, hätte aber dennoch der Aufforderung gehorcht, hätte ihm nicht ein Schlaganfall die Reise unmöglich gemacht. Wenn nun auch seine Stimme nicht in Rom gehört werden sollte, so konnte er doch durch einen Brief sprechen, und dazu war er bereit.

Von seiner Pfarrei aus schrieb der Reformator einen Brief an den Papst, der, obwohl in achtungsvollem Ton und christlichem Geist gehalten, den Pomp und den Stolz des päpstlichen Stuhles heftig tadelte.

„Wahrlich, ich freue mich," sagte er, „jedem den Glauben, den ich halte, kundzutun und zu erklären und besonders dem Bischof von Rom, der höchst willig meinen dargelegten Glauben, soviel ich für richtig und wahr halte, bestätigen oder, falls er irrtümlich ist, berichtigen wird.

Erstens setze ich voraus, daß das Evangelium Christi die Gesamtheit des Gesetzes Gottes ist ... Ich halte dafür, daß der Bischof von Rom, insofern er Statthalter Christi auf Erden ist, vor allen anderen Menschen am meisten an das Gesetz des Evangeliums gebunden ist. Denn die Größe bestand unter den Jüngern nicht in weltlicher Würde oder Ehre, sondern in dem nahen und genauen Nachfolgen des Lebens und des Wandels Christi. ... Christus war während der Zeit seiner Pilgerschaft hier ein höchst armer Mann, der alle weltliche Herrschaft und Ehre verwarf und von sich stieß. ...

Kein treuer Mensch sollte weder dem Papst noch irgendeinem Heiligen nachfolgen, außer in den Punkten, in denen dieser Jesus Christus nachgefolgt ist; denn Petrus und die Söhne Zebedäus' sündigten durch ihr Verlangen nach weltlicher Ehre, das der Nachfolge Christi zuwider ist; deshalb sollte man ihnen in jenen Irrtümern nicht nachfolgen. ...

Der Papst sollte der weltlichen Macht allen zeitlichen Besitz und alle Herrschaft überlassen und dazu seine ganze Geistlichkeit nachdrücklich bewegen und ermahnen; denn so tat Christus, und besonders durch seine Apostel.

Habe ich in irgendeinem dieser Punkte geirrt, so will ich mich demütigst der Zurechtweisung unterwerfen, selbst dem Tode, falls die Notwendigkeit es so verlangt. Könnte ich nach meinem Wunsch und Willen in eigener Person wirken, so würde ich mich dem Bischof von Rom persönlich vorstellen, aber der Herr hat mich auf eine andere Art heimgesucht und mich gelehrt, Gott mehr zu gehorchen als Menschen."

Zum Schluß sagte er: „Deshalb beten wir zu Gott, daß er unsern Papst Urban VI. so anregen wolle, daß er mit seiner Geistlichkeit dem Herrn Jesus Christus in Leben und Sitten nachfolge, daß sie das Volk wirksam lehren und daß dasselbe ihnen wiederum in denselben Stücken getreulich nachfolge." (Foxe, Taten und Denkmäler, 3. Bd., S. 49. 50. Siehe auch Lewis, Leben Wiklifs, S. 283 (1720), S. 333 (1820). Neander, Kirchengesch., 6. Per., 2. Abschn., 29. Par., Gotha, 1856.)

Auf diese Weise zeigte Wiklif dem Papst und seinen Kardinälen die Sanftmut und Demut Christi, wobei er nicht nur ihnen, sondern der ganzen Christenheit den Gegensatz zwischen ihnen und dem Meister, dessen Vertreter sie sein wollten, bekundete.

Wiklif erwartete nichts anderes, als daß seine Treue ihm das Leben kosten werde. Der König, der Papst und die Bischöfe hatten sich vereint, um seinen Untergang herbeizuführen, und es schien sicher zu sein, daß nach höchstens einigen Monaten er den Scheiterhaufen besteigen müsse. Aber sein Mut war unerschüttert. „Man braucht nicht weit zu gehen, um die Palme des Märtyrers zu suchen," sagte er. „Nur das Wort Christi, stolzen Bischöfen verkündigt, und das Märtyrertum wird nicht ausbleiben! Leben und schweigen? ... Niemals! Mag das Schwert, das über meinem Haupte hängt, fallen; ich erwarte den Streich!" (D'Aubigné, Gesch. d. Ref., 17. Buch, 18. Kap., Stuttgart 1854.)

Aber noch immer beschützte Gottes Vorsehung seinen Diener. Der Mann, der während einer ganzen Lebenszeit unter Gefahr seines Lebens kühn die Wahrheit verteidigt hatte, sollte dem Haß seiner Feinde nicht zum Opfer fallen. Wiklif hatte sich nie selbst zu schützen gesucht, sondern der Herr war sein Schirm gewesen, und als nun seine Feinde sich ihrer Beute sicher glaubten, entrückte ihn die Hand Gottes ihrem Bereich. Als er eben im Begriff war, in seiner Kirche zu Lutterworth das Abendmahl auszuteilen, fiel er, vom Schlag getroffen, nieder und verschied kurze Zeit darauf.

Gott hatte Wiklif sein Werk bestimmt. Er hatte das Wort der Wahrheit in seinen Mund gelegt und ihn allezeit bewahrt, damit dies Wort durch ihn zum Volk gelangte. Sein Leben wurde beschützt und sein Wirken verlängert, bis für das große Werk der Reformation ein Grund gelegt war.

Wiklif kam aus der Finsternis des Mittelalters. Niemand ging vor ihm her, nach dessen Werk er sein Reformationswerk planen

konnte. Gleich Johannes dem Täufer erweckt, um eine besondere Mission auszuführen, war er der Herold eines neuen Zeitalters. Doch bestand in dem System der Wahrheit, die er verkündigte, eine Einheit und Vollständigkeit, die von Reformatoren,
die nach ihm kamen, nicht übertroffen, ja von etlichen sogar hundert Jahre später nicht erreicht wurden. So breit und tief war der
Grund gelegt, so fest und sicher stand das Gerüst, daß es von
denen, die nach ihm kamen, nicht wieder errichtet zu werden
brauchte.

Die große Bewegung, die Wiklif anbahnte, die das Gewissen
und den Verstand befreien und die so lange an den Triumph-
wagen Roms gespannten Völker in Freiheit setzen sollte, hatte
ihren Ursprung in der Bibel. Hier war die Quelle des Segens-
stromes, der gleich dem Lebenswasser seit dem 14. Jahrhundert
die Zeitalter durchflossen hat. Wiklif nahm in unbedingtem Glauben die Heilige Schrift als eine inspirierte Offenbarung des Willens Gottes, als eine untrügliche Richtschnur des Glaubens und
Wandels an. Er war unterwiesen worden, die römische Kirche
als die göttliche, unfehlbare Autorität zu betrachten und die bestehenden Lehren und Gebräuche eines Jahrtausends mit kritik-
loser Verehrung anzunehmen; aber er wandte sich von ihnen ab,
um den Lehren des heiligen Wortes Gottes zu lauschen. Dies war
die Autorität, an die zu glauben er das Volk dringend aufforder-
te. Er erklärte, daß nicht die durch den Papst sprechende Kirche,
sondern die durch die Heilige Schrift redende Stimme Gottes die
einzig wahre Autorität sei. Und er lehrte nicht nur, daß die Bibel
eine vollkommene Offenbarung des göttlichen Willens ist, sondern auch, daß der Heilige Geist ihr einziger Ausleger ist und
jedermann durch das Erforschen ihrer Lehren selbst seine Pflicht
erkennen muß. So lenkte er die Gemüter der Menschen vom Papst
und von der römischen Kirche ab und auf das Wort Gottes hin.

Wiklif war einer der größten Reformatoren. An Größe des Verstandes, an Klarheit der Gedanken, an Festigkeit, die Wahrheit
zu behaupten, und an Kühnheit, sie zu verteidigen, kamen ihm
nur wenige gleich. Reinheit des Lebens, unermüdlicher Fleiß im
Studium und in der Arbeit, unantastbare Rechtschaffenheit und
eine Christus ähnliche Liebe und Treue in seinem Amt kennzeichneten diesen ersten Reformator trotz der geistigen Finsternis und der sittlichen Verdorbenheit des Zeitalters, aus dem er
hervorging.

Wiklifs Charakter ist ein Zeugnis für die bildende, neugestaltende Macht der Heiligen Schrift. Die Bibel machte ihn zu

dem, was er war. Das Streben, die großen Wahrheiten der Offenbarung zu erfassen, teilt allen Fähigkeiten, Frische und Kraft mit; sie erweitert den Verstand, schärft die Vorstellungskraft und reift das Urteilsvermögen. Das Studium der Bibel veredelt, wie kein anderes Studium es tun kann, die Gedanken, Gefühle und jedwedes Bestreben; es verleiht Zielstrebigkeit, Geduld, Mut und Geistesstärke; es veredelt den Charakter und heiligt die Seele. Ein ernstes, andachtsvolles Studium der Heiligen Schrift, das die Seele des Forschers in eine direkte Berührung mit dem unendlichen Geist bringt, würde der Welt Menschen bescheren, die starker und gesünder an Vernunft und edler in ihren Grundsätzen wären, als je der beste Erzieher menschlicher Weisheit hervorgebracht hat. „Wenn dein Wort offenbar wird," sagt der Psalmist, „so erfreut es und macht klug." (Ps. 119,130)

Die Wahrheiten, die Wiklif lehrte, breiteten sich eine Zeitlang weiter aus. Seine als Wiklifiten und Lollarden bekannten Nachfolger durchzogen nicht nur England, sondern zerstreuten sich in andere Länder und brachten ihnen die Kenntnis des Evangeliums. Jetzt, da ihr Leiter von ihnen genommen war, arbeiteten die Prediger mit noch größerem Eifer als zuvor, und große Volksmengen sammelten sich, ihren Lehren zu lauschen. Einige Edelleute und sogar die Gemahlin des Königs waren unter den Bekehrten. In vielen Orten zeigte sich eine bemerkenswerte Umgestaltung der Gebräuche des Volkes, und die götzendienerischen Sinnbilder des Romanismus wurden aus den Kirchen entfernt.

Bald jedoch brach der erbarmungslose Sturm der Verfolgung über jene los, die es gewagt hatten, die Bibel zu ihrem Führer anzunehmen. Die englischen Fürsten, eifrig darauf bedacht, ihre Macht zu stärken, indem sie sich Roms Beistand sicherten, zögerten nicht, die Reformatoren dem Untergang zu weihen. Zum erstenmal in der Geschichte Englands wurde der Scheiterhaufen für die Jünger des Evangeliums aufgerichtet. Ein Märtyrertum folgte dem andern. Die Verteidiger der Wahrheit, geächtet und gefoltert, konnten nur zu dem Herrn Zebaoth schreien. Als Kirchenfeinde und Landesverräter verfolgt, fuhren sie fort, an geheimen Orten zu predigen, indem sie, so gut es ging, in den bescheidenen Wohnungen der Armen Zuflucht fanden und sich oft in Gruben und Höhlen verbargen.

Trotz der Wut der Verfolgung wurde jahrhundertelang ein ruhiger, ergebener, ernster, geduldiger Widerstand gegen die vorherrschende Verderbnis der Religion fortgesetzt. Die Christen der damaligen Zeit hatten nur eine teilweise Kenntnis der Wahrheit; aber sie hatten gelernt, Gottes Wort zu lieben, ihm zu gehorchen und um seinetwillen geduldig zu leiden. Gleich den Gläubigen in den apostolischen Tagen, opferten viele ihren weltlichen Besitz für die Sache Christi. Diejenigen, denen es gestattet war, in ihren eigenen Wohnungen zu sein, gewährten freudig ihren vertriebenen Brüdern Obdach, und wenn sie auch vertrieben wurden, nahmen sie das Los der Verstoßenen freudig an. Allerdings erkauften Tausende, erschreckt durch die Wut ihrer Verfolger, ihre Freiheit durch Aufopferung ihres Glaubens und verließen ihre Gefängnisse in Bußkleidern, um ihren Widerruf öffentlich bekanntzumachen. Doch war die Zahl solcher keineswegs gering – und sowohl Männer von adliger Herkunft als auch Geringe und Niedrige waren darunter –, die in Gefängniszellen, in „Lollarden-Türmen," inmitten Folterschmerzen und Flammen furchtlos für die Wahrheit zeugten und sich freuten, würdig erachtet zu werden, „die Gemeinschaft seiner Leiden" zu erfahren.

Es war Rom nicht gelungen, seinen Willen an Wiklif während seines Lebens auszuführen, und Roms Haß konnte nicht befriedigt werden, solange dessen Körper friedlich im Grabe ruhte. Einem Erlaß des Konzils zu Konstanz zufolge wurden seine Gebeine mehr als vierzig Jahre nach seinem Tode ausgegraben und öffentlich verbrannt und die Asche in einen benachbarten Bach geworfen. „Der Bach", sagt ein alter Schriftsteller, „führte seine Asche mit sich in den Avon, der Avon in die Severn, die Severn in die Meerengen und diese in den großen Ozean; und somit ist Wiklifs Asche ein Sinnbild seiner Lehre, die jetzt über die ganze Welt verbreitet ist." (Fuller T., Kirchengeschichte Britanniens, 4. Buch, 2. Abschn., 54. Par.) Seine Feinde erkannten kaum die Bedeutung ihrer gehässigen Tat.

Durch Wiklifs Schriften wurde Johannes Hus von Böhmen dahin gebracht, sich von vielen Irrtümern der römischen Kirche loszusagen und in das Werk der Reformation einzutreten. So wurde in diesen beiden so weit voneinander entfernten Ländern der Same der Wahrheit gesät. Von Böhmen erstreckte sich das Werk auf andere Länder. Der Sinn der Menschen wurde auf das lang vergessene Wort Gottes gerichtet. Die göttliche Hand bereitete den Weg für die große Reformation vor.

6 HUS UND HIERONYMUS

Das Evangelium war schon im neunten Jahrhundert nach Böhmen gebracht worden. Die Bibel wurde übersetzt und der öffentliche Gottesdienst in der Sprache des Volkes gehalten. Sowie aber die Macht des Papsttums zunahm, wurde auch das Wort Gottes verdunkelt. Gregor VII., der es sich zur Aufgabe gemacht hatte, den Stolz der Fürsten zu demütigen, war nicht weniger darauf bedacht, das Volk zu knechten, und demgemäß wurde eine Bulle erlassen, die den öffentlichen Gottesdienst in böhmischer Sprache untersagte. Der Papst erklärte, daß es dem Allmächtigen angenehm sei, daß seine Anbetung in einer unbekannten Sprache geschehe und daß viele Übel und Irrlehren aus der Nichtbeachtung dieser Regel hervorgegangen seien. (Comenius, Persec, Eccl. Bohem., S. 16. Siehe auch Wylie, 3. Buch, 1. Kap.) Auf diese Weise verfügte Rom, das Licht des Wortes Gottes auszulöschen und das Volk in Finsternis zu belassen. Aber der Himmel hatte andere Werkzeuge zur Erhaltung der Gemeinde vorgesehen. Viele Waldenser und Albigenser, die durch die Verfolgung aus ihren Wohnungen in Frankreich und Italien vertrieben worden waren, kamen nach Böhmen. Wenn sie es auch nicht wagten, öffentlich zu lehren, so arbeiteten sie doch eifrig im geheimen, und so wurde der wahre Glaube von Jahrhundert zu Jahrhundert bewahrt.

Schon vor Hus standen Männer in Böhmen auf und verurteilten öffentlich die Verderbnis der Kirche und die Laster des Volkes. Ihr Wirken erweckte große Anteilnahme. Die Befürchtungen der Priester wurden wachgerufen, und man fing an, die Jünger des Evangeliums zu verfolgen. Dadurch gezwungen, ihren Gottesdienst in den Wäldern und Bergen zu halten, wurden sie von Soldaten aufgespürt und viele umgebracht. Später wurde beschlossen, daß alle, die die römischen Gottesdienste verließen, verbrannt werden sollten. Während aber die Christen ihr Leben dahingaben, richteten sie ihre Blicke auf den Sieg ihrer Sache. Einer von denen, die lehrten, daß das Heil nur durch den Glauben an den gekreuzigten Heiland zu finden sei, erklärte sterbend: „Jetzt hat die Wut der Feinde die Oberhand über uns, aber es wird nicht für immer sein; es wird sich einer aus dem gemeinen Volke erheben, ohne Schwert oder Autorität, gegen den sie nichts vermögen werden." (Comenius, S. 20. Siehe auch Wylie, 3. Buch, 3. Kap.) Luthers Zeit war noch weit entfernt; aber schon trat einer auf, dessen Zeugnis gegen Rom die Völker bewegen sollte.

Johannes Hus war von geringer Herkunft und wurde durch den Tod seines Vaters frühzeitig Halbwaise. Seine fromme Mutter, die eine Erziehung in der Furcht Gottes als das wertvollste Besitztum ansah, wollte ihrem Sohn dieses Erbgut vermitteln. Hus besuchte erst die Kreisschule und begab sich dann auf die Universität in Prag, wo ihm eine Freistelle erteilt worden war. Seine Mutter begleitete ihn auf der Reise; arm und verwitwet, hatte sie keine weltliche Habe ihrem Sohne mitzugeben; doch als sie sich der großen Stadt näherten, kniete sie mit dem vaterlosen Jüngling nieder und erflehte für ihn den Segen ihres himmlischen Vaters. Wie wenig ahnte wohl diese Mutter, auf welche Weise ihr Gebet erhört werden sollte!

Auf der Universität zeichnete Hus sich bald durch seinen unermüdlichen Fleiß und seine raschen Fortschritte aus, während sein tadelloser Wandel und sein freundliches, liebenswürdiges Betragen ihm allgemeine Achtung erwarben. Er war ein aufrichtiger Anhänger der römischen Kirche, und ihn verlangte ernstlich nach dem von ihr versprochenen Segen. Anläßlich einer Jubiläumsfeier ging er zur Beichte, bezahlte die letzten wenigen Geldstücke, die er besaß, und schloß sich der Prozession an, auf daß er der verheißenen Absolution teilhaftig würde. Nachdem er seine Studien vollendet hatte, trat er in den Priesterstand, wo er rasch zu Ehren kam und bald an den königlichen Hof gezogen wurde. Auch wurde er zum Professor und später zum Rektor der Universität ernannt, an der er studiert hatte. In wenigen Jahren war der bescheidene Freischüler der Stolz seines Vaterlandes geworden, und sein Name wurde über ganz Europa hin berühmt.

Auf einem andern Gebiet jedoch begann Hus das Werk der Reformation. Einige Jahre nachdem er die Priesterweihe empfangen hatte, wurde er zum Prediger an der Bethlehemskapelle ernannt. Der Gründer dieser Kapelle hatte als eine Sache von großer Bedeutung das Predigen der Heiligen Schrift in der Landessprache vertreten. Obwohl Rom diesem Gebrauch widerstand, war er doch in Böhmen nicht völlig eingestellt worden. Dennoch war die Bibel sehr wenig bekannt, und die schlimmsten Laster herrschten unter den Leuten aller Klassen. Gegen diese Übelstände trat Hus schonungslos auf, indem er sich auf das Wort Gottes berief, um die Grundsätze der Wahrheit und Reinheit einzuschärfen, die er lehrte.

Ein Bürger von Prag, Hieronymus, der später so innig mit Hus verbunden war, hatte bei seiner Rückkehr von England Wiklifs Schriften mitgebracht. Die Königin von England, die sich zu Wiklifs Lehren bekannte, war eine böhmische Prinzessin, und durch ihren Einfluß wurden die Schriften des Reformators auch in ihrem Heimatland weit verbreitet. Diese Werke las Hus mit Begierde; er hielt den Verfasser für einen aufrichtigen Christen und war geneigt, die Reform, die dieser vertrat, wohlwollend zu betrachten. Schon hatte Hus, ohne es zu wissen, einen Pfad betreten, der ihn weit von Rom wegführen sollte.

Ungefähr um diese Zeit kamen in Prag zwei Freunde aus England an, Gelehrte, die das Licht empfangen hatten und in diesem entlegenen Land verbreiten wollten. Da sie mit einem offenen Angriff auf die Oberherrschaft des Papstes begannen, wurden sie von den Behörden bald zum Schweigen gebracht; weil sie aber nicht willens waren, ihre Absicht aufzugeben, nahmen sie Zuflucht zu anderen Mitteln. Da sie sowohl Künstler als auch Prediger waren, versuchten sie es mit ihrer Geschicklichkeit. An einem dem Volke zugängigen Ort zeichneten sie zwei Bilder; eins stellte Jesus bei seinem Einzug in Jerusalem dar, „sanftmütig und reitend auf einem Esel," (Mt. 21,5) gefolgt von seinen Jüngern, barfuß und mit von der Reise abgetragenen Kleidern. Das andere Bild zeigte eine päpstliche Prozession – den Papst, angetan mit seinen reichen Gewändern und der dreifachen Krone, auf einem prächtig geschmückten Pferd sitzend; vor ihm her gingen Trompeter und hinter ihm folgten die Kardinäle und Prälaten in blendender Pracht.

Das war eine Predigt, die die Aufmerksamkeit aller Klassen auf sich zog. Ganze Scharen kamen herbei, um die Zeichnungen anzustaunen. Niemand konnte verfehlen, die darin enthaltene Lehre herauszulesen, und auf viele machte der große Unterschied zwischen der Sanftmut und Demut Christi, des Meisters, und dem Stolz und der Anmaßung des Papstes, seines vorgeblichen Dieners, einen tiefen Eindruck. Es entstand eine große Aufregung in Prag, und nach einer Weile erachteten es die Fremdlinge für ihre eigene Sicherheit am besten, weiterzuziehen. Die Lehre aber, die sie gelehrt hatten, wurde nicht vergessen. Die Gemälde trafen Hus tief und veranlaßten ihn zu einem eingehenderen Erforschen der Bibel und der Schriften Wiklifs. Obwohl er auch jetzt noch nicht vorbereitet war, alle von Wiklif befürworteten Reformen anzunehmen, sah er doch deutlicher den wahren Charakter des Papsttums und verurteilte mit größerem Eifer den Stolz, die Anmaßung und die Verderbtheit der Priesterherrschaft.

Von Böhmen breitete sich das Licht nach Deutschland aus; denn die Unruhen an der Universität zu Prag bewirkten, daß Hunderte von deutschen Studenten die dortige Universität verließen. Viele von ihnen hatten von Hus die erste Kenntnis der Bibel erhalten und breiteten bei ihrer Rückkehr das Evangelium in ihrem Vaterland aus.

Die Kunde von diesem Werk in Prag kam nach Rom, und bald wurde Hus aufgefordert, vor dem Papst zu erscheinen. Gehorchen hätte hier bedeutet, sich dem sicheren Tode auszusetzen, deshalb verfaßten der König und die Königin von Böhmen, die Universität, Mitglieder des Adels und etliche Regierungsbeamte eine Bittschrift an den Papst, es Hus zu gestatten, in Prag zu bleiben und einen Bevollmächtigten nach Rom zu schicken. (Palacky, Gesch. Böhmens, Bd. 3, Buch 6, S. 257 f.) Statt diese Bitte zu gewähren, nahm der Papst die Untersuchung selbst in die Hand, verurteilte Hus und verhängte über die Stadt Prag den Bann.

Zu jener Zeit rief dies Urteil, wo es auch ausgesprochen wurde, große Bestürzung hervor. Die begleitenden Zeremonien waren wohl geeignet, das Volk mit Schrecken zu erfüllen, das den Papst als den Stellvertreter Gottes ansah, der die Schlüssel des Himmels und der Hölle und die Macht besäße, weltliche sowie geistliche Strafgerichte herabzubeschwören. Man glaubte, daß die Tore des Himmels für die mit dem Bann belegten Gebiete verschlossen seien, und daß die Toten von den Wohnungen der Glückseligkeit ausgeschlossen wären, bis es dem Papst gefalle, den Bann aufzuheben. Zum Zeichen dieses schrecklichen Übelstandes wurden alle Gottesdienste eingestellt, die Kirchen nicht geöffnet, die Hochzeiten auf den Kirchhöfen vollzogen und die Toten, da ihnen die Bestattung in geweihtem Boden versagt war, ohne die übliche Begräbnisfeier in Gräben oder Feldern zur Ruhe gelegt. Auf diese Weise suchte Rom durch Maßnahmen, die tief auf das Vorstellungsvermögen einwirkten, die Gewissen der Menschen zu beherrschen.

Die Stadt Prag wurde mit Aufruhr erfüllt. Ein großer Teil klagte Hus als die Ursache alles Unglücks an und verlangte, daß er der Rache Roms übergeben werde. Um den Sturm zu beruhigen, zog der Reformator sich eine Zeitlang in sein heimatliches Dorf zurück. In seinem schriftlichen Verkehr mit den Freunden in Prag sagte er: „Wisset also, daß ich, durch diese Ermahnung Christi und sein Beispiel geleitet, mich zurückgezogen habe, um nicht den Bösen Gelegenheit zur ewigen Verdammnis und den Guten zur Bedrückung und Betrübnis Ursache zu werden; und dann auch, damit nicht die gottlosen Priester die Predigt des göttlichen Worts ganz verhindern sollten. Ich bin also nicht deshalb gewichen, damit durch mich die göttliche Wahrheit verleugnet würde, für die ich mit Gottes Beistand zu sterben hoffte." (Neander, Kirchengesch., 6. Per., 2. Abschn., 2. Teil, 47. Par., Gotha, 1856. Siehe auch Bonnechose, Reformateurs avant la reforme, 1. Buch. S. 94. 95; Paris 1845.) Hus hörte nicht auf in seinem Wirken, sondern bereiste die umliegende Gegend und predigte der begierigen Menge. Auf diese Weise wurden die Maßnahmen, zu denen der Papst seine Zuflucht nahm, um das Evangelium zu unterdrücken, zur Ursache seiner weiteren Ausbreitung. „Denn wir vermögen nichts wider die Wahrheit, sondern nur etwas für die Wahrheit." (2. Kor. 13,8)

„Hus muß in dieser Zeit seiner Laufbahn einen schmerzlichen Kampf durchgemacht haben. Obgleich die Kirche ihn mit ihren Donnerkeilen zu überwältigen suchte, hatte er sich nicht von ihrer Autorität losgesagt. Die römische Kirche war für ihn immer noch die Braut Christi, und der Papst Gottes Stellvertreter und Statthalter. Hus kämpfte gegen den Mißbrauch der Autorität und nicht gegen den Grundsatz selbst. Dadurch entstand ein fürchterlicher Kampf zwischen den Überzeugungen seiner Vernunft und den Forderungen seines Gewissens. War die Autorität gerecht und unfehlbar, wie er doch glaubte, wie kam es, daß er sich gezwungen fühlte, ihr ungehorsam zu sein? Zu gehorchen war für ihn sündigen; aber warum sollte der Gehorsam gegen eine unfehlbare Kirche zu solchen Folgen führen? Dies war eine Frage, die er nicht beantworten konnte; es war der Zweifel, der ihn von Stunde zu Stunde quälte. Die größte Annäherung an eine Lösung, die er zu machen vermochte, war, daß es sich wiederum verhielt wie einst, in den Tagen des Heilandes, daß die Priester der Kirche gottlos geworden waren und sich ihrer rechtmäßigen Autorität zu unrechtmäßigen Zwecken bedienten. Dies veranlaßte ihn, sich selbst den Grundsatz zur Richtschnur zu machen und ihn andern als den ihrigen einzuschärfen, daß die Lehren der Heiligen Schrift durch das Verständnis unser Gewissen beherrschen sollen; in andern Worten, daß Gott, der in der Bibel spricht und nicht in der Kirche, die durch die Priester redet, der eine unfehlbare Führer sei." (Wylie, Gesch. d. Protest., 3. Buch, 2. Kap.)

Als die Aufregung in Prag sich nach einiger Zeit legte, kehrte Hus zu seiner Bethlehemskapelle zurück, um mit größerem Eifer und Mut die Predigt des Wortes Gottes fortzusetzen. Seine Feinde waren tätig und mächtig, aber die Königin und viele der Adligen waren seine Freunde, und viele unter dem Volk hielten zu ihm. Indem sie seine reinen und erhebenden Lehren und sein heiliges Leben mit den entwürdigenden Glaubenssätzen, die die Römlinge predigten, und mit dem Geiz und der Schwelgerei, die sie trieben, verglichen, hielten viele es für eine Ehre, auf seiner Seite zu stehen.

Bis dahin hatte Hus in seiner Arbeit allein gestanden, nun aber verband sich Hieronymus, der, während er in England war, die Lehren Wiklifs angenommen hatte, mit ihm in dem Werk der Reformation. Die beiden waren von da an in ihrem Leben vereinigt und sollten im Tode auch nicht getrennt werden. Hieronymus besaß glänzende Anlagen, große Beredsamkeit und hohe Bildung – Gaben, die die öffentliche Gunst fesseln; aber in den Eigenschaften, die die wahre Charakterstärke ausmachen, war Hus der größere. Sein besonnenes Urteil diente dem ungestümen Geist des Hieronymus als Zügel, und da er in christlicher Demut Hus' Wert erkannte, fügte er sich seinen Ratschlägen. Unter ihrer vereinten Arbeit breitete die Reformation sich schneller aus.

Gott erleuchtete den Verstand dieser auserwählten Männer und offenbarte ihnen viele der Irrtümer Roms; doch sie empfingen nicht alles Licht, das der Welt gegeben werden sollte. Durch diese seine Diener führte Gott seine Kinder aus der Finsternis der römischen Kirche. Weil es jedoch viele und große Hindernisse zu überwinden gab, führte er sie Schritt für Schritt, wie sie es ertragen konnten. Sie waren nicht vorbereitet, alles Licht auf einmal zu empfangen. Wie der volle Glanz der Mittagssonne diejenigen, die lange in der Finsternis waren, blendet, so würden sie sich von diesem Licht, falls es voll und ganz auf sie gestrahlt hätte, abgewandt haben. Deshalb offenbarte Gott es den Führern nach und nach, wie das Volk es ertragen konnte. Von Jahrhundert zu Jahrhundert sollten andere treue Arbeiter folgen, um das Volk auf dem Pfad der Reformation immer weiter zu führen.

Die Spaltung in der Kirche dauerte noch immer fort. Drei Päpste stritten sich nun um die Oberherrschaft, und ihre Kämpfe füllten die Christenheit mit Verbrechen und Aufruhr. Nicht zufrieden damit, ihre Bannstrahlen zu schleudern, griffen sie auch zu weltlichen Waffen. Jeder trachtete danach, Waffen zu kaufen und Söldner zu werben. Natürlich mußte Geld herbeigeschafft werden, und um dieses zu erlangen, wurden alle Gaben, Ämter und Segnungen der Kirche zum Verkauf angeboten. (s. Anhang, Anm. 8.) Desgleichen nahmen die Priester, dem Beispiel ihrer Vorgesetzten folgend, ihre Zuflucht zur Simonie und zum Krieg, um ihre Rivalen zu demütigen und ihre eigene Macht zu stärken. Mit täglich wachsender Kühnheit donnerte Hus gegen die Greuel, die im Namen der Religion geduldet wurden; und das Volk klagte öffentlich die römischen Oberhäupter als die Ursache des Elends an, das die Christenheit überflutete.

Wiederum schien die Stadt Prag am Rande eines blutigen Kampfes zu stehen. Wie in früherer Zeit wurde der Diener Gottes angeklagt als der, „der Israel ins Unglück stürzt." (1. Kön. 18,17) Die Stadt wurde abermals in den Bann getan, und Hus zog sich in sein heimatliches Dorf zurück. Die Zeit, da er in seiner geliebten Bethlehemskapelle so treulich Zeugnis abgelegt hatte, war zu Ende; er sollte von einer größeren Bühne herab zu der ganzen Christenheit reden, ehe er sein Leben als Zeuge für die Wahrheit niederlegte.

Um die Übelstände, die Europa zerrütteten, zu heilen, wurde ein allgemeines Konzil nach Konstanz einberufen. Dieses Konzil wurde „durch die beharrlichen Bemühungen" Sigismunds von einem der drei Gegenpäpste, Johann XXIII., einberufen. Diese Aufforderung war dem Papst Johann unwillkommen, denn sein Charakter und seine Absichten konnten eine Untersuchung schlecht vertragen, nicht einmal von solchen Prälaten, die in ihren Sitten ebenso locker waren wie die Geistlichkeit jener Zeit im allgemeinen. Er wagte es jedoch nicht, sich dem Willen Sigismunds zu widersetzen. (s. Anhang, Anm. 14.)

Die Hauptanliegen, die dieses Konzil ins Auge faßte, waren, die Spaltung in der Kirche zu beseitigen und die Ketzerei auszurotten. Es wurden deshalb die beiden Gegenpäpste sowie der Hauptvertreter der neuen Ansichten, Johannes Hus, aufgefordert, vor ihm zu erscheinen. Die ersteren erschienen aus Rücksicht auf ihre eigene Sicherheit nicht persönlich, sondern durch ihre Gesandten. Papst Johann, obgleich dem Anschein nach der Einberufer des Konzils, kam unter vielen Besorgnissen, denn er vermutete, der Kaiser habe die heimliche Absicht, ihn abzusetzen, und er fürchtete, zur Rechenschaft gezogen zu werden für die Laster, die die päpstliche Krone entwürdigt, sowie für die Verbrechen, die ihm die Tiara verschafft hatten. Doch hielt er seinen Einzug in Konstanz mit großem Gepränge, umgeben von Geistlichen höchsten Ranges und gefolgt von einem Zug von Höflingen. Der ganze Klerus und die Würdenträger der Stadt mit einer ungeheuren Menge von Bürgern kamen heraus, um ihn willkommen zu heißen. Vier der höchsten Beamten trugen über seinem Haupt einen goldenen Baldachin; vor ihm her trug man die Hostie, und die reichen Gewänder der Kardinäle und des Adels gaben eine eindrucksvolle Prachtentfaltung.

Unterdessen näherte sich ein anderer Reisender Konstanz. Hus war sich der Gefahren bewußt, die ihm drohten. Er schied von seinen Freunden, als ob er nie wieder mit ihnen zusammenkommen würde, und machte sich auf den Weg mit dem Gefühl, daß er ihn zum Scheiterhaufen führen werde. Obwohl er vom König von Böhmen ein Sicherheitsgeleit empfangen hatte und obgleich ihm auf seiner Reise ein zweites vom Kaiser Sigismund zuging, traf er doch alle Vorkehrungen im Hinblick auf die Wahrscheinlichkeit seines Todes.

In einem an seine Freunde in Prag gerichteten Brief schrieb er: „Ich hoffe auf Gott, meinen allmächtigen Heiland, daß er seiner Verheißung wegen und wegen eures heißen Gebets mir Weisheit verleihen wird und eine geschickte Zunge, so daß ich ihnen zu widerstehen vermögen werde. Er wird mir auch verleihen ein Gemüt, zu verachten die Versuchungen, den Kerker, den Tod; wie wir sehen, daß Christus selbst gelitten hat um seiner Auserwählten willen, indem er uns ein Beispiel gab, für ihn und unser Heil alles zu erdulden. Gewiß kann nicht umkommen, wer an ihn glaubt und in seiner Wahrheit verharrt. ... Wenn mein Tod seinen Ruhm verherrlichen kann, so möge er ihn beschleunigen und mir die Gnade geben, alles Übel, was es auch sei, guten Muts ertragen zu können. Wenn es aber für mein Heil besser ist, daß ich zu euch zurückkehre, so wollen wir Gott darum bitten, daß ich ohne Unrecht vom Konzil wieder zu euch komme; das heißt ohne Beeinträchtigung seiner Wahrheit, so daß wir dieselbe nachher reiner erkennen können, die Lehre des Antichrist vertilgen und unseren Brüdern ein gutes Beispiel zurücklassen. ... Vielleicht werdet ihr mich in Prag nicht wiedersehen; wenn aber Gott nach seiner Gnade mich euch wiederschenken will, so werden wir mit desto freudigerem Gemüt in dem Gesetz des Herrn fortschreiten." (Neander, Kirchengesch., 6. Per., 2. Abschn., 2. Teil, 49. Par., Gotha, 1856.)

In einem anderen Brief an einen Priester, der ein Jünger des Evangeliums geworden war, sprach Hus mit einer tiefen Demut von seinen Fehlern und klagte sich an, mit Genugtuung reiche Gewänder getragen und Stunden mit wertlosen Beschäftigungen vergeudet zu haben. Er fügte folgende rührende Ermahnung hinzu: „Möge die Herrlichkeit Gottes und das Heil von Seelen dein Gemüt in Anspruch nehmen und nicht der Besitz von Pfründen und Vermögen. Hüte dich, dein Haus mehr zu schmücken als deine Seele; und verwende deine größte Sorgfalt auf das geistliche Gebäude. Sei liebevoll und demütig den Armen gegenüber und verschwende deine Habe nicht durch Festgelage. Solltest du dein Leben nicht bessern und dich des Überflüssigen enthalten, so fürchte ich, wirst du hart gezüchtigt werden, wie ich selbst es bin. ... Du kennst meine Lehre, denn du hast meine Unterweisungen von deiner Kindheit an empfangen, deshalb ist es unnütz für mich, dir weiter zu schreiben. Aber ich beschwöre dich bei der Gnade unseres Herrn, mich nicht in irgendeiner der Eitelkeiten nachzuahmen, in die du mich fallen sahest." Auf dem Umschlag des Briefes fügte er bei: „Ich beschwöre dich, mein Freund, diese Siegel nicht zu erbrechen, bis du die Gewißheit erlangt hast, daß ich tot bin." (Bonnechose, 1. Buch, S. 163, 164.)

Auf seiner Reise sah Hus überall Anzeichen der Verbreitung seiner Lehren und der Zuneigung, die für seine Sache empfunden wurde. Das Volk scharte sich zusammen, um ihn zu begrüßen, und in einigen Städten begleitete ihn der Magistrat durch die Straßen.

Bei seiner Ankunft in Konstanz wurde Hus zuerst seine völlige Freiheit gelassen. Dem Sicherheitsgeleit des Kaisers fügte man noch eine Versicherung des päpstlichen Schutzes hinzu. Trotz dieser feierlichen und wiederholten Erklärungen wurde der Reformator bald auf Betreiben des Papstes und der Kardinäle verhaftet und in einem abscheulichen Verlies festgehalten. Später wurde er nach einer starken Burg (Burg Gottlieben) jenseits des Rheins überführt und dort gefangengehalten. Dem Papst nützte aber seine Treulosigkeit nichts, denn er war bald darauf selbst ein Insasse desselben Gefängnisses. (Bonnechose, 1. Buch, S. 269.) Er wurde von dem Konzil der gemeinsten Verbrechen überführt – Mord, Simonie, Unkeuschheit und „anderer Sünden, die nicht passend sind, genannt zu werden", wie das Konzil selbst erklärte. Die Tiara wurde ihm genommen und er ins Gefängnis geworfen. (Hefele, Konziliengesch., VII, 139-141.) Die Gegenpäpste wurden ebenfalls abgesetzt, und ein neuer Papst wurde gewählt.

Obwohl der Papst selbst größerer Verbrechen überführt worden war, als je Hus den Priestern zur Last gelegt und deren Abstellung er verlangt hatte, schritt doch dasselbe Konzil, das den Papst absetzte, zur Vernichtung des Reformators. Hus' Gefangennahme erregte große Entrüstung in Böhmen. Mächtige Adlige protestierten gegen diese Schmach. (Höfler, Huss. Bewegung, S. 179 f.) Der Kaiser, der die Verletzung eines Sicherheitsgeleites ungern zugab, widersetzte sich dem Vorgehen gegen ihn. (Palacky, Geschichte Böhmens Bd. 3, Buch 6, S. 327 f.) Aber die Feinde des Reformators waren gehässig und entschlossen. Sie nutzten des Kaisers Vorurteile, seine Furchtsamkeit und seinen Eifer für die Kirche aus. Sie brachten weitläufige Beweise vor, um darzutun, daß „Ketzern und Leuten, die unter dem Verdacht der Ketzerei stünden, nicht Wort gehalten werden sollte, selbst wenn sie auch mit Sicherheitsgeleit vom Kaiser und von Königen versehen seien." (Lenfant, Histoire du concile de Constance, 1. Bd., S. 516.) Auf diese Weise setzten sie ihren Willen durch.

Krankheit und Gefangenschaft schwächten Hus, die feuchte, verdorbene Luft seines Kerkers verursachte Fieber, das sein Leben ernstlich bedrohte. Endlich wurde Hus vor das Konzil geführt. Mit Ketten beladen stand er vor dem Kaiser, der seine Ehre und sein Wort verpfändet hatte, ihn zu beschützen. (s. Anhang, Anm. 15.) Während seines langen Verhörs vertrat er standhaft die Wahrheit und schilderte vor den versammelten Würdenträgern der Kirche und des Reiches ernst und gewissenhaft die Verderbtheit der Priesterherrschaft. Als ihm die Wahl gelassen wurde zwischen dem Widerruf seiner Lehren oder dem Tod, zog er das Schicksal des Märtyrers vor.

Gottes Gnade hielt ihn aufrecht. Während der Leidenswochen, die seiner endgültigen Verurteilung vorausgingen, erfüllte der Friede des Himmels seine Seele. In einem Abschiedsbrief an einen Freund schrieb er: „Ich schrieb diesen Brief im Kerker und in Ketten, mein Todesurteil morgen erwartend. ... Was der gnädige Gott an mir bewirkt, und wie er mir beisteht in wunderlichen Versuchungen, werdet ihr erst dann einsehen, wenn wir uns bei unserem Herrn Gott durch dessen Gnade in Freuden wiederfinden." (Neander, Kirchengesch., 6. Per., 2. Abschn., 2. Teil, 73. Par., Gotha, 1856.)

In der Dunkelheit seines Kerkers sah er den Sieg des wahren Glaubens voraus. In seinen Träumen wurde er zurückversetzt nach der Bethlehemskapelle zu Prag, wo er das Evangelium gepredigt hatte, und sah, wie der Papst und seine Bischöfe die Bilder Jesu

Christi, die er an ihren Wänden hatte malen lassen, auslöschten. Dies Traumbild betrübte ihn, aber „am andern Tage stand er auf und sah viele Maler, die noch mehr Bilder und schönere entworfen hatten, die er mit Freuden anblickte. Und die Maler sprachen mit dem Volk: „Mögen die Bischöfe und Priester kommen und diese Bilder zerstören!" Der Reformator setzte hinzu: „So hoffe ich doch, daß das Leben Christi, das in Bethlehem durch mein Wort in den Gemütern der Menschen abgebildet worden ... durch eine größere Anzahl von besseren Predigern, als ich bin, besser wird abgebildet werden, zur Freude des Volkes, welches das Leben Christi liebt." (ebd.)

Zum letzten Mal wurde Hus vor das Konzil gestellt. Es war eine große und glänzende Versammlung, der Kaiser, die Reichsfürsten, die königlichen Abgeordneten, die Kardinäle, Bischöfe und Priester und eine große Menge, die als Zuschauer dem Ereignis beiwohnten. Aus allen Teilen der Christenheit waren Zeugen dieses ersten großen Opfers in dem langen Kampf, durch den die Gewissensfreiheit gesichert werden sollte, versammelt.

Als er zu einer letzten Aussage aufgefordert wurde, beharrte Hus auf seiner Weigerung, abzuschwören, und indem er seinen durchdringenden Blick auf den Fürsten richtete, dessen verpfändetes Wort so schamlos verletzt worden war, erklärte er: „Ich bin aus meinem eigenen freien Willen vor dem Konzil erschienen, unter dem öffentlichen Schutz und dem Ehrenwort des hier anwesenden Kaisers." (Bonnechose, 2. Bd., S. 84. Siehe auch Palacky, Bd. 3, Buch 6, S. 364.) Eine tiefe Röte überzog das Angesicht Sigismunds, als sich die Augen aller in der Versammlung auf ihn richteten.

Das Todesurteil wurde nun ausgesprochen, und die Zeremonie der Amtsenthebung begann. Die Bischöfe kleideten ihren Gefangenen in das priesterliche Gewand. Als er es anlegte, sagte er: „Unser Herr Jesus Christus wurde zum Zeichen der Schmähung mit einem weißen Mantel bedeckt, als Herodes ihn vor Pilatus bringen ließ." (Bonnechose, 3. Buch, S. 95. 96.) Abermals zum Widerruf ermahnt, sprach er zum Volk: „Mit welchem Auge könnte ich den Himmel anblicken, mit welcher Stirn könnte ich auf diese Menschenmenge sehen, der ich das reine Evangelium gepredigt habe? Nein, ich erachte ihre Seligkeit höher als diesen armseligen Leib, der nun zum Tode bestimmt ist." Dann wurden ihm die Stücke des Priesterornats eins nach dem andern abgenommen, wobei jeder Bischof bei der Vollführung der Zeremonie einen Fluch über ihn aussprach. Schließlich „wurde ihm eine hohe Papiermütze aufgesetzt, mit Teufeln bemalt, die vorn die auffällige Inschrift trug: 'Haeresiarcha' (oder Erzketzer). 'Mit größter Freude', sagte Hus, 'will ich diese Krone der Schmach um deinetwillen tragen, o Jesus, der du für mich die Dornenkrone getragen hast.'"

Als er so aufgeputzt war, sprachen die Prälaten: „Nun übergeben wir deine Seele dem Teufel." „Aber ich", sprach Hus, indem er seine Augen zum Himmel erhob, „befehle meinen Geist in deine Hände, o Herr Jesus, denn du hat mich erlöst..."

Nun wurde er der weltlichen Obrigkeit übergeben und nach dem Richtplatz geführt. Ein ungeheurer Zug folgte nach, Hunderte von Bewaffneten, Priestern und Bischöfen in ihren kostbaren Gewändern und die Einwohner von Konstanz. Als er an den Pfahl festgebunden war, und alles bereit war, das Feuer anzuzünden, wurde er nochmals ermahnt zu widerrufen, sich zu retten, indem er seinen Irrtümern entsage. „Welche Irrtümer," sagte Hus, „sollte ich widerrufen, da ich mir keines Irrtums bewußt bin? Ich rufe Gott zum Zeugen an, daß alles, was ich geschrieben oder gepredigt habe, die Rettung der Seelen von Sünde und Verderben bezweckte; deshalb stehe ich bereit, die Wahrheit, die ich geschrieben und gepredigt habe, freudigst mit meinem Blut zu besiegeln." (Wylie, Buch 3, Kap. 7.) Als das Feuer angezündet worden war, begann Hus laut zu singen: „Jesus, Sohn des lebendigen Gottes, erbarme dich meiner!" (Neander, Kirchengesch., 6. Per., 2. Abschn., 2. Teil, 69. Par., Gotha, 1856. Siehe auch Hefele, Kirchengesch., VII, 209 f.) Er sang solange, bis seine Stimme auf immer verstummte.

Selbst seine Feinde bewunderten seine heldenmütige Haltung. Ein päpstlicher Schriftsteller, der den Märtyrertod von Hus und Hieronymus, der bald darauf starb, beschreibt, sagt: „Beide ertrugen den gewaltsamen Tod mit standhaftem Gemüt und bereiteten sich auf das Feuer vor, als ob sie zu einem Hochzeitsfest geladen wären. Sie gaben keinen Schmerzenslaut von sich. Als die Flammen emporschlugen, fingen sie an, Loblieder zu singen, und kaum vermochte die Heftigkeit des Feuers ihrem Gesang Einhalt zu tun." (Aeneas, Hist. Boh., S. 34.)

Als der Körper von Hus völlig verbrannt war, wurde seine Asche samt der Erde, auf der sie lag, gesammelt und in den Rhein geworfen und auf diese Weise dem Meer zugeführt. Seine Verfolger bildeten sich törichterweise ein, sie hätten die von ihm verkündeten Wahrheiten ausgerottet. Schwerlich ahnten sie, daß die Asche, die an jenem Tage dem Meer zugeführt wurde, dem

Samen gleichen sollte, der über alle Lande der Erde ausgestreut wird, und daß er in noch unbekannten Ländern eine reichliche Ernte an Zeugen für die Wahrheit hervorbringen werde. Durch die Stimme, die im Konziliumssaal zu Konstanz gesprochen hatte, war ein Widerhall erweckt worden, der durch alle künftigen Zeitalter fortgepflanzt werden sollte. Hus war nicht mehr; aber die Wahrheit, für die er gestorben war, konnte nie untergehen. Sein Beispiel des Glaubens und der Standhaftigkeit mußte viele ermutigen, trotz Qual und Tod entschieden für die Wahrheit einzustehen. Seine Hinrichtung hatte der ganzen Welt die hinterlistige Grausamkeit Roms offenbart. Die Feinde der Wahrheit hatten unbewußt die Sache gefördert, die sie zu vernichten gedachten.

Noch ein zweiter Scheiterhaufen sollte in Konstanz aufgerichtet werden. Das Blut eines anderen Märtyrers sollte für die Wahrheit zeugen. Als Hieronymus Hus bei seiner Abreise zum Konzil Lebewohl sagte, hatte er diesen zu Mut und Standhaftigkeit ermahnt und erklärt, daß er zu seinem Beistand herbeieilen werde, falls er in irgendeine Gefahr gerate. Als er von der Einkerkerung des Reformators hörte, bereitete sich der treue Jünger sofort vor, sein Versprechen zu erfüllen. Ohne ein Sicherheitsgeleit machte er sich mit einem einzigen Gefährten auf den Weg nach Konstanz. Bei seiner Ankunft dort wurde er überzeugt, daß er sich nur in Gefahr begeben hatte, ohne etwas für Hus' Befreiung tun zu können. Er floh aus der Stadt, wurde aber auf dem Heimweg verhaftet, mit Ketten beladen und von Soldaten bewacht zurückgebracht. Bei seinem ersten Erscheinen vor dem Konzil wurden seine Versuche, auf die gegen ihn vorgebrachten Anklagen zu antworten, mit dem Ruf erwidert: „In die Flammen mit ihm, in die Flammen!" (Bonnechose, Buch 2, S. 256.) Er wurde in ein Verlies geworfen, in einer Stellung angekettet, die ihm große Schmerzen verursachte, und mit Wasser und Brot ernährt. Nach einigen Monaten wurde Hieronymus durch die Grausamkeiten seiner Gefangenschaft lebensgefährlich krank, und da seine Feinde befürchteten er könne ihnen entrinnen, behandelten ihn mit weniger Härte; dennoch brachte er insgesamt ein Jahr im Gefängnis zu.

Hus' Tod hatte nicht die Wirkung gehabt, die Rom erhofft hatte. Die Mißachtung des Geleitbriefes hatte einen Sturm der Entrüstung hervorgerufen, und um einen sicheren Weg einzuschlagen, beschloß das Konzil, anstatt Hieronymus zu verbrennen, ihn wenn möglich zum Widerruf zu zwingen. (Bonnechose, Buch 3, S. 156.

Siehe auch Palacky, Bd. 3, Buch 6, S. 370 f., 382.) Er wurde vor die Versammlung gestellt, und man ließ ihn wählen, zu widerrufen oder auf dem Scheiterhaufen zu sterben. Am Anfang seiner Einkerkerung wäre der Tod für ihn eine Wohltat gewesen im Vergleich mit den schrecklichen Leiden, die er ausgestanden hatte; aber jetzt, geschwächt durch Krankheit, durch die strenge Haft und die Qualen der Angst und der Ungewißheit, getrennt von seinen Freunden und entmutigt durch den Tod des Hus, ließ seine Standhaftigkeit nach, und er willigte ein, sich dem Konzil zu unterwerfen. Er verpflichtete sich, am katholischen Glauben festzuhalten, und stimmte dem Konzil in der Verdammung der Lehren Wiklifs und Hus' bei, mit Ausnahme „der heiligen Wahrheiten", die sie gelehrt hatten. (Th. Vrie, Hist. Conc. Const., Bd. I, S. 173-175.)

Durch diesen Ausweg versuchte Hieronymus, die Stimme des Gewissens zu beruhigen und seinem Schicksal zu entrinnen. Doch in der Einsamkeit seines Gefängnisses sah er klarer, was er getan hatte. Er gedachte des Mutes und der Treue seines Freundes und erwog im Gegensatz dazu seine eigene Verleugnung der Wahrheit. Er dachte an seinen göttlichen Meister, dem zu dienen er sich verpflichtet, und der um seinetwillen den Kreuzestod erlitten hatte. Vor seinem Widerruf hatte er inmitten all seiner Leiden in der Gewißheit der Gnade Gottes Trost gefunden; jetzt aber quälten Reue und Zweifel seine Seele. Er wußte, daß noch andere Widerrufe gemacht werden mußten, ehe er mit Rom versöhnt werden konnte. Der Pfad, den er jetzt betrat, konnte nur zu einem völligen Abfall führen. Sein Entschluß war gefaßt: er wollte seinen Herrn nicht verleugnen, um einer kurzen Zeit des Leidens zu entrinnen.

Er wurde wieder vor das Konzil gestellt. Seine Unterwerfung hatte seine Richter nicht befriedigt. Ihr durch den Tod des Hus gereizter Blutdurst verlangte nach neuen Opfern. Nur durch eine bedingungslose Absage an die Wahrheit konnte Hieronymus sein Leben erhalten. Aber er hatte sich entschlossen, seinen Glauben zu bekennen und seinem Leidensbruder in die Flammen zu folgen.

Er nahm seinen früheren Widerruf zurück und verlangte feierlich als ein dem Tode Verfallener eine Gelegenheit, seine Verteidigung vorzubringen. Die Folgen seiner Worte befürchtend, bestanden die Kirchenfürsten darauf, daß er einfach die Wahrheit der gegen ihn vorliegenden Anklagen zugestehen oder sie ableugnen solle. Hieronymus erhob Einwände gegen solche Grausamkeit und Ungerechtigkeit: „Ganze 340 Tage habt ihr mich in dem schwersten, schrecklichsten Gefängnis, da nichts als Unflat, Gestank, Kot und Fußfesseln neben höchstem Mangel aller notwendigsten Dinge, gehalten. Meinen Feinden gewährt ihr gnädige Audienz, mich aber wollt ihr nicht eine Stunde hören. ... So ihr allhier Lichter der Welt und verständige Männer genannt werdet, so sehet zu, daß ihr nichts unbedachtsam wider die Gerechtigkeit tut. Ich bin zwar nur ein armer Mensch, welches Haut es gilt. Ich sage auch dies nicht, der ich sterblich bin, meinetwegen. Das verdrießt mich, daß ihr als weise, verständige Männer wider alle Billigkeit ein Urteil fällt." (Theobald, Hussitenkrieg, S. 158.)

Sein Gesuch wurde ihm schließlich gewährt. In Gegenwart seiner Richter kniete Hieronymus nieder und betete, der göttliche Geist möchte seine Gedanken und Worte regieren, auf daß er nichts spreche, was gegen die Wahrheit oder seines Meisters unwürdig sei. An ihm wurde an jenem Tage die Verheißung Gottes an die ersten Jünger erfüllt: „Und man wird euch vor Statthalter und Könige führen um meinetwillen. ... Wenn sie euch nun überantworten werden, so sorgt nicht, wie oder was ihr reden sollt; denn es soll euch zu der Stunde gegeben werden, was ihr reden sollt. Denn nicht ihr seid es, die da reden, sondern eures Vaters Geist ist es, der durch euch redet." (Mt. 10,18-20)

Hieronymus' Worte erregten selbst bei seinen Feinden Erstaunen und Bewunderung. Ein ganzes Jahr hatte er hinter Kerkermauern gesessen, nicht imstande zu lesen oder etwas zu sehen, in großen körperlichen Leiden und Angst der Seele. Doch wurden seine Beweise mit so großer Deutlichkeit und Macht vorgetragen, als ob er ungestört Gelegenheit zum Studium gehabt hätte. Er verwies seine Zuhörer auf die lange Reihe vortrefflicher Männer, die von ungerechten Richtern verurteilt worden waren. In fast jeder Generation habe es Männer gegeben, die, während sie das Volk ihrer Zeit zu läutern suchten, mit Vorwürfen überhäuft und ausgestoßen wurden, und es habe sich erst in späterer Zeit herausgestellt, daß sie aller Ehren würdig waren. Christus selbst sei von einem ungerechten Gericht als Übeltäter verdammt worden.

Hieronymus hatte bei seinem Widerruf der Rechtlichkeit des Richterspruches beigestimmt, der Hus verdammt hatte; nun erklärte er seine Reue und legte Zeugnis ab für die Unschuld und Heiligkeit des Märtyrers. „Ich kannte ihn von seiner Kindheit an," sagte er, „er war ein außerordentlich begabter Mann, gerecht und heilig; er wurde trotz seiner Unschuld verurteilt. ... Ich bin ebenfalls bereit zu sterben. Ich schrecke nicht zurück vor den Qualen, die mir bereitet werden von meinen Feinden und falschen Zeugen, die eines Tages vor dem großen Gott, den nichts täuschen kann, für ihre Verleumdungen Rechenschaft ablegen müssen." (Bonnechose, Bd. 2, S. 151.)

Indem Hieronymus sich selbst wegen seiner Verleugnung der Wahrheit anklagte, fuhr er fort: „Überdem nagt und plagt mich keine Sünde, die ich von Jugend an getan habe, so hart, als die an diesem pestilenzischen Ort begangene, da ich dem unbilligen Urteil über Wiklif und den heiligen Märtyrer Hus, meinen getreuen Lehrer, beistimmte und aus Zagheit und Todesfurcht sie verfluchte. Deshalb ich an derselben Stelle dagegen durch Hilfe, Trost und Beistand Gottes und des heiligen Geistes frei öffentlich mit Herz und Mund und Stimme bekenne, daß ich meinen Feinden zu Gefallen sehr viel Übels getan habe. Ich bitte Gott, mir solches aus Gnaden zu verzeihen und aller meiner Missetaten, worunter diese die größte ist, nicht zu gedenken." (Theobald, Hussitenkrieg, S. 162; Th. Vrie, Hist. Conc. Const., S. 183.) Dann wandte er sich an seine Richter mit den kühnen Worten: „Ihr habt Wiklif und Hus verdammt, nicht etwa, weil sie an den Lehren der Kirche gerüttelt hätten, sondern weil sie die Schandtaten der Geistlichkeit, ihren Aufwand, Hochmut und ihre Laster missbilligten. Ihre Behauptungen sind unwiderlegbar, auch ich halte daran fest, gleichwie sie."

Die Prälaten, die vor Wut bebten, unterbrachen ihn mit den Worten: „Was bedarf es weiteren Beweises, wir sehen mit unseren eigenen Augen den halsstarrigsten Ketzer."

Unbewegt vom Sturm rief Hieronymus aus: „Was! Meint ihr, ich fürchte mich zu sterben? Ihr habt mich ein ganzes Jahr in einem fürchterlichen Verlies gehalten, schrecklicher als der Tod selbst. Ihr habt mich grausamer behandelt denn einen Türken, Juden oder Heiden; mein Fleisch ist mir buchstäblich auf meinen Knochen bei lebendigem Leibe verfault; und dennoch erhebe ich keine Klage, denn Klagen ziemen sich nicht für einen Mann von Herz und Mut; ich kann aber nicht umhin, meinem Staunen ob solch großer Rohheit gegen einen Christen Ausdruck zu geben." (Bonnechose, Buch 3, S. 168. 169.)

Abermals brach ein wütender Sturm los, und Hieronymus mußte wieder ins Gefängnis „und sich härter als zuvor an einen gewöhnlichen Pfahl anbinden lassen." Doch waren unter den Zuhörern immer etliche, auf die seine Worte tiefen Eindruck machten und die sein Leben zu retten wünschten. „Ins Gefängnis kamen zu ihm viele Kardinäle und Bischöfe, ließen ihn herausziehen, ermahnten ihn vielfältig, er sollte seines Lebens verschonen, der Lehre abschwören und den Tod des Hus billigen." Ein Kardinal sagte ihm: „Du könntest zu Ehren kommen in der Kirche, so du dich bekehrst." Aber gleich seinem Meister, da ihm die Herrlichkeit der Welt angeboten wurde, blieb Hieronymus standhaft und antwortete: „Kann ich aus der Heiligen Schrift überführt werden, will ich von Herzen um Vergebung bitten; wo nicht, will ich nicht weichen, auch nicht einen Schritt." Darauf sagte der Kardinal: „Muß alles durch die Schrift beurteilt werden? Wer kann sie verstehen? Muß man nicht die Kirchenväter zu ihrer Auslegung gebrauchen?"

Die letzten Worte, die er aussprach, als die Flammen um ihn emporschlugen, waren ein Gebet: „Herr, allmächtiger Vater, erbarme dich mein und vergib mir meine Sünden; denn du weißt, daß ich deine Wahrheit allezeit geliebt habe." (Bonnechose, Buch 3, 185. 186.) Seine Stimme verstummte; aber seine Lippen fuhren fort, sich im Gebet zu bewegen. Als das Feuer sein Werk getan hatte, wurde die Asche des Märtyrers samt der Erde, auf der sie lag, aufgenommen und gleich der von Hus in den Rhein geworfen. (Theobald, Hussitenkrieg, S. 169.)

So kamen Gottes treue Lichtträger um. Aber das Licht der Wahrheiten, die sie verkündigten – das Licht ihres heldenmütigen Beispiels – konnte nicht ausgelöscht werden. Die Menschen könnten ebensowohl versuchen, die Sonne in ihrem Lauf zurückzustellen, wie die Dämmerung jenes Tages zu verhindern, der gerade damals über die Welt hereinzubrechen begann.

Hus' Hinrichtung hatte in Böhmen ein Gefühl der Entrüstung und des Schreckens erweckt. Es wurde von der ganzen Nation empfunden, daß er der Ruchlosigkeit der Priester und der Treulosigkeit des Kaisers zum Opfer gefallen war. Man sagte, er sei ein treuer Lehrer der Wahrheit gewesen, und erklärte das Konzil, das ihn zum Tode verurteilt hatte, des Mordes schuldig. Seine Lehren erregten nun größere Aufmerksamkeit als je zuvor. Wiklifs Schriften waren durch päpstliche Erlasse den Flammen übergeben worden; alle, die jedoch der Vernichtung entgangen waren, wurden nun aus ihren Verstecken hervorgeholt und in Verbindung mit der Bibel oder Teile derselben, die das Volk sich zu verschaffen vermochte, studiert. Viele Seelen wurden auf diese Weise veranlaßt, den reformierten Glauben anzunehmen.

Hus' Mörder sahen dem Sieg seiner Sache keineswegs ruhig zu. Der Papst und der Kaiser vereinigten sich, um der Bewegung ein Ende zu machen, und Sigismunds Heere stürzten sich auf Böhmen.

Aber es wurde ein Befreier erweckt. Ziska, der bald nach der Eröffnung des Krieges gänzlich erblindete, jedoch einer der tüchtigsten Feldherrn seines Zeitalters war, führte die Böhmen an. Auf die Hilfe Gottes und die Gerechtigkeit seiner Sache vertrauend, widerstand dies Volk den mächtigsten Heeren, die ihm gegenübergestellt werden konnten. Wiederholt hob der Kaiser neue Armeen aus und drang in Böhmen ein, wurde jedoch schimpflich zurückgeschlagen. Die Hussiten waren über die Todesfurcht erhaben, und nichts konnte ihnen standhalten. Wenige Jahre nach Kriegsbeginn starb der tapfere Ziska; jedoch seine Stelle wurde durch Prokopius, der ein ebenso mutiger und geschickter Feldherr, ja in mancher Beziehung ein noch fähigerer Anführer war, ausgefüllt.

Als der blinde Krieger tot war, erachteten die Feinde der Böhmen die Gelegenheit für günstig, alles, was sie verloren hatten, wiederzugewinnen. Der Papst kündigte nun einen Kreuzzug gegen die Hussiten an, und wiederum warf sich eine ungeheure Streitmacht auf Böhmen, aber eine schreckliche Niederlage war die Folge. Ein neuer Kreuzzug wurde angekündigt. In allen katholischen Ländern Europas wurden Männer, Geld und Kriegsgeräte zusammengebracht. Große Scharen sammelten sich unter der päpstlichen Fahne, im Vertrauen darauf, daß den hussitischen Ketzern schließlich ein Ende gemacht werde. Siegesgewiss drang die ungeheure Menge in Böhmen ein. Das Volk sammelte sich, um sie zurückzuschlagen. Die beiden Heere marschierten aufeinander zu, bis nur noch ein Fluß zwischen ihnen lag. „Die Kreuzfahrer waren an der Zahl weit überlegen; doch anstatt kühn über den Fluß zu setzen und die Hussiten anzugreifen, wozu sie doch von so weit hergekommen waren, standen sie schweigend und blickten auf die Krieger." (Wylie, 3. Buch, 17. Kap.) Dann fiel plötzlich ein geheimnisvoller Schrekken auf die Scharen. Ohne einen Streich zu tun, löste sich jenes gewaltige Heer auf und zerstreute sich wie von einer unsichtbaren Macht verjagt. (Mies in Onckens Weltgeschichte, II, 6. S. 405; Mies-Czerwenka, Gesch. d. ev. Kirche Böhmens, Kap. 1, S. 177, Bielefeld, 1869.) Sehr viele wurden von dem Hussiten-Heer, das die Flüchtlinge verfolgte, erschlagen, und eine ungeheure Beute fiel in die Hände der Sieger, so daß der Krieg, anstatt die Böhmen arm zu machen, sie bereicherte.

Wenige Jahre später wurde unter einem neuen Papst wiederum ein Kreuzzug unternommen, und zwar wurden wie zuvor aus allen päpstlichen Ländern Europas Männer und Mittel herbeigeschafft. Große Vorteile wurden denen, die sich an diesem gefährlichen Unternehmen beteiligen würden, in Aussicht gestellt. Eine völlige Vergebung der abscheulichsten Sünden wurde jedem Kreuzfahrer zugesichert. Allen, die im Kriege umkämen, wurde eine reichliche Belohnung im Himmel verheißen, und die Überlebenden sollten auf dem Schlachtfeld Ehre und Reichtum ernten. Wiederum wurde ein großes Heer gesammelt, das die Grenze überschreitend in Böhmen eindrang. Die hussitischen Streitkräfte zogen sich bei seinem Herannahen zurück, lockten die Eindringlinge weiter und weiter in das Land hinein und verleiteten sie dadurch zu der Annahme, den Sieg bereits in der Tasche zu haben. Schließlich machte das Heer des Prokopius halt, wandte sich gegen den Feind und schritt zum Angriff über. Die Kreuzfahrer entdeckten nun ihren Irrtum, blieben in ihrem Lager und erwarteten den Zusammenstoß. Als sie das Getöse der herannahenden Streitkräfte vernahmen, wurden die Kreuzfahrer, ehe noch die Hussiten in Sicht waren, von Schrecken ergriffen; Fürsten, Feldherren und gemeine Soldaten warfen ihre Rüstung weg und flohen in alle Richtungen. Umsonst versuchte der päpstliche Gesandte, der Anführer des eingefallenen Heeres, seine erschreckten und aufgelösten Truppen wieder zu sammeln. Trotz seiner äußersten Bemühungen wurde er selbst von dem Strom der Fliehenden mitgerissen. Die Niederlage war vollständig, und wiederum fiel eine ungeheure Beute in die Hände der Sieger. (Tauß in Onckens Weltgeschichte, II, 6. S. 408; Tauß-Czerwenka, ebd., Kap. 1, S. 211 f.)

So floh zum zweiten Male ein gewaltiges Heer, das von den mächtigsten Nationen Europas ausgesandt worden war, eine Schar tapferer, kriegstüchtiger, zur Schlacht geschulter und gerüsteter Männer, ohne einen Schwertstreich vor den Verteidigern eines unbedeutenden und bisher schwachen Volkes. Hier offenbarte sich göttliche Macht. Die Kreuzfahrer wurden von einem übernatürlichen Schrecken erfaßt. Er, der die Scharen Pharaos im Roten Meer vernichtete, der die Midianiter vor Gideon und seinen dreihundert Mann in die Flucht schlug, der in einer Nacht die Streitkräfte der stolzen Assyrer zerstörte, hatte abermals seine Hand ausgestreckt, die Macht der Gegner zu verderben. „Sie fürchten sich da, wo nichts zu fürchten ist: doch Gott zerstreut die Gebeine derer, die dich bedrängen. Du machst sie zuschanden, denn Gott hat sie verworfen." (Ps. 53,6)

Schließlich, da die päpstlichen Anführer daran zu verzweifeln drohten, ihre Feinde mit Gewalt zu besiegen, nahmen sie ihre Zuflucht zur Diplomatie, und es kam ein Ausgleich zustande, der, während er scheinbar den Böhmen Freiheit des Gewissens gewährte, sie eigentlich in die Gewalt Roms verriet. Die Böhmen hatten vier Punkte als Bedingung des Friedens mit Rom angegeben: das freie Predigen der Bibel; die Berechtigung der ganzen Gemeinde zum Brot und Wein beim Abendmahl und den Gebrauch der Muttersprache beim Gottesdienst; den Ausschluß der Geistlichkeit von allen weltlichen Ämtern und weltlicher Gewalt; und in Fällen von Verbrechen die gleiche Gerichtsbarkeit bürgerlicher Gerichtshöfe über Geistlichkeit und Laien. Die päpstlichen Machthaber kamen „schließlich dahin überein, die vier Artikel der Hussiten anzunehmen; aber das Recht ihrer Auslegung, also die Bestimmung ihrer genauen Bedeutung sollte dem Konzil – in anderen Worten dem Papst und dem Kaiser – zustehen." (Wylie, 3. Buch, 3. Kap. 18. Siehe auch Czerwenka, ebd., Kap. 11, S. 248-289.) Auf dieser Grundlage wurde ein Vertrag abgeschlossen, und Rom gewann durch Hinterlist und Betrug, was es verfehlt hatte durch Waffengewalt zu erlangen; denn indem es die hussitischen Artikel, wie auch die Bibel, auf seine eigene Weise auslegte, konnte es ihren Sinn verdrehen, wie es seinen Absichten paßte.

Viele Böhmen konnten, weil sie sahen, daß ihre Freiheit dadurch verraten wurde, dem Vertrag nicht zustimmen. Es entstanden Uneinigkeit und Spaltungen, die unter ihnen selbst zu Streit und Blutvergießen führten. In diesem Streit fiel der edle Prokopius, und die Freiheit Böhmens ging unter. Sigismund, der Verräter des Hus' und Hieronymus', wurde nun König von Böhmen und ohne Rücksicht auf seinen Eid, die Rechte der Böhmen zu unterstützen, schritt er dazu, das Papsttum wiedereinzuführen. Aber er hatte durch seine Willfährigkeit gegen Rom wenig gewonnen. Zwanzig Jahre lang war sein Leben voll Arbeit und Gefahr gewesen; seine Heere waren aufgerieben, und seine Schätze durch einen langen und fruchtlosen Kampf erschöpft worden; und nun, nachdem er ein Jahr regiert hatte, starb er und ließ sein Reich am Rande eines Bürgerkrieges und der Nachwelt einen schmachbedeckten Namen zurück.

Aufruhr, Streit und Blutvergießen folgten nacheinander; fremde Heere drangen wiederum in Böhmen ein, und innere Zwietracht fuhr fort, die Nation zu zerrütten. Die dem Evangelium treu blieben, waren einer blutigen Verfolgung ausgesetzt.

Während ihre früheren Brüder einen Vertrag mit Rom eingingen und dessen Irrtümer annahmen, bildeten diejenigen, die zu dem alten Glauben hielten, unter dem Namen „Vereinte Brüder" eine getrennte Gemeinde. Dieser Schritt zog ihnen die Verwünschung aller Klassen zu. Doch blieb ihre Festigkeit unerschüttert. Gezwungen, in den Wäldern und Höhlen Zuflucht zu suchen, versammelten sie sich immer noch, um Gottes Wort zu lesen und ihn gemeinsam anzubeten.

Durch Boten, die sie heimlich in verschiedene Länder aussandten, erfuhren sie, daß hier und da „vereinzelte Bekenner der Wahrheit lebten, etliche in dieser, etliche in jener Stadt, die wie sie der Gegenstand der Verfolgung waren; und daß es in den Alpen eine alte Gemeinde gebe, die auf der Grundlage der Schrift stehe und Einspruch gegen die abgöttischen Verderbnisse Roms erhebe." (Wylie, 3. Buch, 19. Kap.) Diese Kunde wurde mit großer Freude aufgenommen, und ein schriftlicher Verkehr mit den Waldensern eröffnet.

Dem Evangelium treu harrten die Böhmen die lange Nacht ihrer Verfolgung hindurch aus, selbst in der dunkelsten Stunde ihre Augen dem Horizont zugewandt, wie Leute, die auf den Morgen warten. „Ihr Los fiel in böse Tage; aber sie erinnerten sich der Worte, die Hus ausgesprochen und Hieronymus wiederholt hatte, daß ein Jahrhundert verstreichen müsse, ehe der Tag hereinbrechen könne. Diese Worte waren für die Taboriten (Hussiten) das, was Josephs Worte den Stämmen im Hause der Knechtschaft waren: 'Ich sterbe, und Gott wird euch heimsuchen und aus diesem Lande führen.'" (Wylie, 3. Buch, 19. Kap.) „Die letzten Jahre des 15. Jahrhunderts bezeugen den langsamen, aber sicheren Zuwachs der Brüdergemeinden. Obgleich sie durchaus nicht unbelästigt blieben, erfreuten sie sich verhältnismäßiger Ruhe. Am Anfang des 16. Jahrhunderts zählten sie in Böhmen und Mähren über zweihundert Gemeinden." (Gillett, „Life and Times of John Hus", 3. Aufl., 2. Bd., S. 570. Nach Gindeleys Gesch. d. böhm. Brüder war die Anzahl der Gemeinden zwischen 300 und 400.) „So groß war die Zahl der Übriggebliebenen, die der verheerenden Wut des Feuers und des Schwertes entgangen waren und die Dämmerung jenes Tages sehen durften, den Hus vorhergesagt hatte." (Wylie, 3. Buch, 19. Kap.)

7 Luthers Trennung von Rom

Unter denen, die berufen wurden, die Gemeinde aus der Finsternis des Papsttums in das Licht eines reineren Glaubens zu führen, stand Martin Luther an vorderster Stelle. Eifrig, feurig und fromm, kannte er kein Bangen außer der Gottesfurcht und ließ keine andere Grundlage für den religiösen Glauben gelten als die Heilige Schrift. Luther war der Mann für seine Zeit; durch ihn führte Gott ein großes Werk für die Reformation der Kirche und die Erleuchtung der Welt aus.

Gleich den ersten Herolden des Evangeliums stammte Luther aus einer einfachen, wenig begüterten Familie. Seine frühe Kindheit brachte er in dem bescheidenen Heim eines deutschen Landmannes zu. Durch tägliche harte Arbeit als Bergmann verdiente sich sein Vater die Mittel zu seiner Erziehung. Er bestimmte ihn zum Rechtsgelehrten; aber Gott beabsichtigte aus ihm einen Baumeister an dem großen Tempel, der sich im Laufe der Jahrhunderte so langsam erhob, zu machen. Mühsal, Entbehrung und strenge Manneszucht waren die Schule, in der die unendliche Weisheit Luther für das wichtige Werk seines Lebens vorbereitete.

Luthers Vater war ein Mann von entschiedenem, tätigem Geist und großer Charakterstärke, ehrlich, entschlossen und geradeaus. Er stand zu dem, was er als Pflicht erkannt hatte, ganz gleich, welche Folgen dies haben mochte. Sein echter, gesunder Menschenverstand ließ ihn das Mönchswesen mit Mißtrauen betrachten. Er war höchst unzufrieden, als Luther ohne seine Einwilligung in ein Kloster eintrat; und es dauerte zwei Jahre, ehe der Vater sich mit seinem Sohn ausgesöhnt hatte, und selbst dann blieben seine Ansichten dieselben.

Luthers Eltern verwandten große Sorgfalt auf die Erziehung und Ausbildung ihrer Kinder. Sie waren bestrebt, sie in der Gotteserkenntnis und in der Ausübung christlicher Tugenden zu unterweisen. Oft hörte der Sohn des Vaters Gebete zum Himmel emporsteigen, daß das Kind des Namens des Herrn gedenken und eines Tages in der Förderung der Wahrheit mithelfen möge. Jede Gelegenheit zur sittlichen oder geistigen Bildung, die das arbeitsreiche Leben gestattete, wurde von diesen Eltern eifrig genutzt. Ihre Bemühungen, die Kinder für ein Leben der Frömmigkeit und Nützlichkeit zu erziehen, waren ernsthaft und ausdauernd. In ihrer Entschiedenheit und Charakterfestigkeit übten sie bisweilen eine zu große Härte aus; aber der Reformator selbst, obgleich er sich in mancher Beziehung bewußt war, daß sie geirrt hatten, fand in ihrer Zucht mehr zu billigen als zu verurteilen.

In der Schule, die er schon in jungen Jahren besuchte, wurde Luther mit Strenge, ja mit Härte behandelt. So groß war die Armut seiner Eltern, daß er, als er das Vaterhaus verließ, um die Schule eines andern Ortes zu besuchen, eine Zeitlang genötigt war, sich seine Nahrung durch Singen von Tür zu Tür zu erwerben, wobei er oft Hunger litt. Die damals herrschenden finsteren, abergläubischen Vorstellungen von Religion erfüllten ihn mit Furcht. Er legte sich nachts mit sorgenschwerem Herzen nieder, sah mit Zittern in die dunkle Zukunft und schwebte in ständiger Furcht, wenn er an Gott dachte, den er sich mehr als einen harten, unerbittlichen Richter und grausamen Tyrannen als einen liebevollen himmlischen Vater vorstellte.

Doch strebte Luther trotz der vielen und großen Entmutigungen entschlossen vorwärts, dem hohen Vorbild sittlicher und geistiger Vortrefflichkeit zu, das seine Seele anzog. Ihn dürstete nach Erkenntnis, und sein ernster und praktischer Sinn verlangte eher nach dem Dauerhaften und Nützlichen als nach Schein und Oberflächlichkeiten.

Als er im Alter von achtzehn Jahren an die Universität in Erfurt kam, war seine Lage günstiger und seine Aussichten glänzender als in seinen jüngeren Jahren. Da es seine Eltern durch Fleiß und Sparsamkeit zu einigem Wohlstand gebracht hatten, waren sie imstande, ihm allen nötigen Beistand zu gewähren; auch hatte der Einfluss verständiger Freunde die düsteren Wirkungen seiner früheren Erziehung etwas gemildert. Er gab sich nun eifrig dem Studium der besten Schriftsteller hin, bereicherte sein Verständnis mit ihren wichtigsten Gedanken und eignete sich die Weisheit der Weisen an. Sogar unter der rauhen Zucht seiner ehemaligen Lehrmeister berechtigte er schon früh zu Hoffnungen, sich einmal auszuzeichnen, und unter günstigem Einfluss entwickelte sich sein Geist jetzt schnell. Ein gutes Gedächtnis, ein lebhaftes Vorstellungsvermögen, ausgeprägtes Urteilsvermögen und unermüdlicher Fleiss gewannen ihm bald einen Platz in den vordersten Reihen seiner Gefährten. Die geistige Erziehung reifte seinen Verstand und erweckte eine Geistestätigkeit und einen Scharfblick, die ihn für die Kämpfe seines Lebens vorbereiteten.

Die Furcht des Herrn wohnte in Luthers Herzen; sie befähigte ihn, an seinen Vorsätzen festzuhalten, und führte ihn zu tiefer Demut vor Gott. Er war sich ständig seiner Abhängigkeit von der göttlichen Hilfe bewusst und versäumte nicht, jeden Tag mit Gebet anzufangen, während sein Herz fortwährend um Führung und Beistand flehte. „Fleißig gebetet," sagte er oft, „ist über die Hälfte studiert." (Mathesius Historien, 1. Pred., 15. Abschn., Nürnberg, 1567.)

Als Luther eines Tages die Bücher in der Universitätsbibliothek durchschaute, entdeckte er eine lateinische Bibel. Solch ein Buch hatte er nie zuvor gesehen. Er hatte nicht einmal gewusst, dass es überhaupt existiere. Er hatte beim öffentlichen Gottesdienst Bruchstücke der Evangelien und der Episteln gehört und vermutet, dass diese die Bibel ausmachten. Nun blickte er zum ersten Mal auf das ganze Wort Gottes. Mit einem Gemisch von Ehrfurcht und Erstaunen wandte er die heiligen Blätter um; mit beschleunigtem Puls und klopfendem Herzen las er selbst die Worte des Lebens, dann und wann anhaltend, um auszurufen: „O, dass Gott mir solch ein Buch als mein Eigentum geben wollte!" (Luthers Werke, Erl., Bd. 60, S. 255.) Engel vom Himmel waren ihm zur Seite, und Strahlen des Lichtes vom Thron Gottes offenbarten seinem Verständnis die Schätze der Wahrheit. Er hatte sich stets gefürchtet, Gott zu beleidigen; jetzt aber bemächtigte sich seiner eine tiefe Überzeugung seines sündhaften Zustandes wie nie zuvor.

Ein aufrichtiges Verlangen, frei von Sünden zu sein und Frieden mit Gott zu haben, veranlasste ihn schließlich, in ein Kloster einzutreten und ein Mönchsleben zu führen. Hier wurde von ihm verlangt, die niedrigsten Arbeiten zu verrichten und von Haus zu Haus zu betteln. Er stand in dem Alter, da Achtung und Anerkennung am meisten begehrt werden, und diese niedrigen Beschäftigungen kränkten seine natürlichen Gefühle tief; aber geduldig ertrug er die Demütigung, weil er glaubte, es sei um seiner Sünden willen notwendig.

Jeden Augenblick, den er von seinen täglichen Pflichten erübrigen konnte, verwandte er aufs Studium, beraubte sich des Schlafes und gönnte sich kaum die Zeit für seine bescheidenen Mahlzeiten. Vor allem andern erfreute ihn das Studium des Wortes Gottes. Er hatte, an der Klostermauer angekettet, eine Bibel gefunden und zog sich oft zu ihr zurück. Je mehr er von seinen Sünden überzeugt wurde, desto mehr suchte er, durch eigene Werke Vergebung und Frieden zu erlangen. Er führte ein außerordentlich strenges Leben und bemühte sich, seine böse Natur, wovon sein Mönchsstand ihn nicht zu befreien vermocht hatte, durch Fasten, Wachen und Kasteien zu besiegen. Er schreckte vor keinem Opfer zurück, das ihm möglicherweise zur Reinheit des Herzens verhelfen könnte, die ihn befähigen würde, vor Gott angenehm zu sein. „Wahr ist's, ein frommer Mönch bin ich gewesen und habe so gestrenge meinen Orden gehalten, dass ich's sagen darf: ist je ein Mönch gen Himmel kommen durch Möncherei, so wollte ich auch hinein gekommen sein; denn ich hätte mich (wo es länger gewähret hätte) zu Tode gemartert mit Wachen, Beten, Lesen und anderer Arbeit." (ebd., Bd. 31, S. 273.) Diese schmerzhafte Zucht schwächte ihn, und er litt an Ohnmachtsanfällen, von deren Folgen er sich nie ganz erholte. Aber trotz aller Anstrengungen fand seine geängstigte Seele keine Erleichterung, sondern wurde der Verzweiflung nahegebracht.

Als es Luther schien, dass alles verloren sei, erweckte ihm Gott einen Helfer und Freund. Der fromme Staupitz eröffnete das Wort Gottes dem Verständnis Luthers und riet ihm, von sich selbst hinwegzusehen und die Betrachtungen über die ewige Bestrafung für die Übertretung des Gesetzes Gottes zu beenden und auf Jesus, seinen sündenvergebenden Heiland, zu schauen. „Wirf dich in die Arme des Erlösers! Vertraue auf ihn – auf die Gerechtigkeit seines Lebens – die Versöhnung in seinem Tode! Horch auf den Sohn Gottes! Er ist Mensch geworden, dir die Gewissheit seiner göttlichen Gunst zu geben." „Liebe ihn, der dich zuerst geliebt hat!" (Luther, Walch-Aufl., II, S. 264.) So sprach dieser Bote der Gnade. Seine Worte machten einen tiefen Eindruck auf Luthers Gemüt. Nach gar manchem Kampf mit langgehegten Irrtümern war er imstande, die Wahrheit zu erfassen, und Friede kam in seine beunruhigte Seele.

Luther wurde zum Priester geweiht und aus dem Kloster als Professor an die Universität Wittenberg berufen. Hier widmete er sich dem Studium der Heiligen Schrift in den Grundtexten, begann darüber Vorlesungen zu halten und eröffnete das Buch der Psalmen, die Evangelien und Episteln dem Verständnis von Scharen begeisterter Zuhörer. Staupitz nötigte ihn, die Kanzel zu besteigen und das Wort Gottes zu predigen. Luther zögerte, da er sich unwürdig fühlte, als Bote Christi zum Volk zu reden. Nur nach langem Widerstreben gab er den Bitten seiner Freunde nach. Bereits war er mächtig in der Heiligen Schrift, und Gottes Gnade ruhte auf ihm. Seine Beredsamkeit fesselte die Zuhörer, die Klarheit und Macht in der Darstellung der Wahrheit überzeugten ihr Verständnis, und seine Inbrunst bewegte die Herzen.

Luther war noch immer ein treuer Sohn der päpstlichen Kirche und hatte keinen Gedanken daran, je etwas anderes zu sein. Nach der Vorsehung Gottes bot sich ihm die Gelegenheit, Rom zu besuchen. Er reiste zu Fuß, wobei er in den am Wege liegenden Klöstern Herberge fand. In einem Kloster in Italien wurde er mit Verwunderung erfüllt über den Reichtum, die Pracht und den Aufwand, die er sah. Mit einem fürstlichen Einkommen beschenkt, wohnten die Mönche in glänzenden Gemächern, kleideten sich in die reichsten und köstlichsten Gewänder und führten eine üppige Tafel. Mit schmerzlicher Besorgnis verglich Luther diesen Aufwand mit der Selbstverleugnung und der Mühsal seines eigenen Lebens. Seine Gedanken wurden verwirrt.

Endlich erblickte er aus der Ferne die Stadt der sieben Hügel. In tiefer Rührung warf er sich auf die Erde nieder, indem er ausrief: „Sei mir gegrüßt, du heiliges Rom!" (Luther, Erl. A., Bd. 62, S. 441.) Er betrat die Stadt, besuchte die Kirchen, horchte auf die von den Priestern und Mönchen wiederholten wunderbaren Erzählungen und verrichtete alle vorgeschriebenen Zeremonien. Überall boten sich ihm Anblicke, die ihn mit Erstaunen und Schrecken erfüllten. Er sah, dass unter allen Klassen der Geistlichkeit das Laster herrschte. Von den Lippen der Geistlichen musste er unanständige Scherze hören, und ihr gottloses Wesen, selbst während der Messe, erfüllte ihn mit Entsetzen. Als er sich unter die Mönche und Bürger mischte, fand er Verschwendung und Ausschweifung. Wohin er sich auch wandte, traf er anstatt der Heiligkeit Entweihung. „Niemand glaubt, was zu Rom für Büberei und greuliche Sünde und Schande gehen, ... er sehe, höre und erfahre es denn. Daher sagt man: 'Ist irgendeine Hölle, so muss Rom drauf gebaut sein; denn da gehen alle Sünden im Schwang.'" (ebd.)

Durch einen kürzlichen Erlass war vom Papst allen denen ein Ablass verheißen worden, die auf den Knien die „Pilatusstiege" hinaufrutschen würden, von der gesagt wird, unser Heiland sei auf ihr herabgestiegen, als er das römische Gerichtshaus verließ, und daß sie durch ein Wunder von Jerusalem nach Rom gebracht worden sei. Luther erklomm eines Tages andächtig diese Treppe, als plötzlich eine donnerähnliche Stimme zu ihm zu sagen schien: „Der Gerechte wird aus Glauben leben!" (Röm. 1,17) Mit Scham und Schrecken sprang er auf die Füße und floh von der Stätte. Jene Bibelstelle verlor nie ihre Wirkung auf seine Seele. Von jener Zeit an sah er deutlicher als je zuvor die Täuschung, auf Menschenwerke zu vertrauen, um Erlösung zu erlangen, und die Notwendigkeit eines unerschütterlichen Glaubens an die Verdienste Christi. Seine Augen waren geöffnet worden, um für die Betrügereien des Papsttums nie wieder verschlossen zu werden. Als er Rom den Rücken kehrte, hatte er sich auch in seinem Herzen abgewandt, und von jener Zeit an wurde die Kluft größer, bis er alle Verbindung mit der päpstlichen Kirche abschnitt.

Nach seiner Rückkehr von Rom wurde Luther von der Universität zu Wittenberg zum Doktor der Theologie ernannt. Nun stand es ihm frei, sich wie nie zuvor der Heiligen Schrift, die er liebte, zu widmen. Er hatte ein feierliches Gelübde getan, alle Tage seines Lebens Gottes Wort, und nicht die Aussprüche und Lehren der Päpste, zu studieren und gewissenhaft zu predigen. Er war nicht länger der einfache Mönch oder Professor, sondern der bevollmächtigte Herold der Bibel; er war zu einem Hirten berufen, die Herde Gottes zu weiden, die nach der Wahrheit hungerte und dürstete. Mit Bestimmtheit erklärte er, daß die Christen keine anderen Lehren annehmen sollten als die, die auf der Autorität der Heiligen Schrift beruhten. Diese Worte trafen ganz und gar die Grundlage der Oberherrschaft des Papsttums; sie enthielten den wahren Grundsatz der Reformation.

Luther erkannte die Gefahr, menschliche Lehrsätze über das Wort Gottes zu erheben. Furchtlos griff er den spitzfindigen Unglauben der Schulgelehrten an und beanstandete die Philosophie und Theologie, die so lange einen herrschenden Einfluß auf das Volk ausgeübt hatten. Er verwarf dergleichen Studien als nicht nur wertlos, sondern auch als verderblich und suchte die Gemüter seiner Zuhörer von den Trugschlüssen der Philosophen und Theologen abzuwenden und auf die ewigen Wahrheiten zu lenken, die die Propheten und Apostel verkündigten.

Köstlich war die Botschaft, die er der begierigen Menge, die an seinen Lippen hing, bringen durfte. Nie zuvor waren solche Lehren zu ihren Ohren gedrungen. Die frohe Kunde von der Heilandsliebe, die Gewißheit der Vergebung und des Friedens durch das versöhnende Blut erfreuten ihre Herzen und erweckten in ihnen eine unvergängliche Hoffnung. In Wittenberg war ein Licht angezündet worden, dessen Strahlen die entlegensten Teile der Erde erreichen und bis zum Ende der Zeit an Helle zunehmen sollten.

Aber Licht und Finsternis können sich nicht vertragen. Zwischen Wahrheit und Irrtum besteht ein unvermeidbarer Kampf. Das eine aufrechthalten und verteidigen, heißt das andere angreifen und umstürzen. Unser Heiland selbst erklärte: „Ich bin nicht gekommen, Frieden zu bringen, sondern das Schwert" (Mt. 10,34), und Luther schrieb einige Jahre nach Beginn der Reformation: „Gott reißet, treibet und führet mich; ich bin meiner nicht mächtig; ich will stille sein und werde mitten in den Tumult hineingerissen." (L. W., Erl., Bd. 1, S. 430, 20. Febr. 1519.)

Die katholische Kirche hatte die Gnade Gottes zu einem Handelsgut gemacht. (vergl. Mt. 21,12) Die Tische der Geldwechsler wurden neben ihren Altären aufgestellt, und die Luft ertönte vom Geschrei der Käufer und Verkäufer. Unter dem Vorwand, Mittel zur Erbauung der St. Peterskirche in Rom zu erheben, wurden kraft der Autorität des Papstes öffentlich Ablässe für die Sünde zum Verkauf angeboten. Auf Kosten von Verbrechen sollte ein Tempel zur Verehrung Gottes gebaut – sein Eckstein mit dem Lohn der Ungerechtigkeit gelegt werden. Aber gerade das Mittel zur Erhebung Roms sollte den tödlichsten Schlag gegen seine Macht und Größe hervorrufen. Gerade dies erweckte die entschlossensten und erfolgreichsten Gegner des Papsttums und führte zu dem Kampf, der den päpstlichen Thron erschütterte und die dreifache Krone auf dem Haupte des Oberpriesters wankend machte.

Der Beamte, der bestimmt war, den Verkauf der Ablässe in Deutschland zu leiten – Tetzel mit Namen – war der gemeinsten Vergehen gegen die menschliche Gesellschaft und gegen das Gesetz Gottes überführt worden; nachdem er jedoch der seinen Verbrechen angemessenen Strafe entronnen war, wurde er angestellt, um die gewinnsüchtigen, gewissenlosen Pläne des Papstes zu fördern. Mit großer Frechheit wiederholte er die schamlosesten Lügen und erzählte Wundergeschichten, um ein unwissendes, leichtgläubiges und abergläubisches Volk zu täuschen. Hätten sie das Wort Gottes besessen, wären sie nicht so hintergangen worden. Man hatte ihnen die Bibel vorenthalten, nur um sie unter der Herrschaft des Papsttums zu halten , damit sie die Macht und den Reichtum seiner ehrgeizigen Führer vergrößern möchten.

Wenn Tetzel eine Stadt betrat („Leo teilte Deutschland in drei Gebiete ein und übergab 1515 einen Teil Albrecht, Erzbischof von Mainz und Magdeburg." „Der Erzbischof bestimmte Johann Tetzel zu seinem Bevollmächtigten." (Schaff, Deutsche Ref., I, 150-155), ging ein Bote vor ihm her und verkündigte: „Die Gnade Gottes und des heiligen Vaters ist vor den Toren." Und das Volk bewillkommnete ihn, daß „man hätte nicht wohl Gott selber schöner empfangen und halten können." (Dorneth, Luther, S. 102.) Der Handel ging in der Kirche vor sich, Tetzel bestieg die Kanzel und pries die Ablässe als eine kostbare Gabe Gottes. Er erklärte, daß kraft seiner Ablasszettel dem Käufer alle Sünden, „auch noch so ungeheuerliche, die der Mensch noch begehen möchte," verziehen würden. „Es wäre nicht not, Reue noch Leid oder Buße für die Sünde zu haben." Seine Ablässe besäßen Kraft, Lebende und Tote zu retten; wenn einer Geld in den Kasten legte für eine Seele im Fegfeuer, so führe, sobald der Pfennig auf den Boden fiel und klänge, die Seele heraus gen Himmel. (Luthers Werke, Erl., Bd. 26, S. 51 f., „Wider Hans Wurst." Siehe auch Hagenbach, Kirchengesch., Bd. 3, S. 76 f., Leipzig 1887.)

Als Simon der Zauberer sich von den Aposteln die Macht, Wunder zu wirken, erkaufen wollte, antwortete ihm Petrus: „Daß du verdammt werdest mitsamt deinem Geld, weil du meinst, Gottes Gabe werde durch Geld erlangt." (Apg. 8,20) Aber Tetzels Anerbieten wurde von Tausenden gierig ergriffen. Gold und Silber flossen in seinen Kasten. Eine Seligkeit, die mit Geld erkauft werden konnte, war leichter zu erlangen als solche, die Reue, Glauben und eifrige Anstrengungen erforderte, der Sünde zu widerstehen und sie zu überwinden. (siehe Anhang, Anm. 8.)

Der Ablasslehre hatten sich schon gelehrte und fromme Männer in der römischen Kirche widersetzt, und es gab viele, die kein Vertrauen hatten in Behauptungen, die der Vernunft und der Offenbarung zuwider waren. Kein Prälat wagte es indessen, seine Stimme gegen diesen gottlosen Handel zu erheben; aber die Gemüter der Menschen wurden beunruhigt und ängstlich, und viele fragten sich ernstlich, ob Gott nicht durch irgendein Werkzeug die Reinigung seiner Kirche bewirken würde.

Luther, obwohl noch immer ein höchst eifriger Anhänger des Papstes, wurde von den gotteslästerlichen Anmaßungen der Ablasskrämer mit Entsetzen erfüllt. Viele aus seiner eigenen Gemeinde hatten sich Ablassbriefe gekauft und kamen bald zu ihrem Beichtvater, bekannten ihre verschiedenen Sünden und erwarteten Freisprechung, nicht weil sie bußfertig waren und sich zu bessern wünschten, sondern auf Grund des Ablasses. Luther verweigerte ihnen die Freisprechung und warnte sie, daß sie, wenn sie nicht Buße täten und ihren Wandel änderten, in ihren Sünden umkommen müßten. In großer Bestürzung suchten sie Tetzel auf und klagten ihm, daß ihr Beichtvater seine Briefe verworfen habe; ja einige forderten kühn die Rückgabe ihres Geldes. Der Mönch wurde mit Wut erfüllt. Er äußerte die schrecklichsten Verwünschungen, ließ etliche Male auf dem Markt ein Feuer anzünden und „weiset damit, wie er vom Papste Befehl hätte, die Ketzer, die sich wider den Allerheiligsten, den Papst und seinen allerheiligsten Ablaß legten, zu verbrennen." (L. W., Walch, Bd. 15, S. 471.)

Luther trat nun kühn sein Werk als Kämpfer für die Wahrheit an. Seine Stimme wurde von der Kanzel in ernster, feierlicher Warnung gehört. Er zeigte dem Volk das Schädliche der Sünde und lehrte, daß es für den Menschen unmöglich sei, durch seine eigenen Werke die Schuld zu verringern oder der Strafe zu entrinnen. Nichts als Buße vor Gott und der Glaube an Christus könne den Sünder retten. Gottes Gnade könne nicht erkauft werden; sie sei eine freie Gabe. Er riet dem Volk, keine Ablässe zu kaufen, sondern im Glauben auf den gekreuzigten Erlöser zu schauen. Er erzählte seine eigene schmerzliche Erfahrung, als er umsonst versucht hatte, sich durch Demütigung und Buße Erlösung zu verschaffen, und versicherte seinen Zuhörern, daß er Friede und Freude gefunden, als er von sich selbst weggesehen und an Christus geglaubt habe.

Als Tetzel seinen Handel und seine gottlosen Behauptungen fortsetzte, entschloß sich Luther zu einem wirksameren Widerstand gegen diese schreienden Mißbräuche. Bald bot sich hierzu die Gelegenheit. Die Schlosskirche zu Wittenberg war im Besitz vieler Reliquien, die an gewissen Festtagen für das Volk ausgestellt wurden, und volle Vergebung der Sünden wurde allen gewährt, die dann die Kirche besuchten und beichteten. Demzufolge begab sich viel Volk an diesen Tagen dorthin. Eine der wichtigsten Gelegenheiten, das Fest der „Allerheiligen", nahte sich. Am vorhergehenden Tage schloß Luther sich der Menge an, die bereits auf dem Wege nach der Kirche war und heftete einen Bogen mit 95 Thesen gegen die Ablasslehre an die Kirchentür. Er erklärte sich bereit, am folgenden Tag in der Universität diese Sätze gegen alle, die sie angreifen würden, zu verteidigen.

Seine Thesen zogen die allgemeine Aufmerksamkeit auf sich. Sie wurden gelesen und abermals gelesen und in allen Richtungen wiederholt. Eine große Aufregung entstand in der Universität und in der ganzen Stadt. Durch diese Lehrsätze wurde gezeigt, daß die Macht, Vergebung der Sünden zu gewähren und ihre Strafe zu erlassen, nie dem Papst oder irgendeinem anderen Menschen übergeben worden war. Der ganze Plan sei ein Betrug, ein Kunstgriff, um Geld zu erpressen, indem man den Aberglauben des Volkes ausbeute – eine List Satans, um die Seelen aller zu verderben, die sich auf seine lügenhaften Vorspiegelungen verlassen würden. Es wurde klar gezeigt, daß das Evangelium Christi der kostbarste Schatz der Kirche ist, und daß die darin offenbarte Gnade Gottes allen frei gewährt wird, die sie in Reue und Glauben suchen.

Luthers Lehrsätze forderten zur Diskussion heraus; aber niemand wagte es, die Herausforderung anzunehmen. Die von ihm gestellten Fragen hatten sich in wenigen Tagen über ganz Deutschland verbreitet und erschollen in wenigen Wochen durch die ganze Christenheit. Viele ergebene Römlinge, die die in der Kirche herrschende schreckliche Ungerechtigkeit gesehen und beklagt, aber nicht gewußt hatten, wie sie deren Fortgang aufhalten sollten, lasen die Sätze mit großer Freude und erkannten in ihnen die Stimme Gottes. Sie fühlten, daß der Herr gnädig seine Hand ausgestreckt hatte, um die rasch anschwellende Flut der Verderbnis, die von dem römischen Stuhl ausging, aufzuhalten. Fürsten und Beamte freuten sich im geheimen, daß der anmaßenden Gewalt, die behauptete, daß gegen ihre Beschlüsse kein Einwand zu erheben sei, Zügel angelegt werden sollten.

Aber die sündenliebende und abergläubische Menge entsetzte sich, als die Spitzfindigkeiten, die ihre Furcht beruhigt hatten, hinweggefegt wurden. Verschlagene Geistliche, die in ihrem Treiben, das Verbrechen zu billigen, gestört wurden und ihren Gewinn gefährdet sahen, gerieten in Wut und vereinigten sich, um ihre Behauptung aufrechtzuerhalten. Der Reformator stieß auf erbitterte Ankläger. Einige beschuldigten ihn, in Übereilung und Leidenschaft gehandelt zu haben. Andere klagten ihn der Vermessenheit an und erklärten, daß er nicht von Gott geleitet werde, sondern aus Stolz und Voreile handle. „Wer kann eine neue Idee vorbringen," antwortete er, „ohne einen Anschein von Hochmut, ohne Beschuldigung der Streitlust? ... Weshalb sind Christus und alle Märtyrer getötet worden? Weil sie stolze Verächter der Wahrheit ihrer Zeit schienen und neue Ansichten aussprachen, ohne die Organe der alten Meinung demütig um Rat zu fragen. Ich will nicht, daß nach Menschen Rat, sondern nach Gottes Rat geschehe, was ich tue; ist das Werk von Gott, wer möcht's hindern, ist's nicht aus Gott, wer möcht's fördern? Es geschehe nicht mein Wunsch, noch ihr, noch euer, sondern dein Wille, heiliger Vater im Himmel!" (Luthers Werke, St. L., Bd. 15, S. 394; an Lang, 11. Nov. 1517.)

Obwohl Luther vom Geist Gottes getrieben worden war, sein Werk zu beginnen, so sollte er es doch nicht ohne schwere Kämpfe fortführen. Die Vorwürfe seiner Feinde, ihre Mißdeutung seiner Absichten und ihre ungerechten und boshaften Bemerkungen über seinen Charakter und seine Beweggründe ergossen sich über ihn gleich einer überschwemmenden Flut und blieben nicht ohne Wirkung. Er hatte zuversichtlich darauf gerechnet, daß die Leiter des Volkes sowohl in der Kirche als auch in der Schule sich ihm bereitwillig in seinen Bemühungen zugunsten der Reformation anschließen würden. Worte der Ermutigung von hochgestellten Persönlichkeiten hatten ihm Freude und Hoffnung eingeflößt. In der Vorahnung hatte er bereits einen helleren Tag für die Gemeinde anbrechen sehen. Aber die Ermutigung hatte sich in Vorwurf und Verurteilung verwandelt. Viele Würdenträger der Kirche und des Staates waren von der Wahrheit seiner Lehrsätze überzeugt; aber sie sahen bald, daß die Annahme dieser Wahrheiten große Veränderungen mit sich bringen würde. Das Volk zu erleuchten und umzugestalten hieße in Wirklichkeit die Autorität Roms zu untergraben, Tausende von Strömen, die nun in ihre Schatzkammer flossen, aufzuhalten und auf diese Weise die Verschwendung und den Aufwand der Führer Roms in hohem Grade zu beschränken. Noch mehr, das Volk zu lehren, als verantwortliche Wesen zu denken und zu handeln und allein auf Christus zu blicken, um selig zu werden, würde den Thron des Papstes stürzen und am Ende ihre (der Würdenträger) Autorität zugrunde richten. Aus diesem Grunde wiesen sie die von Gott dargebotene Erkenntnis zurück und erhoben sich durch ihren Widerstand gegen Christus und die Wahrheit, indem sie gegen den Mann, den Gott zu ihrer Erleuchtung gesandt hatte, Stellung nahmen.

Luther zitterte, als er auf sich sah, „mehr einer Leiche, denn einem Menschen gleich," den gewaltigsten Mächten der Erde gegenübergestellt. Zuweilen zweifelte er, ob ihn der Herr in seinem Widerstand wider die Autorität der Kirche wirklich leite. Er schrieb: „Wer war ich elender, verachteter Bruder dazumal, der sich sollte wider des Papstes Majestät setzen, vor der die Könige auf Erden und der ganze Erdboden sich entsetzten und allein nach seinen Winken sich mußten richten? Was mein Herz in jenen zwei Jahren ausgestanden und erlitten habe und in welcherlei Demut, ja Verzweiflung ich da schwebte, ach! da wissen die sichern Geister wenig von, die hernach des Papstes Majestät mit großem Stolz und Vermessenheit angriffen." (Seckendorf, Commentarius, 1. Buch, 13. Abschn.) Doch er wurde nicht gänzlich entmutigt; fehlten menschliche Stützen, so schaute er auf Gott und lernte, daß er sich mit vollkommener Sicherheit auf dessen allmächtigen Arm verlassen konnte. Einem Freund der Reformation schrieb Luther: „Es ist vor allem gewiß, daß man die heilige Schrift weder durch Studium noch mit dem Verstand erfassen kann. Deshalb ist es zuerst Pflicht, daß du mit dem Gebet beginnst und den Herrn bittest, er möge dir zu seiner Ehre, nicht zu deiner, in seiner großen Barmherzigkeit das wahre Verständnis seiner Worte schenken. Das Wort Gottes wird uns von seinem Urheber ausgelegt, wie er sagt, daß sie alle von Gott gelehrt sind. Hoffe deshalb nichts von deinem Studium und Verstand; vertraue allein auf den Einfluß des Geistes. Glaube meiner Erfahrung." (Luthers Werke, St. L., Bd. 10, S. 218; 18. Jan. 1518.) Hier haben wir eine Lehre von hochwichtiger Bedeutung für alle, die sich von Gott berufen fühlen, anderen die ernsten Wahrheiten für die gegenwärtige Zeit zu verkünden. Diese Wahrheiten erregen die Feindschaft Satans und derer, die die Fabeln lieben, die er erdichtet hat. Zum Kampf mit den bösen Mächten ist mehr vonnöten als Verstandeskraft und menschliche Weisheit.

Beriefen sich die Gegner auf Gebräuche und Überlieferungen oder auf die Behauptungen und die Autorität des Papstes, so trat Luther ihnen mit der Bibel, nur mit der Bibel gegenüber. Hier waren Beweisführungen, die sie nicht widerlegen konnten; deshalb schrieen die Sklaven des Formenwesens und des Aberglaubens nach seinem Blut, wie die Juden nach dem Blut Christi geschrieen hatten. „Er ist ein Ketzer!" riefen die römischen Eiferer. „Es ist Hochverrat gegen die Kirche, wenn ein so schändlicher Ketzer noch eine Stunde länger lebt. Errichtet den Scheiterhaufen für ihn!" (Seckendorf, Commentarius, 1. Buch, 12. Abschn.) Aber Luther fiel ihrer Wut nicht zum Opfer. Gott hatte ein Werk für ihn zu tun, und himmlische Engel wurden ausgesandt, ihn zu beschützen. Viele jedoch, die von Luther das köstliche Licht empfangen hatten, wurden ein Gegenstand der Wut Satans und erlitten um der Wahrheit willen furchtlos Marter und Tod.

Luthers Lehren zogen die Aufmerksamkeit denkender Geister in ganz Deutschland auf sich. Seine Predigten und Schriften verbreiteten Lichtstrahlen, die Tausende erweckten und erleuchteten. Ein lebendiger Glaube nahm die Stelle des toten Formenwesens ein, in welchem die Kirche so lange gehalten worden war. Das Volk verlor täglich mehr das Zutrauen zu den abergläubischen Lehren der römischen Religion. Die Schranken des Vorurteils gaben nach. Das Wort Gottes, nach dem Luther jede Lehre und jede Behauptung prüfte, war gleich einem zweischneidigen Schwert, das sich seinen Weg in die Herzen des Volkes bahnte. Überall erwachte ein Verlangen nach geistlichem Wachstum; überall entstand solch ein Hungern und Dürsten nach der Gerechtigkeit, wie man es seit Jahrhunderten nicht gekannt hatte. Die so lange auf menschliche Gebräuche und irdische Vermittler gerichteten Blicke des Volkes wandten sich nun in Reue und Glauben auf Christus, den Gekreuzigten.

Dieses weitverbreitete Heilsverlangen erweckte die Furcht der päpstlichen Autoritäten noch mehr. Luther erhielt eine Aufforderung, in Rom zu erscheinen, um sich gegen die Anklage der Ketzerei zu verantworten. Der Befehl erfüllte seine Freunde mit Schrecken. Sie kannten nur zu gut die Gefahr, die ihm in jener verderbten, vom Blut der Zeugen Jesu trunkenen Stadt drohte. Sie erhoben Einspruch gegen seine Reise nach Rom und reichten ein Gesuch ein, ihn in Deutschland verhören zu lassen.

Dieses wurde schließlich genehmigt und der päpstliche Gesandte Cajetan dazu bestimmt, den Fall anzuhören. In den ihm mitgegebenen Anweisungen hieß es, daß Luther bereits als Ketzer erklärt worden sei. Der Gesandte wurde deshalb beauftragt, „ihn zu verfolgen und unverzüglich zu verhaften". Falls er standhaft bleiben oder der Legat seiner nicht habhaft werden könnte, wurde er bevollmächtigt, ihn an allen Orten Deutschlands zu ächten, zu verbannen, zu verfluchen und alle seine Anhänger in den Bann zu tun. (Luthers Werke, St. L., Bd. 15. S. 443.) Um die Pest der Ketzerei vollständig auszurotten, befahl der Papst seinem Gesandten, alle ohne Rücksicht auf ihr Amt, mit Ausnahme des Kaisers, in Kirche und Staat in die Acht zu erklären, falls sie es unterließen, Luther und seine Anhänger zu ergreifen und der Rache Roms auszuliefern.

Hier zeigte sich der wahre Geist des Papsttums. Nicht eine Spur christlicher Grundsätze oder auch nur gewöhnlicher Gerechtigkeit war aus dem ganzen Schriftstück ersichtlich. Luther war von Rom weit entfernt; er hatte keine Gelegenheit gehabt, seinen Standpunkt zu erklären oder zu verteidigen, sondern war, bevor sein Fall untersucht worden war, ohne weiteres als Ketzer erklärt und am selben Tag ermahnt, angeschuldigt, gerichtet und verurteilt worden, und zwar von dem, der sich selbst „Heiliger Vater" nannte, der alleinigen höchsten, unfehlbaren Autorität in Kirche und Staat!

Um diese Zeit, da Luther der Liebe und des Rates eines treuen Freundes so sehr bedurfte, sandte Gottes Vorsehung Melanchthon nach Wittenberg. Jung an Jahren, bescheiden und zurückhaltend in seinem Benehmen, gewannen Melanchthons gesundes Urteil, umfassendes Wissen und gewinnende Beredsamkeit im Verein mit der Reinheit und Redlichkeit seines Charakters ihm allgemeine Bewunderung und Achtung. Seine glanzenden Talente waren nicht bemerkenswerter als die Sanftmut seines Gemüts. Er wurde bald ein eifriger Jünger des Evangeliums und Luthers vertrautester Freund und wertvollster Helfer; seine Sanftmut, Vorsicht und Genauigkeit ergänzten Luthers Mut und Tatkraft. Ihr vereintes Wirken gab der Reformation Kraft und war für Luther eine Quelle großer Ermutigung.

Augsburg war als Ort des Verhörs festgesetzt worden, und der Reformator trat die Reise zu Fuß an. Ernste Befürchtungen wurden seinetwegen gehegt. Man hatte ihm öffentlich gedroht, ihn auf dem Wege zu ergreifen und zu ermorden, und seine Freunde baten ihn, sich dem nicht auszusetzen. Sie drangen sogar in ihn, Wittenberg für eine Zeitlang zu verlassen und sich dem Schutz derer anzuvertrauen, die ihn bereitwillig beschirmen würden. Er aber wollte den Platz nicht verlassen, wo Gott ihn hingestellt hatte. Ungeachtet der übrigen hereinbrechenden Stürme mußte er getreulich die Wahrheit aufrechterhalten. Er sagte sich: „Ich bin mit Jeremia gänzlich der Mann des Haders und der Zwietracht; ... je mehr sie drohen, desto freudiger bin ich, ... mein Name und Ehre muß auch jetzt gut herhalten; also ist mein schwacher und elender Körper noch übrig, wollen sie den hinnehmen, so werden sie etwas um ein paar Stunden Leben ärmer machen, aber die Seele werden sie mir doch nicht nehmen; ... wer Christi Wort in die Welt tragen will, muß mit den Aposteln stündlich gewärtig sein, mit Verlassung und Verleugnung aller Dinge den Tod zu leiden." (ebd., S. 2377; 10. Juli 1518.)

Die Nachricht von Luthers Ankunft in Augsburg erfüllte den päpstlichen Gesandten mit großer Genugtuung. Der unruhestiftende Ketzer, der die Aufmerksamkeit der ganzen Welt erregte, schien nun in der Gewalt Roms zu sein, und der Legat war entschlossen, ihn nicht entrinnen zu lassen. Der Reformator hatte versäumt, sich mit einem Sicherheitsgeleit zu versehen. Seine Freunde überredeten ihn, nicht ohne ein solches vor dem Gesandten zu erscheinen, und unternahmen es, ihm eins vom Kaiser zu verschaffen. Der Legat hatte die Absicht, Luther, wenn möglich, zum Widerrufen zu zwingen oder, falls ihm dies nicht gelang, ihn nach Rom bringen zu lassen, damit er dort das Schicksal eines Hus und Hieronymus teile. Deshalb versuchte er, durch seine Werkzeuge Luther zu bewegen, ohne ein Sicherheitsgeleit zu erscheinen und sich seiner Gnade anzuvertrauen. Der Reformator weigerte sich jedoch, dies zu tun, und erschien nicht vor dem päpstlichen Gesandten, bis er das Schriftstück, das ihm den Schutz des Kaisers verbürgte, erhalten hatte.

Aus Staatsklugheit hatten sich die Römlinge entschlossen, Luther durch einen Anschein von Wohlwollen zu gewinnen. Der Legat zeigte in seinen Unterredungen mit ihm eine große Freundlichkeit, verlangte aber, daß Luther sich der Autorität der Kirche bedingungslos unterwerfe und in jedem Punkt ohne Beweis oder Frage nachgebe. Er hatte den Charakter des Mannes, mit dem er verhandelte, nicht richtig eingeschätzt. Luther drückte in Erwiderung seine Achtung vor der Kirche aus, sein Verlangen nach der Wahrheit, seine Bereitwilligkeit, alle Einwände gegen das, was er gelehrt hatte, zu beantworten und seine Lehren dem Entscheid gewisser führender Universitäten zu unterbreiten. Gleichzeitig aber protestierte er gegen die Verfahrensweise des Kardinals, von ihm einen Widerruf zu verlangen, ohne ihm den Irrtum bewiesen zu haben.

Die einzige Antwort war: „Widerrufe! Widerrufe!" Der Reformator berief sich auf die Heilige Schrift und erklärte entschlossen, daß er die Wahrheit nicht aufgeben könne. Der Legat, der den Beweisführungen Luthers nicht gewachsen war, überhäufte ihn so mit Vorwürfen, Sticheleien und Schmeichelei, vermengt mit Zitaten der Kirchenväter und aus der Überlieferung, daß der Reformator überhaupt nicht recht zu Worte kam. Luther, der die Nutzlosigkeit einer derartigen Unterredung sah, erhielt schließlich die mit Widerstreben erteilte Erlaubnis, seine Verteidigung schriftlich einzureichen.

Dadurch erzielte Luther trotz seiner Bedrückung einen doppelten Gewinn. Er konnte seine Verteidigung der ganzen Welt zur Beurteilung unterbreiten und auch besser durch eine wohlgesetzte Schrift auf das Gewissen und die Furcht eines anmaßenden und geschwätzigen Tyrannen einwirken, der ihn immer wieder überschrie. (ebd., Erl., Bd. 17, S. 209; Bd. 53, S. 3f.) Bei der nächsten Zusammenkunft gab Luther eine klare, gedrängte und eindrucksvolle Erklärung, die er durch viele Schriftstellen begründete, und überreichte sie dem Kardinal, nachdem er sie laut vorgelesen hatte. Dieser warf sie jedoch verächtlich beiseite mit der Bemerkung, sie enthalte nur eine Menge unnützer Worte und unzutreffender Schriftstellen. Luther, nun auch völlig wach, begegnete dem herrischen Prälaten auf seinem eigenen Gebiet – den Überlieferungen und Lehren der Kirche – und widerlegte völlig dessen Darlegungen.

Der Prälat sah, daß Luthers Gründe unwiderlegbar waren, verlor seine Selbstbeherrschung und rief schließlich nur voll Wut: „Widerrufe!" Wenn Luther dies nicht sofort tue oder in Rom sich seinen Richtern stelle, so werde er über ihn und alle, die ihm gewogen seien, den Bannfluch und über alle, zu denen er sich hinwenden werde, das kirchliche Interdikt verhängen. Zuletzt erhob sich der Kardinal mit den Worten: „Geh! Widerrufe oder komme mir nicht wieder vor die Augen!" (ebd., Erl., Bd. 64, S. 364; Bd. 62, S. 72.)

Der Reformator zog sich sofort mit seinen Freunden zurück und gab deutlich zu verstehen, daß man keinen Widerruf von ihm erwarten könne. Dies entsprach keineswegs der Hoffnung des Kardinals. Er hatte sich geschmeichelt, Luther mit Gewalt und Einschüchterung unterwürfig zu machen. Jetzt mit seinen Helfern allein gelassen, blickte er von dem einen zum andern höchst ärgerlich über das unerwartete Mißlingen seiner Anschläge.

Luthers Bemühungen bei diesem Anlaß waren nicht ohne gute Folgen. Die anwesende große Versammlung hatte Gelegenheit, die beiden Männer zu vergleichen und selbst ein Urteil zu fällen über den Geist, der sich in ihnen offenbarte, und über die Stärke und die Wahrhaftigkeit ihrer Stellung. Wie bezeichnend der Unterschied! Der Reformator, einfach, bescheiden, entschieden, stand da in der Kraft Gottes, die Wahrheit auf seiner Seite; der Vertreter des Papstes, eingebildet, anmaßend, hochmütig und unverständig, ohne einen einzigen Beweis aus der Heiligen Schrift, laut schreiend: „Widerrufe oder du wirst nach Rom geschickt, um die verdiente Strafe zu erleiden!"

Obwohl Luther sich ein Sicherheitsgeleit verschafft hatte, planten die Römlinge, ihn zu ergreifen und einzukerkern. Seine Freunde baten ihn dringend, da es für ihn nutzlos sei, seinen Aufenthalt zu verlängern, ohne Aufschub nach Wittenberg zurückzukehren, wobei die äußerste Vorsicht beachtet werden müsse, um seine Absichten zu verbergen. Demgemäß verließ er Augsburg vor Tagesanbruch zu Pferde, nur von einem Führer, der ihm vom

Stadtoberhaupt zur Verfügung gestellt war, begleitet. Unter trüben Ahnungen nahm er heimlich seinen Weg durch die dunklen und stillen Straßen der Stadt; sannen doch wachsame und grausame Feinde auf seinen Untergang! Würde er den ihm gelegten Schlingen entrinnen? Dies waren Augenblicke der Besorgnis und des ernsten Gebetes. Er erreichte ein kleines Tor in der Stadtmauer. Man öffnete ihm, und ohne Hindernis zog er mit seinem Führer hinaus. Sicher außerhalb des Stadtbezirks, beschleunigten die Flüchtlinge ihren Ritt, und ehe noch der Legat Kenntnis von Luthers Abreise erhielt, war dieser außerhalb des Bereiches seiner Verfolger. Satan und seine Abgesandten waren überlistet. Der Mann, den sie in ihrer Gewalt glaubten, war entkommen wie der Vogel den Schlingen des Voglers.

Die Nachricht von Luthers Flucht versetzte den Legaten in Überraschung und Ärger. Er hatte erwartet, für die Klugheit und Entschiedenheit in seinem Verfahren mit diesem Unruhestifter der Kirche große Ehre zu empfangen, fand sich jedoch in seiner Hoffnung enttäuscht. Er gab seinem Zorn in einem Brief an Friedrich, den Kurfürsten von Sachsen, Ausdruck, in dem er Luther bitter anschuldigte, und verlangte, daß Friedrich den Reformator nach Rom senden oder aus Sachsen verbannen solle.

Zu seiner Rechtfertigung verlangte Luther, daß der Legat oder der Papst ihn seiner Irrtümer aus der Heiligen Schrift überführe, und verpflichtete sich höchst feierlich, seine Lehren zu widerrufen, falls erwiesen werden könnte, daß sie dem Worte Gottes widersprächen. Er drückte auch Gott seine Dankbarkeit aus, daß er würdig erachtet worden sei, um einer so heiligen Sache willen zu leiden.

Der Kurfürst hatte bis dahin nur eine geringe Kenntnis von den reformierten Lehren; aber die Aufrichtigkeit, die Kraft und die Klarheit der Worte Luthers machten einen tiefen Eindruck auf ihn, und er beschloß, so lange als des Reformators Beschützer aufzutreten, bis dieser des Irrtums überführt werden könnte. In Antwort auf die Forderung des Legaten schrieb er: „Weil der Doktor Martinus vor euch zu Augsburg erschienen ist, so könnt ihr zufrieden sein. Wir haben nicht erwartet, daß ihr ihn, ohne ihn widerlegt zu haben, zum Widerruf zwingen wollt. Kein Gelehrter in unsern Fürstentümern hat behauptet, daß die Lehre Martins gottlos, unchristlich und ketzerisch sei." (L. W., Erl., lat., Bd. 33, S. 409 f. Siehe auch D'Aubigné, 4. Buch, 10. Absch.) Der Fürst weigerte sich, Luther nach Rom zu schicken oder ihn aus seinem Lande zu vertreiben.

Der Kurfürst sah, daß ein allgemeiner Zusammenbruch der sittlichen Schranken der Gesellschaft im Gange war. Ein großes Reformationswerk war nötig geworden. Die verwickelten und kostspieligen Einrichtungen zur Verhinderung und Bestrafung des Verbrechens würden unnötig sein, wenn die Menschen Gottes Gebote und die Vorschriften eines erleuchteten Gewissens anerkannten und ihnen Gehorsam leisteten. Er erkannte, daß Luther darauf hinarbeitete, dieses Ziel zu erreichen, und er freute sich heimlich, daß sich ein besserer Einfluß in der Kirche fühlbar machte.

Er sah auch, daß Luther als Professor an der Universität ungemein erfolgreich war. Nur ein Jahr war verstrichen, seitdem der Reformator seine Thesen an die Schlosskirche angeschlagen hatte. Die Zahl der Pilger, die die Kirche anlässlich des Allerheiligenfestes besuchten, hatte bedeutend abgenommen. Rom war seiner Anbeter und Opfergaben beraubt worden; aber ihr Platz wurde von einer anderen Gruppe eingenommen, die jetzt nach Wittenberg kam – nicht etwa Pilger, um hier Reliquien zu verehren, sondern Studenten, um die Lehrsäle zu füllen. Luthers Schriften hatten überall ein neues Verlangen nach der Heiligen Schrift wachgerufen, und nicht nur aus allen Teilen Deutschlands, sondern auch aus anderen Ländern strömten Studenten der Universität zu. Jünglinge, die zum erstenmal der Stadt Wittenberg ansichtig wurden, „erhoben die Hände gen Himmel, lobten Gott, daß er wie einst in Zion dort das Licht der Wahrheit leuchten lasse und es in die fernsten Lande schicke." (Scultet. Annal. I, 17.)

Luther war erst teilweise von den Irrtümern Roms bekehrt. Als er aber Gottes Wort mit den päpstlichen Erlassen verglich, schrieb er voll Erstaunen: „Ich gehe die Dekrete der Päpste für meine Disputation durch und bin, ich sage dir's ins Ohr, ungewiß, ob der Papst der Antichrist selbst ist oder ein Apostel des Antichristen; elendiglich wird Christus, d. h. die Wahrheit von ihm in den Dekreten gekreuzigt." (L. W., St. L., Bd. 21a, S. 156; 13. März 1519.) Noch immer war Luther ein Anhänger der römischen Kirche und dachte nicht daran, sich von ihrer Gemeinschaft zu trennen.

Die Schriften und Lehren des Reformators gingen zu allen Nationen der Christenheit. Das Werk dehnte sich bis zur Schweiz und nach Holland aus. Abschriften seiner Werke fanden ihren Weg nach Frankreich und Spanien. In England wurden seine Lehren als das Wort des Lebens aufgenommen. Auch nach Belgien und Italien drang die Wahrheit. Tausende erwachten aus ihrem todesähnlichen Schlaf zu der Freude und Hoffnung eines Glaubenslebens.

Rom wurde über die Angriffe Luthers mehr und mehr aufgebracht, und einige seiner fanatischen Gegner, sogar Doktoren katholischer Universitäten, erklärten, daß Luthers Ermordung keine Sünde sei. Eines Tages näherte sich dem Reformator ein Fremder, der eine Pistole unter dem Mantel verborgen hatte und ihn fragte, warum er so allein gehe. „Ich stehe in Gottes Hand," antwortete Luther. „Er ist meine Kraft und mein Schild. Was kann mir ein Mensch tun?" (Neith, Umstände, S. 89; L. W., St. L., Bd. 15, S. 444.) Als der Unbekannte diese Worte hörte, erblaßte er und floh wie vor der Gegenwart himmlischer Engel.

Rom war auf die Vernichtung Luthers bedacht; aber Gott war seine Verteidigung. Seine Lehren wurden überall vernommen, „in Hütten und Klöstern, ... in Ritterburgen, in Akademien und königlichen Palästen"; und edle Männer erhoben sich auf allen Seiten, um seine Anstrengungen zu unterstützen.

Um diese Zeit las Luther Hus' Werke, und da er dabei fand, daß auch der böhmische Reformator die große Wahrheit der Rechtfertigung durch den Glauben hochgehalten hatte, schrieb er: „Ich habe unbewußt bisher alle seine Lehren vorgetragen und behauptet ... Wir sind Hussiten, ohne es zu wissen; schließlich sind auch Paulus und Augustin bis aufs Wort Hussiten. Ich weiß vor starrem Staunen nicht, was ich denken soll, wenn ich die schrecklichen Gerichte Gottes in der Menschheit sehe, daß die offenkundige evangelische Wahrheit schon über hundert Jahre lang öffentlich verbrannt ist und für verdammt gilt." (ebd., Bd. 21a, S. 239; Febr. 1520.)

In einem Aufruf an den Kaiser und den Adel der deutschen Nation zur Besserung des christlichen Standes schrieb Luther über den Papst: „Es ist greulich und erschrecklich anzusehen, daß der Oberste in der Christenheit, der sich Christi Statthalter und Petri Nachfolger rühmt, so weltlich und prächtig fährt, daß ihm darinnen kein König, kein Kaiser mag erlangen und gleichwerden ... Gleicht sich das mit dem armen Christus und St. Peter, so ist's ein neu Gleichen." „Sie sprechen, er sei ein Herr der Welt. Das ist erlogen. Denn Christus, des Statthalter und Amtmann er sich rühmt, sprach vor Pilatus: Mein Reich ist nicht von dieser Welt. Es kann doch kein Statthalter weiter regieren, denn sein Herr". (L. W., Erl. Bd. 21, S. 292. 293. 350. 351. Siehe auch D'Aubigné, 6. Buch, 3. Kap., S. 77, Stuttgart, 1848.)

Von den Universitäten schrieb er folgendes: „Ich habe große Sorge, die hohen Schulen seien große Pforten der Hölle, so sie nicht emsiglich die Heilige Schrift üben und treiben ins junge Volk." „Wo aber die Heilige Schrift nicht regiert, da rate ich fürwahr niemand, daß er sein Kind hin tue. Es muß verderben alles, was nicht Gottes Wort ohne Unterlass treibt." (D'Aubigné, ebd., S. 81.)

Dieser Aufruf verbreitete sich mit Windesschnelle über ganz Deutschland und übte einen mächtigen Einfluß auf das Volk aus. Die ganze Nation war in Aufregung, und ganze Scharen wurden angetrieben, sich um die Fahne der Reformation zu sammeln. Luthers Gegner, voller Rachegelüste, drangen in den Papst, entscheidende Maßnahmen gegen ihn zu treffen. Es wurde beschlossen, daß seine Lehren sofort verdammt werden sollten. Sechzig Tage wurden dem Reformator und seinen Anhängern gewährt, wonach alle, falls sie nicht widerriefen, aus der Gemeinschaft der Kirche ausgeschlossen werden sollten.

Dies war die Zeit einer großen Entscheidung für die Reformation. Jahrhundertelang hatte Rom durch das Verhängen des Kirchenbanns mächtigen Monarchen Schrecken eingeflößt, hatte gewaltige Reiche mit Elend und Verwüstung erfüllt. Alle, auf die sein Fluch fiel, wurden allgemein mit Furcht und Entsetzen angesehen; sie wurden von dem Verkehr mit ihren Genossen ausgeschlossen und als Geächtete behandelt, die man hetzen müsse, bis sie ausgerottet seien. Luther war nicht blind für den auf ihn losbrechenden Sturm; aber er stand fest, vertrauend, daß Christus sein Helfer und sein Schirm sei. Mit dem Glauben und Mut eines Märtyrers schrieb er: „Wie soll es werden? Ich bin blind für die Zukunft und nicht darum besorgt sie zu wissen. ... Wohin der Schlag fällt, wird mich ruhig lassen. ... Kein Baumblatt fällt auf die Erde ohne den Willen des Vaters, wieviel weniger wir. ... Es ist ein geringes, daß wir um des Worts willen sterben oder umkommen, da er selbst im Fleisch zuerst für uns gestorben ist. Also werden wir mit ihm aufstehen, mit dem wir umkommen und mit ihm durchgehen, wo er zuerst durchgegangen ist, daß wir endlich dahin kommen, wohin er auch gekommen ist und bei ihm bleiben ewiglich." (L. W., St. L., Bd. 15, S. 299; 1. Okt. 1520. Siehe auch D'Aubigné, 6. Buch, 9. Kap., S. 113, Stuttgart, 1848.)

Als die päpstliche Bulle Luther erreichte, schrieb er: „Endlich ist die römische Bulle mit Eck angekommen. ... Ich verlache sie nur und greife sie jetzt als gottlos und lügenhaft ganz eckianisch an. Ihr sehet, daß Christus selbst darin verdammt werde. ... Ich freue mich aber doch recht herzlich, daß mir um der besten Sache willen Böses widerfahre. ... Ich bin nun viel freier, nachdem ich gewiß weiß, daß der Papst als der Antichrist und des Satans Stuhl offenbarlich erfunden sei." (L. W., ebd., S. 1475; 12. Okt. 1520.)

Doch das Urteil Roms blieb nicht wirkungslos. Gefängnis, Folter und Schwert erwiesen sich als mächtige Waffen, um den Gehorsam zu erzwingen. Schwache und Abergläubische erzitterten vor dem Erlaß des Papstes. Während man allgemeine Teilnahme für Luther bekundete, schätzten doch viele ihr Leben als zu kostbar, um es für die Reformation zu wagen. Alles deutete darauf hin, daß das Werk des Reformators sich seinem Abschluß nahte.

Luther blieb aber noch immer furchtlos. Rom hatte seine Bannflüche gegen ihn geschleudert, und die Welt schaute zu in der sicheren Erwartung, daß er verderben oder sich unterwerfen müsse. Doch mit einer schrecklichen Gewalt schleuderte er das Verdammungsurteil auf seinen Urheber zurück und erklärte öffentlich seinen Entschluß, auf immer mit Rom zu brechen. In Gegenwart einer Menge Studenten, Gelehrten und Bürgersleuten jeglichen Ranges verbrannte Luther die päpstliche Bulle, auch die Dekretalien und andere Schriftstücke seiner Gegner, die Roms Macht unterstützten. Er begründete sein Vorgehen mit den Worten: „Dieweil durch ihr solch Bücherverbrennen der Wahrheit ein großer Nachteil und bei dem schlechten, gemeinen Volke ein Wahn dadurch erfolgen möchte zu vieler Seelen Verderben, habe ich ... der Widersacher Bücher wiederum verbrannt." „Es sollen diese ein Anfang des Ernstes sein; denn ich bisher doch nur gescherzt und gespielt habe mit des Papstes Sache. Ich habe es in Gottes Namen angefangen; hoffe, es sei an der Zeit, daß es auch in demselben ohne mich sich selbst ausführe." (L. W., Erl., Bd. 24, S. 153. 162.)

Auf die Vorwürfe seiner Feinde, die ihn mit der Schwäche seiner Sache stichelten, erwiderte Luther: „Wer weiß, ob mich Gott dazu berufen und erweckt hat und ihnen zu fürchten ist, daß sie nicht Gott in mir verachten. Mose war allein im Ausgang von Ägypten, Elia allein zu König Ahabs Zeiten, Elisa auch allein nach ihm; Jesaja war allein in Jerusalem. ... Hesekiel allein zu Babylon. Dazu hat er noch nie den obersten Priester oder andere hohe Stände zu Propheten gemacht; sondern gemeiniglich niedrige, verachtete Personen auferweckt, auch zuletzt den Hirten

Amos. ... Also haben die lieben Heiligen allezeit wider die Obersten, Könige, Fürsten, Priester, Gelehrten predigen und schelten müssen, den Hals daran wagen und lassen. Ich sage nicht, daß ich ein Prophet sei; ich sage aber, daß ihnen so vielmehr zu fürchten ist, ich sei einer, ... so bin ich jedoch gewiß für mich selbst, daß das Wort Gottes bei mir und nicht bei ihnen ist." (ebd., S. 55. 56.)

Es geschah jedoch nicht ohne einen schrecklichen inneren Kampf, daß sich Luther schließlich zu einer Trennung von Rom entschloß. Ungefähr um diese Zeit schrieb er: „Ich empfinde täglich bei mir, wie gar schwer es ist, langwährige Gewissen, und mit menschlichen Satzungen gefangen, abzulegen. O wie mit viel großer Mühe und Arbeit, auch durch gegründete heilige Schrift, habe ich mein eigen Gewissen kaum können rechtfertigen, daß ich einer allein wider den Papst habe dürfen auftreten, ihn für den Antichrist halten. ... Wie oft hat mein Herz gezappelt, mich gestraft, und mir vorgeworfen ihr einig stärkstes Argument: Du bist allein klug? Sollten die anderen alle irren, und so eine lange Zeit geirrt haben? Wie, wenn du irrest und so viele Leute in den Irrtum verführest, die alle ewiglich verdammt würden? Bis so lang, daß mich Christus mit seinem einigen gewissen Wort befestigt und bestätigt hat, daß mein Herz nicht mehr zappelt." (ebd., Bd. 53, S. 93. 94. Siehe auch Martyn, Leben und Zeiten Luthers, S. 372. 373.)

Der Papst hatte Luther den Kirchenbann angedroht, falls er nicht widerrufen wollte, und die Drohung wurde jetzt ausgeführt. Eine neue Bulle erschien, die die endgültige Trennung des Reformators von der römischen Kirche ankündigte, ihn als vom Himmel verflucht erklärte und in dieselbe Verdammung alle einschloß, die seine Lehren annehmen würden. Der große Kampf hatte nun mit aller Gewalt begonnen.

Widerstand ist das Schicksal aller, die Gott benutzt, um Wahrheiten, die eine besondere Anwendung auf ihre Zeit haben, zu verkündigen. Es gab eine gegenwärtige Wahrheit in den Tagen Luthers – eine Wahrheit, die zu jener Zeit von besonderer Wichtigkeit war; es gibt auch eine gegenwärtige Wahrheit für die heutige Kirche. Gott, der alles nach dem Rat seines Willens vollzieht, hat es gefallen, die Menschen in verschiedene Verhältnisse zu bringen und ihnen Pflichten aufzuerlegen, die der Zeit, in der sie leben, und den Umständen, in denen sie sich befinden, entsprechen. Würden sie das ihnen verliehene Licht wertschätzen, so würde ihnen auch die Wahrheit in größerem Maße offenbart werden. Aber die Mehrzahl begehrt die Wahrheit heutzutage ebensowenig wie damals die Römlinge, die Luther widerstanden. Es besteht noch heute dieselbe Neigung, menschliche Theorien und Überlieferungen anstatt des Wortes Gottes anzunehmen, wie in früheren Zeiten. Die, die die Wahrheit für diese Zeit bringen, dürfen nicht erwarten, eine günstigere Aufnahme zu finden als die früheren Reformatoren. Der große Kampf zwischen Wahrheit und Irrtum, zwischen Christus und Satan, wird bis zum Schluß der Geschichte dieser Welt an Heftigkeit zunehmen.

Jesus sagte zu seinen Jüngern: „Wäret ihr von der Welt, so hätte die Welt das Ihre lieb. Weil ihr aber nicht von der Welt seid, sondern ich euch von der Welt erwählt habe, darum haßt euch die Welt. Gedenkt an das Wort, das ich euch gesagt habe: Der Knecht ist nicht größer als sein Herr. Haben sie mich verfolgt, so werden sie euch auch verfolgen; haben sie mein Wort gehalten, so werden sie eures auch halten." (Joh. 15,19.20) Anderseits erklärte unser Heiland deutlich: „Weh euch, wenn euch jedermann wohlredet! Denn das gleiche haben ihre Väter den falschen Propheten getan." (Lk. 6,26) Der Geist der Welt steht heute nicht mehr in Übereinstimmung mit dem

Geist Christi als in früheren Zeiten; und wer das Wort Gottes in seiner Reinheit verkündigt, wird heute nicht willkommener sein als damals. Die Art und Weise des Widerstandes gegen die Wahrheit mag sich verändern, die Feindschaft mag weniger offen sein, weil sie verschlagener ist; aber die nämliche Feindschaft besteht noch und wird sich bekunden bis zum Ende der Zeit.

8 Luther vor dem Reichstag

Ein neuer Kaiser, Karl V., hatte den Thron Deutschlands bestiegen, und die römischen Legaten beeilten sich, ihre Glückwünsche darzubringen und den Monarchen zu bewegen, seine Macht gegen die Reformation anzuwenden. Auf der anderen Seite ersuchte ihn der Kurfürst von Sachsen, dem der Kaiser zum großen Teil seine Krone verdankte, keine Schritte gegen Luther zu unternehmen, bevor er ihm Gehör verliehen hätte. Der Kaiser sah sich auf diese Weise in eine sehr schwierige Lage versetzt. Die Römlinge würden mit nichts Geringerem als einem kaiserlichen Erlass, der Luther zum Tode verurteilte, zufrieden sein. Der Kurfürst hatte nachdrücklich erklärt, weder Seine Kaiserliche Majestät noch sonst jemand hätte nachgewiesen, daß Luthers Schriften widerlegt seien; er verlange deshalb, daß Luther unter sicherem Geleit vor gelehrten, frommen und unparteiischen Richtern erscheine. (Köstlin, Luther, S. 365f., 398; Elberf., 1883.)

Die Aufmerksamkeit aller Parteien wurde nun auf die Versammlung der deutschen Länder gerichtet, die kurz nachdem Karl den kaiserlichen Thron bestiegen hatte, in Worms tagte. Wichtige politische Fragen und Belange sollten auf diesem Reichstag erörtert werden; zum ersten Mal sollten die deutschen Fürsten ihrem jugendlichen Monarchen auf einer Ratsversammlung begegnen. Aus allen Teilen des Vaterlandes hatten sich die Würdenträger der Kirche und des Staates eingefunden. Weltliche Herren vom Adel, gewaltig und eifersüchtig auf ihre Erbrechte; Kirchenfürsten, stolz in dem Bewußtsein ihrer Überlegenheit an Rang und Macht; galante Ritter und ihr bewaffnetes Gefolge; Gesandte von fremden und fernen Ländern – alle versammelten sich in Worms. Und auf dieser großartigen Versammlung war der Gegenstand, der die größte Aufmerksamkeit erregte, die Sache des sächsischen Reformators.

Karl hatte zuvor den Kurfürsten angewiesen, Luther mit auf den Reichstag zu bringen; er hatte ihn seines Schutzes versichert und ihm eine freie Erörterung mit maßgebenden Personen zugesagt, um die strittigen Punkte zu besprechen. Luther wartete mit Spannung auf sein Erscheinen vor dem Kaiser. Seine Gesundheit hatte zu jener Zeit sehr gelitten; doch schrieb er an den Kurfürsten: „Ich werde, wenn man mich ruft, kommen, so weit an mir liegt, ob ich mich auch krank müßte hinfahren lassen, denn man darf nicht zweifeln, daß ich vom Herrn gerufen werde, wenn der Kaiser mich ruft. Greifen sie zur Gewalt, wie es wahrscheinlich ist – denn dazu, um belehrt zu werden, lassen sie mich nicht rufen –, so muß man dem Herrn die Sache befehlen; dennoch lebt und regiert derselbige, der die drei Knaben im Feuerofen des Königs von Babylon erhalten hat. Will er mich nicht erhalten, so ist's um meinen Kopf eine geringe Sache, ... man muß nur dafür sorgen, daß wir das Evangelium, das wir begonnen, den Gottlosen nicht zum Spott werden lassen, ... wir wollen lieber unser Blut dafür vergießen. Wir können nicht wissen, ob durch unser Leben oder unsern Tod dem allgemeinen Wohle mehr genützt werde; ... nimm von mir alles, nur nicht, daß ich fliehe oder widerrufe: fliehen will ich nicht, widerrufen noch viel weniger." (L. W., St. L., Bd. 15, S. 1885f., 21. Dez. 1520.)

Als sich in Worms die Nachricht verbreitete, daß Luther vor dem Reichstag erscheinen sollte, rief sie eine allgemeine Aufregung hervor. Aleander, der päpstliche Gesandte, dem der Fall besonders anvertraut worden war, geriet in Unruhe und Wut. Er sah, daß die Folgen für die päpstliche Sache verhängnisvoll werden würden. Eine Untersuchung anzustellen in einem Fall, in dem der Papst bereits das Verdammungsurteil ausgesprochen hatte, hieße die Autorität des unumschränkten Priesterfürsten geringschätzen. Auch befürchtete er, daß die beredten und gewaltigen Beweisführungen dieses Mannes viele der Fürsten von der Sache des Papstes abwendig machen könnten. Er erhob deshalb vor Karl auf die dringlichste Weise Einwendungen gegen das Erscheinen Luthers in Worms. Ungefähr um diese Zeit wurde die Bulle, die Luthers Ausschließung erklärte, veröffentlicht, und dies, zusammen mit den Vorstellungen des Legaten, veranlaßte den Kaiser nachzugeben. Er schrieb dem Kurfürsten, daß, wenn Luther nicht widerrufen wolle, er zu Wittenberg bleiben müsse.

Nicht zufrieden mit diesem Sieg, wirkte Aleander mit aller ihm zu Gebote stehenden Macht und Schlauheit daraufhin, Luthers Verurteilung zu erreichen. Mit einer Beharrlichkeit, die einer besseren Sache würdig gewesen wäre, lenkte er die Aufmerksamkeit der Fürsten, Prälaten und anderer Mitglieder der Versammlung auf die Sache, indem er den Reformator des Aufstandes, der Empörung, Gottlosigkeit und Gotteslästerung beschuldigte. Aber die Heftigkeit und Leidenschaft, die der Legat an den Tag legte, zeigten nur zu deutlich, von welchem Geist er getrieben wurde. Man fühlte allgemein, „es sei mehr Neid und Rachelust als Eifer der Frömmigkeit, die ihn aufreizten." (Cochlaeus J., „De actis et scriptis M. Lutheri," S. 27-29, Paris, 1565.) Die Mehrzahl der Reichsstände war geneigter als je, Luthers Sache günstig zu beurteilen.

Mit doppeltem Eifer drang Aleander in den Kaiser, daß es seine Pflicht sei, die päpstlichen Erlasse auszuführen. Dies konnte jedoch unter den bestehenden deutschen Gesetzen nicht ohne die Zustimmung der Fürsten getan werden; und schließlich der Zudringlichkeit des Legaten unterliegend, gestattete ihm Karl, seine Sache vor den Reichstag zu bringen. „Es war ein großer Tag für den Nuntius. Die Versammlung war groß; noch größer war die Sache. Aleander sollte für Rom, die Mutter und Herrin aller Kirchen, das Wort führen." Er sollte vor den versammelten Machthabern der Christenheit das Fürstentum Petri rechtfertigen. „Er hatte die Gabe der Beredsamkeit und zeigte sich der Erhabenheit des Anlasses gewachsen. Die Vorsehung wollte es, daß Rom vor dem erlauchtesten Tribunal erscheinen und seine Sache durch den begabtesten seiner Redner vertreten werden sollte, ehe es verdammt würde." (Wylie, History of Protestantism, 6. Buch, 4. Kap.)

Mit Besorgnis sahen die Gönner des Reformators der Wirkung der Rede Aleanders entgegen. Der Kurfürst von Sachsen war nicht zugegen, doch wohnten nach seiner Bestimmung etliche seiner Räte bei, um die Ansprache des Nuntius zu berichten.

Aleander bot alle Gelehrsamkeit und Beredsamkeit auf, die Wahrheit zu stürzen. Beschuldigung auf Beschuldigung schleuderte er gegen Luther als einen Feind der Kirche und des Staates, der Lebenden und der Toten, der Geistlichkeit und der Laien, der Konzilien und der einzelnen Christen. Er sagte, in Luthers Schriften seien so viele Irrtümer, daß hunderttausend Ketzer ihrethalben verbrannt werden könnten.

Zum Schluß versuchte er, die Anhänger der Reformation verächtlich zu machen. „Wie viel zahlreicher, gelehrter und an jenen Gaben, die im Wettstreit den Ausschlag geben, überlegener ist doch die katholische Partei! Die berühmtesten Universitäten haben Luther verurteilt. Wer dagegen sind diese Lutheraner? Ein Haufe unverschämter Universitätslehrer, verderbter Priester, unordentlicher Mönche, unwissender Advokaten, herabgekommener Adliger und verführten Pöbels. Ein einstimmiger Beschluß dieser erlauchten Versammlung wird die Einfältigen belehren, die Unklugen warnen, die Schwankenden festigen und die Schwachen kräftigen." (Pallavicini, 1. Buch, 25. Kap., S. 111.)

Mit solchen Waffen sind die Verteidiger der Wahrheit zu jeder Zeit angegriffen worden. Dieselben Beweise werden noch immer gegen alle vorgebracht, die es wagen, im Gegensatz zu den eingebürgerten Irrtümern die klaren und deutlichen Lehren des Wortes Gottes zu zeigen. Wer sind diese Prediger neuer Lehren? rufen diejenigen aus, die eine volkstümliche Religion begehren. Es sind Ungebildete, gering an Zahl und aus dem ärmeren Stande; doch behaupten sie, die Wahrheit zu haben und das auserwählte Volk Gottes zu sein. Sie sind unwissend und betrogen. Wieviel steht unsere Kirche an Zahl und Einfluß über ihnen! Wie viele gelehrte und große Männer sind in unseren Reihen, wieviel mehr Macht auf unserer Seite! Dies sind Beweise, die einen entscheidenden Einfluß auf die Welt haben, aber jetzt nicht folgerichtiger sind als in den Tagen des Reformators.

Die Reformation endete nicht mit Luther, wie viele annehmen; sie muß bis zum Ende der Geschichte dieser Welt fortgesetzt werden. Luthers großes Werk bestand darin, das Licht, das Gott auf ihn scheinen ließ, auf andere widerstrahlen zu lassen; doch hatte er nicht alles Licht empfangen, das der Welt mitgeteilt werden sollte. Von jener Zeit an bis heute hat ununterbrochen neues Licht auf die Heilige Schrift geschienen, und neue Wahrheiten sind seither ständig enthüllt worden.

Die Ansprache des Legaten machte einen tiefen Eindruck auf den Reichstag. (Hefele, Konziliengesch., Bd. 9, S. 202.) Kein Luther war zugegen, um den päpstlichen Kämpfer mit den klaren und überzeugenden Wahrheiten des Wortes Gottes zu überwinden. Kein Versuch wurde gemacht, den Reformator zu verteidigen. Man war allgemein geneigt, nicht nur ihn und seine Lehren zu verdammen, sondern womöglich auch die Ketzerei selbst auszurotten. Rom hatte die günstigste Gelegenheit gehabt, seine Sache zu verteidigen. Alles, was es zu seiner Rechtfertigung sagen konnte, war gesagt worden. Aber der scheinbare Sieg war das Zeichen der Niederlage. Von nun an sollte der Gegensatz zwischen Wahrheit und Irrtum deutlicher erkannt werden, da sie sich im offenen Kampfe messen sollten. Von jenem Tage an sollte Rom nie mehr so sicher stehen, wie es gestanden hatte.

Während die meisten Mitglieder des Reichstages nicht gezögert hätten, Luther der Rache Roms zu übergeben, sahen und beklagten viele die in der Kirche bestehende Verderbtheit und wünschten eine Beseitigung der Mißbräuche, die das deutsche Volk infolge der Verkommenheit und der Gewinnsucht der Priesterherrschaft dulden mußte. Der Legat hatte die päpstliche Herrschaft im günstigsten Licht dargestellt. Nun bewog der Herr ein Mitglied des Reichstages, die Wirkung der päpstlichen Gewaltherrschaft wahrheitsgetreu zu schildern. Mit edler Entschiedenheit erhob sich Herzog Georg von Sachsen in jener fürstlichen Versammlung und beschrieb mit unerbittlicher Genauigkeit die Betrügereien und Greuel des Papsttums und dessen schlimme Folgen. Zum Schluß sagte er: „Da ist keine Scham in Herausstreichung und Erhebung des Ablasses, man suchet nur, daß man viel Geld zusammenbringe; also geschieht, daß die Prediger, die die Wahrheit lehren sollten, nichts als Lügen und Betrug den Leuten vorschwatzen. Das duldet man und diesen Leuten lohnet man, weil je mehr Geld in den Kasten kommt, je mehr die Leute beschwatzt werden. Aus diesem verderbten Brunnen fließt ein groß Ärgernis in die Bäche heraus, ... plagen die Armen mit Bußen ihrer Sünden wegen, verschonen die Reichen, übergehen die Priester. ... Daher nötig ist eine allgemeine Reformation anzustellen, die nicht füglicher als in einem allgemeinen Konzil zu erhalten ist; darum bitten wir alle solches mit höchstem Fleiß zu fördern." (Seckendorf, Commentarius, 1. Buch, 37. Absch.)

Luther selbst hätte die Mißbräuche Roms nicht klarer und eindrücklicher vorführen können. Die Tatsache aber, daß der Redner ein entschlossener Feind des Reformators war, verlieh seinen Worten desto mehr Nachdruck.

Wären den Versammelten die Augen geöffnet worden, so hätten sie Engel Gottes in ihrer Mitte erblickt, die durch die Finsternis des Irrtums Strahlen des Lichts ergossen und Gemüter und Herzen für die Wahrheit empfänglich machten. Selbst die Gegner der Reformation wurden von der Macht des Gottes der Wahrheit und Weisheit beeinflußt, und auf diese Weise wurde der Weg für das große Werk, das nun vollbracht werden sollte, bereitet. Martin Luther war nicht zugegen; aber man hatte die Stimme eines Größeren als Luthers in jener Versammlung gehört.

Sofort wurde von dem Reichstag ein Ausschuß bestimmt, um eine Liste der päpstlichen Mißbräuche, die so schwer auf dem deutschen Volk lasteten, aufzustellen. Dies Verzeichnis, das 101 Beschwerden enthielt, wurde dem Kaiser mit dem Gesuch unterbreitet, unmittelbare Schritte zur Beseitigung dieser Mißbräuche zu unternehmen. „Es gehen so viele Seelen verloren," sagten die

Bittenden, „so viele Räubereien, Bestechungen finden statt, weil das geistliche Oberhaupt der Christenheit sie gestattet. Es muß dem Untergang und der Schande unseres Volkes vorgebeugt werden. Wir bitten euch untertänigst und inständigst, dahin zu wirken, daß eine Besserung und gemeine Reformation geschehe." (Kapp, Nachlese ref. Urkunden, Bd. 3, S. 275.)

Die Reichsstände drangen auf das Erscheinen Luthers. Ungeachtet aller Bitten, Einwände und Drohungen Aleanders willigte der Kaiser schließlich doch ein, und Luther wurde aufgefordert, vor dem Reichstag zu erscheinen. Mit der Aufforderung wurden ihm auch die nötigen Geleitbriefe ausgestellt, die ihm auch seine Rückkehr nach einem sicheren Ort verbürgten. (Der Herzog Georg von Sachsen, der Kurfürst und auch der Kaiser stellten Geleitbriefe aus. Siehe L. W., Erl. Bd. 3, S. 406. 409. 412.) Ein Herold, der beauftragt war, ihn sicher nach Worms zu bringen, überbrachte die Briefe nach Wittenberg.

Freunde Luthers wurden von Schrecken und Bestürzung ergriffen. Sie kannten das Vorurteil und die gegen ihn herrschende Feindschaft und befürchteten, daß selbst das Sicherheitsgeleit nicht beachtet und sein Leben gefährdet werden könnte. Auf ihr Bitten, davon abzustehen, erwiderte er einem, die Römlinge wollten ihn nicht in Worms sehen, doch „ich schreibe auch jetzt und bitte dich, bete nicht für mich, sondern für das Wort Gottes. Jener Widersacher Christi setzt alle Kräfte ein, mich zu verderben. Der Wille Gottes geschehe! Christus wird mir seinen Geist geben, daß ich diese Widersacher des Satans verachte im Leben, besiege im Tode. ... Sie arbeiten, daß ich viele Artikel widerrufe; aber mein Widerruf wird also lauten: Ich habe früher gesagt, der Papst sei der Statthalter Christi, jetzt widerrufe ich und sage, der Papst ist der Widersacher Christi und der Apostel des Teufels." (L. W., St. L., Bd. 20a, S. 345; 24. März 1521.)

Luther sollte seine gefahrvolle Reise nicht allein machen. Außer dem kaiserlichen Boten hatten sich drei seiner treuesten Freunde entschlossen, ihn zu begleiten. Es verlangte Melanchthon herzlich, sich ihnen anzuschließen. Sein Herz hing an Luther, und er sehnte sich, ihm zu folgen, wenn es sein müsse ins Gefängnis oder in den Tod. Seine Bitten wurden jedoch abgeschlagen. Sollte Luther umkommen, so ruhte die Hoffnung der Reformation allein auf seinem jugendlichen Mitarbeiter.

Unterwegs nahmen sie wahr, daß die Gemüter des Volkes von düsteren Vorahnungen beschwert waren. In einigen Städten erwies man ihnen keine Achtung. Als sie übernachteten, gab ein freundlich gesinnter Priester seinen Befürchtungen Ausdruck, indem er Luther das Bild eines italienischen Reformators, der den Tod erlitten hatte, zeigte. (Das Bild Savonarolas wurde ihm in Naumburg gezeigt.) Am andern Tag erfuhren sie, daß seine Schriften zu Worms verdammt worden seien. Boten verkündigten des Kaisers Erlaß und forderten jedermann auf, die geächteten Bücher den Behörden auszuliefern. Der Herold, der um Luthers Sicherheit auf dem Reichstag fürchtete und meinte, sein Entschluß könnte dadurch erschüttert sein, fragte: „Herr Doktor, wollt ihr fortziehen? Da antwortete ich (Luther): Ja, unangesehen, daß man mich hätte in Bann getan und das in allen Städten veröffentlicht, so wollt ich doch fortziehen." (L. W., Erl. Bd. 64, S. 367.)

In Erfurt wurde Luther mit großen Ehren empfangen. Von der bewundernden Menge umgeben, durchschritt er die Straßen, die er oft mit seinem Bettelsack durchzogen hatte. Er besuchte seine Klosterzelle und gedachte der Kämpfe, durch die das nun über Deutschland strömende Licht auch über seine Seele sich ergossen hatte. Man nötigte ihn zum Predigen. Zwar war ihm dies verboten, aber der Herold gestattete es. Der Mönch, der einst im Kloster jedermanns Handlanger gewesen war, bestieg jetzt die Kanzel.

Zu einem überfüllten Hause predigte er über die Worte Christi: „Friede sei mit euch!" und „zeigte ... ihnen die Hände und seine Seite." „Ihr wisset auch, daß alle Philosophen, Doktoren und Scribenten sich beflissen zu lehren und schreiben, wie sich der Mensch zur Frömmigkeit halten soll, haben sich des sehr bemüht, aber wie man sieht, wenig ausgerichtet. ... Denn Gott, der hat auserwählet einen Menschen, den Herrn Jesus Christus, daß der soll den Tod zerknirschen, die Sünde zerstören und die Hölle zerbrechen, ... also daß wir durch seine Werke, die uns fremd sind, und nicht mit unsern Werken selig werden. ... Unser Herr Christus hat gesagt: Habt Frieden und sehet meine Hände. Sieh, Mensch, ich bin der allein, der deine Sünde hat hinweggenommen, der dich erlöste. Nun habe Frieden."

„So soll ein jeglicher Mensch sich besinnen und denken, daß wir uns nicht helfen können, sondern Gott, auch daß unsere Werke gar gering sind: so haben wir den Frieden Gottes; und ein jeglicher Mensch soll sein Werk also schicken, daß ihm nicht allein nutz sei, sondern auch einem andern, seinem Nächsten. Ist er reich, so soll sein Gut den Armen nutz sein; ist er arm, soll sein Verdienst den Reichen zu gut kommen ... Denn wenn du merkst, daß du deinen Nutzen allein schaffst, so ist dein Dienst falsch." (ebd., Bd. 16, S. 251f.)

Das Volk lauschte seinen Worten wie gebannt. Das Brot des Lebens wurde jenen hungernden Seelen gebrochen. Christus wurde vor ihnen über Papst, Legat, Kaiser und König erhoben. Luther machte keine Andeutungen auf seine gefährliche Lage. Er suchte sich nicht zum Gegenstand der Gedanken oder des Mitgefühls zu machen. In der Betrachtung Christi hatte er sich selbst ganz aus den Augen verloren. Er verbarg sich hinter dem Schmerzensmann von Golgatha und trachtete nur danach, Jesus als den Erlöser des Sünders darzustellen.

Auf der Weiterreise betrachtete das Volk den Reformator mit der größten Teilnahme. Eine neugierige Menge drängte sich überall um ihn, und freundschaftliche Stimmen warnten ihn vor den Absichten der Römlinge. Einige sagten: Man wird dich verbrennen wie den Hus. Luther antwortete: „Und wenn sie gleich ein Feuer machten, das zwischen Wittenberg und Worms bis an den Himmel reicht, weil es aber gefordert wäre, so wollte er doch im Namen des Herrn erscheinen und dem Behemoth zwischen seine großen Zähne treten und Christus bekennen und denselben walten lassen." (ebd., Walch, Bd. 15, S. 2172. 2173.)

Die Kunde, daß Luther sich Worms nähere, rief große Aufregung hervor. Seine Freunde zitterten für seine Sicherheit; seine Feinde fürchteten um den Erfolg ihrer Sache. Ernste Anstrengungen wurden gemacht, ihm von seinem Eintritt in die Stadt abzuraten. Auf Anstiften der Römlinge drang man in ihn, sich auf das Schloß eines befreundeten Ritters zu begeben, wo nach ihrer Darstellung dann alle Schwierigkeiten auf freundschaftlichem Wege beigelegt werden könnten. Freunde bemühten sich, ihm durch Vorhalten der ihm drohenden Gefahr Furcht einzuflößen. Alle Bemühungen blieben nutzlos. Luther wankte nicht, sondern schrieb: Er wollte gen Worms, wenngleich so viel Teufel drinnen wären, als immer Ziegel auf ihren Dächern! (L. W., St. L., Bd. 15, S. 1828; April 1521.)

Bei seiner Ankunft in Worms war die Zahl derer, die sich an den Toren drängten, ihn willkommen zu heißen, sogar noch größer als beim Einzug des Kaisers. Es herrschte eine ungeheure Erregung, und aus der Mitte der Volksmenge sang eine durchdringende, klagende Stimme ein Grablied, um Luther vor dem ihm bevorstehenden Schicksal zu warnen. „Gott wird mit mir sein," sprach er mutig beim Verlassen des Wagens.

Die Anhänger des Papstes hatten nicht erwartet, daß Luther es doch noch wagen würde, in Worms zu erscheinen, und seine Ankunft bestürzte sie aufs Äußerste. Der Kaiser rief sofort seine

Räte zusammen, um das einzuschlagende Verfahren zu erwägen. Einer der Bischöfe, ein unbeugsamer Anhänger Roms, erklärte: „Wir haben uns schon lange darüber beraten. Kaiserliche Majestät möge diesen Mann beiseite tun und ihn umbringen lassen. Sigismund hat den Johann Hus ebenso behandelt; einem Ketzer braucht man kein Geleit zu geben oder zu halten." Karl verwarf diesen Vorschlag, man müsse halten, was man versprochen habe. Der Reformator solle also vorgeladen werden. (D'Aubigné, 7. Buch, 8. Kap., S. 195, Stuttgart, 1848. Siehe auch Ranke, Reformationsgesch., 1, S. 330f.)

Die ganze Stadt wollte diesen merkwürdigen Mann sehen, und bald füllte sich seine Wohnung mit vielen Besuchern. Luther hatte sich kaum von seiner kürzlichen Krankheit erholt; er war ermüdet von der Reise, die zwei volle Wochen in Anspruch genommen hatte; er mußte sich auf die wichtigen Ereignisse des folgenden Tages vorbereiten und bedurfte der Stille und der Ruhe. Das Verlangen, ihn zu sehen, war jedoch so groß, daß er sich nur einiger Stunden der Stille erfreut hatte, als Edelleute, Ritter, Priester und Bürger sich begierig um ihn sammelten. Unter ihnen waren viele der Edelleute, die von dem Kaiser so kühn eine Reform der kirchlichen Mißbräuche verlangt hatten, und die, wie sich Luther ausdrückte, „alle durch mein Evangelium frei geworden waren." Feinde sowohl als Freunde kamen, um den unerschrockenen Mönch zu sehen, aber er empfing sie mit unerschütterlicher Ruhe und antwortete allen mit Würde und Weisheit. Seine Haltung war fest und mutig; sein bleiches, abgemagertes Gesicht, das Spuren von Mühe und Krankheit zeigte, trug einen freundlichen, ja sogar freudigen Ausdruck. Die Feierlichkeit und der tiefe Ernst seiner Worte verliehen ihm eine Macht, der selbst seine Feinde nicht gänzlich widerstehen konnten. Freunde und Feinde waren voller Bewunderung. Einige waren überzeugt, daß ein göttlicher Einfluß ihn begleite; andere erklärten wie die Pharisäer hinsichtlich Christus: Er hat den Teufel.

Am folgenden Tag wurde Luther aufgefordert, vor dem Reichstag zu erscheinen. Ein kaiserlicher Beamter sollte ihn in den Empfangssaal führen; aber nur mit Mühe erreichte er den Ort. Jeder Zugang war angefüllt mit Beobachtern, die den Mönch sehen wollten, der es gewagt hatte, der Autorität des Papstes zu widerstehen.

Als Luther im Begriff war, vor seine Richter zu treten, sagte ein Feldherr, der Held mancher Schlacht, zu ihm: „Mönchlein, Mönchlein, du gehest jetzt einen Gang, einen Stand zu tun, dergleichen ich und mancher Oberster auch in unsern allerernstesten Schlachtordnungen nicht getan haben. Bist du auf rechter Meinung und deiner Sache gewiß, so fahre in Gottes Namen fort und sei getrost, Gott wird dich nicht verlassen!" (Spangenberg, Adelsspiegel III, S. 54.)

Endlich stand Luther vor dem Reichstag. Der Kaiser saß auf dem Thron. Er war von den erlauchtesten Persönlichkeiten des Kaiserreichs umgeben. Nie zuvor war je ein Mensch vor einer bedeutsameren Versammlung erschienen als jene war, vor der Martin Luther seinen Glauben verantworten sollte. „Sein Erscheinen allein war ein großer Sieg über das Papsttum. Der Papst hatte diesen Mann verurteilt, und dieser Mann stand jetzt vor einem Gericht, das sich dadurch über den Papst stellte. Der Papst hatte ihn in den Bann getan, von aller menschlichen Gesellschaft ausgestoßen, und er war in ehrenhaften Ausdrücken vorgeladen und erschien vor der höchsten Versammlung der Welt. Der Papst hatte ihm den Mund verschlossen, und er sollte vor Tausenden von Zuhörern aus den verschiedensten Landen der Christenheit reden. So hatte Luther eine gewaltige Revolution durchgesetzt: Rom stieg schon von seinem Thron herab, und das Wort eines Mönches gab die Veranlassung dazu." (D'Aubigné, 7. Buch, 8. Abschn., S. 199, Stuttgart, 1848.)

Vor jener gewaltigen und hochadeligen Versammlung schien der in Niedrigkeit geborene Reformator eingeschüchtert und verlegen. Mehrere der Fürsten, die seine Gefühle bemerkten, näherten sich ihm, und einer von ihnen flüsterte: „Fürchtet euch nicht vor denen, die den Leib töten und die Seele nicht mögen töten." Ein anderer sagte: „Wenn ihr vor Fürsten und Könige geführt werdet um meinetwillen, wird es euch durch den Geist eures Vaters gegeben werden, was ihr reden sollt." (Melanchthon, Leben Luthers, S. 53.) Auf diese Weise wurden Christi Worte von den Großen dieser Erde gebraucht, um Gottes Diener in der Stunde der Prüfung zu stärken.

Luther wurde ein Platz unmittelbar vor dem kaiserlichen Thron angewiesen. Tiefes Schweigen herrschte in der großen Versammlung. Dann erhob sich der vom Kaiser beauftragte Redner und verlangte, indem er auf eine Sammlung von Luthers Schriften hinwies, daß der Reformator zwei Fragen beantworte: ob er die hier vorliegenden Bücher als die seinigen anerkenne oder nicht; und ob er die Ansichten, die er darin vorgebracht hatte, widerrufe.

Nachdem die Titel der Bücher verlesen worden waren, erwiderte Luther, daß er hinsichtlich der ersten Frage jene Bücher für die seinigen annehme und nichts je davon ableugne. Aber was da folge, „weil dies eine Frage vom Glauben und der Seelen Seligkeit sei und das göttliche Wort betreffe, was das höchste sei im Himmel und auf Erden, ... da wäre es vermessen und sehr gefährlich, etwas Unbedachtes auszusprechen. Ich könnte ohne vorherige Überlegung leicht weniger behaupten als die Sache erfordere, oder mehr als der Wahrheit gemäß wäre, und durch das eine und andere jenem Urteile Christi verfallen: Wer mich aber verleugnet vor den Menschen, den will ich auch verleugnen vor meinem himmlischen Vater. (Mt. 10,33) Deshalb bitte ich von Kaiserlicher Majestät aufs alleruntertänigste um Bedenkzeit, damit ich ohne Nachteil für das göttliche Wort und ohne Gefahr für meine Seele dieser Frage genugtue." (L. W., Erl., Bd. 64, S. 377f; lat. 37, 5-8.)

Indem Luther dieses Gesuch stellte, handelte er weislich. Sein Benehmen überzeugte die Versammlung, daß er nicht aus Leidenschaft oder bloßem Antrieb handle. Solche Ruhe und Selbstbeherrschung, wie man sie von einem, der sich so kühn und unnachgiebig gezeigt hatte, nicht erwartet hätte, erhöhten Luthers Macht und befähigten ihn nachher, mit einer Vorsicht, Entschiedenheit, Weisheit und Würde zu antworten, daß seine Gegner überrascht und enttäuscht und ihre Anmaßung und ihr Stolz beschämt wurden.

Am nächsten Tag sollte er erscheinen, um seine endgültige Antwort zu geben. Als er die gegen die Wahrheit verbündeten Mächte betrachtete, entfiel ihm für den Augenblick der Mut. Sein Glaube schwankte, Furcht und Zittern ergriffen ihn und Grauen überkam ihn. Die Gefahren vervielfältigten sich vor ihm, seine Feinde schienen im Begriff zu siegen und die Mächte der Finsternis die Oberhand zu gewinnen. Wolken sammelten sich um ihn und drohten, ihn von Gott zu trennen. Er sehnte sich nach der Gewißheit, daß der Herr der Heerscharen mit ihm sei. In seiner Seelennot warf er sich mit dem Angesicht auf die Erde und stieß jene gebrochenen, herzzerreißenden Angstrufe aus, die Gott allein völlig versteht.

Er betete: „Allmächtiger, ewiger Gott! Wie ist es nur ein Ding um die Welt! Wie sperrt sie den Leuten die Mäuler auf! Wie klein und gering ist das Vertrauen der Menschen auf Gott! ... und siehet nur allein bloß an, was prächtig und gewaltig, groß und mächtig ist und ein Ansehen hat. Wenn ich auch meine Augen dahin wenden soll, so ist's mit mir aus, die Glocke ist schon gegossen und das Urteil gefällt. Ach Gott! O du mein Gott, stehe du mir bei wider alle Welt, Vernunft und Weisheit. Tue du es; du mußt es tun, du allein. Ist es doch nicht meine, sondern deine Sache. Habe ich doch für meine Person hier nichts zu schaffen und mit diesen großen Herren der Welt zu tun. ... Aber dein ist die Sache, Herr, die gerecht und ewig ist. Stehe mir bei, du treuer, ewiger Gott! Ich verlasse mich auf keinen Menschen. Es ist umsonst und vergebens, es hinket alles, was fleischlich ist. ... Hast du mich dazu erwählet? ich frage dich; wie ich es denn gewiß weiß; ei, so walt es Gott; ... steh mir bei in dem Namen deines lieben Sohnes Jesu Christi, der mein Schutz und Schirm sein soll, ja meine feste Burg." (ebd., Bd. 64, S. 289f.)

Eine allweise Vorsehung hatte Luther gestattet, seine Gefahr zu erkennen, damit er nicht auf seine eigene Kraft baue und sich vermessen in Gefahr stürze. Es war jedoch nicht die Furcht vor dem eigenen Leiden, nicht die Angst vor der scheinbar direkt vor ihm stehenden Qual oder dem Tod, die ihn mit ihrem Schrecken überwältigten; er hatte einen entscheidenden Zeitpunkt erreicht und fühlte seine Untüchtigkeit, darin zu bestehen. Die Sache der Wahrheit könnte infolge seiner Schwäche Verlust erleiden. Er rang mit Gott, nicht um seine eigene Sicherheit, sondern um des Sieges des Evangeliums willen. Die Angst und das Ringen seiner Seele glich jenem nächtlichen Kampf Jakobs am einsamen Bach; wie jener trug auch er den Sieg davon. In seiner gänzlichen Hilflosigkeit klammerte sich sein Glaube an Christus, den mächtigen Befreier. Er wurde durch die Versicherung gestärkt, daß er nicht allein vor dem Reichstag erscheinen sollte; Friede zog wiederum in seine Seele ein, und er freute sich, daß es ihm vergönnt war, das Wort Gottes vor den Herrschern des Volkes emporzuhalten.

Mit festem Gottvertrauen bereitete sich Luther auf den ihm bevorstehenden Kampf vor. Er plante seine Antwort, prüfte etliche Stellen seiner eigenen Schriften und suchte in der Bibel passende Belege zur Unterstützung seiner Behauptungen. Dann gelobte er, seine Linke auf das offen vor ihm liegende heilige Buch legend und seine Rechte zum Himmel erhebend, „dem Evangelium treu zu bleiben und seinen Glauben frei zu bekennen, sollte er ihn auch mit seinem Blute besiegeln." (D'Aubigné, Reformationsgesch., Buch 7, S. 8.)

Als er wieder vor den Reichstag geführt wurde, trug sein Angesicht keine Spur von Furcht oder Verlegenheit. Ruhig und friedlich, dennoch mutig und edel stand er als Gottes Zeuge unter den Großen der Erde. Der kaiserliche Beamte verlangte nun seinen

Entscheid, ob er gewillt sei, seine Lehren zu widerrufen. Luther gab die Antwort in einem unterwürfigen und bescheidenen Ton, ohne Heftigkeit oder Erregung. Sein Benehmen war demütig und ehrerbietig; dennoch offenbarte er eine Zuversicht und eine Freudigkeit, die die Versammlung überraschte.

Seine Antwort lautete: „Allerdurchlauchtigster, großmächtigster Kaiser, durchlauchtigste Fürsten, gnädigste und gnädige Herren! Auf die Bedenkzeit, mir auf gestrigen Abend ernannt, erscheine ich gehorsam und bitte durch die Barmherzigkeit Gottes Eure Kaiserliche Majestät und Gnaden, daß sie wollen, wie ich hoffe, diese Sachen der Gerechtigkeit und Wahrheit gnädiglich zuhören, und so ich von wegen meiner Unerfahrenheit ... wider die höfischen Sitten handle, mir solches zu verzeihen als einen, der nicht an fürstlichen Höfen erzogen, sondern in Mönchswinkeln aufkommen." (Luthers Werke, Erl., Bd. 64, S. 378.)

Indem er dann zur Frage überging, erklärte er, daß seine Bücher nicht einerlei Art seien. Einige behandelten den Glauben und die guten Werke, daß auch seine Widersacher sie für nützlich und unschädlich anerkennen müßten. Diese zu widerrufen wäre ein Verdammen der Wahrheiten, die alle Freunde und Feinde zugleich bekennen. Die zweite Art bestehe aus Büchern, die die Verderbtheiten und Übeltaten des Papsttums darlegten. Diese Werke zu widerrufen, würde die Gewaltherrschaft Roms nur stärken und würde die Tür für viele und große Gottlosigkeiten noch weiter öffnen. In der dritten Art seiner Bücher habe er einzelne Personen angegriffen, die bestehende Übelstände verteidigt hätten. Betreffs dieser bekenne er, heftiger gewesen zu sein, als es sich gezieme. Er beanspruche keineswegs fehlerfrei zu sein. Aber auch diese Bücher könne er nicht widerrufen, denn auf diese Weise würden die Feinde der Wahrheit nur noch kühner werden, und sie würden Gelegenheit nehmen, das Volk Gottes mit noch größerer Grausamkeit zu bedrücken.

„Dieweil aber ich ein Mensch und nicht Gott bin, so mag ich meine Büchlein anders nicht verteidigen, denn mein Herr Jesus Christus seine Lehre unterstützt hat: ‚Habe ich übel geredet, so gib Zeugnis vom Übel.' (Joh. 18,23) ... Derhalben bitte ich durch die Barmherzigkeit Gottes Eure Kaiserliche Majestät und Gnaden oder aber alle anderen Höchsten und Niedrigen mögen mir Zeugnis geben, mich Irrtums überführen, mich mit prophetischen und evangelischen Schriften überwinden. Ich will auf das allerwilligste bereit sein, so ich dessen überwiesen werde, alle Irrtümer zu widerrufen und der allererste sein, meine Bücher in das

Feuer zu werfen; aus dem allen ist, meine ich, offenbar, daß ich genügsam bedacht, erwogen und ermessen habe die Gefahr, Zwietracht, Aufruhr und Empörung, so wegen meiner Lehre in der Welt erwachsen ist. ... Wahrlich, mir ist das Liebste zu hören, daß wegen des göttlichen Wortes sich Mißhelligkeit und Uneinigkeit erheben; denn das ist der Lauf, Fall und Ausgang des göttlichen Wortes, wie der Herr selbst sagt: ‚Ich bin nicht gekommen, Frieden zu senden, sondern das Schwert.' (Mt. 10,34) ... Darum müssen wir bedenken, wie wunderbar und schrecklich unser Gott ist in seinen Gerichten, auf daß nicht das, was jetzt unternommen wird, um die Uneinigkeit beizulegen, hernach, so wir den Anfang dazu mit Verdammung des göttlichen Wortes machen, vielmehr zu einer Sintflut unerträglicher Übel ausschlage; bedenken müssen wir und fürsorgen, daß nicht diesem jungen, edlen Kaiser Karl, von welchem nächst Gott vieles zu hoffen ist, ein unseliger Eingang und ein unglücklich Regiment zuteil werde. Ich könnte dafür reichliche Exempel bringen aus der Heiligen Schrift, von Pharao, vom König zu Babel und von den Königen Israels, die gerade dann am meisten Verderben sich bereitet haben, wenn sie mit den klügsten Reden und Anschlägen ihr Reich zu befrieden und zu befestigen gedachten. Denn der Herr ist's, der die Klugen erhascht in ihrer Klugheit und die Berge umkehrt, ehe sie es innewerden; darum tut's not, Gott zu fürchten." (L. W., Erl., Bd. 64, S. 370. 379-382; lat. Bd. 37, S. 11-13.)

Luther hatte in deutscher Sprache geredet; er wurde nun ersucht, dieselben Worte in lateinischer Sprache zu wiederholen. Wiewohl er durch die frühere Anstrengung erschöpft war, willfahrte er doch der Bitte und trug dieselbe Rede ebenso deutlich und tatkräftig noch einmal vor, so daß ihn alle verstehen konnten. Gottes Vorsehung waltete in dieser Sache. Viele Fürsten waren durch Irrtum und Aberglauben so verblendet, daß sie bei Luthers erster Anrede die Gewichtigkeit seiner Gründe nicht klar erfassen konnten; diese Wiederholung aber setzte sie in den Stand, die vorgeführten Punkte nun deutlich zu sehen.

Die, die ihre Herzen dem Licht hartnäckig verschlossen und sich entschieden nicht von der Wahrheit überzeugen lassen wollten, wurden durch die Macht seiner Worte in Wut versetzt. Als er aufhörte zu reden, mahnte der Wortführer des Reichstages im strafenden Ton, Luther hätte nicht zur Sache geantwortet, und es gebühre sich nicht, hier Verdammungsurteile und Feststellungen von Konzilien in Frage zu ziehen. Luther solle eine schlichte und klare Antwort geben, ob er widerrufen wolle oder nicht.

Darauf erwiderte der Reformator: „Weil denn Ew. Majestät und die Herrschaften eine einfache Antwort begehren, so will ich eine geben, die weder Hörner noch Zähne hat, dermaßen: Wenn ich nicht durch Schriftzeugnisse oder helle Gründe werde überwunden werden, (denn ich glaube weder dem Papst noch den Konzilien allein, weil feststeht, daß sie öfter geirrt und sich selbst widersprochen haben), so bin ich überwunden durch die von mir angeführten Schriften und mein Gewissen gefangen in Gottes Worten; widerrufen kann ich nichts und will ich nichts, weil wider das Gewissen zu handeln beschwerlich, unsicher und nicht lauter ist. (L. W., Erl., Bd. 64, S. 382.) Hier stehe ich, ich kann nicht anders, Gott helf mir. Amen." (ebd., lat., Bd. 37, S. 13.)

Also stand dieser gerechte Mann auf dem sicheren Grund des göttlichen Wortes. Des Himmels Licht erleuchtete sein Angesicht. Die Größe und Reinheit seines Charakters sowie auch der Friede und die Freude seines Herzens offenbarten sich allen, als er die Macht des Irrtums bloßstellte und die Hoheit jenes Glaubens, der die Welt überwindet, bezeugte.

Die Versammlung staunte über diese kühne Verteidigung. Seine erste Antwort hatte Luther mit gedämpfter Stimme in achtungsvoller, beinahe unterwürfiger Haltung gesprochen. Die Römlinge hatten dies als einen Beweis gedeutet, daß sein Mut zu wanken angefangen habe. Sie betrachteten sein Gesuch um Bedenkzeit nur als einen Vorläufer seines Widerrufs. Sogar Kaiser Karl, der halbverächtlich die gebeugte Gestalt des Mönches, sein schlichtes Gewand und die Einfachheit seiner Ansprache wahrnahm, hatte erklärt: „Der soll mich nicht zum Ketzer machen." Der Mut aber und die Festigkeit, die Luther nun an den Tag legte, wie auch die Macht und Klarheit seiner Beweisführung, überraschten alle Parteien. Viele deutsche Fürsten blickten mit Stolz und Freude auf diesen Vertreter ihrer Nation.

Die Anhänger Roms waren geschlagen worden, und ihre Sache erschien in einem sehr ungünstigen Licht. Sie suchten nicht etwa dadurch ihre Macht aufrechtzuerhalten, daß sie sich auf die Heilige Schrift beriefen, sondern sie nahmen ihre Zuflucht zu Roms stets benutztem Beweismittel, nämlich zur Drohung. Der Redner des Reichstages sagte: Widerruft er nicht, so würden Kaiserliche Majestät samt den Fürsten und Ständen des Reiches ratschlagen, wie sie gegen einen solchen Ketzer verfahren sollten.

Luthers Freunde hatten seiner edlen Verteidigungsrede mit großer Freude gelauscht, doch diese Worte machten sie für seine
Sicherheit zittern. Luther selbst aber sagte gelassen: „So helf mir
Gott, denn einen Widerruf kann ich nicht tun." (L. W., Walch, B.
15, S. 2234. 2235.)

Luther verließ den Tagungsort, damit die Fürsten sich beraten
konnten. Man fühlte, daß man vor einem großen Wendepunkt
stand. Luthers beharrliche Weigerung, sich zu unterwerfen, könnte
die Geschichte der Kirche auf Jahrhunderte hinaus beeinflussen.
Es wurde beschlossen, ihm eine weitere Gelegenheit zum Widerruf zu geben. Zum letzten Mal wurde er vor die Versammlung
gebracht. Der Wortführer der Fürsten fragte ihn nochmals im
Namen des Kaisers, ob er nicht widerrufen wolle. Darauf erwiderte er: „Ich weiß keine andere Antwort zu geben wie die bereits vorgebrachte," Er könne nicht widerrufen, er wäre denn aus
Gottes Wort eines besseren überführt. (L. A. Bd. 17, S. 580.) Es
war offenbar, daß weder Versprechungen noch Drohungen ihn
zur Nachgiebigkeit gegen Roms Befehle bewegen konnten.

Die Vertreter Roms ärgerten sich, daß ihre Macht, vor der Könige und Adelige gezittert hatten, auf diese Weise von einem
einfachen Mönch geringgeschätzt werden sollte; sie sehnten sich
danach, ihn ihren Zorn fühlen zu lassen, indem sie ihn zu Tode
marterten. Aber Luther, der seine Gefahr begriff, hatte zu allen
mit christlicher Würde und Gelassenheit gesprochen. Seine Worte
waren frei von Stolz, Leidenschaft und Täuschung gewesen. Er
hatte sich selbst und die großen Männer, die ihn umgaben, aus
den Augen verloren und fühlte nur, daß er in der Gegenwart dessen war, der unendlich erhaben über Päpste, Prälaten, Könige
und Kaiser ist. Christus hatte durch Luthers Zeugnis mit einer
Macht und Größe gesprochen, die für den Augenblick Freunden
und Feinden Ehrfurcht und Erstaunen einflößte. Der Geist Gottes war in jener Versammlung gegenwärtig gewesen und hatte
die Herzen der Großen des Kaiserreichs ergriffen. Mehrere Fürsten erkannten offen die Gerechtigkeit der Sache Luthers an. Viele
waren von der Wahrheit überzeugt; bei einigen aber dauerten die
Eindrücke nicht an. Andere hielten mit ihrer Meinung zurück,
wurden aber später, nachdem sie die Heilige Schrift für sich selbst
durchforscht hatten, kühne Vertreter der Reformation.

Der Kurfürst Friedrich hatte mit großer Besorgnis dem Erscheinen Luthers vor dem Reichstag entgegengesehen und hörte
jetzt mit tiefer Bewegung seiner Rede zu. Mit Stolz und Freude
sah er den Mut, die Entschiedenheit und die Selbstbeherrschung

des Doktors und nahm sich vor, ihn entschiedener als je zu verteidigen. Er verglich die streitenden Parteien und erkannte, daß die Weisheit der Päpste, der Könige und der Prälaten durch die Macht der Wahrheit zunichte gemacht worden war. Das Papsttum hatte eine Niederlage erlitten, die unter allen Nationen und zu allen Zeiten gefühlt werden sollte.

Als der Legat die Wirkung von Luthers Rede wahrnahm, fürchtete er wie nie zuvor für die Sicherheit der römischen Macht und entschloß sich, alle ihm zu Gebote stehenden Mittel anzuwenden, um den Untergang des Reformators zu bewirken. Mit all der Beredsamkeit und dem staatsklugen Geschick, worin er sich in einem so hohen Grade auszeichnete, stellte er dem jugendlichen Kaiser die Torheit und die Gefahr dar, eines unbedeutenden Mönches wegen die Freundschaft und die Hilfe des mächtigen Stuhles in Rom zu opfern.

Seine Worte blieben nicht wirkungslos. Schon am nächsten Tag ließ der Kaiser Karl den Reichsständen seinen Beschluß melden, daß er nach der Weise seiner Vorfahren fest entschlossen sei, ihren Glauben zu unterstützen und zu beschützen. Da Luther sich geweigert hatte, seinen Irrtümern zu entsagen, sollten die strengsten Maßregeln gegen ihn und die Ketzereien, die er lehrte, angewendet werden. „Es sei offenkundig, daß ein durch seine eigene Torheit verleiteter Mönch der Lehre der ganzen Christenheit widerstreite, ... so bin ich fest entschlossen, alle meine Königreiche, das Kaisertum, Herrschaften, Freunde, Leib, Blut und das Leben und mich selbst daran zu setzen, daß dies gottlose Vornehmen nicht weiter um sich greife. ... Gebiete demnach, daß er sogleich nach der Vorschrift des Befehls wieder heimgebracht werde und sich laut des öffentlichen Geleites in acht nehme, nirgends zu predigen, noch dem Volk seine falschen Lehren weiter vorzutragen. Denn ich habe fest beschlossen, wider ihn als einen offenbaren Ketzer zu verfahren. Und begehre daher von euch, daß ihr in dieser Sache dasjenige beschließet, was rechten Christen gebührt und wie ihr zu tun versprochen habt." (L. W., Walch, Bd. 15, S. 2236. 2237.) Der Kaiser erklärte, daß Luther das sichere Geleit müsse gehalten werden, und ehe Maßregeln gegen ihn getroffen werden könnten, müsse ihm gestattet sein, seine Heimat in Sicherheit zu erreichen.

Wiederum wurden zwei entgegengesetzte Meinungen der Reichsstände offenbar. Die Legaten und Vertreter des Papstes forderten von neuem, daß das Sicherheitsgeleit Luthers nicht beachtet werden sollte und sagten: „Der Rhein muß seine Asche in sich aufnehmen, wie die des Hus vor einem Jahrhundert." (D'Aubigné, 7. Buch, 9. Kap.) Doch deutsche Fürsten, wiewohl päpstlich gesinnt und offene Feinde Luthers, erklärten sich gegen einen öffentlichen Treubruch als einen Schandflecken für die Ehre der ganzen Nation. Sie wiesen auf das schreckliche Unglück hin, das auf den Tod des Hus folgte, und erklärten, daß sie es nicht wagten, eine Wiederholung dieser fürchterlichen Schrecknisse über Deutschland und auf das Haupt ihres jugendlichen Kaisers zu bringen.

Karl selbst erwiderte auf den niederträchtigen Vorschlag: „Wenn Treue und Glauben nirgends mehr gelitten würden, so sollten doch solche an den fürstlichen Höfen ihre Zuflucht finden." (Seckendorf, Commentarius, 1. Buch, 38. Abschn.) Die unerbittlichsten der römischen Feinde Luthers drangen noch weiter auf den Kaiser ein, mit dem Reformator zu verfahren, wie Sigismund Hus behandelt hatte und ihn der Gnade und Ungnade der Kirche zu überlassen. Karl V. aber, der sich ins Gedächtnis zurückrief, wie Hus in der öffentlichen Versammlung auf seine Ketten hingewiesen und den Kaiser an seine verpfändete Treue erinnert hatte, erklärte entschlossen: „Ich will nicht wie Sigismund erröten!" (Lenfant, Historie du Concile de Constance, 1. Bd., 3. Buch, S. 404, Amsterdam, 1727.)

Karl hatte jedoch wohlüberlegt die von Luther verkündigten Wahrheiten verworfen. „Ich bin," schrieb der Herrscher, „fest entschlossen, in die Fußtapfen meiner Ahnen zu treten." (D'Aubigné, 7. Buch, 9. Kap.) Er hatte sich entschieden, nicht vom Pfad herkömmlichen Glaubens abzuweichen, selbst nicht um in den Wegen der Wahrheit und der Gerechtigkeit zu wandeln. Weil seine Väter es taten, wollte auch er das Papsttum mit all seiner Grausamkeit und Verderbtheit aufrechterhalten. Bei diesem Entscheid blieb er und weigerte sich, irgendwelches weitere Licht, als seine Väter erhalten hatten, anzunehmen oder irgendeine Pflicht auszuüben, die sie nicht erfüllt hatten.

Viele halten heute in gleicher Weise an den Gebräuchen und Überlieferungen der Väter fest. Schickt der Herr ihnen weiteres Licht, so weigern sie sich, es anzunehmen, weil ihre Väter, da es ihnen nicht gewährt ward, es auch nicht angenommen hatten. Wir stehen nicht da, wo unsere Väter standen, infolgedessen sind unsere Pflichten und Verantwortlichkeiten auch nicht die gleichen. Gott wird es nicht gutheißen, wenn wir auf das Beispiel unserer Väter blicken, anstatt das Wort der Wahrheit für uns selbst zu untersuchen, um unsere Pflichten zu erkennen. Unsere Verantwortlichkeit ist größer als die unserer Vorfahren. Wir sind verantwortlich für das Licht, das sie erhielten und uns als Erbgut überkommen ist, und wir müssen auch Rechenschaft ablegen für das hinzukommende Licht, das jetzt aus dem Worte Gottes auf uns scheint.

Christus sagte von den ungläubigen Juden: „Wenn ich nicht gekommen wäre und hätte es ihnen gesagt, so hätten sie keine Sünde; nun aber können sie nichts vorwenden, ihre Sünde zu entschuldigen." (Joh. 15,22) Dieselbe göttliche Macht hatte durch Luther zu dem Kaiser und den Fürsten Deutschlands gesprochen. Und als das Licht aus dem Worte Gottes strahlte, sprach sein Geist mit vielen in jener Versammlung zum letzten Mal. Wie Pilatus Jahrhunderte zuvor dem Stolz und der Volksgunst gestattete, dem Erlöser der Welt sein Herz zu verschließen; wie der zitternde Felix den Boten der Wahrheit bat: „Für diesmal geh! Zu gelegener Zeit will ich dich wieder rufen lassen," (Apg. 24,25) wie der stolze Agrippa bekannte: „Es fehlt nicht viel, so wirst du mich noch überreden und einen Christen aus mir machen," (Apg. 26,28) und sich doch von der vom Himmel gesandten Botschaft abwandte, – so hatte Karl V., den Eingebungen des weltlichen Stolzes und der Staatsklugheit folgend, sich entschieden, das Licht der Wahrheit zu verwerfen.

Gerüchte über die Absichten gegen Luther wurden weithin verbreitet und verursachten große Aufregung in der ganzen Stadt. Der Reformator hatte sich viele Freunde erworben, die beschlossen, da sie die verräterische Grausamkeit Roms gegen alle kannten, die es wagten, seine Verkommenheit bloßzustellen, daß er nicht geopfert werden solle. Hunderte von Edelleuten verpflichteten sich, ihn zu beschützen. Nicht wenige rügten die kaiserliche Botschaft öffentlich als einen Beweis der Schwäche, sich der Macht Roms unterzuordnen. An Haustüren und auf öffentlichen Plätzen wurden Plakate angebracht, von denen einige Luther verurteilten und andere ihn unterstützten. Auf einem von ihnen waren nur die bedeutsamen Worte des weisen Salomo geschrieben: „Wehe dir Land, dessen König ein Kind ist." (Pred. 10,16) Die Begeisterung des Volkes für Luther, die in ganz Deutschland herrschte, überzeugte sowohl den Kaiser als auch den Reichstag, daß irgendwelches ihm zugefügte Leid den Frieden des Reiches und selbst die Sicherheit des Thrones gefährden würde.

Friedrich von Sachsen verhielt sich in wohlweislicher Zurückhaltung und verbarg sorgfältig seine wirklichen Gefühle gegen den Reformator, während er ihn gleichzeitig mit unermüdlicher Wachsamkeit beschützte und sowohl seine als auch die Bewegungen seiner Feinde überwachte. Viele jedoch sprachen offen ihre Teilnahme für Luther aus. Er wurde besucht von vielen Fürsten, Grafen, Baronen und anderen einflußreichen Personen von weltlicher und kirchlicher Seite. „Das kleine Zimmer des Doktors," schrieb Spalatin, „konnte die vielen Besucher, die sich vorstellten, nicht fassen." (L. W., Erl., lt., Bd. 37, S. 15. 16.) Selbst solche, die seine Lehren nicht glaubten, mußten doch jenen Seelenadel bewundern, der ihn antrieb, eher sein Leben in den Tod zu geben als sein Gewissen zu verletzen.

Doch wurden noch weitere ernstliche Anstrengungen gemacht, um Luther zu einem Ausgleich mit Rom zu bewegen. Besondere kleine Ausschüsse, aus Fürsten, Prälaten und Gelehrten bestehend, bemühten sich weiter um ihn, und sein Geleitsbrief wurde gegen den Wunsch des Legaten um fünf Tage verlängert. Sie stellten ihm vor Augen, wenn er hartnäckig auf seiner Meinung bestände, sein eigenes Urteil gegen das der Kirche und Konzilien aufrechtzuerhalten, der Kaiser ihn aus dem Reich vertreiben und ihm in ganz Deutschland keine Zuflucht lassen würde. Luther antwortete auf diese ernste Vorstellung: „Ich weigere mich nicht, Leib, Leben und Blut dahinzugeben, nur will ich nicht gezwungen werden, Gottes Wort zu widerrufen, in dessen Verteidigung man Gott mehr als den Menschen gehorchen muß. Auch kann ich nicht das Ärgernis des Glaubens verhüten, sintemal Christus ein Stein des Ärgernisses ist." (ebd., S. 18.)

Wiederum drang man auf ihn ein, seine Bücher dem Urteil des Kaisers und des Reiches ohne Furcht zu unterwerfen. Luther erwiderte: „Ich habe nichts dawider, daß der Kaiser oder die Fürsten oder der geringste Christ meine Bücher prüfen, aber nur nach dem Worte Gottes. Die Menschen müssen diesem allein gehorchen. Mein Gewissen ist mit Gottes Wort und heiliger Schrift gebunden." (D'Aubigné, 7. Buch, 7. Kap., S. 221. 224, Stuttgart 1848.)

Auf einen andern Versuch, ihn zu überreden, gab er zur Antwort: „Ich will eher das Geleit aufgeben, meine Person und mein Leben dem Kaiser preisgeben, aber niemals Gottes Wort." (s. vorige Anm.) Er erklärte sich bereit, sich dem Entscheid eines allgemeinen Konzils zu unterwerfen, aber nur unter der Bedingung, daß es nach der Schrift zu entscheiden sich gezwungen halte. „Was das Wort Gottes und den Glauben anbelangt," fügte er hinzu, „so kann jeder Christ ebensogut urteilen wie der Papst es für ihn tun könnte, sollten ihn auch eine Million Konzilien unterstützen." (Luthers Werke, Halle, 2. Bd., S. 107.) Sowohl Freunde als Gegner wurden schließlich überzeugt, daß weitere Versöhnungsversuche nutzlos waren.

Hätte der Reformator nur in einem einzigen Punkt nachgegeben, so würden die Mächte der Finsternis den Sieg davongetragen haben. Aber sein felsenfestes Ausharren beim Worte Gottes war das Mittel zur Befreiung der Gemeinde und der Anfang eines neuen und besseren Zeitalters. Indem Luther in Sachen der Religion für sich selbst zu denken und zu handeln wagte, übte er nicht nur eine Wirkung auf Kirche und Welt in seinen eigenen Tagen aus, sondern auch in allen künftigen Zeitaltern. Seine Standhaftigkeit und Treue sollten bis zum Ende der Tage alle stärken, die ähnliche Erfahrungen zu bestehen haben. Gottes Macht und Majestät standen erhaben über dem Rat der Menschen und über der gewaltigen Macht des Bösen.

Bald darauf erging an Luther der kaiserliche Befehl, nach seiner Heimat zurückzukehren, und er wußte, daß dieser Weisung bald auch seine Verurteilung folgen würde. Drohende Wolken hingen über seinem Pfad. Doch als er Worms verließ, erfüllten Freude und Dank sein Herz. „Der Teufel hat auch wohl verwahret des Papstes Regiment und wollte es verteidigen; aber Christus machte ein Loch darein." (L. W., Leipz., Bd. 17, S. 589.)

Auf seiner Heimreise schrieb Luther, der noch immer von dem Wunsche beseelt war, daß seine Festigkeit nicht als Empörung mißdeutet werden möchte, an den Kaiser: „Gott, der ein Herzenskündiger ist, ist mein Zeuge, daß ich in aller Untertänigkeit E. K. Maj. Gehorsam zu leisten ganz willig und bereit bin, es sei durch Leben oder Tod, durch Ehre, durch Schande, Gut oder Schaden. Ich habe auch nichts vorgehalten als allein das göttliche Wort, in dem der Mensch nicht allein lebt, sondern wonach es auch den Engeln gelüstet zu schauen." „In zeitlichen Sachen sind wir schuldig, einander zu vertrauen, weil derselben Dinge Unterwerfung, Gefahr und Verlust der Seligkeit keinen Schaden tut. Aber in Gottes Sache und ewigen Gütern leidet Gott solche Gefahr nicht, daß der Mensch dem Menschen solches unterwerfe." „Solcher Glaube und Unterwerfung ist das wahre rechte Anbeten und der eigentliche Gottesdienst." (ebd., Erl., Bd. 3, S. 129-141, 28. April 1521.)

Auf der Rückreise von Worms war Luthers Empfang sogar noch großartiger als auf der Hinreise. Hochstehende Geistliche bewillkommten den mit dem Bann belegten Mönch, und weltliche Obrigkeiten ehrten den von dem Kaiser geächteten Mann.

Er wurde zur Predigt gedrungen und betrat auch trotz des kaiserlichen Verbotes die Kanzel. Selbst hatte er kein Bedenken; „denn
er hatte nicht darein gewilligt, daß Gottes Wort gebunden werde." (L. W., St. L., Bd. 15, S. 2512; 14. Mai 1521.)

Die Legaten des Papstes erpreßten bald nach seiner Abreise
vom Kaiser die Erklärung der Reichsacht. (ebd., Erl., Bd. 24, S.
215f., 224f.) Darin wurde Luther „nicht als ein Mensch, sondern
als der böse Feind in Gestalt eines Menschen mit angenommener Mönchskutte" (D'Aubigné, 7. Buch, 11. Kap., S. 232, Stuttgart, 1848.) gebrandmarkt. Es wurde befohlen, daß nach Ablauf
seines Sicherheitsgeleites Maßregeln gegen ihn ergriffen werden sollten, um sein Werk aufzuhalten. Es war jedermann verboten, ihn zu beherbergen, ihm Speise oder Trank anzubieten, noch
durch Wort oder Tat öffentlich oder geheim ihm zu helfen oder
ihn zu unterstützen. Er sollte, ganz gleich wo er sei, ergriffen und
der Obrigkeit ausgeliefert werden. Seine Anhänger sollten ebenfalls gefangengesetzt und ihr Eigentum beschlagnahmt werden.
Seine Schriften sollten vernichtet, und schließlich alle, die es
wagen würden, diesem Erlaß entgegenzuhandeln, in seine Verurteilung eingeschlossen werden. Der Kurfürst von Sachsen und
die Fürsten, die Luther am günstigsten gesonnen waren, hatten
Worms bald nach seiner Abreise verlassen, und der Reichstag
hatte zu dem Erlaß des Kaisers seine Genehmigung gegeben.
Jetzt frohlockten die Römlinge und betrachteten das Schicksal
der Reformation als besiegelt.

Gott hatte für seinen Diener in dieser Stunde der Gefahr einen
Weg der Rettung vorbereitet. Ein wachsames Auge war Luthers
Schritten gefolgt, und ein treues und edles Herz hatte sich zu
seiner Befreiung entschlossen. Es war klar, daß Rom sich mit
nichts Geringerem als mit seinem Tode begnügen würde; nur
durch Geheimhaltung konnte er vor dem Rachen des Löwen bewahrt werden. Gott gab Friedrich von Sachsen Weisheit, einen
Plan zu entwerfen, den Reformator am Leben zu erhalten. Unter
der Mitwirkung treuer Freunde wurde des Kurfürsten Absicht
ausgeführt und Luther erfolgreich vor Freunden und Feinden
verborgen. Auf seiner Heimreise wurde er ergriffen, von seinen
Begleitern getrennt und in aller Eile durch die Wälder nach der
Wartburg, einer einsamen Burgfeste, befördert. Sowohl seine Gefangennahme als auch seine Verbergung geschahen so geheimnisvoll, daß selbst Friedrich lange nicht wußte, wohin Luther geführt worden war. Diese Unkenntnis war plangemäß, denn solange der Kurfürst nichts von Luthers Aufenthalt wußte, konnte

er keine Auskunft geben. Er vergewisserte sich, daß der Reformator in Sicherheit war, und mit dieser Kenntnis gab er sich zufrieden.

Frühling, Sommer und Herbst gingen vorbei, der Winter kam, und Luther blieb noch immer ein Gefangener. Aleander und seine Anhänger frohlockten, daß das Licht des Evangeliums dem Auslöschen nahe schien. Statt dessen aber füllte der Reformator seine Lampe aus dem Vorratshaus der Wahrheit, damit ihr Licht in einem um so helleren Glanz leuchte.

In der freundlichen Sicherheit der Wartburg erfreute sich Luther eine Zeitlang seiner Befreiung von der Hitze und dem Getümmel des Kampfes. Aber in der Ruhe und Stille konnte er nicht lange Befriedigung finden. An ein Leben der Tätigkeit und des harten Kampfes gewöhnt, konnte er es schwer ertragen, untätig zu sein. In jenen einsamen Tagen trat der Zustand der Kirche vor seine Augen, und er rief in seiner Not: „Aber es ist niemand, der sich aufmache und zu Gott halte oder sich zur Mauer stelle für das Haus Israel an diesem letzten Tage des Zorns Gottes!" (L. W., St. L., Bd. 15, S. 2514; 12. Mai 1521 an Melanchthon.) Wiederum richteten sich seine Gedanken auf sich selbst, und er befürchtete, daß er durch seinen Rückzug vom Kampf der Feigheit beschuldigt würde. Dann machte er sich Vorwürfe wegen seiner Sorglosigkeit und Bequemlichkeit. Und doch vollbrachte er zu derselben Zeit täglich mehr, als für einen Mann zu tun möglich schien. Seine Feder war nie müßig. Während seine Feinde sich schmeichelten, ihn zum Schweigen gebracht zu haben, wurden sie erstaunt und verwirrt durch handgreifliche Beweise, daß er noch immer tätig war. Eine Fülle von Abhandlungen, die aus seiner Feder flossen, machten die Runde durch ganz Deutschland. Auch leistete er seinen Landsleuten einen höchst wichtigen Dienst, indem er das Neue Testament in die deutsche Sprache übersetzte. Von seinem felsigen Patmos aus fuhr er beinahe ein ganzes Jahr lang fort, das Evangelium zu verkündigen und die Sünden und Irrtümer der Zeit zu rügen.

Es geschah aber nicht nur, um Luther vor dem Zorn seiner Feinde zu bewahren oder um ihm für diese wichtigen Arbeiten eine Zeit der Ruhe zu verschaffen, daß Gott seinen Diener dem Schauplatz des öffentlichen Lebens entrückt hatte. Köstlichere Erfolge als diese sollten erzielt werden. In der Einsamkeit und Verborgenheit seiner bergigen Zufluchtsstätte war Luther allen irdischen Stützen fern und abgeschlossen von menschlichem Lob. Somit war er vor dem Stolz und dem Selbstvertrauen bewahrt, die so oft durch den Erfolg verursacht werden. Durch Leiden und Demütigung wurde er vorbereitet, wiederum mit Sicherheit die schwindelnden Höhen zu betreten, wozu er so plötzlich erhoben worden war.

Wenn Menschen sich der Freiheit, die die Wahrheit ihnen bringt, erfreuen, so sind sie geneigt, die zu verherrlichen, die Gott gebraucht, um die Ketten des Irrtums und des Aberglaubens zu brechen. Satan versucht, der Menschen Gedanken und Zuneigungen von Gott abzuwenden und sie auf menschliche Werkzeuge zu richten. Er veranlaßt sie, das bloße Werkzeug zu ehren und die Hand, die alle Ereignisse der Vorsehung leitet, unbeachtet zu lassen. Nur zu oft verlieren religiöse Leiter, die auf diese Weise gepriesen und verehrt werden, ihre Abhängigkeit von Gott aus den Augen und vertrauen auf sich selbst. Infolgedessen suchen sie die Gemüter und Gewissen des Volkes, das geneigt ist, auf sie, anstatt auf das Wort Gottes um Führung zu sehen, zu beherrschen. Das Werk der Reformation wird oft gehemmt, weil dieser Geist von ihren Anhängern genährt wird. Vor dieser Gefahr wollte Gott die Sache der Reformation bewahren. Er wünschte, daß dieses Werk nicht das Gepräge des Menschen, sondern das Gepräge Gottes empfange. Die Augen der Menschen hatten sich auf Luther, den Ausleger der Wahrheit, gewandt; er wurde entfernt, damit aller Augen auf den ewigen Urheber der Wahrheit gerichtet werden möchten.

9 Der Reformator der Schweiz

In der Wahl der Werkzeuge zur Reformierung der Kirche zeigt sich der gleiche göttliche Plan wie bei der Gründung der Gemeinde. Der himmlische Lehrer ging an den Großen der Erde, an den Angesehenen und Reichen, die gewohnt waren, als Leiter des Volkes Lob und Huldigung zu empfangen, vorüber. Diese waren so stolz und vertrauten so sehr auf ihre vielgerühmte Überlegenheit, daß sie nicht umgebildet werden konnten, um mit ihren Mitmenschen zu fühlen und Mitarbeiter des demütigen Nazareners zu werden. An die ungelehrten, schwer arbeitenden Fischer von Galiläa erging der Ruf: „Folgt mir nach, ich will euch zu Menschenfischern machen." (Mt. 4,19) Diese Jünger waren demütig und ließen sich belehren. Je weniger sie von den falschen Lehren ihrer Zeit beeinflußt waren, desto erfolgreicher konnte Christus sie unterrichten und für seinen Dienst heranbilden. So war es auch in den Tagen der großen Reformation. Die leitenden Reformatoren waren Männer von geringer Herkunft – Männer, die unter ihren Zeitgenossen von Dünkel, dem Einfluß der Scheinfrömmigkeit und des Priestertrugs am wenigsten belastet waren. Es liegt im Plan Gottes, sich demütiger Werkzeuge zum Erreichen großer Erfolge zu bedienen. Dann wird die Ehre nicht den Menschen gegeben, sondern dem, der durch sie das Wollen und das Vollbringen nach seinem Wohlgefallen wirkt.

Nur wenige Wochen nach Luthers Geburt in der Hütte eines sächsischen Bergmannes wurde in den Alpen Ulrich Zwingli geboren. Zwinglis Umgebung in seiner Kindheit und seine erste Erziehung waren angetan, ihn für seine zukünftige Aufgabe vorzubereiten. Erzogen inmitten einer Umgebung von natürlicher Pracht, Schönheit und Erhabenheit, wurde sein Gemüt frühzeitig von einem Gefühl der Größe, Macht und Majestät Gottes erfüllt. Die Berichte der auf seinen heimatlichen Bergen vollbrachten tapferen Taten entzündeten seine jugendlichen Bestrebungen. Zu den Füßen seiner frommen Großmutter lauschte er den köstlichen Erzählungen aus der Bibel, die sie aus den Legenden und den Überlieferungen der Kirche ausgewählt hatte. Mit tiefer Anteilnahme hörte er von den großen Taten der Erzväter und Propheten, von den Hirten, die auf den Hügeln Palästinas ihre Herden weideten, wo Engel mit ihnen von dem Kindlein zu Bethlehem und dem Mann von Golgatha redeten.

Gleich Hans Luther wünschte auch Zwinglis Vater, daß sein Sohn eine gute Ausbildung empfange, und der Knabe wurde frühzeitig aus seinem heimatlichen Tal fortgeschickt. Sein Verstand entwickelte sich rasch, und bald stellte sich die Frage, wo man fähige Lehrer für ihn finden könne. Im Alter von dreizehn Jahren ging er nach Bern, wo damals die hervorragendste Schule der Schweiz war. Hier jedoch entstand eine Gefahr, die sein verheißungsvolles Leben zu vernichten drohte. Die Mönche machten beharrliche Anstrengungen, ihn in ein Kloster zu locken. Dominikaner und Franziskaner wetteiferten um die Gunst des Volkes, die sie durch den glänzenden Schmuck ihrer Kirchen, das Gepränge ihrer Zeremonien, den Reiz berühmter Reliquien und Wunder wirkender Bilder zu erreichen suchten.

Die Dominikaner von Bern sahen, daß, falls sie diesen begabten jungen Studenten gewinnen könnten, sie sich Gewinn und Ehre verschaffen würden. Seine außerordentliche Jugend, seine natürliche Fähigkeit als Redner und Schreiber sowie seine Begabung für Musik und Dichtkunst würden wirksamer sein, das Volk zu ihren Gottesdiensten herbeizuziehen und die Einkünfte ihres Ordens zu mehren, als all ihr Prunk und Aufwand. Durch Täuschung und Schmeichelei bemühten sie sich, Zwingli zu verleiten, in ihr Kloster einzutreten. Luther hatte sich, während er Student auf einer Hochschule war, in einer Klosterzelle vergraben und wäre für die Welt verloren gewesen, hätte nicht Gottes Vorsehung ihn befreit. Zwingli geriet nicht in diese Gefahr. Die Vorsehung fügte es, daß sein Vater von der Absicht der Mönche erfuhr, und da er nicht wollte, daß sein Sohn dem müßigen und nutzlosen Leben der Mönche folgte, und erkannte, daß dessen zukünftige Brauchbarkeit auf dem Spiel stand, wies er ihn an, unverzüglich nach Hause zurückzukehren.

Der Jüngling gehorchte, doch blieb er nicht lange in seinem heimatlichen Tal; er nahm bald seine Studien wieder auf und ging kurze Zeit darauf nach Basel. Hier hörte Zwingli das Evangelium von einer freien Gottesgnade zum ersten Mal. Wyttenbach, ein Lehrer der alten Sprachen, war durch das Studium des Griechischen und Hebräischen zur Heiligen Schrift geführt worden, und so ergossen sich in die Gemüter derer, die er unterrichtete,

Strahlen des göttlichen Lichtes. (Staehelin, Zwingli, 1. Bd., 1. Kap., S. 38-43, Basel, 1895.) Er erklärte, daß es eine Wahrheit gebe, die älter und von unendlich größerem Wert sei als die Ansichten der Schulgelehrten und Philosophen. Er lehrte, „der Tod Christi sei die einzige Genugtuung für unsere Sünden." (Wirz, helv. Kirchengesch. 3, S. 452.) Für Zwingli waren diese Worte wie der erste Lichtstrahl der Morgendämmerung.

Bald wurde Zwingli von Basel abgerufen, um seine Lebensaufgabe anzutreten. Sein erstes Arbeitsfeld war eine Pfarrei in den Alpen, nicht weit von seinem heimatlichen Tal. Nachdem Zwingli die Priesterweihe empfangen hatte, widmete er sich ganz der Erforschung der göttlichen Wahrheit, „denn er wußte", fügte Mykonius hinzu, „wie vieles derjenige zu wissen nötig hat, dem das Amt anvertraut ist, die Herde Christi zu lehren." (Staehelin, 1. Bd., 2. Kap., S. 45.) Je mehr er in der Heiligen Schrift forschte, desto deutlicher sah er den Gegensatz zwischen ihren Wahrheiten und den Irrlehren Roms. Er unterwarf sich der Bibel als dem Worte Gottes, der allein fähigen, unfehlbaren Richtschnur. Er sah, daß sie ihr eigener Ausleger sein müsse, und wagte es nicht, die Heilige Schrift auszulegen, um eine vorgefaßte Ansicht oder Lehre zu beweisen, sondern hielt es für seine Pflicht, ihre unmittelbaren, deutlichen Aussagen zu erforschen. Er bediente sich jeden Hilfsmittels, um ein volles und richtiges Verständnis ihres Sinnes zu erlangen, und erflehte den Beistand des Heiligen Geistes, der nach seiner Überzeugung allen, die ihn aufrichtig und mit Gebet suchten, das göttliche Wort offenbart.

Zwingli schrieb hierüber: „Die Schrift ist von Gott und nicht von Menschen hergekommen." (vgl. 2. Petr. 1,21) „Eben der Gott, der erleuchtet, der wird auch dir zu verstehen geben, daß seine Rede von Gott kommt." „Das Wort Gottes ist gewiß, fehlt nicht, es ist klar, läßt nicht in der Finsternis irren, es lehrt sich selbst, tut sich selbst auf und bescheint die menschliche Seele mit allem Heil und Gnaden, tröstet sie in Gott, demütigt sie, so daß sie selbst verliert, ja verwirft und faßt Gott in sich, in dem lebt sie, darnach fechtet sie." (Zwingli [Schuler und Schultheß] 1, S. 81.) Zwingli hatte die Wahrheit dieser Worte an sich selbst erfahren, wie er auch später mit folgenden Worten bezeugt: „Als ich vor sieben oder acht Jahren anhub, mich ganz an die Heilige Schrift zu lassen, wollte mir Philosophie und Theologie der Zänker immerdar ihre Einwürfe machen. Da kam ich zuletzt dahin, daß ich dachte (doch mit Schrift und Wort Gottes dazu geleitet): Du mußt das alles lassen liegen und die Meinung Gottes lauter aus seinem eigenen einfältigen Wort lernen. Da hub ich an, Gott zu bitten um sein Licht, und fing mir an, die Schrift viel heller zu werden." (Zwingli 1, S. 79.)

Die Lehre, die Zwingli verkündigte, hatte er nicht von Luther empfangen: es war die Lehre Christi. „Predigt Luther Christus", schrieb der schweizerische Reformator, „so tut er eben dasselbe, was ich tue; wiewohl, Gott sei gelobt, durch ihn eine unzählbare Welt mehr als durch mich und andere zu Gott geführt werden. Dennoch will ich keinen andern Namen tragen als den meines Hauptmanns Christi, dessen Kriegsmann ich bin; der wird mir Amt und Sold geben, so viel ihm gut dünkt." „Dennoch bezeuge ich vor Gott und allen Menschen, daß ich keinen Buchstaben alle Tage meines Lebens Luther geschrieben habe, noch er mir, noch hab ich solches veranstaltet. Solches habe ich nicht unterlassen aus Menschenfurcht, sondern weil ich dadurch habe allen Menschen offenbaren wollen, wie einhellig der Geist Gottes sei, daß wir so weit voneinander wohnen, dennoch so einhellig die Lehre Christi lehren, obwohl ich ihm nicht anzuzählen bin, denn jeder von uns tut, soviel ihm Gott weist." (Zwingli 1, S. 256 f.)

Zwingli wurde 1516 eine Pfarrstelle am Kloster zu Einsiedeln angeboten. Hier sollte er eine klarere Einsicht in die Verderbtheit Roms erhalten und einen reformatorischen Einfluß ausüben, der weit über seine heimatlichen Alpen hinaus gefühlt wurde. Ein Gnadenbild der Jungfrau Maria, angeblich ein Wunder wirkendes, war hier der größte Anziehungspunkt. Über der Eingangspforte des Klosters prangte die Inschrift: „Hier findet man volle Vergebung aller Sünden." (Wirz, 4, S. 142.) Das ganze Jahr hindurch zogen Pilger zu dem Altar der Maria. Doch an einem jährlichen großen Fest kamen sie massenhaft aus allen Teilen der Schweiz und auch aus Deutschland und Frankreich. Dieser Anblick schmerzte Zwingli sehr, und er benutzte solche Gelegenheiten, ihnen die herrliche Freiheit des Evangeliums zu verkündigen.

Die Vergebung der Sünden und das ewige Leben seien „bei Christus und nicht bei der heiligen Jungfrau zu suchen; der Ablaß, die Wallfahrt und Gelübde, die Geschenke, die man den Heiligen mache, haben wenig Wert. Gottes Gnade und Hilfe sei allen Orten gleich nahe, und er höre das Gebet anderswo nicht weniger als zu Einsiedeln." (Wirz, 4, S. 142.) „Wir ehren Gott mit Plappergebeten, mit viel Fasten, mit auswendigem Schein der Kutten, mit weißem Geschleife, mit säuberlich geschorenen Glatzen, mit langen, schön gefalteten Röcken, mit

wohlvergüldeten Mauleseln." „Aber das Herz ist fern von Gott."
„Christus, der sich einmal für uns geopfert, ist ein in Ewigkeit
währendes und bezahlendes Opfer für die Sünden aller Gläubigen." (Zwingli, 1, S. 216. 232.)

Nicht allen seiner vielen Zuhörer war diese Lehre willkommen. Es enttäuschte manche sehr, daß ihre lange und mühsame
Pilgerreise umsonst gemacht worden sei. Sie konnten die ihnen
in Christus frei angebotene Vergebung nicht fassen, und der alte
Weg zum Himmel, wie ihn Rom vorgezeichnet hatte, genügte
ihnen. Sie schreckten zurück vor der Schwierigkeit, nach etwas
Besserem zu suchen. Ihre Seligkeit Papst und Priestern anzuvertrauen, fiel ihnen leichter, als nach Reinheit des Herzens zu trachten. Andere aber freuten sich über die frohe Kunde der Erlösung
in Christus. Ihnen hatten die von Rom auferlegten Bürden keinen Seelenfrieden gebracht, und gläubig nahmen sie des
Heilandes Blut zu ihrer Versöhnung an. Froh kehrten sie nach
ihrer Heimat zurück, um andern das empfangene köstliche Licht
zu offenbaren. Auf diese Weise pflanzte sich die Wahrheit von
Weiler zu Weiler und von Stadt zu Stadt fort, die Zahl der Pilger
zu dem Altar der Jungfrau dagegen nahm ab, die Gaben verringerten sich, und somit auch Zwingli's Gehalt, das aus diesen
Gaben bestritten wurde. Doch ihm verursachte es nur Freude zu
sehen, daß die Macht des Fanatismus und Aberglaubens gebrochen wurde.

Seine Vorgesetzten wußten von Zwinglis Wirken. Er drang in
sie, die Mißstände abzustellen; aber sie schritten nicht ein, sondern hofften ihn durch Schmeichelei für ihre Sache zu gewinnen.
Unterdessen faßte die Wahrheit Wurzel in den Herzen des Volkes. Zwinglis Wirken in Einsiedeln hatte ihn für ein größeres
Feld vorbereitet, das er bald betreten sollte. Im Dezember 1518
wurde er zum Leutpriester am Dom in Zürich berufen. Es war
damals schon die bedeutendste Stadt der schweizerischen Genossenschaft, so daß der dort ausgeübte Einfluß sich weithin fühlbar machte. Die Domherren, auf deren Einladung Zwingli nach
Zürich gekommen war, schärften ihm bei seiner Verpflichtung
zur Amtsordnung, da sie Neuerungen befürchteten, folgende
Hauptpflichten ein:

„Du mußt nicht versäumen, für die Einkünfte des Domkapitels zu sorgen und auch das Geringste nicht verachten. Ermahne
die Gläubigen von der Kanzel und dem Beichtstuhle, alle Abgaben und Zehnten zu entrichten und durch Gaben ihre Anhänglichkeit an die Kirche zu bewähren. Auch die Einkünfte von Kran

ken, von Opfern und jeder andern kirchlichen Handlung mußt du zu mehren suchen. Auch gehört zu deinen Pflichten die Verwaltung des Sakramentes, die Predigt und die Seelsorge. In mancher Hinsicht, besonders in der Predigt, kannst du dich durch einen Vikar ersetzen lassen. Die Sakramente brauchst du nur den Vornehmen, wenn sie dich fordern, zu reichen; du darfst es sonst ohne Unterschied der Personen nicht tun." (Schuler, Zwingli, S. 227; Hottinger, Hist. Eccl. 4, S. 63-85.)

Ruhig hörte Zwingli diesem Auftrag zu, drückte auch seinen gebührenden Dank aus für die Ehre, zu solchem wichtigen Amt berufen worden zu sein, und erklärte ihnen, welchen Lauf er einzuschlagen gedenke: „Von der Geschichte Christi des Erlösers, wie sie der Evangelist Matthäus beschrieben hat, sei wohl schon der Titel länger bekannt, aber deren Vortrefflichkeit sei schon lange Zeit nicht ohne Verlust des göttlichen Ruhmes und der Seelen verborgen geblieben. Dasselbe sei nicht nach menschlichem Gutdünken zu erklären, sondern im Sinne des Geistes mit sorgfältigem Vergleich und innigem Gebet," (Myconius, Zwingli, S. 6.) „alles zur Ehre Gottes und seines einigen Sohnes und dem rechten Heil der Seelen und Unterrichtung der frommen und biedern Leute." (Bullinger, 1. Bd., 4. Kap., Frauenfeld, 1838.) Wiewohl etliche Domherren diesen Plan nicht billigten und ihn davon abzubringen suchten, blieb Zwingli doch standhaft und erklärte, diese Art zu predigen sei keine neue, sondern gerade die alte und ursprüngliche, wie sie die Kirche in ihrem reineren Zustand geübt habe.

Da das Interesse für die von ihm gelehrten Wahrheiten geweckt war, strömte das Volk in großer Zahl herzu, um seinen Predigten zu lauschen. Viele, die schon lange keine Gottesdienste besucht hatten, befanden sich unter seinen Zuhörern. Er begann sein Amt mit dem ersten Kapitel des Matthäus und erklärte, wie ein Zuhörer dieser ersten Predigt berichtet, „das Evangelium so köstlich durch alle Propheten und Patriarchen, desgleichen auch nach aller Urteil nie gehört worden war." (Füßli, Beiträge, 4, S. 34.) Wie in Einsiedeln, so stellte er auch hier das Wort Gottes als die alleinige unfehlbare Autorität und den Tod Christi als das einzige, völlige Opfer dar. Seine Hauptaufgabe sah er darin, „Christus aus der Quelle zu predigen und den reinen Christus in die Herzen einzupflanzen." (Zwingli, 7, S. 142 f.) Alle Stände des Volkes, Ratsherren und Gelehrte wie auch der Handwerker und Bauern, scharten sich um diesen Prediger. Mit tiefer Anteilnahme lauschten sie seinen Worten. Er verkündigte nicht nur das Angebot eines freien Heils, sondern rügte auch furchtlos die Übelstände und Verderbnisse seiner Zeit. Viele priesen Gott bei ihrer Rückkehr aus dem Dom und sprachen: „Dieser ist ein rechter Prediger der Wahrheit, der wird sagen, wie die Sachen stehn und als ein Moses uns aus Ägypten führen." (Hottinger, helv. Kirchengesch., 6, S. 40.)

Seine Bemühungen wurden zuerst mit großer Begeisterung aufgenommen; doch mit der Zeit regte sich der Widerstand immer mehr. Die Mönche versuchten, sein Werk zu hindern und seine Lehren zu verurteilen. Viele bestürmten ihn mit Hohn und Spott; andere drohten und schmähten. Zwingli erduldete alles mit christlicher Geduld und sagte: „Wenn man die Bösen zu Christus führen will, so muß man bei manchem die Augen zudrücken." (Salats, Ref.-Chr., S. 155.)

Um diese Zeit kam ein neues Werkzeug hinzu, die Sache der Reformation zu fördern. Ein gewisser Lucian wurde von einem Freund des reformierten Glaubens in Basel, der meinte, daß der Verkauf jener Bücher ein mächtiges Mittel zur Ausbreitung des Lichtes sein möchte, mit etlichen Schriften Luthers nach Zürich gesandt, und er schrieb Zwingli: „Wenn nun dieser Lucian Klugheit und Geschmeidigkeit genügend zu haben scheint, so muntere ihn auf, daß er Luthers Schriften, vor allem die für Laien gedruckte Auslegung des Herrn Gebets, in allen Städten, Flecken, Dörfern, auch von Haus zu Haus verbreite. Je mehr man ihn kennt, desto mehr Absatz hat er. Doch soll er sich hüten, gleichzeitig andere Bücher zu verkaufen, denn je mehr er gezwungen ist, nur diese anzupreisen, eine desto größere Menge solcher Bücher verkauft er." (Zwingli, 7, S. 81, 2. Juli 1519.) Auf diese Weise fand das Licht Eingang.

Doch wenn Gott sich anschickt, die Fesseln der Unwissenheit und des Aberglaubens zu brechen, dann wirkt auch Satan mit der größten Macht, die Menschen in Finsternis zu hüllen und ihre Bande noch fester zu schmieden. Männer standen in verschiedenen Ländern auf, um den Menschen die freie Vergebung und Rechtfertigung durch das Blut Christi zu verkündigen; Rom aber öffnete mit erneuter Tatkraft seinen Handel in der ganzen Christenheit, Vergebung um Geld feilzubieten.

Jede Sünde hatte ihren Preis, und den Menschen wurde volle Freiheit für grobe Vergehungen gewährt, wenn nur der Schatzkasten der Kirche damit wohl gefüllt erhalten wurde. So schritten beide Bewegungen voran, die eine bot Freisprechung von Sünden um Geld an, die andere Vergebung durch Christus; Rom erlaubte die Sünde und machte sie zu einer Quelle seiner Einnahmen; die Reformatoren verurteilten die Sünde und wiesen auf Christus als den einzigen Versöhner und Befreier hin.

In Deutschland war der Verkauf von Ablässen den Dominikanermönchen anvertraut worden, wobei Tetzel eine berüchtigte Rolle spielte. In der Schweiz lag der Handel in den Händen der Franziskaner und wurde von Samson, einem italienischen Mönch, geleitet. Samson hatte der Kirche bereits gute Dienste geleistet, indem er aus der Schweiz und auch aus Deutschland ungeheure Summen verschafft hatte, um die Schatzkammer des Papstes zu füllen. Jetzt durchreiste er die Schweiz unter großem Zuzug, beraubte die armen Landleute ihres dürftigen Einkommens und erpreßte reiche Geschenke von den wohlhabenden Klassen. Aber der Einfluß der Reformation machte sich bereits bemerkbar, und dieser Handel wurde, wenn ihm auch nicht völlig Einhalt geboten werden konnte, sehr beschnitten. Zwingli weilte noch in Einsiedeln, als Samon, kurz nachdem er in die Schweiz gekommen war, den Ablaß in einem benachbarten Ort anbot. Sobald er von seinem Kommen hörte, widersetzte er sich ihm. Die beiden trafen sich nicht, doch stellte Zwingli die Anmaßungen des Mönches mit solchem Erfolg bloß, daß Samson die Gegend verlassen mußte.

Auch in Zürich predigte Zwingli eifrig gegen den Ablasshandel, und als Samson sich später dieser Stadt näherte, deutete ihm ein Ratsbote an, er solle weiterziehen. Doch schließlich verschaffte er sich durch List Eingang, wurde jedoch fortgeschickt, ohne einen einzigen Ablaß verkauft zu haben, und bald darauf verließ er die Schweiz. (Staehelin, Zwingli, 1. Bd., 2. Kap. S. 144f., Basel, 1895.)

Das Auftreten der Pest, des sogenannten „schwarzen Todes", die 1519 die Schweiz heimsuchte, verlieh der Reformation einen starken Auftrieb. Als die Menschen auf diese Weise dem Verderben von Angesicht zu Angesicht gegenübergestellt wurden, fingen viele an einzusehen, wie nichtig und wertlos die Ablässe seien, die sie so kürzlich gekauft hatten, und sie sehnten sich nach einem sicheren Grund für ihren Glauben. In Zürich wurde auch Zwingli aufs Krankenlager geworfen und lag so schwer krank danieder, daß alle Hoffnung auf seine Genesung aufgegeben wurde und das Gerücht verbreitete sich, er sei tot. In jener schweren Stunde der Prüfung blieben jedoch seine Hoffnung und sein Mut unerschüttert. Er blickte im Glauben auf das Kreuz von Golgatha und vertraute auf die allgenügsame Versöhnung für die Sünde. Als er von der Pforte des Todes zurückkehrte, predigte er das Evangelium mit größerer Kraft als je zuvor, und seine Worte übten eine ungewöhnliche Macht aus. Das Volk begrüßte seinen geliebten Seelsorger mit Freuden, der von der Schwelle des Grabes zu ihm zurückkehrte. Selbst mit der Besorgung der Kranken und Sterbenden beschäftigt, fühlte es wie nie zuvor den Wert des Evangeliums.

Zwingli war zu einem klareren Verständnis der Evangeliumswahrheit gelangt und hatte an sich selbst seine neugestaltende Macht völliger erfahren. Der Sündenfall und der Erlösungsplan waren die Themen, mit denen er sich beschäftigte. Er schrieb: „In Adam sind wir alle tot und in Verderbnis und Verdammnis versunken," aber Christus ist „wahrer Mensch gleichwie wahrer Gott und ein ewig währendes Gut." „Sein Leiden ist ewig gut und fruchtbar, tut der göttlichen Gerechtigkeit in Ewigkeit für die Sünden aller Menschen genug, die sich sicher und gläubig darauf verlassen." Doch lehrte er deutlich, daß es den Menschen wegen der Gnade Christi nicht freistehe, in der Sünde fortzufahren. „Siehe, wo der wahre Glaube ist (der von der Liebe nicht geschieden), da ist Gott. Wo aber Gott ist, da geschieht nichts Arges, ... da fehlt es nicht an guten Werken." (Zwingli 1, S. 182 f., Art. 5.)

Zwinglis Predigten erregten ein solches Aufsehen, daß der Dom die Menge nicht fassen konnte, die kam, um ihm zuzuhören. Nach und nach, wie sie es ertragen konnten, eröffnete er seinen Zuhörern die Wahrheit. Er war sorgfältig darauf bedacht, nicht gleich am Anfang Lehren einzuführen, die sie erschrecken und die Vorurteile erregen würden. Seine Aufgabe war, ihre Herzen für die Lehren Christi zu gewinnen, sie durch dessen Liebe zu erweichen und ihnen dessen Beispiel vor Augen zu halten; dann würden auch, indem sie die Grundsätze des Evangeliums annahmen, ihre abergläubischen Begriffe und Gebräuche unvermeidlich schwinden.

Schritt für Schritt ging die Reformation in Zürich vorwärts. Voll Schrecken erhoben sich ihre Feinde zu tatkräftigem Widerstand. Ein Jahr zuvor hatte der Mönch von Wittenberg in Worms dem Papst und dem Kaiser sein „Nein" ausgesprochen, und nun schien in Zürich alles auf ein ähnliches Widerstreben gegen die päpstlichen Ansprüche hinzudeuten. Zwingli wurde wiederholt angegriffen. In den päpstlichen Kantonen wurden von Zeit zu Zeit Jünger des Evangeliums auf den Scheiterhaufen gebracht, doch das genügte nicht; der Lehrer der Ketzerei mußte zum

Schweigen gebracht werden. Demgemäß sandte der Bischof von Konstanz drei Abgeordnete zu dem Rat zu Zürich mit der Anklage, daß Zwingli das Volk lehre, die Gesetze der Kirche zu übertreten, und er somit den Frieden und die gute Ordnung der Gesellschaft gefährde. Sollte aber, behauptete er, die Autorität der Kirche unberücksichtigt bleiben, so würde ein Zustand allgemeiner Gesetzlosigkeit eintreten. Zwingli antwortete: „Ich habe schon beinahe vier Jahre lang das Evangelium Jesu mit saurer Mühe und Arbeit hier gepredigt. Zürich ist ruhiger und friedlicher als kein anderer Ort der Eidgenossenschaft, und dies schreiben alle guten Bürger dem Evangelium zu." (Wirz, Bd. 4, S. 226. 227.)

Die Abgeordneten des Bischofs hatten die Räte ermahnt, da es außer der Kirche kein Heil gebe, in ihr zu verharren. Zwingli erwiderte: „Laßt euch, liebe Herrn und Bürger, durch diese Ermahnung nicht auf den Gedanken führen, daß ihr euch jemals von der Kirche Christi gesondert habt. Ich glaube zuversichtlich, daß ihr euch noch wohl zu erinnern wißt, was ich euch in meiner Erklärung über Matthäus gesagt habe, daß jener Fels, welcher dem ihn redlich bekennenden Jünger den Namen Petrus gab, das Fundament der Kirche sei. In jeglichem Volk, an jedem Ort, wer mit seinem Munde Jesus bekennt und im Herzen glaubt, Gott habe ihn von den Toten auferweckt, wird selig werden. Es ist gewiß, daß niemand außer derjenigen Kirche selig werden kann." (ebd. S. 233.) Die Folge der Verhandlung war, daß bald darauf Wanner, einer der drei Abgeordneten des Bischofs, sich offen zum Evangelium bekannte. (Staehelin, Zwingli, 1. Bd. 5. Kap. S. 212. Basel, 1895.)

Der Züricher Rat lehnte jedes Vorgehen gegen Zwingli ab, und Rom rüstete sich zu einem neuen Angriff. Als Zwingli vernahm, daß sie den Kampf erneuern wollten, schrieb er von ihnen als solchen, „die ich weniger fürchte, wie ein hohes Ufer die Wellen drohender Flüsse. Mit Gott!" (Zwingli 7, S. 202, 22. Mai 1522.) Die Anstrengung der Priester förderten nur die Sache, die sie zu stürzen trachteten. Die Wahrheit breitete sich immer mehr aus. In Deutschland faßten die Anhänger Luthers, die durch sein Verschwinden niedergeschlagen waren, neuen Mut, da sie von dem Fortschritt des Evangeliums in der Schweiz hörten.

Als die Reformation in Zürich Wurzel faßte, sah man ihre Früchte in der Unterdrückung des Lasters und in der Förderung guter Ordnung und friedlichen Einvernehmens, so daß Zwingli schreiben konnte: „Der Friede weilt in unserer Stadt. Zu dieser Ruhe hat aber wohl die Einigkeit der Prediger des Worts nicht das geringste beigetragen. Zwischen uns gibt es keine Spannung, keine Zwietracht, keinen Neid, keine Zänkereien und Streitigkeiten. Wem könnte man aber diese Übereinstimmung der Gemüter mehr zuschreiben als wie dem höchsten, besten Gott?" (Zwingli, 7, S. 389, 5. April 1525.)

Die von der Reformation errungenen Siege reizten die Anhänger Roms zu noch größeren Anstrengungen, sie zu vernichten. Da die Unterdrückung der Sache Luthers in Deutschland durch Verfolgung so wenig fruchtete, entschlossen sie sich, die Reform mit ihrer eigenen Waffe zu schlagen. Sie wollten ein Streitgespräch mit Zwingli halten, und da die Anordnung der Sache in ihrer Hand lag, wollten sie sich dadurch den Sieg sichern, daß sie beides, den Kampfplatz und die Richter wählten, die zwischen den Streitenden entscheiden sollten. Konnten sie einmal Zwingli in ihre Gewalt bekommen, dann wollten sie schon dafür sorgen, daß er ihnen nicht entwische. Und war der Führer zum Schweigen gebracht, dann konnte die Bewegung rasch erstickt werden. Doch verheimlichten sie sorgfältig ihre Absicht.

Das Religionsgespräch wurde in Baden abgehalten; Zwingli wohnte aber nicht bei. Der Züricher Rat mißtraute den Absichten Roms, auch das Auflodern der in den katholischen Kantonen für die Evangelischen angezündeten Scheiterhaufen diente als Warnung; deshalb verbot er seinem Seelsorger, sich dieser Gefahr auszusetzen. Zwingli stand bereit, sich allen Römlingen in Zürich zur Verantwortung zu stellen, aber nach Baden zu gehen, wo eben erst das Blut von Märtyrern um der Wahrheit willen vergossen worden war, hätte für ihn nur den sicheren Tod bedeutet. Ökolampad und Haller vertraten die Reformation, während der bekannte Dr. Eck, den eine Schar päpstlicher Gelehrten und Kirchenfürsten unterstützten, der Vertreter Roms war.

War auch Zwingli nicht zugegen, so war doch sein Einfluß spürbar. Die Katholiken hatten selbst die Schreiber bestimmt, und allen andern war jede Aufzeichnung bei Todesstrafe verboten. Dessen ungeachtet erhielt Zwingli täglich von den in Baden abgehaltenen Reden genauen Bericht. Ein bei den Verhandlungen anwesender Student schrieb jeden Abend die Beweisführungen auf. Zwei andere Studenten übernahmen es, diesen Bericht über die Verhandlungen des Tages sowie die brieflichen Anfragen Ökolampads und seiner Glaubensbrüder an Zwingli zu befördern. Die Antworten des Reformators, die seine Ratschläge und Winke enthielten, mußten nachts geschrieben werden. Frühmorgens kehrten dann die Jünglinge nach Baden zurück. Um der

Wachsamkeit der an den Stadttoren postierten Hüter zu entgehen, brachten sie auf ihren Häuptern Körbe mit Federvieh und konnten so ungehindert hindurchgehen.

Auf diese Weise kämpfte Zwingli mit seinen verschlagenen Gegnern. „Er hat", schreibt Myconius, „während des Gesprächs durch Nachdenken, Wachen, Raten, Ermahnen und Schreiben mehr gearbeitet, als wenn er der Disputation selbst beigewohnt hätte." (Zwingli, 7, S. 517; Myconius, Vita Zwingli, S. 10.)

Die Römlinge, frohlockten bereits ihres vermeindlichen Triumphes wegen und hatten sich in ihrem schönsten Kleide und glänzenden Juwelen nach Baden begeben. Sie lebten schwelgerisch; ihre Tafeln waren mit den köstlichsten Leckerbissen und ausgesuchtesten Weinen besetzt. Die Lasten ihrer kirchlichen Pflichten wurden mit Schmausen und Lustbarkeiten erleichtert. In bezeichnendem Gegensatz erschienen die Reformatoren, die von dem Volk kaum höher denn eine Schar von Bettlern angesehen wurden, und ihre anspruchslosen Mahlzeiten hielten sie nur kurze Zeit bei Tische. Ökolampads Hauswirt, der ihn in seinem Zimmer überwachte, fand ihn stets beim Studium oder im Gebet und sagte in großer Verwunderung: „Man muß gestehen, das ist ein sehr frommer Ketzer." (D'Aubigné, 11. Buch, 13. Kap., S. 271, Stuttgart, 1848. Siehe auch Bullinger, 1. Bd., 189. Kap. S. 351, Frauenfeld, 1838.)

Bei der Versammlung betrat Eck „eine prächtig verzierte Kanzel, der einfach gekleidete Ökolampad mußte ihm gegenüber auf ein grob gearbeitetes Gerüst treten." (D'Aubigné, ebd., S. 270.) Ecks mächtige Stimme und seine unbegrenzte Zuversicht ließen ihn nie im Stich. Sein Eifer wurde durch die Aussicht auf Gold und Ruhm gereizt, war doch dem Verteidiger des Glaubens eine ansehnliche Belohnung zugesichert. Wo es ihm an besseren Belegen mangelte, wandte er beleidigende Reden und sogar Flüche an.

Der bescheidene Ökolampad, der nicht auf sich selbst vertraute, war vor dem Streit zurückgeschreckt und erklärte am Anfang feierlich, daß alles nach dem Worte Gottes als Richtschnur ausgemacht werden sollte. Sein Auftreten war bescheiden und geduldig, doch erwies er sich als fähig und tapfer. „Eck, der mit der Schrift nicht zurechtkommen konnte, berief sich immer wieder auf Überlieferung und Herkommen. Ökolampad antwortet: 'Über allen Übungen steht in unserem Schweizerlande das Landrecht. Unser Landbuch aber (in Glaubenssachen) ist die Bibel.'" (Hagenbach, Väter d. ref. Kirche, Bd. 2, S. 94.)

Der Gegensatz zwischen den beiden Hauptrednern verfehlte seine Wirkung nicht. Die ruhige, deutliche Beweisführung Ökolampads und sein bescheidenes Betragen gewannen die Gemüter für ihn, die sich mit Widerwillen von den prahlerischen und lauten Behauptungen Ecks abwandten. Das Religionsgespräch dauerte 18 Tage. Am Ende beanspruchten die Anhänger Roms mit großer Zuversicht den Sieg. Die meisten Abgesandten standen auf Roms Seite, und die Sitzung erklärte die Reformatoren für geschlagen und mit Zwingli, ihrem Haupt, von der Kirche ausgeschlossen. Die Früchte dieses Religionsgespräches offenbarten jedoch, auf welcher Seite die Überlegenheit lag. Das Streitgespräch verlieh der protestantischen Sache einen starken Auftrieb, und nicht lange danach bekannten sich die wichtigen Städte Bern und Basel zur die Reformation.

10 Fortschritt der Reformation in Deutschland

Luthers geheimnisvolles Verschwinden erregte in ganz Deutschland Bestürzung.Überall forschte man nach seinem Verbleib. Die wildesten Gerüchte wurden in Umlauf gesetzt, und viele glaubten, er sei ermordet worden. Es erhob sich großes Klagen, nicht nur unter seinen offenen Freunden, sondern auch unter Tausenden, die sich nicht öffentlich zur Reformation bekannt hatten. Manche banden sich durch einen feierlichen Eid, seinen Tod zu rächen.

Die römischen Machthaber sahen mit Schrecken, auf welche Höhe die Gefühle gegen sie gestiegen waren. Obgleich sie erst über den vermeintlichen Tod Luthers frohlockten, wünschten sie bald, sich vor dem Zorn des Volkes zu verbergen. Seine Feinde waren durch die kühnsten Handlungen während seines Verweilens unter ihnen nicht so beunruhigt worden wie durch sein Verschwinden. Die in ihrer Wut den kühnen Reformator umzubringen suchten, wurden nun, da er ein hilfloser Gefangener war, mit Furcht erfüllt. „Es bleibt uns nur das Rettungsmittel übrig," sagte einer, „daß wir Fackeln anzünden und Luther in der Welt aufsuchen, um ihn dem Volke, das nach ihm verlangt, wiederzugeben." (D'Aubigné, 9. Buch, 1. Abschn., S. 5, Stuttgart, 1848.) Der Erlaß des Kaisers schien kraftlos zu sein, und die päpstlichen Gesandten wurden entrüstet, als sie sahen, daß ihm weit weniger Aufmerksamkeit geschenkt wurde als dem Schicksal Luthers.

Die Kunde, daß er, wenngleich ein Gefangener, doch in Sicherheit sei, beruhigte die Befürchtungen des Volkes, steigerte aber noch dessen Begeisterung für ihn. Seine Schriften wurden mit größerer Begierde gelesen als je zuvor. Eine stets wachsende Zahl schloß sich der Sache des heldenmütigen Mannes an, der gegen eine so ungeheure Übermacht das Wort Gottes verteidigt hatte. Die Reformation gewann fortwährend an Kraft. Der von Luther gesäte Same ging überall auf. Seine Abwesenheit vollbrachte ein Werk, das seine Anwesenheit nicht hätte tun können. Andere Arbeiter fühlten jetzt, da ihr großer Anführer verschwunden war, eine ernste Verantwortlichkeit. Mit neuem Glauben und Eifer strebten sie voran, um alles zu tun, was in ihrer Macht stehe, damit das so vortrefflich begonnene Werk nicht gehindert werde.

Satan war jedoch auch nicht müßig. Er versuchte nun, was er bei jeder anderen Reformbewegung zu tun versucht hatte – nämlich das Volk zu täuschen und zu verderben, indem er an Stelle des wahren Werkes eine Nachahmung unterschob. Wie im ersten Jahrhundert der christlichen Gemeinde falsche Christusse aufstanden, so erhoben sich auch im 16. Jahrhundert falsche Propheten.

Etliche Männer, durch die Erregung in der religiösen Welt tief ergriffen, bildeten sich ein, besondere Offenbarungen vom Himmel erhalten zu haben, und erhoben den Anspruch, göttlich beauftragt worden zu sein, das Werk der Reformation, das von Luther nur eben erst begonnen worden sei, zur Vollendung zu bringen. In Wahrheit rissen sie gerade das wieder nieder, was er aufgebaut hatte. Sie verwarfen den Hauptgrundsatz, die wahre Grundlage der Reformation – das Wort Gottes als die allgenügsame Glaubens- und Lebensregel, und setzten an Stelle jenes untrüglichen Führers den veränderlichen, unsicheren Maßstab ihrer eigenen Gefühle und Eindrücke. Dadurch wurde der große Prüfstein des Irrtums und des Betrugs beseitigt und Satan der Weg geöffnet, die Gemüter zu beherrschen, wie es ihm am besten gefiel.

Einer dieser Propheten behauptete, von dem Engel Gabriel unterrichtet worden zu sein. Ein Student, der sich mit ihm zusammentat, verließ seine Studien und erklärte, von Gott selbst mit Weisheit ausgerüstet zu sein, die Schrift auszulegen. Andere, die von Natur aus zur Schwärmerei geneigt waren, verbanden sich mit ihnen. Das Vorgehen dieser Schwarmgeister rief keine geringe Aufregung hervor. Luthers Predigten hatten überall das Volk erweckt, um die Notwendigkeit einer Reform einzusehen, und nun wurden einige wirklich redliche Seelen durch die Behauptungen der neuen Propheten irregeleitet.

Die Anführer der Bewegung begaben sich nach Wittenberg und nötigten Melanchthon und seinen Mitarbeitern ihre Ansprüche auf. Sie sagten: „Wir sind von Gott gesandt, das Volk zu unterweisen. Wir haben vertrauliche Gespräche mit Gott und sehen in die Zukunft; wir sind Apostel und Propheten und berufen uns auf den Doktor Luther." (ebd., 9. Buch, 7. Abschn., S. 42f.) Die Reformatoren waren erstaunt und verlegen. Dies war eine Richtung, wie sie nie zuvor angetroffen hatten, und sie wußten nicht, welches Verfahren nun einzuschlagen sei. Melanchthon sagte: „Diese Leute sind ungewöhnliche Geister, aber was für Geister? ... Wir wollen den Geist nicht dämpfen, aber uns auch vom Teufel nicht verführen lassen." (ebd.)

Die Früchte dieser neuen Lehre wurden bald offenbar. Das Volk wurde zur Vernachlässigung oder gänzlichen Verwerfung der Bibel verleitet. Die Hochschulen wurden in Verwirrung gestürzt. Studierende verließen, sich über alle Schranken hinwegsetzend, ihre Studien und zogen sich von der Universität zurück. Die Männer, die sich selbst als maßgebend betrachteten, das Werk der Reformation wieder zu beleben und zu leiten, brachten sie bis an den Rand des Untergangs. Die Römlinge gewannen nun ihr Vertrauen wieder und riefen frohlockend aus: „Noch ein Versuch, ... und alles wird wiedergewonnen." (ebd.)

Als Luther auf der Wartburg hörte, was vorging, sagte er in tiefem Kummer: „Ich habe immer erwartet, daß Satan uns eine solche Wunde versetzen würde." (s. vorige Anm.) Er erkannte den wahren Charakter jener angeblichen Propheten und sah die Gefahr, die der Sache der Wahrheit drohte. Der Widerstand des Papstes und des Kaisers hatte ihm nicht so große Unruhe und Kummer verursacht, wie er nun durchmachte. Aus den vorgeblichen Freunden der Reformation waren die schlimmsten Feinde erwachsen. Gerade die Wahrheiten, die ihm so große Freude und Trost gebracht hatten, wurden jetzt benutzt, um Zwiespalt und Verwirrung in der Gemeinde zu stiften.

In dem Werk der Reformation war Luther vom Geist Gottes angetrieben und über sich selbst hinausgeführt worden. Er hatte nicht beabsichtigt, eine Stellung, wie die seinige jetzt war, einzunehmen oder so gründliche Veränderungen durchzuführen. Er war nur das Werkzeug in der Hand der unendlichen Macht Gottes gewesen. Doch zitterte er oft für die Folgen seines Werkes. Einst hatte er gesagt: „Wüßte ich, daß meine Lehre einem einfältigen Menschen schadete (und das kann sie nicht, denn sie ist das Evangelium selbst), so möchte ich eher zehn Tode leiden, als nicht widerrufen." (ebd., siehe auch Anhang, Anm. 16.)

Jetzt fiel aber Wittenberg selbst, der eigentliche Mittelpunkt der Reformation, schnell unter die Macht des Fanatismus und der Gesetzlosigkeit. Dieser schreckliche Zustand wurde nicht von Luthers Lehren verursacht, und doch warfen in ganz Deutschland seine Feinde die Schuld auf ihn. In der Bitterkeit seiner Seele fragte er zuweilen: „Dahin sollte es mit der Reformation kommen?" Wenn er aber mit Gott im Gebet rang, ergoß sich der Friede in sein Herz: „Gott hat es begonnen, Gott wird es vollenden." (s. vorige Anm.) „Du wirst es nicht dulden, daß es durch Aberglauben und Fanatismus verderbt wird." Doch der Gedanke, sich zu dieser entscheidenden Zeit länger von dem Schauplatz des Kampfes fernzuhalten, wurde ihm unerträglich, er entschloß sich, nach Wittenberg zurückzukehren.

Ohne Verzug trat er seine gefahrvolle Reise an. Er war unter der Reichsacht. Seinen Feinden stand es frei, ihm das Leben zu nehmen; seinen Freunden war es untersagt, ihm zu helfen oder ihn zu beschützen. Die kaiserliche Regierung ergriff die strengsten Maßregeln gegen seine Anhänger. Aber er sah, daß das Evangeliumswerk gefährdet war, und im Namen des Herrn ging er furchtlos für die Wahrheit in den Kampf.

In einem Schreiben an den Kurfürsten sagte Luther, nachdem er seine Absicht, die Wartburg zu verlassen, ausgesprochen hatte: „E. K. Gnaden wisse, ich komme gen Wittenberg in gar viel einem höheren Schutz denn des Kurfürsten. Ich hab's auch nicht im Sinne, von E. K. Gnaden Schutz zu begehren; ja ich halt, ich wolle E. K. Gnaden mehr schützen, denn sie mich schützen könnte. Dazu wenn ich wüßte, daß E. K. Gnaden mich könnte und wollte schützen, so wollte ich nicht kommen. Dieser Sache soll noch kann kein Schwert raten oder helfen, Gott muß hier allein schaffen, ohne alles menschliche Sorgen und Zutun. Darum, wer am meisten glaubt, der wird hier am meisten schützen." (ebd., 9. Buch, 8. Absch., S. 53f.)

In einem zweiten Brief, den er auf dem Weg nach Wittenberg verfaßte, fügte Luther hinzu: „Ich will E. K. Gnaden Ungunst und der ganzen Welt Zorn ertragen. Die Wittenberger sind meine Schafe. Gott hat sie mir anvertraut. Ich muß mich für sie in den Tod begeben. Ich fürchte in Deutschland einen großen Aufstand, wodurch Gott unser Volk strafen will." (ebd.)

Mit großer Vorsicht und Demut, doch fest und entschlossen, trat er sein Werk an. „Mit dem Worte," sagte er, „müssen wir streiten, mit dem Worte stürzen, was die Gewalt eingeführt hat. Ich will keinen Zwang gegen Aber- und Ungläubige. ... Keiner soll zum Glauben und zu dem, was des Glaubens ist, gezwungen werden." (s. vorige Anm.) Bald wurde es in Wittenberg bekannt, daß Luther zurückgekehrt sei und predigen wolle. Das Volk strömte aus allen Richtungen herbei, und die Kirche war überfüllt. Er bestieg die Kanzel und lehrte, ermahnte und strafte mit großer Weisheit und Zartgefühl. Indem er auf das Verfahren etlicher hinwies, die sich der Gewalt bedient hatten, um die Messe abzuschaffen, sagte er:

„Die Messe ist ein böses Ding, und Gott ist ihr feind; sie muß abgetan werden, und ich wollte, daß in der ganzen Welt allein die gemeine evangelische Messe gehalten würde. Doch soll man niemand mit dem Haar davonreißen, denn Gott soll man hierin die Ehre geben und sein Wort allein wirken lassen, nicht unser Zutun und Werk. Warum? Ich habe nicht in meiner Hand die Herzen der Menschen, wie der Hafner den Leimen. Wir haben wohl das Recht der Rede, aber nicht das Recht der Vollziehung. Das Wort sollen wir predigen, aber die Folge soll allein in seinem Gefallen sein. So ich nun darein falle, so wird dann aus dem Gezwang oder Gebot ein Spiegelfechten, ein äußerlich Wesen, ein Affenspiel, aber da ist kein gut Herz, kein Glaube, keine Liebe. Wo diese drei fehlen, ist ein Werk nichts; ich wollte nicht einen Birnstiel darauf geben. ... Also wirkt Gott mit seinem Wort mehr, denn wenn du und ich alle Gewalt auf einen Haufen schmelzen. Also wenn du das Herz hast, so hast du ihn nun gewonnen. ... “

„Predigen will ich's, sagen will ich's, schreiben will ich's; aber zwingen, dringen mit der Gewalt will ich niemand, denn der Glaube will willig und ohne Zwang angezogen werden. Nehmt ein Exempel an mir. Ich bin dem Ablaß und allen Papisten entgegen gewesen, aber mit keiner Gewalt. Ich hab allein Gottes Wort getrieben, gepredigt und geschrieben, sonst hab ich nichts getan. Das hat, wenn ich geschlafen habe ... also viel getan, daß das Papsttum also schwach geworden ist, daß ihm noch nie kein Fürst noch Kaiser so viel abgebrochen hat. Ich habe nichts getan, das Wort hat es alles gehandelt und ausgericht. Wenn ich hätte wollen mit Ungemach fahren, ich wollte Deutschland in ein groß Blutvergießen gebracht haben. Aber was wär es? Ein Verderbnis an Leib und Seele. Ich habe nichts gemacht, ich habe das Wort lassen handeln.“ (ebd.)

Tag um Tag, eine ganze Woche lang, predigte Luther der aufmerksam lauschenden Menge. Das Wort Gottes brach den Bann der fanatischen Aufregung. Die Macht des Evangeliums brachte das irregeleitete Volk auf den Weg der Wahrheit zurück.

Luther hatte kein Verlangen, den Schwärmern, deren Verhalten so viel Unheil angerichtet hatte, zu begegnen. Er wußte, daß es Männer mit unzuverlässigem Urteil und unbeherrschten Leidenschaften waren, die, während sie behaupteten, vom Himmel besonders erleuchtet zu sein, nicht den geringsten Widerspruch oder auch nur die freundlichste Ermahnung oder einen Rat dulden würden. Da sie sich selbst die höchste Autorität anmaßten, verlangten sie von allen, ohne jeden Widerspruch anerkannt zu werden. Als sie aber eine Unterredung mit ihm verlangten, willigte er ein, mit ihnen zusammenzukommen; und so erfolgreich stellte er ihre Anmaßungen bloß, daß die Betrüger Wittenberg plötzlich verließen.

Die Schwärmerei war eine Zeitlang gedämpft, brach aber einige Jahre später mit noch größerer Heftigkeit und schrecklicheren Folgen abermals aus. Luther sagte betreffs der Anführer in dieser Bewegung: „Die Heilige Schrift war für sie nichts als ein toter Buchstabe, und alle schrien: Geist, Geist! Aber wahrlich, ich gehe nicht mit ihnen, wohin ihr Geist sie führt. Der barmherzige Gott behüte mich ja vor d e r christlichen Kirche, darin lauter Heilige sind. Ich will da bleiben, wo es Schwache, Niedrige, Kranke gibt, die ihre Sünde kennen und empfinden, die unablässig nach Gott seufzen und schreien aus Herzensgrund, um seinen Trost und Beistand zu erlangen."

Thomas Münzer, der tätigste dieser Schwärmer, war ein Mann von bemerkenswerten Fähigkeiten, die ihn, wenn richtig geleitet, in den Stand gesetzt hätte, Gutes zu tun; er hatte jedoch die ersten Grundsätze wahrer Religion nicht gelernt. Er bildete sich ein, er sei von Gott verordnet, die Welt zu reformieren, wobei er gleich vielen anderen Schwärmern vergaß, daß die Reform bei ihm selbst zu beginnen habe. Er war ehrgeizig, Stellung und Einfluß zu gewinnen und wollte niemandem nachstehen, nicht einmal Luther. Er schuldigte die Reformatoren an, sie richteten, da sie sich allein an die Bibel hielten, nur eine andere Art Papsttum auf. Er betrachtete sich selbst als von Gott berufen, die wahre Reformation einzuführen. „Wer diesen Geist besitzt," sagte er, „hat den wirksamen Glauben, und wenn er auch sein Leben lang nichts von der Heiligen Schrift sähe."

Die schwärmerischen Lehrer ließen sich von Eindrücken leiten, indem sie jeden Gedanken und jede Eingebung als Stimme Gottes bezeichneten; in Folge dessen begingen sie die größten Übertreibungen. Einige verbrannten sogar ihre Bibeln, wobei sie ausriefen: „Der Buchstabe tötet, aber der Geist macht lebendig." Münzers Lehren richteten sich an das dem Menschen angeborene Verlangen nach dem Wunderbaren, während sie ihren Stolz dadurch befriedigten, daß sie menschliche Ideen und Meinungen in der Tat über Gottes Wort erhoben. Tausende nahmen seine Lehre an. Bald verwarf er alle Ordnung im öffentlichen Gottesdienst und erklärte, daß den Fürsten gehorchen so viel heiße, als zu versuchen, Gott und Belial zu dienen.

Die Gemüter des Volkes, das bereits anfing, das Joch des Papsttums abzuschütteln, wurden auch ungeduldig unter den Einschränkungen der Staatsgewalt. Münzers revolutionäre Lehren, für die er göttliche Eingebung beanspruchte, führten sie dahin, sich von aller Einschränkung loszureißen und ihren Vorurteilen und Leidenschaften freien Lauf zu lassen. Die schrecklichsten Auftritte der Empörung und des Streites folgten, und der Boden Deutschlands wurden mit Blut getränkt.

Der Seelenkampf, den Luther so lange zuvor zu Erfurt durchgemacht hatte, stürmte nun mit doppelter Wucht auf ihn ein, als er sah, daß die Folgen der Schwärmerei der Reformation zur Last gelegt wurden. Die päpstlichen Fürsten erklärten – und viele waren bereit, das zu glauben, – daß Luthers Lehre die Ursache der Empörung gewesen sei. Obwohl die Anschuldigung jeder Grundlage entbehrte, mußte sie doch dem Reformator großen Kummer verursachen. Daß die Sache der Wahrheit auf diese Weise herabgewürdigt werden sollte, indem man sie zu der niedrigsten Schwärmerei gesellte, schien mehr zu sein, als er auszuhalten vermochte. Auf der anderen Seite haßten die Anführer des Aufstandes Luther, weil er sich nicht nur ihren Lehren widersetzte und ihre Ansprüche auf göttliche Eingebung verleugnete, sondern sie als Rebellen bezeichnete. Als Vergeltung erklärten sie ihn als gemeinen Betrüger. Er schien sich sowohl die Feindschaft der Fürsten wie die des Volkes zugezogen zu haben.

Die Römlinge frohlockten und erwarteten, den baldigen Untergang der Reformation zu erleben. Sie beschuldigten Luther sogar der Irrtümer, um deren Richtigstellung er am meisten bemüht gewesen war. Die schwärmerische Partei bewerkstelligte es, durch die Behauptung, sie seien mit großer Ungerechtigkeit behandelt worden, die Zuneigung einer großen Menschenmasse zu gewinnen, und wie das öfters der Fall ist mit denen, die sich auf die Seite des Unrechts stellen, wurden sie als Märtyrer betrachtet. Gerade diejenigen, die alle Energie aufwandten, um sich der Reformation zu widersetzen, wurden auf diese Weise als Opfer der Grausamkeit und Unterdrückung bemitleidet und gepriesen. Dies war das Werk Satans, angeregt von demgleichen Geist der Empörung, der zuerst im Himmel an den Tag gelegt wurde.

Satan sucht beständig, die Menschen zu täuschen und verleitet sie, die Sünde Gerechtigkeit und die Gerechtigkeit Sünde zu nennen. Wie erfolgreich ist sein Werk gewesen! Wie oft werden Tadel und Vorwürfe auf Gottes treue Diener geschleudert, weil sie entschlossen sind, furchtlos für die Verteidigung der Wahrheit aufzutreten! Männer, die die Werkzeuge Satans sind, werden gepriesen und mit Schmeicheleien überhäuft, ja sogar als Märtyrer angesehen, während diejenigen, die um ihrer Treue zu Gott willen geachtet und unterstützt werden sollten, unter Verdacht und Mißtrauen allein stehengelassen werden.

Unechte Heiligkeit und falsche Heiligung verrichten noch immer ihr Werk des Betruges. Unter verschiedenen Formen zeigen sie den gleichen Geist wie in den Tagen Luthers; sie lenken auch heute noch die Gemüter von der Heiligen Schrift ab und verführen die Menschen dazu, lieber ihren eigenen Gefühlen und Eindrücken zu folgen, als dem Gesetz Gottes Gehorsam zu leisten. Dies ist einer der erfolgreichsten Anschläge Satans, um die Reinheit und die Wahrheit herabzuwürdigen.

Furchtlos verteidigte Luther das Evangelium vor den Angriffen, die von allen Seiten kamen. Das Wort Gottes bewies sich als mächtige Waffe in jedem Streit. Mit diesem Wort kämpfte er gegen die angemaßte Autorität des Papstes und die rationalistische Philosophie der Gelehrten, während er fest wie ein Fels der Schwärmerei widerstand, die sich mit der Reformation zu verbinden suchte.

Alle gegnerischen Strömungen setzten auf ihre Art die Heilige Schrift beiseite und erhoben die menschliche Weisheit zur Quelle religiöser Wahrheit und Erkenntnis. Der Rationalismus vergöttert die Vernunft und macht sie zum Maßstab der Religion. Die römisch-katholische Kirche, die für den Papst eine unmittelbar von den Aposteln überkommene und für alle Zeiten unwandelbare Inspiration beansprucht, bietet genügend Beispiele von Ausschweifung und Entartung, was allerdings unter der Heiligkeit des apostolischen Auftrags verheimlicht bleiben mußte. Die von Münzer und seinen Gefährten beanspruchte Eingebung ging aus keiner höheren Quelle als den seltsamen Ideen der Einbildung hervor, und ihr Einfluß wirkte zerstörend auf alle Autorität, menschliche sowohl als göttliche. Wahres Christentum nimmt das Wort Gottes als das große Schatzhaus der inspirierten Wahrheit und den Prüfstein aller Eingebung an.

Nach seiner Rückkehr auf die Wartburg vollendete Luther seine Übersetzung des Neuen Testamentes, und bald wurde das

Evangelium dem deutschen Volk in seiner eigenen Sprache gegeben. Diese Übersetzung wurde von allen, die die Wahrheit liebten, mit großer Freude aufgenommen, aber von denen, die menschliche Überlieferungen und Menschengebote vorzogen, höhnisch verworfen. Die Priester beunruhigte der Gedanke, daß das gemeine Volk jetzt fähig sein werde, mit ihnen die Lehren des Wortes Gottes zu besprechen, und daß ihre eigene Unwissenheit dadurch bloßgestellt werde. Die Waffen ihrer menschlichen Vernunft waren machtlos gegen das Schwert des Geistes. Rom bot seinen ganzen Einfluß auf, um die Verbreitung der Heiligen Schrift zu verhindern; aber Dekrete, Bannflüche und Folter waren in gleichem Maße wirkungslos. Je mehr es die Bibel verdammte und verbot, desto mehr verlangte das Volk zu erfahren, was sie wirklich lehre. Alle, die lesen konnten, waren begierig, das Wort Gottes für sich selbst zu erforschen. Sie führten es mit sich, sie lasen es und lasen es wieder und wieder und waren nicht zufrieden, bis sie große Teile auswendig gelernt hatten. Als Luther sah, mit welcher Gunst das Neue Testament aufgenommen wurde, machte er sich unverzüglich an die Übersetzung des Alten und veröffentlichte Teile davon, sobald wie sie fertig waren.

Luthers Schriften wurden in Stadt und Land gleich willkommen geheißen. „Was Luther und seine Freunde schrieben, wurde von anderen verbreitet. Mönche, die sich von der Ungesetzlichkeit der Klostergelübde überzeugt hatten und nach ihrer langen Untätigkeit ein arbeitsames Leben führen wollten, aber für die Predigt des göttlichen Wortes zu geringe Kenntnisse besaßen, durchstreiften die Provinzen, um Luthers Bücher zu verkaufen. Es gab bald sehr viele dieser mutigen Hausierer." (ebd., 9. Buch, 11. Abschn., S. 88.)

Mit großer Begierde wurden diese Schriften von Reichen und Armen, Gelehrten und Ungelehrten durchforscht. Abends lasen die Dorfschullehrer sie kleinen um den Herd versammelten Gruppen laut vor. Bei jeder unternommenen Anstrengung wurden einige Seelen von der Wahrheit überzeugt, nahmen das Wort mit Freudigkeit auf und erzählten andern wiederum die frohe Kunde.

Die Worte der Bibel bewahrheiteten sich: „Wenn dein Wort offenbar wird, so erfreut es und macht klug die Einfältigen." (Ps. 119,130) Das Erforschen der Heiligen Schrift bewirkte eine mächtige Veränderung in den Gemütern und Herzen des Volkes. Die päpstliche Herrschaft hatte ihren Untertanen ein eisernes Joch auferlegt, das sie in Unwissenheit und Erniedrigung hielt. Eine abergläubische Wiederholung von Formen hatte man gewissenhaft befolgt; aber bei all diesem hatten Herz und Verstand nur einen geringen Anteil gehabt. Luthers Predigten, die die deutlichen Wahrheiten des Wortes Gottes hervorhoben, und das Wort selbst, das in die Hände des gewöhnlichen Volkes gelegt, seine schlafenden Kräfte erweckt hatte, reinigten und veredelten nicht nur die geistliche Natur, sondern erteilten dem Verstand neue Kraft und Stärke.

Personen aller Stände konnte man mit der Bibel in der Hand die Lehren der Reformation verteidigen sehen. Die Päpstlichen, die das Studium der Heiligen Schrift den Priestern und Mönchen überlassen hatten, forderten jetzt diese auf, aufzutreten und die neuen Lehren zu widerlegen. Aber sowohl die Priester als auch die Mönche, die die Heilige Schrift und die Kraft Gottes nicht kannten, wurden von denen, die sie als ketzerisch und ungelehrt angeklagt hatten, vollkommen geschlagen. „Leider," sagte ein katholischer Schriftsteller, „hatte Luther den Seinigen eingeprägt, man dürfe nur den Aussprüchen der heiligen Bücher Glauben schenken." (ebd., S. 86f.) Ganze Scharen versammelten sich, um zu hören, wie Männer von nur geringer Bildung die Wahrheit verteidigten und sich sogar mit gelehrten und beredten Theologen auseinandersetzten. Die schmähliche Unwissenheit der großen Männer wurde offenbar, als man ihren Beweisführungen mit den einfachen Lehren des Wortes entgegentrat. Handwerker und Soldaten, Frauen und selbst Kinder waren mit den Lehren der Bibel besser bekannt als die Priester und die gelehrten Doktoren.

Der Unterschied zwischen den Jüngern des Evangeliums und den Verteidigern des päpstlichen Aberglaubens gab sich nicht minder in den Reihen der Gelehrten als unter dem gewöhnlichen Volk zu erkennen. „Die alten Stützen der Hierarchie hatten die Kenntnis der Sprachen und das Studium der Wissenschaft vernachlässigt, ihnen trat eine studierende, in der Schrift forschende, mit den Meisterwerken des Altertums sich befreundende Jugend entgegen. Diese aufgeweckten Köpfe und unerschrockenen Männer erwarben sich bald solche Kenntnisse, daß sich lange Zeit keiner mit ihnen messen konnte. ... Wo die jungen Verteidiger der Reformation mit den römischen Doktoren zusammentrafen, griffen sie diese mit solcher Leichtigkeit und Zuversicht an, daß die unwissenden Menschen zögerten, verlegen wurden und sich allgemein gerechte Verachtung zuzogen." (ebd., S. 86 f.)

Als die römischen Geistlichen sahen, daß ihre Zuhörerschar geringer wurde, riefen sie die Hilfe der Behörden an und versuchten mit allen in ihrer Gewalt stehenden Mitteln, ihre Anhänger zurückzubringen. Aber das Volk hatte in den neuen Lehren das gefunden, was die Bedürfnisse der Seele befriedigte, und wandte sich von jenen ab, die es solange mit wertlosen Trebern abergläubischer Gebräuche und menschlicher Überlieferungen gespeist hatten.

Als die Verfolgung gegen die Lehrer der Wahrheit entbrannte, beachteten diese die Worte Christi: „Wenn sie euch aber in einer Stadt verfolgen, so fliehet in eine andere." (Mt. 10,23) Das Licht drang überall hin. Die Flüchtenden fanden irgendwo eine gastfreundliche Tür, die sich ihnen auftat. Sie blieben dort und predigten Christus, sei es in der Kirche oder, wenn ihnen dies Vorrecht versagt wurde, in Privatwohnungen oder unter freiem Himmel. Wo ihnen Gehör geschenkt wurde, da war für sie ein geweihter Tempel. Die Wahrheit, mit Tatkraft und Zuversicht verkündigt, breitete sich mit unwiderstehlicher Macht aus.

Vergebens wurden die kirchlichen und die bürgerlichen Obrigkeiten angerufen, die Ketzerei zu unterdrücken. Umsonst wandten sie Gefängnis, Folter, Feuer und Schwert an. Tausende von Gläubigen besiegelten ihren Glauben mit ihrem Blut, und doch ging das Werk vorwärts. Die Verfolgung diente nur dazu, die Wahrheit auszubreiten, und die auf Satans Antrieb mit ihr verbundene Schwärmerei bewirkte, daß der Unterschied zwischen dem Werk Gottes und dem Werk Satans um so deutlicher hervortrat.

11 Der Protest der Fürsten

Eines der mächtigsten je für die Reformation abgelegten Bekenntnisse ist der von den christlichen Fürsten Deutschlands 1529 auf dem Reichstag zu Speyer erhobene Protest. Der Mut, die Zuversicht und die Entschiedenheit dieser frommen Männer sicherten für die Zukunft Glaubens- und Gewissensfreiheit. Wegen dieses Protestes hießen die Anhänger des evangelischen Glaubens fortan Protestanten; die Grundsätze ihres Protestes „sind der wesentliche Inhalt des Protestantismus." (D'Aubigné, 13. Buch, 6. Kap., S. 59, Stuttgart, 1848.)

Ein dunkler und drohender Tag war für die Reformation angebrochen. Der Erlaß von Worms hatte Luther für vogelfrei erklärt und die Verbreitung des evangelischen Glaubens untersagt; doch beließ man es im Reiche bei einer religiösen Duldung. Die göttliche Vorsehung hatte die der Wahrheit feindlichen Mächte im Zaum gehalten. Wohl war Karl V. entschlossen, die Reformation auszurotten; so oft er aber die Hand zum Streich erhob, zwangen ihn immer wieder besondere Umstände, davon abzustehen. Mehrmals schien der unmittelbare Untergang aller Gegner Roms unausbleiblich; doch im verhängnisvollen Augenblick erschien das türkische Heer an der Ostgrenze, oder der König von Frankreich, ja gar der Papst selbst, neidisch auf die zunehmende Größe des Kaisers, zogen gegen diesen in den Krieg. Dadurch wurde inmitten der Streitigkeiten der Völker der Reformation die Gelegenheit geboten, sich innerlich zu festigen und auch auszubreiten.

Schließlich hatten jedoch die katholischen Fürsten ihre Zwistigkeiten beigelegt, um nun gemeinsame Sache wider die Reformatoren machen zu können. Der Reichstag zu Speyer im Jahre 1526 hatte jedem Staat völlige Freiheit in Religionssachen zugebilligt bis zur Einberufung eines allgemeinen Konzils. Doch kaum waren die Gefahren, unter denen diese günstige Lage gesichert wurde, vorüber, so berief der Kaiser 1529 einen weiteren Reichstag nach Speyer, um die Ketzerei zu vernichten. Die Fürsten sollten womöglich durch friedliche Mittel dahin gebracht werden, Stellung gegen die Reformation zu nehmen; sollten diese nichts fruchten, so wollte der Kaiser zum Schwert greifen.

Die päpstlich Gesinnten stellten sich in gehobener Stimmung zahlreich in Speyer ein und legten ihre Feindseligkeit gegen die Reformation und ihre Gönner offen an den Tag. Melanchthon schilderte die Lage: „Wir sind ein Fluch und Kehricht aller Welt; aber Christus wird das arme Volk ansehen und retten." (ebd., 5. Kap. S. 51 f.) Den evangelischen Fürsten, die dem Reichstag beiwohnten, war es sogar untersagt, das Evangelium auch nur in ihren Wohnungen predigen zu lassen. Aber das Volk von Speyer dürstete nach dem Worte Gottes, und ungeachtet des Verbotes strömten Tausende zu den Gottesdiensten, die noch immer in der Kapelle des Kurfürsten von Sachsen abgehalten wurden.

Dies beschleunigte die Entscheidung. Eine kaiserliche Botschaft zeigte dem Reichstag an, daß, da der Gewissensfreiheit gewährende Beschluß zu großen Unordnungen Anlaß gegeben habe, der Kaiser fordere, ihn für null und nichtig zu erklären. Diese willkürliche Handlung erregte die Entrüstung und Bestürzung der evangelischen Christen. Einer sagte: „Christus ist wieder in den Händen von Kaiphas und Pilatus." (ebd.) Die Römlinge wurden immer heftiger. Ein von blindem Eifer ergriffener Päpstlicher erklärte: „Die Türken sind besser als die Lutheraner; denn die Türken beobachten das Fasten, und diese verletzen es. Man darf eher die Schrift als die alten Irrtümer der Kirche verwerfen." Melanchthon schrieb über Faber: „Täglich schleuderte er in seinen Predigten einen neuen Pfeil gegen die Evangelischen." (ebd.)

Die religiöse Duldung war gesetzlich eingeführt worden, und die evangelischen Staaten waren entschlossen, sich diesem Eingriff in ihre Rechte zu widersetzen. Luther, der noch immer unter dem durch das Edikt von Worms auferlegten Reichsbann stand, durfte in Speyer nicht zugegen sein; aber seine Stelle wurde durch seine Mitarbeiter und die Fürsten, die Gott erweckt hatte, um seine Sache bei diesem Anlaß zu verteidigen, ausgefüllt. Der edle Friedrich von Sachsen, Luthers früherer Beschützer, war gestorben; aber auch Herzog Johann, sein Bruder, der ihm auf dem Thron folgte, hatte die Reformation freudig begrüßt, und während er ein Freund des Friedens war, legte er in allen Dingen, die dem Vorteil des Glaubens dienten, große Tatkraft und Mut an den Tag.

Die Priester verlangten, daß die Staaten, die die Reformation angenommen hatten, sich der römischen Gerichtsbarkeit bedingungslos unterwerfen sollten. Die Reformatoren auf der anderen Seite machten die Freiheit geltend, die ihnen früher gewährt worden war. Sie konnten nicht einwilligen, daß Rom jene Länder, die das Wort Gottes mit so großer Freude aufgenommen hatten, unter seine Herrschaft bringe.

Man schlug schließlich vor, das Edikt von Worms solle dort streng gehandhabt werden, wo die Reformation noch nicht Fuß gefaßt hätte; „wo man aber davon abgewichen und wo dessen Einführung ohne Volksaufruhr nicht möglich sei, solle man wenigstens nicht weiter reformieren, keine Streitfragen verhandeln, die Messe nicht verbieten, keinen Katholiken zum Luthertum übertreten lassen." (ebd.) Dieser Vertrag wurde zur großen Genugtuung der päpstlichen Priester und Prälaten vom Reichstag genehmigt.

Falls diese Maßregel „Gesetzeskraft erhielt, so konnte sich die Reformation weder weiter ausbreiten, ... wo sie noch nicht war, noch wo sie bestand, festen Boden gewinnen." (ebd.) Die Redefreiheit wurde dadurch verboten. Keine Bekehrungen wurden gestattet. Von den Freunden der Reformation wurde verlangt, sich diesen Einschränkungen und Verboten ohne weiteres zu unterwerfen. Die Hoffnung der Welt schien dem Erlöschen nahe. „Die ... Wiederherstellung der römischen Hierarchie mußte die alten Mißbräuche hervorrufen," und leicht konnte eine Gelegenheit gefunden werden, „das so stark erschütterte Werk durch Schwärmerei und Zwiespalt vollends zu vernichten." (ebd.)

Als die evangelische Partei zur Beratung zusammentrat, blickte man sich bestürzt an. Von einem zum andern ging die Frage: „Was ist zu tun?" Gewaltige Folgen für die Welt standen auf dem Spiel. „Sollten die Leiter der Reformation nachgeben und das Edikt annehmen? Wie leicht hätten die Reformatoren in diesem entscheidenden Augenblick, der in der Tat außerordentlich wichtig war, sich dazu entscheiden können, eine verkehrte Richtung zu nehmen! Wie viele glaubhafte Vorwände und annehmbare Gründe für ihre Unterwerfung hätten sich finden lassen! Den lutherisch gesinnten Fürsten war die freie Ausübung ihres Glaubens zugesichert. Dieselbe Begünstigung erstreckte sich auf alle diejenigen ihrer Untertanen, die, noch ehe die Maßregeln getroffen wurden, die reformierte Lehre angenommen hatten. Sollte sie dies nicht zufriedenstellen? Wie vielen Gefahren würde man durch eine Unterwerfung ausweichen! Doch auf welch unbekannte Wagnisse und Kämpfe würde der Widerstand sie treiben! Wer weiß, welche Gelegenheit die Zukunft bieten mag? Lasset uns den Frieden annehmen; lasset uns den Ölzweig ergreifen, den uns Rom entgegenhält, und die Wunden Deutschlands schließen. Mit derartigen Beweisgründen hätten die Reformatoren sich bei der Verfolgung einer Laufbahn, die unvermeidlich bald darauf den Umsturz ihrer Sache zur Folge gehabt hätte, rechtfertigen können.

Glücklicherweise erkannten sie den Grundsatz, auf dem diese Anordnung beruhte und handelten im Glauben. Was war dieser Grundsatz? – Es war das Recht Roms, das Gewissen zu zwingen und eine freie Untersuchung zu untersagen. Sollten sie selbst aber und ihre protestantischen Untertanen sich nicht der Religionsfreiheit erfreuen? – Ja, als eine Gunst, die in der Anordnung besonders vorgesehen war, nicht aber als ein Recht. In allem, was in diesem Abkommen nicht einbegriffen war, sollte der herrschende Grundsatz der Autorität maßgebend sein; das Gewissen wurde nicht berücksichtigt; Rom war der unfehlbare Richter, und ihm muß man gehorchen. Die Annahme der vorgeschlagenen Anordnung wäre ein tatsächliches Zugeständnis gewesen, daß die Religionsfreiheit auf das protestantische Sachsen beschränkt werden müsse; was aber die übrige Christenheit angehe, so seien freie Untersuchung und das Bekenntnis des reformierten Glaubens Verbrechen, die mit Kerker und Scheiterhaufen geahndet werden müssen. Dürften sie der örtlichen Beschränkung der Religionsfreiheit beistimmen, daß man verkündige, die Reformation habe ihren letzten Anhänger gewonnen, ihren letzten Fußbreit erobert? Und sollte dort, wo Rom zu dieser Stunde sein Zepter schwang, seine Herrschaft ständig aufgerichtet bleiben? Hätten die Reformatoren sich rein erklären können von dem Blut jener Hunderte und Tausende, die in Ausführung dieser Anordnung ihr Leben in päpstlichen Ländern opfern müßten? Dies hieße, in jener höchst verhängnisvollen Stunde die Sache des Evangeliums und die Freiheit der Christenheit zu verraten." (Wylie, Bd. 1, S. 549f., London.) „Lieber wollten sie ... alles, selbst ihre Länder, ihre Kronen, ihr Leben opfern." (D'Aubigné, Bd. 4, S. 53f., Stuttgart, 1848.)

„Wir verwerfen diesen Beschluß," sagten die Fürsten. „In Gewissensangelegenheiten hat die Mehrzahl keine Macht." Die Abgesandten erklärten: „Das Dekret von 1526 hat den Frieden im Reich gestiftet; hebt man es auf, so heißt das, Deutschland in Hader und Zank zu stürzen. Der Reichstag hat keine weitere Befugnis als die Aufrechthaltung der Glaubensfreiheit bis zu einem Konzil." (ebd.) Die Gewissensfreiheit zu schützen ist die

Pflicht des Staates, und dies ist die Grenze seiner Machtbefugnis in Sachen der Religion. Jede weltliche Regierung, die versucht, mittels der Staatsgewalt religiöse Gebräuche zu regeln oder einzuschärfen, opfert gerade den Grundsatz, für den die evangelischen Christen in so edler Weise kämpften.

Die Päpstlichen beschlossen, das, was sie „frechen Trotz" nannten, zu unterdrücken. Sie begannen mit Versuchen, unter den Anhängern der Reformation Spaltungen zu verursachen, und alle, die sich nicht offen für sie erklärt hatten, einzuschüchtern. Die Vertreter der freien Reichsstädte wurden schließlich vor den Reichstag geladen und aufgefordert zu sagen, ob sie auf die Bedingungen des Vorschlages eingehen wollten. Sie baten um Frist, aber umsonst. Als sie auf die Probe gestellt wurden, schloß sich beinahe die Hälfte von ihnen den Reformatoren an. Diejenigen, die sich auf diese Weise weigerten, die Gewissensfreiheit und das Recht des persönlichen Urteils zu opfern, wußten wohl, daß ihre Stellung sie künftigem Tadel, Verurteilung und Verfolgung aussetzen würde. Einer der Abgeordneten sagte: „Das ist die erste Probe; ... bald kommt die zweite: das Wort Gottes widerrufen oder brennen." (ebd., 13. Buch, S. 54.)

König Ferdinand, der Stellvertreter des Kaisers auf dem Reichstag, sah, daß das Dekret ernstliche Spaltungen hervorrufen würde, falls die Fürsten nicht veranlaßt werden könnten, es anzunehmen und zu unterstützen. Er versuchte es deshalb mit der Überredungskunst, wohl wissend, daß die Anwendung von Gewalt solche Männer nur um so entschiedener machen würde. Er „bat die Fürsten um Annahme des Dekrets, für welchen Schritt der Kaiser ihnen großen Dank wissen würde." (ebd.) Aber diese treuen Männer anerkannten eine Autorität über derjenigen irdischer Herrscher, und sie antworteten ruhig: „Wir gehorchen ... dem Kaiser in allem, was zur Erhaltung des Friedens und zur Ehre Gottes dienen kann." (ebd.)

In Gegenwart des Reichstages kündigte der König schließlich an, daß die Resolution bald „als kaiserliches Dekret abgefaßt werden" sollte, und „sie müßten sich der Mehrzahl unterwerfen." (s. vorige Anm.) Als er dies gesagt hatte, zog er sich aus der Versammlung zurück und gab so den Protestanten keine Gelegenheit zur Beratung oder zur Antwort. „Sie schickten eine Deputation an den König ab und baten ihn zurückzukommen, umsonst." Auf ihre Vorstellungen antwortete er einfach: „Die Artikel sind beschlossen; man muß sich unterwerfen." (ebd.)

Die kaiserliche Partei war überzeugt, daß die christlichen Fürsten der Heiligen Schrift anhangen würden, da sie über menschlichen Lehren und Vorschriften stehe; und sie wußten, daß die Annahme dieses Grundsatzes am Ende das Papsttum stürzen würde. Aber wie Tausende seit ihrer Zeit, indem sie nur „auf das Sichtbare" schauten, schmeichelten sie sich, daß die Schwäche auf der Seite der Reformation sei, während die Stärke beim Kaiser und beim Papste liege. Hätten sich die Reformatoren einzig auf ihre menschliche Macht verlassen, so wären sie so hilflos gewesen, wie die Päpstlichen vermuteten. Aber obwohl gering an Zahl und uneins mit Rom, waren sie doch stark. „Vielmehr appellierten sie vom Beschluß des Reichstags an Gottes Wort, von Kaiser Karl an Jesus Christus, den König aller Könige, den Herrn aller Herren." (ebd.)

Da Ferdinand sich geweigert hatte, ihre gewissenhaften Überzeugungen zu berücksichtigen, beschlossen die Fürsten seine Abwesenheit nicht zu beachten, sondern ihren Protest ohne Verzug vor die Nationalversammlung zu bringen. Es wurde deshalb eine feierliche Erklärung entworfen und dem Reichstag unterbreitet: „Wir protestieren durch diese Erklärung vor Gott, unserm einigen Schöpfer, Erhalter, Erlöser und Seligmacher, der einst uns richten wird, und erklären vor allen Menschen und Kreaturen, daß wir für uns und die Unsrigen in keiner Weise dem vorgelegten Dekret beipflichten oder beitreten, und allen den Punkten, die Gott, seinem heiligen Worte, unserem guten Gewissen, unserer Seligkeit ... zuwiderlaufen. ...

Wie sollten wir das Edikt billigen und dadurch erklären, daß, wenn der allmächtige Gott einen Menschen zu seiner Erkenntnis beruft, dieser Mensch nicht die Freiheit hat, diese Erkenntnis anzunehmen! ... Da nur die Lehre, die Gottes Wort gemäß ist, gewiß genannt werden kann, da der Herr eine andere zu lehren verbietet, da jeder Text der Heiligen Schrift durch deutlichere Stellen derselben ausgelegt werden soll, da dieses heilige Buch in allem, was dem Christen not tut, leicht verständlich ist und das Dunkel zu zerstreuen vermag: so sind wir mit Gottes Gnade entschlossen, allein die Predigt des göttlichen Wortes, wie es in den biblischen Büchern des Alten und Neuen Testaments enthalten ist, lauter und rein, und nichts, was dawider ist, aufrechtzuhalten. Dieses Wort ist die einige Wahrheit, die alleinige Richtschnur aller Lehre und alles Lebens und kann nicht fehlen noch trügen. Wer auf diesen Grund baut, besteht gegen alle Mächte der Hölle; alle Menschentorheit, die sich dawiderlegt, verfällt vor Gottes Angesicht. ...

Deshalb verwerfen wir das Joch, das man uns auflegt. ... Wir hoffen, Ihre Kaiserliche Majestät werde als ein christlicher Fürst, der Gott vor allen Dingen liebt, in unserer Sache verfahren, und erklären uns bereit, ihm, wie euch, gnädige Herren, alle Liebe und allen Gehorsam zu erzeigen, was unsere gerechte und gesetzliche Pflicht ist." (ebd.)

Ein tiefer Eindruck wurde auf den Reichstag gemacht. Die Mehrzahl wurde ob der Kühnheit der Protestierenden mit Erstaunen und Bestürzung erfüllt. Die Zukunft erschien ihnen stürmisch und ungewiß. Uneinigkeit, Streit und Blutvergießen schienen unvermeidlich. Die Protestanten aber, von der Gerechtigkeit ihrer Sache überzeugt und sich auf den Arm des Allmächtigen verlassend, „blieben fest und mutig." (ebd.)

„Die in dieser berühmten Protestation ... ausgesprochenen Grundsätze sind der wesentliche Inhalt des Protestantismus. Die Protestation tritt gegen zwei menschliche Mißbräuche in Glaubenssachen auf: gegen die Einmischung der weltlichen Macht und gegen die Willkür des Klerus. Sie setzt an die Stelle der weltlichen Behörde die Macht des Gewissens, und an die Stelle des Klerus die Autorität des Wortes Gottes. Der Protestantismus erkennt die weltliche Gewalt in göttlichen Dingen nicht an und sagt wie die Apostel und Propheten: Man muß Gott mehr gehorchen als den Menschen. Ohne Karls V. Krone anzutasten, hält er die Krone Jesu Christi aufrecht, und noch weitergehend stellt er den Satz auf, daß alle Menschenlehre den Aussprüchen Gottes untergeordnet sein soll." (ebd.) Die Protestierenden hatten ferner ihr Recht geltend gemacht, ihre religiösen Überzeugungen von Wahrheit frei auszusprechen. Sie wollten das, was das Wort Gottes lehrt, nicht nur glauben und befolgen, sondern auch lehren, und sie stellten das Recht der Priester oder Behörden, sich einzumischen, in Abrede. Der Protest zu Speyer war ein feierliches Zeugnis gegen religiöse Unduldsamkeit und eine Behauptung des Rechtes aller Menschen, Gott nach der Vorschrift ihres eigenen Gewissens zu verehren.

Die Erklärung war abgegeben. Sie war in das Gedächtnis von Tausenden geschrieben und in die Bücher des Himmels eingetragen worden, wo keine menschliche Anstrengung sie auslöschen konnte. Das ganze evangelische Deutschland nahm den Protest als Ausdruck seines Glaubens an. Überall erblickten die Menschen in dieser Erklärung den Anfang einer neuen und besseren Zeit. Einer der Fürsten sagte den Protestanten in Speyer: „Der allmächtige Gott, der euch die Gnade verliehen, ihn kräftig, frei und furchtlos zu bekennen, bewahre euch in dieser christlichen Standhaftigkeit bis zum Tage des Gerichts!" (ebd.)

Hätte die Reformation nach einem erfolgreichen Anfang eingewilligt, sich nach den Umständen zu richten, um sich die Gunst der Welt zu erwerben, so wäre sie Gott und sich selbst untreu gewesen und hätte auf diese Weise ihren eigenen Untergang bewirkt. Die Erfahrung jener edlen Reformatoren enthält eine Lehre für alle nachfolgenden Zeiten. Satans Art und Weise, gegen Gott und sein Wort zu wirken, hat sich nicht verändert; er ist noch immer ebenso sehr dagegen, daß die Heilige Schrift zum Führer des Lebens gemacht wird, wie er es im 16. Jahrhundert war. Heutzutage schweift man weit von ihren Lehren und Vorschriften ab, und eine Rückkehr zum protestantischen Grundsatz – die Bibel und nur die Bibel als Regel des Glaubens und der Pflicht – ist notwendig. Satan wirkt noch immer mit allen Mitteln, über die er verfügt, um die Religionsfreiheit zu vernichten. Die Macht, die die Protestierenden in Speyer verwarfen, suchte nun mit erneuerter Kraft die verlorene Oberherrschaft wiederherzustellen. Das gleiche unwandelbare Festhalten am Worte Gottes, das sich in jener Entscheidungsstunde der Reformation bekundete, ist die einzige Hoffnung für eine Reform der Gegenwart.

Die Protestanten erkannten Anzeichen der Gefahr. Es gab aber auch Zeichen, daß die göttliche Hand ausgestreckt war, um die Getreuen zu beschützen. „Kurz vorher hatte Melanchthon seinen Freund Simon Grynäus rasch durch die Stadt an den Rhein geführt mit der Bitte, sich übersetzen zu lassen. Als dieser über das hastige Drängen erstaunt war, erzählte ihm Melanchthon, eine ernste, würdige Greisengestalt, die er nicht gekannt, sei ihm entgegengetreten mit der Nachricht, Ferdinand habe Häscher abgeschickt, um den Grynäus zu verhaften." (ebd.)

Am Tage hatte sich Grynäus über eine Predigt Fabers, eines führenden katholischen Gelehrten, entrüstet; nach der Predigt machte er ihm Vorhaltungen darüber und bat ihn, „die Wahrheit nicht länger zu bekämpfen. Faber hatte seinen Zorn nicht merken lassen, aber sich gleich zum König begeben und von diesem einen Haftbefehl gegen den unbequemen Heidelberger Professor erwirkt. Melanchthon glaubte fest, Gott habe einen Engel vom Himmel gesandt, um seinen Freund zu retten; er blieb am Rhein stehen, bis der Fluß zwischen ihm und seinen Verfolgern war, und als er ihn am entgegengesetzten Ufer angekommen sah, rief er: ‘Endlich ist er denen entrissen, die nach dem Blute der Unschuldigen dürsten!’ Nach Haus zurückgekehrt, erfuhr Melanchthon, daß man unterdessen nach Grynäus in dessen Wohnung gesucht hatte." (ebd.)

Die Reformation sollte vor den Gewaltigen dieser Erde zu noch größerer Bedeutung gelangen. Den evangelischen Fürsten war von König Ferdinand Gehör versagt worden; es sollte ihnen aber eine Gelegenheit geboten werden, ihre Sache in Gegenwart des Kaisers und der gesamten Würdenträger des Staates und der Kirche vorzulegen. Um den Zwiespalt, der das Reich beunruhigte, beizulegen, rief Karl V. im folgenden Jahr nach dem Protest von Speyer zu Augsburg einen Reichstag zusammen und gab bekannt, daß er die Absicht habe, persönlich den Vorsitz zu führen. Dorthin wurden die Leiter der Protestanten vorgeladen.

Angesichts der drohenden Gefahren stellten die Gönner der Reformation ihre Sache Gott anheim und gelobten, am Evangelium festzuhalten. Der Kurfürst von Sachsen wurde von seinen Räten gedrängt, nicht auf dem Reichstag zu erscheinen; denn der Kaiser verlange nur die Anwesenheit der Fürsten, um sie in eine Falle zu locken. Es sei „ein Wagnis, sich mit einem so mächtigen Feinde in dieselben Mauern einzuschließen." (ebd., 14. Buch, 2. Kap., S. 110.)

Doch andere erklärten hochherzig, „die Fürsten sollen Mut haben, und Gottes Sache werde gerettet." (ebd.) Luther sagte: „Gott ist treu – und wird uns nicht lassen." (ebd.) Der Kurfürst und sein Gefolge begaben sich auf den Weg nach Augsburg. Alle kannten die Gefahren, die ihm drohten, und viele gingen mit düsteren Blicken und beunruhigten Herzens einher. Doch Luther, der sie bis Coburg begleitete, belebte ihren sinkenden Glauben aufs Neue, indem er ihnen das auf jener Reise geschriebene Lied: „Ein' feste Burg ist unser Gott" vorsang. Manche bange Ahnung wurde verscheucht, manches schwere Herz beim Schall des begeisternden Liedes leichter.

Die reformierten Fürsten hatten beschlossen, eine Darlegung ihrer Ansichten in systematischer Zusammenstellung mit Beweisstellen aus der Heiligen Schrift auszuarbeiten, um sie dem Reichstag vorzulegen; und die Aufgabe dieser Bearbeitung wurde Luther, Melanchthon und ihren Gefährten übertragen. Das auf diese Weise hergestellte Glaubensbekenntnis wurde von den Protestanten als eine Darstellung ihres Glaubens angenommen, und sie versammelten sich, um dem wichtigen Schriftstück ihre Unterschriften beizufügen. Es war eine ernste Zeit der Prüfung. Die Reformatoren waren ängstlich darauf bedacht, daß ihre Sache nicht mit politischen Fragen verwechselt werde; sie fühlten, daß die Reformation keinen anderen Einfluß ausüben sollte als den, der vom Worte Gottes ausgeht. Als die christlichen Fürsten vortraten, um die Konfession zu unterzeichnen, trat Melanchthon dazwischen und sprach: „Die Theologen, die Diener Gottes, müssen das vorlegen, und das Gewicht der Großen der Erde muß man für andere Dinge aufsparen." „Gott gebe," antwortete Johann von Sachsen, „daß ihr mich nicht ausschließet, ich will tun, was recht ist, unbekümmert um meine Krone; ich will den Herrn bekennen. Das Kreuz Jesu Christi ist mehr wert als mein Kurhut und mein Hermelin." (ebd., 6. Kap., S. 147 f.) Als er dies gesagt, schrieb er seinen Namen nieder. Ein anderer Fürst sprach, als er die Feder ergriff: „Wo es um die Ehre meines Herrn Jesus Christus geht, bin ich bereit, Gut und Leben aufzugeben. ... Ehe ich eine andere Lehre als die, die in der Konfession enthalten ist, annehme, will ich lieber Land und Leute aufgeben, und mit dem Stabe in der Hand aus meiner Väter Heimat auswandern." (ebd.) Derart war der Glaube und die Unerschrockenheit dieser Gottesmänner.

Die festgesetzte Zeit, vor dem Kaiser zu erscheinen, kam. Karl V., auf seinem Thron sitzend, umgeben von den Kurfürsten und Fürsten, schenkte den protestantischen Reformatoren Gehör. Das Bekenntnis ihres Glaubens wurde verlesen. In jener erhabenen Versammlung wurden die Wahrheiten des Evangeliums klar dargelegt und die Irrtümer der päpstlichen Kirche bloßgestellt. Mit Recht ist jener Tag als der „größte der Reformation, einer der schönsten in der Geschichte des Christentums und der Menschheit" (ebd., 7. Kap. S. 156 f.) bezeichnet worden.

Nur wenige Jahre waren vergangen, seit der Mönch von Wittenberg in Worms allein vor dem Reichstag gestanden hatte. Nun standen an seiner Stelle die edelsten und mächtigsten Fürsten des Kaiserreiches. Es war Luther untersagt worden, in Augsburg zu erscheinen; aber er war mit seinen Worten und Gebeten zugegen gewesen. „Ich bin über alle Maßen froh," schrieb er, „daß ich bis zu der Stunde gelebt habe, in der Christus durch solche Bekenner vor solcher Versammlung in einem herrlichen Bekenntnisse verkündigt worden ist." (ebd.) Hierin ist erfüllt, was die Schrift sagt: „Ich rede von deinen Zeugnissen vor Königen!" (Ps. 119,46)

In den Tagen Pauli war das Evangelium, um deswillen er in Gefangenschaft war, auf diese Weise vor die Fürsten und Edlen der kaiserlichen Stadt gebracht worden. So wurde bei diesem Anlaß das, was der Kaiser auf der Kanzel zu predigen untersagt hatte, im Palast verkündigt; was von vielen angesehen worden war, als sei es sogar für die Dienerschaft unpassend anzuhören, wurde nun von den Herrschern und Herren des Reiches mit Verwunderung vernommen. Könige und große Männer waren die Zuhörer, gekrönte Fürsten die Prediger, und die Predigt war die königliche Wahrheit Gottes. Ein Zeitgenosse, Mathesius, sagte, „seit den Aposteln habe es kein größer und höher Werk gegeben." (ebd., 7. Kap. S. 156 f.)

„Was die Lutheraner vorgelesen haben, ist wahr, es ist die reine Wahrheit, wir können es nicht leugnen," erklärte ein päpstlicher Bischof. „Könnet ihr das vom Kurfürsten abgefaßte Bekenntnis mit guten Gründen widerlegen?" fragte ein anderer den Dr. Eck. „Nicht mit den Schriften der Apostel und Propheten," antwortete Dr. Eck, „aber wohl mit denen der Väter und Konzilien." – „Also sind die Lutheraner," entgegnete der Fragende, „in der Schrift, und wir daneben." (D'Aubigné, 8. Kap. S. 167.) Einige der Fürsten Deutschlands waren für den reformierten Glauben gewonnen worden. Der Kaiser selbst erklärte, daß die protestantischen Artikel die reine Wahrheit seien. Die Konfession wurde in viele Sprachen übersetzt und in ganz Europa verbreitet, und sie ist in den nachfolgenden Geschlechtern von Millionen als Ausdruck ihres Glaubens angenommen worden.

Gottes treue Bauleute arbeiteten nicht allein. Während sie es „mit Mächtigen und Gewaltigen, nämlich mit den Herren der Welt, die in dieser Finsternis herrschen, mit den bösen Geistern unter dem Himmel" (Eph. 6,12), die sich gegen sie verbanden, zu tun hatten, verließ der Herr sein Volk nicht. Wären ihre Augen geöffnet gewesen, so hätten sie ebenso deutliche Beweise der Gegenwart und Hilfe Gottes gesehen, wie sie den Propheten vor alters gewährt wurde. Als Elisas Knecht seinen Meister auf das sie umgebende feindliche Heer aufmerksam machte, das jede Gelegenheit zum Entrinnen abschnitt, betete der Prophet: „Herr, öffne ihm die Augen, daß er sehe." (2. Kön. 6,17) Und siehe, der Berg war voll Kriegswagen und feuriger Rosse; das Heer des Himmels stand da, um den Mann Gottes zu beschützen. So bewachten auch Engel die Arbeiter in der Sache der Reformation.

Einer der von Luther am entschlossensten behaupteten Grundsätze war, daß bei Unterstützung der Reformation keine Zuflucht zur weltlichen Macht genommen werden solle, und daß keine Forderung an ihre Waffen gestellt werden sollte, um sie zu verteidigen. Er freute sich, daß das Evangelium von Fürsten des Reiches bekannt worden war; doch als sie vorschlugen, sich in einem Verteidigungsbund zu vereinen, „wollte Luther die evangelische Lehre nur von Gott allein verteidigt wissen, je weniger die Menschen sich darein mischen, desto herrlicher werde Gottes Dazwischenkunft sich offenbaren. Alle Umtriebe, wie die beabsichtigten, deuteten ihm auf feige Ängstlichkeit und strafbares Mißtrauen." (D'Aubigné, 10. Buch, 14. Kap. S. 187 f., Stuttgart.)

Als mächtige Feinde sich vereinten, um den reformierten Glauben zu Fall zu bringen, und sich Tausende von Schwertern gegen ihn zu erheben schienen, schrieb Luther: „Satan läßt seine Wut aus, gottlose Pfaffen verschwören sich, man bedroht uns mit Krieg. Ermahne das Volk weiter zu kämpfen vor Gottes Thron mit Glauben und Gebet, so daß unsere Feinde vom Geiste Gottes besiegt, zum Frieden gezwungen werden. Das erste, was not tut, die erste Arbeit, ist das Gebet: angesichts der Schwerter und der Wut Satans hat das Volk nur eins zu tun: es muß beten." (ebd.)

Wiederum, bei einem späteren Anlaß, auf den von den protestantischen Fürsten beabsichtigten Bund bezugnehmend, erklärte Luther, daß die einzige in diesem Streite anzuwendende Waffe „das Schwert des Geistes" sei. Er schrieb an den Kurfürsten von Sachsen: „Wir mögen in unserem Gewissen solch Verbündnis nicht billigen. Wir möchten lieber zehnmal tot sein denn solche Genossen haben, daß unser Evangelium sollte Ursach gewesen sein einiges Bluts. Wir sollen wie die Schlachtschafe gerechnet sein. Es muß ja Christi Kreuz getragen sein. Euer Kurfürstliche Gnaden seien getrost und unerschrocken, wir wollen mit Beten mehr ausrichten, denn sie mit all ihrem Trotzen. Allein daß wir unsere Hände rein von Blut behalten, und wo der Kaiser mich und die anderen forderte, so wollen wir erscheinen. Euer Kurfürstliche Gnaden soll weder meinen noch eines anderen Glauben verteidigen, sondern ein jeder soll auf sein eigen Fahr glauben." (ebd., 14. Buch, 1. Kap. S. 104.)

Aus dem Gebetskämmerlein kam die Macht, die in der großen Reformation die Welt erschütterte. Dort setzten die Knechte Gottes mit heiliger Ruhe ihre Füße auf den Felsen seiner Verheißungen. Während des Kampfes in Augsburg verfehlte Luther nicht, täglich „drei Stunden dem Gebet zu widmen; und zwar zu einer Zeit, die dem Studium am günstigsten gewesen wäre." (ebd., 6. Kap. S. 152 f.) In der Zurückgezogenheit seiner Kammer konnte man ihn seine Seele in Worten vor Gott ausgießen hören „mit solchem Glauben und Vertrauen, ... als ob er mit seinem Freund und Vater rede. 'Ich weiß,' sagte der Reformator, 'daß du unser Vater und unser Gott bist, daß du die Verfolger deiner Kinder zerstreuen wirst, denn du selbst bist mit uns in der Gefahr. Diese ganze Sache ist dein, nur weil du sie gewollt hast, haben wir sie unternommen. Schütze du uns, o Herr!'" (ebd.) An Melanchthon, der unter der Last der Sorge und Furcht niedergedrückt war, schrieb er: „Gnade und Friede in Christus! in Christus, sage ich, nicht in der Welt. Amen. Ich hasse deine Besorgnisse, die dich, wie du schreibst, verzehren, gewaltig. Wenn die Sache falsch ist, so wollen wir widerrufen; wenn sie gerecht ist, weshalb machen wir den, der uns ruhig schlafen heißt, bei so vielen Verheißungen zum Lügner? ... Christus entzieht sich nicht der Sache der Gerechtigkeit und Wahrheit; er lebt und regiert, und welche Angst können wir noch haben?'" (ebd.)

Gott hörte das Schreien seiner Diener. Er gab den Fürsten und Predigern Gnade und Mut, die Wahrheit den Herrschern der Finsternis dieser Welt gegenüber zu behaupten. Es sagt der Herr: „Siehe, ich lege in Zion einen auserwählten, kostbaren Eckstein; und wer an ihn glaubt, der soll nicht zuschanden werden." (1. Petr. 2,6) Die protestantischen Reformatoren hatten auf Christus gebaut, und die Pforten der Hölle konnten sie nicht überwältigen.

12 Die Reformation in Frankreich

Dem Protest zu Speyer und der Konfession zu Augsburg, die den Sieg der Reformation in Deutschland ankündigten, folgten Jahre des Kampfes und der Finsternis. Geschwächt durch Uneinigkeiten unter ihren Verteidigern und von gewaltigen Feinden bestürmt, schien dem Protestantismus bestimmt zu sein, vollständig vernichtet zu werden. Tausende besiegelten ihr Zeugnis mit ihrem Blut. Bürgerkriege brachen aus, und die protestantische Sache wurde von einem ihrer vornehmsten Anhänger verraten, die edelsten der reformierten Fürsten fielen in die Hände des Kaisers und wurden als Gefangene von Stadt zu Stadt geschleppt. Aber im Augenblick seines scheinbaren Sieges erlitt der Kaiser eine schwere Niederlage. Er sah die Beute seinen Händen entrissen und war schließlich gezwungen, den Lehren, deren Vernichtung er sich zur Lebensaufgabe gestellt hatte, Duldung zu gewähren. Er hatte sein Reich, seine Schätze und selbst sein Leben aufs Spiel gesetzt, um die Ketzerei zu vertilgen. Jetzt sah er seine Heere durch Schlachten aufgerieben, seine Schätze erschöpft, die vielen Teile seines Reiches von Empörung bedroht, während sich der Glaube, den er vergebens zu unterdrücken versucht hatte, überall ausbreitete. Karl V. hatte gegen die Macht des Allmächtigen gekämpft. Gott hatte gesagt: Es werde Licht; aber der Kaiser hatte danach getrachtet, die Finsternis unerhellt zu erhalten. Seine Absichten waren fehlgeschlagen, und in frühem Alter, erschöpft von dem langen Kampf, entsagte er dem Thron und zog sich in ein Kloster zurück, wo er nach zwei Jahren starb.

In der Schweiz und auch in Deutschland kamen dunkle Tage für die Reformation. Während viele Kantone den reformierten Glauben annahmen, hingen andere mit blinder Beharrlichkeit an dem Glaubensbekenntnis Roms und verfolgten die, welche die Wahrheit annehmen wollten, wodurch schließlich ein Bürgerkrieg entstand. Zwingli und viele, die sich mit ihm in der Reformation verbunden hatten, fielen auf dem blutigen Schlachtfeld von

Kappel. Ökolampad, von diesem furchtbaren Mißgeschick überwältigt, starb bald darauf. Rom jubelte und schien an vielen Orten alles, was es verloren hatte, wiederzugewinnen. Der aber, dessen Ratschlüsse von Ewigkeit her sind, hatte weder seine Sache noch sein Volk verlassen. Seine Hand brachte ihnen Befreiung. Er hatte schon in anderen Ländern Arbeiter erweckt, um die Reformation weiterzuführen.

In Frankreich hatte der Tag bereits zu dämmern begonnen, ehe man von dem Reformator Luther etwas vernommen hatte. Einer der ersten, der das Licht erfaßte, war der bejahrte Lefèvre (Faber Stapulensis), ein Mann von umfassender Gelehrsamkeit, Professor an der Universität von Paris, ein aufrichtiger und eifriger Anhänger des Papsttums. Bei seinen Forschungen in der alten Literatur wurde er auf die Bibel aufmerksam gemacht, und er führte ihr Studium bei seinen Studenten ein.

Lefèvre war ein eifriger Verehrer der Heiligen und hatte es unternommen, eine Geschichte der Heiligen und Märtyrer nach den Legenden der Kirche zu verfassen. Dies war eine mühsame Arbeit, und er hatte darin bereits bedeutende Fortschritte gemacht, als er mit dem Gedanken, daß die Bibel ihm gute Dienste leisten könne, sie in dieser Absicht zu erforschen begann. Hier fand er in der Tat Heilige beschrieben, aber nicht solche, wie der römische Kalender sie darstellte. Eine Flut göttlichen Lichtes erleuchtete seinen Verstand. Mit Erstaunen und Widerwillen wandte er sich von seiner geplanten Aufgabe ab und widmete sich dem Worte Gottes. Bald fing er an, die köstlichen, darin gefundenen Wahrheiten zu lehren.

Im Jahre 1512, noch ehe Luther oder Zwingli das Werk der Reformation angefangen hatten, schrieb Lefèvre: „Gott allein gibt uns die Gerechtigkeit durch den Glauben, rechtfertigt uns allein durch seine Gnade zum ewigen Leben." (D'Aubigné, 12. Buch, 2. Kap., S. 290f., Stuttgart.) Sich in die Geheimnisse der Erlösung vertiefend, rief er aus: „O wunderbarer Austausch: die Unschuld wird verurteilt, der Schuldige freigesprochen; der Gesegnete verflucht, der Verfluchte gesegnet, das Leben stirbt, der Tote erhält das Leben; die Ehre ist mit Schmach bedeckt, der Geschmähte wird geehrt." (ebd.)

Und während er lehrte, daß die Ehre der Erlösung nur Gott zukomme, erklärte er auch, daß die Pflicht des Gehorsams dem Menschen obliege. „Bist du der Kirche Christi angehörig," sagte er, „so bist du ein Glied am Leibe Christi und als solches mit Göttlichkeit erfüllt. ... Wenn die Menschen dieses Vorrecht begriffen, so würden sie sich rein, keusch und heilig halten, alle Ehre dieser Welt für eine Schmach achten, im Vergleich zu der inneren Herrlichkeit, die den fleischlichen Augen verborgen ist." (ebd.)

Unter Lefèvres Schülern befanden sich etliche, die eifrig seinen Worten lauschten und die lange, nachdem die Stimme des Lehrers zum Schweigen gebracht worden war, fortfahren sollten, die Wahrheit zu verkündigen. Zu diesen gehörte Wilhelm Farel. Der Sohn frommer Eltern und erzogen, die Lehren der Kirche mit unbedingtem Glauben anzunehmen, hätte er mit dem Apostel Paulus von sich selbst erklären können: „Nach der allerstrengsten Richtung unseres Glaubens habe ich gelebt als Pharisäer." (Apg. 26,5) Als ergebener Anhänger Roms brannte er vor Eifer, alle, die es wagten, sich der Kirche zu widersetzen, zu vernichten. „Ich knirschte mit den Zähnen wie ein wütender Wolf, wenn sich irgendeiner gegen den Papst äußerte", (Wylie, 2. Bd., 2. Kap., S. 129, London) sagte er später über diesen Abschnitt seines Lebens. Er war unermüdlich gewesen in seiner Verehrung der Heiligen und hatte gemeinschaftlich mit Lefèvre die Runde in den Kirchen gemacht, wo er an den Altären anbetete und die Heiligenschreine mit Gaben schmückte. Aber diese äußerliche Frömmigkeit konnte ihm keinen Seelenfrieden verschaffen. Ein Bewußtsein der Sünde, das alle Bußübungen, die er sich auferlegte, nicht verbannen konnten, bemächtigte sich seiner. Wie auf eine Stimme vom Himmel lauschte er auf die Worte des Reformators: „Das Heil ist aus Gnaden; der Unschuldige wird verurteilt, der Schuldige freigesprochen." „Das Kreuz Christi allein öffnet den Himmel, schließt allein das Tor der Hölle." (ebd. siehe auch D'Aubigné, 12. Buch, 3. Kap. S. 294.)

Freudig nahm Farel die Wahrheit an. Durch eine Bekehrung, die der des Paulus ähnlich war, wandte er sich von der Knechtschaft menschlicher Satzungen zu der Freiheit der Kinder Gottes und „war so umgewandelt, daß er nicht mehr die Mordlust eines wilden Wolfes hatte, sondern einem sanften Lamme glich, nachdem er sich vom Papst entfernt und ganz Christus hingegeben hatte." (ebd., S. 295.)

Während Lefèvre fortfuhr, das Licht unter seinen Schülern auszubreiten, trat Farel, der in dem Werk Christi ebenso eifrig war wie ehedem in jenem des Papstes, öffentlich auf, um die Wahrheit zu verkündigen. Ein Würdenträger der Kirche, der Bischof von Meaux, schloß sich bald darauf ihnen an; andere Lehrer, die wegen ihrer Fähigkeiten und ihrer Gelehrsamkeit hohes Ansehen genossen, vereinten sich mit ihnen in der Verkündigung des Evangeliums, und sie gewannen Anhänger unter allen Ständen, von der Wohnung des Handwerkers und des Bauern an bis zum Palast des Königs. Die Schwester Franz I., der damals auf dem Thron saß, nahm den reformierten Glauben an. Der König und die Königinmutter schienen ihm eine Zeitlang wohlwollend gegenüberzustehen, und mit großen Hoffnungen sahen die Reformatoren der Zeit entgegen, da Frankreich für das Evangelium gewonnen sein würde.

Aber ihre Hoffnungen sollten sich nicht erfüllen. Prüfungen und Verfolgungen standen den Jüngern Christi bevor, obgleich sie vor ihren Augen gnädig verhüllt waren. Eine Zeit des Friedens trat ein, auf daß sie Kraft gewönnen, dem Sturme zu begegnen, und die Reformation machte rasche Fortschritte. Der Bischof von Meaux bemühte sich eifrig in seiner Diözese, sowohl die Geistlichen als auch das Volk zu unterweisen. Ungebildete oder unsittliche Priester wurden entlassen, und soweit wie möglich durch Männer von Bildung und Frömmigkeit ersetzt. Der Bischof wünschte sehr, daß seine Leute selbst Zugang zum Worte Gottes haben möchten, und dies wurde bald erreicht. Lefèvre unternahm die Übersetzung des Neuen Testaments, und gerade zur selben Zeit, als Luthers deutsche Bibel in Wittenberg die Presse verließ, wurde zu Meaux das französische Neue Testament veröffentlicht. Der Bischof sparte weder Mühe noch Ausgaben, um es in seinen Pfarreien zu verbreiten, und bald waren die Bauern von Meaux im Besitz der Heiligen Schrift.

Wie der vor Durst verschmachtende Reisende mit Freuden eine sprudelnde Wasserquelle begrüßt, so nahmen diese Seelen die Botschaft des Himmels auf. Die Arbeiter auf dem Felde und die Handwerker in ihren Werkstätten erleichterten sich die tägliche Arbeit, indem sie von den köstlichen Wahrheiten der Bibel redeten. Statt am Abend ins Wirtshaus zu gehen, versammelten sie sich in ihren Wohnungen, um das Wort Gottes zu lesen und sich in Gebet und Lobpreisungen zu vereinen. Bald machte sich in diesen Gemeinden eine große Veränderung bemerkbar. Obwohl sie der bescheidensten Klasse angehörten, ungebildet waren und schwere Landarbeit verrichteten, wurde doch die umgestaltende, erhebende Kraft der göttlichen Gnade in ihrem Leben sichtbar. Demütig, liebend und heilig standen sie als Zeugen ihres Glaubens da, eine Haltung die das Evangelium für alle vollbringt, die es aufrichtig annehmen.

Das zu Meaux angezündete Licht ließ seine Strahlen weit hinausleuchten. Täglich nahm die Zahl der Neubekehrten zu. Die Wut der Priesterherrschaft wurde vom König, der den engherzigen, blinden Eifer der Mönche verachtete, eine Zeitlang im Zaum gehalten; aber schließlich gewannen die päpstlichen Führer die Oberhand. Nun wurde der Scheiterhaufen aufgerichtet. Der Bischof von Meaux, der gezwungen wurde, zwischen dem Feuer und dem Widerruf zu wählen, wählte den leichteren Weg. Aber obwohl der Anführer fiel, blieb die Herde doch standhaft. Viele legten inmitten der Flammen Zeugnis für die Wahrheit ab. Durch ihren Mut und ihre Treue auf dem Scheiterhaufen sprachen diese demütigen Christen zu tausenden Menschen, die in den Tagen des Friedens ihr Zeugnis nie vernommen hätten.

Nicht nur die Niedrigen und die Armen wagten es, inmitten von Spott und Leiden Zeugnis für Christus abzulegen. In den fürstlichen Gemächern der Schlösser und Paläste gab es edle Seelen, denen die Wahrheit mehr wert war als Reichtum und Rang, ja sogar als das Leben. Die ritterliche Rüstung barg einen erhabeneren und standhafteren Geist als der Bischofsmantel und die Bischofsmütze. Ludwig von Berquin war von adliger Abkunft, ein tapferer höfischer Ritter, dem Studium zugetan, von feiner Lebensart und tadellosen Sitten. „Er war," sagt ein Schriftsteller, „ein höchst eifriger Beobachter aller päpstlichen Einrichtungen, wohnte aufs genaueste allen Messen und Predigten bei ... und setzte allen seinen übrigen Tugenden dadurch die Krone auf, daß er das Luthertum ganz besonders verabscheute." Doch gleich vielen anderen, die von der göttlichen Vorsehung zum Studium der Bibel geführt wurden, war er erstaunt, hier nicht etwa „die Satzungen Roms, sondern die Lehren Luthers" (Wylie, 13. Buch, 9. Kap., S. 159.) zu finden und widmete sich von nun an ganz der Sache des Evangeliums.

Als „den Gelehrtesten und den Adeligen" Frankreichs hielten viele Berquin wegen seiner Gaben und seiner Beredsamkeit, seines unbezwingbaren Mutes und seines Heldeneifers, seines Einflusses bei Hofe – denn er war ein Günstling des Königs – zum Reformator seines Vaterlandes bestimmt. Beza sagte, daß Berquin ein zweiter Luther gewesen wäre, wenn er in Franz I. einen zweiten Kurfürsten gefunden hätte. „Er ist schlimmer als Luther," (ebd.), schrieen die päpstlichen Anhänger; sicherlich fürchteten sie ihn mehr. Sie warfen ihn als Ketzer ins Gefängnis, aber er wurde vom König wieder freigelassen. Jahrelang zog sich der Kampf hin. Franz, zwischen Rom und der Reformation schwankend, duldete und zügelte abwechselnd den grimmigen Eifer der Mönche. Dreimal wurde Berquin von den päpstlichen Behörden eingekerkert, jedoch von dem Monarchen, der sich in Bewunderung seiner Geistesgaben und seines edlen Charakters weigerte, ihn der Bosheit der Priesterherrschaft preiszugeben, wieder in Freiheit gesetzt.

Berquin wurde wiederholt vor der ihm in Frankreich drohenden Gefahr gewarnt, und man drang auf ihn ein, den Schritten derer zu folgen, die in einem freiwilligen Exil Sicherheit gefunden hatten. Der furchtsame, unbeständige Erasmus, der trotz all seiner glänzenden Gelehrsamkeit jener moralischen Größe ermangelte, die das Leben und die Ehre der Wahrheit unterordnet, schrieb an Berquin: „Halte darum an, als Gesandter ins Ausland geschickt zu werden. Bereise Deutschland. Du kennst Beda und seinesgleichen – er ist ein tausendköpfiges Ungeheuer, das Gift nach allen Seiten ausspeit. Deine Feinde heißen Legion. Selbst wenn deine Sache besser wäre als Jesu Christi, so würden sie dich nicht gehen lassen, bis sie dich elendiglich umgebracht haben. Verlasse dich nicht allzusehr auf den Schutz des Königs. Auf jeden Fall bringe mich nicht in Ungelegenheiten bei der theologischen Fakultät." (ebd.)

Doch als sich die Gefahren häuften, wurde Berquins Eifer um so größer. Weit davon entfernt, auf die weltklugen und eigennützigen Pläne des Erasmus einzugehen, entschloß er sich zu noch kühneren Maßnahmen. Er wollte nicht nur zur Verteidigung der Wahrheit auftreten, sondern auch den Irrtum angreifen. Die Anschuldigung der Ketzerei, welche die Katholiken gegen ihn geltend zu machen suchten, wandte er gegen sie. Die tätigsten und erbittertsten seiner Gegner waren die gelehrten Doktoren und Mönche der theologischen Fakultät der großen Universität Paris, eine der höchsten kirchlichen Autoritäten sowohl für die Stadt als auch für die Nation. Den Schriften dieser Doktoren entnahm Berquin zwölf Sätze, die er öffentlich als der Heiligen Schrift zuwiderlaufend und ketzerisch erklärte; und er wandte sich an den König mit der Bitte, in der Sache zu entscheiden.

Der Monarch, der nicht abgeneigt war, die Kraft und den Scharfsinn der sich bekämpfenden Führer zu messen, freute sich, eine Gelegenheit zu haben, den Hochmut dieser stolzen Mönche zu demütigen, und gebot ihnen, ihre Sache mit der Bibel zu verteidigen. Diese Waffe, wie sie wohl wußten, konnte ihnen wenig helfen; Einkerkerung, Marterqualen und der Scheiterhaufen waren Waffen, die sie besser zu gebrauchen verstanden. Jetzt hatte sich die Lage gewendet, und sie waren nahe daran, selbst in die Grube zu fallen, in die sie Berquin stürzen wollten. Ratlos sahen sie nach einem Ausweg, wie sie entkommen könnten.

Um diese Zeit war ein an einer Straßenecke angebrachtes Standbild der Jungfrau [Maria] verstümmelt worden. In der Stadt herrschte große Aufregung. Scharenweise strömte das Volk zu der Stätte und gab seinem Bedauern und seiner Entrüstung Ausdruck. Auch der König war tief betroffen. Hier bot sich eine Gelegenheit, aus der die Mönche einen großen Vorteil ziehen konnten, und sie ließen es nicht lange anstehen. „Dies sind die Früchte der Lehren Berquins", riefen sie. „Alles geht seinem Umsturz entgegen – die Religion, die Gesetze, ja selbst der Thron – infolge dieser lutherischen Verschwörung." (ebd.)

Wiederum wurde Berquin gefangengenommen. Der König verließ Paris, und so hatten die Mönche Freiheit, nach eigenem Willen zu handeln. Der Reformator wurde verhört und zum Tode verurteilt, und damit Franz zuletzt nicht noch einschreite, ihn zu retten, wurde das Urteil am gleichen Tage, da es ausgesprochen wurde, vollzogen. Um die Mittagsstunde führte man Berquin zum Richtplatz. Eine ungeheure Menschenmenge hatte sich versammelt, um die Hinrichtung zu sehen, und viele erkannten mit Staunen und Besorgnis, daß das Opfer den besten und tapfersten Adelsfamilien Frankreichs angehörte. Bestürzung, Entrüstung, Verachtung und bitterer Haß verfinsterten die Angesichter jener wogenden Menge; aber auf einem Antlitz ruhte kein Schatten. Die Gedanken des Märtyrers weilten weit ab von jenem Schauplatz der Aufregung; er war sich nur der Gegenwart seines Herrn bewußt.

Der elende Sturzkarren, auf dem er saß, die düsteren Gesichtszüge seiner Verfolger, der schreckliche Tod, dem er entgegenging – all dies beachtete er nicht. Er, der da lebt und war tot und ist lebendig von Ewigkeit zu Ewigkeit, und der die Schlüssel der Hölle und des Todes hat, war ihm zur Seite. Berquins Antlitz erstrahlte von himmlischem Frieden und Licht. „Er war mit einem Samtrock sowie mit Gewändern von Atlas und Damast angetan und trug goldgestickte Beinkleider." (D'Aubigné, Gesch. der Reform. zu den Zeiten Calvins, 2. Buch, 16. Kap.) Er stand im Begriff, seinen Glauben in Gegenwart des Königs aller Könige und vor dem ganzen Weltall zu bekennen, und kein Anzeichen der Trauer sollte seine Freude Lügen strafen.

Als der Zug sich langsam durch die gedrängten Straßen bewegte, nahm das Volk mit Bewunderung den unumwölkten Frieden, die freudige Siegesgewissheit seiner Blicke und seiner Haltung wahr. „Er ist," sagten einige, „wie einer, der in einem Tempel sitzt und über heilige Dinge nachdenkt." (Wylie, 13. Buch, 9. Kap.)

Auf dem Scheiterhaufen versuchte Berquin einige Worte an die Menge zu richten, aber die Mönche, die Folgen befürchtend, begannen zu schreien, und die Soldaten klirrten mit ihren Waffen, so daß der Lärm die Stimme des Märtyrers übertönte. „Auf diese Weise setzte im Jahre 1529 die höchste gelehrte und kirchliche Autorität in dem gebildeten Paris der Bevölkerung von 1793 das gemeine Beispiel, auf dem Schafott die ehrwürdigen Worte eines Sterbenden zu ersticken." (Wylie, 13. Buch, 9. Kap.)

Berquin wurde erdrosselt und sein Leichnam den Flammen übergeben. Die Kunde von seinem Tode verursachte in ganz Frankreich unter den Freunden der Reformation Trauer; aber sein Beispiel war nicht vergebens. „Wir wollen," sagten die Wahrheitszeugen, „mit gutem Mut dem Tod entgegengehen, indem wir unsern Blick nach dem jenseitigen Leben richten." (D'Aubigné, ebd., 2. Buch, 16. Kap.)

Während der Verfolgung in Meaux wurde den Lehrern des reformierten Glaubens das Recht zu predigen entzogen, und sie begaben sich in andere Gebiete. Lefèvre machte sich bald auf den Weg nach Deutschland. Farel kehrte in seine Geburtsstadt im östlichen Frankreich zurück, um das Licht in der Heimat seiner Kindheit zu verbreiten. Dort waren bereits die Vorgänge von Meaux bekannt geworden, und es fanden sich Zuhörer, als er die Wahrheit mit unerschrockenem Eifer lehrte. Die Behörden jedoch fühlten sich veranlaßt, ihn zum Schweigen zu bringen, und er wurde aus der Stadt verwiesen. Wenn er nun auch nicht länger öffentlich arbeiten konnte, durchzog er doch die Ebenen und Dörfer, lehrte in Privatwohnungen und auf einsam gelegenen Wiesen und fand Schutz in den Wäldern und felsigen Höhlen, die in seiner Jugend seine Schlupfwinkel gewesen waren. Gott bereitete ihn für größere Prüfungen vor. „Kreuz und Verfolgung und die Umtriebe Satans," sagte er, „haben mir nicht gefehlt; sie sind stärker gewesen, als daß ich aus eigener Kraft sie hätte aushalten können; aber Gott ist mein Vater, er hat mir alle nötige Kraft verliehen und wird es ferner tun." (D'Aubigné, 12. Buch, 9. Abschn., S. 344.)

Wie in den apostolischen Tagen war die Verfolgung „nur mehr zur Förderung des Evangeliums geraten." (Phil. 1,12) Von Paris und Meaux waren sie vertrieben worden, und „die nun zerstreut waren, zogen umher und predigten das Wort." (vgl. Apg. 8,4)

Auf diese Weise fand das Licht seinen Weg in viele der entlegensten Provinzen Frankreichs.

Gott bereitete noch immer Arbeiter vor, seine Sache auszudehnen. In einer Schule zu Paris war ein tiefsinniger, ruhiger Jüngling, der bereits Beweise eines gewaltigen, durchdringenden Verstandes gab und sich nicht weniger durch die Reinheit seines Lebens als durch vernünftigen Eifer und religiöse Hingabe auszeichnete. Seine Talente und sein Fleiß machten ihn bald zum Stolz der Schule, und man sagte sich zuversichtlich, daß Johannes Calvin einer der tüchtigsten und geehrtesten Verteidiger der Kirche werden würde. Aber ein Strahl göttlichen Lichtes drang sogar durch die Mauern der Schulweisheit und des Aberglaubens, von denen Calvin umgeben war. Mit Schaudern hörte er von den neuen Lehren, ohne den geringsten Zweifel zu hegen, daß die Ketzer das Feuer, dem sie übergeben wurden, völlig verdienten. Ganz unwissentlich jedoch wurde er der Ketzerei unmittelbar gegenübergestellt und gezwungen, die Macht der päpstlichen Theologie zu prüfen, um die protestantischen Lehren zu bekämpfen.

Ein Vetter Calvins, der sich den Reformatoren angeschlossen hatte, befand sich in Paris. Die beiden Verwandten trafen sich oft und besprachen miteinander die Angelegenheiten, welche die Christenheit beunruhigten. „Es gibt nur zwei Religionen in der Welt," sagte Olivetan, der Protestant, „die eine ist die, welche die Menschen erfunden haben und nach der die Menschen sich durch Zeremonien und gute Werke retten; die andere ist die eine Religion, welche in der Bibel offenbart wird und lehrt, daß die Menschen nur selig werden können durch die freie Gnade Gottes."

„Weg mit euren neuen Lehren!" rief Calvin aus; „bildet ihr euch ein, daß ich mein ganzes Leben lang im Irrtum gewesen bin?" (Wylie, 13. Buch, 7. Kap.)

Aber in seinem Geist waren Gedanken erweckt worden, die er nicht willkürlich verbannen konnte. In der Einsamkeit seiner Kammer dachte er über die Worte seines Vetters nach. Ein

Bewußtsein der Sünde bemächtigte sich seiner; er sah sich ohne Mittler in der Gegenwart eines heiligen und gerechten Richters. Die Vermittlung der Heiligen, gute Werke, die Zeremonien der Kirche waren alle machtlos, Genugtuung für die Sünde zu leisten. Er konnte nichts vor sich sehen als das Dunkel ewiger Verzweiflung. Vergebens bemühten sich die Gelehrten der Kirche, seiner Angst abzuhelfen. Umsonst nahm er seine Zuflucht zu Beichte und Bußübungen, aber sie konnten seine Seele nicht mit Gott versöhnen.

Während Calvin diese vergeblichen Kämpfe durchmachte, kam er eines Tages wie von ungefähr an einen der öffentlichen Plätze und wurde dort Augenzeuge der Verbrennung eines Ketzers. Er war betroffen über den Ausdruck des Friedens, der auf dem Angesicht des Märtyrers ruhte. Inmitten der Qualen jenes furchtbaren Todes und unter der noch schrecklicheren Verdammung der Kirche bekundete er einen Glauben und Mut, die der junge Student schmerzlich mit seiner eigenen Verzweiflung und Finsternis verglich, während er doch im strengsten Gehorsam gegen die Kirche lebte. Er wußte, daß die Ketzer ihren Glauben auf die Bibel stützten, und entschloß sich, sie zu studieren, um womöglich das Geheimnis ihrer Freude zu entdecken.

In der Bibel fand er Christus. „O Vater!" rief er aus, „sein Opfer hat deinen Zorn besänftigt, sein Blut hat meine Flecken gereinigt, sein Kreuz hat meinen Fluch getragen, sein Tod hat für mich Genugtuung geleistet. Wir hatten viele unnütze Torheiten geschmiedet; aber du hast mir dein Wort gleich einer Fackel gegeben, und du hast mein Herz gerührt, damit ich jedes andere Verdienst, ausgenommen das des Erlösers, verabscheue." (Calvin, Opusc., lat., S. 123.)

Calvin war für das Priesteramt erzogen worden. Schon im Alter von zwölf Jahren wurde er zum Kaplan einer kleinen Gemeinde ernannt, und sein Haupt war nach den Verordnungen der Kirche vom Bischof geschoren worden. Er erhielt keine Weihe, noch erfüllte er die Pflichten eines Priesters, aber er wurde Mitglied der Geistlichkeit, trug den Titel seines Amtes und erhielt in Anbetracht dessen ein Gehalt.

Als er nun fühlte, daß er nie ein Priester werden könne, widmete er sich eine Zeitlang dem Studium der Rechte, gab aber schließlich seinen Vorsatz auf und entschloß sich, sein Leben dem Evangelium zu weihen. Aber er zögerte, öffentlich zu lehren. Er war von Natur aus schüchtern. Das Bewußtsein der großen Verantwortlichkeit einer solchen Stellung lastete schwer auf ihm, und er wünschte, noch weiter zu studieren. Doch willigte er schließlich auf die ernsten Bitten seiner Freunde ein. „Wunderbar ist es, " sagte er, „daß einer von so niedriger Herkunft zu so hoher Würde erhoben werden sollte." (Wylie, 13. Buch, 9. Kap.)

Ruhig trat Calvin sein Werk an, und seine Worte waren wie der Tau, der niederfällt, die Erde zu erquicken. Er hatte Paris verlassen und war nun in einer Provinzstadt, unter dem Schutz der Prinzessin Margarete, die selbst das Evangelium liebte und deshalb seinen Jüngern ihren Schutz gewährte. Calvin war noch immer ein Jüngling, sein Wesen war freundlich und anspruchslos. Er begann sein Werk bei den Leuten in ihren Wohnungen. Umgeben von den Angehörigen des Haushaltes las er die Bibel und erklärte die Heilswahrheiten. Die Zuhörer brachten anderen die frohe Kunde, und bald ging Calvin von der großen Stadt in die umliegenden kleineren Städte und Dörfer. Im Schloß und in der Hütte fand er Eingang; er ging vorwärts und legte den Grund zu Gemeinden, die unerschrockene Zeugen für die Wahrheit hervorbringen sollten.

Einige Monate später war er wieder in Paris. Dort, im Kreise der Gebildeten und Gelehrten herrschte eine ungewohnte Aufregung. Das Studium der alten Sprachen hatte die Menschen zur Bibel geführt, und viele, deren Herzen von ihren Wahrheiten unberührt waren, besprachen sie eifrig und kämpften sogar mit den Verfechtern der römischen Kirche. Calvin, ein tüchtiger Kämpfer auf dem Gebiete theologischer Streitigkeiten, hatte einen höheren Auftrag zu erfüllen als diese lärmenden Schulgelehrten. Die Gemüter der Menschen waren geweckt, und jetzt war die Zeit gekommen, ihnen die Wahrheit zu eröffnen. Während die Hörsäle der Universitäten mit dem Geschrei theologischer Streitfragen erfüllt waren, ging Calvin von Haus zu Haus, eröffnete den Leuten die Bibel und sprach zu ihnen von Christus, dem Gekreuzigten.

Durch Gottes gnädige Vorsehung sollte Paris wiederum eine Einladung erhalten, das Evangelium anzunehmen. Es hatte den Ruf Lefèvres und Farels verworfen; doch erneut sollten alle Stände in jener großen Hauptstadt die Botschaft vernehmen. Der König hatte sich politischer Rücksichten halber noch nicht völlig für Rom und gegen die Reformation entschieden. Margarete hegte noch immer die Hoffnung, daß der Protestantismus in Frankreich siegen werde. Sie beschloß, daß der reformierte Glaube in Paris gepredigt werden sollte. Während der Abwesenheit des Königs ließ sie einen protestantischen Prediger in den Kir-

chen der Stadt predigen. Als dies von den päpstlichen Würdenträgern verboten wurde, öffnete die Fürstin den Palast. Ein Gemach wurde als Kapelle hergerichtet, und es wurde bekanntgegeben, daß jeden Tag zu einer bestimmten Stunde eine Predigt
gehalten werde und das Volk aller Stände dazu eingeladen sei.
Große Scharen strömten zum Gottesdienst. Nicht nur die Kapelle, sondern auch die Vorzimmer und Hallen waren gedrängt voll.
Tausende kamen jeden Tag zusammen: Adlige, Staatsmänner,
Rechtsgelehrte, Kaufleute und Handwerker. Statt die Versammlungen zu untersagen, befahl der König, daß zwei Kirchen von
Paris geöffnet werden sollten. Nie zuvor war die Stadt so vom
Worte Gottes bewegt worden. Es schien, als ob der Geist des
Lebens vom Himmel auf das Volk gekommen sei. Mäßigkeit,
Reinheit, Ordnung und Fleiß traten an die Stelle von Trunken-
heit, Ausschweifung, Zwietracht und Müßiggang.

Die Priesterherrschaft war jedoch nicht müßig. Da der König
sich weigerte, einzuschreiten und die Predigt zu verbieten, wandte
sie sich an die Bevölkerung. Kein Mittel wurde gespart, um die
Furcht, die Vorurteile und den Fanatismus der unwissenden und
abergläubischen Menge zu erregen. Und Paris, das sich seinen
falschen Lehren blindlings ergab, erkannte wie Jerusalem vor
alters nicht die Zeit seiner Heimsuchung, noch was zu seinem
Frieden diente. Zwei Jahre lang wurde das Wort Gottes in der
Hauptstadt verkündigt; doch während viele das Evangelium annahmen, verwarf es die Mehrheit des Volkes. Franz hatte, um
seinem eigenen Zweck zu dienen, eine gewisse religiöse Duldung an den Tag gelegt, und es gelang den päpstlichen Anhängern, wieder die Oberhand zu gewinnen. Abermals wurden die
Kirchen geschlossen und die Scheiterhaufen aufgerichtet.

Calvin war noch in Paris, bereitete sich durch Studium, Nachdenken und Gebet auf seine künftige Arbeit vor und fuhr fort,
das Licht auszubreiten. Schließlich geriet auch er in den Verdacht der Ketzerei. Die Behörden beschlossen, ihn den Flammen zu übergeben. Da er sich in seiner Abgeschiedenheit sicher
wähnte, dachte er an nichts Böses, als plötzlich Freunde auf sein
Zimmer eilten mit der Nachricht, daß Beamte auf dem Wege sei-
en, ihn zu verhaften. Im selben Augenblick vernahm man ein
lautes Klopfen am äußeren Eingang. Es galt, keine Zeit zu verlieren. Einige Freunde hielten die Beamten an der Tür auf, während andere dem Reformator halfen, sich durchs Fenster hinun-
terzulassen und schnell aus der Stadt zu entkommen. Er fand
Unterkunft in der Hütte eines Arbeiters, der ein Freund der Re-

formation war; er verkleidete sich, indem er einen Anzug seines Gastgebers anzog und setzte mit einer Hacke auf seiner Schulter die Reise fort. Seine Schritte nach Süden lenkend, fand er wiederum Zuflucht auf den Besitzungen Margaretes von Parma. (D'Aubigné, „Gesch. der Reform. zu den Zeiten Calvins," 2. Buch, 30. Kap.)

Hier blieb er einige Monate, sicher unter dem Schutz mächtiger Freunde, und befaßte sich wie zuvor mit seinen Studien. Aber sein Herz war auf die Verbreitung des Evangeliums in Frankreich bedacht, und er konnte nicht lange untätig bleiben. Sobald der Sturm sich etwas gelegt hatte, suchte er ein neues Arbeitsfeld in Poitiers, wo eine Universität war, und wo die neuen Auffassungen bereits günstig aufgenommen worden waren. Leute aller Stände lauschten freudig dem Evangelium. Es wurde nicht öffentlich gepredigt, sondern in dem Hause des Oberbürgermeisters, in seiner eigenen Wohnung und zuweilen in öffentlichen Anlagen erschloß Calvin die Worte des Lebens denen, die sie hören wollten. Als bald die Zahl seiner Zuhörer wuchs, hielt man es für sicherer, sich außerhalb der Stadt zu versammeln. Eine Höhle an der Seite einer tiefen, engen Bergschlucht, wo Bäume und überhängende Felsen die Abgeschiedenheit noch größer machten, wurde als Versammlungsort gewählt. Kleine Gruppen, die die Stadt auf verschiedenen Wegen verließen, fanden ihren Weg unbeobachtet dorthin. An diesem abgelegenen Ort wurde die Bibel gelesen und ausgelegt. Hier wurde zum ersten Mal von den Protestanten Frankreichs das heilige Abendmahl gefeiert. Von dieser kleinen Gemeinde wurden mehrere treue Evangelisten ausgesandt.

Noch einmal kehrte Calvin nach Paris zurück. Auch jetzt konnte er die Hoffnung noch nicht aufgeben, daß Frankreich als Ganzes die Reformation annehmen werde. Aber er fand verschlossene Türen. Das Evangelium lehren, hieß den geraden Weg auf den Scheiterhaufen einschlagen, und er entschloß sich schließlich, nach Deutschland zu gehen. Kaum hatte er Frankreich verlassen, als ein Sturm über die Protestanten hereinbrach, der Calvin, wäre er länger dort geblieben, sicherlich mit in das allgemeine Verderben gerissen hätte.

Die französischen Reformatoren, die ernstlich wünschten, daß ihr Land mit Deutschland und der Schweiz Schritt hielte, beschlossen gegen die abergläubischen Gebräuche Roms einen kühnen Streich zu führen, der die ganze Nation aufwecken sollte. Demgemäß wurden in einer Nacht in ganz Frankreich Plakate gegen die Messe angeschlagen. Statt jedoch die Reformation zu fördern, brachte dieser eifrige, aber unkluge Schritt nicht nur seinen Urhebern, sondern auch den Freunden des reformierten Glaubens in ganz Frankreich Verderben. Er lieferte den Katholiken den schon lange erwünschten Vorwand, um die gänzliche Ausrottung der Ketzer als Aufrührer, die der Sicherheit des Thrones und dem Frieden der Nation gefährlich wären, zu verlangen.

Von unbekannter Hand – ob der eines unbesonnenen Freundes oder eines verschlagenen Feindes, stellte sich nie heraus – wurde eines der Plakate an die Tür des königlichen Privatgemachs befestigt. Der Monarch war entsetzt. In dieser Schrift wurden abergläubische Gebräuche, die jahrhundertelang bestanden hatten, schonungslos angegriffen. Die beispiellose Verwegenheit, diese ungeschminkten und erschreckenden Aussprüche vor den König zu bringen, erregte seinen Zorn. Vor Entsetzen stand er einen Augenblick bebend und sprachlos da. Dann brach seine Wut mit den schrecklichen Worten los: „Man ergreife ohne Unterschied alle, die des Luthertums verdächtig sind ... Ich will sie alle ausrotten." (ebd., 4. Buch, 10. Kap.) Die Würfel waren gefallen. Der König war nun entschlossen, sich ganz auf die Seite Roms zu stellen.

Sofort wurden Maßnahmen ergriffen, jeden Lutheraner in Paris zu verhaften. Ein armer Handwerker, Anhänger des reformierten Glaubens, der gewohnt war, die Gläubigen zu ihren geheimen Versammlungen zu rufen, wurde festgenommen, und man gebot ihm unter Androhung des sofortigen Todes auf dem Scheiterhaufen, den päpstlichen Boten in die Wohnung eines jeden Protestanten in der Stadt zu führen. Er schreckte mit Entsetzen vor dem gemeinen Vorschlag zurück; schließlich jedoch siegte die Furcht vor den Flammen, und er willigte ein, der Verräter seiner Brüder zu werden. Mit der vor ihm hergetragenen Hostie und von einem Gefolge von Priestern, Weihrauchträgern, Mönchen und Soldaten umgeben, zog Morin, der königliche Kriminalrichter, mit dem Verräter langsam und schweigend durch die Straßen der Stadt. Der Zug sollte scheinbar zu Ehren „des heiligen Sakramentes" sein, eine versöhnende Handlung für die Beleidigungen, welche die Protestierenden der Messe zugefügt hatten. Doch unter diesem Aufzug verbarg sich eine tödliche Absicht. Beim Hause eines Lutheraners angelangt, gab der Verräter ein Zeichen; kein Wort wurde gesprochen. Der Zug machte halt, das Haus wurde betreten, die Familie herausgeschleppt und in Ketten gelegt, und die schreckliche Schar ging weiter, um neue Opfer aufzusuchen. „Er schonte weder große noch kleine Häuser noch die Gebäude der Universität. ... Vor Morin zitterte die ganze Stadt. ... Es war eine Zeit der Schreckensherrschaft." (ebd.)

Die Opfer wurden unter grausamen Schmerzen getötet, denn ein besonderer Befehl war ergangen, das Feuer zu schwächen, um ihre Qualen zu verlängern. Sie starben jedoch als Sieger. Ihre Standhaftigkeit blieb unerschüttert, ihr Friede ungetrübt. Ihre Verfolger, die ihrer unbeugsamen Festigkeit gegenüber machtlos waren, fühlten sich geschlagen. „Scheiterhaufen wurden in allen Vierteln von Paris aufgerichtet, und das Verbrennen erfolgte an verschiedenen aufeinanderfolgenden Tagen in der Absicht, die Furcht vor der Ketzerei durch Ausdehnung der Hinrichtungen zu verbreiten. Der Vorteil blieb jedoch schließlich auf der Seite des Evangeliums. Ganz Paris konnte sehen, was für Männer die neuen Lehren hervorbrachten. Keine Kanzel konnte so beredt sein wie der Scheiterhaufen des Märtyrers. Die stille Freude, die auf den Angesichtern jener Männer ruhte, wenn sie dem Richtplatz zuschritten, ihr Heldenmut inmitten der peinigenden Flammen, ihr sanftmütiges Vergeben der Beleidigungen verwandelten nicht selten den Zorn in Mitleid und den Haß in Liebe und zeugten mit unwiderstehlicher Beredsamkeit für das Evangelium." (Wylie, 13. Buch, 20. Kap.)

Die Priester, die es darauf abgesehen hatten, die Wut des Volkes aufrechtzuerhalten, verbreiteten die schrecklichsten Anschuldigungen gegen die Protestanten. Man beschuldigte sie, sich verbunden zu haben, den König zu ermorden, die Katholiken hinzuschlachten und die Regierung zu stürzen. Aber nicht der geringste Beweis konnte zur Unterstützung dieser Behauptung vorgebracht werden. Doch sollten diese Vorhersagen kommenden Unheils erfüllt werden, wenn auch unter ganz andersartigen Umständen und aus entgegengesetzten Ursachen. Die von den Katholiken an den unschuldigen Protestanten verübten Grausamkeiten häuften sich zu einer Last der Vergeltung auf und verursachten in späteren Jahrhunderten gerade das Schicksal, das nach ihrer Prophezeiung dem König, seiner Regierung und seinen Untertanen drohte; aber es wurde durch Ungläubige und päpstliche Anhänger selbst herbeigeführt. Es war nicht die Aufrichtung, sondern die Unterdrückung des Protestantismus, die 300 Jahre später diese schrecklichen Heimsuchungen über Frankreich bringen sollte.

Argwohn, Mißtrauen und Entsetzen durchdrangen nun alle Klassen der Gesellschaft. Inmitten der allgemeinen Aufregung zeigte es sich, wie tief die lutherische Lehre in den Herzen von Männern Wurzel gefaßt hatte, die sich durch ihre Bildung, ihren Einfluß und ihren vorzüglichen Charakter auszeichneten. Vertrauensstellungen und Ehrenposten fand man plötzlich unbesetzt. Handwerker, Drucker, Gelehrte, Professoren der Universitäten, Schriftsteller, ja sogar Höflinge verschwanden. Hunderte flohen aus Paris und verließen freiwillig ihre Heimat und gaben dadurch in vielen Fällen kund, daß sie den reformierten Glauben begünstigten. Die Katholiken blickten erstaunt um sich bei dem Gedanken an die Ketzer, die sie ahnungslos in ihrer Mitte geduldet hatten. Ihre Wut ließen sie an der Menge niedrigerer Opfer aus, die in ihrer Gewalt waren. Die Gefängnisse waren gedrängt voll, und die Luft schien verdunkelt durch den Rauch der brennenden Scheiterhaufen, die für die Bekenner des Evangeliums angezündet waren.

Franz I. hatte sich gerühmt, ein Bahnbrecher zugunsten der Wiederbelebung der Gelehrsamkeit zu sein, die den Anfang des 16. Jahrhunderts kennzeichnete. Es hatte ihm Freude gemacht, gelehrte Männer aus allen Ländern an seinem Hof zu versammeln. Seiner Liebe zur Gelehrsamkeit und seiner Verachtung der Unwissenheit und des Aberglaubens der Mönche verdankte man wenigstens zum Teil den Grad religiöser Duldung, die der Reformation gewährt worden war. Aber von dem Eifer angetrieben, die Ketzerei auszurotten, erließ dieser Beschützer der Wissenschaft ein Edikt, welches das Drucken in ganz Frankreich verbot. Franz I. lieferte eins der vielen Beispiele in der Geschichte, die beweisen, daß geistige Bildung nicht vor religiöser Unduldsamkeit und Verfolgung schützt.

Durch eine feierliche und öffentliche Handlung sollte Frankreich sich völlig zur Vernichtung des Protestantismus hergeben. Die Priester verlangten, daß die dem Himmel durch Verdammung der Messe widerfahrene Beleidigung durch Blut gesühnt werden müsse, und daß der König um seines Volkes willen dieses schreckliche Werk öffentlich gutheißen solle.

Der 21. Januar 1535 wurde für die fürchterliche Handlung bestimmt. Die abergläubischen Befürchtungen und der blinde Haß des gesamten Volkes waren geweckt worden. Die Straßen von Paris waren mit Menschenmengen angefüllt, die sich aus der ganzen umliegenden Gegend eingestellt hatten. Der Tag sollte durch einen großartigen und prunkvollen Festzug eingeleitet werden. Die Häuser, an denen der Zug vorüberführen sollte, waren mit Trauerflor behangen, und Altäre erhoben sich hier und da.

Vor jeder Tür befand sich zu Ehren des „heiligen Sakramentes" eine brennende Fackel. Vor Tagesanbruch bildete sich der Festzug im königlichen Palast. „Zuerst kamen die Banner und Kreuze der verschiedenen Kirchspiele, dann erschienen paarweise die Bürger mit Fackeln in den Händen." Ihnen folgten die vier Mönchsorden, jeder in seiner ihm eigenen Tracht. Dann kam eine große Sammlung von berühmten Reliquien. Hinter diesen ritten Kirchenfürsten in ihren Purpur- und Scharlachgewändern und ihrem Juwelenschmuck – eine prunkenvolle, glänzende Anordnung.

„Die Hostie wurde von dem Bischof von Paris unter einem kostbaren Baldachin, ... der von vier Prinzen von Geblüt gehalten wurde, einhergetragen. ... Hinter der Hostie ging der König. ... Franz I. trug weder Krone noch königliche Gewänder; mit entblößtem Haupt und gesenktem Blick, in der Hand eine brennende Kerze haltend," erschien der König von Frankreich „als ein Büßender." (Wylie, 13. Buch, 21. Kap.) Vor jedem Altar beugte er sich in Demut, nicht wegen der Laster, die seine Seele verunreinigten, oder um des unschuldigen Blutes willen, das seine Hände befleckte, sondern um der Todsünde seiner Untertanen willen, die es gewagt hatten, die Messe zu verdammen. Ihm folgten die Königin und die Würdenträger des Staates, ebenfalls paarweise, jeder mit einer brennenden Kerze.

Als einen Teil des Dienstes jenes Tages hielt der Monarch selbst im großen Saal des bischöflichen Palastes eine Ansprache an die hohen Beamten des Reiches. Mit sorgenvollem Angesicht erschien er vor ihnen und beklagte in Worten voll ergreifender Beredsamkeit „den Frevel, die Gotteslästerung, den Tag des Schmerzes und der Schande," der über das Volk hereingebrochen sei. Dann forderte er jeden treuen Untertanen auf, an der Ausrottung der verderblichen Ketzerei mitzuhelfen, die Frankreich mit dem Untergang bedrohe. „So wahr ich euer König bin, Ihr Herren, wüßte ich eines meiner eigenen Glieder von dieser abscheulichen Fäulnis befleckt und angesteckt, ich ließe es mir von Euch abhauen. ... Noch mehr: sähe ich eines meiner Kinder damit behaftet, ich würde sein nicht schonen. ... Ich würde es selbst ausliefern und Gott zum Opfer bringen!" Tränen erstickten seine Rede, und die ganze Versammlung weinte und rief einstimmig: „Wir wollen leben und sterben für den katholischen Glauben!" (D'Aubigné, „Gesch. der Reform. zu den Zeiten Calvins", 4. Buch, 12. Kap.)

Schrecklich war die Finsternis des Volkes geworden, welches das Licht der Wahrheit verworfen hatte. „Die heilsame Gnade" war erschienen; doch Frankreich hatte sich, nachdem es ihre Macht und Heiligkeit geschaut, nachdem Tausende von ihrem göttlichen Reiz gefesselt, Städte und Weiler von ihrem Glanz erleuchtet worden waren, abgewandt und die Finsternis dem Licht vorgezogen. Es hatte die himmlische Gabe von sich gewiesen, als sie ihm angeboten wurde. Es hatte Böses gut und Gutes böse geheißen, bis es auch ein Opfer seiner eigenen hartnäckigen Selbsttäuschung geworden war. Und wenn es auch wirklich jetzt glauben mochte, Gott einen Dienst zu erweisen, indem es dessen Kinder verfolgte, so konnte seine Aufrichtigkeit es doch nicht von Schuld freisprechen. Es hatte das Licht, das es vor Täuschung und vor Befleckung der Seele mit Blutschuld hätte bewahren können, eigenwillig verworfen.

In der großen Kathedrale, wo beinahe drei Jahrhunderte später die „Göttin der Vernunft" auf den Thron gehoben wurde von einem Volk, das den lebendigen Gott vergessen hatte, legte man einen feierlichen Eid ab, die Ketzerei auszurotten. Von neuem bildete sich der Festzug, und die Vertreter Frankreichs machten sich auf den Weg, das Werk anzufangen, das sie geschworen hatten, auszuführen. „In geringen Zwischenräumen waren Gerüste errichtet worden, auf denen gewisse Protestanten lebendig verbrannt werden sollten, und es war bestimmt worden, die Holzscheite beim Herannahen des Königs anzuzünden, damit der Festzug anhalten und Augenzeuge der Hinrichtung sein möchte." (Wylie, 13. Buch, 21. Kap.) Die Einzelheiten der von diesen Zeugen für Christus ausgestandenen Qualen sind zu schauerlich, um angeführt zu werden; aber die Opfer wurden nicht schwankend. Als man auf sie eindrang, zu widerrufen, gab einer der Märtyrer zur Antwort: „Ich glaube nur, was die Propheten und Apostel ehemals gepredigt und was die ganze Gemeinschaft der Heiligen geglaubt hat. Mein Glaube setzt seine Zuversicht auf Gott und wird aller Gewalt der Hölle widerstehen." (D'Aubigné, „Gesch. der Reform. zu den Zeiten Calvins", 4. Buch, 12. Kap.)

Immer wieder aufs neue hielt der Festzug an den Marterstätten an. Nachdem er zu seinem Ausgangspunkt am königlichen Palast zurückgekehrt war, verlief sich die Menge, und der König und die Prälaten zogen sich zurück, wohl zufrieden mit den Vorgängen des Tages, und wünschten sich Glück, daß das eben begonnene Werk bis zur gänzlichen Ausrottung der Ketzerei fortgesetzt werden würde.

Das Evangelium des Friedens, das Frankreich verworfen hatte, war nur zu sicher ausgewurzelt worden, und schrecklich sollten die Folgen sein. Am 21. Januar 1793, 258 Jahre später, von jenem Tage an gerechnet, an dem Frankreich sich völlig der Verfolgung der Reformation hingab, zog ein anderer Zug zu einem ganz anderen Zweck durch die Straßen von Paris. „Abermals war der König die Hauptperson, abermals erhoben sich Tumult und Lärm; wiederum wurde der Ruf nach mehr Opfern laut; aufs neue gab es schwarze Schafotte, und nochmals wurden die Auftritte des Tages mit schrecklichen Hinrichtungen beschlossen. Ludwig XVI., der sich den Händen seiner Kerkermeister und Henker zu entwinden strebte, wurde auf den Henkerblock geschleppt und hier mit Gewalt gehalten, bis das Beil gefallen war und sein abgeschlagenes Haupt auf das Schafott rollte." (Wylie, 13. Buch, 21. Kap.) Doch war der König nicht das einzige Opfer; nahe an der gleichen Stätte kamen während der blutigen Tage der Schreckensherrschaft 2800 Menschen durch die Guillotine ums Leben.

Die Reformation hatte der Welt eine allen zugängliche Bibel angeboten, indem sie die Vorschriften des Gesetzes Gottes aufschloß und seine Ansprüche auf das Gewissen des Volkes geltend machte. Die unendliche Liebe hatte den Menschen die Grundsätze und Ordnungen des Himmels entfaltet. Gott hatte gesagt: „So behaltet's nun und tut es! Denn das wird eure Weisheit und Verstand sein bei allen Völkern, wenn sie hören werden alle diese Gebote, daß sie müssen sagen: Ei, welch weise und verständige Leute sind das und ein herrliches Volk!" (5. Mose 4,6) Als Frankreich die Gabe des Himmels verwarf, säte es den Samen der Gesetzlosigkeit und des Verderbens; und die unausbleibliche Folge von Ursache und Wirkung gipfelte in der Revolution und der Schreckensherrschaft.

Schon lange vor der durch die Plakate heraufbeschworenen Verfolgung hatte sich der kühne und eifrige Farel gezwungen gesehen, aus seinem Vaterland zu fliehen. Er begab sich in die Schweiz, und durch sein Wirken, Zwinglis Werk unterstützend, trug er dazu bei, den Ausschlag zugunsten der Reformation zu geben. Seine späteren Jahre verbrachte er hier, jedoch fuhr er fort, einen entschiedenen Einfluß auf die Reformation in Frankreich auszuüben. Während der ersten Jahre seiner freiwilligen Verbannung waren seine Bemühungen ganz besonders auf die Ausbreitung der Reformation in seinem Geburtsland gerichtet. Er verwandte viel Zeit auf die Predigt des Evangeliums unter seinen Landsleuten nahe der Grenze, wo er mit unermüdlicher Wachsamkeit den Kampf verfolgte und mit Worten der Ermutigung und des Rates diente. Mit Hilfe anderer Verbannter wurden die Schriften der deutschen Reformatoren in die französische Sprache übersetzt und zusammen mit der französischen Bibel in großer Menge gedruckt. Kolporteure verkauften diese Werke in ganz Frankreich, und da sie ihnen zu niedrigen Preisen geliefert wurden, ermöglichte es ihnen der Gewinn, mit der Arbeit fortzufahren.

Farel trat sein Werk in der Schweiz unter dem bescheidenen Gewande eines Schullehrers an. In einem abgelegenen Kirchspiel widmete er sich der Erziehung der Kinder. Außer den gewöhnlichen Lehrfächern führte er vorsichtig die Wahrheiten der Bibel ein, indem er durch die Kinder die Eltern zu erreichen hoffte. Etliche glaubten; aber die Priester traten dazwischen, um dem Werke Christi Einhalt zu tun, und die abergläubischen Landleute wurden aufgehetzt, sich ihm zu widersetzen. Das könne nicht das Evangelium Christi sein, betonten die Priester, wenn dessen Predigt keinen Frieden, sondern Krieg bringe. Gleich den ersten Jüngern floh Farel, wenn er in einer Stadt verfolgt wurde, in eine andere, kam zu Fuß reisend von Dorf zu Dorf, von Stadt zu Stadt, erduldete Hunger, Kälte und Erniedrigung und war überall in Lebensgefahr. Er predigte auf Marktplätzen, in Kirchen, mitunter auf den Kanzeln der Münster. Manchmal fand er die Kirche ohne Zuhörer; zuweilen wurde seine Predigt von Geschrei und Spott unterbrochen, oder er wurde gewaltsam von der Kanzel heruntergerissen. Mehr als einmal wurde er vom Pöbel angegriffen und beinahe zu Tode geschlagen. Dennoch drängte er vorwärts, wenn er auch oft zurückgeschlagen wurde. Er wandte er sich mit unermüdlicher Ausdauer immer wieder dem Kampfe zu, und nach und nach sah er Flecken und Städte, die zuvor Festen des Papsttums gewesen waren, dem Evangelium ihre Türen öffnen. Das kleine Kirchspiel, in dem er zuerst gearbeitet hatte, nahm bald den reformierten Glauben an. Auch die Städte Murten und Neuenburg gaben die römischen Gebräuche auf und schafften die Bilder aus ihren Kirchen fort.

Schon lange hatte Farel gewünscht, die protestantische Fahne in Genf aufzupflanzen. Könnte diese Stadt gewonnen werden, so würde sie der Mittelpunkt für die Reformation in Frankreich, der Schweiz und Italien sein. Mit diesem Ziel im Auge hatte er seine Arbeit fortgesetzt, bis viele der umliegenden Städte und Ortschaften gewonnen worden waren. Dann betrat er mit einem einzigen Gefährten Genf. Aber nur zwei Predigten durfte er dort halten. Die Priester, die sich umsonst bemüht hatten, von den weltlichen

Behörden seine Verurteilung zu erlangen, beschieden ihn jetzt vor einen Kirchenrat, zu dem sie sich mit unter den Kleidern verborgenen Waffen begaben, entschlossen, ihm das Leben zu nehmen. Vor der Halle sammelte sich eine wütende Menge mit Knüppeln und Schwertern, um ihn zu töten, falls es ihm gelingen sollte, dem Rat zu entrinnen. Die anwesende Obrigkeit jedoch und eine bewaffnete Macht rettete ihn. Früh am nächsten Morgen wurde er mit seinem Gefährten über den See nach einem sicheren Ort gebracht. So endete seine erste Anstrengung in Genf, das Evangelium zu verkündigen.

Für den nächsten Versuch wurde ein einfacheres Werkzeug gewählt – ein junger Mann, von so bescheidenen Aussehen, daß ihn sogar die offenherzigen Freunde der Reformation kalt behandelten. Aber was konnte ein solcher da tun, wo Farel verworfen worden war? Wie konnte einer, der wenig Mut und Erfahrung besaß, dem Sturm widerstehen, vor dem die Stärksten und Tapfersten zur Flucht gezwungen worden waren? „Es soll nicht durch Heer oder Kraft, sondern durch meinen Geist geschehen, spricht der Herr Zebaoth." (Sach. 4,6) „Was töricht ist vor der Welt, das hat Gott erwählt, damit er die Weisen zu Schanden mache." „Denn die Torheit Gottes ist weiser, als die Menschen sind, und die Schwachheit Gottes ist stärker, als die Menschen sind." (1.Kor. 1,27.25)

Froment begann sein Werk als Schulmeister. Die Wahrheiten, die er die Kinder in der Schule lehrte, wiederholten sie zu Hause; bald kamen die Eltern, um zuzuhören, wie die Bibel erklärt wurde, und das Schulzimmer füllte sich mit aufmerksamen Zuhörern. Neue Testamente und Traktate wurden reichlich verteilt und erreichten viele, die es nicht wagten, offen zu kommen, um die neuen Lehren zu hören. Bald wurde auch dieser Arbeiter zur Flucht gezwungen; aber die Wahrheiten, die er gelehrt hatte, hatten in den Herzen des Volkes Wurzel gefaßt – die Reformation war gepflanzt worden und fuhr fort, stärker zu werden und sich auszudehnen. Die Prediger kehrten zurück, und durch ihre Arbeit wurde schließlich der protestantische Gottesdienst in Genf eingeführt.

Die Stadt hatte sich bereits zur Reformation bekannt, als Calvin nach verschiedenen Wanderungen und Wechselfällen ihre Tore betrat. Von einem letzten Besuch seines Geburtsortes zurückkehrend, war er auf dem Wege nach Basel; doch da er die direkte Straße von den Truppen Karls V. besetzt fand, sah er sich gezwungen, den Umweg über Genf zu nehmen.

In dieser Reise erkannte Farel die Hand Gottes. Obgleich Genf den reformierten Glauben angenommen hatte, blieb doch noch immer ein großes Werk dort zu verrichten. Nicht als Gemeinschaften, sondern als Einzelwesen müssen Seelen zu Gott bekehrt werden; das Werk der Wiedergeburt muß im Herzen und Gewissen und durch den Heiligen Geist, nicht durch Konzilienbeschlüsse verrichtet werden. Während die Genfer die Botmäßigkeit Roms abgeschüttelt hatten, waren sie noch nicht bereit, die Laster zu fliehen, die unter seiner Herrschaft gepflegt wurden. Hier die reinen Grundsätze des Evangeliums einzuführen und dies Volk zuzubereiten, würdig die Stellung auszufüllen, zu der die Vorsehung es berufen zu haben schien, war keine leichte Aufgabe.

Farel war überzeugt, daß er in Calvin jemanden gefunden hatte, der sich ihm bei dieser Aufgabe anschließen konnte. Im Namen Gottes beschwor er den jungen Prediger feierlich, in Genf zu bleiben und zu arbeiten. Calvin erschrak sehr. Furchtsam und friedliebend, schreckte er zurück vor der Berührung mit dem kühnen, unabhängigen, ja sogar heftigen Geist der Genfer. Seine schwache Gesundheit und die Gewohnheit, zu studieren und zu forschen, veranlaßten ihn, die Zurückgezogenheit zu suchen. In der Meinung, der Sache der Reformation am besten durch seine Feder dienen zu können, wünschte er sich ein ruhiges Plätzchen zum Studium, um dort vermittels der Druckpresse die Gemeinden zu unterweisen und aufzubauen. Aber Farels feierliche Ermahnung kam zu ihm wie ein Ruf vom Himmel, und er wagte es nicht, sich zu widersetzen. Es schien ihm, wie er sagte, „als ob die Hand Gottes, vom Himmel herab ausgereckt, ihn ergriffen und unwiderruflich an den Ort gesetzt habe, den er so gern verlassen wollte." (D'Aubigné, Gesch. der Reform. zu den Zeiten Calvins, 9. Buch, 17. Kap.)

Zu dieser Zeit drohten der protestantischen Sache große Gefahren. Die Bannflüche des Papstes donnerten gegen die Stadt Genf, und mächtige Nationen drohten ihr mit Verderben. Wie sollte diese kleine Stadt der gewaltigen Priestermacht widerstehen, die sonst Könige und Kaiser zur Unterwürfigkeit gezwungen hatte? Wie konnte sie den Heeren der großen Eroberer der Welt standhalten?

In der ganzen Christenheit drohten dem Protestantismus furchtbare Feinde. Als die ersten Siege der Reformation vorüber waren, sammelte Rom neue Kräfte in der Hoffnung, ihre Vernichtung zu vollführen. Um diese Zeit wurde der Jesuitenorden gestiftet. Von irdischen Banden und menschlichen Beziehungen abgeschnitten, den Ansprüchen der natürlichen Neigung abgestorben, Vernunft und Gewissen völlig zum Schweigen gebracht, kannten die Jesuiten keine Herrschaft, keine Verbindung als nur die ihres Ordens und keine andere Pflicht als die, seine Macht auszudehnen. (siehe Anhang, Anm. 17.) Das Evangelium Christi hatte seine Anhänger in den Stand gesetzt, ungeachtet der Kälte, des Hungers, der Mühe und Armut Gefahren zu begegnen und Leiden zu erdulden und das Banner der Wahrheit angesichts des Kerkers, der Folter und des Scheiterhaufens hochzuhalten. Um diese zu bekämpfen, begeisterte das Jesuitentum seine Nachfolger mit einem fanatischen Glaubenseifer, der sie befähigte, gleiche Gefahren zu erdulden und der Macht der Wahrheit alle Waffen der Täuschung gegenüberzustellen. An ständige Armut und Niedrigkeit durch ein Gelübde gebunden, richtete sich ihr ständiges Streben darauf, Reichtum und Macht zu erlangen, um beides zum Sturz des Protestantismus und zur Wiederherstellung der päpstlichen Oberherrschaft zu verwenden.

Als Glieder ihres Ordens erschienen sie unter dem Deckmantel der Heiligkeit, besuchten Gefängnisse und Krankenhäuser, halfen den Kranken und Armen, gaben vor, der Welt entsagt zu haben und trugen den heiligen Namen Jesu, der umherging, Gutes zu tun. Aber unter diesem tadellosen Äußeren wurden oft die gewissenlosesten und tödlichsten Absichten verborgen. Es war ein Hauptgrundsatz des Ordens, daß der Zweck die Mittel heilige, und durch diese Regel wurden Lüge, Diebstahl, Meineid, Meuchelmord nicht nur verzeihlich, sondern sogar lobenswert, wenn sie zum Besten der Kirche dienten. Unter verschiedenen Masken bahnten sich die Jesuiten ihren Weg zu Ämtern im Staate, arbeiteten sich zu Ratgebern der Könige empor und leiteten die Politik der Nationen. Sie dienten als Knechte, um als Spione ihre Herren zu überwachen. Sie errichteten Hochschulen für die Söhne der Fürsten und Adligen und Schulen für das gewöhnliche Volk und brachten die Kinder protestantischer Eltern dahin, daß sie päpstliche Gebräuche beachteten. Das ganze äußerliche Gepränge und der Pomp des päpstlichen Gottesdienstes sollten darauf hinwirken, den Verstand zu verwirren und die Einbildungskraft zu blenden und zu fesseln. Auf diese Weise wurde die Freiheit, für die die Väter gearbeitet und geblutet hatten, von den Söhnen verraten. Rasch breiteten sich die Jesuiten über ganz Europa aus, und wohin sie kamen, folgte eine Wiederbelebung des Papsttums.

Um ihnen größere Macht zu geben, wurde eine Bulle erlassen, die die Inquisition wieder einführte. (siehe Anhang, Anm. 18.) Trotz des allgemeinen Abscheus, mit dem man sie sogar in katholischen Ländern betrachtete, wurde dieses schreckliche Gericht von päpstlichen Herrschern aufs neue eingesetzt, und Abscheulichkeiten, zu schrecklich, um ans Tageslicht gebracht zu werden, wurden in den verborgenen Kerkerzellen wiederholt. In vielen Ländern wurden Tausende und aber Tausende, die Blüte der Nation, die Reinsten und Edelsten, die Verständigsten und höchst Gebildeten, fromme und ergebene Prediger, arbeitsame und vaterlandsliebende Bürger, große Gelehrte, begabte Künstler, tüchtige Gewerbetreibende erschlagen oder gezwungen, in andere Länder zu fliehen.

Dies waren die Mittel, die Rom ersonnen hatte, um das Licht der Reformation auszulöschen, den Menschen die Bibel zu entziehen und die Unwissenheit und den Aberglauben des Mittelalters wiederherzustellen. Aber durch Gottes Segen und durch die Bemühungen jener edlen Männer, die der Herr als Luthers Nachfolger erweckt hatte, wurde der Protestantismus nicht besiegt. Nicht der Gunst oder dem Arm der Fürsten sollte er seine Stärke verdanken. Die kleinsten Länder, die bescheidensten und die verhältnismäßig schwächsten Völker wurden seine Bollwerke. Es war das kleine Genf inmitten mächtiger Feinde, die auf seinen Untergang bedacht waren; es war Holland mit seinen Sanddünen an der Nordsee, das gegen die Tyrannei Spaniens, damals das größte und reichste der Königreiche, kämpfte; es war das rauhe, unfruchtbare Schweden, – sie alle errangen Siege für die Reformation.

Nahezu dreißig Jahre lang arbeitete Calvin in Genf; erstens um dort eine Gemeinde zu gründen, die sich an die reine Sittlichkeit der Bibel hielte, und dann, um die Reformation über ganz Europa zu verbreiten. Seine Art und Weise als öffentlicher Lehrer war nicht ohne Tadel, noch waren seine Lehren frei von Irrtum. Aber er war das Werkzeug zur Verkündigung der großen Wahrheiten, die in seiner Zeit von besonderer Wichtigkeit waren, zur Aufrechterhaltung der Grundsätze des Protestantismus gegen die rasch zurückkehrende Flut des Papsttums und zur Förderung von Reinheit und Einfachheit des Lebens in den reformierten Gemeinden anstelle des Stolzes und der Verderbnis, die durch die päpstlichen Lehren genährt wurden.

Von Genf gingen Schriften und Lehrer aus, um die reformierten Lehren auszubreiten. Dorthin schauten die Verfolgten aller

Länder, um Belehrung, Rat und Ermutigung zu erlangen. Die Stadt Calvins wurde zu einer Zufluchtsstätte für die verfolgten Reformatoren des ganzen westlichen Europas. Auf der Flucht vor den schrecklichen Stürmen, die Jahrhunderte lang anhielten, kamen die Flüchtlinge zu den Toren Genfs. Ausgehungert, verwundet, der Heimat und der Verwandten beraubt, wurden sie herzlich empfangen und liebevoll versorgt, und indem sie hier eine Heimat fanden, wurden sie der Stadt, die sie aufgenommen hatte, durch ihre Frömmigkeit, Gelehrsamkeit und Tüchtigkeit zum Segen. Viele, die hier erst eine Zuflucht gesucht hatten, kehrten wieder in ihre Heimat zurück, um der Tyrannei Roms Widerstand zu bieten. John Knox, der wackere schottische Reformator, nicht wenige der englischen Puritaner, die Protestanten aus Holland und Spanien und die Hugenotten aus Frankreich, trugen von Genf aus die Fackel der Wahrheit hinaus, um die Finsternis ihres Heimatlandes zu erleuchten.

13 Die Niederlande und Skandinavien

In den Niederlanden rief die päpstliche Tyrannei schon sehr früh entschiedenen Widerstand hervor. Bereits 700 Jahre vor der Zeit Luthers waren zwei Bischöfe mit einem Auftrag nach Rom gesandt worden. Dort hatten sie den wahren Charakter des „heiligen Stuhles" kennengelernt und klagten daraufhin unerschrocken den Papst an: Gott „hat seine Königin und Braut, die Gemeinde, zu einer edlen und ewigen Einrichtung für ihre Familie gesetzt, mit einer Mitgift, die weder vergänglich noch verderbbar ist, und hat ihr eine ewige Krone, ein Zepter gegeben ... Wohltaten, die du wie ein Dieb abschneidest. Du setzest dich in den Tempel Gottes als ein Gott; statt ein Hirte zu sein, bist du den Schafen zum Wolf geworden. ... Du willst, daß wir dich für einen hohen Bischof halten; aber du beträgst dich vielmehr wie ein Tyrann. ... Statt ein Knecht aller Knechte zu sein, wie du dich nennst, bemühst du dich, ein Herr aller Herren zu werden. ... Du bringst die Gebote Gottes in Verachtung. ... Der Heilige Geist ist der Erbauer aller Gemeinden, so weit sich die Erde ausdehnt. ... Die Stadt unseres Gottes, von der wir Bürger sind, reicht zu allen Teilen des Himmels, und sie ist größer als die Stadt, die die heiligen Propheten Babylon nannten, die vorgibt, göttlich zu sein, sich zum Himmel erhebt und sich rühmt, daß ihre Weisheit unsterblich sei, und schließlich, wenn auch ohne Grund, daß sie nie irre noch irren könne." (Brandt, Gesch. der niederländischen Reform., 1. Buch, S. 6.)

Andere Stimmen erhoben sich von Jahrhundert zu Jahrhundert, um diesen Protest von neuem erschallen zu lassen. Und diese frühen Lehrer, die verschiedene Länder durchzogen und unter verschiedenen Namen bekannt waren, die den Charakter der waldensischen Missionare hatten und überall die Erkenntnis des Evangeliums ausbreiteten, drangen bis in die Niederlande vor. Ihre Lehren verbreiteten sich rasch. Die waldensische Bibel übersetzten sie in Versen in die holländische Sprache. Sie erklärten, „daß ein großer Vorteil darin sei, daß sich in ihr keine Scherze, keine Fabeln, kein Spielwerk, kein Betrug, nichts als Worte der Wahrheit befänden, daß allerdings hier und da eine harte Kruste sei, aber dadurch nur der Kern und die Süßigkeit alles dessen, was gut und heilig ist, leichter entdeckt werde." (ebd., S. 14.) So schrieben die Freunde des alten Glaubens im zwölften Jahrhundert.

Als dann die päpstlichen Verfolgungen begannen, fuhren die Gläubigen fort, sich inmitten der Scheiterhaufen und Foltern zu vermehren, und erklärten standhaft, daß die Bibel die einzige, untrügliche Autorität in Religionssachen sei, und daß „niemand gezwungen werden solle zu glauben, sondern durch die Predigt gewonnen werden müsse." (ebd., S. 14.)

Luthers Lehren fanden in den Niederlanden einen günstigen Boden, und ernste, treue Männer standen auf, um das Evangelium zu predigen. Aus einer Provinz Hollands kam Menno Simons. Römisch-katholisch erzogen und zum Priester geweiht, war er der Bibel völlig unkundig und wollte sie aus Furcht, zur Ketzerei verführt zu werden, nicht lesen. Als sich ihm ein Zweifel über die Verwandlungslehre aufdrängte, betrachtete er dies als eine Versuchung vom Satan und suchte durch Gebet und Beichte sich davon zu befreien; aber umsonst. In weltlichen Vergnügungen wollte er die anklagende Stimme des Gewissens zum Schweigen bringen; aber es war ohne Erfolg. Nach einiger Zeit unternahm er das Studium des Neuen Testaments, und dies, nebst Luthers Schriften veranlaßte ihn, den protestantischen Glauben anzunehmen. Bald darauf war er in einem benachbarten Dorf Augenzeuge der Enthauptung eines Mannes, der getötet wurde, weil er wiedergetauft worden war. Dies führte ihn zum Studium der Bibel betreffs der Kindertaufe. Er konnte keine Beweise dafür in der Heiligen Schrift finden, sah aber, daß Reue und Glauben überall die Bedingung zum Empfang der Taufe waren.

Menno zog sich von der römischen Kirche zurück und widmete sich der Verkündigung der Wahrheiten, die er empfangen hatte. Sowohl in Deutschland als auch in den Niederlanden waren Schwärmer aufgetreten, die aufrührerische Lehren verkündigten, Ordnung und Sittsamkeit schmähten und zu Gewalt und Empörung schritten. Menno sah die schrecklichen Folgen, zu denen dies Vorgehen unvermeidlich führen würde, und widersetzte sich ernstlich den irrigen Lehren und wilden Hirngespinsten dieser Schwärmer. Es gab viele, die durch die Schwärmer irregeleitet worden waren, jedoch später ihren verführerischen Lehren entsagt hatten; auch waren noch viele Nachkommen der alten Christen, die Früchte der waldensischen Lehren, übriggeblieben. Unter diesen Klassen arbeitete Menno mit großem Eifer und Erfolg.

Fünfundzwanzig Jahre reiste er mit seiner Frau und seinen Kindern umher, erduldete große Mühsal und Entbehrungen und war oft in Lebensgefahr. Er durchreiste die Niederlande und das nördliche Deutschland, indem er hauptsächlich unter den niedrigeren Klassen arbeitete, jedoch einen weitreichenden Einfluß ausübte. Von Natur beredt, wenn auch von begrenzter Bildung, war er ein Mann von unerschütterlicher Rechtschaffenheit, demütigem Geist, freundlichem Wesen und von aufrichtiger und ernster Frömmigkeit, der die Grundsätze, die er lehrte, in seinem eigenen Leben bekundete und sich das Vertrauen des Volkes erwarb. Seine Nachfolger wurden zerstreut und unterdrückt. Doch wurden unter seinem Wirken sehr viele Seelen bekehrt.

Nirgends wurden die reformierten Lehren allgemeiner angenommen als in den Niederlanden. Aber auch nur in wenigen Ländern erduldeten ihre Anhänger schrecklichere Verfolgung. In Deutschland hatte Karl V. die Reformation geächtet und hätte gern alle ihre Anhänger auf den Scheiterhaufen gebracht; aber die Fürsten erhoben sich als Schranken gegen seine Willkür. In den Niederlanden war seine Macht größer, und Verfolgungsbefehle wurden in rascher Aufeinanderfolge erlassen. Die Bibel zu lesen, sie zu predigen oder zu hören, oder auch nur von ihr zu reden, wurde zu einem Verbrechen gemacht, das mit dem Tod auf dem Scheiterhaufen bestraft werden sollte. Die geheime Anrufung Gottes, die Weigerung, vor einem Heiligenbild das Knie zu beugen, das Singen eines Psalms wurden gleichfalls mit dem Tode bestraft. Selbst die, die ihrem Glauben abschworen, wurden verurteilt, falls es Männer waren, durch das Schwert zu sterben, falls Frauen, lebendig begraben zu werden. Tausende kamen unter der Regierung Karls V. und Philipps II. um.

Einmal wurde eine ganze Familie vor die Inquisitionsrichter gestellt und angeklagt, von der Messe ferngeblieben zu sein und zu Hause Gottesdienst gehalten zu haben. Als der jüngste Sohn über ihre geheimen Gewohnheiten befragt wurde, antwortete er: „Wir fallen auf unsere Knie und beten, daß Gott unsere Gemüter erleuchten und unsere Sünden verzeihen wolle. Wir beten für unseren Landesfürsten, daß seine Regierung gedeihlich und sein Leben glücklich sein möge. Wir beten für unsere Stadtbehörde, daß Gott sie erhalten wolle." (Wylie, 18. Buch, 6. Kap.) Etliche Richter waren tief bewegt, dennoch wurden der Vater und einer seiner Söhne zum Scheiterhaufen verurteilt.

Die Wut der Verfolger übertraf nicht den Glaubensmut der Märtyrer. Nicht nur Männer, sondern auch zarte Frauen und junge Mädchen legten einen unerschütterlichen Mut an den Tag. „Frauen stellten sich neben den Marterpfahl ihrer Gatten, und während diese das Feuer erduldeten, flüsterten sie ihnen Worte des Trostes zu oder sangen Psalmen, um sie aufzumuntern." „Jungfrauen legten sich lebendig in ihr Grab, als ob sie das Schlafgemach zur nächtlichen Ruhe beträten, oder sie gingen zum Schafott oder Feuertod in ihren besten Gewändern, als ob sie zur Hochzeit gingen." (Wylie, 18. Buch, 6. Kap.)

Wie in den Tagen, da das Heidentum das Evangelium zu vernichten suchte, war das Blut der Christen wie ein Same. Die Verfolgung diente dazu, die Zahl der Zeugen für die Wahrheit zu vermehren. Jahr für Jahr betrieb der durch die unbesiegbare Entschlossenheit des Volkes zur Wut gereizte Monarch sein grausames Werk, aber umsonst; und der Aufstand unter dem edlen Wilhelm von Oranien brachte Holland schließlich die Freiheit, Gott zu verehren.

Auf den Bergen von Piemont, in den Ebenen Frankreichs und an den Küsten von Holland wurde der Fortschritt des Evangeliums durch das Blut seiner Jünger gekennzeichnet; aber in den Ländern des Nordens fand es einen friedlichen Eingang. Wittenbergische Studenten brachten auf ihrer Rückkehr in die Heimat den evangelischen Glauben nach Skandinavien; auch wurde das Licht durch die Veröffentlichung von Luthers Schriften ausgebreitet. Das einfache, abgehärtete Volk des Nordens wandte sich von der Verderbnis, dem Gepränge und dem Aberglauben Roms ab, um die Reinheit, die Einfachheit und die lebensspendenden Wahrheiten der Bibel willkommen zu heißen.

Tausen, der Reformator Dänemarks, war der Sohn eines Landmannes. Frühzeitig gab der Knabe Beweise eines scharfen Verstandes. Ihn verlangte nach einer Ausbildung, die ihm aber die beschränkten Verhältnisse seiner Eltern nicht erlaubten, und er trat in ein Kloster ein. Hier gewannen ihm die Reinheit seines Lebens sowie sein Fleiß und seine Treue die Gunst seines Vorgesetzten. Eine Prüfung zeigte, daß er Gaben besaß, die künftig der Kirche gute Dienste versprachen. Man beschloß, ihn an einer der Universitäten Deutschlands oder der Niederlande auszubilden. Dem jungen Studenten wurde die Erlaubnis erteilt, sich selbst eine Schule zu wählen, jedoch mit dem Vorbehalt, nicht nach Wittenberg zu gehen. Er, der sich für die Kirche vorbereitete, sollte nicht durch das Gift der Ketzerei gefährdet werden, sagten die Mönche.

Tausen ging nach Köln, das damals wie auch heute noch, eine der Festen des Katholizismus war. Hier widerte ihn bald der Mystizismus der Schulgelehrten an. Etwa um diese Zeit kam er zum ersten Mal in den Besitz von Luthers Schriften. Er las sie mit Erstaunen und Entzücken und wünschte sehnlich, den persönlichen Unterricht des Reformators zu genießen. Um dies jedoch tun zu können, mußte er sich der Gefahr aussetzen, seinen klösterlichen Oberen zu beleidigen und seine Unterstützung zu verwirken. Sein Entschluß war bald gefaßt, und nicht lange darauf wurde er zu Wittenberg als Student eingetragen.

Bei seiner Rückkehr nach Dänemark begab er sich wieder in sein Kloster. Keiner verdächtigte ihn des Luthertums; er enthüllte sein Geheimnis nicht, bemühte sich aber, ohne das Vorurteil seiner Gefährten zu erregen, sie zu einem reineren Glauben und heiligeren Leben zu führen. Er erschloß ihnen die Bibel, erklärte deren wahren Sinn und predigte schließlich Christus offen als des Sünders Gerechtigkeit und seine einzige Hoffnung auf Seligkeit. Groß war der Zorn des Oberen, der hohe Hoffnungen auf ihn als einen tapferen Verteidiger Roms gesetzt hatte. Er wurde ohne weiteres nach einem anderen Kloster versetzt und unter strenger Aufsicht auf seine Zelle beschränkt.

Zum Schrecken seiner neuen Hüter bekannten sich bald mehrere der Mönche zum Protestantismus. Durch das Gitter seiner Zelle hatte Tausen seine Gefährten zur Erkenntnis der Wahrheit gebracht. Wären diese dänischen Väter bewandert gewesen mit der Art und Weise, wie die Kirche mit der Ketzerei umging, so wäre Tausens Stimme nie wieder gehört worden; statt ihn jedoch dem Grabe irgendeines unterirdischen Verlieses zu überliefern, jagten sie ihn aus dem Kloster. Nun waren sie machtlos. Ein soeben veröffentlichter königlicher Erlaß bot den Verkündigern der neuen Lehre Schutz an. Tausen begann zu predigen. Die Kirchen wurden ihm aufgetan und das Volk strömte herzu, ihn zu hören. Auch andere predigten das Wort Gottes. Das in die dänische Sprache übersetzte Neue Testament wurde überall verbreitet. Die von den Päpstlichen gemachten Anstrengungen, das Werk zu stürzen, dienten nur dazu, es auszudehnen, und es dauerte nicht lange, bis Dänemark die Annahme des reformierten Glaubens erklärte.

Auch in Schweden brachten junge Männer, die von der Quelle Wittenbergs getrunken hatten, das Wasser des Lebens zu ihren Landsleuten. Zwei der ersten Förderer der schwedischen Reformation, Olaus und Laurentius Petri, die Söhne eines Schmiedes von Örebro, studierten unter Luther und Melanchthon und waren eifrig, die Wahrheit, die sie auf diese Weise kennengelernt hatten, zu lehren. Gleich dem großen Reformator weckte Olaus das Volk durch seinen Eifer und seine Beredsamkeit auf, während Laurentius, gleich Melanchthon, der Gelehrte, Denkende und Ruhige war. Beide waren Männer von glühender Frömmigkeit und großen theologischen Kenntnissen und von unerschütterlichem Mut in der Verbreitung der Wahrheit. An päpstlichem Widerstand fehlte es nicht. Die katholischen Priester reizten das unwissende und abergläubische Volk auf. Olaus Petri wurde oft von der Menge angegriffen und kam bei verschiedenen Anlässen knapp mit dem Leben davon. Diese Reformatoren wurden jedoch vom König beschützt und begünstigt.

Unter der Herrschaft der römischen Kirche war das Volk in Armut versunken und durch Unterdrückung geplagt. Es war der Heiligen Schrift unkundig, und da es eine Religion besaß, die sich auf Bilder und Zeremonien beschränkte, die dem Gemüt kein Licht zuführten, kehrte es zum Aberglauben und zu den Gewohnheiten seiner heidnischen Vorfahren zurück. Es teilte sich in streitende Parteien, deren endlose Kämpfe das Elend aller vermehrten. Der König entschloß sich zu einer Reformation in Staat und Kirche und begrüßte diese fähigen Helfer (die Brüder Petri) im Kampfe gegen Rom.

In Gegenwart des Königs und der ersten Männer Schwedens verteidigte Olaus Petri sehr geschickt die Lehren des reformierten Glaubens gegen die Verfechter Roms. Er bestand darauf, daß die Lehren der Kirchenväter nur angenommen werden dürften, wenn sie mit der Bibel übereinstimmten; und fügte hinzu daß die wesentlichen Glaubenslehren in der Bibel in einer klaren und einfachen Weise dargestellt seien, so daß alle Menschen sie verstehen könnten. Christus sagte: „Meine Lehre ist nicht mein, sondern des, der mich gesandt hat," (Joh. 7,16) und Paulus erklärte, daß, falls er ein anderes Evangelium predigen sollte als das, das er empfangen hatte, er verflucht sein würde. (Gal. 1,8) „Wie denn," sagte der Reformator, „sollen andere sich anmaßen, nach ihrem Wohlgefallen Lehrsätze aufzustellen und sie als zur Seligkeit notwendige Dinge aufzubürden?" (Wylie, 10. Buch, 4. Kap.) Er zeigte, daß die Erlasse der Kirche keine Autorität besitzen, wenn sie den Geboten Gottes zuwiderlaufen, und hielt den großen protestantischen Grundsatz aufrecht, daß die Bibel und nur die Bibel die Richtschnur des Glaubens und des Wandels sei.

Dieser Kampf, obgleich er auf einem verhältnismäßig unbekannten Schauplatz vor sich ging, zeigt uns, „aus welchen Männern das Heer der Reformatoren bestand. Es waren keine ungebildeten, sektiererischen, lärmenden Wortfechter – weit davon entfernt; es waren Männer, die das Wort Gottes studiert hatten und wohl verstanden, die Waffen zu führen, mit denen die Rüstkammer der Bibel sie versehen hatte. Bezüglich der Ausbildung waren sie ihrer Zeit weit voraus. Wenn wir unsere Aufmerksamkeit auf solch glänzende Mittelpunkte, wie Wittenberg und Zürich und auf solch glorreiche Namen wie die von Luther und Melanchthon, Zwingli's und Ökolampads gerichtet halten, so könnte man uns sagen, das seien die Leiter der Bewegung, und wir würden natürlicherweise eine ungeheure Kraft und große Errungenschaften bei ihnen erwarten; aber die Untergeordneten seien ihnen nicht gleich. Gut; wir wenden uns dem entlegenen Schauplatz von Schweden, den schlichten Namen von Olaus und Laurentius Petri zu – von den Meistern zu den Jüngern –, und was finden wir? Gelehrte und Theologen, Männer, die gründlich die gesamte Evangeliumswahrheit kennen und die einen leichten Sieg über die Sophisten der Schulen und die Würdenträger Roms gewinnen." (ebd.)

Als eine Folge dieser Auseinandersetzung nahm der König von Schweden den protestantischen Glauben an, und nicht lange darauf bekannte sich auch die Nationalversammlung zur Reformation. Das Neue Testament war von Olaus Petri in die schwedische Sprache übersetzt worden, und auf Wunsch des Königs unternahmen die beiden Brüder die Übersetzung der ganzen Bibel. Auf diese Weise erhielt das schwedische Volk zum erstenmal das Wort Gottes in seiner Muttersprache. Der Reichstag verordnete, daß Prediger im Lande die Heilige Schrift auslegen sollten und daß man die Kinder in der Schule unterrichte, die Bibel zu lesen.

Allmählich aber sicher wurde das Dunkel der Unwissenheit und des Aberglaubens durch das herrliche Licht des Evangeliums verscheucht. Die Nation, von römischer Unterdrückung befreit, stieg zu einer Stärke und Größe empor, die sie noch nie zuvor erreicht hatte. Schweden wurde eines der Bollwerke des Protestantismus. Ein Jahrhundert später, zu einer Zeit höchster Gefahr, kam diese kleine und bis dahin schwache Nation – die einzige in Europa, die es wagte, eine rettende Hand auszustrecken – Deutschland zur Hilfe in den schrecklichen Kämpfen des Dreißigjährigen Krieges. Das ganze nördliche Europa schien so weit zu sein, wieder unter die Gewaltherrschaft Roms gebracht zu werden. Da waren es die schwedischen Truppen, die Deutschland befähigten, den Einfluß der römischen Erfolge zu brechen, Duldung für die Protestanten, Reformierte wie Lutheraner, zu gewinnen, und den Ländern, die die Reformation angenommen hatten, die Gewissensfreiheit wiederzugeben.

14 Spätere englische Reformatoren

Während Luther dem deutschen Volk die Bibel erschloß, wurde Tyndale vom Geist Gottes angetrieben, das gleiche für England zu tun. Wiklifs Bibel war aus dem lateinischen Text, der viele Irrtümer enthielt, übersetzt worden. Sie wurde nie gedruckt, und die Kosten eines geschriebenen Exemplars waren so groß, daß nur wenige außer den Reichen oder Adligen sie sich verschaffen konnten, und da sie überdies von der Kirche aufs schärfste geächtet worden war, hatte sie nur eine verhältnismäßig geringe Verbreitung gehabt. Im Jahre 1516, ein Jahr vor dem Erscheinen der Thesen Luthers, hatte Erasmus seine griechische und lateinische Ausgabe des Neuen Testaments veröffentlicht. Nun wurde das Wort Gottes zum erstenmal in der Ursprache gedruckt. In diesem Werk wurden viele Irrtümer der früheren Ausgaben berichtigt und der Sinn deutlicher wiedergegeben. Es führte viele der gebildeten Klassen zu einem besseren Verständnis der Wahrheit und gab dem Werk der Reformation neue Triebkraft. Aber den meisten aus dem gewöhnlichen Volk war das Wort Gottes noch immer unzugänglich. Tyndale sollte Wiklifs Werk vollenden und seinen Landsleuten die Bibel geben.

Als eifriger Schüler, der ernstlich nach Wahrheit suchte, hatte er das Evangelium aus dem griechischen Testament des Erasmus empfangen. Furchtlos predigte er seine Überzeugung und drang darauf, daß alle Lehren mit dem Worte Gottes geprüft werden sollten. Auf die päpstliche Behauptung, daß die Kirche die Bibel gegeben habe und sie allein erklären könne, sagte Tyndale: „Wer hat denn den Adler gelehrt, seine Beute zu finden? Derselbe Gott lehrt seine hungrigen Kinder ihren Vater in seinem Worte finden. Nicht ihr habt uns die Schrift gegeben, vielmehr habt ihr sie uns vorenthalten; ihr seid es, die solche verbrennen, die sie predigen, ja ihr würdet die Schrift selbst verbrennen, wenn ihr könntet." (D'Aubigné, 18. Buch, 4. Abschn.)

Tyndales Predigten machten großen Eindruck; viele nahmen die Wahrheit an. Aber die Priester waren auf der Hut, und sobald er das Feld verlassen hatte, suchten sie mit ihren Drohungen und Entstellungen sein Werk zu vernichten. Nur zu oft gelang es ihnen. „Was soll ich tun?" rief er aus. „Während ich hier säe, reißt der Feind dort wieder alles aus, wo ich grade herkomme. Ich kann nicht überall zugleich sein. O, daß die Christen die Heilige Schrift in ihrer Sprache besäßen, so könnten sie den Sophisten selbst widerstehen! Ohne die Bibel ist es unmöglich, die Laien in der Wahrheit zu gründen." (ebd.)

Ein neuer Vorsatz reifte jetzt in ihm. Er sagte: „In Israels eigener Sprache erschollen die Psalmen im Tempel des Herrn, und das Evangelium sollte unter uns nicht reden dürfen in der Sprache Englands? Die Kirche sollte weniger Licht haben jetzt im hohen Mittag als ehemals in den ersten Stunden der Dämmerung? Das Neue Testament muß in der Volkssprache gelesen werden können." (ebd.) Die Doktoren und Lehrer der Kirche stimmten nicht miteinander überein. Nur durch die Bibel konnte das Volk zur Wahrheit gelangen. Der eine hatte diese Lehre, der andere jene; ein Gelehrter widersprach dem andern. „Wie sollen wir da das Wahre vom Falschen unterscheiden? Allein durch das Wort Gottes." (ebd.)

Nicht lange darauf erklärte ein katholischer Gelehrter, mit dem er sich in einen Streit einließ, daß es besser wäre, ohne das Gesetz Gottes als ohne das Gesetz des Papstes zu sein, worauf Tyndale erwiderte: „Ich trotze dem Papst samt all seinen Gesetzen. Wenn Gott mir das Leben schenkt, so soll in wenig Jahren ein Bauernknecht, der seinen Karren treibt, die Schrift noch besser verstehen als ich." (ebd.)

Der von ihm gehegte Vorsatz, dem Volk die Heilige Schrift in seiner eigenen Sprache zu geben, wurde nun bestärkt, und sofort machte er sich an die Arbeit. Durch die Verfolgung aus der Heimat vertrieben, ging er nach London und setzte daselbst eine Zeitlang ungestört seine Arbeiten fort. Wiederum jedoch zwang ihn die Gewalttätigkeit der Päpstlichen zur Flucht. Ganz England schien ihm verschlossen zu sein, und er entschloß sich, in Deutschland Unterkunft zu suchen. Hier begann er den Druck des englischen Neuen Testaments. Zweimal wurde das Werk aufgehalten; wenn es ihm aber verboten wurde, in einer Stadt zu drucken, ging er in eine andere. Schließlich kam er nach Worms, wo Luther wenige Jahre zuvor das Evangelium vor dem Reichstag verteidigt hatte. In jener alten Stadt gab es viele Freunde der Reformation, und Tyndale setzte dort sein Werk ohne weitere Hindernisse fort. Dreitausend Exemplare des Neuen Testaments waren bald vollendet, und eine neue Auflage folgte noch im selben Jahr.

Mit großem Eifer und unermüdlicher Ausdauer führte er seine Arbeit fort. Obwohl die englischen Behörden ihre Häfen mit der größten Wachsamkeit hüteten, wurde das Wort Gottes auf verschiedene Weise heimlich nach London geschafft und von dort aus über das ganze Land verbreitet. Die Päpstlichen suchten die Wahrheit zu unterdrücken, aber vergebens. Der Bischof von Durham kaufte einmal von einem Buchhändler, der ein Freund Tyndales war, seinen ganzen Vorrat an Bibeln auf, um sie zu vernichten, in der Meinung, daß dadurch das Werk gehindert würde. Aber im Gegenteil, mit dem auf diese Weise gewonnenen Geld wurde das Material zu einer neuen und verbesserten Auflage gekauft, die sonst nicht hätte veröffentlicht werden können. Als Tyndale später zum Gefangenen gemacht wurde, bot man ihm die Freiheit unter der Bedingung an, die Namen derer anzugeben, die ihm geholfen hatten, die Ausgaben für den Druck seiner Bibeln zu bestreiten. Er antwortete, daß der Bischof von Durham mehr getan habe als sonst jemand, denn da dieser für die vorrätigen Bücher einen hohen Preis bezahlt habe, sei er befähigt worden, guten Mutes weiterzuarbeiten.

Tyndale wurde in die Hände seiner Feinde verraten und mußte viele Monate im Kerker zubringen. Schließlich bezeugte er seinen Glauben mit dem Märtyrertod; aber die von ihm gefertigten Waffen haben andere Streiter befähigt, durch alle Jahrhunderte, sogar bis auf unsere Zeit, den Krieg weiterzuführen.

Latimer behauptete von der Kanzel herab die Auffassung, daß die Bibel in der Sprache des Volkes gelesen werden müsse. „Der Urheber der Heiligen Schrift," sagte er, „ist Gott selbst, und diese Schrift hat einen Anteil an der Macht und Ewigkeit ihres Urhebers. Es gibt weder Könige, Kaiser, Obrigkeiten noch Herrscher, ... die nicht gebunden wären, ... seinem heiligen Wort zu gehorchen. ... Laßt uns keine Nebenwege einschlagen, sondern uns vom Worte Gottes leiten lassen; laßt uns nicht unsern Vätern nachfolgen und auf das sehen, was sie getan haben, sondern auf das, was sie hätten tun sollen." (Latimer, Erste Predigt vor König Eduard VI.)

Barnes und Frith, die treuen Freunde Tyndales, erhoben sich, um die Wahrheit zu verteidigen. Ihnen folgten Gebrüder Ridley und Cranmer. Diese führenden Köpfe in der englischen Reformation waren gebildete Männer, und die meisten von ihnen waren ihres Eifers oder ihrer Frömmigkeit wegen in der römischen Kirche hoch geachtet gewesen. Ihr Widerstand dem Papsttum gegenüber rührte daher, daß sie mit den Irrtümern des „heiligen Stuhles" bekannt waren. Ihre Bekanntschaft mit den Geheimnissen Babylons gab ihren Zeugnissen gegen dasselbe um so größere Macht.

„Ich muß euch eine seltsame Frage stellen," sagte Latimer, „wißt ihr, wer der eifrigste Bischof und Prälat in England ist? ... Ich sehe, ihr horcht und wartet auf seinen Namen; ... ich will ihn nennen: Es ist der Teufel. ... Er entfernt sich nie aus seinem Kirchsprengel; ... sucht ihn, wann ihr wollt, er ist immer zu Hause, ... er ist stets bei der Arbeit. ... Ihr werdet ihn nie träge finden, dafür bürge ich euch. ... Wo der Teufel wohnhaft ist, ... dort weg mit den Büchern, und Kerzen herbei; weg mit den Bibeln, und Rosenkränze herbei; weg mit dem Licht des Evangeliums, und Wachsstöcke hoch, ja sogar am hellen Mittag; ... nieder mit dem Kreuz Christi, es lebe das Fegefeuer, das die Taschen leert; ... hinweg mit dem Bekleiden der Nackten, Armen und Lahmen; herbei mit der Verzierung von Bildern und der bunten Schmückung von Stock und Stein; herbei mit menschlichen Überlieferungen und Gesetzen; nieder mit Gottes Einrichtungen und seinem allerheiligsten Worte. ... O, daß unsere Prälaten so eifrig wären, die Körner guter Lehre auszustreuen, wie Satan fleißig ist, allerlei Unkraut zu säen!" (Latimer, Predigt vom Pflug.)

Die unfehlbare Autorität und Macht der Heiligen Schrift als Richtschnur des Glaubens und des Wandels war der große, von diesen Reformatoren aufrecht gehaltene Grundsatz, den auch die Waldenser, Wiklif, Johann Hus, Luther, Zwingli und ihre Mitarbeiter hochhielten. Sie verwarfen die Anmaßung des Papstes, der Konzilien, der Väter und der Könige, das Gewissen in Religionssachen zu beherrschen. Die Bibel war ihnen Autorität, und mit ihren Lehren prüften sie alle Lehrsätze und Ansprüche. Der Glaube an Gott und sein Wort stärkte diese heiligen Männer, als sie ihr Leben auf dem Scheiterhaufen hingaben. „Sei guten Mutes," rief Latimer seinem Leidensgefährten im Märtyrertum zu, als die Flammen anfingen, ihre Stimme zu ersticken, „wir werden heute durch Gottes Gnade ein Licht in England anzünden, das, wie ich hoffe, nie ausgelöscht werden wird." (Latimers Werke, 1. Bd., S. 13.)

In Schottland war der von Columban und seinen Mitarbeitern ausgestreute Same der Wahrheit nie völlig vernichtet worden.

Jahrhundertelang nachdem die Kirchen Englands sich Rom unterworfen hatten, hielten jene in Schottland ihre Freiheit aufrecht. Im zwölften Jahrhundert jedoch faßte das Papsttum auch hier Fuß, und in keinem Lande hat es eine unumschränktere Herrschaft ausgeübt als in Schottland. Nirgends war die Finsternis dichter. Dennoch kamen auch Strahlen des Lichts dahin, um das Dunkel zu durchdringen und den kommenden Tag anzukünden. Die mit der Bibel und den Lehren Wiklifs aus England kommenden Lollarden trugen viel dazu bei, die Kenntnis des Evangeliums zu erhalten, und jedes Jahrhundert hatte somit seine Zeugen und Märtyrer.

Zu Anfang der großen Reformation erschienen Luthers Schriften, dann Tyndales Neues Testament in englischer Sprache. Unbemerkt von der Priesterherrschaft wanderten diese Boten schweigend über Berge und Täler, fachten überall die Fackel der Wahrheit, die in Schottland nahezu ausgegangen war, zu neuer Flamme an und machten das Werk der Unterdrückung, das Rom vier Jahrhunderte getrieben hatte, zunichte.

Dann gab das Blut der Märtyrer der Bewegung neuen Auftrieb. Die päpstlichen Anführer, die plötzlich zur Erkenntnis der ihrer Sache drohenden Gefahr kamen, brachten etliche der edelsten und gelehrtesten Söhne Schottlands auf den Scheiterhaufen. Sie errichteten aber damit nur eine Kanzel, von der aus die Worte der sterbenden Zeugen im ganzen Lande gehört wurden, die das Herz des Volkes mit einem unerschütterlichen Vorsatz erfüllten, die Fesseln Roms abzustreifen.

Hamilton und Wishart, fürstlich nach Geburt und Charakter, gaben mit einer großen Anzahl geringerer Jünger auf dem Scheiterhaufen ihr Leben dahin. Aber aus dem brennenden Scheiterhaufen Wisharts ging einer hervor, den die Flammen nicht zum Schweigen bringen sollten, einer, der mit Gottes Beistand dem päpstlichen Wesen in Schottland die Sterbeglocke zu läuten bestimmt war.

John Knox hatte sich von den Überlieferungen und dem Wunderglauben der Kirche abgewandt, um von den Wahrheiten des Wortes Gottes zu leben, und Wisharts Lehren hatten seinen Entschluß bestärkt, die Gemeinschaft Roms zu verlassen und sich den verfolgten Reformatoren anzuschließen.

Von seinen Gefährten gebeten, das Amt eines Predigers anzunehmen, schreckte er mit Zittern vor dessen Verantwortung zurück, und erst nach Tagen der Abgeschiedenheit und eines schmerzlichen Kampfes mit sich selbst willigte er ein. Nachdem er aber die Stellung einmal angenommen hatte, verfolgte er sein Werk mit unbeugsamer Entschlossenheit und unverzagtem Mut sein Leben lang. Dieser unerschrockene Reformator fürchtete sich nicht vor Menschen. Die um ihn her lodernden Feuer des Märtyrertums dienten nur dazu, seinen Eifer um so mehr anzufachen. Ungeachtet des drohend über seinem Haupte schwebenden Henkerbeils des Tyrannen behauptete er seine Stellung und teilte nach rechts und nach links kräftige Streiche aus, um den Götzendienst zu zertrümmern.

Als er der Königin von Schottland, in deren Gegenwart der Eifer vieler Führer der Protestanten abgenommen hatte, gegenübergestellt wurde, legte John Knox unerschütterlich Zeugnis für die Wahrheit ab. Er konnte durch Schmeichelei nicht gewonnen werden; er verzagte nicht vor Drohungen. Die Königin beschuldigte ihn der Ketzerei. Sie erklärte, er habe das Volk verleitet, eine vom Staat verbotene Religion anzunehmen und habe auf diese Weise Gottes Gebot, das den Untertanen befehle, ihren Fürsten zu gehorchen, übertreten. Knox antwortete fest:

„Da die richtige Religion weder ihren Ursprung noch ihre Autorität von weltlichen Fürsten, sondern von dem ewigen Gott allein erhielt, so sind die Untertanen nicht gezwungen, ihren Glauben nach dem Geschmack ihrer Fürsten zu richten. Denn oft kommt es vor, daß die Fürsten vor allen andern in der wahren Religion am allerunwissendsten sind. ... Hätte aller Same Abrahams die Religion Pharaos angenommen, dessen Untertanen sie lange waren, welche Religion, ich bitte Sie, Madame, würde dann in der Welt gewesen sein? Oder wenn in den Tagen der Apostel alle Menschen die Religion der römischen Kaiser gehabt hätten, welche Religion würde dann auf Erden gewesen sein? ... Und so, Madame, können Sie sehen, daß Untertanen nicht von der Religion ihrer Fürsten abhängen, wenn ihnen auch geboten wird, ihnen Ehrfurcht zu erzeigen."

Da sagte Maria: „Ihr legt die Heilige Schrift auf eine Weise aus, sie (die römischen Lehrer) auf eine andere; wem soll ich glauben, und wer soll Richter sein?"

„Sie sollen Gott glauben, der deutlich in seinem Worte spricht," antwortete der Reformator, „und weiter als das Wort lehrt, brauchen Sie weder das eine noch das andere zu glauben. Das Wort Gottes ist klar in sich selbst, und wenn irgendeine Stelle dunkel ist, so erklärt der Heilige Geist, der sich nie widerspricht, sie deutlicher an anderen Stellen, so daß kein Zweifel obwalten kann, es sei denn für die, die hartnäckig unwissend sind." (Laing, Knox' Werke, 2. Bd., S. 281. 284.)

Solche Wahrheiten sprach der furchtlose Reformator unter Lebensgefahr vor den Ohren der königlichen Hoheit. Mit demselben unerschrockenen Mut blieb er bei seinem Vorsatz und betete und führte den Krieg des Herrn, bis Schottland vom Papsttum frei war.

In England wurde durch die Einführung des Protestantismus als Staatsreligion die Verfolgung vermindert, aber nicht völlig zum Stillstand gebracht. Während man vielen Lehren Roms absagte, wurden nicht wenige seiner Gebräuche beibehalten. Die Oberhoheit des Papstes wurde verworfen, aber an seiner Stelle wurde der Landesfürst als Haupt der Kirche eingesetzt. Der Gottesdienst wich noch immer weit von der Reinheit und Einfachheit des Evangeliums ab. Der große Grundsatz religiöser Freiheit wurde noch nicht verstanden. Wenn auch die schrecklichen Grausamkeiten, die Rom gegen die Ketzerei angewandt hatte, von protestantischen Herrschern (s. Anhang, Anm. 19.) nur selten angewandt wurden, so wurde doch das Recht eines jeden, Gott nach den Vorschriften seines eigenen Gewissens zu verehren, nicht anerkannt. Von allen wurde verlangt, die Lehren anzunehmen und die Formen beim Gottesdienst zu beachten, welche die Staatskirche vorschrieb. Andersdenkende erlitten jahrhundertelang mehr oder weniger Verfolgung.

Im 17. Jahrhundert wurden Tausende von Predigern aus ihren Ämtern vertrieben. Den Leuten war es bei Strafe schwerer Geldbußen, Gefängnis und Verbannung untersagt, irgendwelche religiösen Versammlung zu besuchen, die nicht von der Kirche anerkannt waren. Jene treuen Seelen, die sich nicht enthalten konnten, zur Anbetung Gottes zusammenzukommen, waren genötigt, sich in dunklen Gassen, in finsteren Bodenkammern und zu gewissen Jahreszeiten um Mitternacht in den Wäldern zu versammeln. In den schützenden Tiefen des Waldes, dem von Gott selbst erbauten Tempel, kamen jene zerstreuten und verfolgten Kinder des Herrn zusammen, um in Gebet und Lobpreis ihre Herzen auszuschütten. Aber trotz all ihrer Vorsichtsmaßregeln mußten viele um ihres Glaubens willen leiden. Die Gefängnisse waren überfüllt, Familien wurden getrennt, viele nach fremden Ländern verbannt. Doch Gott war mit seinem Volk und die Verfolgung vermochte nicht, dessen Zeugnis zum Schweigen zu bringen. Viele wurden über das Meer nach Amerika vertrieben und legten dort den Grund zu der bürgerlichen und religiösen Freiheit, die das Bollwerk und der Ruhm jenes Landes gewesen ist.

Wiederum diente wie in den Tagen der Apostel die Verfolgung zur Förderung des Evangeliums. In einem abscheulichen, mit Verworfenen und Verbrechern angefüllten Verlies schien John Bunyan Himmelsluft zu atmen und schrieb dort sein wunderbares Gleichnis von der Reise des Pilgers aus dem Lande des Verderbens nach der Himmelsstadt. Mehr als zweihundert Jahre hat jene Stimme aus dem Gefängnis zu Bedford mit durchdringender Macht zu den Herzen der Menschen gesprochen. Bunyans „Pilgerreise" und „Überschwengliche Gnade für den größten der Sünder" haben manchen irrenden Fuß auf den Weg des Lebens geleitet.

Baxter, Flavel, Alleine und andere Männer von Talent, Bildung und tiefer christlicher Erfahrung erhoben sich zu kühner Verteidigung des Glaubens, der einmal den Heiligen übergeben ist. Das Werk, das diese von den Herrschern dieser Welt verfemten und geächteten Männer vollbrachten, kann nie untergehen. Flavels „Brunnquell des Lebens" und „Wirkung der Gnade" haben Tausende gelehrt, wie sie ihre Seelen Christus anbefehlen könnten. Baxters „Der reformierte Pfarrer" hat sich vielen, die eine Wiederbelebung des Werkes Gottes wünschten, als Segen erwiesen, seine „Ewige Ruhe der Heiligen" hat Erfolg gehabt, indem es Seelen zu der Ruhe führte, die noch für das Volk Gottes vorhanden ist.

Hundert Jahre später, zu einer Zeit großer Finsternis, erschienen Whitefield und die Gebrüder Wesley als Lichtträger für Gott. Unter der Herrschaft der Staatskirche waren die Engländer in einen Zustand religiösen Verfalls geraten, der sich vom Heidentum nur wenig unterschied. Eine Naturreligion war das bevorzugte Studium der Geistlichkeit und umfaßte auch den größten Teil ihrer Theologie. Die höheren Klassen spotteten über Frömmigkeit und brüsteten sich damit, über solche Schwärmerei erhaben zu sein. Die niederen Stände waren in grober Unwissenheit befangen und dem Laster ergeben, während die Kirche weder den Mut noch den Glauben hatte, die Sache der Wahrheit länger zu unterstützen, die in Verfall geraten war.

Die von Luther so deutlich gelehrte große Wahrheit von der Rechtfertigung durch den Glauben war nahezu aus den Augen verloren worden, und der römische Grundsatz, daß die Seligkeit durch gute Werke erlangt werde, hatte deren Stelle eingenommen. Whitefield und die beiden Wesleys, die Glieder der Landeskirche waren, suchten aufrichtig nach der Gnade Gottes, die, wie sie gelehrt worden waren, durch ein tugendhaftes Leben und die Beachtung der religiösen Verordnungen erreicht werden könnte.

Als Charles Wesley einst erkrankte und den Tod erwartete, wurde er gefragt, worauf er seine Hoffnung auf ein ewiges Leben stütze. Seine Antwort war: „Ich habe mich nach Kräften bemüht, Gott zu dienen." Als der Freund, der ihm die Frage stellte, mit seiner Antwort nicht völlig zufrieden zu sein schien, dachte Wesley: „Sind meine Bemühungen nicht ein genügender Grund der Hoffnung? Würde er mir diese rauben, so hätte ich nichts anderes, worauf ich vertrauen könnte." (Whitehead, Leben des Ch. Wesley, S. 102.) Derart war die dichte Finsternis, die die Kirche umschloß, daß sie die Versöhnung verbarg, Christus seiner Ehre beraubte und den Geist der Menschen von der einzigen Hoffnung auf Seligkeit, dem Blute des gekreuzigten Erlösers, abwandte.

Wesley und seine Mitarbeiter kamen zu der Einsicht, daß die wahre Religion ihren Sitz im Herzen habe, und daß das Gesetz Gottes sich sowohl auf die Gedanken als auch auf die Worte und Handlungen erstreckt. Überzeugt von der notwendigen Heiligkeit des Herzens und eines rechten Wandels, trachteten sie jetzt ernstlich nach einem neuen Leben. Durch Fleiß und Gebet versuchten sie das Böse ihres natürlichen Herzens zu überwinden. Sie lebten ein Leben der Selbstverleugnung, Liebe und Demut und beachteten streng und genau jede Maßregel, die ihnen zur Erlangung dessen, was sie am meisten wünschten – jene Heiligkeit, welche die Huld Gottes verschaffen kann – dienlich schien. Aber sie erreichten das vorgesteckte Ziel nicht. Vergebens waren ihre Bemühungen, sich von der Verdammnis der Sünde zu befreien oder ihre Macht zu brechen. Es war derselbe Kampf, den Luther in seiner Zelle in Erfurt durchgemacht hatte, dieselbe Frage, die seine Seele gemartert hatte: „Wie mag ein Mensch gerecht sein bei Gott?" (Hiob 9,2)

Das auf den Altären des Protestantismus nahezu ausgelöschte Feuer der göttlichen Wahrheit sollte von der alten Fackel, die die böhmischen Christen brennend erhalten hatten, wieder angezündet werden. Nach der Reformation war der Protestantismus in Böhmen von den römischen Horden niedergetreten worden. Alle, die der Wahrheit nicht entsagen wollten, wurden zur Flucht gezwungen. Etliche dieser Verbannten fanden eine Zuflucht in Sachsen, wo sie den alten Glauben aufrechterhielten. Durch die Nachkommen dieser Christen kam das Licht zu Wesley und seinen Mitarbeitern.

Nachdem John und Charles Wesley zum Predigtamt eingesegnet worden waren, wurden sie mit einem Missionsauftrag nach
Amerika gesandt. An Bord des Schiffes war eine Gesellschaft
Mährischer Brüder. Auf der Überfahrt erhoben sich heftige Stürme, und John Wesley, da er den Tod vor Augen sah, fühlte, daß
er nicht die Gewißheit des Friedens mit Gott hatte. Die
Mährischen Brüder hingegen bekundeten eine Ruhe und ein Vertrauen, die ihm fremd waren.

Er sagte: „Ich hatte lange zuvor den großen Ernst ihres Be-
nehmens beobachtet. Sie hatten beständig ihre Demut an den Tag
gelegt, indem sie für die anderen Reisenden niedrige Dienstlei-
stungen verrichteten, die keiner der Engländer ausführen wollte.
Sie hatten dafür keine Bezahlung verlangt, sondern sie ausge-
schlagen, indem sie sagten, es wäre gut für ihre stolzen Herzen,
und ihr Heiland hätte noch mehr für sie getan. Jeder Tag hatte
ihnen Gelegenheit geboten, ihre Sanftmut zu zeigen, die durch
keine Beleidigung beseitigt werden konnte. Wurden sie gestoßen, geschlagen oder niedergeworfen, so erhoben sie sich wieder und gingen weg; aber keine Klage wurde in ihrem Munde
gefunden. Jetzt sollten sie geprüft werden, ob sie von dem Geist
der Furcht ebenso frei waren wie von dem des Stolzes, des Zornes
und der Rachsucht. Während des Singens eines Psalms, womit
ihr Gottesdienst begann, brach eine Sturzwelle herein, riß das
große Segel in Stücke, bedeckte das Schiff und drang über das
Deck, als ob die große Tiefe uns bereits verschlungen hätte. Unter
den Engländern erhob sich ein furchtbares Angstgeschrei. Die
Brüder sangen ruhig weiter. Ich fragte nachher einen von ihnen:
,Waren Sie nicht erschrocken?' Er antwortete: ,Gott sei Dank
nicht'. ,Aber', sagte ich, ,waren ihre Weiber und Kinder nicht
erschrocken?' Er erwiderte mild: ,Nein, unsere Weiber und Kinder fürchten sich nicht zu sterben'." (Whitehead, Leben des Ch.
Wesley, S. 10 f.)

Nach der Ankunft in Savannah weilte Wesley kurze Zeit bei
den Mährischen Brüdern, und ihr christliches Verhalten machte
einen tiefen Eindruck auf ihn. Über einen ihrer Gottesdienste,
die in auffallendem Gegensatz zu dem leblosen Formenwesen
der Kirche Englands standen, schrieb er: „Sowohl die große Einfachheit als auch die Feierlichkeit des Ganzen ließen mich die
dazwischenliegenden 1700 Jahre beinahe vergessen und versetz-
ten mich in eine Versammlung, wo Form und Staat nicht galten,
sondern wo Paulus, der Zeltmacher, oder Petrus, der Fischer, unter
Kundgebung des Geistes und der Kraft, den Vorsitz hatten." (ebd.)

Auf seiner Rückreise nach England gelangte Wesley unter der Belehrung eines Mährischen Predigers zu einem klareren Verständnis des biblischen Glaubens. Er wurde überzeugt, daß sein Seelenheil nicht von seinen eigenen Werken abhängt, sondern daß er einzig auf „Gottes Lamm, welches der Welt Sünde trägt," vertrauen müsse. Auf einer in London abgehaltenen Versammlung der Mährischen Brüder wurde eine Aussage Luthers vorgelesen, die die Veränderung beschrieb, die der Geist Gottes im Herzen des Gläubigen bewirkt. Während Wesley zuhörte, wurde der Glaube in seiner eigenen Seele entzündet. „Ich fühlte mein Herz seltsam erwärmt," sagte er. „Ich fühlte, daß ich auf Christus und Christus allein vertraute für mein Seelenheil; und ich erhielt die Versicherung, daß er meine – ja meine Sünden weggenommen und mich von dem Gesetz der Sünde und des Todes erlöst hatte." (ebd., S. 52.)

Während langer Jahre mühsamen und trostlosen Ringens – Jahre strenger Selbstverleugnung, Schmach und Erniedrigung – hatte Wesley unverwandt den einen Vorsatz festgehalten, Gott zu suchen. Nun hatte er ihn gefunden, und er erfuhr, daß die Gnade, die er durch Beten und Fasten, durch Almosengeben und Selbstverleugnung erlangen wollte, eine Gabe „ohne Geld und umsonst" war.

Als er im Glauben Christi gegründet war, brannte seine ganze Seele mit Verlangen, überall das herrliche Evangelium von der freien Gnade Gottes zu verbreiten. „Ich betrachte die ganze Welt als mein Kirchspiel," sagte er, „und wo ich in demselben sein mag, erachte ich es als passend, recht und meine heilige Pflicht, allen, die willens sind zuzuhören, die frohe Botschaft des Heils zu verkündigen." (ebd., S. 74.)

Er setzte sein strenges, selbstverleugnendes Leben fort, das nun nicht der Grund, sondern die Folge des Glaubens, nicht die Wurzel, sondern die Frucht der Heiligung war. Die Gnade Gottes in Christus ist die Grundlage der Hoffnung des Christen, und diese Gnade zeigt sich im Gehorsam. Wesleys Leben war der Verkündigung jener großen Wahrheiten gewidmet, die er empfangen hatte – Gerechtigkeit durch den Glauben an das versöhnende Blut Christi, und die herzerneuernde Macht des Heiligen Geistes, die ihre Frucht bringt in einem Leben, das mit dem Beispiel Christi übereinstimmt.

Whitefield und die beiden Wesleys waren durch lange und tiefe persönliche Überzeugung ihres eigenen verlorenen Zustandes für ihr Werk vorbereitet worden; und damit sie imstande wären, als gute Streiter Christi Schwierigkeiten zu erdulden, waren sie der Feuerprobe des Spottes, des Hohnes und der Verfolgung sowohl an der Universität als auch beim Antritt ihres Predigtamtes ausgesetzt gewesen. Sie und einige andere, die mit ihnen übereinstimmten, wurden von ihren gottlosen Mitstudenten verächtlich Methodisten genannt – ein Name, der gegenwärtig von einer der größten christlichen Gemeinschaften in England und Amerika als ehrenvoll angesehen wird.

Als Glieder der anglikanischen Kirche waren sie den Formen ihres Gottesdienstes sehr ergeben; aber der Herr hatte ihnen in seinem Wort ein höheres Ziel gezeigt. Der Heilige Geist nötigte sie, Christus, den Gekreuzigten, zu predigen. Die Macht des Höchsten begleitete ihre Arbeit. Tausende wurden überzeugt und wahrhaft bekehrt. Diese Schafe mußten vor den reißenden Wölfen geschützt werden. Wohl hatte Wesley keinen Gedanken daran, eine neue Gemeinschaft zu gründen, doch vereinigte er seine Anhänger in einer sogenannten methodistischen Verbindung.

Geheimnisvoll und schwierig war der Widerstand, den diese Prediger von der englischen Staatskirche erfahren mußten; doch Gott in seiner Weisheit hatte diese Ereignisse gelenkt, um die Reformation in der Kirche selbst zu beginnen. Wäre sie völlig von außen gekommen, so hätte sie dort nicht durchgedrungen können, wo sie so sehr vonnöten war. Da aber die Erweckungsprediger Kirchenmänner waren und im Bereich der Kirche arbeiteten, wo sie gerade Gelegenheit hatten, fand die Wahrheit Eingang, wo sonst die Türen verschlossen geblieben wären. Einige Geistliche wurden aus ihrem sittlichen Stumpfsinn aufgerüttelt und fingen an in ihren eigenen Pfarreien eifrig zu predigen. Gemeinden, die durch den Formalismus versteinert waren, wurden lebendig.

Zu Wesleys Zeiten wie in allen Zeitaltern der Kirchengeschichte vollzogen Männer mit verschiedenen Gaben das ihnen zugewiesene Werk. Sie stimmten nicht in jedem Lehrpunkt der Lehre überein, waren aber alle vom Geist Gottes getrieben und eins in dem alles überragenden Vorhaben, Seelen für Christus zu gewinnen. Die Meinungsverschiedenheiten zwischen Whitefield und den beiden Wesleys drohten sie einmal zu entfremden; als sie aber in der Schule Christi Sanftmut lernten, wurden sie durch gegenseitige Geduld und christliche Liebe versöhnt. Sie hatten keine Zeit zum Wortstreit, wenn überall Irrtum und Sünde sich breitmachten und Sünder dem Verderben entgegengingen.

Gottes Diener wandelten auf einem rauhen Pfad. Männer von Einfluß und Bildung wandten sich gegen sie. Nach einer Zeit bekundeten viele Geistliche eine ausgesprochene Feindschaft gegen sie, und die Türen der Kirchen wurden dem reinen Glauben sowie denen, die ihn verkündigten, verschlossen. Das Verfahren der Geistlichkeit, sie von der Kanzel herab zu verdammen, rief die Mächte der Finsternis, der Unwissenheit und der Ungerechtigkeit hervor. Wieder und wieder entging John Wesley durch ein Wunder der rettenden göttlichen Gnade dem Tode. Wenn die Wut des Pöbels gegen ihn erweckt war, und kein Weg des Entrinnens da zu sein schien, trat ein Engel in Menschengestalt an seine Seite, die Menge wich zurück, und der Diener Gottes ging unbehelligt von der Stätte der Gefahr.

Über seine Errettung vor der Wut des Pöbels bei einem solchen Anlaß sagte Wesley: „Viele machten Anstrengungen mich niederzuwerfen, während wir auf einem schlüpfrigen Pfade bergab zur Stadt gingen, da sie richtig urteilten, daß, wenn ich einmal zu Fall gebracht wäre, ich wohl kaum wieder aufstehen würde. Aber ich fiel nicht, glitt nicht einmal im geringsten aus, bis ich gänzlich aus ihren Händen war. ... Obgleich viele sich Mühe gaben, mich am Kragen oder an meinem Rock zu erfassen, um mich niederzuziehen, konnten sie doch keinen Halt gewinnen; nur einem gelang es, einen Zipfel meines Rockschoßes festzuhalten, der bald in seiner Hand blieb, während die andere Hälfte, in der sich eine Tasche mit einer Banknote befand, nur halb abgerissen wurde. Ein derber Mensch, unmittelbar hinter mir, holte mehrmals aus, mich mit einem dicken Eichenstock zu schlagen; hätte er mich nur einmal damit auf das Hinterhaupt getroffen, so hätte er sich jede weitere Mühe sparen können. Aber jedesmal wurde der Schlag abgewendet, ich weiß nicht wie; denn ich konnte mich weder zur Rechten noch Linken bewegen. Ein anderer stürzte durch das Gedränge, erhob seinen Arm zum Schlag, ließ ihn aber plötzlich sinken und streichelte mir den Kopf mit den Worten: ‚welch weiches Haar er hat'. Die allerersten, deren Herzen verwandelt wurden, waren die Gassenhelden, die Anführer des Pöbelhaufens bei allen Anlässen, von denen einer ein Ringkämpfer im Bärengarten war. ... Wie allmählich bereitet Gott uns auf seinen Willen vor! Vor zwei Jahren streifte ein Stück von einem Ziegelstein meine Schultern, ein Jahr später traf mich ein Stein zwischen die Augen, letzten Monat empfing ich einen Schlag und heute abend zwei, einen ehe wir in die Stadt kamen, und einen nachdem wir hinausgegangen waren; doch beide waren wie nichts, denn obgleich mich ein Mann mit aller Gewalt auf die Brust schlug und der andere mit solcher Wucht auf den Mund, daß das

Blut sofort hervorströmte, so fühlte ich doch nicht mehr Schmerz von dem einen oder dem anderen der Schläge, als wenn sie mich mit einem Strohhalm berührt hätten." (Wesleys Werke, 3. Bd., S. 297 f.)

Die Methodisten jener Zeit – das Volk und auch die Prediger – ertrugen Spott und Verfolgung sowohl von Kirchengliedern als auch von den offenbar Gottlosen, die sich durch die falschen Darstellungen jener anstacheln ließen. Sie wurden vor Gerichte gestellt, die freilich nur dem Namen nach solche waren; denn Gerechtigkeit fand sich selten in den Gerichtshöfen jener Zeit. Oft erlitten sie Gewalt von ihren Verfolgern. Pöbelhaufen gingen von Haus zu Haus, zerstörten Hausgeräte und Güter, plünderten, was ihnen gefiel, und mißhandelten in roher Weise Männer, Frauen und Kinder. Durch öffentliche Anzeigen wurden alle, die sich am Einwerfen von Fenstern und Plündern der Häuser der Methodisten zu beteiligen wünschten, aufgefordert, sich zu gegebener Stunde an einem bestimmten Ort zu versammeln. Diese offene Verletzung menschlicher wie auch göttlicher Gesetze ließ man ungetadelt zu. Man verfolgte planmäßig die Leute, deren einziger Fehler es war, zu versuchen, den Fuß der Sünder vom Pfad des Verderbens auf den Weg der Heiligkeit zu lenken.

John Wesley sagte über die Anschuldigungen gegen ihn und seine Gefährten: „Einige machen geltend, daß die Lehren dieser Männer falsch, irrig, schwärmerisch und neu sind, daß man erst kürzlich von ihnen gehört und daß sie Quäkerismus, Schwärmerei und Papsttum seien. Diese ganze Behauptung ist bereits an der Wurzel abgehauen worden, da ausführlich gezeigt wurde, daß jeder Zweig dieser Lehre die deutliche Lehre der Heiligen Schrift ist, wie sie von unserer eigenen Kirche ausgelegt wird, und die deshalb nicht falsch oder irrtümlich sein kann, vorausgesetzt, daß die Heilige Schrift wahr ist. ... Andere geben vor: 'Ihre Lehre ist zu streng, sie machen den Weg zum Himmel zu schmal;' und dies ist in Wahrheit der ursprüngliche Einwand, der eine Zeitlang der einzige war, und liegt heimlich tausend anderen zugrunde, die in verschiedener Gestalt erscheinen. Aber machen sie den Weg himmelwärts schmaler, als unser Herr und seine Apostel ihn machten? Ist ihre Lehre strenger als die der Bibel? Betrachtet nur einige deutliche Bibelstellen: ‚Du sollst den Herrn, deinen Gott, lieben von ganzem Herzen, von ganzer Seele, von allen Kräften und von ganzem Gemüt.' ‚Ich sage euch aber, daß die Menschen Rechenschaft geben müssen am Tage des Gerichts von jedem nichtsnutzigen Wort, das sie geredet haben.' ‚Ob ihr nun eßt oder trinkt oder was ihr auch tut, das tut alles zu Gottes Ehre.' (Lk. 10,27; Mt. 12,36; 1. Kor. 10,31)

Wenn ihre Lehre strenger ist als dies, so sind sie zu tadeln; ihr seid aber in eurem Gewissen überzeugt, daß dem nicht so ist. Und wer kann um ein Jota weniger genau sein, ohne das Wort Gottes zu verdrehen? Kann irgendein Haushalter des Geheimnisses Gottes treu erfunden werden, wenn er irgendeinen Teil jenes heiligen Unterpfandes verändert? – Nein, er kann nichts umstoßen; er kann nichts gelinder machen; er ist gezwungen, allen Menschen zu erklären: Ich darf die Heilige Schrift nicht zu eurem Geschmack herabwürdigen. Ihr müßt euch nach ihr richten oder auf ewig zugrunde gehen. Dies gibt allerdings Veranlassung zu dem volkstümlichen Geschrei: die Lieblosigkeit dieser Menschen! Lieblos sind sie? In welcher Beziehung? Speisen sie nicht die Hungrigen und kleiden die Nackten? Ja, aber das ist nicht die Sache; es mangelt ihnen nicht hierin; aber sie sind lieblos im Urteil; sie denken, es könne niemand gerettet werden außer jenen, die auf dem von ihnen vorgeschriebenen Weg gehen." (Wesleys Werke, 3. Bd., S. 152 f.)

Das geistliche Siechtum, das sich in England unmittelbar vor Wesleys Zeit bekundet hatte, war in hohem Grade die Folge der gesetzesfeindlichen Lehre. Viele behaupteten, Christus habe das Sittengesetz abgeschafft, die Christen ständen deshalb unter keiner Verpflichtung, es zu beachten, denn ein Gläubiger sei von der „Knechtschaft der guten Werke" befreit. Andere, obgleich sie die Beständigkeit des Gesetzes zugaben, erklärten es für unnötig, daß die Prediger das Volk zur Beachtung seiner Vorschriften anhielten, da die, die Gott zum Heil bestimmt habe, „durch den unwiderstehlichen Antrieb der göttlichen Gnade zu Frömmigkeit und Tugend angeleitet würden," wogegen diejenigen, die zur ewigen Verdammnis bestimmt seien, „nicht die Kraft hätten, dem göttlichen Gesetz Gehorsam zu leisten."

Andere, die gleichfalls behaupteten, daß „die Auserwählten weder von der Gnade abfallen noch der göttlichen Gunst verlustig gehen könnten," kamen zu der noch schrecklicheren Annahme, daß „die bösen Handlungen, die sie begehen, in Wirklichkeit nicht sündhaft seien noch als Übertretung des göttlichen Gesetzes betrachtet werden könnten, und daß sie folglich keinen Grund hätten, ihre Sünden zu bekennen noch sich von ihnen durch Buße abzuwenden." (McClintock and Strong's Cyclopedia, Art. Antinomians.) Deshalb erklärten sie, daß selbst eine der gröbsten Sünden, „die allgemein als eine schreckliche Übertretung des Gesetzes Gottes betrachtet werde, in Gottes Augen keine Sünde sei," wenn sie von einem seiner Auserwählten begangen werde, „da es eins der wesentlichen und auszeichnenden Merkmale der Auserwählten sei, nichts tun zu können, das entweder nicht wohlgefällig vor Gott oder durch das Gesetz verboten ist."

Diese ungeheuerlichen Lehren sind wesentlich die gleichen wie die späteren Lehren der beim Volke beliebten Erzieher und Theologen – daß es kein unveränderliches göttliches Gesetz als Richtmaß des Rechtes gebe, sondern daß der Maßstab der Sittlichkeit durch die Gesellschaft selbst bestimmt werde und beständig dem Wechsel unterworfen war. Alle diese Gedanken sind von demselben Geisterfürsten eingegeben, nämlich dem, der selbst unter den sündlosen Bewohnern des Himmels sein Werk anfing und versuchte, die gerechten Einschränkungen des Gesetzes Gottes zu beseitigen.

Die Lehre von der göttlichen, unabänderlichen Vorausbestimmung des Menschen hat viele zu einer tatsächlichen Verwerfung des Gesetzes Gottes geführt. Wesley trat den Irrtümern der gesetzesfeindlichen (antinomistischen) Lehrer standhaft entgegen und zeigte, daß diese Lehre der Gesetzesverwerfung der Heiligen Schrift zuwiderlief. „Und es ist erschienen die heilsame Gnade Gottes allen Menschen." „Dies ist gut und wohlgefällig vor Gott, unserem Heiland, welcher will, daß allen Menschen geholfen werde und sie zur Erkenntnis der Wahrheit kommen. Denn es ist ein Gott und ein Mittler zwischen Gott und den Menschen, nämlich der Mensch Christus Jesus, der sich selbst gegeben hat für alle zur Erlösung." (Tit. 2,11; 1. Tim. 2,3-6) Der Geist Gottes wird in einem reichlichen Maße verliehen, um einen jeglichen zu befähigen, die Heilsmittel zu ergreifen. So erleuchtet Christus, „das wahre Licht, ... alle Menschen, ... die in diese Welt kommen." (Joh. 1,9) Die Menschen verlieren das Heil durch ihre eigene vorsätzliche Verweigerung der Gabe des Lebens.

Als Antwort auf die Behauptung, daß beim Tode Christi die Vorschriften der Zehn Gebote mit dem Zeremonialgesetz abgeschafft worden seien, sagte Wesley: „Das Sittengesetz, wie es in den Zehn Geboten enthalten und von den Propheten eingeschärft worden ist, hat er nicht abgetan. Es war nicht der Zweck seines Kommens, irgendeinen Teil davon abzuschaffen. Es ist dies ein Gesetz, das nie gebrochen werden kann, das feststeht wie der treue Zeuge im Himmel. ... Dasselbe war von Anbeginn der Welt und wurde nicht auf steinerne Tafeln, sondern in die Herzen aller Menschenkinder geschrieben, als sie aus der Hand des Schöpfers hervorgingen. Und wie sehr auch die einst von Gottes Finger geschriebenen Buchstaben jetzt durch die Sünde verwischt sein mögen, so können sie doch nicht gänzlich ausgetilgt werden, solange uns ein Bewußtsein von Gut und Böse bleibt. Ein jeder Teil dieses Gesetzes muß für alle Menschen und zu allen Zeitaltern in Kraft bleiben, da es nicht von Zeit oder Ort noch von irgendwelchen anderen dem Wechsel unterworfenen Umständen, sondern von der Natur Gottes und der Natur der Menschen und ihren unveränderlichen Beziehungen zueinander abhängig ist.

'Ich bin nicht gekommen aufzulösen, sondern zu erfüllen' ... Unzweifelhaft meint er hier (in Übereinstimmung mit alledem, was vorangeht und folgt): ich bin gekommen, es in seiner Vollkommenheit aufzurichten, trotz aller menschlichen Deutungen; ich bin gekommen, alles, was in ihm dunkel und undeutlich war, in ein volles und klares Licht zu stellen; ich bin gekommen, die wahre und volle Bedeutung eines jedes Teiles zu erklären, die Länge und Breite und die ganze Tragweite eines jeglichen darin enthaltenen Gebotes sowie die Höhe und Tiefe, dessen unbegreifliche Reinheit und Geistlichkeit in allen seinen Zweigen zu zeigen." (Wesleys Werke, 25. Predigt.)

Wesley verkündigte die vollkommene Übereinstimmung zwischen dem Gesetz und dem Evangelium, wenn er sagte: „Es besteht deshalb die denkbar innigste Verbindung zwischen dem Gesetz und dem Evangelium. Einerseits bahnt das Gesetz beständig den Weg für das Evangelium und weist uns darauf hin; andererseits führt uns das Evangelium beständig zu einer genaueren Erfüllung des Gesetzes. Das Gesetz zum Beispiel verlangt von uns, Gott und den Nächsten zu lieben und sanftmütig, demütig oder heilig zu sein. Wir fühlen, daß wir hierzu nicht tüchtig sind; ja, daß dies dem Menschen unmöglich ist; aber wir sehen eine Verheißung Gottes, uns diese Liebe zu geben und uns demütig, sanftmütig und heilig zu machen; wir ergreifen dies Evangelium, diese frohe Botschaft; uns geschieht nach unserm Glauben; und die Gerechtigkeit des Gesetzes wird in uns erfüllt durch den Glauben an Christus Jesus. ...

Die größten Feinde des Evangeliums Christi sind die, die offen und ausdrücklich das Gesetz richten und übel davon reden, die die Menschen lehren, das ganze Gesetz, nicht nur eins seiner Gebote, sei es das geringste oder das größte, sondern sämtliche Gebote zu brechen (aufzuheben, zu lösen, seine Verbindlichkeit zu beseitigen). Höchst erstaunlich ist es, daß die, welche sich dieser starken Täuschung ergeben haben, wirklich glauben, Christus dadurch zu ehren, daß sie sein Gesetz umstoßen und wähnen, sein Amt zu verherrlichen, während sie seine Lehre vernichten! Ach, sie ehren ihn gerade wie Judas tat, als er sagte: 'Gegrüßet seist du, Rabbi, und küßte ihn.' Wohl mag er ebenso billig zu einem jeglichen von ihnen sagen: 'Verrätst du des Menschen Sohn mit einem Kuß?' Irgendeinen Teil seines Gesetzes auf leichtfertige Weise beiseitezusetzen unter dem Vorwand, sein Evangelium zu fördern, ist nichts anderes als ihn mit einem Kuß zu verraten, von seinem Blute zu reden und seine Krone wegzunehmen. In der Tat kann keiner dieser Anschuldigung entgehen, der den Glauben in einer Weise verkündigt, die direkt oder indirekt dahinführt, irgendeinen Teil des Gehorsams beiseitezusetzen – keiner, der Christus also predigt, daß dadurch irgendwie selbst das geringste der Gebote Gottes ungültig gemacht oder geschwächt werde." (ebd.)

Denen, die darauf bestanden, daß „das Predigen des Evangeliums allen Zwecken des Gesetzes entspreche," erwiderte Wesley: „Dies leugnen wir gänzlich. Es kommt schon dem allerersten Endzweck des Gesetzes nicht nach, nämlich die Menschen von der Sünde zu überführen und die, die noch immer am Rande der Hölle schlafen, aufzurütteln." Der Apostel Paulus erklärt: „Durch das Gesetz kommt Erkenntnis der Sünde"; „und nicht ehe der Mensch sich der Schuld bewußt ist, wird er wirklich die Notwendigkeit des versöhnenden Blutes Christi fühlen. ... Wie unser Heiland auch selbst erklärt: 'Die Gesunden bedürfen des Arztes nicht, sondern die Kranken.' Es ist deshalb töricht, den Gesunden oder denen, die sich gesund wähnen, einen Arzt aufzudrängen. Sie müssen erst überzeugt sein, daß sie krank sind, sonst werden sie keine Hilfe verlangen. Ebenso töricht ist es, demjenigen Christus anzubieten, dessen Herz noch ganz und unzerbrochen ist." (ebd., 35. Predigt.)

So bemühte sich Wesley, während er das Evangelium von der Gnade Gottes predigte, gleich seinem Herrn, „das Gesetz herrlich und groß" zu machen. Getreu verrichtete er das ihm von Gott anvertraute Werk, und herrlich waren die Folgen, die er sehen durfte. Am Schluß eines langen Lebens von mehr als achtzig Jahren, wovon er mehr als ein halbes Jahrhundert als Reiseprediger zubrachte, belief sich die Zahl seiner bekenntlichen Anhänger auf mehr als eine halbe Million Seelen. Doch die Menge, die durch sein Wirken aus dem Verderben und der Entartung der Sünde zu einem höheren und reineren Leben erhoben worden war, und die Zahl derer, die durch seine Lehre eine tiefere und reichere Erfahrung gewonnen hatten, werden wir nicht erfahren, bis die gesamte Familie der Erlösten in das Reich Gottes gesammelt werden wird. Sein Leben bietet jedem Christen eine Lehre von unschätzbarem Wert. Mögen doch der Glaube und die Demut, der unermüdliche Eifer, die Selbstaufopferung und Hingabe dieses Dieners Christi in den heutigen Gemeinden widerstrahlen!

John Knox

15 Die Bibel und die französische Revolution

Im 16. Jahrhundert hatte die Reformation, die dem Volk die Bibel zugänglich machte, in allen Ländern Europas Eingang gesucht. Einige Nationen hießen sie mit Freuden als einen Boten vom Himmel willkommen. In anderen Ländern gelang es dem Papsttum in großem Maße, ihren Eingang zu verhindern, und das Licht biblischer Erkenntnis mit seinem veredelnden Einfluß war nahezu gänzlich erloschen. In einem Lande wurde das Licht nicht von der Finsternis begriffen, obgleich es Eingang gefunden hatte. Jahrhundertelang kämpften Wahrheit und Irrtum um die Oberherrschaft. Schließlich siegte das Böse, und die Wahrheit des Himmels wurde hinausgestoßen. „Das ist aber das Gericht, daß das Licht in die Welt gekommen ist, und die Menschen liebten die Finsternis mehr als das Licht, denn ihre Werke waren böse." (Joh. 3,19) Diese Nation mußte die Folgen ihrer Wahl ernten. Der zügelnde Einfluß des Geistes Gottes wurde einem Volk, das seine Gnadengabe verachtet hatte, entzogen. Gott ließ das Böse ausreifen, und alle Welt sah die Früchte der vorsätzlichen Verwerfung des Lichtes.

Der in Frankreich so viele Jahrhunderte lang gegen die Bibel geführte Krieg gipfelte in den Geschehnissen der Revolution. Jener schreckliche Ausbruch war die unausbleibliche Folge von Rom's Unterdrückung der Heiligen Schrift. (s. Anhang, Anm. 20.) Sie bot der Welt das schlagendste Beispiel von der Wirkung der päpstlichen Politik – eine Darstellung der Folgen, auf die die Lehren der römischen Kirche mehr als ein Jahrtausend zugesteuert hatten.

Die Unterdrückung der Heiligen Schrift während der päpstlichen Oberherrschaft wurde von den Propheten vorhergesagt; und der Schreiber der Offenbarung weist auf die schrecklichen Folgen hin, die besonders Frankreich von der Herrschaft des „Menschen der Sünde" erwachsen sollten.

Der Engel des Herrn sagte: „Die heilige Stadt werden sie zertreten zweiundvierzig Monate lang. Und ich will meinen zwei Zeugen Macht geben, und sie sollen weissagen tausendzweihundertundsechzig Tage lang, angetan mit Trauerkleidern. ... Und wenn sie ihr Zeugnis vollendet haben, so wird das Tier, das aus dem Abgrund aufsteigt, mit ihnen kämpfen und wird sie überwinden und wird sie töten. Und ihre Leichname werden liegen auf dem Marktplatz der großen Stadt, die heißt geistlich: Sodom und Ägypten, wo auch ihr Herr gekreuzigt wurde. ... Und die auf Erden wohnen, freuen sich darüber und sind fröhlich und werden einander Geschenke senden; denn diese zwei Propheten hatten gequält, die auf Erden wohnten. Und nach drei Tagen und einem halben fuhr in sie der Geist des Lebens von Gott, und sie stellten sich auf ihre Füße; und eine große Furcht fiel auf die, die sie sahen." (Offb. 11,2-11)

Die hier erwähnten „zweiundvierzig Monate" und „tausendzweihundertundsechzig Tage" sind ein und dasselbe. Beide bezeichnen die Zeit, als die Gemeinde Christi von Rom unterdrückt wurde. Die 1260 Jahre päpstlicher Oberherrschaft begannen im Jahre 538 n. Chr. und mußten demnach im Jahre 1798 ablaufen. (s. Anhang, Anm. 28.) Zu dieser Zeit drang eine französische Armee in Rom ein und nahm den Papst gefangen, der später in der Verbannung starb. Wenn auch bald darauf ein neuer Papst gewählt wurde, so hat die päpstliche Priesterherrschaft doch nie wieder die Macht auszuüben vermocht, welche sie ehedem besessen hatte.

Die Verfolgung der Gemeinde Christi erstreckte sich nicht bis an das Ende der 1260 Jahre. Aus Erbarmen gegen sein Volk verkürzte Gott die Zeit der Feuerprobe. In seiner Weissagung von der „großen Trübsal", welche die Gemeinde heimsuchen sollte, sagte der Heiland: „Und wenn diese Tage nicht verkürzt würden, so würde kein Mensch selig werden; aber um der Auserwählten willen werden diese Tage verkürzt." (Mt. 24,22) Durch den Einfluß der Reformation wurde die Verfolgung schon vor dem Jahre 1798 eingestellt.

Über die zwei Zeugen sagt der Prophet ferner: „Diese sind die zwei Ölbäume und zwei Leuchter, die vor dem Herrn der Erde stehen." „Dein Wort," sagt der Psalmist, „ist meines Fußes Leuchte und ein Licht auf meinem Wege." (Offb. 11,4; Ps. 119,105) Die beiden Zeugen stellen die Schriften des Alten und des Neuen Testaments dar. Beide sind wichtige Zeugnisse für den Ursprung und die Fortdauer des Gesetzes Gottes. Beide sind gleichfalls Zeugen für den Heilsplan. Die Vorbilder, die Opfer und die Prophezeiungen des Alten Testamentes weisen auf den kommenden Erlöser hin. Die Evangelien und Briefe des Neuen Testamentes berichten von einem Heiland, der genauso gekommen ist, wie es die Vorbilder und Prophezeiungen vorhergesagt hatten. Sie sollen weissagen tausendzweihundertsechzig Tage, angetan „mit Säcken". Während des größeren Teiles dieser Zeit blieben die Zeugen Gottes im Verborgenen.

Die päpstliche Macht versuchte das Wort der Wahrheit vor dem Volk zu verbergen und stellte falsche Zeugen auf, um dessen Zeugnis zu widersprechen. (s. Anhang, Anm. 21.) Als die Bibel von kirchlichen und weltlichen Behörden verbannt wurde, als ihr Zeugnis verfälscht und allerlei Versuche, die Menschen und Dämonen ersinnen konnten, gemacht wurden, um die Gemüter des Volkes von ihr abzulenken; als die, die es wagten, ihre heiligen Wahrheiten zu verkündigen, gehetzt, verraten, gequält, in Gefängniszellen begraben, um ihres Glaubens willen getötet oder gezwungen wurden, in die Festen der Berge und die Schluchten und Höhlen der Erde zu fliehen – da weissagten die Zeugen in Säcken. Dennoch setzten sie ihr Zeugnis während der ganzen 1260 Jahre fort. In den dunkelsten Zeiten gab es treue Männer, die Gottes Wort liebten und um seine Ehre eiferten. Diesen treuen Knechten wurde Weisheit, Macht und Stärke verliehen, während dieser ganzen Zeit seine Wahrheit zu verkündigen.

„Und wenn ihnen jemand Schaden tun will, so kommt Feuer aus ihrem Mund und verzehrt ihre Feinde; und wenn ihnen jemand Schaden tun will, muß er getötet werden." (Offb. 11,5) Die Menschen können nicht ungestraft das Wort Gottes mit Füßen treten. Die Bedeutung dieser schrecklichen Drohung wird uns im Schlußkapitel der Offenbarung gegeben: „Ich bezeuge allen, die da hören die Worte der Weissagung in diesem Buch: Wenn jemand etwas hinzufügt, so wird Gott ihm die Plagen zufügen, die in diesem Buch geschrieben stehen. Und wenn jemand etwas wegnimmt von den Worten des Buchs dieser Weissagung, so wird Gott ihm seinen Anteil wegnehmen am Baum des Lebens und an der heiligen Stadt, von denen in diesem Buch geschrieben steht." (Offb. 22,18.19)

Dies sind Warnungen, die Gott gegeben hat, um die Menschen davon abzuhalten, auf irgendeine Weise etwas zu verändern, was er offenbart oder geboten hat. Diese ernsten Drohungen richten sich an alle, die durch ihren Einfluß die Menschen veranlassen, das Gesetz Gottes geringzuachten. Sie sollten jene in Furcht und

Zittern versetzen, die leichtfertig behaupten, es sei eine Sache von geringem Belang, ob wir Gottes Gesetz halten oder nicht. Alle, die ihre eigenen Ansichten über die göttliche Offenbarung erheben, alle, die die deutlichen Aussagen des Wortes Gottes ihrer eigenen Bequemlichkeit oder der Meinung der Welt anpassen möchten, laden eine furchtbare Verantwortung auf sich. Das geschriebene Wort, das Gesetz Gottes, wird den Charakter aller messen und alle verdammen, die diesem unfehlbaren Richtmaß nicht entsprechen.

„Wenn sie ihr Zeugnis geendet haben" – die Zeitperiode, in der die zwei Zeugen, mit Säcken angetan, weissagen sollten, endete 1798. Wenn ihr Werk im Verborgenen seinem Ende nahte, sollte die Macht, die dargestellt wird als „das Tier, das aus dem Abgrund aufsteigt," mit ihnen in Streit geraten. In vielen europäischen Nationen waren die Mächte, die in Kirche und Staat das Zepter führten, seit Jahrhunderten von Satan durch das Werkzeug des Papsttums beherrscht worden. Doch hier wird uns eine neue Bekundung satanischer Macht vor Augen geführt.

Unter dem Vorwand der Ehrfurcht vor der Bibel hatte Roms Politik diese in einer unbekannten Sprache vor dem Volk verschlossen und verborgen gehalten. Unter dieser Herrschaft weissagten die Zeugen, „angetan mit Säcken." Aber eine andere Macht – das Tier aus dem Abgrund – sollte sich erheben und dem Wort Gottes offen den Krieg erklären.

Die „große Stadt," auf deren Gassen die Zeugen erschlagen wurden und wo ihre Leichname lagen, heißt „geistlich ... Ägypten". Die biblische Geschichte führt uns keine Nation vor, die das Dasein des lebendigen Gottes dreister verleugnete und sich seinen Geboten mehr widersetzte als Ägypten. Kein Monarch wagte sich je in eine offenere oder vermessenere Empörung gegen die Autorität des Himmels als der König von Ägypten. Als Mose ihm im Namen des Herrn die Botschaft brachte, gab Pharao stolz zur Antwort: „Wer ist der Herr, daß ich ihm gehorchen müsse und Israel ziehen lasse? Ich weiß nichts von dem Herrn, will auch Israel nicht ziehen lassen." (2. Mose 5,2) Dies ist Gottesleugnung, und die durch Ägypten versinnbildete Nation sollte einer ähnlichen Verleugnung der Ansprüche des lebendigen Gottes Ausdruck geben und einen gleichen Geist des Unglaubens und der Herausforderung an den Tag legen. Die „große Stadt" wird auch geistlich mit Sodom verglichen. Die Verderbtheit Sodoms in der Übertretung des Gesetzes Gottes gab sich ganz besonders in ihrer Unzucht zu erkennen. Und diese Sünde war eben-

Die Prophezeiung von den 1260 Tagen

Die Weissagung Daniels

„Ich, Daniel, sah ein Gesicht in der Nacht, und siehe, die vier Winde unter dem Himmel stürmten widereinander auf dem großen Meer. Und vier große Tiere stiegen herauf aus dem Meer, ein jedes anders denn das andere ... Nach diesem sah ich in diesem Gesicht in der Nacht, und siehe, das vierte Tier war greulich und schrecklich und sehr stark und hatte große eiserne Zähne, fraß um sich und zermalmte, und das übrige zertrat es mit seinen Füßen und war auch viel anders denn die vorigen und hatte zehn Hörner. Da ich aber die Hörner schaute, siehe, da brach hervor zwischen ihnen ein anderes kleines Horn, vor welchem der vorigen Hörner drei ausgerissen wurden, und siehe, dasselbe Horn hatte Augen wie Menschenaugen und ein Maul, das redete große Dinge. ... Und ich ging zu einem von denen, die dastanden, und bat ihn, daß er mir von dem allen gewissen Bericht gäbe. Und der redete mit mir und zeigte mir, was es bedeutete... Darnach hätte ich gern gewußt gewissen Bericht von dem vierten Tier, welches gar anders war denn die anderen alle, sehr greulich, das eiserne Zähne und eherne Klauen hatte, das um sich fraß und zermalmte und das übrige mit seinen Füßen zertrat und von den zehn Hörnern auf seinem Haupt und von dem anderen, das hervorbrach, vor welchem drei abfielen, und das Horn hatte Augen und ein Maul, das große Dinge redete, und war größer, denn die neben ihm waren. Und ich sah das Horn streiten wider die Heiligen, und es behielt den Sieg über sie ... Er wird den Höchsten lästern und die Heiligen des Höchsten vernichten und wird sich unterstehen, Zeit und Gesetz zu ändern. Sie werden aber in seine Hand gegeben werden eine Zeit und (zwei) Zeiten und eine halbe Zeit." Daniel 7, 2-3; 7-8; 16; 19-21; 25.

Die Weissagung aus der Offenbarung

„Und ich trat an den Sand des Meers. Und ich sah ein Tier aus dem Meer steigen, das hatte sieben Häupter und zehn Hörner und auf seinen Hörnern zehn Kronen und auf seinen Häuptern Namen der Lästerung. Und das Tier, das ich sah, war gleich einem Parder und seine Füße wie Bärenfüße und sein Mund wie eines Löwen Mund. Und der Drache gab ihm seine Kraft und seinen Stuhl und große Macht.
Und ich sah seiner Häupter eines, als wäre es tödlich wund; und seine tödliche Wunde ward heil. Und der ganze Erdboden verwunderte sich des Tieres, und sie beteten den Drachen an, der dem Tier die Macht gab, und beteten das Tier an und sprachen: Wer ist dem Tier gleich und wer kann mit ihm kriegen? Und es ward ihm gegeben ein Mund, zu reden große Dinge und Lästerungen, und ward ihm gegeben, daß es mit ihm währte 42 Monate lang." Offenbarung 13, 1-5.
Die Bibel sagte vorher, daß die schreckliche Macht – das kleine Horn aus Daniel 7 und 8 – die Welt 1260 Jahrtage lang beherrschen sollte. Jahrhundertelang war es eine wohlbekannte Tatsache, wer dieses kleine Horn aus Daniel 7 und das erste Tier aus der Offenbarung 13 darstellte: nämlich das Papsttum, auch „Mensch der Sünde" genannt (2. Thess. 2, 3-4) oder Antichrist (1. Joh. 4, 3) – es wurde dem Papsttum unzweideutig vorhergesagt, daß es 1260 Jahre lang

regieren würde. Wann setzte die prophezeite Zeitspanne ein und wann endete sie? Diese Seite wird Ihnen die nötigen Informationen liefern.

Die erstaunliche Weissagung der 1260 Jahrtage

Hier geht es um die erstaunliche Vorhersage der 1260 Tage, ein Zeitraum, der an anderer Stelle auch mit eine Zeit, zwei Zeiten und eine halbe Zeit oder 42 Monaten wiedergegeben wird.

In der biblischen Prophetie symbolisiert ein Tag ein buchstäbliches Jahr (4. Mose 14, 34; Hes. 4, 6). Auch der Ausdruck „Zeit" steht in der biblischen Prophetie für ein Jahr (Dan. 4, 13). Diese Zeitspanne wird in Daniel 7, 25 zum erstenmal erwahnt, wo es heißt, daß diese dreieinhalb Zeiten lang das furchtbare kleine Horn Macht hätte, die Heiligen zu vernichten. Während dieser Zeit würde es auch versuchen, Gottes Gesetz zu ändern: Daniel 7, 25: „Er wird den Höchsten lästern und die Heiligen des Höchsten vernichten und wird sich unterstehen, Zeit und Gesetz zu ändern. Sie werden aber in seine Hand gegeben werden eine Zeit und (zwei) Zeiten und eine halbe Zeit."

Das entspricht im Hebräischen 3 1/2 Zeiten. Wenn man die damalige Zeitrechnung benutzt, wobei ein Jahr zu 360 Tagen gezählt wurde, kommen wir also auf 360 + 720 + 180 = 1260. Und da ein Tag in biblischer Prophetie ein Jahr symbolisiert, würde dieses kleine Horn also 1260 Jahre lang herrschen. In der Offenbarung, 12. Kapitel Vers 6 heißt es, daß die Verfolgung „1260 Tage" lang anhalten würde, was wiederum 1260 Jahren entspricht (vgl. Offb. 11, 3).

Der Gott des Himmels gab diese wichtige Vorhersage jedoch noch auf eine dritte Weise: Das kleine Horn aus Daniel 7 und 8 ist dasselbe wie das erste Tier in Offenbarung 13: „Und es ward ihm gegeben ein Mund, zu reden große Dinge und Lästerungen, und ward ihm gegeben, daß es mit ihm währte 42 Monate lang." (Offb. 13, 5; vgl. Offb. 11, 2.)

42 Monate sind dasselbe wie 1260 Tage. Und auch in der Offenbarung wird diese Zeit-Weissagung mit 3 1/2 Zeiten gekennzeichnet – genauso wie im Daniel-Buch.

Wann herrschte dieses kleine Horn, das das Papsttum symbolisiert? Der Erlaß des Kaisers Justinian 533 n. Chr. anerkannte den Papst als das „Haupt aller heiligen Kirchen" (Code des Justinian, Band 1, Titel 1, Sektion 4). Die überwältigende Niederlage der Ostgoten in der Belagerung Roms – 5 Jahre später (538) – war der Todesstoß für das dritte der drei Hörner, die ausgerissen worden waren (siehe Dan. 7. 8). Mit dem Jahr 538 beginnt also die Zeitspanne der päpstlichen Vorherrschaft, die bis 1798 andauern sollte. In diesem Jahr, während die Schreckensherrschaft der Französischen Revolution noch andauerte und die römisch-katholische Religion in Frankreich abgeschafft wurde, marschierte die Französische Armee in Rom ein – angeführt von General Berthier – und nahm den Papst gefangen. Datum: 10. Februar 1798. Der gefangene Papst starb im darauffolgenden Jahr in seinem Exil in Valence, Frankreich. Ein lauter Schrei erhob sich: „Der Katholizismus ist tot!" Das Papsttum hatte die „tödliche Wunde" erhalten, die in Offb. 13, 3 vorhergesagt wurde. Aber wir erfahren auch, daß diese Wunde wieder heilen wird und daß die Zeit kommt, wo sich die ganze Welt „über das Tier wundern wird" (Offb. 13, 3).

falls ein sehr hervorstechender Zug der Nation, die die Einzelheiten dieser Schriftstelle erfüllen sollte.

Nach den Angaben des Propheten sollte sich eine kurze Zeit vor dem Jahre 1798 eine Macht erheben, satanisch in Ursprung und Charakter, um mit der Bibel Streit zu führen. Und in dem Lande, in dem das Zeugnis der beiden Zeugen Gottes auf diese Weise zum Schweigen gebracht werden sollte, würde sich die Gottesleugnung Pharaos und die Unzucht Sodoms offenbaren.

Diese Weissagung hat in der Geschichte Frankreichs eine überaus genaue und treffende Erfüllung gefunden. Während der Revolution von 1793 „hörte die Welt zum erstenmal, daß eine Versammlung von Männern, die gesittet geboren und erzogen waren und sich das Recht anmaßten, eine der schönsten Nationen Europas zu regieren, ihre vereinte Stimme erhob, um die feierlichste Wahrheit, welche die Seele des Menschen empfangen kann, zu verleugnen und einstimmig den Glauben an Gott und die Anbetung der Gottheit zu verwerfen." (Scott, Sir Walter, Leben des Napoleon Bonaparte, 1. Bd. 17. Kap.) „Frankreich ist die einzige Nation in der Welt, von der berichtet wird, daß sie als Nation ihre Hand in offener Empörung gegen den Schöpfer des Weltalls erhoben hat. Es gab und gibt noch eine Menge von Lästerern und Ungläubigen in England, Deutschland, Spanien und anderswo; aber Frankreich steht in der Weltgeschichte als einziger Staat da, der durch den Erlaß seiner gesetzgebenden Versammlung erklärte, daß es keinen Gott gebe, und in dessen Hauptstadt sämtliche Bewohner, und eine ungeheure Menge anderswo, Weiber und Männer, vor Freude sangen und tanzten, als sie die Bekanntmachung empfingen." (Blackwoods Magazine, Nov. 1870.)

Frankreich zeigte die Merkmale, die ehemals Sodom besonders kennzeichneten. Während der Revolution herrschte ein Zustand sittlicher Erniedrigung und Verderbtheit ähnlich dem, der den Untergang über die Städte Sodom und Gomorra brachte. Und ein Geschichtsschreiber spricht über die Gottesleugnung und die Unzucht Frankreichs, wie sie uns in der Weissagung vorhergesagt sind: „Eng verbunden mit diesen religionsfeindlichen Gesetzen war jenes, das das Ehebündnis – die heiligste Verbindung, die menschliche Wesen eingehen können, und deren Dauerhaftigkeit am meisten zur Festigung der Gesellschaft beiträgt – zu einem Zustand rein bürgerlichen Übereinkommens vorübergehender Natur herabwürdigte, welches irgendwelche zwei Personen miteinander treffen und nach Willkür wieder lösen konnten

... Hätten böse Geister es unternommen, ein Verfahren zu entdecken, das auf die wirksamste Weise alles zugrunde richtet, was sich an Ehrwürdigem, Anmutigem oder Dauerhaftem im Familienleben bietet, und hätten sie gleicherzeit die Zusicherung gehabt, daß das Unheil, das sie anzurichten beabsichtigen, von einem Geschlecht auf das andere fortgepflanzt werden sollte, so hätten sie keinen wirksameren Plan ersinnen können als die Herabwürdigung der Ehe. ... Sophie Arnoult, eine durch ihre witzigen Reden berühmte Schauspielerin, beschrieb die republikanische Hochzeit als das 'Sakrament des Ehebruchs.'" (Scott, 1. Bd., 17. Kap.)

„Da auch ihr Herr gekreuzigt ist." Dieses Merkmal der Weissagung erfüllte Frankreich ebenfalls. In keinem Land hatte sich der Geist der Feindschaft wider Christus auffallender entfaltet. Nirgends ist die Wahrheit auf bittereren oder grausameren Widerstand gestoßen. In den Verfolgungen, mit denen Frankreich die Bekenner des Evangeliums heimsuchte, hatte es Christus in der Person seiner Jünger gekreuzigt.

Jahrhundertelang war das Blut der Heiligen vergossen worden. Während die Waldenser auf den Gebirgen Piemonts um des Wortes Gottes und des Zeugnisses Jesu Christi willen ihr Leben ließen, hatten ihre Brüder, die Albigenser in Frankreich, ein ähnliches Zeugnis für die Wahrheit abgelegt. In den Tagen der Reformation waren ihre Anhänger unter schrecklichsten Qualen hingerichtet worden. Könige und Edelleute, hochgeborene Frauen und zarte Mädchen, der Stolz und Glanz der Nation, ergötzten sich an den Leiden der Märtyrer Jesu. Die tapferen Hugenotten hatten im Kampf um die Rechte, die das menschliche Herz für die heiligsten hält, ihr Blut auf manchem heftig umstrittenen Feld dahingegeben. Die Protestanten wurden für vogelfrei erklärt. Man setzte Kopfpreise aus und hetzte sie von Ort zu Ort wie wilde Tiere.

Im 18. Jahrhundert hielt die „Gemeinde in der Wüste", die wenigen Nachkommen der alten Christen, die versteckt in den Gebirgen des südlichen Frankreichs übriggeblieben waren, noch immer am alten Glauben ihrer Väter fest. Wenn sie es wagten, sich nachts an den Gebirgsabhängen oder auf der einsamen Heide zu versammeln, wurden sie von den Dragonern verfolgt und zu lebenslänglicher Gefangenschaft auf die Galeeren geschleppt. Die Reinsten, die Gebildetsten und Verständigsten der Franzosen wurden unter schrecklichen Qualen mit Räubern und Meuchelmördern zusammengekettet. (Wylie, 22. Buch, 6. Kap.) Anderen widerfuhr eine barmherzigere Behandlung; sie wurden, als sie unbewaffnet und hilflos betend auf ihre Knie fielen, kaltblütig niedergeschossen. Hunderte von betagten Männern, wehrlosen Frauen und unschuldigen Kindern wurden an dem Versammlungsort tot auf dem Boden liegend zurückgelassen. Beim Durchstreifen der Gebirgsabhänge oder Wälder, wo sie gewohnt waren sich zu versammeln, war es nicht außergewöhnlich, „alle vier Schritte Leichname auf dem Rasen oder an den Bäumen hängend zu finden." Ihr Land, von Schwert, Henkerbeil und Feuerbrand verwüstet, „wurde zu einer großen, düsteren Wildnis. ... Diese Greuel wurden nicht in dem finsteren Zeitalter, ... sondern in jener glänzenden Zeitperiode Ludwigs XIV. begangen. Die Wissenschaften wurden damals gepflegt, die Literatur blühte, die Geistlichkeit des Hofes und der Hauptstadt waren gelehrte und beredte Männer, die sich gern mit dem Anschein der Demut und der Liebe zierten." (ebd., 7. Kap.)

Doch das schwärzeste in dem schwarzen Verzeichnis der Verbrechen, die schrecklichste unter den höllischen Taten aller Schreckensjahrhunderte war die blutige Bartholomäusnacht (1572). Noch erinnert sich die Welt mit Schaudern und Entsetzen jenes besonders grausamen und feigen Gemetzels. Der König von Frankreich, von römischen Priestern und Prälaten gedrängt, genehmigte das schreckliche Werk. Eine Glocke gab in nächtlicher Stille das Zeichen zum Blutbad. Tausende von Protestanten, die ruhig in ihren Wohnungen schliefen und sich auf die verpfändete Ehre des Königs verließen, wurden ohne Warnung hervorgeschleppt und kaltblütig niedergemacht.

Wie Christus der unsichtbare Führer seines Volkes aus der ägyptischen Knechtschaft war, so war Satan der unsichtbare Leiter seiner Untertanen in diesem schrecklichen Werk, die Zahl der Märtyrer zu vergrößern. Sieben Tage lang wurde das Gemetzel in Paris fortgesetzt; an den ersten drei Tagen mit unbegreiflicher Raserei. Auf besonderen Befehl des Königs erstreckte es sich nicht nur auf die Stadt selbst, sondern auch auf alle Provinzen und Städte, in denen sich Protestanten befanden. Weder Alter noch Geschlecht wurde geachtet. Weder der unschuldige Säugling noch der Greis blieb verschont. Der Adlige wie der Bauer, alt und jung, Mutter und Kind wurden zusammen niedergehauen. Das Gemetzel wurde in ganz Frankreich zwei Monate lang fortgesetzt. Siebzigtausend der Besten der Nation kamen um.

„Als die Nachricht von dem Blutbad Rom erreichte, kannte die Freude der Geistlichkeit keine Grenzen. Der Kardinal von

Lothringen belohnte den Boten mit eintausend Kronen, der Domherr von St. Angelo ließ hundert Freudenschüsse geben, die Glocken läuteten von jedem Turm, Freudenfeuer verwandelten die Nacht in einen Tag, und Gregor XIII., begleitet von den Kardinälen und anderen geistlichen Würdenträgern, zog in einer großen Prozession nach der Kirche von St. Ludwig, wo der Kardinal von Lothringen ein Tedeum sang. ... Eine Gedenkmünze wurde zur Erinnerung an das Gemetzel geprägt, und im Vatikan kann man noch drei Freskogemälde von Vasari sehen, welche den Angriff auf den Admiral, den König, wie er im Rate das Hinschlachten plante, und das Blutbad selbst darstellen. Gregor sandte Karl die goldene Rose und hörte vier Monate später ... ruhigen Gemüts der Predigt eines französischen Priesters zu, ... der von jenem 'Tage des Glücks und der Freude sprach, als der heilige Vater die Nachricht empfing und in großer Feierlichkeit hinging, um Gott und St. Ludwig seinen Dank darzubringen.'" (White, H., Massacre of Bartholomew, 14. Kap., 34. Abschn.)

Derselbe mächtige Geist, der zum Blutbad in der Bartholomäusnacht den Antrieb gab, hatte auch die Leitung in den Ereignissen der Revolution. Jesus Christus wurde als Betrüger hingestellt, und der Kampfruf der französischen Gottesleugner war: „Nieder mit dem Elenden!", womit sie Christus meinten. Den Himmel herausfordernde Lästerung und abscheuliche Gottlosigkeit gingen Hand in Hand, und die gemeinsten Menschen, die verwahrlosesten Ungeheuer, voller Grausamkeit und Laster wurden aufs höchste erhoben. In diesem allen wurde dem Satan die höchste Huldigung gezollt, während Christus mit seinen Eigenschaften der Wahrheit, der Reinheit und der selbstlosen Liebe gekreuzigt wurde.

„So wird das Tier, das aus dem Abgrund aufsteigt, mit ihnen kämpfen und wird sie überwinden und wird sie töten." Die gottesleugnerische Macht, die in Frankreich während der Revolution und der Schreckensherrschaft das Zepter führte, unternahm einen solchen Krieg gegen Gott und sein heiliges Wort, wie ihn die Welt noch nie gesehen hatte. Die Anbetung Gottes wurde von der Nationalversammlung verboten. Bibeln wurden gesammelt und unter jeder möglichen Bekundung der Verachtung öffentlich verbrannt. Das Gesetz Gottes trat man mit Füßen. Biblische Einrichtungen wurden abgeschafft. Der wöchentliche Ruhetag wurde beiseitegesetzt und an dessen Statt jeder zehnte Tag der Lustbarkeit und der Gotteslästerung gewidmet. Taufe und Abendmahl wurden verboten. Über den Grabstätten deutlich angebrachte Inschriften erklärten den Tod für einen ewigen Schlaf.

Die Gottesfurcht, behauptete man, sei nicht der Anfang der Weisheit sondern vielmehr der Anfang der Torheit. Jegliche Verehrung, ausgenommen die der Freiheit und des Vaterlandes, wurde untersagt. Der „konstitutionelle Bischof von Paris wurde herbeigeholt, um in der schamlosesten und anstößigsten Posse, die sich je vor einer Nationalvertretung abspielte, die Hauptrolle zu übernehmen. ... Man führte ihn in einer förmlichen Prozession vor, um der Versammlung zu erklären, daß die Religion, welche er so viele Jahre lang gelehrt hatte, in jeglicher Hinsicht ein Stück Pfaffentrug ohne irgendeinen Grund in der Geschichte noch der heiligen Wahrheit sei. Er verleugnete in feierlichen und deutlichen Ausdrücken das Dasein der Gottheit, zu deren Dienst er eingesegnet worden war, und widmete sich in Zukunft der Verehrung der Freiheit, Gleichheit, Tugend und Sittlichkeit. Dann legte er seinen bischöflichen Schmuck auf den Tisch und empfing eine brüderliche Umarmung von dem Präsidenten des Konvents. Verschiedene abgefallene Priester folgten dem Beispiel dieses Prälaten." (Scott, 1. Bd., 17. Kap.)

„Und die auf Erden wohnen, freuen sich darüber und sind fröhlich und werden einander Geschenke senden; denn diese zwei Propheten hatten gequält, die auf Erden wohnten." Das ungläubige Frankreich hatte die strafende Stimme jener beiden Zeugen Gottes zum Schweigen gebracht. Das Wort Gottes lag tot auf seinen Straßen und alle, die die Einschränkungen und Forderungen des Gesetzes Gottes haßten, frohlockten. Öffentlich forderten Menschen den König des Himmels heraus. Wie die Sünder vor alters, riefen sie aus: „ Wie sollte Gott es wissen? Wie sollte der Höchste etwas merken?" (Ps. 73,11 f.)

Mit lästerlicher Vermessenheit, die beinahe alle Glaubwürdigkeit übersteigt, sagte einer der Priester dieser neuen Art: „Gott, so du existierst, räche deinen beleidigten Namen. Ich biete dir Trotz! Du schweigst! Du wagst es nicht, deine Donner zu schleudern! Wer wird hinfort an dein Dasein glauben?" (Lacretelle, Hist. de France, 11. Bd., S. 309, Paris 1825.) Welch ein Widerhall ist dies von der Forderung Pharaos: „Wer ist der Herr, daß ich ihm gehorchen müsse?" „Ich weiß nichts von dem Herrn."

„Die Toren sprechen in ihrem Herzen: Es ist kein Gott." (Ps. 14,1) Und der Herr erklärt von den Verfälschern seiner Wahrheit: „Ihre Torheit wird jedermann offenbar werden." (2. Tim. 3,9) Nachdem Frankreich sich von der Anbetung des lebendigen

Gottes, des „Hohen und Erhabenen, der ewiglich wohnt," losgesagt hatte, verstrich nur eine kurze Zeit, bis es zum erniedrigenden Götzendienst herabsank, indem es die Göttin der Vernunft in der Person eines lasterhaften Frauenzimmers anbetete – und dies in der Nationalversammlung, durch die Vertreter der Nation und durch ihre höchsten bürgerlichen und gesetzgebenden Behörden! Ein Geschichtsschreiber sagt: „Eine der Zeremonien dieser wahnsinnigen Zeit steht unübertroffen da wegen ihrer Abgeschmacktheit, verbunden mit Gottlosigkeit. Die Tore des Konvents wurden einer Schar von Musikanten geöffnet, der die Mitglieder der Stadtbehörde in feierlichem Zug folgten, indem sie ein Loblied auf die Freiheit sangen und den Gegenstand ihrer zukünftigen Anbetung, ein verschleiertes Frauenzimmer, das sie die Göttin der Vernunft nannten, geleiteten. Als man sie innerhalb der Schranken gebracht, sie mit großer Förmlichkeit entschleiert und zur Rechten des Präsidenten gesetzt hatte, erkannte man sie allgemein als eine Tänzerin aus der Oper. ... Dieser Person, als der passendsten Vertreterin jener Vernunft, die man anbetete, brachte die Nationalversammlung Frankreichs öffentliche Huldigung dar.

Diese gottlose und lächerliche Mummerei wurde zu einem gewissen Brauch, und die Einsetzung der Göttin der Vernunft wurde in der ganzen Nation an allen Orten, wo die Bewohner sich auf der Höhe der Revolution zeigen wollten, erneuert und nachgeahmt." (Scott, 1. Bd., 17. Kap.)

Der Redner, der die Anbetung der Vernunft einführte, sagte: „Mitglieder der gesetzgebenden Versammlung! Fanatismus ist der Vernunft gewichen. Seine getrübten Augen konnten den Glanz des Lichtes nicht ertragen. Heute hatte sich eine unermeßliche Menge in den gotischen Gewölben versammelt, die zum ersten Mal von der Stimme der Wahrheit widerhallen. Dort haben die Franzosen die wahre Anbetung der Freiheit und der Vernunft vollzogen; dort haben wir neue Wünsche für das Glück der Waffen der Republik ausgesprochen; dort haben wir die leblosen Götzen gegen die Vernunft, dieses belebte Bild, das Meisterwerk der Natur, eingetauscht." (Thiers, Gesch. der Franz. Rev., 2. Bd., S. 370. 371.)

Als die Göttin in den Konvent geführt wurde, nahm der Sprecher sie bei der Hand und sagte, sich an die Versammlung wendend: ‚Sterbliche, hört auf zu beben vor dem ohnmächtigen Donner eines Gottes, den eure Furcht geschaffen hat. Hinfort erkennt keine Gottheit an außer der Vernunft. Ich stelle euch ihr reinstes und edelstes Bild vor; müßt ihr Götter haben, so opfert nur solchen wie dieser. ... O Schleier der Vernunft, falle vor dem erlauchten Senat der Freiheit!'

„Nachdem der Präsident die Göttin umarmt hatte, wurde sie auf einen prächtigen Wagen gesetzt und inmitten eines ungeheuren Gedränges zur Liebfrauenkirche geführt, um dort die Stelle der Gottheit einzunehmen. Dann wurde sie auf den Hochaltar gehoben und dort von allen Anwesenden verehrt." (Alison, Gesch. Europas, 1. Bd., 10. Kap.)

Bald darauf folgte die öffentliche Verbrennung der Bibel. Bei einem derartigen Anlaß betrat die „Gesellschaft der Volksfreunde" den Saal der höchsten Behörde mit dem Ruf: „Es lebe die Vernunft!" Auf der Spitze einer Stange wurden die halbverbrannten Überreste verschiedener Bücher getragen, darunter Gebetbücher, Meßbücher und das Alte und Neue Testament, die, wie der Präsident sich ausdrückte, „in einem großen Feuer die gesamten Torheiten sühnten, die sie das menschliche Geschlecht zu begehen veranlaßt hatten." (Journal von Paris, 1793, Nr. 318.)

Das Papsttum hatte das Werk begonnen, das die Gottesleugner nun vollendeten. Die römische Politik hatte jene gesellschaftlichen, politischen und religiösen Zustände zur Folge, die Frankreich dem Verderben zutrieben. Schriftsteller, die die Schrecken der Revolution schilderten, sagten, daß jene Ausschreitungen dem Thron und der Kirche zur Last gelegt werden müssen. (s. Anhang, Anm. 22.) Ein gerechtes Urteil muß sie der Kirche zurechnen. Das Papsttum hatte in die Gemüter der Könige Voreingenommenheit gegen die Reformation als einen Feind der Krone, eine Ursache der Uneinigkeit, die sich dem Frieden und der Eintracht der Nation verderblich erweisen würde, gesät. Der Einfluß Roms führte auf diese Weise zu den entsetzlichsten Grausamkeiten und zu den bittersten Unterdrückungen, die je von einem Thron ausgegangen sind.

Der Geist der Freiheit begleitete die Bibel. Wo das Evangelium Aufnahme fand, wurden die Gemüter der Menschen belebt. Sie fingen an, die Fesseln, die sie in der Sklaverei der Unwissenheit, des Lasters und des Aberglaubens gehalten hatten, abzuschütteln und wie Männer zu denken und zu handeln. Die Herrscher sahen es und fürchteten für ihre unumschränkte Gewalt.

Rom versäumte nicht, ihre eifersüchtigen Befürchtungen zu nähren. Der Papst sagte im Jahre 1525 zu dem Regenten von Frankreich: „Diese Tollwut [der Protestantismus] wird nicht nur die Religion verwirren und verderben, sondern auch alle Fürsten- und Adelswürden, Gesetze, Orden und Rangunterschiede." (Felice, Gesch. der Protestanten Frankreichs, 1. Buch, 2. Kap. 6. Abschn., Leipzig 1855.) Einige Jahre später warnte ein päpstlicher Gesandter den König: „Sire, täuschen Sie sich nicht, die Protestanten werden die bürgerliche wie die religiöse Ordnung untergraben. ... Der Thron ist ebensosehr in Gefahr wie der Altar. ... Die Einführung einer neuen Religion bringt notwendigerweise die einer neuen Regierung mit sich." (D'Aubigné, Gesch. der Reform. zu den Zeiten Kalvins, 2. Bd., 36. Kap.) Theologen benutzten die Vorurteile des Volkes und erklärten, daß die protestantische Lehre „die Leute zu Neuerungen und Torheiten verlocke, dem Könige die aufopfernde Liebe seiner Untertanen raube und Kirche und Staat verheere." So gelang es Rom, Frankreich da hin zubringen, daß es sich gegen die Reformation erhob. „Zur Erhaltung des Thrones, zur Bewahrung des Adels und zur Aufrechterhaltung der Gesetze wurde das Schwert der Verfolgung in Frankreich zuerst gezogen." (Wylie, 13. Buch, 4. Kap.)

Die Herrscher jenes Landes waren weit davon entfernt, die Folgen dieser verderblichen Politik vorauszusehen. Die Lehren der Bibel hätten in den Gemütern und Herzen des Volkes jene Grundsätze der Gerechtigkeit, Mäßigkeit, Wahrheit, Gleichheit und Wohltätigkeit eingepflanzt, die die eigentliche Grundlage in der Wohlfahrt eines Volkes sind. „Gerechtigkeit erhöhet ein Volk;" dadurch „wird der Thron befestigt." (Spr. 14,34; 16,12) „Der Gerechtigkeit Frucht wird Friede sein," und die Wirkung wird „ewige Stille und Sicherheit sein." (Jes. 32,17) Wer das göttliche Gesetz hält, wird auch aufs getreueste den Gesetzen des Landes Achtung und Gehorsam entgegenbringen. Wer Gott fürchtet, wird auch den König in der Ausübung aller gerechten und gesetzlichen Macht ehren. Aber das unglückliche Frankreich verbot die Bibel und verbannte deren Anhänger. Ein Jahrhundert nach dem anderen mußten aufrichtige Männer – Männer von guten Grundsätzen und Rechtschaffenheit, von geistigem Scharfblick und sittlicher Kraft, die den Mut hatten, ihren Überzeugungen treu zu bleiben, und den Glauben besaßen, um für die Wahrheit leiden zu können – als Sklaven auf den Galeeren arbeiten, auf dem Scheiterhaufen zugrunde gehen, in dumpfen Kerkerzellen vermodern, während Tausende und aber Tausende sich durch die Flucht retteten; und dies dauerte noch 250 Jahre nach Beginn der Reformation fort.

„Während jener langen Zeitspanne gab es unter den Franzosen wohl kaum ein Geschlecht, das nicht Zeuge gewesen wäre, wie Jünger des Evangeliums vor der wahnsinnigen Wut der Verfolger flohen und Bildung, Künste, Gewerbefleiß und Ordnungsliebe, in denen sie sich in der Regel auszeichneten, mit sich nahmen und damit das Land ihrer Zuflucht bereicherten. Und im gleichen Verhältnis, wie andere Länder mit diesen guten Gaben beglückt wurden, verarmte ihr eigenes Land durch Entziehung dieser Gaben. Wären alle, die nun vertrieben wurden, in Frankreich geblieben, hätte die Geschicklichkeit dieser strebsamen Verbannten während dieser 300 Jahre auf heimatlicher Scholle befruchtend wirken können, so wären ihre künstlerischen Anlagen während dieser langen Zeit dem heimatlichen Gewerbewesen zugute gekommen; hätte ihr schöpferischer Geist und forschender Verstand die Literatur des Landes bereichert und seine Wissenschaften gepflegt, hätte ihre Weisheit seine Beratungen geleitet, ihre Tapferkeit seine Schlachten geschlagen, ihre Unparteilichkeit seine Gesetze aufgestellt, hätte die Religion der Bibel den Geist gestärkt und das Gewissen des Volkes beherrscht – mit welcher Herrlichkeit würde Frankreich an diesem Tage umgeben sein! Welch ein großes, blühendes und glückliches Land – den Nationen ein Vorbild – würde es gewesen sein!

Aber eine blinde und unerbittliche Frömmelei jagte von seinem Boden jeden Lehrer der Tugend, jeden Kämpfer der Ordnung, jeden ehrlichen Verteidiger des Thrones; sie sagte zu den Menschen, die ihr Land zu ‘einem Ruhm und einer Herrlichkeit’ auf Erden machen wollten: Wählet, was ihr haben wollt, den Marterpfahl oder die Verbannung! Schließlich war das Verderben des Staates vollständig. Es blieb kein Gewissen mehr zu ächten, keine Religion auf den Scheiterhaufen zu schleppen, kein Patriotismus mehr, den man in die Verbannung hätte jagen können." (Wylie, 13. Buch, 20. Kap.) Die Revolution mit all ihren Schrecken war die entsetzliche Folge.

„Mit der Flucht der Hugenotten geriet Frankreich in allgemeinen Verfall. Blühende Fabrikstädte gingen zugrunde, fruchtbare Strecken verfielen in ihre ursprüngliche Wildnis, geistiger Stumpfsinn und sittlicher Verfall folgten einer Zeit ungewöhnlichen Fortschrittes. Paris wurde ein ungeheures Armenhaus; man sagt, daß beim Ausbruch der Revolution 200 000 Arme um Unterstützung von der Hand des Königs nachsuchten. Nur der Jesuitenorden blühte in der verfallenen Nation und herrschte mit fürchterlicher Willkür über Kirchen und Schulen, über Gefängnisse und Galeeren." (Wylie, 13. Buch, Kap. 20.)

Das Evangelium hätte Frankreich die Lösung jener politischen und sozialen Fragen gebracht , die die Geschicklichkeit seiner

Geistlichkeit, seines Königs und seiner Gesetzgeber vergeblich sein ließen und schließlich die Nation in Zuchtlosigkeit und Verderben stürzten. Doch unter der Herrschaft Roms hatte das Volk des Heilandes segensreiche Lehren der Selbstaufopferung und selbstloser Liebe vergessen; man hatte es davon abgebracht, für das Wohl anderer Selbstverleugnung zu üben. Die Reichen wurden wegen ihrer Unterdrückung der Armen nicht gerügt, und diese blieben in ihrer Knechtschaft und Erniedrigung ohne Hilfe. Die Selbstsucht der Wohlhabenden und Mächtigen wurde immer augenscheinlicher und drückender. Jahrhundertelang hatte die Habgier und Ruchlosigkeit des Adels eine grausame Erpressung der Bauern zur Folge. Die Reichen übervorteilten die Armen, und die Armen haßten die Reichen.

In vielen Provinzen besaßen die Adligen das Land, und die arbeitenden Klassen waren nur Pächter, die von der Gnade der Gutsbesitzer abhingen und sich gezwungen sahen, deren übermäßigen Forderungen nachzukommen. Die Last, die Kirche und den Staat zu unterhalten, ruhte auf den mittleren und niederen Klassen, die von den bürgerlichen Behörden und der Geistlichkeit schwer besteuert wurden. „Die Willkür des Adels galt als das höchste Gesetz; die Bauern und Landbewohner durften verhungern, ohne daß die Unterdrücker sich darum gekümmert hätten ... Die Leute sahen sich bei jeder Gelegenheit gezwungen, einzig und allein den Vorteil des Gutsbesitzers zu berücksichtigen. Das Leben der Landarbeiter war beständige Mühsal und ungelindertes Elend; ihre Klagen, falls sie es überhaupt wagten, solche vorzubringen, wurden mit beleidigender Verachtung abgewiesen. Die Gerichtshöfe schenkten eher einem Adligen als einem Bauern Gehör. Bestechung der Richter wurde offenkundig betrieben, und die geringste Laune der Vornehmen hatte infolge dieser allgemeinen Verderbtheit Gesetzeskraft. Nicht einmal die Hälfte der den arbeitenden Klassen von den weltlichen Großen einerseits und der Geistlichkeit andererseits erpreßten Steuern gelangten in die königliche oder kirchliche Schatzkammer; alles andere wurde in zügelloser Genußsucht verschleudert. Und die Leute, die auf diese Weise ihre Mitmenschen an den Bettelstab brachten, waren selbst aller Steuern enthoben und durch Gesetze oder Brauch zu allen Staatsämtern berechtigt. Zu den bevorzugten Klassen zählte man 150 000 Personen, und für deren Annehmlichkeit wurden Millionen zu einem hoffnungslosen und herabwürdigenden Leben verdammt." (s. Anhang, Anm. 23.)

Der Hof ergab sich der Üppigkeit und der Ausschweifung. Zwischen Herrschern und Untertanen bestand nur wenig Vertrauen. An alle Maßnahmen der Regierung heftete sich der Verdacht, daß sie hinterlistig und selbstsüchtig seien. Mehr als ein halbes Jahrhundert vor der Revolution hatte Ludwig XV., der sich selbst in jenen bösen Zeiten als ein träger, leichtfertiger und sinnlicher Fürst auszeichnete, den Thron inne. Angesichts des verderbten und grausamen Adels, der verarmten und unwissenden unteren Klasse, der finanziellen Verlegenheit des Staates und der Erbitterung des Volkes bedurfte es keines prophetischen Auges, um einen drohenden schrecklichen Ausbruch vorauszusehen. Auf die Warnungen seiner Ratgeber erwiderte der König gewöhnlich: „Bemüht euch, alles in Gang zu erhalten, solange ich leben mag; nach meinem Tode mag es kommen, wie es will." Vergebens drang man auf die Notwendigkeit einer Reform. Er sah die Übelstände, hatte aber weder den Mut noch die Macht, ihnen zu begegnen. Das Schicksal, das Frankreich bevorstand, wurde nur zu deutlich durch seine lässige und selbstsüchtige Antwort gekennzeichnet: „Nach mir die Sintflut."

Durch ständiges Schüren der Eifersucht der Könige und der herrschenden Klassen hatte Rom diese beeinflußt, das Volk in Knechtschaft zu halten, wohl wissend, daß der Staat dadurch geschwächt würde; und damit beabsichtigte es, sowohl die Herrscher als auch das Volk zu seinen Sklaven zu machen. Mit weitsichtiger Politik erkannte es, daß man, um die Menschen endgültig zu unterjochen, ihren Seelen Fesseln anlegen müßte; daß der sicherste Weg, ihr Entkommen aus der Knechtschaft zu verhindern, der sei, sie für die Freiheit untüchtig zu machen. Tausendmal schrecklicher als die körperlichen Leiden, die aus ihrer Politik hervorgingen, war die sittliche Erniedrigung. Der Bibel beraubt, den Lehren der Scheinfrömmigkeit und der Selbstsucht preisgegeben, wurde das Volk in Unwissenheit und Aberglauben gefangen und versank in Laster und wurde zur Selbstbeherrschung völlig untüchtig.

Doch die Ergebnisse unterschieden sich erheblich von dem, was Rom angestrebt hatte. Statt die Massen in blinder Unterwürfigkeit zu ihren Lehrsätzen zu halten, machte es Gottesleugner und Revolutionäre aus ihnen. Den Romanismus verachteten sie als Pfaffentrug und betrachteten die Geistlichkeit als mitverantwortlich für ihr elendes Dasein. Der Gott Roms war der einzige Gott, den sie kannten,; Roms Lehre ihre einzige Religion. Sie betrachteten dessen Habgier und Grausamkeit als die regelrechte Frucht der Bibel, und wollten deshalb nichts von ihr wissen.

Rom hatte den Charakter Gottes falsch dargestellt und seine Forderungen verdreht, und nun verwarfen die Leute sowohl die Bibel als auch ihren Urheber. Unter vorgeblicher Bestätigung durch die Schrift hatte Rom einen blinden Glauben an seine Lehrsätze gefordert. Das Resultat davon war, daß Voltaire und seine Mitgenossen das Wort Gottes gänzlich beiseitesetzten und das Gift des Unglaubens überall verbreiteten. Rom hatte das Volk unter seinen eisernen Füßen niedergetreten , und nun durchbrachen die entwürdigten und verrohten Massen als Erwiderung auf die Zwangsherrschaft alle Schranken. In Wut über den gleißenden Betrug, dem sie solange gehuldigt hatten, verwarfen sie Wahrheit und Irrtum zusammen, und indem sie die Zügellosigkeit für Freiheit hielten, jubelten die Sklaven des Lasters in ihrer vermeintlichen Freiheit.

Bei Beginn der Revolution wurde dem Volk mit Billigung des Königs eine Vertretung gewährt, die die gemeinsame des Adels und der Geistlichkeit überwog. Somit befand sich das Übergewicht der Macht in der Hand des Volkes, das aber nicht imstande war, sie mit Weisheit oder Mäßigung zu gebrauchen. Eifrig bestrebt, das erlittene Unrecht zu ahnden, beschloß es, die Erneuerung der Gesellschaft vorzunehmen. Die schimpflich behandelten Volksmassen, deren Gemüter mit bitteren, seit langem angehäuften Erinnerungen an Ungerechtigkeiten erfüllt waren, faßten den Vorsatz, den Zustand des unerträglich gewordenen Elends zu ändern und sich an denen zu rächen, die sie als Urheber ihrer Leiden ansahen. Die Unterdrückten setzten die Lehre, die sie unter der Gewaltherrschaft gelernt hatten, in die Tat um und tyrannisierten jetzt diejenigen, die sie unterdrückt hatten.

Das unglückliche Frankreich heimste eine blutige Ernte der ausgestreuten Saat ein. Schrecklich waren die Folgen seiner Unterwerfung unter die beherrschende Macht Roms. Wo Frankreich unter dem Einfluß des Romanismus bei Beginn der Reformation den ersten Scheiterhaufen errichtet hatte, stellte die Revolution ihre erste Guillotine auf. Auf derselben Stätte, wo die ersten Märtyrer des protestantischen Glaubens im 16. Jahrhundert verbrannt wurden, fielen die ersten Opfer der Revolution im 18. Jahrhundert unter der Guillotine. Indem Frankreich das Evangelium verwarf, das ihm Heilung hätte bringen können, öffnete es dem Unglauben und dem Verderben die Tür. Als die Schranken des Gesetzes Gottes niedergeworfen worden waren, stellte es sich heraus, daß die menschlichen Gesetze unzulänglich waren, um die mächtige Flut menschlicher Leidenschaften zu hemmen; und im Lande herrschten Empörung und Gesetzlosigkeit. Der Krieg gegen die Bibel eröffnete eine Zeitperiode, die in der Weltgeschichte als „die Schreckensherrschaft" bezeichnet wird. Friede und Glück waren aus den Wohnungen und den Herzen der Menschen verbannt. Keiner war sicher. Wer heute noch triumphierte, wurde morgen verdächtigt und verdammt. Gewalt und Wollust führten unbestritten das Zepter.

Der König, die Geistlichkeit und der Adel sahen sich gezwungen, sich der Grausamkeit eines erregten und wütenden Volkes zu fügen. Der Rachedurst wurde durch die Hinrichtung des Königs nur noch stärker, und die seinen Tod bestimmt hatten, folgten ihm bald aufs Schafott. Ein allgemeines Gemetzel aller, die im Verdacht standen, der Revolution feindlich gesonnen zu sein, wurde beschlossen. Die Gefängnisse waren überfüllt und bargen zu einer Zeit mehr als 200 000 Häftlinge. Die Städte des Königreichs wurden mit Schreckensszenen erfüllt. Eine revolutionäre Partei war gegen die andere, und Frankreich wurde zu einem ungeheuren Schlachtfeld streitender Volksmassen, die sich von der Wut ihrer Leidenschaften beherrschen ließen. „In Paris folgte ein Aufstand dem andern, und die Bürger waren in viele Parteien zersplittert, die es auf nichts anderes als ihre gegenseitige Ausrottung abgesehen zu haben schienen." Zum allgemeinen Elend kam noch hinzu, daß die Nation in einen langen verheerenden Krieg mit den Großmächten Europas verwickelt wurde. „Das Land war beinahe bankrott, die Truppen schrieen nach ihrem rückständigen Sold, die Pariser waren am Verhungern, die Provinzen wurden von Räubern verwüstet, und die Zivilisation ging beinahe unter in Aufruhr und Zügellosigkeit."

Nur zu genau hatte das Volk die Lehren der Grausamkeit und der Folter gelernt, die Rom mit solchem Fleiß erteilt hatte. Der Tag der Wiedervergeltung war endlich gekommen. Nun waren es nicht mehr die Jünger Jesu, die in Kerker geworfen und auf Scheiterhaufen geschleppt wurden; denn sie waren schon längst umgekommen oder in die Verbannung getrieben worden. Das unbarmherzige Rom fühlte jetzt die tödliche Macht derer, die es ausgebildet hatte, sich an Bluttaten zu vergnügen. „Das Beispiel der Verfolgung, das die französische Geistlichkeit so lange gegeben hatte, wurde ihr nun mit großem Nachdruck vergolten. Schafotte färbten sich rot von dem Blut der Priester. Die Galeeren und Gefängnisse, die einst Hugenotten bargen, wurden jetzt mit deren Verfolgern angefüllt. An die Ruderbank gekettet und mühsam am Riemen ziehend, machte die katholische Geistlichkeit alle Qualen durch, die sie so reichlich über die friedliebenden Ketzer gebracht hatte." (s. Anhang, Anm. 24.)

„Dann kamen jene Tage, als die grausamsten aller Gesetze von dem unmenschlichsten aller Gerichtshöfe gehandhabt wurden, als niemand seinen Nachbar grüßen oder sein Gebet verrichten konnte ..., ohne Gefahr zu laufen, ein Todesverbrechen zu begehen, als in jedem Winkel Spione lauerten, allmorgendlich die Guillotine lange und schwer arbeitete, die Gefängnisse so gedrängt voll waren wie die Räume eines Sklavenschiffes, da in den Straßenrinnen das Blut schäumend der Seine zueilte. ... Während täglich Wagenladungen mit Opfern durch die Straßen von Paris ihrem Schicksal entgegengeführt wurden, schwelgten die Kommissare, die der Konvent in die Provinzen gesandt hatte, in übermäßiger Grausamkeit, wie man sie selbst in der Hauptstadt nicht kannte. Das Messer der Todesmaschine stieg und fiel zu langsam für das Werk der Metzelei. Lange Reihen von Gefangenen mähte man mit Kartätschen nieder. Besetzte Boote wurden angebohrt. Lyon wurde zur Wüste. In Arras wurde den Gefangenen selbst die grausame Barmherzigkeit eines schnellen Todes versagt. Die ganze Loire hinab, von Saumur bis zum Meer, fraßen Scharen von Krähen und Weihen an den nackten Leichnamen, die in abscheulichen Umarmungen miteinander verschlungen waren. Weder dem Geschlecht noch dem Alter erwies man Barmherzigkeit. Die Anzahl junger Knaben und Mädchen von siebzehn Jahren, die von dieser fluchwürdigen Regierung ermordet wurden, läßt sich nach Hunderten berechnen. Der Brust entrissene Säuglinge wurden von Spieß zu Spieß die Reihen der Jakobiner entlang geworfen." (s. Anhang, Anm. 25.) In dem kurzen Zeitraum von zehn Jahren kamen Scharen von Menschen ums Leben.

All dies war nach Satans Sinn; dies zu erreichen hatte er sich seit Jahrhunderten bemüht. Sein Plan beruhte von Anfang bis Ende auf Täuschung, und sein unverwandter Vorsatz ist es, Leid und Elend über die Menschen zu bringen, Gottes Werke zu entstellen und zu beflecken, die göttliche Absicht der Liebe und des Wohlwollens zu vereiteln und dadurch Trauer im Himmel zu verursachen. Dann verblendet er durch seine täuschenden Künste die Sinne der Menschen und verleitet sie, den Tadel, der sein Wirken trifft, auf Gott zu werfen, als ob alles Elend die Folge des Schöpfungsplanes sei. Auf gleiche Weise treibt er alle, die durch seine grausame Macht in einen erniedrigenden und verwilderten Zustand geraten sind, wenn sie ihre Freiheit erringen, zu allerlei Ausschreitungen und Greueltaten an, und dann verweisen grausame und gewissenlose Tyrannen auf dieses Bild zügelloser Ausgelassenheit als ein Beispiel der Resultate der Freiheit.

Wird der Irrtum in einem Gewand entdeckt, so verhüllt Satan ihn einfach in eine andere Maske, und die Menge nimmt ihn ebenso gierig an wie zuerst. Als das Volk fand, daß der Romanismus eine Täuschung war, als Satan es nicht mehr durch dieses Mittel zur Übertretung des Gesetzes Gottes bringen konnte, drang er auf sie ein, alle Religion als einen Betrug und die Bibel als ein Märchen anzusehen; und als das Volk die göttlichen Vorschriften beiseitesetzte, gab es sich der ungezügelten Gesetzlosigkeit hin.

Der verderbliche Irrtum, der solches Weh über die Bewohner Frankreichs brachte, war die Verachtung der einen großen Wahrheit, daß die wahre Freiheit innerhalb der Schranken des Gesetzes Gottes liegt. „O, daß du auf meine Gebote gemerkt hättest, so würde dein Friede sein wie ein Wasserstrom, und deine Gerechtigkeit wie Meereswellen." „Aber die Gottlosen, spricht der Herr, haben keinen Frieden." „Wer aber mir gehorcht, wird sicher wohnen und ohne Sorge sein und kein Unglück fürchten." (Jes. 48,18.22; Spr. 1,33)

Gottesleugner, Ungläubige und Abtrünnige widersetzen sich Gottes Gesetz und verwerfen es; aber die Folgen ihres Einflusses beweisen, daß die Wohlfahrt des Menschen mit dem Gehorsam gegen die göttlichen Verordnungen verbunden ist. Wer diese Lehre nicht aus dem Buche Gottes erkennen will, muß sie in der Geschichte der Nationen erkennen lernen.

Als Satan durch die römische Kirche daraufhin wirkte, die Menschen vom Gehorsam abzubringen, war seine Tätigkeit derart verborgen und sein Wirken so verstellt, daß die Entartung und das Elend, die daraus entstanden, nicht als Früchte der Übertretung erkannt wurden; aber das Wirken des Geistes Gottes vereitelte seine Macht so weit, daß seine Absichten nicht zur vollen Reife gelangten. Das Volk schloß nicht von den Wirkungen auf die Ursache und entdeckte die Quelle seines Elends nicht. Doch in der Revolution wurde das Gesetz Gottes von der Nationalversammlung öffentlich beiseitegesetzt, und in der darauf folgenden Schreckensherrschaft konnten alle den wahren Zusammenhang zwischen Ursache und Wirkung deutlich erkennen.

Als Frankreich öffentlich Gott verleugnete und die Bibel beiseitesetzte, frohlockten böse Menschen und Geister der Finsternis, daß sie das so lang erwünschte Ziel, nämlich ein Reich, befreit von den Schranken des Gesetzes Gottes, erreicht hatten. „Weil das Urteil über böses Tun nicht sogleich ergeht, wird das Herz der Menschen voll, Böses zu tun." (Pred. 8,11-13) Aber die Übertretung eines gerechten und heiligen Gesetzes muß unvermeidlich in Elend und Verderben enden. Wenn auch nicht sofort von Strafgerichten heimgesucht, so bewirkt doch die Gottlosigkeit der Menschen ihr sicheres Verderben. Jahrhunderte des Abfalls und des Verbrechens hatten den Zorn auf den Tag der Vergeltung angehäuft, und als das Maß ihrer Ungerechtigkeit voll war, erfuhren die Verächter Gottes zu spät, daß es etwas Schreckliches ist, die göttliche Geduld verwirkt zu haben. Der zügelnde Geist Gottes, der grausamen Macht Satans Schranken setzt, wurde in hohem Maße entzogen, und der, dessen einzige Freude das Elend der Menschen ist, durfte nach seinem Willen handeln. Alle, die sich dem Aufruhr ergaben, mußten dessen Früchte ernten, bis das Land voll von Verbrechen war, die jeder Beschreibung spotteten. Aus den verwüsteten Provinzen und zerstörten Städten erhob sich ein schrecklicher Schrei – ein Schrei der furchtbarsten Angst. Frankreich wurde wie durch ein Erdbeben erschüttert. Religion, Gesetz, gesellschaftliche Ordnung, Familie, Staat und Kirche – alles wurde von der ruchlosen Hand niedergestreckt, die sich gegen das Gesetz Gottes erhoben hatte. Wahr ist das Wort des weisen Mannes: „Der Gottlose wird fallen durch seine Gottlosigkeit." (Spr. 11,5) „Wenn ein Sünder auch hundertmal Böses tut und lange lebt, so weiß ich doch, daß es wohlgehen wird denen, die Gott fürchten, die sein Angesicht scheuen. Aber dem Gottlosen, wird es nicht wohlgehen, und wie ein Schatten werden nicht lange leben, die sich vor Gott nicht fürchten." „Weil sie die Erkenntnis haßten und die Furcht des Herrn nicht erwählten, ... darum sollen sie essen von den Früchten ihres Wandels und satt werden an ihren Ratschlägen." (Pred. 8,12.13; Spr. 1,29.31)

Gottes treue Zeugen, die durch die lästerliche Macht, die „aus dem Abgrund aufsteigt," erschlagen wurden, sollten nicht lange schweigen. „Nach drei Tagen und einem halben fuhr in sie der Geist des Lebens von Gott, und sie stellten sich auf ihre Füße; und eine große Furcht fiel über die, die sie sahen." (Offb. 11,11) Es war im Jahre 1793, als die Erlasse, die die christliche Religion abschafften und die Bibel verboten, von der französischen

Nationalversammlung genehmigt wurden. Dreieinhalb Jahre später wurde ein Beschluß, der diese Erlasse widerrief und somit der Heiligen Schrift Duldung gewährte, von der gleichen Behörde angenommen. Die Welt war über die ungeheure Schuld bestürzt, die aus der Verwerfung des lebendigen Wortes Gottes hervorgegangen war, und die Menschen erkannten die Notwendigkeit des Glaubens an Gott und sein Wort als die Grundlage von Tugend und Sittlichkeit. Der Herr sagte: „Wen hast du geschmäht und gelästert? Über wen hast du die Stimme erhoben? Du hobst deine Augen empor wider den Heiligen in Israel." „Darum siehe, ich will sie lehren und meine Kraft und Gewalt ihnen kundtun, daß sie erfahren sollen, ich heiße der Herr." (Jes. 37,23; Jer. 16,21) Über die zwei Zeugen sagt der Prophet ferner: „Und sie hörten eine große Stimme vom Himmel zu ihnen sagen: Steigt herauf! Und sie stiegen auf in den Himmel in einer Wolke, und es sahen sie ihre Feinde." (Offb. 11,12) Seit Frankreich gegen die beiden Zeugen Gottes Krieg geführt hatte, sind diese nie zuvor geehrt worden. Im Jahre 1804 wurde die Britische und die Ausländische Bibelgesellschaft gegründet. Darauf folgten ähnliche Organisationen mit zahlreichen Verzweigungen auf dem europäischen Festland. Im Jahre 1816 nahm die Amerikanische Bibelgesellschaft ihre Tätigkeit auf. Zur Zeit der Gründung der britischen Gesellschaft war die Bibel in 50 Sprachen gedruckt und verbreitet worden. Seitdem ist sie in mehr als 400 Sprachen und Mundarten übersetzt worden. (s. Anhang, Anm. 26.)

Während der 50 Jahre, die dem Jahre 1792 vorausgingen, wurde dem ausländischen Missionswerk nur wenig Aufmerksamkeit geschenkt. Es traten keine neuen Gesellschaften ins Leben, und es gab nur wenige Gemeinschaften, die sich irgendwie bemühten, das Christentum in heidnischen Ländern zu verbreiten. Doch gegen Ende des 18. Jahrhunderts fand eine große Veränderung statt. Man wurde unzufrieden mit den Folgen des Rationalismus und erkannte die Notwendigkeit einer göttlichen Offenbarung und einer Erfahrungsreligion.

Von dieser Zeit an wuchs das Werk der ausländischen Missionen mit nie dagewesener Schnelligkeit. (s. Anhang, Anm. 27.) Die Verbesserungen in der Buchdruckerkunst haben der Verbreitung der Bibel einen neuen Auftrieb gegeben. Die zahlreichen Erleichterungen des Verkehrs zwischen verschiedenen Ländern, der Zusammenbruch alter Hindernisse des Vorurteils und nationaler Abgeschlossenheit und der Verlust der weltlichen Macht des Papstes haben den Weg für den Eingang des Wortes Gottes gebahnt. Schon seit Jahren ist die Bibel ohne irgendwelche Hindernisse auf den Straßen Roms verkauft und jetzt auch nach allen Teilen der bewohnten Erdkugel getragen worden.

Prahlend sagte einst der ungläubige Voltaire: „Ich habe es satt, die Leute immer wieder sagen zu hören, daß zwölf Männer die christliche Religion gegründet haben. Ich will beweisen, daß ein Mann genügt, sie umzustoßen." Generationen sind seit seinem Tode vergangen. Millionen haben sich dem Kampf gegen die Bibel angeschlossen. Aber anstatt ausgerottet worden zu sein, gibt es da, wo in Voltaires Zeit hundert Bibeln waren, nun zehntausend, ja hunderttausend Exemplare der Heiligen Schrift . Die Worte eines der ersten Reformatoren über die christliche Lehre lauten: „Die Bibel ist ein Amboß, der viele Hämmer abgenutzt hat." Der Herr sagt: „Keiner Waffe, die gegen dich bereitet wird, soll es gelingen, und jede Zunge, die sich gegen dich erhebt, sollst du im Gericht schuldig sprechen." (Jes. 54,17)

„Das Wort unseres Gottes bleibt ewiglich." „Alle seine Gebote sind beständig. Sie stehen fest für immer und ewig; sie sind recht und verläßlich." (Jes. 40,8; Ps. 111,7.8) Was immer auf menschliche Autorität aufgebaut ist, wird umgestoßen; was aber den Felsen des unveränderlichen Wortes Gottes als Grundlage hat, wird ewiglich bestehen.

16 Ein Zufluchtsort

Die englischen Reformatoren hatten, während sie den Lehren des Romanismus entsagten, viele seiner Formen beibehalten. Auf diese Weise wurden dem Gottesdienst der Kirche Englands viele seiner Gebräuche und Formen einverleibt, wenn auch der Anspruch und das Glaubensbekenntnis Roms verworfen wurden. Man behauptete, daß diese Dinge keine Gewissensfragen seien, weil sie in der Heiligen Schrift nicht geboten, deshalb auch nicht wesentlich, und weil sie nicht verboten, auch eigentlich nicht unrecht seien. Ihre Befolgung diene dazu, die Kluft, die die protestantischen Kirchen von Rom trenne, zu verringern; und man betonte, daß sie die Annahme des protestantischen Glaubens seitens der Anhänger Roms erleichtern würden.

Den Anhängern am Alten und den Kompromißbereiten schienen diese Gründe überzeugend zu sein. Es gab jedoch noch eine andere Gruppe, die nicht so urteilte. Die Tatsache, daß diese Gebräuche „dahin zielten, die Kluft zwischen Rom und der Reformation zu überbrücken," (Martyn, 5. Bd., S. 22.) war in ihren Augen ein endgültiges Argument gegen ihre Beibehaltung. Sie sahen sie als Zeichen der Sklaverei an, von der sie befreit worden waren und zu der sie nicht zurückkehren wollten. Sie waren der Ansicht, daß Gott die Verordnungen zu seiner Verehrung in seinem Worte niedergelegt habe, und daß es den Menschen nicht freistehe, etwas hinzuzufügen oder davon wegzunehmen. Der erste Anfang des großen Abfalls bestand darin, daß man die Autorität Gottes durch die der Kirche zu ergänzen suchte. Rom fing an zu verordnen, was Gott nicht verboten hatte, und kam schließlich dahin, das zu verbieten, was Gott ausdrücklich befohlen hatte.

Viele wünschten ernstlich zu der Reinheit und Einfachheit zurückzukehren, die die erste Gemeinde kennzeichneten. Sie betrachteten viele der in der englischen Kirche eingeführten Gebräuche als Denkmäler des Götzendienstes und konnten sich nicht mit gutem Gewissen an ihrem Gottesdienst beteiligen. Die Kirche jedoch, unterstützt von der staatlichen Macht, gestattete keine Abweichung von ihren Formen. Der Besuch ihrer Gottesdienste wurde vom Gesetz verlangt, und unerlaubte religiöse Versammlungen waren bei Anordnung von Kerker, Verbannung und Todesstrafe untersagt.

Am Anfang des 17. Jahrhunderts erklärte der eben auf den Thron gelangte König von England seine Entschlossenheit, die Puritaner zu zwingen, sich „entweder den andern anzupassen, oder er würde sie aus dem Lande hinaushetzen oder ihnen noch Schlimmeres tun." (Bancroft, Gesch. d. Ver. St., 1. Teil, 12. Kap., 6. Abschn.) Gejagt, verfolgt und eingekerkert konnten sie in der Zukunft keine Hoffnung auf bessere Tage erspähen, und viele kamen zu der Überzeugung, daß für solche, die Gott der Stimme ihres eigenen Gewissens gemäß dienen wollten, „England für immer aufgehört habe, ein bewohnbares Land zu sein." (Palfrey, Gesch. Neuenglands, 3. Kap., 43. Abschn.) Etliche entschlossen sich schließlich, in Holland Zuflucht zu suchen. Sie mußten Schwierigkeiten, Verluste und Gefängnis erleiden; ihre Absichten wurden durchkreuzt, und sie selbst in die Hände ihrer Feinde verraten; aber ihre unerschütterliche Beharrlichkeit setzte sich endlich durch, und sie fanden Zuflucht an der freundschaftlichen Küste der holländischen Republik.

Durch die Flucht hatten sie ihre Häuser, ihre Güter und ihren Lebensunterhalt verloren; sie waren Fremdlinge in einem fremden Land, unter einem Volk von anderer Sprache und anderen Sitten. Sie mußten neue und ungewohnte Beschäftigungen ergreifen, um ihr Brot zu verdienen. Männer von mittlerem Alter, die ihr Leben mit Ackerbau zugebracht hatten, mußten nun dies oder jenes Handwerk erlernen. Aber freudig fügten sie sich in jede Lage und verloren keine Zeit mit Müßiggang oder Unzufriedenheit. Wenn auch oft von Armut bedrückt, lobten sie doch Gott für die Segnungen, die er ihnen gewährte, und fanden ihre Freude in ungestörter geistlichen Gemeinschaft. „Sie wußten, daß sie Pilger waren, und schauten nicht viel auf irdische Dinge, sondern hoben ihre Augen auf gen Himmel, ihrem liebsten Heimatland, und beruhigten ihr Gemüt." (Bancroft, 1. T., 12. Kap., 15. Abschn.)

In Verbannung und Ungemach erstarkten ihre Liebe und ihr Glaube. Sie vertrauten auf die Verheißungen Gottes, und er verließ sie in Zeiten der Not nicht. Seine Engel standen ihnen zur Seite, um sie zu ermutigen und zu unterstützen. Und als Gottes Hand sie übers Meer zu weisen schien, nach einem Lande, wo sie für sich selbst einen Staat gründen und ihren Kindern das kostbare Erbe religiöser Freiheit hinterlassen konnten, folgten sie ohne Zagen willig dem Pfad der Vorsehung.

Gott hatte Prüfungen über sein Volk kommen lassen, um es auf die Erfüllung seiner Gnadenabsichten vorzubereiten. Die Gemeinde war erniedrigt worden, damit sie erhöht würde. Gott war im Begriff, seine Macht zu ihren Gunsten zu entfalten und der Welt aufs neue einen Beweis zu geben, daß er die nicht verlassen wird, die ihm vertrauen. Er hatte die Ereignisse so gelenkt, daß der Zorn Satans und die Anschläge böser Menschen seine Ehre fördern und sein Volk an einen Ort der Sicherheit bringen mußten. Verfolgung und Verbannung bahnten den Weg zur Freiheit.

Als sich die Puritaner zuerst gezwungen fühlten, sich von der englischen Kirche zu trennen, schlossen sie untereinander einen feierlichen Bund, als freies Volk des Herrn in „allen seinen Wegen, die ihnen bekannt waren oder noch bekanntgemacht würden, gemeinsam zu wandeln." (Brown, Pilgerväter, S. 74.) Dies war der wahre Geist der Freiheit, die lebendige Grundlage des Protestantismus. Mit diesem Vorsatz verließen die Pilger Holland, um in der neuen Welt eine Heimat zu suchen. John Robinson, ihr Prediger, der durch göttliche Vorsehung verhindert war, sie zu begleiten, sagte in seiner Abschiedsrede an die Auswanderer:

„Geschwister, wir werden nun voneinander gehen, und der Herr weiß, ob ich euch, solange ich lebe, je wiedersehen werde. Wie der Herr es aber fügt, ich befehle euch vor Gott und seinen heiligen Engeln, mir nicht weiter zu folgen, als ich Christus gefolgt bin. Falls Gott euch durch ein anderes Werkzeug irgend etwas offenbaren sollte, so seid ebenso bereit es anzunehmen wie zur Zeit, da ihr die Wahrheit durch mein Predigtamt annahmt; denn ich bin sehr zuversichtlich, daß der Herr noch mehr Wahrheit und Licht aus seinem heiligen Wort hervorbrechen lassen wird." (Martyn, 5. Bd., S. 70 f.)

„Was mich anbetrifft, so kann ich den Zustand der reformierten Kirchen nicht genug beklagen, die in der Religion bis zu einer gewissen Stufe gelangt sind und nicht weitergehen wollen, als die Werkzeuge ihrer Reformation gegangen sind. Die Lutheraner sind nicht zu veranlassen, über das hinauszugehen, was Luther sah; ... und die Calvinisten, seht ihr, bleiben da stecken, wo sie von jenem großen Gottesmann, der noch nicht alle Dinge sah, gelassen wurden. Dies ist ein sehr beklagenswertes Elend; denn wenn jene Männer auch in ihrer Zeit brennende und scheinende Lichter waren, so erkannten sie doch nicht alle Ratschläge

Gottes; sie würden aber, lebten sie jetzt, ebenso bereit sein, weiteres Licht anzunehmen, wie sie damals bereit waren, das erste zu empfangen." (Neal, Gesch. d. Puritaner, 1. Bd., S. 269.)

„Denkt an euer Gemeindegelöbnis, in welchem ihr euch verpflichtet habt, in allen Wegen des Herrn zu wandeln, wie sie euch bekannt geworden sind oder noch bekannt werden. Denkt an euer Versprechen und euren Bund mit Gott und miteinander, alles Licht und alle Wahrheit, so euch noch aus seinem geschriebenen Worte kundgetan werden soll, anzunehmen. Dennoch habt acht, ich bitte euch, was ihr als Wahrheit annehmt; vergleicht es, wägt es mit andern Schriftstellen der Wahrheit, ehe ihr es annehmt, denn es ist nicht möglich, daß die christliche Welt so plötzlich aus solch einer dichten antichristlichen Finsternis herauskomme und ihr dann auf einmal die vollkommene Erkenntnis aufgehe." (Martyn, ebd.)

Es war das Verlangen nach Gewissensfreiheit, das die Pilger begeisterte, den Schwierigkeiten der langen Reise über das Meer mit Mut zu begegnen, die Beschwerden und die Gefahren der Wildnis zu erdulden und unter Gottes Segen an der Küste Amerikas den Grund zu einer mächtigen Nation zu legen. Doch konnten die Pilger, so aufrichtig und gottesfürchtig sie auch waren, den großen Grundsatz religiöser Freiheit noch nicht begreifen. Die Freiheit, für welche sie so viel geopfert hatten, um sie sich zu erwerben, gewährten sie andern nicht bereitwillig in gleichem Maße. „Sehr wenige selbst der hervorragendsten Denker und Sittenlehrer des 17. Jahrhunderts hatten einen richtigen Begriff von jenem herrlichen, dem Neuen Testament entstammenden Grundsatz, der Gott als den einzigen Richter des menschlichen Glaubens anerkennt." (Martyn, S. 297.) Die Lehre, daß Gott der Gemeinde das Recht verliehen habe, die Gewissen zu beherrschen und Ketzerei zu bezeichnen und zu strafen, ist einer der tief eingewurzelten päpstlichen Irrtümer. Während die Reformatoren das Glaubensbekenntnis Roms verwarfen, waren sie nicht gänzlich frei von seinem Geist der Unduldsamkeit. Die dichte Finsternis, in welche während der langen Zeit seiner Herrschaft die gesamte Christenheit gehüllt war, war selbst jetzt noch nicht völlig gewichen. Einer der leitenden Prediger in der Kolonistensiedlung der Massachusetts-Bai sagte: „Duldung machte die Welt antichristlich; und die Kirche hat sich durch die Bestrafung der Ketzer nie Schaden zugezogen." (ebd., S. 335.) In den Kolonien wurde die Verordnung eingeführt, daß in der zivilen Regierung nur Kirchenglieder eine Stimme haben sollten. Es wurde eine

Art Staatskirche gegründet; jeder mußte zum Unterhalt der Geistlichkeit beitragen, und die Behörden wurden beauftragt, die Ketzerei zu unterdrücken. Somit war die weltliche Macht in den Händen der Kirche. Es dauerte nicht lange, bis diese Maßnahmen zu der unausbleiblichen Folge führten – Verfolgungen.

Elf Jahre nach der Gründung der ersten Kolonie kam Roger Williams nach der Neuen Welt. Gleich den früheren Pilgervätern kam er, um sich der Religionsfreiheit zu erfreuen; aber im Gegensatz zu ihnen sah er – was so wenige zu seiner Zeit sahen –, daß diese Freiheit das unveräußerliche Recht aller Menschen ist, wie ihr Glaubensbekenntnis auch lauten mag. Er war ein ernster Forscher nach Wahrheit und hielt es wie auch Robinson für unmöglich, daß sie schon alles Licht aus dem Worte Gottes erhalten hätten. Williams „war der erste Mann im neueren Christentum, der die zivile Verwaltung auf die Lehre von der Gewissensfreiheit und der Gleichberechtigung der Anschauungen vor dem Gesetz gründete." (Bancroft, 1. T., 15. Kap., 16. Abschn.) Er erklärte, daß es die Pflicht der Behörde sei, Verbrechen zu verhindern, daß sie aber nie das Gewissen beherrschen dürfe. „Das Volk oder die Behörden," sagte er, „mögen entscheiden, was der Mensch dem Menschen schuldig ist; versuchen sie aber, einem Menschen seine Pflicht gegen Gott vorzuschreiben, so tun sie, was nicht ihres Amtes ist, und man kann sich nicht mit Sicherheit auf sie verlassen; denn es ist klar, daß der Magistrat, wenn er die Macht hat, heute diese und morgen jene Meinungen oder Bekenntnisse vorschreiben mag, wie es in England von den verschiedenen Königen und Königinnen und in der römischen Kirche von etlichen Päpsten und Konzilien getan worden ist, so daß der Glaube zu einem einzigen Chaos würde." (Martyn, 5. Bd., S. 340.)

Den Gottesdiensten der Staatskirche beizuwohnen wurde unter Androhung von Geld- und Gefängnisstrafe verlangt. „Williams mißbilligte dieses Gesetz; denn die schlimmste Satzung im englischen Gesetzbuch sei die, welche den Besuch der Landeskirche verlange. Leute zu zwingen, sich mit Andersgläubigen zu vereinen, erachtete er als eine offene Verletzung ihrer natürlichen Rechte; Religionsverächter und Unwillige zum öffentlichen Gottesdienst zu schleppen, hieße Heuchelei verlangen. ... 'Niemand sollte zur Anbetung oder zur Unterstützung eines Gottesdienstes gegen seine Zustimmung gezwungen werden.' – 'Was!' riefen seine Gegner erstaunt über seine Grundsätze aus, 'ist nicht der Arbeiter seines Lohnes wert?' – 'Ja,' erwiderte er, 'von denen, die ihn dingen'". (Bancroft, ebd., 2. Abschn.)

Roger Williams wurde als ein getreuer Prediger, ein Mann von seltenen Gaben, von unbeugsamer Rechtschaffenheit und echter Güte geachtet und geliebt; doch konnte man es nicht vertragen, daß er so entschieden den zivilen Behörden das Recht absprach, Macht über die Kirche zu haben, und daß er religiöse Freiheit verlangte. Die Anwendung dieser neuen Lehre, behauptete man, „würde die Grundlage der Regierung des Landes untergraben." (Bancroft, ebd., 10. Abschn.) Er wurde aus den Kolonien verbannt und sah sich schließlich gezwungen, um der Verhaftung zu entgehen, inmitten der Kälte und der Stürme des Winters in den Urwald zu fliehen.

„Vierzehn Wochen lang," so schrieb er, „mußte ich mich in der bitteren Jahreszeit herumschlagen, nicht wissend, was Brot oder Bett heißt. Die Raben speisten mich in der Wüste." Ein hohler Baum diente ihm oft als Obdach. (Martyn, 5. Bd., S. 349 f.) Auf diese Weise setzte er seine mühevolle Flucht durch den Schnee und den pfadlosen Wald fort, bis er bei einem Indianerstamm Zuflucht fand, dessen Vertrauen und Liebe er gewann, während er sich bemühte, ihnen die Wahrheiten des Evangeliums zu predigen.

Nach Monaten wechselvollen Wanderns kam er schließlich an die Küste der Narragansett-Bai und legte dort den Grund des ersten Staates der Neuzeit, der im vollsten Sinne das Recht religiöser Freiheit anerkannte. Der Grundsatz, auf dem die Kolonie des Roger Williams beruhte, lautete, „daß jedermann das Recht haben sollte, Gott nach den Vorschriften seines eigenen Gewissens zu verehren." (s. vorige Anm.) Sein kleiner Staat, Rhode Island, wurde der Zufluchtsort der Unterdrückten, und er wuchs und gedieh, bis seine Grundsätze – bürgerliche und religiöse Freiheit – auch die Ecksteine der amerikanischen Republik wurden.

In jenem bedeutenden alten Schriftstück, das diese Männer als ihre Verfassung – die Unabhängigkeitserklärung – aufstellten, sagten sie: „Wir halten diese Wahrheiten als selbstverständlich: daß alle Menschen gleich geschaffen sind; daß ihnen der Schöpfer gewisse, unveräußerliche Rechte verliehen hat; daß zu diesen Leben, Freiheit und Erlangung des Glückes gehören." Und die Verfassung sichert in den deutlichsten Ausdrücken die Unverletzlichkeit des Gewissens zu: „Keine religiöse Prüfung soll je erforderlich sein zur Bekleidung irgendeines öffentlichen Vertrauenspostens in den Vereinigten Staaten." „Der Kongreß soll kein Gesetz erlassen, das die Einführung einer Religion bezweckt oder deren freie Ausübung verbietet."

„Die Verfasser der Konstitution erkannten den ewigen Grundsatz an, daß die Beziehungen des Menschen zu seinem Gott über der menschlichen Gesetzgebung stehen, und daß sein Gewissensrecht unveräußerlich ist. Es waren zur Begründung dieser Wahrheit keine Vernunftschlüsse erforderlich; wir sind uns ihrer in unserem eigenen Herzen bewußt. Dieses Bewußtsein ist es, das, den menschlichen Gesetzen Trotz bietend, so viele Märtyrer in Qualen und Flammen standhaft machte. Sie fühlten, daß ihre Pflicht gegen Gott über menschliche Verordnungen erhaben sei und daß Menschen keine Autorität über ihr Gewissen ausüben könnten. Es ist dies ein angeborener Grundsatz, den nichts auszutilgen vermag." (Kongreß-Urkunden der Ver. St., Serien-Nr. 200, Urk. 271.)

Als sich die Kunde von einem Land, in dem jeder die Frucht seiner eigenen Arbeit genießen und den Überzeugungen seines eigenen Gewissens folgen könnte, in den Ländern Europas verbreitete, wanderten Tausende nach Nordamerika aus. Die Kolonien vermehrten sich rasch. „Massachusetts bot durch eine besondere Verordnung den Christen jeder Nation, die sich über den Atlantischen Ozean flüchteten, 'um Kriegen, Hungersnot oder der Unterdrückung ihrer Verfolger zu entgehen,' freundliche, unentgeltliche Aufnahme und Hilfe an. Somit wurden die Flüchtlinge und die Unterdrückten durch gesetzliche Verordnungen Gäste des Staates." (Martyn, 5. Bd., S. 417.) In den ersten zwanzig Jahren nach der Landung in Plymouth hatten sich ebenso viele tausend Pilger in Neuengland niedergelassen.

Um ihr Ziel zu erreichen, „waren sie zufrieden, sich durch ein enthaltsames und arbeitsames Leben einen kargen Unterhalt verdienen zu können. Sie verlangten von dem Boden nur einen leidlichen Ertrag ihrer Arbeit. Keine goldenen Aussichten warfen ihren trügerischen Schein auf ihren Pfad. ... Sie waren mit dem langsamen aber beständigen Fortschritt ihres gesellschaftlichen Gemeinwesens zufrieden. Sie ertrugen geduldig die Entbehrungen der Wildnis , bewässerten den Freiheitsbaum mit ihren Tränen und mit dem Schweiß ihres Angesichts, bis er tief Wurzel im Lande geschlagen hatte."

Die Bibel galt als die Grundlage ihres Glaubens, als Quelle der Weisheit und als Freiheitsbrief. Ihre Grundsätze wurden zu Hause, in der Schule und in der Kirche fleißig gelehrt, und ihre Früchte offenbarten sich in Wohlstand, Bildung, sittlicher Reinheit und Mäßigkeit. Man konnte jahrelang in den puritanischen Niederlassungen wohnen, ohne „einen Trunkenbold zu sehen, einen Fluch zu hören oder einem Bettler zu begegnen." (Bancroft, 1. T., 19. Kap. 25. Abschn.) Der Beweis wurde geliefert, daß die Grundsätze der Bibel die sichersten Schutzmittel für nationale Größe sind. Die schwachen und abgesonderten Kolonien wuchsen zu einer Verbindung mächtiger Staaten heran, und die Welt nahm mit Bewunderung den Frieden und das Gedeihen „einer Kirche ohne Papst und eines Staates ohne König" wahr.

Doch ständig wachsende Scharen, angetrieben von Beweggründen, die von denen der ersten Pilgerväter weit verschieden waren, zog es an die Küsten Amerikas. Obgleich der einfache Glaube und der lautere Wandel eine weitverbreitete und bildende Macht ausübten, wurde deren Einfluß doch schwächer und schwächer, als die Zahl derer wuchs, die nur weltlichen Vorteil suchten.

Die von den ersten Kolonisten angenommene Verordnung, das Stimmrecht und die Besetzung von Staatsämtern nur Gemeindegliedern zu gestatten, wirkte sich äußerst schädlich aus. Diese Maßnahme war eingeführt worden , um die Reinheit des Staates zu bewahren; aber sie wurde der Kirche zum Verderben. Da ein Religionsbekenntnis die Bedingung war, um das Stimmrecht zu erhalten und zu öffentlichen Ämtern zugelassen zu werden, schlossen sich viele einzig und allein aus weltlicher Klugheit der Kirche an, ohne eine Herzensänderung erfahren zu haben. So kam es, daß die Kirchen zum großen Teil aus unbekehrten Leuten bestanden, und selbst unter den Predigern waren solche, die nicht nur irrige Lehren aufstellten, sondern auch nichts von der erneuernden Kraft des Heiligen Geistes wußten. Auf diese Weise zeigte es sich abermals, wie schon oft in der Kirchengeschichte seit den Tagen Konstantins bis auf unsere Zeit, wie verderblich es ist, die Kirche mit Hilfe des Staates aufbauen zu wollen und die weltliche Macht aufzufordern, das Evangelium dessen zu unterstützen, der erklärt hat: „Mein Reich ist nicht von dieser Welt." (Joh. 18,36) Die Verbindung der Kirche mit dem Staat, und wäre sie noch so gering, führt, während sie die Welt näher zur Kirche zu bringen scheint, in Wirklichkeit die Kirche näher zur Welt.

Der von Robinson und Roger Williams auf so edle Weise verteidigte Grundsatz, daß die Wahrheit fortschreitet, und daß die Christen bereit sein sollten, alles Licht anzunehmen, das aus Gottes heiligem Wort scheint, wurde von ihren Nachkommen aus den Augen verloren. Die protestantischen Kirchen Amerikas und auch Europas, die so sehr begünstigt worden waren, die Segnungen der Reformation zu erhalten, drangen auf dem Pfad der Reform nicht weiter vor. Wenn auch von Zeit zu Zeit etliche treue Männer auftraten, um neue Wahrheiten zu verkündigen und lang gehegte Irrtümer bloßzustellen, so war doch die Mehrzahl, wie die Juden in den Tagen Christi oder die Päpstlichen zur Zeit Luthers, damit zufrieden, zu glauben, was ihre Väter geglaubt, und zu leben, wie sie gelebt hatten. Deshalb artete ihre Religion abermals in Formenwesen aus; und Irrtümer und Aberglaube, die man verworfen hätte, wäre die Gemeinde weiterhin im Lichte des Wortes Gottes gewandelt, wurden beibehalten und gepflegt. Auf diese Weise starb der von der Reformation eingeflößte Geist allmählich aus, bis sich in den protestantischen Kirchen ein beinahe ebenso großes Bedürfnis nach einer Reformation einstellte wie in der römischen Kirche zur Zeit Luthers. Es herrschte die gleiche weltliche Gesinnung, die gleiche geistliche Abgestumpftheit, eine ähnliche Ehrfurcht vor den Ansichten der Menschen und eine Einsetzung menschlicher Theorien anstelle der Lehren des Wortes Gottes.

Der weiten Verbreitung der Bibel zu Anfang des 19. Jahrhunderts und dem großen, auf diese Weise über die Welt ergossenen Licht folgte kein entsprechender Fortschritt in der Erkenntnis der offenbarten Wahrheit oder in der religiösen Erfahrung. Satan konnte nicht, wie in früheren Zeiten dem Volke das Wort Gottes vorenthalten, weil es allen erreichbar war; um aber seinen Zweck auszuführen, veranlaßte er viele, es geringzuschätzen. Die Menschen vernachlässigten das Suchen in der Heiligen Schrift und nahmen dadurch beständig falsche Auslegungen an und pflegten Lehren, die keinen Grund in der Bibel hatten.

Als Satan bemerkte, daß seine Anstrengungen fehlschlugen, die Wahrheit durch Verfolgung zu unterdrücken, nahm er wiederum seine Zuflucht zu Zugeständnissen, wodurch einst der große Abfall und die Gründung der römischen Kirche veranlaßt wurden. Er hatte die Christen verleitet, sich wenn auch jetzt nicht mit Heiden, so doch mit jenen zu verbinden, die sich durch ihre Verehrung der Dinge dieser Welt ebensosehr als wahre Götzendiener erwiesen hatten wie die Anbeter der Götzenbilder. Die Folgen dieser Verbindung waren jetzt nicht weniger verderblich als in früheren Zeiten: Stolz und Verschwendung wurden unter dem Deckmantel der Religion gepflegt, und die Kirchen wurden verderbt. Satan fuhr fort, die Lehren der Bibel zu verdrehen, und die Überlieferungen, die Millionen zugrunde richten sollten, faßten tief Wurzel. Die Kirche hielt diese Überlieferungen aufrecht und verteidigte sie, statt um den Glauben zu kämpfen, „der ein für allemal den Heiligen überliefert ist". So wurden die Grundsätze, für die die Reformatoren so viel getan und gelitten hatten, herabgewürdigt.

17 Herolde des Morgens

Eine der feierlichsten und zugleich köstlichsten aller in der Bibel offenbarten Wahrheiten ist die von dem zweiten Kommen Christi zur Vollendung des großen Erlösungswerkes. Dem Pilgervolk Gottes, das so lange „in Finsternis und Schatten des Todes" wandern muß, bietet die Verheißung der Erscheinung dessen, der „die Auferstehung und das Leben" ist und der die Verbannten wieder heimbringen wird, eine köstliche, beglückende Hoffnung. Die Lehre von der Wiederkunft Christi ist der eigentliche Grundton der Heiligen Schrift. Von dem Tage an, als das erste Menschenpaar traurigen Schrittes Eden verließ, haben die Glaubenskinder auf die Ankunft des Verheißenen geharrt, der die Macht des Zerstörers brechen und sie wiederum in das verlorene Paradies zurückbringen würde. Die heiligen Männer vor alters hatten auf das Kommen des Messias in Herrlichkeit als die Erfüllung ihrer Hoffnung gewartet. Schon Henoch, der siebente nach Adam, der drei Jahrhunderte lang auf Erden nach dem Willen Gottes wandelte, durfte von fern die Ankunft des Erlösers schauen. „Siehe," sagte er, „der Herr kommt mit seinen vielen tausend Heiligen, Gericht zu halten über alle." (Judas 14.15) Der Patriarch Hiob rief in der Nacht seiner Leiden mit unerschütterlichem Vertrauen aus: „Ich weiß, daß mein Erlöser lebt; und als der letzte wird er über dem Staube sich erheben [stehen] ... und werde in meinem Fleisch Gott sehen. Ich selbst werde ihn sehen, meine Augen werden ihn schauen und kein Fremder." (Hiob 19,25-27)

Das Kommen Christi, um die Herrschaft der Gerechtigkeit aufzurichten, hat die heiligen Schreiber zu höchst erhabenen und begeisternden Aussprüchen veranlaßt. Die Dichter und Propheten der Bibel haben darüber Worte gefunden, die von himmlischem Feuer glühten. Der Psalmist sang von der Macht und Majestät des Königs Israels: „Aus Zion bricht an der schöne Glanz Gottes. Unser Gott kommt und schweiget nicht. ... Er ruft Himmel und Erde zu, daß er sein Volk richten wolle." „Der Himmel freue sich, und die Erde sei fröhlich ... vor dem Herrn, denn er kommt, denn er kommt, zu richten das Erdreich. Er wird den Erdkreis richten mit Gerechtigkeit und die Völker mit seiner Wahrheit." (Ps. 50,2-4; 96,11.13)

Der Prophet Jesaja sagte: „Wachet auf und rühmet, die ihr liegt unter der Erde! Denn dein Tau ist ein Tau des grünen Feldes; aber das Land der Toten wirst du stürzen." „Aber deine Toten werden leben, deine Leichname werden auferstehen." „Er wird den Tod verschlingen auf ewig. Und Gott der Herr wird die Tränen von allen Angesichtern abwischen und wird aufheben die Schmach seines Volks in allen Landen; denn der Herr hat's gesagt. Zu der Zeit wird man sagen: Siehe, das ist unser Gott, auf den wir hofften, daß er uns helfe. Das ist der Gott auf den wir hofften laßt uns jubeln und fröhlich sein über sein Heil." (Jes. 26,19; 25,8.9)

Habakuk, in einem heiligen Gesicht entrückt, schaute Christi Erscheinen: „Gott kam von Teman und der Heilige vom Gebirge Paran. Seines Lobes war der Himmel voll, und seiner Ehre war die Erde voll. Sein Glanz war wie Licht... Er stand auf und ließ erbeben die Erde; er schaute und ließ erzittern die Heiden. Zerschmettert wurden die uralten Berge und bücken mußten sich die uralten Hügel, als er wie vor alters einherzog, ... als du auf deinen Rossen rittest und deine Wagen den Sieg behielten... Die Berge sahen dich und ihnen ward bange; ...die Tiefe ließ sich hören. Ihren Aufgang vergaß die Sonne und der Mond stand still; beim glänzen deiner Pfeile verblassen sie, bei Leuchten deines blitzenden Speeres ... Du zogest aus, deinem Volk zu helfen, zu helfen deinem Gesalbten." (Hab. 3,3.4.6.8.10.11.13)

Kurz bevor sich der Heiland von seinen Jüngern trennte, tröstete er sie in ihrem Leid mit der Versicherung, daß er wiederkommen wolle: „Euer Herz erschrecke nicht. ... In meines Vaters Hause sind viele Wohnungen. ... Ich gehe hin, euch die Stätte zu bereiten. Und wenn ich hingehe, euch die Stätte zu bereiten, so will ich wiederkommen und euch zu mir nehmen." (Joh. 14,1-3) „Wenn aber des Menschen Sohn kommen wird in seiner Herrlichkeit und alle heiligen Engel mit ihm, dann wird er sitzen auf dem Thron seiner Herrlichkeit, und alle Völker werden vor ihm versammelt werden." (Mt. 25,31.32)

Die Engel, die nach der Himmelfahrt Christi auf dem Ölberg weilten, wiederholten den Jüngern die Verheißung seiner Wiederkunft: „Dieser Jesus, der von euch weg gen Himmel aufgenommen wurde, wird so wiederkommen, wie ihr ihn habt gen

Himmel fahren sehen." (Apg. 1,11) Der Apostel Paulus bezeugt unter Eingebung des Heiligen Geistes: „Denn er selbst, der Herr, wird, wenn der Befehl ertönt, wenn die Stimme des Erzengels und die Posaune Gottes erschallen, herabkommen vom Himmel." (1. Thess. 4,16) Der Prophet von Patmos sagt: „Siehe, er kommt mit den Wolken, und es werden ihn sehen alle Augen." (Offb. 1,7)

Um sein Kommen reihen sich die Herrlichkeiten der Zeit, „in der alles wiedergebracht wird, wovon Gott geredet hat durch den Mund seiner heiligen Propheten von Anbeginn." (Apg. 3,21) Dann wird die so lang bestandene Herrschaft des Bösen gebrochen werden; „es sind die Reiche der Welt unsers Herrn und seines Christus geworden, und er wird regieren von Ewigkeit zu Ewigkeit." (Offb. 11,15) „Denn die Herrlichkeit des Herrn soll offenbart werden, und alles Fleisch miteinander wird es sehen." „Gleichwie Gewächs aus der Erde wächst, ... so läßt Gott der Herr Gerechtigkeit aufgehen und Ruhm vor allen Heidenvölkern." „Zu der Zeit wird der Herr Zebaoth eine liebliche Krone sein und ein herrlicher Kranz für die Übriggebliebenen seines Volks." (Jes. 40,5; 61,11; 28,5)

Dann wird das friedevolle und langersehnte Reich des Messias unter dem ganzen Himmel aufgerichtet werden. „Denn der Herr tröstet Zion, er tröstet alle ihre Trümmer und macht ihre Wüste wie Eden und ihr dürres Land wie den Garten des Herrn." „Denn die Herrlichkeit des Libanon ist ihr gegeben, die Pracht von Karmel und Scharon." „Man soll dich nicht mehr nennen »Verlassene« und dein Land nicht mehr »Einsame«, sondern du sollst heißen »Meine Lust« und dein Land »Liebes Weib«; ... wie sich ein Bräutigam freut über die Braut, so wird sich dein Gott über dich freuen." (Jes. 51,3; 35,2; 62,4.5)

Das Kommen des Herrn war zu jeder Zeit die Hoffnung seiner wahren Nachfolger. Die Abschiedsverheißung des Heilandes auf dem Ölberg, daß er wiederkommen werde, erhellte den Jüngern die Zukunft und erfüllte ihre Herzen mit einer Freude und Hoffnung, die weder Sorgen dämpfen noch Prüfungen schwächen konnten. Inmitten von Leiden und Verfolgungen war „die Erscheinung des großen Gottes und unseres Heilandes, Jesus Christus," „die selige Hoffnung." (Tit. 2,13) Als die Christen zu Thessalonich bei der Bestattung ihrer Lieben, die gehofft hatten, das Kommen des Herrn zu sehen, von Leid erfüllt waren, verwies Paulus, ihr Lehrer, sie auf die Auferstehung, die bei der Wiederkunft Christi stattfinden wird. Dann sollten die Toten in

Christus auferstehen und zusammen mit den Lebenden dem Herrn entgegengerückt werden. „und so werden wir bei dem Herrn sein allezeit. So tröstet euch mit diesen Worten untereinander." (1. Thess. 4,16-18)

Auf dem felsigen Patmos hörte der geliebte Jünger Johannes die Verheißung: „Siehe, ich komme bald!" und seine sehnsuchtsvolle Antwort ertönt in dem Gebet der Gemeinde auf ihrer ganzen Pilgerreise: „Ja komm, Herr Jesu!" (Offb. 22,7.20)

Aus dem Kerker, vom Scheiterhaufen und dem Schafott, wo die Heiligen und Märtyrer für die Wahrheit Zeugnis ablegten, vernimmt man durch alle Jahrhunderte hindurch die Äußerungen ihres Glaubens und ihrer Hoffnung. Von der persönlichen Auferstehung Christi und damit auch von ihrer eigenen zur Zeit seines Kommens überzeugt, verachteten diese Christen den Tod und fürchteten sich nicht. Sie waren bereit, in das Grab hinabzusteigen, damit sie frei auferstehen möchten. Sie sahen „dem Erscheinen des Herrn in den Wolken in der Herrlichkeit des Vaters entgegen, den Gerechten die Zeiten des Himmelreiches zu bringen." Die Waldenser hegten den gleichen Glauben. Wiklif sah der Erscheinung des Heilandes als der Hoffnung der Kirche entgegen.

Luther erklärte: „Ich sage mir wahrlich, der Tag des Gerichtes könne keine volle dreihundert Jahre mehr ausbleiben. Gott will und kann diese gottlose Welt nicht länger dulden. Der große Tag naht, an welchem das Reich der Greuel gestürzt werden wird." (Taylor, Stimme der Kirche, S. 129 ff.)

„Diese alte Welt ist nicht fern von ihrem Ende" sagte Melanchthon. Calvin forderte die Christen auf, nicht unschlüssig zu sein und „brennend nach der Ankunft des Tages des Herrn zu verlangen, als von allen Tagen der heilsamste"; und er erklärte, daß die ganze Familie der Getreuen diesen Tag vor Augen haben wird und sagt: „Wir müssen nach Christus hungern, ihn suchen, erforschen, bis zum Anbrechen jenes großen Tages, an dem unser Herr die Herrlichkeit seines Reiches völlig offenbaren wird." (ebd., S. 158. 134.)

„Ist nicht unser Herr Jesus in unserm Fleische in den Himmel gefahren?" fragte Knox, der schottische Reformator, „und wird er nicht wiederkommen? Wir wissen, daß er wiederkommen wird, und das in Kürze". Ridley und Latimer, die beide ihr Leben für die Wahrheit ließen, sahen im Glauben der Wiederkunft des Herrn entgegen. Ridley schrieb: „Die Welt geht unzweifelhaft – dies glaube ich, und deshalb sage ich es – dem Ende entgegen. Lasset uns mit Johannes, dem Knecht Christi, rufen: Komme bald, Herr Jesu!" (ebd., S. 151. 145.)

Baxter sagt: „Der Gedanke an das Kommen des Herrn ist mir überaus köstlich und freudenvoll. Seine Erscheinung liebzuhaben und der seligen Hoffnung entgegenzusehen, ist das Werk des Glaubens und kennzeichnet seine Heiligen... Wenn der Tod der letzte Feind ist, der bei der Auferstehung zerstört werden soll, so können wir begreifen, wie ernstlich Gläubige nach der zweiten Ankunft Christi verlangen und dafür beten sollten, wenn dieser völlige und schließliche Sieg errungen werden wird". (Baxters Werke, Bd. 17, S. 555.) „Dies ist der Tag, auf den alle Gläubigen als auf die Verwirklichung des ganzen Werkes ihrer Erlösung und die Erfüllung aller ihrer Wünsche und Bestrebungen harren, hoffen und warten sollten. ... Beschleunige, o Herr, diesen segenbringenden Tag." (ebd., S. 182. 183.) Das war die Hoffnung der apostolischen Kirche, der „Gemeinde der Wüste" und der Reformatoren.

Die Weissagung sagt nicht nur das „Wie" und das „Warum" der Wiederkunft Christi voraus, sondern gibt auch Zeichen an, die uns erkennen lassen, wann sie nahe ist. Jesus sagte: „Es werden Zeichen geschehen an Sonne und Mond und Sternen." „Aber zu jener Zeit, nach dieser Bedrängnis, wird die Sonne sich verfinstern und der Mond seinen Schein verlieren, und die Sterne werden vom Himmel fallen, und die Kräfte der Himmel werden ins Wanken kommen. Und dann werden sie sehen den Menschensohn kommen in den Wolken mit großer Kraft und Herrlichkeit." (Lk. 21,25; Mk. 13,24-26) Johannes schildert in der Offenbarung das erste der Zeichen, die der Wiederkunft Christi vorausgehen, wie folgt: „Die Sonne wurde finster wie ein schwarzer Sack, und der ganze Mond wurde wie Blut." (Offb. 6,12)

Diese Zeichen wurden vor dem Anfang des 19. Jahrhunderts wahrgenommen. In Erfüllung dieser Weissagung fand im Jahre 1755 das allerschrecklichste Erdbeben statt, das je berichtet worden ist. Obgleich allgemein bekannt als das Erdbeben von Lissabon, dehnte es sich doch über den größeren Teil von Europa, Afrika und Amerika aus. Es wurde in Grönland, in West-Indien und auf der Insel Madeira, in Schweden und Norwegen, Großbritannien und Irland verspürt. Es erstreckte sich über einen Flächenraum von nicht weniger als 4.000.000 Quadratmeilen (10.360.000 qkm). In Afrika war die Erschütterung beinahe ebenso heftig wie in Europa. Ein großer Teil von Algerien wurde zerstört, und in nur geringer Entfernung von Marokko wurde ein

Dorf mit 8.000 bis 10.000 Einwohnern verschlungen. Eine ungeheure Woge, die Städte fortriss und große Zerstörung verursachte, fegte über die Küsten von Spanien und Afrika.

In Spanien und Portugal zeigten sich die Erdstöße mit äußerster Heftigkeit. In Cadiz soll die hereinstürzende Woge 18 m hoch gewesen sein. „Etliche der größten Berge in Portugal wurden heftig, gewissermaßen vom Grunde aus, erschüttert. Die Gipfel einiger Berge öffneten sich und wurden auf erstaunliche Weise gespalten und zerrissen, wobei ungeheure Massen in die umliegenden Täler geschleudert wurden. Man erzählt, daß diesen Bergen Flammen entstiegen." (Lyell, Grundrisse der Geologie, S. 495.)

In Lissabon „wurde ein unterirdischer Donner vernommen, und unmittelbar darauf stürzte durch einen heftigen Stoß der größere Teil der Stadt ein. Im Laufe von etwa sechs Minuten kamen 60.000 Menschen um. Das Meer zog sich erst zurück und gab die Sandbank frei, dann flutete es herein und erhob sich mehr als 15 m über seine normale Höhe." „Unter anderen außerordentlichen Ereignissen, die sich während der Katastrophe in Lissabon zutrugen, war das Versinken des neuen Kais, der mit einem ungeheuren Kostenaufwand ganz aus Marmor hergestellt worden war. Eine große Menschenmenge hatte sich hier sicherheitshalber, als an einem Ort, wo sie außerhalb des Bereiches der fallenden Trümmer sein könnte, gesammelt; doch plötzlich versank der Kai mit der ganzen Menschenmenge, und nicht einer der Leichname kam je wieder an die Oberfläche." (ebd.)

„Dem Stoß" des Erdbebens „folgte unmittelbar der Einsturz sämtlicher Kirchen und Klöster, fast aller großen und öffentlichen Bauten und mehr als eines Viertels der Häuser. Ungefähr zwei Stunden nach dem Stoß brach in den verschiedenen Stadtvierteln Feuer aus und wütete beinahe drei Tage lang mit solcher Gewalt, daß die Stadt völlig verwüstet wurde. Das Erdbeben trug sich an einem Feiertag zu, als die Kirchen und Klöster voll von Menschen waren, von denen nur sehr wenige entkamen." (Encyclopedia Americana, 1831, Art. Lisbon.) „Der Schrecken des Volks überstieg alle Beschreibung. Niemand weinte; das Unglück war zu groß. Die Menschen liefen hin und her, wahnsinnig vor Schrecken und Entsetzen, schlugen sich in das Angesicht und an die Brust und riefen: 'Erbarmen! Die Welt geht unter!' Mütter vergaßen ihre Kinder und rannten mit Kruzifixen umher. Unglücklicherweise liefen viele in die Kirchen, um Schutz zu suchen; aber vergebens wurde ununterbrochen die Messe gelesen und die Hostie enthüllt; umsonst klammerten sich die armen Geschöpfe an die Altäre; Kruzifixe, Priester und Volk wurden alle miteinander in dem gemeinsamen Untergang verschlungen." Man hat geschätzt, daß 90.000 Menschenleben an jenem verhängnisvollen Tage umkamen.

Fünfundzwanzig Jahre später erschien das nächste in der Weissagung erwähnte Zeichen – die Verfinsterung der Sonne und des Mondes, und zwar war dies um so auffallender, da die Zeit seiner Erfüllung genau und bestimmt angegeben worden war. Der Heiland erwähnte in seiner Unterredung mit den Jüngern auf dem Ölberg nach der Schilderung der langen Trübsalszeit der Gemeinde – den 1260 Jahren der päpstlichen Verfolgung, hinsichtlich derer verheißen hatte, daß die Tage der Trübsal verkürzt werden sollten – gewisse Ereignisse, die seinem Kommen vorausgehen würden, und nannte die Zeit, wann das erste Zeichen gesehen werden sollte. „Aber zu der Zeit, nach dieser Trübsal, werden Sonne und Mond ihren Schein verlieren." (Mk. 13,24) Die 1260 Tage oder Jahre liefen mit dem Jahr 1798 ab. Ein Vierteljahrhundert zuvor hatten die Verfolgungen beinahe gänzlich aufgehört. Nach dieser Verfolgung sollte nach den Worten Christi die Sonne verdunkelt werden. Am 19. Mai 1780 ging diese Weissagung in Erfüllung.

„Als die geheimnisvollste und bis dahin unerklärbare, wenn nicht gänzlich ohne Beispiel dastehende Naturerscheinung dieser Art steht der finstere Tag vom 19. Mai 1780 – eine höchst sonderbare Verfinsterung des ganzen sichtbaren Himmels und der Atmosphäre Neuenglands." (Devens, Unser erstes Jahrh., S. 89.)

Ein in Massachusetts lebender Augenzeuge beschreibt das Ereignis folgendermaßen:

„Am Morgen ging die Sonne klar auf, bald aber bezog sich der Himmel. Die Wolken senkten sich immer mehr, und indem sie dunkler und unheildrohender wurden, zuckten die Blitze, und der Donner grollte, und etwas Regen fiel. Gegen neun Uhr lichteten sich die Wolken und nahmen ein messing- oder kupferfarbenes Aussehen an, so daß Erde, Felsen, Bäume, Gebäude, das Wasser und die Menschen ganz verändert in diesem seltsamen, unheimlichen Licht erschienen. In wenigen Minuten breitete sich eine schwere, schwarze Wolke über das ganze Himmelsgewölbe mit Ausnahme eines schmalen Streifens am Horizont aus, und es war so dunkel, wie es gewöhnlich im Sommer um neun Uhr abends ist ...

Furcht, Angst und heilige Scheu bemächtigten sich der Menschen. Frauen standen vor den Türen und schauten in die dunkle Landschaft, die Männer kehrten von ihrer Feldarbeit zurück, der Zimmermann verließ sein Werkzeug, der Schmied seine Werkstatt, der Kaufmann den Laden. Die Schulen wurden geschlossen, und die zitternden Kinder rannten heim. Reisende nahmen Unterkunft in den nächsten Landhäusern. 'Was soll das werden?' fragten bebende Lippen und Herzen. Es schien, als ob ein großer Sturm über das Land hereinbrechen wollte, oder als ob das Ende aller Dinge gekommen sei.

Lichter wurden angezündet, und das Feuer im offenen Kamin schien so hell wie an einem Herbstabend ohne Mondlicht. ... Die Hühner erklommen ihre Ruhestangen und schliefen ein, das Vieh ging an die Weidepforten und brüllte, Frösche quakten, Vögel sangen ihr Abendlied, und die Fledermäuse begannen ihren nächtlichen Flug. Aber die Menschen wußten, daß die Nacht nicht hereingebrochen war. ...

Dr. Nathanael Whittaker, Prediger der Tabernakelkirche in Salem, hielt Gottesdienst im Versammlungssaal und behauptete in seiner Predigt, daß die Dunkelheit übernatürlich sei. An vielen Orten wurden Versammlungen abgehalten, und die Bibeltexte für die unvorbereiteten Predigten waren ausschließlich solche, die andeuteten, daß die Finsternis in Übereinstimmung mit der biblischen Weissagung war. ... Etwas nach elf Uhr war die Dunkelheit am stärksten." (Essex Antiquarian, Salem, Mass., April 1899.) „An den meisten Orten war die Finsternis so dicht, daß man weder nach der Uhr sehen noch die häuslichen Arbeiten ohne Kerzenlicht verrichten konnte. ...

Die Finsternis dehnte sich außergewöhnlich weit aus. Nach Osten erstreckte sie sich bis Falmouth, nach Westen erreichte sie den äußersten Teil von Connecticut und Albany, nach Süden wurde sie an der ganzen Meeresküste entlang bemerkt, und nach Norden reichte sie so weit wie die amerikanischen Niederlassungen sich ausdehnten." (Gordon, Gesch. d. Ver. St., 3. Bd., S. 57.)

Der tiefen Finsternis dieses Tages folgte eine oder zwei Stunden vor Sonnenuntergang ein teilweise klarer Himmel; die Sonne brach wieder hervor, obgleich noch immer verschleiert durch den schwarzen, schweren Nebel. „Nach Sonnenuntergang stiegen die Wolken wieder höher und es wurde sehr schnell dunkel." „Die Dunkelheit der Nacht war ebenso ungewöhnlich und erschreckend wie die des Tages, denn obgleich es fast Vollmond war, ließ sich doch kein Gegenstand ohne künstliches Licht unterscheiden, und dieses nahm sich von den Nachbarhäusern und andern Orten aus, als ob es durch eine ägyptische Finsternis dringe, die für die Strahlen nahezu undurchdringlich war." (Massachusetts Spy, 25. Mai 1780.) Ein Augenzeuge dieses Ereignisses sagte: „Ich konnte mich des Gedankens nicht erwehren, daß, wenn alle leuchtenden Himmelskörper in solch undurchdringliche Finsternis gehüllt oder gänzlich aus dem Dasein entschwunden wären, die Finsternis nicht vollständiger sein könnte." (Samml. d. Geschichtl. Ges. in Mass., 1. Serie, 1. Bd., S. 97.) Obgleich um neun Uhr abends der Mond voll aufging, „vermochte er nicht im geringsten den todesähnlichen Schatten zu zerteilen." Nach Mitternacht verschwand die Finsternis, und als der Mond sichtbar wurde, sah er zuerst aus wie Blut.

Der 19. Mai 1780 steht in der Geschichte verzeichnet als „der finstere Tag." Seit Moses Zeit ist keine Finsternis von gleicher Dichtigkeit, Ausdehnung und Dauer je berichtet worden. Die Beschreibung dieses Ereignisses, wie sie von Augenzeugen gegeben wurde, ist nur ein Widerhall der Worte des Herrn, wie sie der Prophet Joel 2500 Jahre vor ihrer Erfüllung kundtat: „Die Sonne soll in Finsternis und der Mond in Blut verwandelt werden, ehe der große und schreckliche Tag des Herrn kommt." (Joel 3,4)

Christus hatte seinem Volk geboten, auf die Zeichen seiner Wiederkunft zu achten und sich zu freuen, wenn es die Vorläufer seines kommenden Königs sehen würde. Seine Worte lauteten: „Wenn aber dies anfängt zu geschehen, dann seht auf und erhebt eure Häupter, weil sich eure Erlösung naht." Er machte seine Nachfolger auf die knospenden Bäume des Frühlings aufmerksam und sagte: „Wenn sie jetzt ausschlagen und ihr seht es, so wißt ihr selber, daß jetzt der Sommer nahe ist. So auch ihr; wenn ihr seht, daß dies alles geschieht, so wißt, daß das Reich Gottes nahe ist." (Lk. 21,28.30.31)

Doch als der Geist der Demut und Frömmigkeit in der Kirche dem Stolz und dem Formenwesen Platz gemacht hatte, war die Liebe zu Christus und der Glaube an seine Wiederkunft erkaltet. Das bekenntliche Volk Gottes, von Weltlichkeit und Vergnügungssucht gefangen genommen, wurde blind für die Lehren des Heilandes hinsichtlich der Zeichen vor seinem Kommen. Die Lehre von der Wiederkunft Christi war vernachlässigt, die sich darauf beziehenden Schriftstellen waren durch falsche Auslegung verdunkelt worden, bis sie vielfach übersehen und vergessen wurden. Ganz besonders war dies der Fall in den Kirchen Amerikas.

Die Freiheit und Bequemlichkeit, deren sich alle Gesellschaftsklassen erfreuten, das ehrgeizige Verlangen nach Reichtum und Überfluß, das eine verzehrende Sucht nach Gelderwerb hervorrief, das begierige Streben nach Volkstümlichkeit und Macht, die allen erreichbar schienen, verleiteten die Menschen, ihre Interessen und Hoffnungen auf die Dinge dieses Lebens zu richten und jenen feierlichen Tag, an dem der gegenwärtige Lauf der Dinge ein Ende haben wird, weit in die Zukunft hinauszuschieben.

Als der Heiland seine Nachfolger auf die Zeichen seiner Wiederkunft hinwies, weissagte er ihnen den Zustand des Abfalls, der unmittelbar vor seinem zweiten Kommen herrschen würde. Da sollte sich, gleichwie in den Tagen Noahs, rege Tätigkeit in weltlichen Unternehmungen und Sucht nach Vergnügen zeigen – Kaufen, Verkaufen, Pflanzen, Bauen, Freien und sich freien lassen – wobei Gott und das zukünftige Leben vergessen würden. Denen, die zu dieser Zeit leben, gilt Christi Ermahnung: „Hütet euch aber, daß eure Herzen nicht beschwert werden mit Fressen und Saufen und mit täglichen Sorgen und dieser Tag nicht plötzlich über euch komme... So seid allezeit wach und betet, daß ihr stark (würdig) werdet zu entfliehen diesem allen, was geschehen soll, und zu stehen vor dem Menschensohn." (Lk. 21,34.36)

Der Zustand der Kirche zu dieser Zeit wird in den Worten des Heilandes in der Offenbarung geschildert: „Du hast den Namen, daß du lebst, und bist tot." Und an jene, die sich weigern, sich aus ihrer gleichgültigen Sicherheit herauszutreten, wird die feierliche Warnung gerichtet: „Wenn du aber nicht wachen wirst, werde ich kommen wie ein Dieb, und du wirst nicht wissen , zu welcher Stunde ich über die kommen werde." (Offb. 3,1.3)

Die Menschen mußten auf die Gefahr aufmerksam gemacht werden, sie mußten aufgeweckt werden, damit sie sich auf die ernsten, mit dem Ablauf der Gnadenzeit in Verbindung stehenden Ereignisse vorbereiten könnten. Der Prophet Gottes erklärt: „Ja, der Tag des Herrn ist groß und voller Schrecken, wer kann ihn ertragen?" (Joel 2,11) Wer wird bestehen, wenn der erscheint, von dem es heißt: „Deine Augen sind zu rein, als daß du Böses ansehen könntest, und dem Jammer kannst du nicht zusehen!" (Hab. 1,13) Denen, die rufen: „Du bist mein Gott; wir ... kennen dich", jedoch seinen Bund übertreten und einem anderen Gott nacheilen, die Gesetzlosigkeit in ihren Herzen beherbergen und die Pfade der Ungerechtigkeit lieben, denen wird des Herrn Tag „finster und nicht licht sein, dunkel und nicht hell." (Hos. 8,2.1;

Ps. 16,4; Amos 5,20) „Zur selben Zeit," spricht der Herr, „will ich Jerusalem mit der Lampe durchsuchen und aufschrecken die Leute, die sich durch nichts aus der Ruhe bringen lassen und sprechen in ihrem Herzen: Der Herr wird weder Gutes noch Böses tun." (Zeph. 1,12) „Ich will den Erdkreis heimsuchen um seiner Bosheit willen und die Gottlosen um ihrer Missetat willen und will dem Hochmut der Stolzen ein Ende machen und die Hoffart der Gewaltigen demütigen." „Es wird sie ihr Silber und Gold nicht erretten können am Tage des Zornes des Herrn, ... und ihre Güter sollen zum Raub werden und ihre Häuser verwüstet." (Jes. 13,11; Zeph. 1,18.13)

Der Prophet Jeremia ruft im Hinblick auf diese schreckliche Zeit: „Wie ist mir so weh! Mein Herz pocht mir im Leibe, und ich habe keine Ruhe; denn ich höre der Posaune Hall, den Lärm der Feldschlacht." (Jer. 4,19)

„Denn dieser Tag ist ein Tag des Grimmes, ein Tag der Trübsal und der Angst, ein Tag des Wetters und des Ungestüms, ein Tag der Finsternis und des Dunkels, ein Tag der Wolken und des Nebels, ein Tag der Posaune und des Kriegsgeschreis" „Denn siehe, des Herrn Tag kommt, ... die Erde zu verwüsten und die Sünder von ihr zu vertilgen." (Zeph. 1,15.16; Jes. 13,9)

Im Hinblick auf jenen großen Tag fordert Gottes Wort in der feierlichsten und nachdrücklichsten Sprache sein Volk auf, die geistliche Trägheit abzuschütteln und sein Angesicht in Reue und Demut zu suchen: „Blast die Posaune zu Zion, ruft laut auf meinem heiligen Berge! Erzittert, alle Bewohner des Landes! Denn der Tag des Herrn kommt und ist nahe. ... sagt ein heiliges Fasten an, ruft die Gemeinde zusammen! Versammelt das Volk, heiliget die Gemeinde, sammelt die Ältesten, bringt zusammen die Kinder und die Säuglinge! Der Bräutigam gehe aus seiner Kammer und die Braut aus ihrem Gemach! Laßt die Priester, des Herrn Diener, weinen zwischen Vorhalle und Altar ... bekehret euch zu mir von ganzem Herzen mit Fasten, mit Weinen, mit Klagen! Zerreißt eure Herzen und nicht eure Kleider und bekehret euch zu dem Herrn, eurem Gott! Denn er ist gnädig, barmherzig, geduldig und von großer Güte." (Joel 2,1.15-17.12.13)

Um ein Volk vorzubereiten, am Tage des Herrn bestehen zu können, mußte ein großes Reformationswerk verrichtet werden. Gott sah, daß viele seines bekenntlichen Volkes nicht für die Ewigkeit lebten, und in seiner Barmherzigkeit wollte er ihnen eine Warnungsbotschaft senden, um sie aus ihrem Stumpfsinn aufzurütteln und sie zu anzuleiten, sich auf die Zukunft des Herrn vorzubereiten.

Diese Warnung ist in Offenbarung 14 verzeichnet. Hier wird die dreifache Botschaft als von himmlischen Wesen verkündigt dargestellt, nach der unmittelbar das Kommen des Menschensohnes folgt, um die Ernte der Erde einzubringen. Die erste dieser Warnungen kündigt das nahende Gericht an. Der Prophet sah einen Engel fliegen „mitten durch den Himmel, der hatte ein ewiges Evangelium zu verkündigen denen, die auf Erden wohnen, und allen Nationen und Stämmen und Sprachen und Völkern. Und er sprach mit großer Stimme: Fürchtet Gott und gebet ihm die Ehre; denn die Stunde seines Gerichts ist gekommen! Und betet an den, der gemacht hat Himmel und Erde und das Meer und die Wasserquellen." (Offb. 14,6.7)

Diese Botschaft wird ein Teil des „ewigen Evangeliums" genannt. Das Predigen des Evangeliums ist nicht Engeln, sondern Menschen anvertraut worden. Wohl sind heilige Engel beauftragt worden, dies Werk zu leiten; sie lenken die großen Bewegungen zum Heil der Menschen; aber die tatsächliche Verkündigung des Evangeliums wird von Christi Knechten auf Erden verrichtet.

Treue Männer, die den Eingebungen des Geistes Gottes und den Lehren seines Wortes gehorsam waren, sollten der Welt diese Warnung verkündigen. Sie hatten auf das feste prophetische Wort geachtet, jenes „Licht, das da scheint an einem dunkeln Ort, bis der Tag anbreche und der Morgenstern aufgehe." (2. Petr. 1,19) Sie hatten die Erkenntnis Gottes mehr als alle verborgenen Schätze gesucht und erachteten sie „besser zu erwerben als Silber; und ihr Ertrag ist besser als Gold." (Spr. 3,14) Und der Herr offenbarte ihnen die großen Dinge seines Reiches. „Das Geheimnis des Herrn ist unter denen, die ihn fürchten; und seinen Bund läßt er sie wissen." (Ps. 25,14)

Es waren nicht die gelehrten Leiter der Kirche, welche ein Verständnis dieser Wahrheit hatten und sich mit ihrer Verkündigung befaßten. Wären sie treue Wächter gewesen, die die Schrift fleißig und unter Gebet erforscht hätten, so würden sie die Zeit der Nacht erkannt haben, und die Weissagungen hätten ihnen die Ereignisse erschlossen, die unmittelbar bevorstanden. Diese Haltung nahmen sie jedoch nicht ein, und die Botschaft wurde einfacheren Männern übertragen. Jesus sagte: „Wandelt, solange ihr das Licht habt, damit euch die Finsternis nicht überfalle." (Joh. 12,35) Wer sich von dem von Gott verliehenen Licht abwendet oder es versäumt, danach zu trachten, wenn es in seiner Reichweite liegt, bleibt in Finsternis. Aber der Heiland erklärt:

„Wer mir nachfolgt, der wird nicht wandeln in der Finsternis, sondern wird das Licht des Lebens haben." (Joh. 8,12) Wer auch immer einzig und allein danach trachtet, Gottes Willen zu tun und ernstlich auf das bereits empfangene Licht achtet, wird mehr Licht erhalten; ihm wird ein Stern himmlischen Glanzes gesandt werden, um ihn in alle Wahrheit zu leiten.

Zur Zeit des ersten Kommens Christi hätten die Priester und die Schriftgelehrten in der heiligen Stadt, denen das lebendige Wort Gottes anvertraut worden war, die Zeichen der Zeit erkennen und die Ankunft des Verheißenen verkündigen können. Die Weissagung Michas gab den Geburtsort an; Daniel stellte die Zeit seines Kommens fest. (Micha 5,1; Dan. 9,25) Gott hatte diese Weissagungen den Ältesten der Juden anvertraut; es gab für sie keine Entschuldigung, wenn sie es nicht wußten und dem Volke nicht verkündigten, daß die Ankunft des Messias unmittelbar bevorstand. Ihre Unwissenheit war die Folge sündhafter Nachlässigkeit. Die Juden bauten Denkmäler für die erschlagenen Propheten Gottes, während sie durch ihre Ehrerbietigkeit gegenüber den Großen der Erde den Knechten Satans Huldigung darbrachten. Völlig von ihrem ehrgeizigen Streben nach Ansehen und Macht unter den Menschen in Anspruch genommen, hatten sie die ihnen von dem König des Himmels angebotenen göttlichen Ehren aus den Augen verloren.

Mit tiefem und ehrfurchtsvollem Interesse hätten die Ältesten Israels den Ort, die Zeit und die Umstände des größten Ereignisses in der Weltgeschichte – die Ankunft des Sohnes Gottes zur Erlösung der Menschen – erforschen sollen. Alle Juden hätten wachen und harren sollen, um unter den ersten zu sein, den Erlöser der Welt zu begrüßen. Doch siehe, in Bethlehem ziehen zwei müde Reisende von den Hügeln Nazareths die ganze Länge der engen Straße entlang bis zum östlichen Ende der Stadt und suchen vergebens nach einer Ruhe- und Obdachstätte für die Nacht. Keine Tür steht ihnen offen. In einem elenden Schuppen, der für das Vieh hergerichtet war, finden sie schließlich Unterkunft, und hier wird der Heiland der Welt geboren.

Die Engel hatten die Herrlichkeit gesehen, die der Sohn Gottes mit dem Vater teilte, ehe die Welt war, und sie hatten mit lebhaftem Anteil seinem Erscheinen auf Erden entgegengesehen als dem freudevollsten Ereignis für alle Völker. Es wurden Engel bestimmt, die frohe Botschaft denen zu bringen, die auf ihren Empfang vorbereitet waren und die sie mit Freuden den Bewohnern der Erde bekanntmachen würden. Christus hatte sich erniedrigt, die menschliche Natur anzunehmen; er sollte unendlich viel Leid tragen, wenn er sein Leben als Opfer für die Sünde darbringen würde; und doch wünschten die Engel, daß der Sohn des Allerhöchsten selbst in seiner Erniedrigung mit einer seinem Charakter entsprechenden Würde und Herrlichkeit vor den Menschen erscheinen möchte. Würden die Großen der Erde sich in der Hauptstadt Israels versammeln, um sein Kommen zu begrüßen? Würden Legionen Engel ihn vor die harrende Menge führen?

Ein Engel besuchte die Erde, um zu sehen, wer vorbereitet war, Jesus willkommen zu heißen. Aber er konnte keine Zeichen der Erwartung erkennen. Er hörte keine Stimme des Lobes und des Siegesjubels, daß die Zeit der Ankunft des Messias da sei. Der Engel schwebte eine Zeitlang über der auserwählten Stadt und dem Tempel, wo sich jahrhundertelang die göttliche Gegenwart offenbart hatte; doch auch hier herrschte dieselbe Gleichgültigkeit. Die Priester in ihrem Gepränge und Stolz brachten unreine Opfer im Tempel dar. Die Pharisäer redeten mit lauter Stimme zum Volk oder verrichteten prahlerische Gebete an den Ecken der Straßen. In den Palästen der Könige, in den Versammlungen der Philosophen, in den Schulen der Rabbiner achtete gleichfalls keiner auf die wunderbare Tatsache, die den ganzen Himmel mit Lob und Freude erfüllte, daß der Erlöser der Menschen sich anschickte, auf Erden zu erscheinen.

Nirgends zeigte sich ein Beweis, daß Christus erwartet wurde, daß Vorbereitungen für den Fürsten des Lebens getroffen waren. Erstaunt wollte der himmlische Bote mit der schmählichen Kunde wieder gen Himmel zurückkehren, als er einige Hirten entdeckte, die ihre Herden nachts bewachten und, zum sternbesäten Himmel aufblickend, über die Weissagung eines Messias, der zur Erde kommen sollte, nachdachten und sich nach der Ankunft des Welterlösers sehnten. Hier waren Menschen, die auf den Empfang der himmlischen Botschaft vorbereitet waren. Und plötzlich erschien der Engel des Herrn und verkündigte die frohe Botschaft. Die ganze Ebene wurde von himmlischer Herrlichkeit überflutet, eine unzählbare Schar von Engeln wurde sichtbar und, als ob die Freude zu groß wäre, um nur von einem himmlischen Boten gebracht zu werden, hob ein stimmgewaltiger Chor den Gesang an, den dereinst alle Erlösten singen werden: „Ehre sei Gott in der Höhe und Friede auf Erden und den Menschen ein Wohlgefallen!" (Lk. 2,14)

Oh, welch eine Lehre birgt diese wunderbare Geschichte von Bethlehem! Wie straft sie unseren Unglauben, unsern Stolz und

Eigendünkel! Wie warnt sie uns, auf der Hut zu sein, auf daß wir durch unsere Gleichgültigkeit nicht auch verfehlen, die Zeichen der Zeit zu verstehen und dadurch den Tag unserer Heimsuchung zu erkennen!

Nicht nur auf den Höhen Judäas, nicht allein unter den einfachen Hirten fanden die Engel Seelen, die der Ankunft des Messias entgegensahen. Im Heidenlande waren ebenfalls etliche, die seiner harrten; dies waren weise, reiche und edle Männer: Philosophen des Ostens, Naturforscher und Weise hatten Gott in seiner Schöpfung erkannt. Aus den hebräischen Schriften hatten sie von dem Stern erfahren, der aus Jakob aufgehen sollte, und mit begierigem Verlangen warteten sie seines Kommens, der nicht nur der „Trost Israels", sondern auch ein „Licht zu erleuchten die Heiden", das Heil „bis ans Ende der Erde" sein sollte. (Lk. 2,25.32; Apg. 13,47) Sie suchten nach Licht, und das Licht von dem Throne Gottes erleuchtete den Pfad vor ihren Füßen. Während die Priester und Schriftgelehrten Jerusalems, die verordneten Hüter und Erklärer der Wahrheit, in Finsternis gehüllt waren, leitete der vom Himmel gesandte Stern diese heidnischen Fremdlinge zur Geburtsstätte des neugeborenen Königs.

„Denen, die auf ihn warten," wird Christus „zum zweiten Mal nicht der Sünde wegen erscheinen ... sondern zum Heil." (Hebr. 9,28) Gleich der Kunde von der Geburt des Heilandes wurde auch die Botschaft von seiner Wiederkunft nicht den religiösen Führern des Volkes anvertraut. Sie hatten es versäumt, ihre Verbindung mit Gott zu bewahren und hatten das Licht vom Himmel von sich gewiesen; darum gehörten sie nicht zu den Menschen, denen der Apostel Paulus sagt: „Ihr aber, liebe Brüder, seid nicht in der Finsternis, daß der Tag wie ein Dieb über euch komme. Denn ihr alle seid Kinder des Lichtes und Kinder des Tages. Wir sind nicht von der nacht noch von der Finsternis." (1. Thess. 5,4.5)

Die Wächter auf den Mauern Zions hätten die ersten sein sollen, die Botschaft von der Ankunft des Heilandes zu vernehmen; die ersten, ihre Stimmen zu erheben, um seine Nähe zu verkündigen; die ersten, das Volk zu warnen, sich auf sein Kommen vorzubereiten. Aber sie ließen sich's wohl sein, träumten von Frieden und Sicherheit, während das Volk in seinen Sünden schlief. Jesus sah seine Gemeinde, dem unfruchtbaren Feigenbaum gleich, im Schmuck der Blätter prangend, doch ohne köstliche Frucht. Prahlerisch hielt man auf religiöse Formen, während der Geist wahrer Demut, der Reue und des Glaubens, die allein den Dienst angenehm vor Gott machen konnten, fehlten. Statt der Früchte des Geistes bekundeten sich Stolz, Formenwesen, Prahlerei, Selbstsucht, Unterdrückung. Eine von Gott abgewichene Gemeinde verschloß vor den Zeichen der Zeit ihre Augen. Gott verließ sie nicht, ließ es auch nicht an seiner Treue fehlen; aber sie fiel von ihm ab und trennte sich von seiner Liebe. Da sie sich weigerte, den Forderungen Gottes nachzukommen, gingen auch seine ihr gegebenen Verheißungen nicht in Erfüllung.

Das ist die sichere Folge, wenn man versäumt, das Licht und die Vorrechte, die Gott schenkt, anzuerkennen und auszunutzen. Wenn die Gemeinde nicht den Weg verfolgt, den seine Vorsehung vor ihr auftut, nicht jeden Lichtstrahl annimmt und jede ihr gezeigte Pflicht erfüllt, wird die Religion unausbleiblich in einen Formendienst ausarten, und der Geist der lebendigen Gottseligkeit wird verschwinden. Diese Wahrheit hat die Geschichte der Kirche wiederholt veranschaulicht. Gott verlangt von seinem Volk Werke des Glaubens und des Gehorsams, den verliehenen Segnungen und Vorrechten entsprechend. Der Gehorsam verlangt ein Opfer und schließt Leiden ein, deshalb weigern sich auch so viele bekenntliche Nachfolger Christi, das Licht vom Himmel anzunehmen und erkennen gleich den Juden vor alters nicht die Zeit, darin sie heimgesucht werden (Lk. 19,44). Um ihres Stolzes und Unglaubens willen ging der Herr an ihnen vorüber und offenbarte seine Wahrheit denen, die wie die Hirten Bethlehems und die Weisen aus dem Morgenlande alles Licht, das ihnen verliehen worden war, beachtet hatten.

18 Ein Glaubensmann der letzten Zeit

Ein biederer und schlichter Landmann, der verleitet worden war, die Autorität der Heiligen Schrift zu bezweifeln, aber dennoch aufrichtig danach verlangte, die Wahrheit zu erkennen, wurde von Gott in besonderer Weise auserwählt, bei der Verkündigung des zweiten Kommens Christi eine führende Stellung einzunehmen. Gleich vielen anderen Reformatoren hatte William Miller (s. Anhang, Anm. 27.) in seiner Jugend mit Armut gekämpft und auf diese Weise Strebsamkeit und Selbstverleugnung gelernt. Die Glieder seiner Familie, zeichneten sich durch einen unabhängigen, freiheitsliebenden Geist, durch Ausdauer und glühende Vaterlandsliebe aus – Eigenschaften, die auch in seinem Charakter bestimmend waren. Sein Vater war Hauptmann bei der amerikanischen Revolutionsarmee, und die Opfer, die er in den Kämpfen und Leiden jener stürmischen Zeit brachte, haben die drückenden Verhältnisse in den ersten Lebensjahren Millers verursacht.

Er hatte einen gesunden, kräftigen Körperbau und zeigte schon in der Kindheit eine ungewöhnliche Verstandeskraft. Als er älter wurde, trat dies noch mehr hervor. Sein Geist war rege und gut entwickelt, und ihn dürstete nach größerem Wissen. Obwohl er sich nicht der Vorteile einer akademische Bildung erfreute, machten ihn doch seine Liebe zum Studium und die Gewohnheit sorgfältigen Denkens und scharfer Unterscheidung zu einem Mann von gesundem Urteil und umfassender Bildung. Er besaß einen untadeligen sittlichen Charakter und einen beneidenswerten Ruf und war allgemein wegen seiner Rechtschaffenheit, Sparsamkeit und Wohltätigkeit geachtet. Durch seine Tatkraft und seinen Fleiß erwarb er sich schon früh sein Auskommen,obgleich er an seiner Gewohnheit, zu studieren, noch immer festhielt. Er bekleidete mit Erfolg verschiedene zivile und militärische Ämter, und der Weg zu Reichtum und Ehre schien ihm offen zu stehen.

Seine Mutter war eine Frau von echter Frömmigkeit, und er selbst war in seiner Kindheit für religiöse Eindrücke empfänglich. Im frühen Mannesalter jedoch geriet er in die Gesellschaft von Deisten, die einen um so größeren Einfluß auf ihn ausübten, weil die meisten von ihnen gute Bürger und menschenfreundliche und wohltätige Leute waren, deren Charakter, da sie inmitten christlicher Einrichtungen wohnten, teilweise das Gepräge ihrer Umgebung angenommen hatte. Die Vorzüge, die ihnen Achtung und Vertrauen gewannen, hatten sie der Bibel zu verdanken; und doch waren diese guten Gaben so verkehrt worden, daß sie einen dem Worte Gottes zuwiderlaufenden Einfluß ausübten. Der Umgang mit ihnen veranlaßte Miller, ihre Ansichten anzunehmen. Die allgemein übliche Auslegung der Schrift schien ihm unüberwindliche Schwierigkeiten zu bereiten, doch bot sein neuer Glaube, der die Bibel beiseitesetzte, nichts Besseres, das ihre Stelle hätte einnehmen können, und er fühlte sich keineswegs befriedigt. Immerhin hielt er ungefähr zwölf Jahre an diesen Ansichten fest. Im Alter von 34 Jahren jedoch bewirkte der Heilige Geist in ihm die Überzeugung, daß er ein Sünder sei. Er fand in seinem früheren Glauben keine Gewißheit einer Glückseligkeit jenseits des Grabes. Die Zukunft war düster und unheimlich. Von seinen Gefühlen zu jener Zeit sagte er später:

„Vernichtet zu werden, das war ein kalter, schauriger Gedanke und Rechenschaft ablegen zu müssen, wäre der sichere Untergang aller gewesen. Der Himmel über meinem Haupte war gleich Erz, und die Erde unter meinen Füßen wie Eisen. Die Ewigkeit – was war sie? Und der Tod – warum war er? Je mehr ich die Sache zu ergründen suchte, desto zerfahrener wurden meine Schlüsse. Ich versuchte es, dem Denken Einhalt zu gebieten, aber meine Gedanken ließen sich nicht beherrschen. Ich fühlte mich wahrhaft elend, wußte aber nicht warum. Ich murrte und klagte, ohne zu wissen über wen. Ich war überzeugt, daß irgendwo ein Fehler lag, wußte aber nicht, wo oder wie das Richtige zu finden sei. Ich trauerte, jedoch ohne Hoffnung."

In diesem Zustand verharrte er mehrere Monate. „Plötzlich", sagt er, „wurde meinem Gemüt lebhaft der Charakter eines Heilandes eingeprägt. Es schien mir, daß es ein Wesen gebe, so gut und barmherzig, um sich selbst für unsere Übertretungen als Sühne anzubieten und dadurch uns vor der Strafe für die Sünde zu retten. Sofort fühlte ich, wie liebreich ein solches Wesen sein

müsse und stellte mir vor, daß ich mich in die Arme eines solchen werfen und seiner Gnade vertrauen könnte. Aber die Frage
erhob sich: Wie kann es bewiesen werden, daß es ein solches
Wesen gibt? Ich fand, daß ich außerhalb der Bibel keinen Beweis für das Bestehen eines solchen Heilandes oder gar eines
zukünftigen Daseins entdecken konnte. ...

Ich sah, daß die Bibel gerade einen solchen Heiland darstellte, wie ich ihn nötig hatte, und ich wunderte mich, wie ein nicht
inspiriertes Buch Grundsätze entwickeln konnte, die den Bedürfnissen einer gefallenen Welt so vollkommen angepaßt waren. Ich
sah mich gezwungen zuzugeben, daß die Heilige Schrift eine
Offenbarung von Gott sein müsse. Sie wurde mein Entzücken;
und in Jesu fand ich einen Freund. Der Heiland wurde für mich
der Auserkorene unter vielen Tausenden, und die Heilige Schrift,
die zuvor dunkel und voller Widersprüche war, wurde meines
Fußes Leuchte und ein Licht auf meinem Wege. Mein Gemüt
wurde ruhig und zufrieden. Ich erkannte Gott den Herrn als einen Fels inmitten des Ozeans des Lebens. Die Bibel wurde nun
mein Hauptstudium, und ich kann wahrlich sagen, ich durchforschte sie mit großer Freude. Ich fand, daß mir nie die Hälfte
gesagt worden war. Es wunderte mich, daß ich ihre Schöne und
Herrlichkeit nicht eher gesehen hatte und erstaunte darüber, daß
ich sie je verwerfen konnte. Mir wurde alles offenbart, was mein
Herz sich wünschen konnte; ich fand ein Heilmittel für jeden
Schaden meiner Seele. Ich verlor den Gefallen an anderem Le-
sestoff und ließ es mir angelegen sein, Weisheit von Gott zu erlangen." (Bliß, Erinnerungen an W. Miller, S. 65-67.)

Miller bekannte nun öffentlich seinen Glauben an die Religion, welche er vorher verachtet hatte. Aber seine ungläubigen Gefährten waren nicht müßig, jene Beweisführungen vorzubringen,
die er selbst oft gegen die göttliche Autorität der Heiligen Schrift
angewandt hatte. Er war damals nicht vorbereitet, sie zu beantworten, folgerte aber, daß die Bibel, wenn sie eine Offenbarung
Gottes sei, mit sich selbst übereinstimmen müsse. Er entschloß
sich, die Heilige Schrift selbst zu studieren und sich zu vergewissern, ob nicht die anscheinenden Widersprüche in Einklang
gebracht werden könnten.

Indem er sich bemühte, alle vorgefaßten Ansichten beiseite-
zulegen, verglich er ohne irgendwelche Kommentare Bibelstelle
mit Bibelstelle, wobei er sich der angegebenen Parallelstellen
und der Konkordanz bediente. Er verfolgte sein Studium in einer
regelmäßigen und planvollen Weise; er fing mit dem ersten Buch

Mose an, las Vers für Vers und ging nicht schneller voran, als sich ihm die Bedeutung der verschiedenen Stellen so erschloß, daß ihm nichts unklar an ihnen blieb. War ihm eine Stelle dunkel, so verglich er sie mit allen anderen Texten, die irgendwelche Beziehung zu dem betrachteten Gegenstand zu haben schienen. Jedes Wort prüfte er bezüglich seiner Stellung zum Inhalt der Bibelstelle, und wenn seine Ansicht dann mit jedem gleichlaufenden Text übereinstimmte, so war die Schwierigkeit überwunden. Auf diese Weise fand er immer in irgendeinem anderen Teil der Heiligen Schrift eine Erklärung für eine schwer verständliche Stelle. Da er unter ernstem Gebet um göttliche Erleuchtung forschte, wurde das, was ihm vorher dunkel erschienen war, seinem Verständnis klar. Er erfuhr die Wahrheit der Worte des Psalmisten: „Wenn dein Wort offenbar wird, so erfreut es und macht klug die Einfältigen." (Ps. 119,130)

Mit ungemeiner Wißbegier studierte er das Buch Daniel und die Offenbarung, wobei er dieselben Grundsätze zum Verständnis anwandte wie bei den anderen Teilen der Heiligen Schrift, und fand zu seiner großen Freude, daß die prophetischen Sinnbilder verstanden werden konnten. Er sah, daß die schon erfüllten Weissagungen sich buchstäblich erfüllt hatten und daß all die verschiedenen Bilder, Gleichnisse, Ausdrücke usw. entweder in ihrem unmittelbaren Zusammenhang erklärt waren oder daß die Worte, in denen sie ausgedrückt waren, an anderen Stellen näher bestimmt wurden, und wenn auf diese Weise erklärt, buchstäblich verstanden werden sollten. Er sagte: „So wurde ich überzeugt, daß die Bibel eine Kette offenbarter Wahrheiten ist, so deutlich und einfach gegeben, daß selbst der einfache Mann nicht zu irren braucht." (Bliß, S. 70.) Das Verständnis einer Kette der Wahrheit nach der anderen belohnte seine Anstrengungen, als er Schritt für Schritt die großen Umrisse der Weissagungen verfolgte. Engel des Himmels lenkten seine Gedanken und eröffneten das Wort Gottes seinem Verständnis.

Indem er die noch zu erfüllenden Weissagungen nach der Art und Weise beurteilte, wie die Prophezeiungen in der Vergangenheit sich erfüllt hatten, wurde er überzeugt, daß die volkstümliche Ansicht von der geistigen Regierung Christi – einem irdischen Tausendjährigen Reich vor dem Ende der Welt – nicht von dem Worte Gottes unterstützt wurde. Diese Lehre, welche auf ein Jahrtausend der Gerechtigkeit und des Friedens vor der persönlichen Wiederkunft des Herrn hinwies, schob die Schrecken des Tages des Herrn weit hinaus in die Zukunft. Wenngleich dies auch vielen sehr angenehm sein dürfte, so war es doch den Lehren Christi und seiner Apostel direkt zuwider, welche erklärten, daß der Weizen und das Unkraut zusammen wachsen müssen bis zur Zeit der Ernte, dem Ende der Welt; daß es „mit den bösen Menschen aber und verführerischen ... je länger je ärger" wird; „daß in den letzten Tagen greuliche Zeiten kommen" werden, und daß das Reich der Finsternis fortbestehen müsse bis zur Ankunft des Herrn, wenn es verzehrt werden soll „mit dem Geist seines Mundes" und seiner ein Ende gemacht werde „durch die Erscheinung seiner Zukunft". (Mt. 13,30; 38-41; 2.Tim.3,1.13; 2.Thess. 2,8)

Die Lehre von der Bekehrung der Welt und der geistlichen Herrschaft Christi wurde von der apostolischen Kirche nicht geglaubt. Sie fand keine allgemeine Annahme unter den Christen bis ungefähr zu Anfang des 18. Jahrhunderts. Wie jeglicher anderer Irrtum hatte auch dieser seine schlimmen Folgen. Er lehrte die Menschen, das zweite Kommen des Herrn erst in der fernen Zukunft zu erwarten, und hielt sie davon ab, die Zeichen seiner nahenden Wiederkunft zu beachten. Er erzeugte ein Gefühl der Sorglosigkeit und Sicherheit, dem ein guter Grund mangelte, aber viele dazu veranlaßte, die notwendige Vorbereitung zu versäumen, ihrem Herrn begegnen zu können.

Miller fand, daß das buchstäbliche, persönliche Kommen Christi in der Heiligen Schrift deutlich gelehrt wird. Paulus sagt: „Denn er selbst, der Herr, wird mit einem Feldgeschrei und der Stimme des Erzengels und mit der Posaune Gottes herniederkommen vom Himmel." (1. Thess. 4,16) Und der Heiland erklärt: „Und sie werden sehen kommen des Menschen Sohn in den Wolken des Himmels mit großer Kraft und Herrlichkeit." „Denn gleichwie der Blitz ausgeht vom Aufgang und scheint bis zum Niedergang, also wird auch sein die Zukunft des Menschensohnes." (Mt. 24,30.27) Er wird von all den Scharen des Himmels begleitet werden. Des Menschen Sohn wird kommen „in seiner Herrlichkeit und alle heiligen Engel mit ihm." „Und er wird senden seine Engel mit hellen Posaunen, und sie werden sammeln seine Auserwählten." (Mt. 25,31.32; 24,31)

Bei seinem Kommen werden die gerechten Toten auferweckt und die gerechten Lebenden verwandelt werden. Paulus sagt: „Wir werden nicht alle entschlafen, wir werden aber alle verwandelt werden; und dasselbe plötzlich, in einem Augenblick, zur Zeit der letzten Posaune. Denn es wird die Posaune schallen, und die Toten werden auferstehen unverweslich, und wir werden verwandelt werden. Denn dies Verwesliche muß anziehen die Unverweslichkeit, und dies Sterbliche muß anziehen die Unsterblichkeit." (1. Kor. 15,51-53) Und in seinem Brief an die Thessalonicher sagt er, nachdem er das Kommen des Herrn beschrieben hat: „Und zuerst werden die Toten, die in Christus gestorben sind, auferstehen. Danach werden wir, die wir leben und übrigbleiben, zugleich mit ihnen entrückt werden auf den Wolken in die Luft, dem Herrn entgegen; und so werden wir bei dem Herrn sein allezeit." (1. Thess. 4,16.17)

Erst zur Zeit der persönlichen Ankunft Christi kann sein Volk das Reich ererben. Der Heiland sagte: „Wenn aber des Menschen Sohn kommen wird in seiner Herrlichkeit und alle heiligen Engel mit ihm, dann wird er sitzen auf dem Stuhl seiner Herrlichkeit, und werden vor ihm alle Völker versammelt werden. Und er wird sie voneinander scheiden, gleich als ein Hirte die Schafe von den Böcken scheidet, und wird die Schafe zu seiner Rechten stellen und die Böcke zur Linken. Da wird dann der König sagen zu denen zu seiner Rechten: Kommt her, ihr Gesegneten meines Vaters, ererbt das Reich, das euch bereitet ist von Anbeginn der Welt!" (Mt. 25,31.34) Wir haben aus den eben angeführten Bibelstellen gesehen, daß wenn des Menschen Sohn kommt, die Toten unverweslich auferweckt und die Lebenden verwandelt werden. Durch die große Verwandlung werden sie zubereitet, das Reich zu ererben; denn Paulus sagt, „daß Fleisch und Blut das Reich Gottes nicht ererben können; auch wird das Verwesliche nicht erben das Unverwesliche." (1. Kor. 15,50) Der Mensch in seinem gegenwärtigen Zustand ist sterblich, verweslich; das Reich Gottes hingegen wird unverweslich, ewig sein. Deshalb kann der Mensch in seinem gegenwärtigen Zustand das Reich nicht ererben. Kommt aber Jesus, so wird er seinem Volk die Unsterblichkeit verleihen; und dann ruft er sie, das Reich einzunehmen, von dem sie bisher nur Erben gewesen sind.

Diese und andere Bibelstellen waren für Miller deutliche Beweise, daß die Ereignisse, von denen man allgemein annahm, daß sie vor dem Kommen Christi stattfinden sollten, wie die allgemeine Friedensherrschaft und die Aufrichtung des Reiches Gottes auf Erden, der Wiederkunft Christi nachfolgen müßten. Ferner fand er, daß alle Zeichen der Zeit und der Zustand der Welt der prophetischen Beschreibung der letzten Tage entsprachen. Er kam allein durch das Studium der Heiligen Schrift zu dem Schluß, daß die Zeit, die für das Fortbestehen der Erde in ihrem gegenwärtigen Zustand bestimmt war, dem Ende nahe sei.

„Ein anderer Beweis, der mich wesentlich beeinflußte", sagte er, „war die Zeitrechnung der Heiligen Schrift. ... Ich fand, daß vorhergesagte Ereignisse, die sich in der Vergangenheit erfüllt hatten, sich oft innerhalb einer bestimmten Zeit zutrugen. Die 120 Jahre bis zur Sintflut (1. Mose 6,3), die sieben Tage, die ihr vorhergehen sollten mit vierzig Tagen vorhergesagten Regens (1. Mose 7,4), die 400 Jahre des Aufenthaltes der Nachkommen Abrahams im fremden Lande (1. Mose 15,13), die drei Tage in den Träumen des Mundschenken und des Bäckers (1. Mose 40,12-20), Pharaos sieben Jahre (1. Mose 41,28-54), die 40 Jahre in der Wüste (4. Mose 14,34), die 3 1/2 Jahre der Hungersnot (1. Kön. 17,1; siehe Lk. 4,25), ... die 70 Jahre der Gefangenschaft (Jer. 25,11), Nebukadnezars sieben Zeiten (Dan. 4,13-16), und die sieben Wochen, die 62 Wochen und eine Woche, was zusammen 70 Wochen ausmacht, die für die Juden bestimmt waren (Dan. 9,24-27). Die durch diese Zeiten begrenzten Ereignisse waren alle einst nur Sache der Weissagung und wurden in Übereinstimmung mit den Prophezeiungen erfüllt." (Bliß, S. 74. 75.)

Als er deshalb in seinem Bibelstudium verschiedene Zeitabschnitte fand, die sich, wie er sie verstand, bis auf das zweite Kommen Christi erstreckten, konnte er sie nur als „zuvor bestimmte Zeiten" ansehen, die Gott seinen Knechten enthüllt hatte. Mose sagt: „Das Geheimnis [Verborgene] ist des Herrn, unsers Gottes; was aber offenbart ist, das ist unser und unserer Kinder ewiglich." Und der Herr erklärt durch den Propheten Amos, er „tut nichts, er offenbare denn sein Geheimnis den Propheten, seinen Knechten." (5. Mose 29,28; Amos 3,7) Die Forscher des Wortes Gottes dürfen deshalb zuversichtlich erwarten, die gewaltigsten Ereignisse, die in der menschlichen Geschichte stattfinden sollen, in den Schriften der Wahrheit deutlich angegeben zu finden.

Miller sagte: „Da ich völlig überzeugt war, daß ,alle Schrift, von Gott eingegeben', nützlich ist, daß sie nie aus menschlichem Willen hervorgebracht wurde, sondern daß ,die heiligen Menschen Gottes geredet haben, getrieben von dem Heiligen Geist', und uns zur Lehre schrieben, ,auf daß wir durch Geduld und Trost der Schrift Hoffnung haben' (2. Tim. 3,16; 2. Petr. 1,21; Röm. 15,4), konnte ich die chronologischen Teile der Bibel nicht anders als ebensosehr unserer ernsten Beachtung wert betrachten wie irgendeinen andern Teil der Heiligen Schrift. Ich dachte deshalb, daß ich in meinen Bemühungen, das zu verstehen, was Gott in seiner Barmherzigkeit für gut gefunden hatte uns zu offenbaren, kein Recht habe, die prophetischen Zeitangaben zu übergehen." (Bliß, S. 75.)

Die Weissagung, die die Zeit der zweiten Ankunft Christi am deutlichsten vor Augen zu führen schien, war die in Daniel 8, 14: „Bis zweitausenddreihundert Abende und Morgen um sind; dann wird das Heiligtum wieder geweiht werden." Seiner Regel getreu folgend, das Wort Gottes zu seinem eigenen Ausleger zu machen, lernte Miller, daß ein Tag in sinnbildlicher Weissagung ein Jahr bedeutet. (4. Mose 14,34; Hes. 4,6) Er sah, daß der Zeitraum von 2300 prophetischen Tagen oder buchstäblichen Jahren sich weit über den des Alten Bundes hinaus erstreckte und sich somit nicht auf das damalige Heiligtum beziehen konnte. Miller teilte die verbreitete Ansicht, daß im christlichen Zeitalter die Erde das Heiligtum sei, und verstand deshalb, daß [das Weihen oder] die Reinigung des Heiligtums, von der in Daniel 8, 14 gesprochen wird, die Reinigung der Erde durch Feuer beim zweiten Kommen Christi darstelle. Wenn also der richtige Ausgangspunkt für die 2300 Tage gefunden werden könnte, dann wäre man auch leicht imstande, meinte er, die Zeit der Wiederkunft Christi festzustellen. Auf diese Weise würde die Zeit jener großen Vollendung offenbar werden, die Zeit, da der gegenwärtige Zustand mit „all seinem Stolz und seiner Macht, seinem Gepränge und seiner Eitelkeit, seiner Gottlosigkeit und Unterdrückung ein Ende hat", da der Fluch „von der Erde hinweggenommen, der Tod vernichtet, die Knechte Gottes, die Propheten, die Heiligen und alle, die seinen Namen fürchten, belohnt, und jene, die die Erde verderben, vernichtet werden sollen." (Bliß, S. 76.)

Mit neuem und größerem Ernst setzte Miller die Prüfung der Weissagung fort und widmete Tag und Nacht dem Studium dessen, was ihm von so gewaltiger Wichtigkeit und alles überragender Bedeutung zu sein schien. Im achten Kapitel Daniel konnte er keinen Anhalt für den Ausgangspunkt der 2300 Tage finden. Der Engel Gabriel, obgleich beauftragt, dem Daniel das Gesicht zu erklären, gab ihm nur eine teilweise Auslegung. Als der Prophet die schreckliche Verfolgung sah, welche die Gemeinde befallen würde, verließ ihn die körperliche Kraft. Er konnte nichts mehr ertragen, und der Engel verließ ihn einstweilen. Daniel „ward schwach und lag etliche Tage krank. ... Und (ich) verwunderte mich des Gesichts", sagte er, „und niemand war, der mir's auslegte."

Doch Gott hatte seinem Boten befohlen: „Lege diesem das Gesicht aus, daß er's verstehe." Dieser Auftrag mußte vollzogen werden, und deshalb kehrte der Engel später zu Daniel zurück und sagte: „Jetzt bin ich ausgegangen, dich zu unterrichten. ... So merke nun darauf, daß du das Gesicht verstehest." (Dan. 9,22.23.25-27) In dem Gesicht des achten Kapitels war ein wichtiger Punkt nicht erklärt worden, nämlich die Zeit – der Zeitraum der 2300 Tage; deshalb verweilte der Engel in der Wiederaufnahme seiner Erklärung hauptsächlich bei dem Gegenstand der Zeit.

„Siebzig Wochen sind bestimmt über dein Volk und über deine heilige Stadt. ... So wisse nun und merke: von der Zeit an, da ausgeht der Befehl, daß Jerusalem soll wiederum gebaut werden, bis auf den Gesalbten, den Fürsten, sind sieben Wochen und zweiundsechzig Wochen, so werden die Gassen und Mauern wieder gebaut werden, wiewohl in kümmerlicher Zeit. Und nach den zweiundsechzig Wochen wird der Gesalbte ausgerottet werden und nichts mehr sein. ... Er wird aber vielen den Bund stärken eine Woche lang. Und mitten in der Woche wird das Opfer und Speisopfer aufhören." (Dan. 9,22.27)

Der Engel war zu dem besonderen Zweck zu Daniel gesandt worden, um ihm den Punkt, den er in dem Gesicht vom achten Kapitel nicht verstanden hatte, zu erklären, nämlich die Angabe bezüglich der Zeit. „Bis zweitausenddreihundert Abende und Morgen um sind, dann wird das Heiligtum wieder geweiht werden." Nachdem er Daniel aufgefordert hatte, „so merke nun darauf, daß du das Gesicht verstehest", waren die ersten weiteren Worte des Engels: „Siebzig Wochen sind bestimmt über dein Volk und über deine heilige Stadt." Das hier mit „bestimmt" übersetzte Wort bedeutet wörtlich „abgeschnitten". Der Engel erklärt, daß siebzig Wochen, also 490 Jahre, abgeschnitten seien, als besonders den Juden gehörig. Wovon aber waren sie abgeschnitten? Da die 2300 Tage die einzige im achten Kapitel erwähnte Zeitspanne ist, so müssen die siebzig Wochen von diesem Zeitraum abgeschnitten sein und somit einen Teil der 2300 Tage ausmachen; und zwar müssen diese beiden Abschnitte zusammen anfangen. Die siebzig Wochen sollten nach der Erklärung des Engels mit dem Ausgehen des Befehls, Jerusalem wieder herzustellen, anfangen. Ließe sich das Datum dieses Befehls finden, so wäre auch der Ausgangspunkt der großen Periode von 2300 Tagen festgestellt.

Im siebten Kapitel Esras befindet sich dieser Befehl. (Esra 7,12-16) Er wurde in seiner vollständigen Form von Artaxerxes, dem König von Persien, im Jahre 457 v. Chr. erlassen. In Esra 6,

14 heißt es jedoch, daß das Haus des Herrn zu Jerusalem gebaut worden sei „nach dem Befehl des Kores (Cyrus), Darius und Arthahsastha (Artaxerxes), der Könige in Persien." Diese drei verfaßten, bestätigten und vervollständigten den Erlaß, der dann die für die Weissagung notwendige Vollkommenheit hatte, um den Anfangspunkt der 2300 Jahre zu bezeichnen. Indem das Jahr 457 v. Chr., in welchem das Dekret vollendet wurde, als Zeit des Ausganges des Befehls angenommen wurde, zeigte sich, daß jede Einzelheit der Weissagung hinsichtlich der siebzig Wochen erfüllt worden war.

„Von der Zeit an, da ausgeht der Befehl, daß Jerusalem soll wiederum gebaut werden, bis auf den Gesalbten, den Fürsten, sind sieben Wochen und zweiundsechzig Wochen" – also 69 Wochen oder 483 Jahre. Der Erlaß des Artaxerxes trat im Herbst des Jahres 457 v. Chr. in Kraft. Von diesem Zeitpunkt an gerechnet erstreckten sich 483 Jahre bis auf den Herbst des Jahres 27 n. Chr. (s. Anhang, Anm. 28.; siehe auch die Zeittafel). Zu jener Zeit ging die Weissagung in Erfüllung. Im Herbst des Jahres 27 n. Chr. wurde Christus von Johannes getauft und empfing die Salbung des Heiligen Geistes. Der Apostel Petrus legte Zeugnis ab, daß „Gott diesen Jesus von Nazareth gesalbt hat mit dem Heiligen Geist und Kraft." (Apg. 10,38) Und der Heiland selbst erklärte: „Der Geist des Herrn ist bei mir, darum daß er mich gesalbt hat; er hat mich gesandt zu verkündigen das Evangelium den Armen." (Lk. 4,18) Nach seiner Taufe „kam Jesus nach Galiläa und predigte das Evangelium vom Reich Gottes und sprach: Die Zeit ist erfüllet." (Mk. 1,14.15)

„Er wird aber vielen den Bund stärken eine Woche lang." Die hier erwähnte Woche ist die letzte der siebzig; es sind die letzten sieben Jahre der den Juden besonders zugemessenen Zeitspanne. Während dieser Zeit, welche sich von 27 – 34 n. Chr. erstreckte, ließ Jesus erst persönlich, dann durch seine Jünger die Einladung des Evangeliums ganz besonders an die Juden ergehen. Als die Apostel mit der frohen Botschaft vom Reich hinausgingen, war die Anweisung des Heilandes: „Gehet nicht auf der Heiden Straße und ziehet nicht in der Samariter Städte, sondern gehet hin zu den verlorenen Schafen aus dem Hause Israel." (Mt. 10,5.6)

„Mitten in der Woche wird das Opfer und Speisopfer aufhören." Im Jahre 31 n. Chr., 3 1/2 Jahre nach seiner Taufe, wurde der Herr gekreuzigt. Mit diesem großen auf Golgatha dargebrachten Opfer hörte jenes Opfersystem auf, welches vier Jahrtausen-

70 Wochen oder 490 Jahre

457 v. Chr.
Beginn der 2300 Tage

7 Wochen oder 49 Jahre — 408

62 Wochen oder 434 Jahre

vor Chr. ◆ ▶ n. Chr.

1 Woche = 7 Jahre

27 31 34 — †

321
Konstantins Sonntags-Erlaß

538
Papsttum gegründet

1517
Beginn der Reformation

1780 Dunkler Tag

Ende der 2300 Tage
1844 n. Chr.

1798
Vorherrschaft des Papsttums ist zu Ende

1833
Sternenfall

Zeitleiste: 100 200 300 400 500 600 700 800 900 1000 1100 1200 1300 1400 1500 1600 1700 1800

306

457 v. Chr.	Der Befehl zum Wiederaufbau Jerusalems wird gegeben (Artaxerxes I), Daniel 9, 25; Esra 7, 7. Damit begannen die 70 Wochen (490 Jahre), die in Daniel 9, 24-26 erwähnt wurden und gleichzeitig die 2300 Jahre aus Daniel 8, 14
408 v. Chr.	Die Mauern Jerusalems wurden nach 7 prophetischen Wochen oder 49 wirklichen Jahren erbaut (Daniel 9, 25).
27 n. Chr.	62 proph. Wochen (434 wirkliche Jahre) nach 408 v. Chr. bringen uns zum Zeitpunkt der Salbung des Messias, der durch den Heiligen Geist für seine Aufgabe geweiht wurde. Das geschah bei der Taufe Jesu durch Johannes im Jordan (Daniel 9. 25-27; Matth. 3. 13-17). Nur noch eine prophetische Woche (7 wirkliche Jahre) von den 70 Wochen wartete auf ihre Erfüllung.
31	In der Mitte der 69. Woche sollte der Messias ausgerottet werden, „jedoch ist kein Fehl an ihm" (Jerusalemer Bibel), Daniel 9, 26. 31 n. Chr. wurde Jesus für uns gekreuzigt (Luk. 23, 33; 46; 1. Petr. 2, 24).
34	Ende der prophezeiten 70 Wochen. Die ersten 490 Jahre der 2300 Jahr-Tag-Vorhersage sind vorbei. Wie in Daniel 9, 24-27 vorhergesagt wurde, sind diese 490 Jahre für die jüdische Nation bestimmt oder zugeteilt. Sie sollten eine letzte Gelegenheit erhalten, ihren Auftrag als Gottes besonderes Bundesvolk zu erfüllen und ihm gerecht zu werden (Dan. 9, 26. 27). Weil sie darin versagten, sollte dann die Gute Nachricht von der Erlösung zu den Heiden gebracht werden. 34 n. Chr. wurde Stephanus als erster christlicher Märtyrer von den Juden zu Tode gesteinigt (Apg. 7, 54-59). Jetzt fehlen noch 1810 Jahre, bis 2300 Jahrtage voll sind.
538	Zu dieser Zeit wird die päpstliche Vorherrschaft eingeführt. Die Weissagung der 1260 Jahrtage beginnt.
1517	Beginn der Großen Reformation, als Martin Luther seine 95 Thesen, in denen er einige der päpstlichen Irrlehren anprangert, an die Tür der Schloßkirche in Wittenberg annagelte.
1798	Ende der 1260 Jahrtage-Weissagung – Ende der päpstlichen Vorherrschaft, Verhaftung des Papstes durch General Berthier (Frankreich), Papst Pius VI starb 18 Monate später im Kerker von Valence, Frankreich.
1844	Das Ende der 2300 Jahrtage, die in Daniel 8, 14 vorhergesagt wurden. Das Untersuchungsgericht und die letzten Versöhnungsaktivitäten setzen ein.

Man braucht 457 volle Jahre vor Chrisuts und 1843 volle Jahre nach Christus, um auf ganze 2300 Jahre zu kommen. Hätte Artaxerxes seinen Erlaß Anfang des Jahres 457 herausgegeben, dann hätten die 2300 Jahrtage sich bis Ende 1843 erstreckt. Doch dieser Erlaß trat erst im Herbst 457 in Kraft, so daß man daraus folgern muß, daß die 2300 Jahrtage erst im Herbst 1844 zu Ende gegangen sind.

de lang vorwärts auf das Lamm Gottes hingewiesen hatte. Der Schatten war im Wesen aufgegangen, und alle Opfer und Gaben des Zeremonialgesetzes sollten hier enden.

Die besonders für die Juden bestimmten siebzig Wochen oder 490 Jahre liefen, wie wir gesehen haben, im Jahre 34 n. Chr. ab. Zu jener Zeit besiegelte das jüdische Volk durch den Beschluß des Hohen Rates die Verwerfung des Evangeliums, indem sie Stephanus steinigte und die Nachfolger Christi verfolgte. Dann wurde die Heilsbotschaft, die hinfort nicht länger auf das auserwählte Volk beschränkt war, der Welt verkündigt. Die Jünger, durch Verfolgung gezwungen, aus Jerusalem zu fliehen, „gingen um und predigten das Wort. Philippus aber kam hinab in eine Stadt in Samarien und predigte ihnen von Christus." (Apg. 8,4.5) Petrus, von Gott geleitet, erschloß dem Hauptmann von Cäsarea, dem gottesfürchtigen Kornelius, das Evangelium, und der eifrige Paulus, für den Glauben an Jesu gewonnen, wurde beauftragt, die frohe Botschaft „ferne zu den Heiden" zu tragen. (Apg. 22,21)

Soweit ist jede Angabe der Weissagung auffallend erfüllt und der Anfang der siebzig Wochen ohne irgendwelchen Zweifel auf 457 v. Chr. und ihr Ablauf auf 34 n. Chr. festgelegt worden. Mittels dieser Angaben ist es nicht schwer, das Ende der 2300 Tage zu finden. Da die siebzig Wochen – 490 Tage – von den 2300 Tagen abgeschnitten sind, bleiben noch 1810 Tage übrig. Nach Beendigung der 490 Tage mußten die 1810 Tage noch erfüllt werden. Vom Jahre 34 n. Chr. erstrecken sich 1810 Jahre bis zum Jahr 1844. Nach dem Ablauf dieser großen prophetischen Zeitspanne sollte nach dem Zeugnis des Engels Gottes „das Heiligtum wieder geweiht [gereinigt] werden." Somit war die Zeit der Weihung oder Reinigung des Heiligtums – das Ereignis, das wie man beinahe allgemein glaubte, zur Zeit des zweiten Kommens stattfinden sollte – genau und bestimmt angegeben.

Miller und seine Mitarbeiter glaubten anfangs, die 2300 Tage würden im Frühling des Jahre 1844 ablaufen, wohingegen die Weissagung auf den Herbst jenes Jahres verweist. (s. die Angaben auf der Zeittafel und auch den Anhang, Anm. 28.) Das Mißverständnis betreffs dieses Punktes brachte denen, die das frühere Datum als die Zeit der Wiederkunft des Herrn angenommen hatten, Enttäuschung und Unruhe. Aber dies beeinträchtigte auch nicht im geringsten die Kraft der Beweisführung, daß die 2300 Tage im Jahre 1844 zu Ende gehen, und daß das große, durch die Weihung (Reinigung) des Heiligtums bezeichnete Ereignis, dann stattfinden mußte.

Als Miller sich an das Studium der Heiligen Schrift gemacht hatte, um zu beweisen, daß sie eine Offenbarung von Gott sei, hatte er nicht die geringste Ahnung, zu dem Schluß zu kommen, den er jetzt erreicht hatte. Er konnte die Ergebnisse seiner Forschung selbst kaum glauben, aber der schriftgemäße Beweis war zu klar und zu stark, als daß er ihn hätte unbeachtet lassen können.

Er hatte zwei Jahre auf das Studium der Bibel verwandt, als er im Jahre 1818 zu der feierlichen Überzeugung kam, daß in ungefähr 25 Jahren Christus zur Erlösung seines Volkes erscheinen würde. „Ich brauche", sagte Miller, „nicht von der Freude zu reden, die im Hinblick auf die entzückende Aussicht mein Herz erfüllte, oder von dem heißen Sehnen meiner Seele nach einem Anteil an den Freuden der Erlösten. Die Bibel galt mir nun als ein neues Buch. Sie war mir in der Tat ein angenehmes geistreiches Gespräch; alles, was mir finster, geheimnisvoll oder dunkel erschien in ihren Lehren, war von dem hellen Licht, das nun aus ihren heiligen Blättern hervorbrach, zerstreut worden; oh, wie glänzend und herrlich erschien die Wahrheit! Alle Widersprüche und Ungereimtheiten, die ich vorher in dem Worte gefunden hatte, waren verschwunden; und wenn auch noch viele Stellen da waren, von denen mir, wie ich überzeugt war, ein volles Verständnis mangelte, so war doch soviel Licht zur Erleuchtung meines vorher verfinsterten Gemütes daraus hervorgegangen, daß ich beim Studium der Heiligen Schrift ein Entzücken empfand, das ich nie geglaubt hätte, aus ihren Lehren erlangen zu können." (Bliß, S. 76. 77.)

„Unter der ernsten Überzeugung, daß so überwältigende Ereignisse, wie sie in der Heiligen Schrift vorhergesagt waren, sich in einem kurzen Zeitraum erfüllen sollten, trat mit gewaltiger Macht die Frage an mich heran, welche Pflicht ich angesichts der Beweise, die mein eigenes Gemüt ergriffen hatten, der Welt gegenüber habe." (Bliß, S. 81.) Miller fühlte, daß es seine Pflicht sei, das Licht, das er empfangen hatte, andern mitzuteilen. Er erwartete von seiten der Gottlosen Widerspruch, war aber voll Zuversicht, daß alle Christen sich der Hoffnung freuen würden, dem Heiland, den sie liebten, zu begegnen. Seine einzige Befürchtung war, daß viele in der großen Freude auf die herrliche Erlösung, die sich so bald erfüllen sollte, die Lehre annehmen würden, ohne hinreichend die Schriftstellen zu prüfen, die diese Wahrheit enthielten. Er zögerte noch, sie vorzutragen, damit er nicht, falls selbst im Irrtum, das Mittel werde, andere irrezuleiten. Dadurch wurde er veranlaßt, die Beweise seiner Schlüsse nochmals zu prüfen, und jede Schwierigkeit, die sich ihm entgegenstellte, sorgfältig zu untersuchen. Er fand, daß die Einwände vor dem Licht des Wortes Gottes verschwanden wie der Nebel vor den Strahlen der Sonne. Nach fünf auf diese Weise zugebrachten Jahren war er vollständig von der Richtigkeit seiner Auslegung überzeugt.

Jetzt drängte sich ihm mit neuer Kraft die Pflicht auf, anderen das bekanntzumachen, was, wie er glaubte, die Heilige Schrift klar lehrte. Er sagte: „Wenn ich meinen Geschäften nachging, tönte es beständig in meinen Ohren: 'Geh und erzähle der Welt von ihrer Gefahr'. Folgende Bibelstelle kam mir immer wieder in den Sinn: 'Wenn ich nun zu dem Gottlosen sage: Du Gottloser mußt des Todes sterben! und du sagst ihm solches nicht, daß sich der Gottlose warnen lasse vor seinem Wesen, so wird wohl der Gottlose um seines gottlosen Wesens willen sterben; aber sein Blut will ich von deiner Hand fordern. Warnest du aber den Gottlosen vor seinem Wesen, daß er sich davon bekehre, und er will sich nicht von seinem Wesen bekehren, so wird er um seiner Sünde willen sterben, und du hast deine Seele errettet.' (Hes. 33,8.9) Ich fühlte, daß, falls die Gottlosen nachdrücklich gewarnt werden könnten, sehr viele Buße tun würden; daß aber, wenn sie nicht gewarnt würden, ihr Blut von meiner Hand gefordert werden würde." (Bliß, S. 92.)

Miller fing an, seine Ansichten im stillen, wie die Gelegenheit sich ihm bot, zu verbreiten und betete, daß irgendein Prediger die Notwendigkeit erkennen und sich ihrer Verbreitung widmen möchte. Aber er konnte die Überzeugung nicht loswerden, daß er in der Verkündigung der Warnung eine persönliche Pflicht zu erfüllen habe. Beständig standen ihm die Worte vor Augen: ‚Geh und sage es der Welt; ihr Blut werde ich von deiner Hand fordern.' Neun Jahre wartete er, und immer noch lastete die Bürde auf seiner Seele, bis er im Jahre 1831 zum ersten Mal öffentlich die Gründe seines Glaubens darlegte.

Wie Elisa von seinen Ochsen auf dem Felde weggerufen wurde, um den Mantel zu empfangen, der ihn zum Prophetenamt weihte, so wurde William Miller aufgefordert, seinen Pflug zu verlassen und dem Volk die Geheimnisse des Reiches Gottes zu verkünden. Mit Zittern trat er sein Werk an, indem er seine Zuhörer Schritt für Schritt durch die prophetischen Abschnitte hindurch bis zu dem zweiten Kommen Christi führte. Mit jeder Anstrengung gewann er Kraft und Mut, denn er sah das weitverbreitete Aufsehen, das durch seine Worte hervorgerufen wurde.

Nur durch anhaltende Aufforderung seiner Glaubensbrüder, in deren Worten er den Ruf Gottes hörte, ließ sich Miller bewegen, seine Auffassungen öffentlich vorzutragen. Er war nun 50 Jahre alt, des öffentlichen Redens ungewohnt und bedrückt von einem Gefühl der Untauglichkeit für das vor ihm liegende Werk. Aber von Anfang an wurden seine Bemühungen zur Rettung von Seelen in einer bemerkenswerten Weise gesegnet. Seinem ersten Vortrag folgte eine religiöse Erweckung, bei der dreizehn Familien mit Ausnahme von zwei Personen bekehrt wurden. Er wurde sofort gebeten, an andern Orten zu sprechen, und fast überall erfolgte eine Wiederbelebung der Sache Gottes. Sünder wurden bekehrt, Christen zu größerer Hingabe angeregt und Deisten und Ungläubige zur Anerkennung der Bibelwahrheiten und der christlichen Religion geführt. Diejenigen, unter denen er arbeitete, bezeugten: „Von ihm wird eine Klasse von Menschen erreicht, die sich von anderen Männern nicht beeinflussen lassen." (Bliß, S. 138.) Seine Predigt war dazu geeignet, das allgemeine Verständnis für die großen Dinge der Religion zu erwecken und die überhandnehmende Weltlichkeit und Sinnlichkeit der Zeit im Zaum zu halten.

Nahezu in jeder Stadt wurden infolge seiner Predigt viele, an etlichen Orten Hunderte, bekehrt. An vielen Orten wurden ihm die protestantischen Kirchen fast aller Bekenntnisse geöffnet, und die Einladungen an Miller kamen gewöhnlich von den Predigern der verschiedenen Gemeinden. Er machte es sich zur Regel, an keinem Ort zu wirken, wohin er nicht eingeladen worden war, doch sah er sich bald außerstande, auch nur der Hälfte dieser Aufforderungen, mit denen man ihn überhäufte, nachzukommen.

Viele, die seine Ansichten hinsichtlich der genauen Zeit des zweiten Kommens Christi nicht annahmen, wurden doch von der Gewißheit und Nähe seines Kommens und der Notwendigkeit einer Vorbereitung überzeugt. In einigen der großen Städte machte Millers Wirken einen sichtbaren Eindruck. Schankwirte gaben ihren Handel auf und verwandelten ihre Trinkstuben in Versammlungssäle; Spielhöllen schlossen; Ungläubige, Deisten, Universalisten und selbst die verkommensten Bösewichte, von denen etliche jahrelang kein Gotteshaus betreten hatten, änderten ihre Gesinnung. Gebetsversammlungen wurden von den verschiedenen Gemeinschaften in allen Stadtvierteln zu fast jeder Tagesstunde eingeführt, und Geschäftsleute versammelten sich am Mittag zum Gebet und Lobgesang. Es herrschte keine schwärmerische Aufregung, sondern ein allgemeiner feierlicher Ernst ruhte auf den Gemütern des Volkes. Sein Wirken, gleich dem der früheren Reformatoren, überzeugte weit mehr den Verstand und erweckte das Gewissen, als es die Gefühle erregte.

Im Jahre 1833 erhielt Miller von der Baptistenkirche, der er angehörte, die Erlaubnis zu predigen. Viele Prediger seiner Gemeinschaft billigten sein Werk, und mit ihrer formellen Gutheißung setzte er sein Wirken fort. Er reiste und predigte unaufhörlich, wenn auch sein persönliches Wirken hauptsächlich auf Neuengland und die mittleren Staaten beschränkt war. Mehrere Jahre lang bestritt er sämtliche Auslagen aus seiner eigenen Kasse und erhielt auch später nicht genug, um die Reisekosten nach den verschiedenen Orten, wohin er geladen wurde, zu decken. So belastete seine öffentliche Arbeit, anstatt ihm einen finanziellen Gewinn zu bringen, sein Eigentum, so daß es während dieses Abschnitts seines Lebens immer weniger wurde. Er war Vater einer großen Familie, da aber alle genügsam und fleißig waren, so reichte sein Landgut sowohl für ihren als auch seinen eigenen Unterhalt aus.

Im Jahre 1833, zwei Jahre nachdem Miller angefangen hatte, die Beweise des baldigen Kommens Christi öffentlich zu verkündigen, erschien das letzte jener Zeichen, die der Heiland als Vorläufer seiner Wiederkunft verheißen hatte. Jesus sagte: „Die Sterne werden vom Himmel fallen", und Johannes erklärte in der Offenbarung, als er im Gesicht die Vorgänge, die den Tag Gottes ankündigen sollten, erblickte: „Die Sterne des Himmels fielen auf die Erde, gleichwie ein Feigenbaum seine Feigen abwirft, wenn er von großem Winde bewegt wird." (Mt. 24,29; Offb. 6,13) Diese Weissagung erfüllte sich treffend und eindrücklich in dem großen Meteorregen vom 13. Nov. 1833. Es war das ausgedehnteste und wunderbarste Schauspiel fallender Sterne, von dem je berichtet worden ist. „Das ganze Himmelsgewölbe über den gesamten Vereinigten Staaten war damals stundenlang in feuriger Bewegung. Noch nie hatte sich von der ersten Ansiedlung an in diesem Land eine Naturerscheinung gezeigt, die mit solch großer Bewunderung von einem Teil der Bevölkerung und mit so viel Schaudern und Bestürzung von den andern Teil betrachtet wurde." „Die Erhabenheit und feierliche Pracht lebt noch heute frisch in manchem Gedächtnis. ... Noch nie ist der Regen dichter auf die Erde gefallen als jene Meteore fielen; im Osten, Westen, Norden und Süden war es gleich. In einem Wort, das ganze Himmelsgewölbe schien in Bewegung zu sein. ... Das Schauspiel, wie Prof. Sillimans Journal es schildert, wurde in ganz Nordamerika gesehen. ... Bei vollkommen klarem und heiterem Himmel wurde von zwei Uhr bis zum hellen Tageslicht ein unaufhörliches Spiel blendend glänzender Lichtkörper am ganzen Himmel unterhalten." (Devens Fortschritt Amerikas, 28. Kap. Abschn. 1-5.)

„Keine Sprache kann der Pracht jenes herrlichen Schauspiels gerecht werden; ... niemand, der es nicht selbst gesehen, kann sich eine entsprechende Vorstellung von seiner Herrlichkeit machen. Es schien, als ob der ganze Sternenhimmel sich in der Nähe des Zenits in einem Punkt gesammelt hätte und mit Blitzesschnelle gleichzeitig nach allen Richtungen des Horizonts hin seine Sterne hervorschieße; und doch wurden diese nicht erschöpft – Tausende folgten schnell der Bahn, die Tausende durcheilt hatten, als seien sie für diesen Anlaß erschaffen." (Christian Advocate and Journal, 13. Dez. 1833.) „Ein genaueres Bild von einem Feigenbaum, der seine Feigen abwirft, wenn er von einem heftigen Wind bewegt wird, kann nicht entworfen werden." (Portland Advertiser, 26. Nov. 1833.)

Im New Yorker „Journal of Commerce" vom 14. Nov. 1833 erschien ein ausführlicher Artikel über diese wunderbare Naturerscheinung, worin es heißt: „Kein Weiser oder Gelehrter hat je, wie ich annehme, eine Erscheinung wie diejenige von gestern morgen mündlich oder schriftlich berichtet. Vor 1800 Jahren hat ein Prophet sie genau vorausgesagt, so wir uns nur die Mühe nehmen wollen, unter Sternenfall das Fallen von Sternen ... in dem allein möglichen Sinne, in dem es buchstäblich wahr sein kann, zu verstehen."

So spielte sich das letzte jener Zeichen seines Kommens ab, worüber Jesus seinen Jüngern sagte: „Also auch, wenn ihr das alles seht, so wisset, daß er nahe vor der Tür ist." (Mt. 24,33) Als das nächste große Ereignis, das nach diesen Zeichen geschah, sah Johannes, daß der Himmel entwich wie ein zusammengerolltes Buch, während die Erde erbebte, die Berge und Inseln aus ihren Örtern bewegt wurden und die Gottlosen vor der Gegenwart des Menschensohnes entsetzt zu fliehen suchten. (Offb. 6,12-17)

Viele, die Augenzeugen von dem Sternenfall waren, sahen ihn als den Vorboten des kommenden Gerichts an, „als ein schreckliches Vorbild, einen sicheren Vorläufer, ein barmherziges Zeichen jenes großen und schrecklichen Tages." (Portland Advertiser, 26. Nov. 1833.) Auf diese Weise wurde die Aufmerksamkeit auf die Erfüllung der Weissagung gerichtet, und viele wurden dadurch veranlaßt, die Botschaft von dem zweiten Kommen Christi zu beachten.

Im Jahre 1840 erregte eine andere merkwürdige Erfüllung der Weissagung große Aufmerksamkeit. Zwei Jahre zuvor hatte Josia Litch, einer der leitenden Prediger, die das zweite Kommen Christi verkündigten, eine Auslegung des neunten Kapitels der Offenbarung veröffentlicht, in der der Fall des Osmanischen Reiches vorhergesagt wurde. Seiner Berechnung gemäß sollte diese Macht im Jahre 1840 im Monat August gestürzt werden; und nur wenige Tage vor der Erfüllung schrieb er: „Wenn wir zugeben, daß die erste Zeitperiode, 150 Jahre, sich genau erfüllt hatte, ehe Konstantin XI. mit der Erlaubnis der Türken den Thron bestieg, und daß die 391 Jahre und 15 Tage am Schluß der ersten Zeitperiode anfingen, so müssen sie am 11. August enden, wenn man erwarten darf, daß die osmanische Macht in Konstantinopel gebrochen werden wird. Und ich glaube gewiß, daß dies der Fall sein wird." ('Signs of the Times and Expositors of Prophecy', 1. Aug. 1840.)

Genau zu der bezeichneten Zeit nahm die Türkei durch ihre Gesandten den Schutz der vereinigten Großmächte Europas an und stellte sich auf diese Weise unter die Aufsicht der christlichen Nationen. Dieses Ereignis erfüllte die Weissagung genau. (s. Anhang, Anm. 29.) Als es bekannt wurde, gewannen viele die Überzeugung, daß die Grundsätze der prophetischen Auslegung, wie Miller und seine Gefährten sie angenommen hatten, richtig seien, und ein wunderbarer Antrieb wurde der Adventbewegung gegeben. Gelehrte und angesehene Männer vereinigten sich mit Miller, um zu predigen und die Botschaft zu veröffentlichen, und von 1840 bis 1844 dehnte sich das Werk rasch aus.

William Miller besaß große geistige Gaben, geschult durch Nachdenken und Studium; und diesen fügte er die Weisheit des Himmels hinzu, indem er sich mit der Quelle der Weisheit verband. Er war ein Mann von echtem Ansehen, der Achtung und Wertschätzung einflößen mußte, wo Rechtschaffenheit des Charakters und sittliche Vorzüge geschätzt wurden. Er besaß wahre Herzensfreundlichkeit, verbunden mit christlicher Demut und der Macht der Selbstbeherrschung, war aufmerksam und liebenswürdig gegen alle, bereit, auf die Meinungen anderer zu hören und ihre Beweisgründe zu prüfen. Ohne Leidenschaft oder Aufregung prüfte er alle Theorien und Lehren mit dem Wort Gottes; und sein gesundes Denken sowie seine gründliche Kenntnis der Heiligen Schrift befähigten ihn, den Irrtum zu widerlegen und die Lügen bloßzustellen.

Dennoch verfolgte er sein Werk nicht ohne schweren Widerstand. Es ging ihm wie den früheren Reformatoren: die Wahrheiten, die er verkündigte, wurden von den beim Volk beliebten Lehrern ungünstig aufgenommen. Da sie ihre Stellung nicht durch die Heilige Schrift aufrechterhalten konnten, waren sie gezwungen, ihre Zuflucht zu den Aussprüchen und Lehren von Menschen, den Überlieferungen der Väter zu nehmen. Aber Gottes Wort war das einzige von den Predigern der Adventwahrheit angenommene Zeugnis. „Die Bibel und die Bibel allein!" war ihr Losungswort. Der Mangel an biblischen Beweisen seitens ihrer Gegner wurde durch Hohn und Spott ersetzt. Zeit, Mittel und Fähigkeiten wurden angewandt, um diejenigen zu verunglimpfen, die nur dadurch Anstoß gaben, daß sie mit Freuden die Wiederkehr ihres Herrn erwarteten und danach strebten, ein heiliges Leben zu führen und andere zu ermahnen, sich auf sein Erscheinen vorzubereiten.

Es wurden ernsthafte Anstrengungen unternommen, die Gemüter des Volkes von der Wiederkunft Christi abzulenken. Es wurde als Sünde, als etwas, dessen sich die Menschen schämen müßten, hingestellt, die Weissagungen zu erforschen, die sich auf das Kommen Christi und das Ende der Welt beziehen. Auf diese Weise untergruben die beim Volk beliebten Prediger den Glauben an das Wort Gottes. Ihre Lehren machten die Menschen zu Ungläubigen, und viele fühlten sich frei, nach ihren eigenen gottlosen Gelüsten zu wandeln. Die Urheber des Übels aber legten alles den Adventisten zur Last.

Während Millers Name Scharen verständiger und aufmerksamer Zuhörer anzog, wurde er in der religiösen Presse selten genannt, ausgenommen, um ihn ins Lächerliche zu ziehen oder zu beschuldigen. Die Gleichgültigen und Gottlosen, kühner gemacht durch die Stellung religiöser Lehrer, griffen in ihren Bemühungen, Schmach auf ihn und sein Werk zu häufen, zu schändlichen Ausdrücken, zu gemeinen und gotteslästerlichen Witzeleien. Der altersgraue Mann, der die Bequemlichkeiten seines häuslichen Herdes verlassen hatte, um auf eigene Kosten von Stadt zu Stadt, von Dorf zu Dorf zu reisen, der sich unaufhörlich abmühte, der Welt die ernste Warnung von dem bevorstehenden Gericht zu verkündigen, wurde höhnisch als Schwärmer, Lügner und vorwitziger Schalk verschrieen.

Der auf ihn gehäufte Spott, die Verleumdungen und Schmähungen riefen sogar bei der weltlichen Presse entrüsteten Widerstand hervor. „Einen Gegenstand von so überwältigender Hoheit und furchtbaren Folgen mit Leichtfertigkeit und Scherz behandeln, erklärten weltlich gesinnte Männer, hieße nicht nur mit den Gefühlen seiner Vertreter und Verteidiger sein Spiel treiben, sondern auch den Tag des Gerichts ins Lächerliche ziehen, die Gottheit selbst verhöhnen und sich über die Schrecken jenes Gerichts lustig machen." (Bliß, S. 183.)

Der Anstifter alles Übels versuchte nicht nur der Wirkung der Adventbotschaft entgegenzuarbeiten, sondern auch den Botschafter selbst umzubringen. Miller wandte die biblische Wahrheit praktisch auf die Herzen seiner Hörer an, rügte ihre Sünden und beunruhigte ihre Selbstzufriedenheit, und seine einfachen, schneidenden Worte erregten ihre Feindschaft. Durch den bekundeten Widerstand der Kirchenglieder wurden die niederen Volksklassen ermutigt, noch weiterzugehen, und Feinde schmiedeten Pläne, ihm beim Verlassen der Versammlung das Leben zu nehmen. Doch heilige Engel waren unter der Menge, und einer von ihnen, in Gestalt eines Mannes, nahm diesen Knecht Gottes beim Arm und geleitete ihn durch den zornigen Pöbelhaufen in Sicherheit. Sein Werk war noch nicht beendet, und Satan und seine Sendboten fanden sich in ihren Absichten getäuscht.

Trotz allen Widerstandes vermehrte sich das Interesse an der Adventbewegung. Von Dutzenden und Hunderten von Zuhörern waren die Versammlungen auf viele Tausende angewachsen. Die verschiedenen Gemeinschaften hatten großen Zuwachs erfahren; nach etlicher Zeit aber offenbarte sich der Geist des Widerstandes auch gegen diese Bekehrten, und man fing an, diejenigen zu maßregeln, die Millers Ansichten teilten. Dieses Vorgehen rief eine Erwiderung aus seiner Feder in einer Denkschrift an die Christen aller Gemeinschaften hervor, worin er geltend machte, daß, falls seine Lehren falsch seien, man ihm seinen Irrtum aus der Bibel beweisen solle.

„Was haben wir geglaubt", sagte er, „das zu glauben uns nicht durch das Wort Gottes geboten wurde, das, wie ihr selbst zugebt, die Regel und zwar die einzige Regel unseres Glaubens und Wandels ist? Was haben wir getan, das solche giftigen Anschuldigungen von der Kanzel und der Presse gegen uns herausfordern und euch eine gerechte Ursache geben sollte, uns [Adventisten] aus euren Kirchen und eurer Gemeinschaft auszuschließen?" „Haben wir unrecht, so zeigt uns doch, worin unser Unrecht besteht, zeigt uns aus dem Wort Gottes, daß wir im Irrtum sind. Der Verspottung haben wir genug gehabt, dadurch werden wir nie überzeugt, daß wir unrecht haben; das Wort Gottes allein kann unsere Ansichten ändern. Unsere Schlüsse wurden überlegt und unter Gebet gemacht, da wir die Beweise in der Heiligen Schrift fanden." (Bliß, S. 250-252.)

Von Jahrhundert zu Jahrhundert sind den Warnungen, die Gott durch seine Knechte der Welt gesandt hat, der gleiche Zweifel und Unglaube entgegengebracht worden. Als die Gottlosigkeit der vorsintflutlichen Menschen ihn veranlaßte, eine Wasserflut über die Erde zu bringen, tat er ihnen erst seine Absicht kund, damit sie Gelegenheit hätten, sich von ihren bösen Wegen abzuwenden. Hundertundzwanzig Jahre scholl der Warnungsruf an ihre Ohren, Buße zu tun, damit der Zorn Gottes sich nicht in ihrem Untergang offenbare. Aber die Botschaft schien ihnen wie eine eitle Mär, und sie glaubten ihr nicht. In ihrer Gottlosigkeit bestärkt, verspotteten sie den Boten Gottes, verschmähten seine Bitten und beschuldigten ihn sogar der Vermessenheit. Wie darf es ein Mann wagen, gegen alle Großen der Erde aufzutreten? Wäre Noahs Botschaft wahr, warum würde dann nicht alle Welt sie erkennen und glauben? Was ist eines Mannes Behauptung gegenüber der Weisheit von Tausenden! Sie wollten weder der Warnung Glauben schenken noch Zuflucht in der Arche suchen.

Spötter wiesen auf die Dinge der Natur hin – auf die unveränderliche Reihenfolge der Jahreszeiten, auf den blauen Himmel, der noch nie Regen herabgesandt hatte, auf die grünen Gefilde, erfrischt durch den milden Tau der Nacht – und riefen aus: ‚Redet er nicht in Gleichnissen?' Geringschätzend erklärten sie den Prediger der Gerechtigkeit für einen wilden Schwärmer, jagten eifriger ihren Vergnügungen nach und blieben beharrlicher denn je auf ihren bösen Wegen. Doch verhinderte ihr Unglaube nicht das vorhergesagte Ereignis. Gott duldete ihre Gottlosigkeit lange und gab ihnen reichlich Gelegenheit zur Buße; aber seine Gerichte ergingen zur bestimmten Zeit über die, die seine Gnade verwarfen.

Christus erklärt, daß ähnlicher Unglaube bezüglich seines zweiten Kommens herrschen werde. Wie auch mit den Menschen zu Noahs Zeiten, „sie beachteten es nicht, bis die Sintflut kam und raffte sie alle dahin –, so" wird es nach den Worten des Heilandes „auch sein beim Kommen des Menschensohnes." (Mt. 24,39) Wenn das bekenntliche Volk Gottes sich mit der Welt vereint, wandelt, wie sie wandelt, und mit ihr teilnimmt an ihren verbotenen Vergnügungen; wenn die Üppigkeit der Welt zur Üppigkeit der Kirche wird, wenn die Hochzeitsglocken klingen und alle Menschen vielen Jahren weltlichen Gedeihens entgegensehen –

dann, plötzlich wie der Blitz vom Himmel herabfährt, wird das Ende ihrer glänzenden Vorspiegelungen und trügerischen Hoffnungen kommen.

Wie Gott seinen Diener sandte, um die Welt vor der kommenden Sintflut zu warnen, so sandte er auserwählte Boten, um das Nahen des Jüngsten Gerichts bekanntzumachen. Und wie Noahs Zeitgenossen die Vorhersagen des Predigers der Gerechtigkeit höhnend verlachten, so spotteten auch zur Zeit Millers viele, sogar aus dem bekenntlichen Volke Gottes, über diese Warnung.

Und warum war die Lehre und das Predigen vom zweiten Kommen Christi den Kirchen so unwillkommen? Während die Ankunft des Herrn den Gottlosen Wehe und Verderben bringt, ist sie für die Gerechten voller Freude und Hoffnung. Diese große Wahrheit gereichte den Gottgetreuen durch alle Zeitalter hindurch zum Trost; warum war sie jetzt wie ihr Urheber seinem bekenntlichen Volk zu einem Stein des Anstoßes und einem Fels des Ärgernisses geworden? Hatte doch unser Heiland selbst seinen Jüngern die Verheißung gegeben: „Wenn ich hingehe, euch die Stätte zu bereiten, so will ich wiederkommen und euch zu mir nehmen." (Joh. 14,3) Als der mitleidsvolle Erlöser die Verlassenheit und den Kummer seiner Nachfolger voraussah, beauftragte er Engel, sie mit der Versicherung zu trösten, daß er persönlich wiederkommen werde, geradeso wie er in den Himmel aufgefahren war. Als die Jünger dort standen und zum Himmel aufschauten, um einen letzten Blick auf den zu werfen den sie liebten, wurde ihre Aufmerksamkeit auf die Worte gerichtet: „Ihr Männer von Galiläa, was steht ihr und sehet gen Himmel? Dieser Jesus, der von euch ist aufgenommen gen Himmel, wird kommen, wie ihr ihn gesehen habt gen Himmel fahren." (Apg. 1,11) Durch die Botschaft des Engels wurde ihre Hoffnung neu angefacht. Die Jünger „kehrten zurück nach Jerusalem mit großer Freude und waren allezeit im Tempel und priesen Gott." (Lk. 24,52.53) Sie freuten sich nicht, weil Jesus von ihnen getrennt war und sie jetzt im Kampf mit den Prüfungen und Versuchungen der Welt alleinstanden, sondern sie frohlockten wegen der Versicherung des Engels, daß Jesus wiederkommen werde.

Die Verkündigung des Kommens Christi sollte wie damals, als sie durch die Engel den Hirten von Bethlehem gebracht wurde, eine Botschaft großer Freude sein. Alle, die den Heiland wahrhaft liebhaben, können die auf Gottes Wort gegründete Botschaft nur mit Freuden begrüßen, jene Botschaft, daß der, der Mittelpunkt ihrer Hoffnung auf ein ewiges Leben ist, wiederkommen soll – nicht um wie bei seinem ersten Kommen ge-schmäht, verachtet und verworfen zu werden, sondern um in Macht und Herrlichkeit sein Volk zu erlösen. Alle, die den Hei-land nicht lieben, wünschen, daß er wegbleiben möge, und es kann keinen folgerichtigeren Beweis dafür geben, daß die Kir-chen von Gott abgefallen sind, als die Erbitterung und die Feind-seligkeit, die durch diese von Gott gesandte Botschaft ausgelöst wird.

Wer die Botschaft von der Wiederkunft Christi annahm, er-kannte die Notwendigkeit der Reue und Demütigung vor Gott. Viele hatten lange hin und her geschwankt zwischen Christus und der Welt, fühlten aber nun, daß es Zeit sei, einen festen Stand-punkt einzunehmen. „Die Dinge der Ewigkeit nahmen für sie eine ungewöhnliche Wirklichkeit an. Der Himmel wurde ihnen nahe gebracht, und sie fühlten sich vor Gott schuldig." (Bliß, S. 146.) Christen erwachten zu neuem geistlichen Leben. Sie er-faßten, daß die Zeit kurz sei und daß bald getan werden müsse, was sie für ihre Mitmenschen tun wollten. Das Irdische trat in den Hintergrund, die Ewigkeit schien sich vor ihnen aufzutun, und die Angelegenheiten, das ewige Wohl und Wehe der Seele betreffend, stellten alle zeitlichen Fragen in den Schatten. Der Geist Gottes ruhte auf ihnen und verlieh ihrem ernsten Aufruf an ihre Brüder und an Sünder zur Vorbereitung auf den Tag Gottes besondere Kraft. Das stille Zeugnis ihres täglichen Wandels war den scheinheiligen und unbekehrten Kirchengliedern ein bestän-diger Vorwurf. Sie wünschten, in ihrem Jagen nach Vergnügen, ihrem Hang zum Gelderwerb und ihrem Streben nach weltlicher Ehre nicht gestört zu werden. Auf diese Weise entstand Feind-schaft und Widerstand gegen die Adventwahrheit und ihre Ver-kündiger.

Da die Beweisführungen aus den prophetischen Zeitabschnit-ten nicht erschüttert werden konnten, bemühten sich die Gegner, von der Untersuchung dieses Themas abzuraten, indem sie lehr-ten, die Weissagungen seien versiegelt. Also folgten die Prote-stanten den Fußtapfen der römisch-katholischen Kirche. Wäh-rend die päpstliche Kirche den Laien die Bibel (s. Anhang, Anm. 30.) vorenthielt, behaupteten die protestantischen Kirchen, daß ein wichtiger Teil des heiligen Wortes – und zwar jener Teil, der insbesondere auf unsere Zeit verweisende Wahrheiten vorführt – nicht verstanden werden könne.

Prediger und Volk erklärten, die Weissagungen Daniels und der Offenbarung seien unverständliche Geheimnisse. Aber Christus hatte seine Jünger bezüglich der Ereignisse, die in ihrer Zeit stattfinden sollten, auf die Worte des Propheten Daniel verwiesen und gesagt: „Wer das liest, der merke darauf!" (Mt. 24,15) Der Behauptung, daß die Offenbarung ein Geheimnis sei, das nicht verstanden werden könne, widerspricht schon der Titel des Buches: „Dies ist die Offenbarung Jesu Christi, die ihm Gott gegeben hat, seinen Knechten zu zeigen, was in der Kürze geschehen soll. ... Selig ist, der da liest und die da hören die Worte der Weissagung und behalten, was darin geschrieben ist; denn die Zeit ist nahe." (Offb. 1,1-3)

Der Prophet sagt: „Selig ist, der da liest" – es gibt solche, die nicht lesen wollen; der Segen ist nicht für sie. „Und die da hören" – es gibt auch etliche, die sich weigern, etwas von den Weissagungen anzuhören; der Segen gilt auch nicht für diese Gruppe von Menschen. „Und bewahren, was darin geschrieben ist" – viele weigern sich, auf die in der Offenbarung enthaltenen Warnungen und Unterweisungen achtzugeben; auch sie können den verheißenen Segen nicht beanspruchen. Alle, die die Weissagungen ins Lächerliche ziehen und über die hier feierlich gegebenen Sinnbilder spotten; alle, die sich weigern, ihr Leben umzugestalten und sich auf die Zukunft des Menschensohnes vorzubereiten, werden ohne Segen bleiben.

Wie können Menschen es wagen, im Hinblick auf das Zeugnis der göttlichen Eingebung zu lehren, daß die Offenbarung ein Geheimnis sei, das über den Bereich des menschlichen Verständnisses hinausgehe? Sie ist ein offenbartes Geheimnis, ein geöffnetes Buch. Das Studium der Offenbarung lenkt die Gedanken auf die Weissagungen Daniels, und beide enthalten höchst wichtige Unterweisungen, die Gott den Menschen über die am Ende der Weltgeschichte stattfindenden Ereignisse gegeben hat.

Johannes wurde ein tiefer und durchdringender Einblick in die Erfahrungen der Gemeinde eröffnet. Er schaute die Stellung, die Gefahren, die Kämpfe und die schließliche Befreiung des Volkes Gottes. Er vernahm die Schlußbotschaften, die die Ernte der Erde zur Reife bringen werden, entweder als Garben für die himmlischen Scheunen oder als Bündel für das Feuer der Vernichtung. Höchst wichtige Dinge wurden ihm besonders für die letzte Gemeinde offenbart, damit die, die sich vom Irrtum zur Wahrheit wenden würden, hinsichtlich der ihnen bevorstehenden Gefahren und Kämpfe unterrichtet würden. Niemand braucht bezüglich der kommenden Ereignisse auf Erden im unklaren zu sein.

Warum denn diese weitverbreitete Unkenntnis über einen wichtigen Teil der Heiligen Schrift? Woher diese allgemeine Abneigung, ihre Lehren zu untersuchen? Es ist die Folge eines wohlberechneten Planes Satans, vor den Menschen das zu verbergen, wodurch seine Täuschungen offenbar werden. Aus diesem Grunde sprach Christus, der Offenbarer, den Kampf gegen das Studium der Offenbarung voraussehend, einen Segen über alle aus, die da lesen, hören und die Worte der Weissagung beachten.

19 Licht durch Finsternis

Durch alle Jahrhunderte hindurch zeigt sich das Werk Gottes auf Erden, in jeder großen Reformation oder religiösen Bewegung, mit auffallender Ähnlichkeit. Gott verfährt mit den Menschen stets nach den gleichen Grundsätzen. Die wichtigen Bewegungen der Gegenwart finden ihr Gegenstück in denen der Vergangenheit, und die Erfahrungen der Gemeinde früherer Zeiten bieten wertvolle Lehren für unsere eigene Zeit.

Daß Gott durch seinen Heiligen Geist seine Diener auf Erden in ganz besonderer Weise in den großen Bewegungen zur Weiterführung des Heilswerkes lenkt, wird in der Bibel deutlich gelehrt. Menschen sind Werkzeuge in Gottes Hand; er bedient sich ihrer, um seine Absichten der Gnade und der Barmherzigkeit auszuführen. Jeder hat seine Aufgabe; einem jeden ist ein Maß des Lichtes verliehen, den Erfordernissen seiner Zeit entsprechend und hinreichend, um ihn zur Verrichtung des Werkes, das Gott ihm auferlegt hat, zu befähigen. Aber kein Mensch, wie sehr er auch vom Himmel geehrt werden mag, hat vollständige Erkenntnis des großen Erlösungsplanes erlangt oder auch nur die göttliche Absicht in dem Werk für seine eigene Zeit völlig erkannt. Die Menschen verstehen nicht völlig, was Gott durch das Werk, das er ihnen zu tun gibt, ausführen möchte; sie begreifen die Botschaft, die sie in seinem Namen verkündigen, nicht in ihrer ganzen Tragweite.

„Meinst du, daß du weißt, was Gott weiß, oder kannst du alles so vollkommen treffen wie der Allmächtige?" „Denn meine Gedanken sind nicht eure Gedanken, und eure Wege sind nicht meine Wege, spricht der Herr; sondern so viel der Himmel höher ist als die Erde, so sind auch meine Wege höher als eure Wege und meine Gedanken als eure Gedanken." „Ich bin Gott, und sonst keiner mehr, ein Gott, dem nichts gleicht. Ich habe von Anfang an verkündet, was hernach kommen soll, und vorzeiten, was noch nicht geschehen ist." (Hiob 11,7; Jes. 55,8.9; 46,9.10)

Selbst die Propheten, die durch die besondere Erleuchtung des Geistes begünstigt worden waren, erfaßten die Bedeutung der ihnen anvertrauten Offenbarungen nicht völlig. Der Sinn sollte nach und nach entfaltet werden, je nachdem das Volk Gottes die darin enthaltenen Belehrungen benötigen würde.

Petrus schrieb von der durch das Evangelium ans Licht gebrachten Erlösung und sagte: „Nach dieser Seligkeit haben gesucht und geforscht die Propheten, die von der Gnade geweissagt haben, die für euch bestimmt ist, und haben geforscht, auf welche und welcherlei Zeit der Geist Christi deutete, der in ihnen war und zuvor bezeugt hat die Leiden, die über Christus kommen sollten, und die Herrlichkeit darnach. Ihnen ist offenbart worden, daß sie nicht sich selbst, sondern euch dienen sollen." (1. Petr. 1,10-12)

Obgleich es den Propheten nicht verliehen war, die ihnen offenbarten Dinge völlig zu verstehen, suchten sie doch ernstlich alles Licht zu gewinnen, das Gott ihnen zu gewähren für gut befand. Sie suchten und forschten, auf welche und welcherlei Zeit der Geist Christi, der in ihnen war, deutete. Welch eine Lehre für die Kinder Gottes im christlichen Zeitalter, zu deren Nutzen diese Weissagungen seinen Knechten gegeben wurden! Nicht für sie selbst, sondern damit sie es uns darreichten. Schaut diese heiligen Männer Gottes an, die bezüglich der ihnen gegebenen Offenbarungen für Geschlechter, die noch nicht geboren waren, gesucht und geforscht haben. Stellt ihren heiligen Eifer der sorglosen Gleichgültigkeit gegenüber, mit der die Bevorzugten späterer Jahrhunderte diese Gabe des Himmels behandelten. Welch ein Vorwurf für die bequeme, weltliebende Gleichgültigkeit, die sich mit der Erklärung zufrieden gibt, die Weissagungen könnten nicht verstanden werden!

Obwohl der beschränkte menschliche Verstand unzulänglich ist, in den Rat des Ewigen einzudringen oder das Ende seiner Absichten völlig zu verstehen, so ist es doch oft Folge eines Irrtums oder einer Vernachlässigung seitens der Menschen, daß sie die Botschaften vom Himmel nur so unklar erfassen. Häufig sind die Gemüter, sogar der Knechte Gottes, durch menschliche Anschauungen, Satzungen und falsche Lehren so verblendet, daß sie die großen Dinge, die er in seinem Wort offenbart hat, nur teilweise begreifen können. So verhielt es sich mit den Jüngern Christi, sogar als der Heiland persönlich mit ihnen war. Ihr Verständnis war durchdrungen von den volkstümlichen Begriffen über den Messias als einem weltlichen Fürsten, der Israel auf den Thron eines Weltreiches erheben sollte, und sie konnten die Bedeutung seiner Worte, mit denen er seine Leiden und seinen Tod voraussagte, nicht begreifen.

Christus selbst hatte sie mit der Botschaft hinausgesandt: „Die Zeit ist erfüllt, und das Reich ist herbeigekommen. Tut Buße und glaubt an das Evangelium!" (Mk. 1,15) Diese Botschaft gründete sich auf Daniel 9. Der Engel erklärte dort, daß die 69 Wochen bis auf Christus, den Fürsten, reichen sollten; und mit großen Hoffnungen und freudiger Erwartung blickten die Jünger vorwärts auf die Errichtung des messianischen Reiches in Jerusalem, das über die ganze Erde herrschen sollte.

Sie predigten die ihnen von Christus anvertraute Botschaft, obgleich sie selbst ihren Sinn mißverstanden. Während sich die Verkündigung auf Daniel 9, 25 stützte, übersahen sie, daß – nach dem nächsten Vers des gleichen Kapitels – der Gesalbte ausgerottet werden sollte. Von ihrer frühesten Jugend an hing ihr Herz an der vorausempfundenen Herrlichkeit eines irdischen Reiches, und dadurch wurde ihr Verstand verblendet, sowohl hinsichtlich der Angaben der Weissagung als auch der Worte Christi.

Sie erfüllten ihre Pflicht, indem sie der jüdischen Nation die Einladung der Barmherzigkeit anboten und dann, gerade zu der Zeit, als sie erwarteten, daß ihr Herr den Thron Davids einnehmen werde, sahen sie ihn wie einen Übeltäter ergriffen, gegeißelt, verspottet, verurteilt und an das Kreuz von Golgatha geschlagen. Welche Verzweiflung und Seelenqual marterte die Herzen der Jünger während der Tage, da ihr Herr im Grabe schlief!

Christus war zur genauen Zeit und auf die in der Weissagung angedeutete Art und Weise gekommen. Das Zeugnis der Schrift war in jeder Einzelheit seines Lehramtes erfüllt worden. Er hatte die Botschaft des Heils verkündigt, und „seine Rede war gewaltig". Seine Zuhörer hatten es an ihren Herzen erfahren, daß sie vom Himmel war. Das Wort und der Geist Gottes bestätigten die göttliche Sendung seines Sohnes.

Die Jünger hingen noch immer mit unveränderter Hingabe an ihrem geliebten Meister; und doch waren ihre Gemüter in Ungewißheit und Zweifel gehüllt. In ihrer Seelenangst gedachten sie nicht der Worte Christi, die auf seine Leiden und seinen Tod hinwiesen. Wäre Jesus von Nazareth der wahre Messias gewesen, würden sie dann auf diese Weise in Täuschung und Schmerz gestürzt worden sein? Diese Frage quälte ihre Seelen, als der Heiland während der hoffnungslosen Stunden jenes Sabbats, der zwischen seinem Tod und seiner Auferstehung lag, in seinem Grabe ruhte.

Obgleich die Nacht der Sorgen sich finster um diese Nachfolger Christi zusammenzog, so waren sie doch nicht verlassen. Der

Prophet sagte: „Und wenn ich auch im Finstern sitze, so ist doch der Herr mein Licht. ... Er wird mich ans Licht bringen, daß ich seine Gnade schaue." „So wäre auch Finsternis nicht finster bei dir, und die Nacht leuchtete wie der Tag, Finsternis ist wie das Licht." Gott hatte gesagt: „Den Frommen geht das Licht auf in der Finsternis." „Aber die Blinden will ich auf dem Wege leiten, den sie nicht wissen; ich will sie führen auf den Steigen, die sie nicht kennen. Ich will die Finsternis vor ihnen her zum Licht machen und das Höckerige zur Ebene. Das alles will ich tun und nicht davon lassen." (Micha 7,8.9; Ps.139,12; 112,4; Jes. 42,16)

Die Verkündigung, die die Jünger im Namen des Herrn gemacht hatten, war in jeder Hinsicht richtig, und die Ereignisse, auf welche sie verwiesen, spielten sich gerade zu der Zeit ab. „Die Zeit ist erfüllet, das Reich Gottes ist herbeigekommen!" war ihre Botschaft gewesen. Beim Ablauf der Zeit – der 69 Wochen von Daniel 9, welche bis auf den Messias, „den Gesalbten", reichen sollten – hatte Christus nach seiner Taufe durch Johannes im Jordan die Salbung des Heiligen Geistes empfangen. Und das Himmelreich, welches sie als herbeigekommen erklärt hatten, wurde beim Tode Christi aufgerichtet. Dies Reich war nicht, wie man sie gelehrt hatte, ein irdisches Reich; auch war es nicht das zukünftige unvergängliche Reich, das erst aufgerichtet werden wird, wenn „das Reich, die Gewalt und Macht unter dem ganzen Himmel dem heiligen Volk des Höchsten gegeben werden wird, des Reich ewig ist", und alle Gewalt ihm dienen und gehorchen wird. (Dan. 7,27) In der Bibelsprache wird der Ausdruck „Himmelreich" gebraucht, um beide, das Reich der Gnade und das Reich der Herrlichkeit, zu bezeichnen. Das Reich der Gnade wird uns von Paulus im Hebräerbrief vor Augen geführt. Nachdem er auf Christus, den mitleidsvollen Fürsprecher hingewiesen hat, der Mitleid mit unserer Schwachheit hat, fährt der Apostel fort: „Darum lasset uns hinzutreten mit Zuversicht zu dem Thron der Gnade, damit wir Barmherzigkeit empfangen und Gnade finden." (Hebr. 4,16) Der Gnadenstuhl oder Gnadenthron stellt das Gnadenreich vor, denn das Dasein eines Thrones setzt das Vorhandensein eines Reiches voraus. In vielen seiner Gleichnisse wendet Christus den Ausdruck „das Himmelreich" an, um das Werk der göttlichen Gnade an den Herzen der Menschen zu bezeichnen.

So stellt der Stuhl der Herrlichkeit das Reich der Herrlichkeit vor; und auf dies Reich wird Bezug genommen in den Worten des Heilandes: „Wenn aber des Menschen Sohn kommen wird in seiner Herrlichkeit, und alle Engel mit ihm, dann wird er sitzen auf dem Thron seiner Herrlichkeit, und alle Völker werden vor ihm versammelt werden." (Matth. 25,31.32) Dies Reich ist noch zukünftig. Es wird erst bei der Wiederkunft Christi aufgerichtet werden.

Das Reich der Gnade wurde unmittelbar nach dem Sündenfall eingesetzt, als ein Plan zur Erlösung des schuldigen Menschengeschlechts angenommen wurde. Es bestand damals in der Absicht und der Verheißung Gottes, und durch den Glauben konnten die Menschen seine Untertanen werden. Tatsächlich wurde es jedoch erst beim Tode Christi aufgerichtet. Noch nach dem Antritt seiner irdischen Mission hätte der Heiland, ermattet von der Hartnäckigkeit und Undankbarkeit der Menschen, sich von dem auf Golgatha darzubringenden Opfer zurückziehen können. In Gethsemane zitterte der Leidenskelch in seiner Hand. Selbst da noch hätte er den Blutschweiß von seiner Stirn wischen und das schuldige Geschlecht in seiner Sünde zugrunde gehen lassen können. Dann aber hätte es keine Erlösung für den gefallenen Menschen gegeben. Doch als der Heiland sein Leben hingab und mit seinem letzten Atemzug ausrief: „Es ist vollbracht!" da war die Durchführung des Erlösungsplanes sichergestellt. Die Verheißung des Heils, dem sündigen Paar in Eden gegeben, war bestätigt. Das Reich der Gnade, welches zuvor in der Verheißung Gottes bestanden hatte, war nun aufgerichtet.

Somit gereichte der Tod Christi – gerade das Ereignis, welches die Jünger als den gänzlichen Untergang ihrer Hoffnung betrachtet hatten – dazu, dieselbe auf ewig sicher zu stellen. Während der Tod ihnen eine grausame Enttäuschung bereitet hatte, war er der höchste Beweis, daß ihr Glaube richtig gewesen war. Das Ereignis, das sie mit Trauer und Verzweiflung erfüllt hatte, tat einem jeden Kind Adams die Tür der Hoffnung auf, und in ihm gipfelte das zukünftige Leben und die ewige Glückseligkeit aller Gottgetreuen aus allen Zeitaltern.

Absichten unendlicher Barmherzigkeit gingen gerade durch die Enttäuschung der Jünger in Erfüllung. Während ihre Herzen von der göttlichen Anmut und Macht der Lehre dessen, „der da redete, wie noch nie ein Mensch geredet" hatte, gewonnen worden waren, war dennoch mit dem reinen Gold ihrer Liebe zu Jesus die wertlose Schlacke weltlichen Stolzes und selbstsüchtigen Ehrgeizes vermengt. Noch im oberen Saal, der für das Essen des Passahlammes hergerichtet war, in jener feierlichen Stunde, da der Meister schon in den Schatten Gethsemanes trat, „erhob sich auch ein Streit unter ihnen, wer von ihnen als der Größte gelten solle." (Lk. 22,24) Vor ihren Augen schwebte das Bild des Thrones, der Krone und der Herrlichkeit, während unmittelbar vor ihnen die Schmach und Seelenangst des Gartens, das Richthaus und das Kreuz auf Golgatha lagen. Es war der Stolz ihres Herzens, ihr Durst nach weltlicher Ehre, wodurch sie verleitet wurden, hartnäckig die falschen Lehren ihrer Zeit festzuhalten und die Worte des Heilandes, die die wahre Beschaffenheit seines Reiches beschrieben und auf seine Leiden und seinen Tod hinwiesen, unbeachtet zu lassen. Und diese Irrtümer hatten die schwere aber notwendige Prüfung zur Folge, die zu ihrer Besserung zugelassen wurde. Obgleich die Jünger den Sinn ihrer Botschaft verkehrt aufgefaßt hatten und sie ihre Erwartungen nicht verwirklicht sahen, so hatten sie doch die ihnen von Gott aufgetragene Warnung verkündigt, und der Herr wollte ihren Glauben belohnen und ihren Gehorsam ehren. Ihnen sollte das Werk anvertraut werden, das herrliche Evangelium von ihrem auferstandenen Herrn unter allen Völkern zu verbreiten. Um sie dazu geschickt zu machen, wurde die ihnen so bitter vorkommende Erfahrung zugelassen.

Nach seiner Auferstehung erschien Jesus zweien seiner Jünger auf dem Wege nach Emmaus und „fing an bei Mose und allen Propheten und legte ihnen aus, was in der ganzen Schrift von ihm gesagt war." (Lk. 24,27) Die Herzen der Jünger wurden bewegt. Der Glaube wurde angefacht. Sie wurden „wiedergeboren zu einer lebendigen Hoffnung", noch ehe Jesus sich ihnen zu erkennen gab. Es lag in seiner Absicht, ihren Verstand zu erleuchten und ihren Glauben an „das feste prophetische Wort" zu begründen. Er wollte, daß die Wahrheit in ihren Herzen feste Wurzel fasse, nicht nur weil sie von seinem persönlichen Zeugnis unterstützt war, sondern auch um des untrüglichen Beweises willen, der in den Sinnbildern und Schatten des Zeremonialgesetzes sowie in den Weissagungen des Alten Testamentes lag. Es war für die Nachfolger Christi notwendig, einen einsichtsvollen Glauben zu haben, nicht nur um ihrer selbst willen, sondern auch um die Erkenntnis Christi der Welt verkündigen zu können. Und als den allerersten Schritt in der Erteilung dieser Erkenntnis verwies Jesus die Jünger auf Mose und die Propheten. In der Weise zeugte der auferstandene Heiland von dem Wert und der Wichtigkeit der alttestamentlichen Schriften.

Welch eine Veränderung ging in den Herzen der Jünger vor, als sie noch einmal die geliebten Züge ihres Meisters erblickten!

(Lk. 24,32) In einem vollkommeneren und vollständigeren Sinn als je zuvor hatten sie „den gefunden, von welchem Mose im Gesetz und die Propheten geschrieben haben." Die Ungewißheit, die Angst, die Verzweiflung wichen der vollkommenen Zuversicht, dem felsenfesten Glauben. Kein Wunder, daß sie nach seiner Auferstehung „waren allewege im Tempel, priesen und lobten Gott." Das Volk, das nur von des Heilandes schmachvollem Tod wußte, erwartete in ihren Blicken den Ausdruck von Trauer, Verwirrung und Niederlage zu finden; statt dessen sahen sie Freude und Siegesgefühl. Welch eine Vorbereitung hatten diese Jünger für das ihnen bevorstehende Werk empfangen! Sie hatten die schwerste Prüfung, die sie womöglich befallen konnte, durchgemacht und gesehen, daß das Wort Gottes, als nach menschlichem Urteil alles verloren war, sieghaft in Erfüllung ging. Was vermochte hinfort ihren Glauben zu erschüttern oder ihre glühende Liebe zu dämpfen? In ihren bittersten Ängsten hatten sie „einen starken Trost", eine Hoffnung, „einen sicheren und festen Anker" der Seele. (Hebr. 6,18.19) Sie waren Zeugen der Weisheit und Macht Gottes gewesen und wußten „gewiß, daß weder Tod noch Leben, weder Engel noch Mächte noch Gewalten, weder Gegenwärtiges noch Zukünftiges, weder Hohes noch Tiefes noch eine andere Kreatur" sie zu scheiden vermochte „von der Liebe Gottes, die in Christus Jesus ist, unserm Herrn." „In dem allen", sagten sie, „überwinden wir weit durch den der uns geliebt hat." (Röm. 8,38.39.37) „Aber des Herrn Wort bleibt in Ewigkeit." „Wer will verdammen? Christus Jesus ist hier, der gestorben ist, ja vielmehr, der auch auferweckt ist, der zur Rechten Gottes ist und uns vertritt." (1. Petr. 1,25; Röm. 8,34)

Der Herr sagt: „Mein Volk soll nicht mehr zu Schanden werden." „Den Abend lang währet das Weinen, aber des Morgens ist Freude." (Joel 2,26; Ps. 30,6) Als diese Jünger an seinem Auferstehungstag den Heiland trafen und ihre Herzen in ihnen brannten, da sie seinen Worten lauschten; als sie auf das Haupt, die Hände und Füße blickten, die für sie verwundet worden waren; als Jesus vor seiner Himmelfahrt sie hinaus bis gen Bethanien führte, segnend seine Hände erhob und ihnen gebot: „Gehet hin in alle Welt und predigt das Evangelium aller Kreatur", und dann hinzusetzte: „Siehe, ich bin bei euch alle Tage"; (Mk. 16,15; Mt. 28,20), als am Pfingsttage der verheißene Tröster herabkam und ihnen die Kraft aus der Höhe verliehen wurde und die Gläubigen sich der Gegenwart ihres aufgefahrenen Herrn bewußt wurden, hätten sie, obgleich ihr Weg durch Opfer und Martertod führen würde, das Amt des Evangeliums seiner Gnade und „die Krone der Gerechtigkeit", die sie bei seinem Erscheinen empfangen sollten, vertauscht gegen die Herrlichkeit eines irdischen Thrones, der die Hoffnung ihrer früheren Jüngerschaft gewesen war? Der „aber, der überschwenglich tun kann über alles, das wir bitten oder verstehen", hatte ihnen mit der Gemeinschaft seiner Leiden auch die Gemeinschaft seiner Freude verliehen – der Freude, „viel Kinder zur Herrlichkeit" zu führen; unaussprechliche Freude, „eine ewige und über alle Maßen wichtige Herrlichkeit", der gegenüber, wie Paulus sagt, „unsere Trübsal, die zeitlich und leicht ist", „der Herrlichkeit nicht wert" ist.

Die Erfahrung der Jünger, die beim ersten Kommen Christi „das Evangelium vom Reich" verkündigten, hat ihr Gegenstück in der Erfahrung derer, die die Botschaft seiner Wiederkunft verbreiteten. Gleichwie die Jünger hinausgingen und predigten: „Die Zeit ist erfüllet, das Reich Gottes ist herbeigekommen", so verkündigten Miller und seine Mitarbeiter, daß die längste und letzte prophetische Zeitperiode, die die Bibel erwähnt, fast abgelaufen sei, daß das Gericht unmittelbar bevorstehe und das ewige Reich bald anbrechen würde. Das Predigen der Jünger bezüglich der Zeit war auf die 70 Wochen von Daniel 9 gegründet. Die von Miller und seinen Gefährten verbreitete Botschaft kündete den Ablauf der 2300 Tage von Dan. 8, 14 an, von welchen die 70 Wochen einen Teil bilden.

Die Verkündigung beider beruhte auf der Erfüllung eines anderen Teiles derselben großen prophetischen Zeitperiode.

Gleich den ersten Jüngern verstanden auch William Miller und seine Gefährten selbst nicht völlig die Tragweite der Botschaft, die sie verkündigten. Lange in der Kirche genährte Irrtümer hinderten sie, zu der richtigen Auslegung eines wichtigen Punktes der Weissagung zu gelangen, und obgleich sie die Botschaft predigten, die Gott ihnen zur Verkündigung an die Welt anvertraut hatte, wurden sie dennoch durch die verkehrte Auffassung ihrer Bedeutung enttäuscht.

In der Erklärung von Daniel 8, 14: „Bis zweitausenddreihundert Abende und Morgen vergangen sind, dann wird das Heiligtum wieder geweiht werden", hatte Miller die allgemein herrschende Ansicht angenommen, daß die Erde das Heiligtum sei, und er glaubte, daß die Weihe des Heiligtums, die Läuterung der Erde durch Feuer, am Tage der Wiederkunft des Herrn sei. Als er fand, daß der Ablauf der 2300 Tage bestimmt angegeben worden war, schloß er daraus, daß dies die Zeit der Wiederkunft offenbare.

Sein Irrtum entstand dadurch, daß er bezüglich des Heiligtums die volkstümliche Ansicht annahm.

In dem Schattendienst, der ein Hinweis auf das Opfer und die Priesterschaft Christi war, machte die Weihe oder Reinigung des Heiligtums den letzten Dienst aus, der von dem Hohenpriester im jährlichen Amtszyklus verrichtet wurde. Es war dies das abschließende Werk der Versöhnung, ein Wegschaffen oder Abtun der Sünde von Israel, und versinnbildete das Schlußwerk im Amt unseres Hohenpriesters im Himmel, wobei er die Sünden seines Volkes, die in den himmlischen Büchern verzeichnet stehen, hinwegnimmt oder austilgt. Dieser Dienst erfordert eine Untersuchung, ein Richten, und geht der Wiederkunft Christi in den Wolken des Himmels mit großer Macht und Herrlichkeit unmittelbar voraus; denn wenn er erscheint, ist jeder Fall schon entschieden worden. Jesus sagt: „Mein Lohn [ist] mit mir, zu geben einem jeglichen wie seine Werke sind." (Offb. 22,12) Dieses der Wiederkunft unmittelbar vorausgehende Gericht wird in der ersten Engelsbotschaft von Offenbarung 14, 7 verkündigt: „Fürchtet Gott und gebt ihm die Ehre; denn die Zeit seines Gerichts ist gekommen!"

Alle, die diese Warnung verkündigten, gaben die richtige Botschaft zur rechten Zeit. Doch wie die ersten Jünger auf Grund der Weissagung in Daniel 9 erklärten: „Die Zeit ist erfüllet, und das Reich Gottes ist herbeigekommen" und dennoch nicht erkannten, daß der Tod des Messias in der gleichen Schriftstelle angekündigt wurde; so predigten auch Miller und seine Mitarbeiter die auf Daniel 8, 14 und Offenbarung 14, 7 beruhende Botschaft, ohne zu erkennen, daß in Offenbarung 14 noch andere Botschaften dargelegt waren, die ebenfalls vor der Wiederkunft des Herrn verkündigt werden sollten. Wie die Jünger sich über das Reich täuschten, das am Ende der 70 Wochen aufgerichtet werden sollte, so irrten die Adventisten bezüglich des Ereignisses, das sich am Ende der 2300 Tage zutragen sollte. In beiden Fällen war es eine Annahme oder vielmehr ein Festhalten der volkstümlichen Irrtümer, wodurch der Sinn gegen die Wahrheit verblendet wurde. Beide erfüllten den Willen Gottes, indem sie die Botschaft brachten, die verbreitet werden sollte, und beide Gruppen erlitten durch ihre eigene verkehrte Auffassung der Botschaft Enttäuschungen.

Dennoch erreichte Gott seine eigene gute Absicht und ließ es zu, daß die Warnung des Gerichts auf die erwähnte Weise verkündigt wurde. Der große Tag stand nahe bevor, und in seiner

Vorsehung wurden die Menschen in bezug auf die bestimmte Zeit geprüft, um ihnen zu offenbaren, was in ihren Herzen war. Die Botschaft war zur Prüfung und Reinigung der Gemeinden bestimmt. Sie sollten zur Einsicht gebracht werden, ob ihre Herzen auf diese Welt oder auf Christus und den Himmel gerichtet waren. Sie gaben vor, den Heiland zu lieben; nun sollten sie ihre Liebe beweisen. Waren sie bereit, ihre weltlichen Hoffnungen und ehrgeizigen Pläne fahren zu lassen und mit Freuden die Ankunft ihres Herrn zu erwarten? Die Botschaft sollte sie befähigen, ihren wahren geistlichen Zustand zu erkennen; sie war in Gnaden gesandt worden, um anzusporen, den Herrn mit Reue und Demut zu suchen.

Auch die Täuschung, obgleich sie die Folge ihrer eigenen verkehrten Auffassung der von ihnen verkündigten Botschaft war, sollte zum Besten gewendet werden. Sie stellte die Herzen auf die Probe, die vorgegeben hatten, die Warnung anzunehmen. Würden sie angesichts ihrer Enttäuschung ohne weiteres ihre Erfahrung aufgeben und ihr Vertrauen auf das Wort Gottes wegwerfen? Oder würden sie demütig unter Gebet zu entdecken suchen, worin sie verfehlt hatten, die Bedeutung der Weissagung richtig zu erfassen? Wie viele hatten aus Furcht, aus blindem Antrieb und in Erregung gehandelt? Wie viele waren halbherzig und ungläubig? Tausende bekannten, die Erscheinung des Herrn liebzuhaben. Würden sie unter dem Spott und Schmach der Welt, unter der Verzögerung und Enttäuschung den Glauben verleugnen? Würden sie, weil sie Gottes Verfahren mit ihnen nicht gleich verstehen konnten, Wahrheiten beiseite setzen, die auf den deutlichsten Aussagen seines Wortes beruhten?

Diese Probe sollte die Standhaftigkeit derer offenbaren, die im Glauben gehorsam gewesen waren gegen das, was sie als Lehre des Wortes und des Geistes Gottes angenommen hatten. Diese Erfahrung sollte, wie keine andere es tun kann, ihnen die Gefahr zeigen, Theorien und Auslegungen der Menschen anzunehmen, statt die Bibel sich selbst erklären zu lassen. In den Kindern des Glaubens würden die aus ihrem Irrtum hervorgehenden Schwierigkeiten und Sorgen die nötige Besserung wirken; sie würden zu einem gründlicheren Studium des prophetischen Wortes veranlaßt werden und lernen, mit mehr Sorgfalt die Grundlagen ihres Glaubens zu prüfen und alles Unbiblische zu verwerfen, wie weitverbreitet es in der Christenwelt auch sein mochte.

Diesen Gläubigen sollte, wie einst den ersten Jüngern, das, was sie in der Stunde der Prüfung nicht verstanden, später aufgeklärt werden. Würden sie „das Ende des Herrn" sehen, dann würden sie auch wissen, daß sich seine Liebesabsichten ihnen gegenüber trotz der Schwierigkeiten, die sich aus ihren Irrtümern ergaben, erfüllt haben. Sie würden durch eine segenbringende Erfahrung erkennen, daß der Herr „barmherzig und ein Erbarmer" ist; daß alle seine Wege „lauter Güte und Wahrheit" sind „denen, die seinen Bund und sein Zeugnis halten." (Ps. 25,10)

20 Eine große religiöse Erweckung

In der Weissagung über die erste Engelsbotschaft in Offenbarung 14 wird unter der Verkündigung der baldigen Ankunft Christi eine große religiöse Erweckung vorhergesagt. Johannes sieht einen Engel fliegen „mitten durch den Himmel, der hatte ein ewiges Evangelium zu verkündigen denen, die auf Erden wohnen, und allen Nationen und Stämmen und Sprachen und Völkern." „Mit großer Stimme" verkündigte er die Botschaft: „Fürchtet Gott und gebt ihm die Ehre; denn die Stunde seines Gerichts ist gekommen! Und betet an den, der gemacht hat Himmel und Erde und Meer und die Wasserquellen." (Offb. 14,6.7)

Die Tatsache, daß ein Engel als der Herold dieser Warnung bezeichnet wird, ist bedeutungsvoll. Es hat der göttlichen Weisheit gefallen, durch die Reinheit, die Herrlichkeit und die Macht des himmlischen Boten die Erhabenheit des durch die Botschaft zu verrichtenden Werkes und die Macht und Herrlichkeit, welche sie begleiten sollten, darzustellen. Und das Fliegen des Engels „mitten durch den Himmel", die „große Stimme", mit der die Botschaft verkündigt wird, und ihre Verbreitung unter allen, „die auf Erden wohnen", „allen Nationen und Geschlechtern und Sprachen und Völkern" – bekunden die Schnelligkeit und die weltweite Ausdehnung der Bewegung.

Die Botschaft selbst gibt Licht über die Zeit, wann diese Bewegung stattfinden soll. Es heißt, daß sie ein Teil des „ewigen Evangeliums" sei; und sie kündigt den Beginn des Gerichts an. Die Heilsbotschaft ist in allen Zeitaltern verkündigt worden; aber diese Botschaft ist ein Teil des Evangeliums, das nur in den letzten Tagen verkündigt werden kann, denn nur dann würde es wahr sein, daß die Zeit des Gerichts gekommen ist. Die Weissagungen zeigen eine Reihenfolge von Ereignissen, welche bis zum Beginn des Gerichts reichen. Dies ist besonders bei dem Buch Daniel der Fall. Jenen Teil seiner Weissagungen, welcher sich auf die letzten Tage bezog, sollte Daniel verbergen und versiegeln „bis auf die letzte Zeit." Erst dann, wenn diese Zeit erreicht war, konnte die Botschaft des Gerichts, welche sich auf die Erfüllung dieser Weissagung gründet, verkündigt werden. Aber in der letzten Zeit, sagt der Prophet, „werden viele darüberkommen und großen Verstand finden." (Dan. 12,4)

Der Apostel Paulus warnte die Gemeinde, das Kommen Christi in seinen Tagen zu erwarten: „Denn er [der Tag Christi] kommt nicht, es sei denn, daß zuvor der Abfall komme, und offenbart werde der Mensch der Sünde." (2. Thess. 2,3) Erst nach dem großen Abfall und der langen Regierungszeit des „Menschen der Sünde" dürfen wir die Ankunft unseres Herrn erwarten. Der „Mensch der Sünde", auch das „Geheimnis der Bosheit", „das Kind des Verderbens" und der „Boshafte" genannt, stellt das Papsttum dar, welches, wie in der Weissagung vorhergesagt, seine Oberherrschaft 1260 Jahre lang innehaben sollte. Diese Zeit endete im Jahre 1798. Das Kommen Christi konnte nicht vor jener Zeit stattfinden. Die Warnung Pauli erstreckt sich über die lange christliche Bundeszeit bis zum Jahre 1798. Erst nach diesem Jahr sollte die Botschaft von der Wiederkunft Christi verkündigt werden.

Eine solche Botschaft wurde in den vergangenen Zeiten nie gepredigt. Paulus verkündigte sie, wie wir gesehen haben, nicht; er verwies seine Brüder für das Kommen des Herrn in die damals weit entfernte Zukunft. Die Reformatoren verkündigten sie nicht. Martin Luther erwartete das Gericht ungefähr 300 Jahre nach seiner eigenen Zeit. Aber seit dem Jahre 1798 ist das Buch Daniel entsiegelt worden, das Verständnis der Weissagungen hat zugenommen, und viele haben die feierliche Botschaft von dem nahen Gericht verkündigt.

Wie die große Reformation im 16. Jahrhundert, so kam die Adventbewegung gleichzeitig in verschiedenen Ländern der Christenheit auf. Sowohl in Europa als auch in Amerika wurden Männer des Glaubens und Gebets zum Studium der Weissagungen geführt, und indem sie die inspirierten Berichte verfolgten, fanden sie überzeugende Beweise, daß das Ende aller Dinge nahe war. In verschiedenen Ländern entstanden vereinzelte Gruppen von Christen, welche allein durch das Studium der Heiligen Schrift zu dem Glauben gelangten, daß die Ankunft des Heilandes nahe sei.

Im Jahre 1821, drei Jahre nachdem Miller das Verständnis der Weissagungen erlangt hatte, welche auf die Zeit des Gerichts hinwiesen, begann Dr. Joseph Wolff, „der Missionar für die ganze Welt", das baldige Kommen des Herrn zu verkündigen. Wolff war Jude, aus Deutschland gebürtig; sein Vater war Rabbiner. Schon sehr früh wurde er von der Wahrheit der christlichen Religion überzeugt. Von regem und forschendem Verstand, hatte er aufmerksam den im elterlichen Hause stattfindenden Gesprächen gelauscht, wenn fromme Hebräer sich täglich dort einfanden, um ihre Hoffnungen und die Erwartungen ihres Volkes, die Herrlichkeit des kommenden Messias und die Wiederaufrichtung Israels zu besprechen. Als er eines Tages den Namen Jesus von Nazareth hörte, fragte der Knabe, wer das sei. Die Antwort lautete: „Ein höchst begabter Jude; weil er aber vorgab, der Messias zu sein, verurteilte ihn das jüdische Gericht zum Tode." – „Warum ist Jerusalem zerstört", fuhr der Fragesteller fort, „ und warum sind wir in Gefangenschaft?" – „Ach, ach", antwortete der Vater, „weil die Juden die Propheten umbrachten." Dem Kinde kam sofort der Gedanke: „Vielleicht war auch Jesus von Nazareth ein Prophet, und die Juden haben ihn getötet, obgleich er unschuldig war." (Reiseerfahrungen von J. Wolff, 1. Bd., S. 6 f.) So stark war dies Gefühl, daß, obgleich es ihm untersagt war, eine christliche Kirche zu betreten, er doch oft von außen stehenblieb, um der Predigt zuzuhören.

Als er erst sieben Jahre alt war, prahlte er einem betagten christlichen Nachbarn gegenüber von dem zukünftigen Triumph Israels beim Kommen des Messias, worauf der alte Mann freundlich sagte: „Lieber Junge, ich will dir sagen, wer der wirkliche Messias ist: Es ist Jesus von Nazareth, ... den deine Vorfahren kreuzigten, wie sie vor alters die Propheten umbrachten. Geh heim und lies das 53. Kapitel des Jesaja, und du wirst überzeugt werden, daß Jesus Christus der Sohn Gottes ist." (s. vorige Anm.) Sofort bemächtigte sich seiner die Überzeugung, daß dem so sei. Er ging heim und las den betreffenden Abschnitt, wobei er sich verwunderte, zu sehen, wie vollkommen dieser Abschnitt in Jesus von Nazareth erfüllt worden war. Konnten die Worte des Christen wahr sein? Der Knabe bat seinen Vater um eine Erklärung der Weissagung; dieser aber trat ihm mit einem so finsteren Schweigen entgegen, daß er es nie wieder wagte, jenen Gegenstand zu erwähnen. Immerhin verstärkte sich hierdurch sein Verlangen, mehr von der christlichen Religion zu erfahren.

Die Erkenntnis, die er suchte, wurde in seinem jüdischen Familienkreis sorgfältig von ihm ferngehalten; aber als er elf Jahre alt war, verließ er sein Vaterhaus, um in die Welt hinauszugehen, sich eine Ausbildung zu verschaffen und sich seine Religion und seinen Beruf zu wählen. Er fand eine Zeitlang Unterkunft bei Verwandten, wurde aber bald als Abtrünniger von ihnen vertrieben und mußte sich allein und mittellos seinen Weg unter Fremden bahnen. Er zog von Ort zu Ort, studierte zu gleicher Zeit fleißig und verdiente sich seinen Unterhalt durch hebräischen Sprachunterricht. Durch den Einfluß eines katholischen Lehrers wurde er bewogen, den päpstlichen Glauben anzunehmen und faßte den Entschluß, Missionar unter seinem eigenen Volk zu werden. In dieser Absicht besuchte er wenige Jahre später das katholische Missionsinstitut in Rom, um dort seine Studien fortzusetzen. Hier trug ihm seine Gewohnheit, unabhängig zu denken und offen zu reden, den Vorwurf der Ketzerei ein. Er griff offen die Mißbräuche der Kirche an und drang auf die Notwendigkeit einer Umgestaltung. Obgleich er zuerst von den päpstlichen Würdenträgern mit besonderer Gunst behandelt worden war, mußte er doch nach einiger Zeit Rom verlassen. Unter der Aufsicht der Kirche ging er von Ort zu Ort, bis man sich überzeugt hatte, daß er nie dahin gebracht werden könnte, sich dem Joch des Romanismus zu unterwerfen. Er wurde als unverbesserlich erklärt, und man ließ ihn gehen, wohin er wollte. Er schlug nun den Weg nach England ein und trat, indem er den protestantischen Glauben annahm, der Landeskirche bei. Nach einem Studium von zwei Jahren begann er im Jahre 1821 sein Lebenswerk.

Während Wolff die große Wahrheit von der ersten Ankunft Christi als „des Allerverachtetsten und Unwertesten, voller Schmerzen und Krankheit" annahm, sah er, daß die Weissagungen mit gleicher Deutlichkeit sein zweites Kommen in Macht und Herrlichkeit vor Augen führten. Und während er sein Volk zu Jesus von Nazareth als dem Verheißenen führen und sein Erscheinen in Niedrigkeit als ein Opfer für die Sünden der Menschen zeigen wollte, wies er sie gleichzeitig auf sein zweites Kommen als König und Befreier hin.

Er sagte: „Jesus von Nazareth, der wahre Messias, dessen Hände und Füße durchbohrt wurden, der wie ein Lamm zur Schlachtbank geführt wurde, der ein Mann der Schmerzen und mit Leiden bekannt war, der zum erstenmal kam, nachdem das Zepter von Juda und der Herrscherstab von seinen [Judas] Füßen gewichen war, wird zum zweiten Male kommen in den Wolken des Himmels mit der Posaune des Erzengels" (Wolff, Forschungen und Missionswirken, S. 62) „und auf dem Ölberge stehen; und jene Herrschaft über die Schöpfung, die einst Adam zugewiesen und von ihm verwirkt wurde (1. Mose 1,26; 3,17), wird Jesus gegeben werden. Er wird König sein über die ganze Erde. Das Seufzen und Klagen der Schöpfung wird aufhören, und Lob- und Danklieder werden gehört werden. ... Wenn Jesus kommt in der Herrlichkeit seines Vaters mit seinen heiligen Engeln, ... werden die toten Gläubigen zuerst auferstehen. (1. Thess. 4,16; 1. Kor. 15,23) Dies nennen wir Christen die erste Auferstehung. Dann wird die Tierwelt ihren Charakter ändern (Jes. 11,6-9) und wird Jesus untertan werden.(Psalm 8) Allgemeiner Friede wird herrschen." (Wolffs Tagebuch, S. 378. 379.) „Der Herr wird wiederum auf die Erde niederschauen und sagen: Siehe, es ist sehr gut." (ebd., S. 294.)

Wolff glaubte, daß das Kommen des Herrn nahe sei. Seine Auslegung der prophetischen Zeitperioden wich nur um wenige Jahre von der Zeit ab, in der Miller die große Vollendung erwartete. Denen, die auf Grund des Textes: „Von dem Tage aber und von der Stunde weiß niemand", geltend zu machen suchten, daß die Menschen hinsichtlich der Nähe der Wiederkunft Christi nichts wissen sollten, antwortete Wolff: „Sagte unser Herr, daß der Tag und die Stunden nie bekannt werden sollten? Hat er uns nicht Zeichen der Zeit gegeben, auf daß wir wenigstens das Herannahen seines Kommens wissen möchten, wie man an dem Feigenbaum, wenn er Blätter treibt, weiß, daß der Sommer nahe ist? (Mt. 24,32) Sollen wir jene Zeit nie erkennen können, obgleich er selbst uns ermahnt, den Propheten Daniel nicht nur zu lesen, sondern auch zu verstehen? Gerade in Daniel heißt es, daß diese Worte bis auf die Zeit des Endes verborgen bleiben sollten (was zu seiner Zeit der Fall war), und daß 'viele darüberkommen' würden (ein hebräischer Ausdruck für betrachten und nachdenken über die Zeit), und 'großen Verstand' hinsichtlich der Zeit finden würden. (Dan. 12,4) Überdies will unser Herr damit nicht sagen, daß das Herannahen der Zeit unbekannt bleiben soll, sondern nur, daß niemand den bestimmten Tag und die genaue Stunde weiß. Er sagt, es soll genug durch die Zeichen der Zeit bekannt werden, um uns anzutreiben, uns auf seine Wiederkunft vorzubereiten, gleichwie Noah die Arche herstellte." (Forschen und Missionswirken, S. 404. 405.)

Hinsichtlich der volkstümlichen Auslegung oder Mißdeutung der Heiligen Schrift schrieb Wolff: „Der größere Teil der christlichen Kirche ist von dem deutlichen Sinn der Heiligen Schrift abgewichen und hat sich der buddhistischen Lehre von Trugbildern zugewandt, die vorgibt, daß das zukünftige Glück der Menschen in einem Hin- und Herschweben in der Luft bestehe; sie nehmen an, daß wenn sie Juden lesen, sie Heiden darunter verstehen müssen; und wenn sie Jerusalem lesen, die Kirche gemeint sei; und wenn es heißt Erde, es Himmel bedeute; und daß sie unter dem Kommen des Herrn den Fortschritt der Missionsgesellschaften verstehen müssen; und daß auf den Berg des Hauses Gottes gehen, eine große Versammlung der Methodisten bedeute." (Tagebuch, S. 96.)

Während der 24 Jahre von 1821 bis 1845 reiste Wolff weit umher; in Afrika besuchte er Ägypten und Abessinien; in Asien durchreiste er Palästina, Syrien, Persien, Buchara und Indien. Auch besuchte er die Vereinigten Staaten, nachdem er auf der Hinreise auf der Insel St. Helena gepredigt hatte. Im August des Jahres 1837 traf er in New York ein; und nachdem er in jener Stadt gesprochen, predigte er in Philadelphia und Baltimore und ging schließlich nach Washington. „Hier wurde mir", sagt er, „auf Vorschlag des Ex-Präsidenten John Quincy Adams in einem der Häuser des Kongresses einstimmig die Benutzung des Kongresssaales für einen Vortrag zur Verfügung gestellt, den ich an einem Samstag, beehrt durch die Gegenwart sämtlicher Mitglieder des Kongresses, des Bischofs von Virginia sowie der Geistlichkeit und der Bürger von Washington hielt. Die gleiche Ehre wurde mir seitens der Regierungsmitglieder von New Jersey und Pennsylvanien zuteil, in deren Gegenwart ich Vorlesungen über meine Forschungen in Asien, sowie auch über die persönliche Regierung Jesu Christi hielt." (ebd., S. 398. 399.)

Dr. Wolff bereiste die unzivilisierten Länder ohne den Schutz irgendeiner europäischen Regierung; er erduldete viele Mühsale und war von zahllosen Gefahren umgeben. Er bekam Stockschläge auf die Fußsohlen, mußte hungern, wurde als Sklave verkauft und dreimal zum Tode verurteilt. Er wurde von Räubern angefallen und kam zuweilen beinahe vor Durst um. Einmal wurde er aller seiner Habe beraubt und mußte zu Fuß Hunderte von Meilen durch die Berge wandern, während der Schnee ihm ins Gesicht schlug und seine nackten Füße durch die Berührung mit dem gefrorenen Boden erstarrten.

Warnte man ihn davor, unbewaffnet unter wilde und feindselige Stämme zu gehen, so erklärte er, daß er mit Waffen – Gebet, Eifer für Christus und Vertrauen in seine Hilfe – versehen sei. „Ich habe auch", sagte er, „die Liebe zu Gott und meinem Nächsten im Herzen und die Bibel in meiner Hand." (Adams, Oft in

Gefahren, S. 192 f.) Eine hebräische und eine englische Bibel führte er bei sich, wohin er auch ging. Von einer späteren Reise sagt er: „Ich ... hielt die Bibel offen in meiner Hand. Ich fühlte, daß meine Kraft in dem Buche war, und daß seine Macht mich erhalten würde." (ebd., S. 192f.)

Auf diese Weise harrte er in seiner Arbeit aus, bis die Botschaft des Gerichts über einen großen Teil des bewohnten Erdballs gegangen war. Unter Juden, Türken, Parsen, Hindus und vielen anderen Nationalitäten und Stämmen teilte er das Wort Gottes in den verschiedenen Sprachen aus und verkündigte überall die kommende Herrschaft des Messias.

Auf seinen Reisen fand er die Lehre von der baldigen Wiederkunft des Herrn bei einem entlegenen und abgesonderten Volksstamm in Buchara. Er sagt ferner: „Die Araber des Jemen sind im Besitze eines Buches, 'Seera' genannt, das Kunde von dem zweiten Kommen Christi und seiner Regierung in Herrlichkeit gibt, und sie erwarten, daß im Jahre 1840 große Ereignisse stattfinden werden. (Tagebuch, S. 377.) In Jemen ... verbrachte ich sechs Tage mit den Rechabiten. Sie trinken keinen Wein, pflanzen keine Weinberge, säen keine Saat, wohnen in Zelten und sind der Worte Jonadabs, des Sohnes Rechabs, eingedenk. Es befanden sich auch Israeliten aus dem Stamm Dan bei ihnen, ... die gemeinsam mit den Kindern Rechabs die baldige Ankunft des Messias in den Wolken des Himmels erwarten." (ebd., S. 389.)

Ein ähnlicher Glaube wurde von einem anderen Missionar bei den Tataren gefunden. Ein tatarischer Priester stellte an einen Missionar die Frage, wann denn Christus wiederkäme. Als der Missionar antwortete, daß er nichts davon wisse, schien der Priester sehr überrascht zu sein angesichts solcher Unwissenheit bei einem, der vorgab, ein Lehrer der Bibel zu sein, und erklärte seinen eigenen auf die Weissagung gegründeten Glauben, daß Christus ungefähr im Jahre 1844 kommen würde.

In England fing man schon im Jahre 1826 an, die Adventbotschaft zu predigen. Die Bewegung nahm hier keine so bestimmte Form an wie in Amerika; die genaue Zeit der Wiederkunft Christi wurde nicht so allgemein gelehrt, aber die große Wahrheit von dem baldigen Kommen Christi in Macht und Herrlichkeit wurde überall verkündigt; und dies nicht nur unter denen, die nicht zur anglikanischen Kirche gehörten. Mourant Brock, ein englischer Schriftsteller, gibt an, daß sich ungefähr 700 Prediger der anglikanischen Kirche mit der Verkündigung dieses „Evangeliums vom Reich" befaßten. Die Botschaft, die auf das Jahr 1844 als die Zeit seines Kommens hinwies, wurde auch in Großbritannien verkündigt. Druckschriften über die Adventbewegung wurden von den Vereinigten Staaten aus überall hin versandt. Bücher und Zeitschriften wurden in England nachgedruckt, und im Jahre 1842 kehrte Robert Winter, ein geborener Engländer, der den Adventglauben in Amerika angenommen hatte, in sein Heimatland zurück, um das Kommen des Herrn zu verkündigen. Viele vereinten sich mit ihm in diesem Werk, und die Botschaft von dem Gericht wurde in verschiedenen Teilen Englands bekanntgemacht.

In Südamerika fand Lacunza, ein Spanier und Jesuit, inmitten von roher Unwissenheit und Priestertrug, seinen Weg zur Heiligen Schrift und erkannte die Wahrheit von der baldigen Wiederkunft Christi. Innerlich gedrungen, die Warnung zu erteilen, und doch darauf bedacht, den Kirchenstrafen Roms zu entrinnen, veröffentlichte er seine Ansichten unter dem angenommenen Namen „Rabbi Ben-Esra", indem er sich für einen bekehrten Juden ausgab. Lacunza lebte im 18. Jahrhundert; sein Buch, welches seinen Weg nach London gefunden hatte, wurde ungefähr im Jahre 1825 in die englische Sprache übersetzt. Seine Herausgabe diente dazu, die in England erwachte Aufmerksamkeit hinsichtlich des zweiten Kommens Christi zu steigern.

In Deutschland war diese Lehre im 18. Jahrhundert von Bengel, einem Prälaten der lutherischen Kirche und berühmten Bibelgelehrten und Kritiker, gepredigt worden. Nach Vollendung seiner Schulbildung hatte Bengel „sich dem Studium der Theologie gewidmet, wozu ihn sein tief ernstes und frommes Gemüt, durch seine frühe Bildung und Zucht erweitert und verstärkt, von Natur hinzog. Wie andere denkende junge Männer vor und nach ihm, hatte er mit religiösen Zweifeln und Schwierigkeiten zu kämpfen, und mit tiefem Gefühl spricht er von den 'vielen Pfeilen, welche sein armes Herz durchbohrten und seine Jugend schwer erträglich machten.'" (Encycl. Brit., Art. Bengel.) Als er Mitglied des Konsistoriums von Württemberg wurde, trat er für die Sache der Religionsfreiheit ein, „und indem er alle Rechte und Vorrechte der Kirche aufrechterhielt, befürwortete er, jede ihnen billige Freiheit denen zu gewähren, die sich aus Gewissensgründen gebunden fühlten, sich von ihrer Gemeinschaft zurückzuziehen." (ebd.) Die guten Wirkungen dieses Verfahrens werden in seinem Heimatland noch immer verspürt.

Während Bengel sich für den Adventsonntag auf eine Predigt über Offenbarung 21 vorbereitete, ging ihm plötzlich die Erkenntnis vom zweiten Kommen Christi auf. Die Weissagungen der Offenbarung erschlossen sich seinem Verständnis wie nie zuvor. Ein Bewußtsein der wunderbaren Wichtigkeit und unübertrefflichen Herrlichkeit der von dem Propheten angeführten Ereignisse überwältigten ihn derart, daß er gezwungen war, sich eine Zeitlang von der Betrachtung des Gegenstandes abzuwenden. Auf der Kanzel jedoch stand dieses Thema erneut in aller Lebhaftigkeit und Stärke vor ihm. Von der Zeit an widmete er sich dem Studium der Weissagungen, besonders derjenigen der Offenbarung, und gelangte bald zu dem Glauben, daß sie auf das Kommen Christi als nahe bevorstehend hinwiesen. Das Datum, welches er als die Zeit der Wiederkunft Christi festsetzte, wich nur wenige Jahre von dem später von Miller angenommenen ab.

Bengels Schriften sind in der ganzen Christenheit verbreitet worden. In seiner Heimat Württemberg, und bis zu einem gewissen Grade auch in anderen Teilen Deutschlands, nahm man seine Ansichten über die Weissagung fast allgemein an. (siehe Anhang, Anm. 31.) Die Bewegung dauerte nach seinem Tode fort, und die Adventbotschaft wurde in Deutschland zur selben Zeit vernommen, zu der sie in anderen Ländern die Aufmerksamkeit auf sich zog. Schon früh gingen einige Gläubige nach Rußland und gründeten dort Kolonien, und der Glaube an das baldige Kommen Christi wird in den deutschen Gemeinden jenes Landes noch immer bewahrt.

In Frankreich und der Schweiz schien ebenfalls das Licht. In Genf, wo Farel und Calvin die Wahrheiten der Reformation ausgebreitet hatten, predigte Gaussen die Botschaft von der Wiederkunft Christi. Während er auf der Universität studierte, sog er jenen Geist des Rationalismus ein, welcher in der letzten Hälfte des 18. Jahrhunderts ganz Europa durchdrang, und als er ins Predigtamt eintrat, war er nicht allein des wahren Glaubens unkundig, sondern er neigte sogar zur Zweifelsucht. In seiner Jugend hatte er sich für das Studium der Weissagung begeistert. Als er Rollins „Alte Geschichte" las, wurde seine Aufmerksamkeit auf das zweite Kapitel Daniels gerichtet, und er staunte über die wunderbare Genauigkeit, mit welcher die Weissagung sich erfüllt hatte, wie aus dem Bericht des Geschichtschreibers ersichtlich war. Dies war ein Zeugnis für die göttliche Eingebung der Heiligen Schrift, welches ihm inmitten der Gefahren späterer Jahre als Anker diente. Ihn befriedigten die Lehren des Rationalismus nicht mehr, und durch das Forschen in der Bibel und das Suchen nach klarerer Erkenntnis erlangte er nach einiger Zeit einen festen Glauben.

Als er die Weissagungen weiter durchforschte , kam er zu der Überzeugung, daß das Kommen des Herrn nahe bevorstehe. Unter dem Eindruck der Feierlichkeit und Wichtigkeit dieser großen Wahrheit wünschte er sie dem Volk nahezubringen, aber der volkstümliche Glaube, daß die Weissagungen Daniels Geheimnisse seien und nicht verstanden werden könnten, wurde für ihn ein schweres Hindernis. Endlich entschloß er sich – wie es vor ihm Farel getan hatte, als er Genf das Evangelium brachte –, mit den Kindern zu beginnen, durch die er die Eltern anzuziehen hoffte.

Als er später von seiner Absicht bei diesem Unternehmen redete, sagte er: „Ich möchte dies verstanden wissen, daß es nicht wegen der geringen Bedeutung, sondern im Gegenteil des hohen Wertes wegen ist, daß ich diese Sache in dieser vertraulichen Form darzustellen wünschte und mich damit an die Kinder richtete. Ich wollte gehört werden und befürchtete, keine Aufmerksamkeit zu erregen, falls ich mich an die Erwachsenen wenden würde ... Ich beschloß deshalb zu den Jüngsten zu gehen. Ich versammelte eine Zuhörerschaft von Kindern. Wenn die Zahl sich vermehrt, wenn man sieht, daß sie zuhören, Gefallen daran finden, angezogen werden, daß sie den Gegenstand verstehen und erklären können, dann werde ich sicherlich bald einen zweiten Kreis von Zuhörern haben, und die Erwachsenen ihrerseits werden sehen, daß es sich der Mühe lohnt, sich hinzusetzen und zu studieren. Kommt es dazu, dann ist die Sache gewonnen." (Gaussen, Prophet Daniel, 2. Bd., Vorwort.)

Die Bemühungen waren erfolgreich. Während Gaussen sich an die Kinder wandte, kamen ältere Leute, um zuzuhören. Die Emporen seiner Kirche füllten sich mit aufmerksamen Zuhörern. Unter ihnen waren Männer von Rang und Gelehrsamkeit sowie Ausländer und Fremde, die Genf besuchten, und durch sie wurde die Botschaft in andere Gegenden getragen.

Ermutigt durch diesen Erfolg, veröffentlichte Gaussen seine Unterweisungen in der Hoffnung, das Studium der prophetischen Bücher in den Gemeinden der französisch sprechenden Volksteile zu fördern. Er sagte: „Durch die Veröffentlichung des den Kindern erteilten Unterrichts sagen wir zu den Erwachsenen, die oft solche Bücher vernachlässigen unter dem falschen Vorwand, daß sie unverständlich seien: Wie können sie unverständlich sein, da eure Kinder sie verstehen? ... Ich hatte ein großes Verlangen," fügte er hinzu, „ die Weissagungen bei unseren Gemeinden womöglich allgemein bekannt zu machen. ... Es gibt in der Tat kein Studium, das, wie mir scheint, den Bedürfnissen der Zeit besser entspräche. ... Hierdurch müssen wir uns vorbereiten auf die nahe bevorstehende Trübsal und warten auf Jesus Christus."

Obwohl Gaussen einer der hervorragendsten und beliebtesten französisch sprechenden Prediger war, wurde er doch nach einiger Zeit seines Amtes enthoben, hauptsächlich weil er statt des Kirchenkatechismus, eines faden und rationalistischen Lehrbuches, das fast allen positiven Glaubens entbehrte, beim Jugendunterricht die Bibel gebraucht hatte. Später wurde er Lehrer an einer theologischen Schule und setzte sonntags sein Werk mit den Kindern fort und unterwies sie in der Heiligen Schrift. Seine Werke über die Weissagungen erregten großes Aufsehen. Vom Lehrstuhl, durch die Presse und in seiner Lieblingsbeschäftigung als Lehrer der Kinder konnte er viele Jahre lang einen ausgedehnten Einfluß ausüben und war das Werkzeug, die Aufmerksamkeit vieler Menschen auf das Studium der Weissagungen zu richten, die zeigten, daß das Kommen des Herrn nahe sei.

Auch in Skandinavien wurde die Adventbotschaft verkündigt und eine weitverbreitete Aufmerksamkeit hervorgerufen. Viele wurden aus ihrer sorglosen Sicherheit aufgerüttelt, um ihre Sünden zu bekennen und sie aufzugeben und im Namen Christi Vergebung zu suchen. Aber die Geistlichkeit der Staatskirche widersetzte sich der Bewegung, und durch ihren Einfluß wurden etliche, die die Botschaft predigten, in das Gefängnis geworfen. An vielen Orten, wo die Verkündiger des baldigen Kommens Christi auf solche Weise zum Schweigen gebracht worden waren, gefiel es Gott, die Botschaft in wunderbarer Weise durch kleine Kinder bekanntzumachen. Da sie noch minderjährig waren, konnte das Staatsgesetz sie nicht hindern, und sie durften unbelästigt reden.

Die Bewegung fand besonders unter den niederen Ständen Eingang; in den bescheidenen Wohnungen der Arbeiter versammelte sich das Volk, um die Warnung zu vernehmen. Die Kinderprediger selbst waren meist arme Hüttenbewohner. Etliche waren nicht mehr als sechs bis acht Jahre alt, und während ihr Leben bezeugte, daß sie den Heiland liebten und sie sich bemühten, den heiligen Vorschriften Gottes gehorsam zu sein, legten sie im allgemeinen nur den bei Kindern ihres Alters üblichen Verstand und nicht mehr als gewöhnliche Fähigkeiten an den Tag. Standen sie aber vor den Leuten, dann wurde es offenbar, daß sie von einem über ihre natürlichen Gaben hinausgehenden Einfluß bewegt wurden. Ihre Stimme, ihr ganzes Wesen veränderte sich, und mit eindringlicher Kraft verkündigten sie die Botschaft des

Gerichts, sich genau der Worte der Heiligen Schrift bedienend: „Fürchtet Gott und gebet ihm die Ehre; denn die Stunde seines Gerichts ist gekommen." (Offb. 14,7) Sie rügten die Sünden des Volkes, verurteilten nicht nur Unsittlichkeit und Laster, sondern tadelten auch Weltlichkeit und Abtrünnigkeit und ermahnten ihre Zuhörer, sich eilends aufzumachen, um dem zukünftigen Zorn zu entrinnen.

Die Leute lauschten mit Zittern. Der überzeugende Geist Gottes sprach zu ihren Herzen. Viele wurden veranlaßt, die Heilige Schrift mit neuem und tieferem Eifer zu erforschen. Die Unmäßigen und Unsittlichen begannen einen neuen Lebenswandel; andere gaben ihre unehrlichen Gewohnheiten auf, und ein so auffälliges Werk wurde vollbracht, daß selbst die Prediger der Staatskirche gestehen mußten, die Hand Gottes sei mit dieser Bewegung.

Es war Gottes Wille, daß die Kunde vom Kommen des Heilandes in den skandinavischen Ländern verbreitet werden sollte, und als die Stimmen seiner Diener zum Schweigen gebracht worden waren, legte er seinen Geist auf die Kinder, auf daß das Werk vollbracht werde. Als Jesus, begleitet von der frohen Menge, die ihn unter Frohlocken und dem Wehen von Palmzweigen als den Sohn Davids ausrief, sich Jerusalem näherte, forderten die eifersüchtigen Pharisäer ihn auf, dem Volk Schweigen zu gebieten; aber Jesus antwortete ihnen, daß all dies die Erfüllung der Weissagung sei, und falls diese schweigen, sogar die Steine reden würden. Das durch die Drohungen der Priester und Obersten eingeschüchterte Volk hielt in seiner freudigen Verkündigung inne, als es durch die Tore von Jerusalem zog; aber die Kinder im Tempelhof nahmen den Ruf auf und sangen, ihre Palmzweige schwingend: „Hosianna dem Sohn Davids!" Als die Priester in ärgerlichem Mißfallen zu ihm sagten: „Hörst du auch, was diese sagen?", antwortete Jesus: „Ja! Habt ihr nie gelesen: Aus dem Munde der Unmündigen und Säuglinge hast du Lob bereitet?" (Mt. 21,8-16) Wie Gott zur Zeit Christi durch Kinder wirkte, so benutzte er sie auch bei der Ankündigung seines zweiten Kommens. Gottes Wort muß erfüllt werden, daß die Verkündigung von dem Kommen des Heilandes an alle Völker, Sprachen und Zungen ergehen sollte.

William Miller und seinen Mitarbeitern war die Aufgabe zuteil geworden, die Warnung in Amerika zu predigen. Dies Land wurde der Mittelpunkt der großen Adventbewegung. Hier hatte die Weissagung von der ersten Engelsbotschaft ihre unmittelbare Erfüllung. Die Schriften Millers und seiner Gefährten wurden in entfernte Länder getragen. Überall, wohin die Missionare gedrungen waren, wurde auch die frohe Kunde von der baldigen Wiederkunft Christi hingesandt. Weit und breit erscholl die Botschaft des ewigen Evangeliums: „Fürchtet Gott und gebt ihm die Ehre; denn die Stunde seines Gerichts ist gekommen."

Das Zeugnis der Weissagungen, das auf das Kommen Christi im Frühling des Jahres 1844 zu deuten schien, drang tief in die Gemüter des Volkes ein. Als die Botschaft von Staat zu Staat ging, wurde überall ein beträchtliches Aufsehen erregt. Viele wurden überzeugt, daß die auf den prophetischen Zeitrechnungen beruhenden Beweise richtig waren, und nahmen, indem sie ihren Meinungsstolz fahren ließen, die Wahrheit freudig an. Einige Prediger entsagten ihren sektiererischen Ansichten und Gefühlen, gaben ihre Besoldung und ihre Gemeinde auf und schlossen sich der Verkündigung der Botschaft von der Wiederkunft Jesu an. Verhältnismäßig waren es jedoch nur wenige Prediger, die diese Botschaft annahmen; deshalb wurde sie meistens bescheidenen Laien anvertraut. Landleute verließen ihre Felder, Handwerker ihre Werkstätten, Händler ihre Waren, andere berufstätige Männer ihre Stellung; und doch war die Zahl der Arbeiter im Verhältnis zu dem zu vollbringenden Werk gering. Der Zustand einer gottlosen Kirche und einer in Bosheit liegenden Welt lastete auf den Seelen der treuen Wächter, und willig ertrugen sie Mühsal, Entbehrung und Leiden, um Menschen zur Buße und zum Heil zu rufen. Obwohl Satan ihnen widerstand, ging doch das Werk beständig vorwärts und die Adventwahrheit wurde von vielen Tausenden angenommen.

Überall wurde das herzergründende Zeugnis gehört, das Sünder, sowohl Weltmenschen als Gemeindeglieder, warnte, dem zukünftigen Zorn zu entfliehen. Wie Johannes der Täufer, der Vorläufer Christi, legten die Prediger die Axt dem Baum an die Wurzel und nötigten alle, rechtschaffene Früchte der Buße zu bringen. Ihre ergreifenden Aufrufe standen in auffallendem Gegensatz zu den Versicherungen des Friedens und der Sicherheit, die von volkstümlichen Kanzeln herab gehört wurden, und wo die Botschaft ertönte, bewegte sie das Volk. Das einfache direkte Zeugnis der Heiligen Schrift, den Menschen durch die Macht des Heiligen Geistes ans Herz gelegt, brachte eine gewichtige Überzeugung hervor, der nur wenige völlig widerstehen konnten. Bekenntliche Christen wurden aus ihrer falschen Sicherheit aufgeschreckt und erkannten ihre Abtrünnigkeit, ihre Weltlichkeit und ihren Unglauben, ihren Stolz und ihre Selbstsucht. Viele suchten den Herrn mit Reue und Demut. Neigungen, die solange auf irdische Dinge gerichtet waren, wandten sich jetzt dem Himmel zu. Gottes Geist ruhte auf ihnen, und mit besänftigten und gedemütigten Herzen stimmten sie ein in den Ruf: „Fürchtet Gott und gebt ihm die Ehre, denn die Stunde seines Gerichts ist gekommen." (Offb. 14,7)

Sünder fragten weinend: „Was soll ich tun, daß ich selig werde?" Wer einen unehrlichen Wandel geführt hatte, war besorgt, sein Unrecht gutzumachen. Alle, die in Christus Frieden fanden, sehnten sich danach, auch andere an den Segnungen teilhaben zu sehen. Die Herzen der Eltern wandten sich zu ihren Kindern, und die Herzen der Kinder zu ihren Eltern. Die Schranken des Stolzes und der Zurückhaltung wurden beseitigt. Tiefempfundene Bekenntnisse wurden abgelegt, und die Glieder eines Haushaltes arbeiteten für das Heil jener, die ihnen am nächsten und teuersten waren. Oft hörte man ernste Fürbitten. Überall beteten Seelen in tiefer Angst zu Gott. Viele rangen die ganze Nacht im Gebet um die Gewißheit, daß ihre Sünden vergeben seien, oder um die Bekehrung ihrer Verwandten oder Nachbarn.

Alle Menschenklassen strömten zu den Versammlungen der Adventisten. Reich und arm, hoch und niedrig wollten aus verschiedenen Gründen selbst die Lehre von der Wiederkunft Christi vernehmen. Der Herr hielt den Geist des Widerstandes im Zaum, während seine Diener die Gründe ihres Glaubens darlegten. Oft war das Werkzeug schwach, aber der Geist Gottes gab seiner Wahrheit Macht. Die Gegenwart heiliger Engel bekundete sich in diesen Versammlungen, und viele wurden täglich zu den Gläubigen hinzugetan. Wenn die Beweise für die baldige Ankunft Christi wiederholt wurden, lauschten große Mengen in atemlosem Schweigen den feierlichen Worten. Himmel und Erde schienen sich einander zu nähern. Die Macht Gottes wurde von jung und alt verspürt. Die Menschen suchten ihre Wohnungen auf mit Lobpreisungen Gottes auf ihren Lippen, und der fröhliche Klang ertönte durch die stille Nachtluft. Niemand, der jenen Versammlungen beiwohnte, kann jene bedeutungsvollen Vorgänge je vergessen.

Die Verkündigung einer bestimmten Zeit für das Kommen Christi rief unter vielen Menschen aus allen Klassen großen Widerstand hervor, von den Predigern auf der Kanzel an bis zum verwegensten, dem Himmel trotzenden Sünder. Die Worte der Weissagung gingen in Erfüllung: „Ihr sollt vor allem wissen, daß in den letzten Tagen Spötter kommen werden, die ihren Spott treiben, und ihren eigenen Begierden nachgehen und sagen: Wo bleibt die Verheißung seines Kommens? Denn nachdem die Väter entschlafen sind, bleibt alles, wie es von Anfang der Schöpfung gewesen ist." (2. Petr. 3,3.4) Viele, die vorgaben, ihren Heiland zu lieben, erklärten, daß sie keine Einwände gegen die Lehre von seinem zweiten Kommen zu machen hätten; sie seien nur gegen die festgesetzte Zeit. Gottes Auge las jedoch, was in ihren Herzen war. Sie wünschten nichts davon zu hören, daß Christus kommen werde, um die Welt mit Gerechtigkeit zu richten. Sie waren ungetreue Diener gewesen, ihre Werke konnten die Prüfung Gottes, der die Herzen ergründet, nicht ertragen, und sie fürchteten sich, ihrem Herrn zu begegnen. Gleich den Juden zur Zeit Christi waren sie nicht vorbereitet, Jesus zu begrüßen. Sie weigerten sich nicht nur, die deutlichen Beweise aus der Schrift zu hören, sondern verlachten auch die, die auf den Herrn warteten. Satan und seine Engel frohlockten und schleuderten Schmähungen in das Angesicht Christi und der heiligen Engel, daß sein angebliches Volk so wenig Liebe zu ihm habe und sein Erscheinen nicht wünsche.

„Niemand weiß den Tag oder die Stunde", lautete die von den Verwerfern des Adventglaubens am häufigsten vorgebrachte Beweisführung. Die Bibelstelle heißt: „Von dem Tage aber und von der Stunde weiß niemand, auch die Engel nicht im Himmel, sondern allein der Vater." (Mt. 24,36) Eine klare und zutreffende Auslegung dieser Bibelstelle gaben die, die auf ihren Herrn warteten, und die verkehrte Anwendung, die ihre Gegner davon machten, zeigte sich deutlich. Diese Worte wurden von Christus in jener denkwürdigen Unterhaltung mit seinen Jüngern auf dem Ölberg gesprochen, als er zum letzten Male aus dem Tempel gegangen war. Die Jünger hatten die Frage gestellt: „Was wird das Zeichen sein für dein Kommen und für das Ende der Welt?" Jesus gab ihnen gewisse Zeichen und sagte: „Wenn ihr das alles sehet, so wisset, daß er nahe vor der Tür ist." (Mt. 24,3.33) Ein Ausspruch des Heilandes darf nicht so dargestellt werden, daß er dem andern widerspricht. Wenn auch niemand den Tag und die Stunde seines Kommens weiß, so werden wir doch unterrichtet, und es wird von uns verlangt zu wissen, wann es nahe ist. Wir werden ferner gelehrt, daß es für uns ebenso verderblich ist, seine Warnung zu mißachten und uns zu weigern oder es zu vernachlässigen, die Zeit seines Kommens zu wissen, wie es für die, die in den Tagen Noahs lebten, verderblich war, nicht zu wissen, wann die Sintflut kommen sollte. Das Gleichnis im selben Kapitel, das den treuen Knecht mit dem ungetreuen vergleicht und das Urteil dessen anführt, der in seinem Herzen sagte: „Mein Herr kommt noch lange nicht", zeigt, wie Christus, bei seiner Wiederkunft, diejenigen betrachten und belohnen wird, die wachen und sein Kommen verkündigen, und die, die es in Abrede stellen. „Darum wachet!", sagt er. „Selig ist der Knecht, den sein Herr, wenn er kommt, das tun sieht." (Mt. 24,42-51) „Wenn du aber nicht wachen wirst, werde ich kommen wie ein Dieb, und du wirst nicht wissen, zu welcher Stunde ich über dich kommen werde." (Offb. 3,3)

Paulus spricht von den Menschen, denen die Erscheinung des Herrn unerwartet kommen wird. „Der Tag des Herrn wird kommen wie ein Dieb in der Nacht. Wenn sie sagen werden: Es ist Friede, es hat keine Gefahr, – dann wird sie das Verderben schnell überfallen ... und sie werden nicht entfliehen." Aber für die, die die Warnung des Herrn beachtet haben, fügt er hinzu: „Ihr aber, liebe Brüder, seid nicht in der Finsternis, daß der Tag wie ein Dieb über euch komme. Denn ihr alle seid Kinder des Lichtes und Kinder des Tages. Wir sind nicht von der Nacht noch von der Finsternis." (1. Thess. 5,2-5)

Somit war deutlich erwiesen, daß die Bibel den Menschen keinen Vorschub leistet, hinsichtlich der Nähe des Kommens Christi in Unwissenheit zu bleiben. Wer aber eine Entschuldigung suchte, nur um die Wahrheit zu verwerfen, verschloß dieser Erklärung sein Ohr, und die Worte: „Von dem Tage aber und von der Stunde weiß niemand", wurden von dem kühnen Spötter und sogar von dem angeblichen Diener Christi beständig wiederholt. Als Leute erweckt wurden und anfingen nach dem Weg des Heils zu fragen, stellten sich Religionslehrer zwischen sie und die Wahrheit und versuchten, ihre Befürchtungen mittels falscher Auslegungen des Wortes Gottes zu zerstreuen. Untreue Wächter verbanden sich mit dem Werk des großen Betrügers und schrieen: „Friede! Friede!", wenn Gott nicht von Frieden gesprochen hatte. Gleich den Pharisäern zur Zeit Christi weigerten sich viele, in das Himmelreich einzugehen, und hinderten die, die hineingehen wollten. Das Blut dieser Seelen wird von ihrer Hand gefordert werden.

Die Demütigsten und Ergebensten in den Gemeinden waren gewöhnlich die ersten, die Botschaft anzunehmen. Wer die Bibel selbst studierte, mußte unvermeidlich den schriftwidrigen Charakter der volkstümlichen Ansichten über die Weissagungen sehen, und wo das Volk nicht durch den Einfluß der Geistlichkeit geleitet wurde und das Wort Gottes für sich selbst erforschte, brauchte die Adventlehre nur mit der Heiligen Schrift verglichen zu werden, um deren göttliche Autorität zu bestätigen.

Viele wurden von ihren ungläubigen Brüdern verfolgt. Um ihre Stellung in der Gemeinde zu bewahren, willigten einige ein, bezüglich ihrer Hoffnung zu schweigen; andere aber fühlten, daß die Treue zu Gott ihnen verbiete, die Wahrheiten, die er ihrer Obhut anvertraut hatte, zu verbergen. Nicht wenige wurden aus der Kirche ausgeschlossen aus keinem andern Grunde, denn daß sie ihrem Glauben an die Wiederkunft Christi Ausdruck gegeben hatten. Köstlich waren die Worte des Propheten denen, die die Prüfung ihres Glaubens bestanden: „Es sprechen eure Brüder, die euch hassen und verstoßen um meines Namens willen: 'Laßt doch den Herrn sich verherrlichen, daß wir eure Freude mit ansehen' ; doch sie sollen zuschanden werden." (Jes. 66,5)

Engel Gottes überwachten mit größter Teilnahme den Erfolg der Warnung. Als die Kirchen die Botschaft allgemein verwarfen, wandten sie sich betrübt ab. Aber es gab noch viele Seelen, die betreffs der Adventwahrheit noch nicht geprüft waren; viele, die durch Ehemänner, Frauen, Eltern oder Kinder irregeleitet worden waren und glaubten, es sei eine Sünde, solche Ketzereien, wie sie von den Adventisten gelehrt wurden, auch nur anzuhören. Den Engeln wurde befohlen, über diese Seelen treulich zu wachen; denn es sollte noch ein anderes Licht vom Throne Gottes auf sie scheinen.

Mit unaussprechlichem Verlangen harrten alle, die die Botschaft angenommen hatten, der Ankunft ihres Heilandes. Die Zeit, da sie erwarteten, ihm zu begegnen, war vor der Tür. Sie näherten sich dieser Stunde mit einem stillen Ernst. Sie verblieben in freundlicher Gemeinschaft mit Gott – ein Pfand des Friedens, der in der zukünftigen Herrlichkeit ihnen zuteil werden sollte. Keiner, der diese Hoffnung und dies Vertrauen erfuhr, kann jene köstlichen Stunden des Wartens vergessen. Schon einige Wochen vor der Zeit wurden die weltlichen Geschäfte von den meisten beiseitegelegt. Die aufrichtigen Gläubigen prüften sorgfältig jeden Gedanken und jede Empfindung ihres Herzens, als ob sie auf dem Totenbett lägen und in wenigen Stunden gegen alles Irdische ihre Augen schließen müßten. Da wurden keine Himmelfahrtskleider (siehe Anhang, Anm. 32.) angefertigt, sondern alle fühlten die Notwendigkeit eines inneren Zeugnisses, daß sie zubereitet waren, dem Heiland zu begegnen; ihre weißen

Kleider waren Reinheit der Seele – durch das versöhnende Blut Christi gereinigte Charaktere. Hätte doch das Volk Gottes noch denselben herzerforschenden Geist, denselben ernsten, entschiedenen Glauben! Hätte es weiterhin sich auf diese Weise vor dem Herrn gedemütigt und seine Bitten zum Gnadenthron emporgesandt, so würde es jetzt im Besitze weit köstlicherer Erfahrungen sein. Das Volk Gottes betet zu wenig, wird zu wenig wirklich überzeugt von der Sünde, und der Mangel an lebendigem Glauben läßt viele unberührt von der Gnadengabe, die von unserem Erlöser so reichlich vorgesehen wurde.

Gott beabsichtigte sein Volk zu prüfen. Seine Hand bedeckte den in der Rechnung der prophetischen Zeitperioden gemachten Fehler. Die Adventisten entdeckten den Irrtum nicht, noch wurde er von den Gelehrtesten ihrer Gegner entdeckt. Diese sagten: „Eure Berechnung der prophetischen Perioden ist richtig. Irgendein großes Ereignis wird stattfinden; aber es ist nicht die Wiederkunft." (siehe Anhang, Anm. 33.)

Die Zeit der Erwartung ging vorüber, und Christus erschien nicht, um sein Volk zu befreien. Alle, die mit aufrichtigem Glauben und herzlicher Liebe auf ihren Heiland gewartet hatten, erfuhren eine bittere Enttäuschung. Doch wurde Gottes Absicht erreicht; er prüfte die Herzen derer, die vorgaben, auf seine Erscheinung zu warten. Es waren unter ihnen viele, die aus keinem höheren Beweggrund getrieben worden waren als aus Furcht. Ihr Glaube hatte weder ihre Herzen noch ihren Lebenswandel beeinflußt. Als das erwartete Ereignis ausblieb, erklärten diese Leute, daß sie nicht enttäuscht seien; sie hätten nie geglaubt, daß Christus kommen werde; und sie gehörten zu den ersten, die den Schmerz der wahren Gläubigen verspotteten.

Aber Jesus und die himmlischen Scharen sahen mit Liebe und Teilnahme auf die geprüften und doch enttäuschten Gläubigen herab. Hätte der Schleier, der die sichtbare Welt von der unsichtbaren trennt, zurückgeschlagen werden können, so würde man gesehen haben, wie Engel sich jenen standhaften Seelen näherten und sie vor den Pfeilen Satans beschützten.

21 Eine verworfene Warnung

William Miller und seine Mitarbeiter hatten bei der Verkündigung der Wiederkunft Christi den alleinigen Zweck im Auge, ihre Mitmenschen zu einer Vorbereitung auf das Gericht anzuspornen. Sie hatten versucht, vorgebliche Gläubige zur Erkenntnis der wahren Hoffnung der Gemeinde und zur Notwendigkeit einer tieferen christlichen Erfahrung zu erwecken; auch arbeiteten sie darauf hin, die Unbekehrten von ihrer Pflicht, unverzüglicher Buße und Bekehrung zu Gott, zu überzeugen. „Sie machten keine Versuche, irgend jemand zu einer Sekte oder Religionsgemeinschaft zu bekehren, und arbeiteten daher unter allen Gruppen und Sekten, ohne in ihre Organisation und Kirchenzucht einzugreifen."

Miller sagte: „In all meinem Wirken habe ich nie gewünscht oder beabsichtigt, irgendeine Sonderrichtung außerhalb der bestehenden Gemeinschaften hervorzurufen oder eine auf Kosten einer andern zu begünstigen. Ich gedachte, ihnen allen zu nützen. Unter der Voraussetzung, daß alle Christen sich auf das Kommen Jesu freuten, und daß die, die nicht so sehen konnten, wie ich, nichtsdestoweniger jene lieben würden, die diese Lehre annähmen, ahnte ich nicht, daß abgesonderte Versammlungen jemals nötig werden könnten. Mein einziges Ziel war, Seelen zu Gott zu bekehren, der Welt ein kommendes Gericht kundzutun und meine Mitmenschen zu bewegen, jene Vorbereitung des Herzens zu treffen, die sie befähigt, ihrem Gott in Frieden zu begegnen. Die große Mehrheit derer, die unter meinem Wirken bekehrt wurden, vereinigten sich mit den verschiedenen bestehenden Gemeinden." (Bliß, Erinnerungen an Wm. Miller, S. 328.)

Da Millers Werk zum Aufbau der Gemeinden diente, wurde es eine Zeitlang günstig angesehen. Doch als Prediger und religiöse Leiter sich gegen die Adventlehre entschieden und alle

Erörterung des Gegenstandes zu unterdrücken wünschten, traten sie nicht nur von der Kanzel aus dagegen auf, sondern gestatteten ihren Mitgliedern auch nicht das Vorrecht, Predigten über die Wiederkunft Christi zu besuchen oder auch nur ihre Hoffnung in den Erbauungsstunden der Gemeinde auszusprechen. So befanden sich die Gläubigen in einer sehr schwierigen Lage. Sie liebten ihre Gemeinden und wollten sich ungern von ihnen trennen; doch als sie sahen, daß das Zeugnis des Wortes Gottes unterdrückt und ihnen das Recht, in den Weissagungen zu forschen, versagt wurde, erkannten sie, daß die Treue gegen Gott ihnen verbot, sich zu fügen. Die das Zeugnis des Wortes Gottes verwarfen, konnten sie nicht als die Gemeinde Christi, als „Pfeiler und Grundfeste der Wahrheit" ansehen, und daher fühlten sie sich gerechtfertigt, sich von ihren früheren Verbindungen zu trennen. Im Sommer des Jahres 1844 zogen sich ungefähr 50.000 Glieder aus den Gemeinden zurück.

Um diese Zeit ließ sich in den meisten Kirchen der Vereinigten Staaten eine auffällige Veränderung erkennen. Schon seit vielen Jahren hatte eine allmähliche aber beständig zunehmende Gleichförmigkeit mit den weltlichen Gebräuchen und Gewohnheiten und ein dementsprechendes Abnehmen des wirklichen geistlichen Lebens bestanden; aber in diesem Jahre zeigten sich in fast allen Gemeinschaften des Landes Spuren eines plötzlichen und entschiedenen Verfalls. Während niemand imstande zu sein schien, die Ursache zu ergründen, wurde die Tatsache selbst doch von der Presse und der Kanzel weit und breit bemerkt und besprochen.

Anläßlich einer Versammlung des Presbyteriums von Philadelphia stellte Herr Barnes, der Verfasser eines bekannten Bibelwerkes und Pastor an einer der hervorragendsten Kirchen jener Stadt, fest, „daß er 20 Jahre des geistlichen Amtes warte und noch nie, bis auf die letzte Abendmahlsfeier, das Abendmahl ausgeteilt habe ohne mehr oder weniger Glieder in die Gemeinde aufzunehmen. Aber nun gebe es keine Erweckungen, keine Bekehrungen mehr, nicht viel offenbares Wachstum in der Gnade unter den Bekennern, und niemand komme auf sein Studierzimmer, um über sein Seelenheil mit ihm zu sprechen. Mit der Zunahme des Geschäftsverkehrs und den blühenden Aussichten des Handels und der Industrie komme auch eine Vermehrung der weltlichen Gesinnung. So ist es mit allen religiösen Gemeinschaften."(Congreg. Journal, 23. Mai 1844.)

Im Monat Februar desselben Jahres sagte Prof. Finney am Oberlin-College: „Wir haben die Tatsachen vor Augen gehabt, daß im großen ganzen die protestantischen Kirchen unseres Landes als solche entweder beinahe allen sittlichen Reformen des Zeitalters gegenüber abgeneigt oder feindlich waren. Es gibt teilweise Ausnahmen, doch nicht genug, um diese Tatsache anders denn allgemein erscheinen zu lassen. Noch eine andere bewiesene Tatsache besteht: das fast gänzliche Fehlen des Erweckungsgeistes in den Gemeinden. Die geistliche Abgestumpftheit durchdringt beinahe alles und geht ungeheuer tief; das bezeugt die religiöse Presse des ganzen Landes. ... In sehr ausgedehntem Maße ergeben sich die Gemeindeglieder der Mode und gehen Hand in Hand mit den Gottlosen zu Ausflügen, zum Tanz und anderen Festlichkeiten usw. ... Doch wir brauchen uns nicht weiter über dieses peinliche Thema auszusprechen. Es genügt, daß die Beweise sich mehren und uns schwer bedrücken, daß die Kirchen im allgemeinen auf traurige Weise entarten. Sie sind sehr weit von dem Herrn abgewichen, und er hat sich von ihnen zurückgezogen."

Und ein Schreiber im „Religious Telescope" bezeugt: „Wir haben nie einen so allgemeinen Verfall wie gerade jetzt wahrgenommen. Wahrlich, die Kirche sollte aufwachen und die Ursache dieses Notstandes zu ergründen suchen; denn als einen solchen muß jeder, der Zion liebt, diesen Zustand ansehen. Wenn wir die wenigen und vereinzelten Fälle wahrer Bekehrung und die beinahe beispiellose Unbußfertigkeit und Härte der Sünder erwägen, so rufen wir fast unwillkürlich aus: Hat Gott vergessen gnädig zu sein, oder ist die Tür der Barmherzigkeit geschlossen?"

Der Grund eines solchen Zustandes liegt stets in der Gemeinde selbst. Die geistliche Finsternis, die Völker, Gemeinden und einzelne befällt, ist keineswegs einem willkürlichen Entziehen der helfenden göttlichen Gnade seitens des Herrn, sondern einer Vernachlässigung oder Verwerfung des göttlichen Lichtes seitens der Menschen zuzuschreiben. Ein treffendes Beispiel dieser Wahrheit bietet uns die Geschichte der Juden zur Zeit Christi. Dadurch daß sie sich der Welt hingaben und Gott und sein Wort vergaßen, waren ihre Sinne verfinstert und ihre Herzen irdisch und sinnlich geworden; sie waren in Unwissenheit über das Kommen des Messias und verwarfen in ihrem Stolz und Unglauben den Erlöser. Gott entzog auch dann noch nicht der jüdischen Nation die Erkenntnis oder einen Anteil an den Segnungen des Heils; aber alle, die die Wahrheit verwarfen, verloren jegliches Verlangen nach der Gabe des Himmels. Sie hatten „aus Finsternis Licht und aus Licht Finsternis" gemacht, bis das Licht, das in ihnen war, zur Finsternis wurde; und wie groß war die Finsternis!

Es entspricht den Absichten Satans, den Schein der Religion zu bewahren, wenn nur der Geist der lebendigen Gottseligkeit fehlt. Nach ihrer Verwerfung des Evangeliums fuhren die Juden eifrigst fort, ihre gebräuchlichen Zeremonien zu beobachten; sie bewahrten streng ihre nationale Abgeschlossenheit, während sie sich selbst eingestehen mußten, daß die Gegenwart Gottes sich nicht länger in ihrer Mitte offenbarte. Die Weissagung Daniels wies so unverkennbar auf die Zeit der Ankunft des Messias und sagte seinen Tod so deutlich voraus, daß sie dessen Studium umgingen, und schließlich sprachen die Rabbiner einen Fluch über alle aus, die eine Berechnung der Zeit unternehmen wollten. Achtzehnhundert Jahre lang hatte das Volk Israel in Blindheit und Unbußfertigkeit dagestanden, gleichgültig gegen die gnädigen Heilsgaben, rücksichtslos gegen die Segnungen des Evangeliums – eine feierliche und schreckliche Warnung vor der Gefahr, das Licht vom Himmel zu verwerfen.

Gleiche Ursachen haben gleiche Wirkungen. Wer absichtlich sein Pflichtgefühl unterdrückt, weil es seinen Neigungen entgegen ist, wird schließlich das Vermögen verlieren, zwischen Wahrheit und Irrtum zu unterscheiden; der Verstand wird verfinstert, das Gewissen verhärtet, das Herz verstockt und die Seele von Gott getrennt. Wo die Botschaft der göttlichen Wahrheit geringgeschätzt und verachtet wird, da wird die Gemeinde in Finsternis gehüllt; der Glaube und die Liebe erkalten, und Entfremdung und Spaltung treten ein. Gemeindeglieder vereinigen ihre Bestrebungen und Kräfte zu weltlichen Unternehmungen, und Sünder werden in ihrer Unbußfertigkeit verhärtet.

Die erste Engelsbotschaft von Offenbarung 14, die die Zeit des Gerichtes Gottes anzeigt und jedermann auffordert, ihn anzubeten, war dazu bestimmt, das wahre Volk Gottes von den verderblichen Einflüssen der Welt zu trennen und es zu erwecken, um seinen wahren Zustand der Weltlichkeit und der Abtrünnigkeit zu erkennen. In dieser Botschaft hatte Gott der Kirche eine Warnung gesandt, die, falls sie angenommen worden wäre, den Übelständen abgeholfen hätte, die die Menschen von ihm trennten. Hätten sie die Botschaft vom Himmel angenommen, ihre Herzen vor dem Herrn gedemütigt und aufrichtig die Vorbereitung gesucht, in seiner Gegenwart bestehen zu können, so wäre der Geist und die Macht Gottes unter ihnen offenbart worden. Die Gemeinde würde abermals den glücklichen Zustand der Einheit, des Glaubens und der Liebe erreicht haben, der in den apostolischen Zeiten bestand, als alle Gläubigen „ein Herz und eine Seele" waren und „das Wort Gottes mit Freudigkeit" redeten, als der Herr hinzufügte „täglich zur Gemeinde, die gerettet wurden." (Apg.4,32.31; 2,47) Nähmen die bekenntlichen Christen das Licht an, wie es aus dem Worte Gottes auf sie scheint, so würden sie jene Einigkeit erreichen, um die der Heiland für sie bittet und die der Apostel beschreibt als „die Einigkeit im Geist, durch das Band des Friedens." Das ist, sagt er, „ein Leib und ein Geist, wie ihr auch berufen seid zu einer Hoffnung eurer Berufung; ein Herr, ein Glaube, eine Taufe." (Eph. 4,3-5)

Derart segensreich waren die Folgen für die, die die Adventbotschaft annahmen. Sie kamen aus verschiedenen religiösen Gemeinschaften, aber die trennenden Schranken wurden niedergerissen, sich widersprechende Glaubensbekenntnisse wurden vernichtet, die schriftwidrige Hoffnung eines tausendjährigen Friedensreiches auf Erden wurde aufgegeben, falsche Ansichten über die Wiederkunft Christi wurden berichtigt, Stolz und Gleichstellung mit der Welt beseitigt, Unrecht wurde wieder gutgemacht, Herzen wurden in inniger Gemeinschaft vereint, und Liebe und Freude herrschten. Vollbrachte die Lehre dies für die wenigen, die sie annahmen, so hätte sie gleiches für alle getan, falls alle sie angenommen hätten.

Aber die Kirchen als Ganzes nahmen die Warnung nicht an. Ihre Prediger, die als Wächter im Hause Israels die ersten hätten sein sollen, die Anzeichen von der Wiederkunft Christi zu erkennen, hatten die Wahrheit weder aus den Zeugnissen der Propheten noch an den Zeichen der Zeit erkannt. Da weltliche Hoffnungen und Ehrgeiz ihr Herz erfüllten, war die Liebe zu Gott und der Glaube an sein Wort erkaltet, und als die Adventlehre gebracht wurde, erweckte sie bei ihnen nur Vorurteile und Unglauben. Die Tatsache, daß die Botschaft größtenteils von Laien verkündigt wurde, führte man als einen Beweis gegen sie an. Wie vor alters wurde dem deutlichen Zeugnis des Wortes Gottes die Frage entgegengebracht: „Glaubt auch irgendein Oberster oder Pharisäer an ihn?" Und da sie fanden, daß es eine schwierige Aufgabe war, die aus den prophetischen Zeitperioden gezogenen Beweise zu widerlegen, rieten viele vom Studium der Weissagungen ab und lehrten, die prophetischen Bücher seien versiegelt und sollten nicht verstanden werden. Viele, blind ihren Seelenhirten vertrauend, weigerten sich, der Warnung Gehör zu schenken, und andere, obgleich von der Wahrheit überzeugt, wagten es nicht, sie zu bekennen, auf „daß sie nicht in den Bann getan würden." Die von Gott zur Prüfung und Läuterung der Kirche gesandte Botschaft offenbarte nur zu deutlich, wie groß die Zahl derer war, die ihr Herz dieser Welt statt Christus zugewandt hatten. Die Bande, die sie mit der Erde verknüpften, waren stärker als die, die sie himmelwärts zogen. Sie gehorchten der Stimme weltlicher Weisheit und wandten sich von der herzergründenden Botschaft der Wahrheit ab.

Indem sie die Warnung des ersten Engels zurückwiesen, verwarfen sie auch das Mittel, das der Himmel für ihre Genesung vorgesehen hatte. Sie verachteten den gnadenreichen Boten, der den Übelständen, die sie von Gott trennten, hätte abhelfen können, und kehrten sich mit größerer Zuneigung der Freundschaft der Welt zu. Hier lag die Ursache jenes fürchterlichen Zustandes der Verweltlichung, der Abtrünnigkeit und des geistlichen Todes, wie er in den Kirchen im Jahre 1844 vorherrschte.

In Offenbarung 14 folgt dem ersten Engel ein zweiter, mit dem Ruf: „Sie ist gefallen, sie ist gefallen, Babylon, die große Stadt; denn sie hat mit dem Zorneswein ihrer Hurerei getränkt alle Nationen." (Offb. 14,8) Der Ausdruck Babylon ist von Babel abgeleitet und bedeutet Verwirrung. Er wird in der Heiligen Schrift angewandt, um die verschiedenen Formen falscher oder abgefallener Religion zu bezeichnen. In Offenbarung 17 wird Babylon als ein Weib dargestellt, ein Bild, dessen sich die Bibel als Symbol einer Gemeinde bedient, und zwar versinnbildet ein tugendhaftes Weib eine reine Gemeinde und ein gefallenes Weib eine abtrünnige Kirche.

In der Bibel wird der heilige und bleibende Charakter des zwischen Christus und seiner Gemeinde bestehenden Verhältnisses durch den Ehebund dargestellt. Der Herr hat seine Gemeinde durch einen feierlichen Bund mit sich vereint, seinerseits durch die Verheißung, ihr Gott zu sein, und ihrerseits durch die Verpflichtung, ihm allein angehören zu wollen. Er sagt: „Ich will mich mit dir verloben für alle Ewigkeit; ich will mich mit dir verloben in Gerechtigkeit und Gericht, in Gnade und Barmherzigkeit." Und abermals: „Ich will euch mir vertrauen." (Hos. 2,21.19; Jer. 3,14) Und Paulus bedient sich derselben Redewendung im Neuen Testament, wenn er sagt: „Ich habe euch verlobt mit einem einzigen Mann, damit ich Christus eine reine Jungfrau zuführte." (2. Kor. 11,2)

Die Untreue der Gemeinde gegen Christus, indem sie ihr Vertrauen und ihre Liebe von dem Herrn abwandte und die Weltliebe von ihrer Seele Besitz nehmen ließ, wird mit dem Bruch des Ehegelübdes verglichen. Israels Sünde, die Trennung von dem Herrn, wird unter diesem Bild dargestellt, und Gottes wunderbare Liebe, die es auf diese Weise verachtete, wird eindrucksvoll geschildert: „Ich schwor dir's und schloß mit dir einen Bund, spricht Gott der Herr, daß du solltest mein sein ... Und warst überaus schön und kamst zu königlichen Ehren. Und dein Ruhm erscholl unter den Völkern deiner Schönheit wegen, die ganz vollkommen war durch den Schmuck, den ich dir angelegt hatte. ... Aber du verließest dich auf deine Schönheit. Und weil du so gerühmt wurdest, triebst du Hurerei." „Aber das Haus Israel hat mir nicht die Treue gehalten, gleichwie ein Weib wegen ihres Liebhabers nicht die Treue hält, spricht der Herr." Wie eine „Ehebrecherin, die du dir Fremde anstelle deines Mannes nimmst!" (Hes. 16,8.13-15; Jer. 3,20; Hes. 16,32)

Im neuen Testament werden ganz ähnliche Worte an bekenntliche Christen gerichtet, die die Freundschaft der Welt vor der Gunst Gottes suchen. Der Apostel Jakobus sagt: „Ihr Abtrünnigen, wißt ihr nicht, daß Freundschaft mit der Welt Feindschaft mit Gott ist? Wer der Welt Freund sein will, der wird Gottes Feind sein." (Jak. 4,4)

Babylon, das Weib aus der Offenbarung 17, wird uns geschildert als „bekleidet mit Purpur und Scharlach und geschmückt mit Gold und edlen Steinen und Perlen und hatte einen goldenen Becher in der Hand, voll von Greuel und Unreinheit ihrer Hurerei, und auf ihrer Stirn war geschrieben ein Name, ein Geheimnis: Das große Babylon, die Mutter der Hurerei und aller Greuel auf Erden." Der Prophet sagt: „Und ich sah die Frau, betrunken von dem Blut der Heiligen und von dem Blut der Zeugen Jesu." (Offb. 17,4-6) Von Babylon wird weiter gesagt: „Und die Frau, die du gesehen hast, ist die große Stadt, die die Herrschaft hat über die Könige auf Erden." (Offb. 17,18) Die Macht, die so viele Jahrhunderte lang unumschränkt über die Fürsten der Christenheit herrschte, ist Rom. Purpur und Scharlach, Gold, Edelstein und Perlen schildern lebhaft die Pracht und das mehr als königliche Gepränge, das der anmaßende römische Stuhl zur Schau trägt. Von keiner anderen Macht konnte man so sehr mit Recht sagen, sie war „trunken von dem Blut der Heiligen", als von jener Kirche, die die Nachfolger Christi auf so grausame Weise verfolgt hat. Babylon wird ebenfalls der Sünde der gesetzwidrigen Verbindung mit „den Königen auf Erden" angeklagt. Durch das Abweichen vom Herrn und die Verbindung mit den

Heiden wurde die jüdische Gemeinde zu einer Hure; und Rom, das auf gleiche Weise verderbt ward, indem es die Unterstützung der weltlichen Mächte suchte, empfängt das gleiche Urteil.

Babylon wird „die Mutter der Hurerei" genannt. Unter den Töchtern müssen Kirchen versinnbildet sein, die ihre Lehren und Überlieferungen festhalten und ihrem Beispiel folgen, indem sie die Wahrheit und das Wohlwollen Gottes darangeben, um eine gesetzwidrige Verbindung mit der Welt einzugehen. Die Botschaft aus Offenbarung 14, die den Fall Babylons verkündigt, muß auf religiöse Gemeinschaften Anwendung finden, die einst rein waren, aber verderbt geworden sind. Da diese Botschaft der Warnung vor dem Gericht erfolgt, so muß sie in den letzten Tagen verkündigt werden, und kann deshalb nicht allein auf die römische Kirche Bezug haben, denn diese war schon seit vielen Jahrhunderten in einem gefallenen Zustand. Ferner wird im 18. Kapitel der Offenbarung das Volk Gottes aufgefordert, aus Babylon herauszukommen; demzufolge müssen noch viele vom Volk Gottes in Babylon sein. In welchen religiösen Gemeinschaften wird aber jetzt der größere Teil der Nachfolger Christi gefunden? Zweifellos in den verschiedenen Gemeinschaften, die sich zum protestantischen Glauben bekennen. Zur Zeit ihres Aufkommens nahmen diese Gemeinschaften eine ehrliche Stellung Gott und seiner Wahrheit gegenüber ein, und Gottes Segen war mit ihnen. Selbst die ungläubige Welt mußte die wohltätigen Ergebnisse, die der Annahme der Evangeliumsgrundsätze folgten, anerkennen, wie der Prophet zu Israel sagte: „Dein Ruhm erscholl unter den Völkern deiner Schönheit wegen, die vollkommen war durch den Schmuck, den ich dir angelegt hatte, spricht Gott der Herr." (Hes. 16,14.15) Aber diese Gemeinschaften fielen durch die gleichen Gelüste, die Israel zum Fluch und zum Verderben gereichten – das Verlangen, die Sitten der Gottlosen nachzuahmen und ihre Freundschaft zu erwerben. „Du verließest dich auf deine Schönheit. Und weil du so gerühmt wurdest, triebst du Hurerei." (Hes. 16,14.15)

Viele der protestantischen Kirchen folgen Roms Beispiel der schriftwidrigen Verbindung mit „den Königen der Erde" – die Staatskirchen durch ihre Beziehung zu den weltlichen Regierungen und andere Gemeinschaften, indem sie die Gunst der Welt suchen. Der Ausdruck Babylon (Verwirrung) mag mit Recht auf diese Gemeinschaften angewandt werden, da alle bekennen, ihre Lehren der Bibel zu entnehmen, und doch in fast unzählige Sekten zersplittert sind mit weit voneinander abweichenden Glaubensbekenntnissen und Lehren.

Außer einer sündhaften Verbindung mit der Welt weisen die Gemeinden, die sich von Rom getrennt haben, noch andere seiner Merkmale auf.

Ein römisch-katholisches Werk behauptet: „Falls die römische Kirche sich in der Verehrung der Heiligen je der Abgötterei schuldig machte, so steht ihre Tochter, die anglikanische Kirche ihr nicht nach; denn sie hat zehn Kirchen, die der Jungfrau Maria gewidmet sind, gegen eine, die Christus geweiht ist." (Dr. Challoner, Unterweisung des kath. Christen, Vorwort, S. 21. 22.)

Dr. Hopkins macht in einer Abhandlung über das Tausendjährige Reich folgende Aussage: „Wir haben keinen Grund, den antichristlichen Geist und seine Gebräuche auf die sogenannte römische Kirche zu beschränken. Die protestantischen Kirchen tragen viel von dem Antichristen in sich und sind weit davon entfernt, frei von Verderbtheit und Gottlosigkeit zu sein." (Hopkins Werke, 2. Bd., S. 328.)

Über die Trennung der presbyterianischen Kirche von Rom schreibt Dr. Guthrie: „Vor 300 Jahren verließ unsere Kirche mit einer offenen Bibel auf ihrer Fahne und dem Wahlspruch: 'Erforschet die Schrift!' auf ihrer Urkunde die Tore Roms." Dann stellt er die bedeutungsvolle Frage: „Verließ sie rein die Tore Babylons?" (Guthrie, Evangelium in Hesekiel, S. 23.)

Spurgeon äußert sich folgendermaßen: „Die anglikanische Kirche scheint ganz und gar durchsäuert zu sein von der Lehre, daß das Heil in den Sakramenten liege; aber die, die von dieser Kirche getrennt sind, sind gleichermaßen von philosophischem Unglauben durchdrungen. Auch die, von denen wir bessere Dinge erwartet hätten, wenden sich, einer nach dem anderen, von den Grundpfeilern des Glaubens ab. Das innerste Herz Englands ist, glaube ich, ganz durchlöchert von einem verderblichen Unglauben, der es noch wagt, auf die Kanzel zu steigen und sich christlich zu nennen."

Was war der Ursprung des großen Abfalls? Wie ist die Kirche zuerst von der Einfachheit des Evangeliums abgewichen? – Indem sie sich den Gebräuchen des Heidentums anpaßte, um den Heiden die Annahme des Christentums zu erleichtern. Der Apostel Paulus erklärte schon in seinen Tagen: „Es regt sich bereits das Geheimnis der Bosheit." (2. Thess. 2,7) Während die Apostel lebten, erhielt sich die Gemeinde verhältnismäßig rein. Doch „gegen das Ende des zweiten Jahrhunderts nahmen die meisten Gemeinden eine andere Gestalt an; die frühere Einfachheit verschwand, und unmerklich, als die alten Jünger gestorben waren, kamen ihre Kinder und Neubekehrte ... und gestalteten die Sache neu." (Robinson, Kirchl. Forschungen, 6. Kap., 17. Abschn.) Um Anhänger zu gewinnen, nahm man es mit dem erhabenen Richtmaß des christlichen Glaubens weniger genau, und infolgedessen brachte „eine heidnische Flut, die in die Kirche hineinströmte, ihre Gewohnheiten, Gebräuche und Götzen mit." (Gavazzi, Vorträge, S. 278.) Da die christliche Religion sich die Gunst und die Unterstützung weltlicher Herrscher sicherte, wurde sie dem Namen nach von Scharen von Menschen angenommen; doch wenn auch dem Schein nach Christen, „blieben viele in Wirklichkeit Heiden und beteten im geheimen ihre Götzen weiter an." (Gavazzi, Vorträge, S. 278.)

Wiederholt sich nicht derselbe Vorgang in beinahe jeder Kirche, die sich protestantisch nennt? Mit dem Dahinscheiden ihrer Gründer, die von dem wahren Geist der Reform beseelt waren, treten ihre Nachkommen in den Vordergrund und gestalten die Sache neu. Während die Kinder der Reformatoren blind vertrauend zu den Glaubenssätzen ihrer Väter halten und sich weigern, eine Wahrheit anzunehmen, die über den Gesichtskreis jener hinausgeht, weichen sie von deren Beispiel der Demut, der Selbstverleugnung und der Weltentsagung weit ab. So „verschwindet die erste Einfalt." Eine weltliche Flut „mit ihren Gewohnheiten, Gebräuchen und Götzen" überschwemmt die Kirche.

Ach, wie sehr wird jene Freundschaft der Welt, die „Feindschaft wider Gott" ist, jetzt unter den bekenntlichen Nachfolgern Christi gehegt! Wie weit sind die volkstümlichen Kirchen im ganzen Christentum von dem biblischen Maßstab der Demut, der Selbstverleugnung, der Einfachheit und der Gottseligkeit abgewichen! John Wesley sagte, als er von dem richtigen Gebrauch des Geldes redete: „Verschwendet keinen Teil einer so köstlichen Gabe in bloßer Befriedigung der Augenlust durch überflüssige oder kostspielige Kleidung oder unnötigen Putz. Verschwendet keinen Teil desselben in künstlicher Ausschmückung eurer Häuser, in überflüssigen oder teuren Einrichtungen, in kostbaren Bildern, Gemälden, Vergoldungen. ... Gebt nichts aus, um hoffärtigem Leben zu frönen, um die Bewunderung oder das Lob der Menschen zu gewinnen. ... Solange es dir wohlgeht, wird man Gutes von dir reden. Solange du dich kleidest mit Purpur und köstlicher Leinwand und alle Tage herrlich und in Freuden lebst, werden ohne Zweifel viele deinen feinen Geschmack, deine Freigebigkeit und Gastfreundschaft loben. Erkaufe aber ihren Beifall nicht so teuer; begnüge dich lieber mit der Ehre, die von

Gott kommt." (Wesleys Werke, 50. Predigt.) In vielen Kirchen jedoch werden heutzutage solche Lehren verachtet.

Es ist in der Welt üblich, irgendeinem Religionsbekenntnis anzugehören. Herrscher, Politiker, Juristen, Doktoren, Kaufleute treten der Kirche bei, um sich die Achtung und das Vertrauen der Gesellschaft zu erwerben und ihre eigenen weltlichen Angelegenheiten zu fördern. Auf diese Weise suchen sie ihre ungerechten Handlungen unter einem christlichen Bekenntnis zu verbergen. Die verschiedenen religiösen Gemeinschaften, verstärkt durch den Reichtum und den Einfluß dieser getauften Weltmenschen, bieten noch mehr auf, um Volkstümlichkeit und Gönnerschaft zu gewinnen. Prächtige Kirchen, die auf die verschwenderischste Weise ausgeschmückt sind, werden in vornehmen Straßen errichtet. Die Kirchgänger kleiden sich kostbar und nach der neuesten Mode. Man zahlt einem begabten Prediger ein hohes Gehalt, um das Volk zu unterhalten und anzuziehen. Seine Predigten dürfen die allgemein verbreiteten Sünden nicht rügen, sondern müssen den vornehmen Ohren weich und gefällig klingen. Auf diese Weise werden vornehme Sünder in die Kirchenbücher eingetragen und sogenannte Modesünden unter dem Vorwand der Gottseligkeit verborgen.

Eine führende weltliche Zeitung, die sich über die gegenwärtige Stellung der bekenntlichen amerikanischen Christen der Welt gegenüber ausspricht, sagt: „Allmählich hat sich die Kirche dem Zeitgeist ergeben und die Formen des Gottesdienstes den modernen Bedürfnissen angepaßt. ... In der Tat verwendet die Kirche nun alles, was hilft, die Religion anziehend zu machen, als ihr Werkzeug." Ein Schreiber spricht in dem New Yorker „Independent" folgendermaßen vom Methodismus, wie er ist: „Die Trennungslinie zwischen den Gottseligen und den Gottlosen verblaßt zu einem Halbschatten, und auf beiden Seiten bemühen sich eifrige Männer, alle Unterschiede zwischen ihren Handlungsweisen und Vergnügungen zu verwischen. Die Volkstümlichkeit der Religion trägt ungeheuer viel dazu bei, die Zahl derer zu vermehren, die sich ihre Segnungen verschaffen möchten, ohne redlich ihren Pflichten nachzukommen."

Howard Crosby sagte: „Es ist eine sehr ernste Sache, daß Christi Kirche so wenig den Absichten des Herrn nachkommt. Wie die Juden vor alters durch ein freundschaftliches Verhältnis mit Götzendienern ihre Herzen von Gott abwandten, ... so verläßt die heutige Kirche Christi durch ihr verkehrtes Verhältnis mit der ungläubigen Welt die göttlichen Richtlinien ihres wahren

Lebens und gibt sich den verderblichen, wenngleich oft scheinbar richtigen Gewohnheiten einer unchristlichen Gesellschaft hin und benutzt Beweisführungen und kommt zu Schlüssen, die den Offenbarungen Gottes fremd und dem Wachstum in der Gnade zuwider sind." (Der gesunde Christ, S. 141. 142.) In dieser Flut von Weltlichkeit und Vergnügungssucht gehen Selbstverleugnung und Selbstaufopferung um Christi willen beinahe gänzlich verloren. „Manche Männer und Frauen, die jetzt in unseren Kirchen ein tätiges Leben führen, wurden als Kinder dazu angehalten, Opfer zu bringen, damit sie imstande wären, für Christus etwas zu geben oder zu tun." Doch „falls es nun an Mitteln fehlt, ... darf niemand aufgefordert werden, etwas zu geben. Oh nein, haltet einen Basar ab, veranstaltet eine Darstellung lebender Bilder, ein Scheinverhör, ein altertümliches Abendessen oder eine Mahlzeit – irgend etwas, um das Volk zu belustigen."

Gouverneur Washburn von Wisconsin erklärte in seiner Jahresbotschaft vom 9. Januar 1873: „Es scheinen Gesetze notwendig zu werden, um Schulen zu schließen zu können, die geradezu Spieler heranzüchten. Man findet solche überall. Selbst die Kirche (ohne Zweifel unwissentlich) läßt sich oft dabei ertappen, daß sie des Teufels Werk ausführt. Wohltätigkeitskonzerte, Prämienunternehmungen, Verlosungen, oft um religiösen und Wohltätigkeitszwecken, häufig aber auch weit geringeren Absichten zu dienen, werden veranstaltet; Lotterien, Preispakete usw. erfüllen den Zweck, Geld zu erlangen, ohne den entsprechenden Wert dafür zu geben. Nichts ist so entsittlichend, so berauschend, besonders für die Jugend, als das Erlangen von Geld oder Gut, ohne dafür zu arbeiten. Wenn achtbare Personen sich mit derartigen Glücksunternehmungen befassen und ihr Gewissen damit beruhigen, daß das Geld für einen guten Zweck angewandt werde, dann kann man sich nicht wundern, wenn die Jugend so oft in solche Gewohnheiten verfällt, die durch die Erregung der Glücksspiele so leicht hervorgerufen werden."

Der Geist, sich der Welt anzupassen, durchdringt alle Kirchen des ganzen Christentums. Robert Atkins malte in einer in London gehaltenen Predigt ein dunkles Bild von dem geistlichen Verfall, der in England herrschte. Er sagte: „Die wahrhaft Gerechten werden weniger auf Erden, und niemand nimmt es zu Herzen. Die heutigen Bekenner der Religion in jeder Kirche lieben die Welt, passen sich ihr an, trachten nach persönlicher Bequemlichkeit und streben nach Ansehen. Sie sind berufen, mit Christus zu leiden, aber sie schrecken schon vor einem Schmähwort zurück. ... Abfall, Abfall, Abfall! steht vorn an jeder Kirche geschrieben, und wüßten sie es und könnten sie es fühlen, so wäre noch Hoffnung da; doch ach! sie rufen: 'Wir sind reich und haben gar satt und bedürfen nichts.'" (Traktat Nr. 39, über das zweite Kommen.)

Die große, Babylon zur Last gelegte Sünde ist, daß sie „mit dem Zorneswein ihrer Hurerei getränkt hat alle Völker." Dieser betäubende Becher, den sie der Welt anbietet, stellt die falschen Lehren dar, die sie als Folge ihrer schriftwidrigen Verbindung mit den Großen der Erde angenommen hat. Freundschaft mit der Welt verdirbt den Glauben und übt ihrerseits einen verderblichen Einfluß auf die Welt aus, indem sie Lehren verbreitet, die den deutlichsten Aussagen der Heiligen Schrift zuwiderlaufen.

Rom enthielt dem Volk die Bibel vor und verlangte von allen, daß man seine Lehren an deren Statt annehme. Es war die Aufgabe der Reformation, der Menschheit das Wort Gottes wiederzugeben; und doch ist es wahr, daß in den Kirchen unserer Zeit die Menschen gelehrt werden, ihren Glauben mehr auf die Glaubensbekenntnisse und die Satzungen ihrer Kirche zu gründen als auf die Heilige Schrift. Charles Beecher sagte von den protestantischen Kirchen: „Sie schrecken vor irgendeinem rauhen Wort gegen die Glaubensbekenntnisse mit derselben Empfindlichkeit zurück, mit der jene heiligen Väter sich über irgendein hartes Wort gegen die aufkommende Verehrung der Heiligen und Märtyrer entsetzt haben würden. ... Die protestantisch-evangelischen Gemeinschaften haben sich gegenseitig und sich selbst derartig die Hände gebunden, daß unter ihnen allen niemand Prediger werden kann, ohne das eine oder andere Buch außer der Bibel anzunehmen. ... Es ist keine Einbildung, wenn man sagt, daß die Macht der Glaubensbekenntnisse anfängt, die Bibel ebenso wirklich zu verbieten, wie Rom dies tat, wenn auch auf eine feiner angelegte Weise." (Predigt über die Bibel als genügendes Glaubensbekenntnis, 1846.)

Wenn treue Lehrer das Wort Gottes auslegen, dann erheben sich gelehrte Männer, Prediger, die behaupten, die Schrift zu verstehen, beschimpfen gesunde Lehren als Ketzerei und wenden auf diese Weise die nach Wahrheit Suchenden ab. Wäre die Welt nicht hoffnungslos trunken von dem Wein Babylons, so würden sehr viele überzeugt und bekehrt werden durch die klaren, durchdringenden Wahrheiten des Wortes Gottes. Aber der christliche Glaube erscheint so verwirrt und widerspruchsvoll, daß das Volk nicht weiß, was als Wahrheit zu glauben ist. Die Schuld der Unbußfertigkeit der Welt lastet auf der Kirche.

Die zweite Engelsbotschaft aus Offenbarung 14 wurde zum erstenmal im Sommer 1844 gepredigt und fand damals eine mehr direkte Anwendung auf die Kirchen in den Vereinigten Staaten, wo die Warnung des Gerichtes am weitesten verbreitet und am allgemeinsten verworfen worden war, und wo der Verfall in den Kirchen am schnellsten um sich gegriffen hatte. Aber die Botschaft des zweiten Engels fand im Jahre 1844 nicht ihre vollständige Erfüllung. Damals erlitten die Kirchen durch ihre Weigerung, das Licht der Adventbotschaft anzunehmen, einen sittlichen Fall, der aber noch nicht vollständig war. Da sie weiterhin die besonderen Wahrheiten für diese Zeit zu verwerfen, sind sie immer tiefer gefallen; jedoch läßt sich noch nicht sagen: „Babylon ist gefallen; ... denn sie hat mit dem Wein ihrer Hurerei getränkt alle Völker." Sie hat noch nicht alle Heiden oder Völker dahingebracht, dies zu tun. Der Geist der Verweltlichung und der Gleichgültigkeit gegen die prüfenden Wahrheiten für unsere Zeit besteht und hat in den Kirchen des protestantischen Glaubens in allen Ländern der Christenheit Boden gewonnen; und diese Kirchen schließt die feierliche und schreckliche Beschuldigung des zweiten Engels mit ein. Doch der Abfall hat seinen Höhepunkt noch nicht erreicht.

Die Bibel sagt uns, daß vor der Wiederkunft des Herrn der Satan wirken wird „mit großer Kraft und lügenhaften Zeichen und Wundern und mit jeglicher Verführung zur Ungerechtigkeit bei denen, die verloren werden, weil sie die Liebe zur Wahrheit nicht angenommen haben, daß sie gerettet würden. Darum sendet ihnen Gott die Macht der Verführung, so daß sie der Lüge glauben." (2. Thess. 2,9-11) Nicht eher als bis dieser Zustand erreicht und die Vereinigung der Kirche mit der Welt über die ganze Christenheit hin völlig hergestellt sein wird, wird der Fall Babylons vollständig sein. Die Veränderung schreitet voran, und die vollkommene Erfüllung von Offenbarung 14, 8 ist noch zukünftig.

Trotz der geistlichen Finsternis und der Trennung von Gott, die in den Kirchen, die Babylon ausmachen, bestehen, findet sich die Mehrzahl der wahren Nachfolger Christi noch immer in ihrer Gemeinschaft. Es gibt viele unter diesen, die noch nie die besonderen Wahrheiten für diese Zeit gehört haben. Nicht wenige sind unzufrieden mit ihrem gegenwärtigen Zustand und sehnen sich nach hellerem Licht. Sie schauen sich in den Kirchen, mit denen sie in Verbindung stehen, vergebens nach dem Ebenbild Christi um. Indem diese Gemeinden weiter und weiter von der Wahrheit abweichen und sich immer enger mit der Welt verbinden, wird sich der Unterschied zwischen diesen beiden Gruppen erweitern und schließlich zu einer Trennung führen. Die Zeit wird kommen, da die, die Gott über alles lieben, nicht länger in Verbindung bleiben können mit denen, die „die Wollust mehr" lieben „als Gott; sie haben den Schein der Frömmigkeit, aber deren Kraft verleugnen sie." (2. Tim. 3,4)

Offenbarung 18 verweist auf die Zeit, da die Kirche infolge der Verwerfung der dreifachen Warnung von Offenbarung 14, 6-12 völlig den Zustand erreicht haben wird, der durch den zweiten Engel vorhergesagt ist, und das Volk Gottes, das sich noch immer in Babylon befindet, aufgefordert werden wird, sich von ihrer Gemeinschaft zu trennen. Diese Botschaft ist die letzte, die der Welt je gegeben werden wird, und sie wird ihr Werk ausführen. Wenn die Seelen, „die der Wahrheit nicht glaubten, sondern Lust hatten an der Ungerechtigkeit", (2. Thess. 2,12) kräftigen Irrtümern preisgegeben werden, daß sie der Lüge glauben, dann wird das Licht der Wahrheit auf alle strahlen, deren Herzen offen stehen, es zu empfangen, und alle Kinder Gottes, die in Babylon verweilen, werden dem Ruf: „Gehet aus von ihr, mein Volk!" Folge leisten. (Offb. 18,4)

22 Erfüllte Weissagungen

Als die Zeit vorüberging, zu der die Ankunft Christi erwartet worden war, im Frühling des Jahres 1844, gerieten die, die im Glauben auf seine Erscheinung gewartet hatten, eine Zeitlang in Zweifel und Verlegenheit. Während die Welt sie als gänzlich geschlagen ansah und ihnen beweisen wollte, daß sie einen Wahn gehegt hätten, war die Quelle ihres Trostes immer noch das Wort Gottes. Viele fuhren fort, in der Schrift zu suchen, prüften abermals die Beweise für ihren Glauben und studierten sorgfältig die Weissagungen, um weiteres Licht zu erlangen. Das biblische Zeugnis schien zur Bestätigung ihrer Stellung klar und entscheidend zu sein. Zeichen, die nicht mißverstanden werden konnten, wiesen auf das Kommen Christi als nahe bevorstehend hin. Der besondere Segen des Herrn sowohl in der Bekehrung der Sünder als auch in der Erweckung des geistlichen Lebens unter Christen hatte Zeugnis abgelegt, daß die Botschaft vom Himmel war, und obgleich diese Gläubigen ihre Enttäuschung nicht erklären konnten, fühlten sie doch die Versicherung, daß Gott sie in ihrer vergangenen Erfahrung geführt hatte.

Unter den Weissagungen, die sie als hinweisend auf die Zeit der Wiederkunft Christi ansahen, waren auch Belehrungen, die auf ihren Zustand der Ungewißheit und der Erwartung besonders paßten und sie ermutigten, geduldig in dem Glauben auszuharren, daß das, was ihrem Verstand nun dunkel schien, zur rechten Zeit erhellt werden würde.

Unter diesen Weissagungen war diejenige von Habakuk 2, 1-4: „Hier stehe ich auf meiner Warte und stelle mich auf meinen Turm und schaue und sehe zu, was er mir sagen und antworten werde auf das, was ich ihm vorgehalten habe. Der Herr aber antwortete mir und sprach: Schreib auf, was du geschaut hast, deutlich auf eine Tafel, daß es lesen könne, wer vorüberläuft! Die Weissagung wird ja noch erfüllt werden zu ihrer Zeit und wird endlich frei an den Tag kommen und nicht trügen. Wenn sie sich auch hinzieht, so harre ihrer: sie wird gewiß kommen und nicht ausbleiben. Siehe, wer halsstarrig ist, der wird keine Ruhe in seinem Herzen haben, der Gerechte aber wird durch seinen Glauben leben."

Schon im Jahre 1842 hatte die in der Weissagung gegebene Anweisung: „Schreib das Gesicht und male es auf eine Tafel, daß es lesen könne, wer vorüberläuft", Charles Fitch auf den Gedanken gebracht, eine prophetische Karte zu entwerfen, um die Gesichte Daniels und der Offenbarung bildlich darzustellen. Die Veröffentlichung dieser Karte wurde als eine Erfüllung des von Habakuk gegebenen Auftrages angesehen. Niemand jedoch beachtete zu der Zeit, daß in dieser Weissagung ein offenbarer Verzug in der Erfüllung des Gesichtes – eine Zeit des Harrens – angedeutet wird. Nach der Enttäuschung erschien diese Schrift höchst bedeutungsvoll: „Die Weissagung wird ja noch erfüllt werden zu ihrer Zeit und wird endlich frei an den Tag kommen und nicht trügen. Wenn sie sich auch hinzieht, so harre ihrer: sie wird gewiß kommen und nicht ausbleiben... der Gerechte aber wird durch seinen Glauben leben."

Ein Teil der Weissagungen Hesekiels war ebenfalls eine Quelle großer Kraft und des Trostes für die Gläubigen: „Und des Herrn Wort geschah zu mir: Du Menschenkind, was habt ihr da für ein Gerede im Lande Israels? Ihr sagt: Es dauert so lange, und es wird nichts aus der Weissagung. Darum sage zu ihnen: So spricht Gott der Herr: ... Die Zeit ist nahe und alles kommt, was geweissagt ist. ... Denn ich bin der Herr. Was ich rede, das soll geschehen und sich nicht lange hinausziehen. ... Das Haus Israel spricht: Mit den Gesichten, die dieser schaut, dauert's noch lange, und er weissagt auf Zeiten, die noch ferne sind. Darum sage zu ihnen: So spricht Gott der Herr: Was ich rede, soll sich nicht länger hinausziehen, sondern es soll geschehen, spricht Gott der Herr." (Hes. 12,21-25.27.28)

Die Harrenden erfreuten sich dieser Worte und glaubten, daß er, der das Ende von Anbeginn weiß, durch die Jahrhunderte hindurchgeschaut und ihnen, weil er ihre Enttäuschung voraussah, Worte der Ermutigung und der Hoffnung geschenkt hatte. Hätten nicht solche Schriftstellen sie ermahnt geduldig auszuharren und an ihrem Vertrauen auf Gottes Wort festzuhalten, so wäre ihr Glaube in jener schweren Prüfungszeit erloschen.

Das Gleichnis von den zehn Jungfrauen in Matthäus 25 veranschaulicht ebenfalls die Erfahrungen des Adventvolkes. In Matthäus 24 hatte der Herr, als ihn seine Jünger hinsichtlich der Zeichen seines Kommens und des Endes der Welt befragten, etliche der wichtigsten Ereignisse in der Geschichte der Welt und der Kirche von seiner ersten bis zu seiner zweiten Ankunft bezeichnet, nämlich die Zerstörung Jerusalems, die große Trübsal der Kirche unter den heidnischen und päpstlichen Verfolgungen, die Verfinsterung der Sonne und des Mondes und das Fallen der Sterne. Darauf sprach er von seinem Kommen in seinem Reich und erzählte das Gleichnis von den beiden Knechten, die in verschiedener Weise an sein Erscheinen glaubten. Kapitel 25 beginnt mit den Worten: „Dann wird das Himmelreich gleichen zehn Jungfrauen." Hier wird uns die Gemeinde der letzten Zeit vorgeführt, die am Schluß von Kapitel 24 gezeigt wird. In diesem Gleichnis wird die Erfahrung durch die Ereignisse bei einer morgenländischen Hochzeit veranschaulicht.

„Dann wird das Himmelreich gleich sein zehn Jungfrauen, die ihre Lampen nahmen und gingen hinaus, dem Bräutigam entgegen. Aber fünf von ihnen waren töricht, und fünf waren klug. Die törichten nahmen ihre Lampen; aber sie nahmen kein Öl mit sich. Die klugen aber nahmen Öl in ihren Gefäßen samt ihren Lampen. Als nun der Bräutigam lange ausblieb, wurden sie alle schläfrig und schliefen ein. Um Mitternacht aber erhob sich ein Geschrei: Siehe, der Bräutigam kommt! Geht hinaus, ihm entgegen!"

Das Kommen Christi, wie dies die erste Engelsbotschaft verkündigte, sollte durch das Kommen des Bräutigams dargestellt werden. Die weitverbreitete Reformation unter der Verkündigung seines baldigen Kommens entsprach der Zeit, da die Jungfrauen ausgingen. In diesem Gleichnis, wie in jenem von Matthäus 24 werden uns zwei Klassen vorgeführt. Alle hatten ihre Lampen, die Bibel, genommen und waren in ihrem Licht dem Bräutigam entgegengegangen. „Die törichten nahmen ihre Lampen; aber sie nahmen kein Öl mit sich. Die klugen aber nahmen Öl mit in ihren Gefäßen samt ihren Lampen." Diese Gruppe hatte die Gnade Gottes, die erneuernde, erleuchtende Macht des Heiligen Geistes empfangen, die sein Wort zu einer Leuchte für ihre Füße und zu einem Licht auf dem Wege macht. Sie hatte in der Furcht Gottes in der Heiligen Schrift geforscht, um die Wahrheit zu erfahren, und hatte ernstlich nach Reinheit des Herzens und des Lebens gestrebt. Diese Jungfrauen hatten eine persönliche Erfahrung, einen Glauben an Gott und sein Wort, die durch Enttäuschungen und Verzögerung nicht überwunden werden konnten. Andere „nahmen ihre Lampen; aber sie nahmen kein Öl mit sich." Sie hatten nach ihrem Gefühl gehandelt. Die feierliche Botschaft hatte Furcht in ihnen erweckt; aber sie hatten sich auf den Glauben ihrer Brüder gestützt und waren mit dem flackernden Licht guter Anregungen ohne ein gründliches Verständnis der Wahrheit oder ein echtes Werk der Gnade an dem Herzen zufrieden gewesen. Diese waren dem Herrn entgegengegangen voller Hoffnung auf die Aussicht sofortiger Belohnung; aber sie waren nicht auf Verzögerung und Enttäuschung vorbereitet. Als Prüfungen kamen, wankte ihr Glaube, und ihre Lichter brannten trübe.

„Da nun der Bräutigam lange ausblieb, wurden sie alle schläfrig und schliefen ein." Durch das Verzögern des Bräutigams wird das Vergehen der Zeit dargestellt, da der Herr erwartet wurde, die Enttäuschung und der scheinbare Verzug. In dieser Zeit der Ungewißheit begann die Wirkung auf die Oberflächlichen und Halsstarrigen bald zu schwinden, und ihre Anstrengungen ließen nach; diejenigen aber, deren Glaube sich auf eine persönliche Kenntnis der Bibel gründete, hatten einen Felsen unter ihren Füßen, den die Wogen der Enttäuschung nicht wegspülen konnten. Sie wurden „alle schläfrig und schliefen ein" – eine Klasse in Gleichgültigkeit, indem sie ihren Glauben fahren ließen, die andere Klasse geduldig harrend, bis klareres Licht geschenkt würde. Doch schienen diese in der Nacht der Prüfung bis zu einem gewissen Grade ihren Eifer und ihre Hingabe zu verlieren. Die Halsstarrigen und Oberflächlichen konnten sich nicht länger auf den Glauben ihrer Brüder stützen. Jeder mußte für sich selbst stehen oder fallen.

Etwa um diese Zeit tauchte die Schwärmerei auf. Einige, die vorgegeben hatten, eifrige Gläubige der Botschaft zu sein, verwarfen das Wort Gottes als den einzigen untrüglichen Führer und stellten sich, indem sie behaupteten, vom Geist geleitet zu sein, unter die Herrschaft ihrer eigenen Gefühle, Eindrücke und Einbildungen. Einige bekundeten einen blinden, scheinheiligen Eifer und verurteilten alle, die ihr Benehmen nicht billigen wollten. Ihre schwärmerischen Begriffe und Handlungen fanden bei der großen Mehrheit der Adventisten keinen Anklang; doch dienten sie dazu, die Sache der Wahrheit in Verruf zu bringen.

Satan suchte in dieser Weise sich dem Werk Gottes zu widersetzen und es zu vernichten. Das Volk war durch die Adventbewegung sehr aufgerüttelt worden; Tausende von Sündern hatten sich bekehrt, und treue Männer gaben sich sogar während der Zeit der Verzögerung dem Werk der Verkündigung der Wahrheit hin. Der Fürst des Bösen verlor seine Untertanen; und um die Sache Gottes in einen schlechten Ruf zu bringen, trachtete er danach, etliche, die den Glauben bekannten, zu täuschen und zu Übertreibungen zu verleiten. Dann standen seine Werkzeuge bereit, dem Volk jeden Irrtum, jeden Fehlschlag, jede unschickliche Handlung in den grellsten Farben hinzustellen, um die Adventisten und ihren Glauben verhaßt zu machen. Je größer deshalb die Zahl derer war, die er zu dem Bekenntnis des Glaubens an die Wiederkunft bewegen konnte, während er ihre Herzen beherrschte, einen umso größeren Vorteil konnte er erreichen, wenn er die Aufmerksamkeit auf sie, als die Vertreter der Gemeinschaft der Gläubigen, lenkte.

Satan ist „der Verkläger der Brüder" und es ist sein Geist, der die Menschen antreibt, auf die Irrtümer und Gebrechen des Volkes Gottes zu achten, um sie an die Öffentlichkeit zu bringen, während ihre guten Taten nicht erwähnt werden. Er ist stets tätig, wenn Gott für die Rettung von Seelen wirkt. Kommen die Kinder Gottes und treten vor den Herrn, so ist Satan unter ihnen. Bei jeder Erweckung versucht er solche hinzuzubringen, die ungeheilten Herzens und unsteten Gemütes sind. Haben sie einige Punkte der Wahrheit angenommen und einen Platz bei den Gläubigen erlangt, so wirkt er durch sie, um Lehren vorzubringen, die die Unbedachten täuschen. Niemand beweist sich nur dadurch als guter Christ, daß er in Gesellschaft der Kinder Gottes, im Hause Gottes oder selbst am Tische des Herrn gefunden wird. Satan ist oft bei den feierlichsten Anlässen in Gestalt jener zugegen, die er als seine Werkzeuge benutzen kann.

Der Fürst des Bösen macht dem Volk Gottes auf seiner Reise jeden Zollbreit Bodens streitig, auf dem es sich der himmlischen Stadt nähert. In der ganzen Geschichte der Kirche ist nie eine Reformation durchgeführt worden, ohne dabei auf ernstliche Hindernisse gestoßen zu sein. So war es in den Tagen Pauli. Wo der Apostel eine Gemeinde gründete, waren etliche da, die vorgaben zu glauben, aber dennoch Irrlehren hineinbrachten, deren Annahme die Liebe zur Wahrheit allmählich verdrängte. Luther erduldete ebenfalls große Trübsal und Bedrängnis durch die Handlungen schwärmerischer Leute, die behaupteten, Gott habe unmittelbar durch sie gesprochen, und die deshalb ihre eigenen Ideen und Meinungen über das Zeugnis der Heiligen Schrift stellten. Viele, denen es an Glauben und Erfahrung mangelte, die aber einen beträchtlichen Eigendünkel besaßen und es liebten, irgend etwas Neues zu hören oder zu erzählen, wurden durch die anmaßenden Behauptungen der neuen Lehrer betört und vereinigten sich mit den Werkzeugen Satans, das niederzureißen, was Luther durch Gottes Antrieb aufgebaut hatte. Auch die beiden Wesleys und andere, die der Welt durch ihren Einfluß und ihren Glauben zum Segen wurden, stießen bei jedem Schritt auf Satans Verschlagenheit, die Übereifrigen, Unsteten und Ungeheiligten in allerlei Schwärmerei zu treiben.

William Miller war jenen Einflüssen, die zur Schwärmerei führten, nicht freundlich gesinnt. Er erklärte mit Luther, daß jeder Geist mit dem Wort Gottes geprüft werden solle. „Der Teufel", sagte Miller, „hat große Macht über die Gemüter etlicher in der gegenwärtigen Zeit. Und wie sollen wir wissen, wes Geistes Kinder sie sind? Die Bibel antwortet: An ihren Früchten werdet ihr sie erkennen. ... Es sind viele Geister in die Welt hinausgegangen, und es ist uns geboten, die Geister zu prüfen. Der Geist, der uns nicht antreibt, in dieser gegenwärtigen Welt nüchtern, gerecht und gottselig zu leben, ist nicht der Geist Christi. Ich werde immer mehr davon überzeugt, daß Satan viel mit diesen wilden Bewegungen zu tun hat. ... Viele unter uns, die vorgeben, völlig geheiligt zu sein, folgen Menschensatzungen und scheinen ebensowenig von der Wahrheit zu wissen wie andere, die keine solchen Ansprüche erheben." (Bliß, Erinnerungen an Wm. Miller, S. 236. 237. 282.) „Der Geist des Irrtums lenkt uns von der Wahrheit ab, und der Geist Gottes führt uns in die Wahrheit. Aber, sagt ihr, ein Mensch kann im Irrtum sein und wähnen, er sei in der Wahrheit. Was dann? Wir antworten: Der Geist und das Wort stimmen miteinander überein. So ein Mensch sich nach dem Wort Gottes beurteilt und im ganzen Wort eine vollkommene Übereinstimmung findet, dann muß er glauben, daß er die Wahrheit hat; findet er aber, daß der Geist, der ihn leitet, nicht mit dem ganzen Sinn des Gesetzes oder des Buches Gottes übereinstimmt, dann wandle er vorsichtig, auf daß er nicht mit der Schlinge des Teufels gefangen werde." (Advent Herald and Signs of the Times Reporter, 8. Bd., Nr. 23, 1845.) „Ich habe oft mehr Beweise innerer Frömmigkeit durch eine Träne im Auge, eine feuchte Wange, eine gebrochene Äußerung erhalten als von all dem Lärmen in der ganzen Christenheit." (Bliß, Erinnerungen an Wm. Miller, S. 236. 237. 282.)

Zur Zeit der Reformation legten deren Feinde alle Übel der Schwärmerei gerade jenen zur Last, die ihr mit dem größten Eifer entgegenwirkten. Ein ähnliches Verfahren wurde von den Gegnern der Adventbewegung eingeschlagen. Nicht zufrieden damit, die Irrtümer der Überspannten und Schwärmer zu entstellen und zu übertreiben, setzten sie mißgünstige Gerüchte in Umlauf, die nicht im geringsten mit der Wahrheit übereinstimmten. Diese Leute wurden von Vorurteil und Haß beeinflußt. Ihre Ruhe wurde durch die Verkündigung, daß Christus vor der Tür stehe, gestört. Sie befürchteten, es möchte wahr sein, hofften jedoch es sei nicht der Fall, und dies war die Triebfeder ihrer Feindseligkeit gegen die Adventisten und ihren Glauben.

Die Tatsache, daß einige Schwärmer ihren Weg in die Reihen der Adventisten fanden, ist ebensowenig ein Grund, zu behaupten, daß die Bewegung nicht von Gott war, wie das Vorhandensein von Schwärmern und Betrügern in der Gemeinde zu des Paulus oder Luthers Zeit eine hinreichende Entschuldigung war, um ihr Werk zu verwerfen. Wenn das Volk Gottes aus seinem Schlaf aufwachen und mit Ernst das Werk der Reue und Reformation beginnen wird; wenn es in der Schrift forscht, um die Wahrheit, wie sie in Jesu ist, zu erkennen; wenn es sich vollständig Gott weiht, dann wird es sich erweisen, daß Satan doch noch tätig und wachsam ist. Mit allem möglichen Trug wird er seine Macht bekunden und alle gefallenen Engel seines Reiches zu Hilfe rufen.

Es war nicht die Verkündigung der Wiederkunft Christi, die Schwärmerei und Spaltung schuf. Diese zeigten sich im Sommer 1844, als die Adventisten in einem Zustand der Ungewißheit und der Verlegenheit hinsichtlich ihrer wirklichen Stellung waren. Die Predigt der ersten Engelsbotschaft und der „Mitternachtsruf" waren gerade dazu angelegt, Schwärmerei und Zwiespalt zu unterdrücken. Die, die an dieser feierlichen Bewegung teilnahmen, waren mit Liebe zueinander und zu Jesus erfüllt, den sie bald zu sehen erwarteten. Der eine Glaube, die eine selige Hoffnung erhob sie über alle menschlichen Einflüsse und erwies sich als Schild gegen die Anläufe Satans.

„Da nun der Bräutigam lange ausblieb, wurden sie alle schläfrig und schliefen ein. Zur Mitternacht aber erhob sich lautes Rufen: Siehe, der Bräutigam kommt! Geht hinaus, ihm entgegen! Da standen diese Jungfrauen alle auf und machten ihre Lampen fertig." (Mt. 25,5-7) Im Sommer 1844, zwischen der Zeit, die man zuerst als das Ende der 2300 Tage angenommen hatte, und dem Herbst desselben Jahres, in dem, wie man später fand, diese Tage endeten, erhob sich der Ruf genau in den Worten der Heiligen Schrift: „Siehe, der Bräutigam kommt!"

Die Ursache dieser Bewegung war die Entdeckung, daß der Erlaß des Artaxerxes (oder Arthahsasthas) zur Wiederherstellung Jerusalems, der den Ausgangspunkt der Zeit von 2300 Tagen bildete, im Herbst des Jahres 457 v. Chr. in Kraft trat, und nicht am Anfang jenes Jahres, wie man früher geglaubt hatte. Rechnen wir nun vom Herbst des Jahres 457 v. Chr., so laufen die 2300 Jahre im Herbst des Jahres 1844 n. Chr. ab. (siehe Anhang, Anm. 28.)

Auf den alttestamentlichen Schattendienst gestützte Beweisführungen verwiesen ebenfalls auf den Herbst als die Zeit, wenn das als die Weihe des Heiligtums bezeichnete Ereignis stattfinden müsse. Dies zeigte sich sehr deutlich, als die Aufmerksamkeit auf die Art und Weise gelenkt wurde, in der sich die Vorbilder des ersten Erscheinens Christi erfüllt hatten.

Das Schlachten des Passahlammes war ein Schatten des Todes Christi. Paulus sagte: „Denn auch wir haben ein Passahlamm, das ist Christus, der geopfert ist." (1. Kor. 5,7) Die Garbe der Erstlinge der Ernte, die zur Zeit des Passahfestes vor dem Herrn gewebt wurde, war ein Vorbild der Auferstehung Christi. Von der Auferstehung des Herrn und seines ganzen Volkes sagt Paulus: „Als Erstling Christus; danach, wenn er kommen wird die, die Christus angehören." (1. Kor. 15,23) Gleichwie die Webegarbe das erste reife, geerntete Korn war, so ist Christus der Erstling jener unsterblichen Ernte der Erlösten, die bei der zukünftigen Auferstehung in die Scheunen Gottes gesammelt werden sollen.

Diese Vorbilder fanden nicht nur hinsichtlich des Ereignisses, sondern auch hinsichtlich der Zeit ihre Erfüllung. Am 14. Tage des ersten jüdischen Monats, dem gleichen Tage und Monat, an welchem 15 Jahrhunderte lang das Passahlamm geschlachtet worden war, setzte Christus, nachdem er das Passahmahl mit seinen Jüngern gehalten hatte, jene Feier ein, welche an seinen eigenen Tod als „Gottes Lamm, welches der Welt Sünde trägt", erinnern sollte. In derselben Nacht wurde er von gottlosen Händen gegriffen, um getötet und gekreuzigt zu werden. Und als das Gegenbild der Webegarbe wurde unser Heiland am dritten Tag von den Toten auferweckt, „der Erstling unter denen, die entschlafen sind"; ein Beispiel aller auferstandenen Gerechten, deren „nichtiger Leib" verwandelt werden soll, „daß er gleich werde seinem verherrlichten Leibe." (1. Kor. 15,20; Phil. 3,21)

Auf gleiche Weise müssen die auf die Wiederkunft bezüglichen Vorbilder zu der in dem Schattendienst angedeuteten Zeit in Erfüllung gehen. Unter dem mosaischen Gottesdienst fand die Weihe des Heiligtums oder der große Versöhnungstag am zehnten Tage des siebenten jüdischen Monats statt (3. Mose 16,29-34), wenn der Hohepriester, nachdem er eine Versöhnung für alle Israeliten erwirkt und auf diese Weise ihre Sünden aus dem Heiligtum entfernt hatte, herauskam und das Volk segnete. So, glaubte man, würde Christus, unser großer Hoherpriester, erscheinen, um die Erde von der Zerstörung durch Sünde und Sünder zu reinigen und sein harrendes Volk mit Unsterblichkeit zu segnen. Der zehnte Tag des siebenten Monats, der große Versöhnungstag, die Zeit der Reinigung des Heiligtums, welcher im Jahre 1844 auf den 22. Oktober fiel, wurde als der Tag der Wiederkunft Christi betrachtet. Dies stand im Einklang mit den bereits dargelegten Beweisen, daß die 2300 Tage im Herbst ablaufen würden, und der Schluß schien untrüglich. Im Gleichnis von Matthäus 25 folgt auf die Zeit des Harrens und Schlafens das Kommen des Bräutigams. Dies stand in Übereinstimmung mit den soeben angeführten Beweisgründen sowohl aus der Weissagung als auch aus den Vorbildern, die mit gewaltiger Kraft von ihrer Wahrhaftigkeit zeugten, und der „Mitternachtsruf" wurde von Tausenden von Gläubigen verkündigt.

Einer Flutwelle gleich breitete sich die Bewegung über das Land aus. Von Stadt zu Stadt, von Dorf zu Dorf und nach entlegenen Orten ging sie, bis das wartende Volk Gottes völlig aufgeweckt war. Vor dieser Verkündigung verschwand die Schwärmerei wie ein Frühreif vor der aufgehenden Sonne. Die Gläubigen sahen ihre Ungewißheit und ihre Verlegenheit beseitigt, und Hoffnung und Mut beseelten ihre Herzen. Das Werk war frei von jenen Übertreibungen, welche sich immer da offenbaren, wo eine menschliche Erregung ohne den beherrschenden Einfluß des Wortes und des Geistes Gottes auftritt. In seinem Wirken glich es jenen Zeiten der Demütigung und der Rückkehr zum Herrn, welche unter dem alten Israel den Botschaften des Tadels von Gottes Dienern folgte; es trug die Merkmale, welche zu jeder Zeit das Werk des Herrn kennzeichnen. Es gab da wenig begeisterte Freude, sondern vielmehr ein gründliches Erforschen des Herzens, Bekennen der Sünden und Entsagen der Welt. Der Vorbereitung, dem Herrn zu begegnen, galt die Sorge der geängsteten Seelen. Es herrschte anhaltendes Gebet und ungeteilte Hingabe an Gott.

Miller sagte in seiner Beschreibung jenes Werkes: „Es zeigt sich keine große Freudenkundgebung; diese wird sozusagen für eine zukünftige Gelegenheit aufbewahrt, wo Himmel und Erde zusammen jauchzen werden mit unaussprechlicher Freude, voller Herrlichkeit. Man hört auch kein Geschrei; auch das ist für den Jubelruf vom Himmel aufbewahrt. Die Sänger schweigen; sie warten, um sich mit den Engelscharen, dem Chor des Himmels, zu vereinen. ... Man streitet nicht über Gefühle; alle sind eines Herzens und eines Sinnes." (Bliß, S. 270. 271.)

Ein anderer Teilnehmer an der Bewegung bezeugte: „Sie hat allenthalben eine gründliche Prüfung und Demütigung des Herzens vor dem Gott des Himmels hervorgerufen, hat veranlaßt, daß die Menschen sich freimachten von der Liebe zu den Dingen dieser Welt, Streitigkeiten schlichteten, Sünden bekannten und zerknirscht, reuevoll und zerschlagenen Geistes zu Gott um Gnade und Annahme flehten. Sie verursachte, daß man sich demütigte und vor Gott beugte, wie wir es noch nie zuvor gesehen hatten. Wie der Herr durch den Propheten Joel befohlen hat, daß es beim Herannahen des großen Tages Gottes sein soll, so wurden die Herzen und nicht die Kleider zerrissen, und man wandte sich zum Herrn mit Fasten, Weinen und Klagen. Wie Gott durch Sacharja sagte, so wurde ein Geist der Gnade und des Gebets über seine Kinder ausgegossen; sie sahen ihn, den sie zerstochen hatten; da war großes Trauern im Lande, ... und diejenigen, welche des Herrn harrten, kasteiten ihre Seelen vor ihm." (Bliß in Advent Shield and Review, Jan. 1845.)

Von all den großen religiösen Bewegungen seit der Apostel Tage war keine freier von menschlichen Unvollkommenheiten und den Tücken Satans als jene im Herbst 1844. Selbst jetzt, nach vielen Jahren, fühlen alle, welche an jener Bewegung teilgenommen hatten und fest auf dem Boden der Wahrheit geblieben waren, noch immer den heiligen Einfluß jenes gesegneten Werkes und bezeugen, daß es von Gott kam.

Beim Ruf: „Der Bräutigam kommt, gehet aus ihm entgegen!" standen die Wartenden „alle auf und machten ihre Lampen fertig"; sie studierten das Wort Gottes mit einem zuvor nie gekannten Eifer. Engel wurden vom Himmel gesandt, um die Entmutigten aufzurütteln und sie zuzubereiten, die Botschaft anzunehmen. Das Werk beruhte nicht auf Weisheit und Gelehrsamkeit der Menschen, sondern auf Gottes Macht. Es waren nicht die Begabtesten, sondern die Demütigsten und Ergebensten, die die ersten waren, auf den Ruf zu hören und ihm zu gehorchen. Bauern ließen ihre Ernte auf dem Felde stehen, Handwerker legten ihre Werkzeuge nieder und gingen mit Tränen und Freuden hinaus, um die Warnung zu erteilen. Die, die früher die Sache geleitet hatten, gehörten zu den letzten, die sich an dieser Bewegung beteiligten. Die Kirchen schlossen im allgemeinen ihre Türen gegen diese Botschaft, und viele, die sie annahmen, trennten sich von ihren Kirchen. Nach Gottes Ratschluß verband sich diese Verkündigung mit der zweiten Engelsbotschaft und gab dem Werk besondere Macht.

Die Botschaft: „Siehe, der Bräutigam kommt!", war nicht so sehr eine Sache der Beweisführung, obwohl der Beweis aus der Heiligen Schrift deutlich und folgerichtig war; eine vorwärtstreibende Macht, die die Seele bewegte, begleitete sie. Es herrschte kein Zweifel, keine Frage. Anläßlich des siegesfrohen Einzuges Christi in Jerusalem strömte das Volk, das sich aus allen Teilen des Landes versammelt hatte, um das Fest zu feiern, nach dem Ölberg, und als es sich der Menge anschloß, die Jesus begleitete, wurde es von der Begeisterung des Augenblicks erfaßt und stimmte ein und verstärkte den Ruf: „Gelobt sei, der da kommt in dem Namen des Herrn!" (Mt. 21,9) Gleicherweise fühlten Ungläubige, die den Versammlungen der Adventisten beiwohnten – einige aus Neugier, andere aus Spottlust – die überzeugende Macht, die die Botschaft: „Siehe, der Bräutigam kommt!", begleitete.

Zu jener Zeit herrschte ein Glaube, der Gebetserhörung zur Folge hatte – ein Glaube, „der ansah die Belohnung". Wie der Regenschauer auf das durstige Erdreich, fiel der Geist der Gnade auf die ernstlich Suchenden. Die Seelen, die erwarteten, ihren Erlöser bald von Angesicht zu Angesicht zu sehen, empfanden eine ehrfurchtsvolle, unaussprechliche Freude. Die besänftigende, überwältigende Kraft des Heiligen Geistes ließ die Herzen auftauen, als Gottes Segen in reichem Maße den treuen Gläubigen gewährt wurde.

Bedächtig und feierlich näherten sich jene, die die Botschaft angenommen hatten, der Zeit, da sie ihrem Herrn zu begegnen hofften. Jeden Morgen hielten sie es für ihre Pflicht, sich der Annahme bei Gott zu vergewissern. Ihre Herzen waren innig vereint, und sie beteten viel mit- und füreinander. Oft kamen sie an abgelegenen Orten zusammen, um mit Gott zu verkehren, und die Stimme der Fürbitte stieg von Feld und Hain zum Himmel empor. Die Gewißheit, das Wohlwollen ihres Heilandes zu besitzen, erachteten sie notwendiger als ihre tägliche Nahrung; verdunkelte eine Wolke ihre Gemüter, so ruhten sie nicht, bis sie beseitigt war, und da sie das Zeugnis der vergebenden Gnade empfanden,sehnten sie sich danach, ihn, den ihre Seele liebte, zu sehen.

Aber wiederum sollten sie enttäuscht werden. Die Wartezeit ging vorüber, und ihr Heiland erschien nicht. Mit festem Vertrauen hatten sie seinem Kommen entgegengesehen, und nun war ihnen zumute wie damals Maria, als sie zu des Heilandes Grab kam, es leer fand und weinend ausrief: „Sie haben meinen Herrn weggenommen; und ich weiß nicht, wo sie ihn hingelegt haben." (Joh. 20,13)

Ein Gefühl heiliger Scheu, die Befürchtung, daß die Botschaft wahr sein möchte, hatte der ungläubigen Welt eine Zeitlang Schranken auferlegt, und diese waren nicht sofort gebrochen, als die Zeit vorübergegangen war. Zuerst wagten die Ungläubigen es nicht, uber die Enttäuschung zu jubeln; als sich aber keine Anzeichen des Zornes Gottes zeigten, erholten sie sich von ihren Befürchtungen und fingen ihre Schmähungen und ihren Spott aufs neue wieder an. Eine große Anzahl derer, die bekannt hatten, an das baldige Kommen des Herrn zu glauben, gab ihren Glauben auf. Einige, die sehr zuversichtlich gewesen waren, wurden in ihrem Stolz so tief gekränkt, daß sie gerne aus der Welt geflohen wären. Gleich Jona klagten sie Gott an und wollten lieber sterben als leben. Die ihren Glauben auf die Meinung anderer und nicht auf das Wort Gottes gegründet hatten, waren nun wiederum bereit, ihre Ansichten zu ändern. Die Spötter gewannen die Schwachen und Feigen für ihre Reihen, und diese alle vereinigten sich und erklärten, daß nun nichts mehr zu befürchten oder zu erwarten sei. Die Zeit sei vorübergegangen, der Herr nicht gekommen, und die Welt könne für Tausende von Jahren dieselbe bleiben.

Die ernsten, aufrichtigen Gläubigen hatten alles für Christus aufgegeben und seine Nähe wie nie zuvor verspürt. Sie hatten, wie sie glaubten, der Welt die letzte Warnung gegeben und hatten sich in der Erwartung, bald in die Gesellschaft ihres göttlichen Meisters und der himmlischen Engel aufgenommen zu werden, größtenteils von der Gemeinschaft derer zurückgezogen, die die Botschaft nicht annahmen. Mit heißer Sehnsucht hatten sie gebetet: „Komm, Herr Jesu, komme bald!" Aber er war nicht gekommen. Nun abermals die schwere Bürde der Sorgen und Schwierigkeiten dieses Lebens aufzunehmen, die Sticheleien und den Hohn einer spottenden Welt zu ertragen, war in der Tat eine schwere Prüfung des Glaubens und der Geduld.

Und doch war diese Enttäuschung nicht so groß wie jene, die die Jünger zur Zeit Christi erlebten. Bei Jesu glorreichem Einzug in Jerusalem glaubten seine Anhänger, daß er im Begriff wäre, den Thron Davids zu besteigen und Israel von seinen Unterdrückkern zu befreien. Mit stolzen Hoffnungen und freudigen Erwartungen wetteiferten sie miteinander, ihren König zu ehren. Viele breiteten ihre Mäntel wie einen Teppich auf seinem Wege aus oder streuten grüne Palmzweige vor ihm her. In ihrer gehobenen Freude vereinten sie sich in dem freudigen Zuruf: „Hosianna dem Sohne Davids!" Als die Pharisäer, beunruhigt und erzürnt über diesen Ausdruck der Freude, wünschten, daß Jesus seine Jünger tadeln solle, erwiderte er: „Wenn diese schweigen werden, so werden die Steine schreien!" (Lk. 19,40) Die Weissagung mußte erfüllt werden. Die Jünger erfüllten Gottes Absicht; und doch mußten sie eine bittere Enttäuschung erfahren. Nur wenige Tage waren verstrichen, und sie wurden Augenzeugen des martervollen Todes des Heilandes und mußten ihn in das Grab legen. Ihre Erwartungen hatten sich auch nicht in einem einzigen Punkt erfüllt, und ihre Hoffnungen starben mit Jesus. Erst nachdem ihr Herr sieghaft aus dem Grabe hervorgegangen war, konnten sie erfassen, daß alles durch die Weissagung vorhergesagt worden war, und „daß Christus leiden mußte und von den Toten auferstehen." (Apg. 17,3)

Fünfhundert Jahre früher hatte der Herr durch den Propheten Sacharja erklärt: „Du, Tochter Zion, freue dich sehr, und du, Tochter Jerusalem, jauchze! Siehe, dein König kommt zu dir, ein Gerechter und ein Helfer, arm, und reitet auf einem Esel, auf einem Füllen der Eselin." (Sach. 9,9) Hätten die Jünger gewußt, daß Christus zum Gericht und zum Tode ging, hätten sie diese Weissagung nicht erfüllen können.

Auf gleiche Weise erfüllten Miller und seine Gefährten die Weissagung und verkündigten eine Botschaft, von der die Schrift vorausgesagt hatte, daß sie der Welt gegeben werden sollte; die sie aber nicht hätten bringen können, wenn sie die Weissagungen völlig verstanden hätten, die auf ihre Enttäuschung hinwiesen und noch eine andere Botschaft darlegten, die vor der Wiederkunft des Herrn allen Nationen gepredigt werden sollte. Die erste und zweite Engelsbotschaft wurden zur rechten Zeit gepredigt und erfüllten das Werk, das Gott durch sie vollbringen wollte.

Die Welt hatte in der Erwartung zugesehen, daß, wenn die Zeit vorüberginge und Christus nicht käme, die ganze Lehre des Adventismus aufgegeben würde. Während aber viele unter der starken Versuchung ihren Glauben aufgaben, hielten etliche daran fest. Die Früchte der Adventbewegung, der Geist der Demut und der Prüfung des eigenen Herzens, das Verzichten auf die Welt und die Umgestaltung des Lebens, die das Werk begleitet hatten, bezeugten, daß es von Gott war. Sie wagten nicht, in Abrede zu stellen, daß die Kraft des Heiligen Geistes die Predigt der Botschaft von der Wiederkunft bezeugte, und sie konnten keinen Fehler in ihrer Berechnung der prophetischen Perioden entdecken. Den tüchtigsten ihrer Gegner war es nicht gelungen, die Art und Weise der prophetischen Auslegung umzustoßen. Ohne biblische Beweise konnten sie nicht einwilligen, den Standpunkt aufzugeben, den sie durch ernstes, andächtiges Forschen in der Heiligen Schrift mit vom Geiste Gottes erleuchteten Sinnen und von seiner lebendigen Kraft brennenden Herzen erreicht hatten; einen Standpunkt, der den scharfsinnigsten Beurteilungen und den bittersten Anfeindungen volkstümlicher religiöser Lehrer und weltweiser Männer widerstanden hatte, und der vor den vereinten Anstrengungen der Gelehrsamkeit und der Beredsamkeit und den Witzen und Spötteleien derer von achtbarer sowohl als auch von niedriger Gesinnung fest und unerschüttert geblieben war.

Freilich war das erwartete Ereignis nicht eingetroffen; aber selbst dadurch konnte ihr Vertrauen auf Gottes Wort nicht erschüttert werden. Als Jona auf den Straßen Ninives verkündigte, daß die Stadt innerhalb von vierzig Tagen zerstört werden würde, nahm der Herr die Demütigung der Niniviten an und verlängerte ihre Gnadenzeit; und doch war Jonas Botschaft von Gott gesandt und Ninive seinem Willen gemäß geprüft worden. Die Adventisten glaubten, daß der Herr sie auf gleiche Weise geführt habe, die Warnung vom Gericht zu verkündigen. „Sie hat", erklärten sie, „die Herzen aller, die sie hörten, geprüft und eine Liebe zur Wiederkunft des Herrn erweckt oder einen mehr oder weniger wahrnehmbaren, aber Gott bekannten Haß gegen Christi Kommen erregt. Sie hat eine Grenzlinie gezogen, so daß die, die ihre eigenen Herzen untersuchen wollen, wissen können, auf welcher Seite sie gefunden worden wären, falls der Herr damals gekommen wäre; ob sie ausgerufen hätten: Siehe, das ist unser Gott, auf den wir harren, und er wird uns helfen!, oder ob sie die Felsen und Berge angerufen hätten, auf sie zu fallen und sie zu verbergen vor dem Angesicht dessen, der auf dem Stuhl sitzt, und vor dem Zorn des Lammes. Gott hat, wie wir glauben, auf diese Weise seine Kinder geprüft, ob sie in der Stunde der Anfechtung zurückweichen würden von dem Posten, auf welchen er sie stellte; ob sie diese Welt fahren lassen und unbedingtes Vertrauen auf das Wort Gottes setzen würden." (Advent Herald and Signs of the Times Reporter, 8. Bd., Nr. 14, 1844)

Die Empfindungen derer, die immer noch glaubten, daß Gott sie in der vergangenen Erfahrung geleitet hatte, sind in den Worten Millers ausgedrückt: „Müßte ich meine Zeit in derselben Gewißheit, wie ich sie damals hatte, noch einmal durchleben, so würde ich, um aufrichtig vor Gott und Menschen zu sein, so handeln, wie ich es getan habe. ... Ich hoffe, daß ich meine Kleider vom Blut der Seelen gereinigt habe; ich bin gewiß, daß ich mich, so weit es möglich war, von aller Schuld an ihrer Verdammung befreit habe. ... Ob ich auch zweimal enttäuscht worden bin", schrieb dieser Gottesmann, „bin ich doch nicht niedergeschlagen oder entmutigt. Meine Hoffnung auf das Kommen Christi ist stärker als je. Ich habe nur das getan, was ich nach Jahren ernstlicher Betrachtung für meine heilige Pflicht hielt. Habe ich geirrt, so war es aus christlicher Liebe, aus Liebe zu meinen Mitmenschen und aus Überzeugung von meiner Pflicht gegen Gott. ... Eines weiß ich: Ich habe nur das gepredigt, was ich glaubte, und Gott ist mit mir gewesen, seine Macht hat sich in dem Werke offenbart, und viel Gutes ist gewirkt worden. ... Viele Tausende sind, allem Anschein nach, durch die Verkündigung des Endes der Zeit dahin gebracht worden, die Heilige Schrift zu studieren und sind durch dieses Mittel und die Besprengung mit dem Blut Christi mit Gott versöhnt worden." (Bliß, Erinnerungen an Wm. Miller, S. 256, 255, 277, 280, 281.) „Ich habe mich nie um die Gunst der Stolzen beworben noch den Mut sinken lassen, wenn die Welt drohte. Ich werde auch jetzt ihren Beifall nicht erhandeln oder über die Pflicht hinausgehen, um ihren Haß zu reizen. Ich werde nie mein Leben in ihren Händen suchen noch, wie ich hoffe, zurückschrecken, es zu verlieren, falls Gott in seiner gütigen Vorsehung es so bestimmt." (J. White, Wm. Millers Leben, S. 315.)

Gott verließ sein Volk nicht; sein Geist wohnte noch immer bei denen, die das Licht, das sie empfangen hatten, nicht voreilig verleugneten oder die Adventbewegung öffentlich verachteten. Im Brief an die Hebräer stehen für die Geprüften und Wartenden in dieser Zeit Worte der Ermutigung und Warnung geschrieben: „Darum werft euer Vertrauen nicht weg, welches eine große Belohnung hat. Geduld aber habt ihr nötig, damit ihr den Willen Gottes tut und das Verheißene empfangt. Denn nur noch eine kleine Weile, so wird kommen, der da kommen soll, und wird nicht lange ausbleiben. Der Gerechte aber wird aus Glauben leben. Wenn er aber zurückweicht, hat meine Seele kein Gefallen an ihm. Wir aber sind nicht von denen, die zurückweichen und verdammt werden, sondern von denen, die glauben und die Seele erretten." (Hebr. 10,35-39)

Daß diese Ermahnung an die Gemeinde in den letzten Tagen gerichtet ist, zeigt sich aus den Worten, die die Nähe der Zukunft des Herrn ausdrücken: „Denn noch über eine kleine Weile, so wird kommen, der da kommen soll, und wird nicht lange ausbleiben." Es wird daraus auch klar, daß ein Verzug stattfinden würde und der Herr zu zögern scheint. Die hier gegebene Belehrung paßt besonders auf die Erfahrung der Adventisten zu jener Zeit. Die hier Angeredeten standen in Gefahr, an ihrem Glauben Schiffbruch zu erleiden. Sie hatten Gottes Willen getan, indem sie der Führung seines Geistes und seinem Wort folgten; doch konnten sie seine Absicht in ihrer vergangenen Erfahrung nicht verstehen, noch den vor ihnen liegenden Pfad sehen, und sie wurden versucht zu zweifeln, ob Gott sie wirklich geleitet habe.

Damals waren die Worte besonders zutreffend: „Der Gerechte aber wird aus Glauben leben." Als das glänzende Licht des Mitternachtsrufes auf ihren Weg schien, als ihnen die Weissagungen entsiegelt wurden und sie die rasche Erfüllung der Zeichen, die von dem baldigen Kommen Christi sprachen, sahen, waren sie tatsächlich im Schauen gewandelt. Aber nun konnten sie, niedergebeugt durch die enttäuschten Hoffnungen, nur durch den Glauben an Gott und an sein Wort aufrecht stehen. Die spottende Welt sagte: „Ihr seid betrogen worden. Entsagt eurem Glauben und gesteht, daß die Adventbewegung von Satan war." Gottes Wort erklärte jedoch: „Wenn er aber zurückweicht, hat meine Seele kein Gefallen an ihm." Ihren Glauben nun aufzugeben und die Macht des Heiligen Geistes, die die Botschaft begleitet hatte, zu verleugnen, würde ein Rückzug zum Verderben sein. Des Paulus Worte ermutigten sie zur Standhaftigkeit: „Werft euer Vertrauen nicht weg, ... Geduld aber habt ihr nötig, ... denn nur noch eine kleine Weile, so wird kommen, der da kommen soll, und wird nicht lange ausbleiben." Ihr einzig sicheres Verhalten war, das Licht zu pflegen, das sie bereits von Gott empfangen hatten, an seinen Verheißungen festzuhalten und fortzufahren, in der Heiligen Schrift zu suchen und geduldig zu warten und zu wachen, um weiteres Licht aufzunehmen.

23 Was ist das Heiligtum ?

Die Bibelstelle, die vor allen andern die Grundlage und der Hauptpfeiler des Adventglaubens war, ist die in Daniel 8, 14 gemachte Erklärung: „Bis zweitausenddreihundert Abende und Morgen vergangen sind, dann wird das Heiligtum wieder geweiht werden." Dies waren vertraute Worte für alle, die an das baldige Kommen des Herrn glaubten. Von den Lippen Tausender wurde diese Weissagung als das Losungswort ihres Glaubens wiederholt. Alle fühlten, daß von den darin vor Augen geführten Ereignissen ihre glänzendsten Erwartungen und liebsten Hoffnungen abhingen. Es war gezeigt worden, daß diese prophetischen Tage im Herbst des Jahres 1844 zu Ende gingen. Mit der übrigen christlichen Welt glaubten die Adventisten damals, daß die Erde oder ein Teil von ihr das Heiligtum sei, und daß die Weihe des Heiligtums die Reinigung der Erde durch das Feuer des letzten großen Tages bedeute und bei der Wiederkunft Christi stattfinden werde. Daraus entstand die Schlußfolgerung, daß Christus im Jahre 1844 auf die Erde zurückkehren würde.

Aber die bestimmte Zeit war vorübergegangen, und der Herr war nicht erschienen. Die Gläubigen wußten, daß das Wort Gottes nicht irren konnte; ihre Auslegung der Weissagung mußte fehlerhaft sein; aber wo steckte der Fehler? Viele zerhieben voreilig den Knoten der Schwierigkeit, indem sie in Abrede stellten, daß die 2300 Tage im Jahre 1844 endigten. Dafür konnte jedoch kein Grund angeführt werden, ausgenommen daß Christus nicht zu der Zeit gekommen war, da sie ihn erwartet hatten. Sie schlossen daraus, daß, wenn die prophetischen Tage im Jahre 1844 zu Ende, gegangen wären, Christus dann gekommen sein würde, um durch die Läuterung der Erde mit Feuer das Heiligtum zu reinigen, und daß, da er nicht gekommen sei, die Tage auch nicht verstrichen sein könnten.

Durch Annahme dieser Schlussfolgerung verwarfen sie die ehemalige Berechnung der prophetischen Zeitperioden. Wie man gefunden hatte, begannen die 2300 Tage, als das Gebot des

Artaxerxes (oder Arthahsastha) hinsichtlich der Wiederherstellung und des Aufbaues von Jerusalem in Kraft trat: im Herbst des Jahres 457 v. Chr. Dies als Ausgangspunkt angenommen, ergab sich eine vollkommene Übereinstimmung bezüglich aller in der Auslegung jener Periode in Daniel 9, 25-27 vor Augen geführten Ereignisse. Neunundsechzig Wochen, die ersten 483 von den 2300 Jahren, sollten sich bis auf Christus, den Gesalbten, erstrecken, und Christi Taufe und die Salbung mit dem Heiligen Geist im Jahre 27 n. Chr. erfüllten diese Angabe genau. In der Mitte der 70. Woche sollte der Gesalbte ausgerottet werden. Dreieinhalb Jahre nach seiner Taufe, im Frühling des Jahres 31 n. Chr., wurde Christus gekreuzigt. Die 70 Wochen oder 490 Jahre sollten insbesondere den Juden gehören. Am Schluß dieses Zeitraumes besiegelte die jüdische Nation die Verwerfung Christi durch die Verfolgung seiner Jünger, und die Apostel wandten sich im Jahre 34 n. Chr. zu den Heiden. Nachdem 490 Jahre von den 2300 verstrichen waren, blieben noch 1810 Jahre übrig. Vom Jahre 34 n. Chr. erstrecken sich 1810 Jahre bis zum Jahre 1844. „Dann", sagte der Engel, „wird das Heiligtum wieder geweiht werden." Alle vorhergehenden Angaben der Weissagung waren unverkennbar zu der festgesetzten Zeit erfüllt worden.

Alles war bei dieser Berechnung klar und zutreffend, nur ließ sich nicht erkennen, daß irgendein Ereignis, das der Weihe des Tempels entspräche, im Jahre 1844 stattgefunden habe. Zu verneinen, daß die Tage zu jener Zeit endeten, hieße Verwirrung in die ganze Sache bringen und Grundsätze umstoßen, die durch untrügliche Erfüllungen der Weissagung bestätigt worden waren.

Aber Gott war der Leiter seines Volkes in der großen Adventbewegung gewesen; seine Macht und Herrlichkeit hatten das Werk begleitet, und er wollte es nicht in Finsternis und Enttäuschung enden lassen, damit man es nicht beschuldigen könne, eine falsche und schwärmerische Aufregung gewesen zu sein. Er konnte sein Wort nicht im Lichte des Zweifels und der Ungewißheit erscheinen lassen. Wenn auch viele ihre frühere Berechnung der prophetischen Zeitangaben fahren ließen und die Richtigkeit der darauf gegründeten Bewegung verneinten, so waren andere doch nicht willens, Punkte des Glaubens und der Erfahrung aufzugeben, die durch die Heilige Schrift und das Zeugnis des Geistes Gottes unterstützt wurden. Sie glaubten, daß sie in ihrem Studium der Weissagungen richtige Grundsätze der Auslegung angenommen hätten, und daß es ihre Pflicht sei, an den bereits gewonnenen Wahrheiten festzuhalten und ihre biblischen Forschungen fortzusetzen. Mit ernstem Gebet prüften sie ihre Stellung und forschten in der Heiligen Schrift, um ihren Fehler zu entdecken. Da sie in ihrer Berechnung der prophetischen Zeitperioden keinen Irrtum entdecken konnten, wurden sie veranlaßt, den Gegenstand des Heiligtums näher zu prüfen. (s. Anhang, Anm. 34.)

Ihre Untersuchung ergab, daß keine biblischen Beweise die allgemeine Ansicht, daß die Erde das Heiligtum sei, unterstützten. Aber sie fanden in der Bibel eine ausgiebige Auslegung über das Heiligtum, seine Beschaffenheit, seinen Standort und den Dienst an demselben. Das Zeugnis der heiligen Schreiber war so klar und ausführlich, daß es keinen Zweifel darüber aufkommen ließ. Paulus sagt in dem Brief an die Hebräer: „Es hatte zwar auch der erste Bund seine Satzungen für den Gottesdienst und sein irdisches Heiligtum. Denn es war da aufgerichtet die Stiftshütte: der vordere Teil, worin der Leuchter war und der Tisch und die Schaubrote, und er heißt das Heilige; hinter dem zweiten Vorhang aber war der Teil der Stiftshütte, der das Allerheiligste heißt. Darin waren das goldene Räuchergefäß und die Bundeslade, ganz mit Gold überzogen, in ihr waren der goldene Krug mit dem Himmelsbrot und der Stab Aarons, der gegrünt hatte, und die Tafeln des Bundes. Oben darüber aber waren die Cherubim der Herrlichkeit, die überschatteten den Gnadenthron." (Hebr. 9,1-5)

Das Heiligtum, auf das der Apostel hier hinweist, war die von Mose nach dem Befehl Gottes als die irdische Wohnstätte des Allerhöchsten erbaute Stiftshütte. „Und sie sollen mir ein Heiligtum machen, daß ich unter ihnen wohne", (2. Mose 25,8) lautete die an Mose gerichtete Anweisung zur Zeit, als er mit Gott auf dem Berge war. Die Israeliten zogen durch die Wüste, und die Stiftshütte war so gebaut, daß sie von Ort zu Ort mitgenommen werden konnte, und doch war sie ein Bau von großer Herrlichkeit. Ihre Wände bildeten aufrechtstehende, mit schwerem Gold belegte Bretter, die in silberne Sockel eingelassen waren, während das Dach aus Teppichen oder Decken bestand, deren äußerste von Fellen, die innerste von feiner, mit prächtigen Cherubim gewirkter Leinwand gemacht war. Ohne den Vorhof, der den Brandopferaltar enthielt, bestand die Stiftshütte selbst aus zwei Abteilungen, das Heilige und das Allerheiligste genannt, die durch einen kostbaren und prächtigen Vorhang voneinander getrennt waren; ein ähnlicher Vorhang verschloß den Eingang in die erste Abteilung.

Im Heiligen, gegen Süden, befand sich der Leuchter mit seinen sieben Lampen, die das Heiligtum Tag und Nacht erleuchteten; gegen Norden stand der Schaubrottisch und vor dem Vorhang, der das Heilige vom Allerheiligsten trennte, war der goldene Räucheraltar, von welchem die Wolke des Wohlgeruchs mit den Gebeten Israels täglich zu Gott emporstieg.

Im Allerheiligsten stand die Bundeslade aus kostbarem, mit Gold belegtem Holz, der Aufbewahrungsort der zwei Steintafeln, auf die Gott das Gesetz der Zehn Gebote eingegraben hatte. Über der Lade, den Deckel der heiligen Truhe bildend, war der Gnadenthron, ein prächtiges Kunstwerk, auf dem sich zwei Cherubim erhoben, an jeder Seite einer, aus reinem Golde gearbeitet. In dieser Abteilung offenbarte sich die göttliche Gegenwart in der Wolke der Herrlichkeit zwischen den Cherubim.

Nach der Niederlassung der Hebräer in Kanaan wurde die Stiftshütte durch den Tempel Salomos ersetzt, der, obwohl ein fester Bau und in größerem Maßstab, doch die gleichen Verhältnisse beibehielt und auf ähnliche Weise ausgestattet war. In dieser Form bestand das Heiligtum – mit Ausnahme zur Zeit Daniels, als es in Trümmern lag – bis zu seiner Zerstörung durch die Römer im Jahre 70 n. Chr.

Dies ist das einzige Heiligtum, das je auf Erden bestand, über das die Bibel irgendwelche Auskunft gibt, und Paulus nennt es das Heiligtum des ersten Bundes. Aber hat der neue Bund kein Heiligtum?

Als die nach Wahrheit Forschenden sich in den Hebräerbrief vertieften, fanden sie, daß das Vorhandensein eines zweiten oder neutestamentlichen Heiligtums in den bereits angeführten Worten des Apostels angedeutet war: „Es hatte zwar auch der erste (d. h. der erste Bund) seine Satzungen für den Gottesdienst und sein irdisches Heiligtum." Der Gebrauch des Wortes „auch" deutet an, daß Paulus dieses Heiligtum zuvor erwähnt hat. Als sie zu dem vorhergehenden Kapitel zurückgingen, lasen sie am Anfang: „Das ist nun die Hauptsache, davon wir reden: Wir haben einen solchen Hohenpriester, der da sitzt zur Rechten des Thrones der Majestät im Himmel und ist ein Diener am Heiligtum und an der wahren Stiftshütte, die Gott aufgerichtet hat und nicht ein Mensch." (Hebr. 8,1.2)

Hier wird das Heiligtum des neuen Bundes offenbart. Das Heiligtum des ersten Bundes wurde von Menschen aufgerichtet, von Mose erbaut; dieses hier ist vom Herrn und nicht von Menschen aufgerichtet. In jenem Heiligtum vollzogen die irdischen Prie-

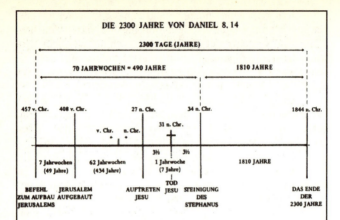

DIE 2300 JAHRE VON DANIEL 8, 14

2300 TAGE (JAHRE)

70 JAHRWOCHEN = 490 JAHRE | 1810 JAHRE

457 v. Chr. 408 v. Chr.   27 n. Chr.   34 n. Chr.   1844 n. Chr.

v. Chr.   n. Chr.   31 n. Chr.

3½ 3½

7 Jahrwochen | 62 Jahrwochen | 1 Jahrwoche | 1810 JAHRE
(49 Jahre) | (434 Jahre) | (7 Jahre)

TOD
JESU

BEFEHL JERUSALEM   AUFTRETEN STEINIGUNG   DAS ENDE
ZUM AUFBAU AUFGEBAUT   JESU JESU DES   DER
JERUSALEMS   STEPHANUS 2300 JAHRE

Die erstaunlichen Vorhersagen im Buch Daniel

Eine Hauptweissagung der Bibel wird in Daniel 8 gegeben. Dieses Kapitel
hängt eng mit Daniel 7 und 9 zusammen und sollte im Zusammenhang studiert
werden.

Daniel 7 wurde 553 - 552 v. Chr. geschrieben. In diesem Kapitel wird die Weltgeschichte von der Zeit Daniels ab bis zur Wiederkunft Christi aufgezeigt. In einer Vision sieht Daniel 4 Weltreiche, die als Tiere dargestellt wurden. Darauf
folgt eine Macht, die im kleinen Horn symbolisiert wird (Dan. 7, 1-8, 15-21, 23-
25). Dann tritt das Untersuchungsgericht im Himmel zusammen (Dan. 7, 9-10,
13, 22, 26). Wenn dies zu Ende ist, schließt die Weltgeschichte mit dem Zweiten
Kommen Christi (Dan. 7, 14, 27-28).

Die Tiere in Daniel 7 entsprechen den Metallteilen des Standbildes in Daniel 2.
Der Löwe im Kapitel 7 stellt Babylon dar (605 - 538 v. Chr.). Der Bär ist Medo-
Persien (538 - 334 v. Chr.). Der Leopard ist Griechenland (334 - 301 v. Chr.), zu
welcher Zeit das Reich sich in vier Diadochenreiche teilte, die bis etwa 168 v.
Chr. andauerten. Das furchtbare Tier ist das heidnische Rom (168 v. Chr. bis
zum 5. Jahrh. n. Chr., als es dann in 10 Reiche zerfiel). Das kleine Horn ist das
päpstliche Rom, das seine volle Macht bis 538 n. Chr. erreicht hatte, nachdem es
drei Reiche ausgerottet hatte (die Heruler, Vandalen und Ostgoten).

Daniel 8 setzt sich aus zwei Hauptteilen zusammen. Der erste ist ein Bericht von
Ereignissen, die der Weissagung in Daniel 7 ziemlich genau entsprechen. Diese
Vorhersage handelt von zwei Tieren und einem kleinen Horn, das sie ablöst
(Dan. 8, 1-12, 20, 25). Das erste Tier, ein Widder, ist Medo-Persien (538 - 334 v.
Chr.). Der Ziegenbock, der den Widder niederrannte, ist Griechenland (334 -
168 v. Chr.). Das bemerkenswerte Horn war Alexander der Große, der vor seinem Tod (323) das größte Weltreich der damaligen Geschichte in nur 10 Jahren
aufgebaut hatte. Als er in jungen Jahren umkam, teilte sich das Reich in vier
Gebiete. Das kleine Horn ist das heidnische Rom, das – wie uns die Geschichte
lehrt – vom päpstlichen Rom abgelöst wurde. Vieles in Daniel 7 und 8 (7, 8; 19-
26 und 8, 9-12; 23-25) bezieht sich auf diese Macht, die Gott lästern würde (7, 8;
20; 8, 11) und danach trachtete, das Volk Gottes auszurotten (7, 21; 25; 8, 10;

24; 25), die Wahrheit zu Boden würfe (8, 12; 25), Gottes Heiligtum (vom Himmel) herunterrisse (8, 11) und sogar versuchen würde, das Gesetz Gottes zu ändern (7, 25). Auch Offenbarung 13 (Verse 6-7 z.B.) behandelt dieses kleine Horn – die Macht des Papsttums.

Aber Daniel 8 hat noch einen zweiten Teil: eine Zeit-Weissagung (Dan. 8, 13-14, 26). Die Prophezeiung selbst wird in Daniel 8, 1 übermittelt. „Bis 2300 Abende und Morgen um sind, dann wird das Heiligtum wieder geweiht werden." (Manche Übersetzungen haben hier 'gereinigt' oder 'gerechtfertigt werden'.) Sorgfältiges Studium dieses Kapitels zeigt, daß der Engel Gabriel angewiesen war, dem Propheten die Vision des 8. Kapitels zu erklären (8, 16). Dabei wurden jedoch lediglich die vorhergesagten Ereignisse erklärt (8, 17 25) wobei die Zeit-Weissagung nur kurz gestreift wurde (8, 26). Daniel brach unter der Last [der Information] beinahe zusammen (8, 27). Als Ergebnis betete er das Gebet, das wir in Daniel 9 finden.

Daniel 9 beginnt mit dem Gebet des Propheten. Er bittet Gott, sein Volk zu führen und ihm zu helfen (Dan. 9, 1-19). Gabriel, den er schon in einer früheren Vision gesehen hatte, wird dann als Antwort auf sein Gebet zu ihm gesandt (9, 20). Er soll die Erklärung des Gesichtes nun vervollständigen (9, 22-23).

Die Prophezeiung der 70 Wochen wurde erst jetzt gegeben (Dan. 9, 24-27). Siebzig Wochen sind „bestimmt" (im Hebräischen abgeschnitten von der umfassenderen 2300 Tage-Prophezeiung) und bedeuten eine besondere Gelegenheit für die Juden. Deshalb ist der erste Teil der 2300 Jahrtage – in Daniel 8, 14 vorhergesagt – eine Zeit, die den Juden vorbehalten ist – eine letzte Gnadenzeit als Gottes besonders begünstigtes Volk.

In der biblischen Prophetie entspricht ein Tag einem Jahr (4. Mose 14, 34; Hes. 4, 6). Der Erlaß des Artaxerxes, verabschiedet in seinem 7. Regierungsjahr, nämlich 457 v. Chr. (Dan. 9, 25; Esra 6, 14; 7, 6-8) befiehlt den Wiederaufbau Jerusalems und setzt damit den Anfang dieser langen Zeitspanne von 2300 Jahren. Die ersten 70 Wochen dieser Weissagung (Dan. 9, 24-27), abgeschnitten und den Juden vorbehalten, entsprechen 490 Jahren. Die Mauern Jerusalems wurden in 7 symbolischen Wochen – also in 49 Jahren – aufgebaut (408 v. Chr.). Weitere 62 Wochen bringen uns zur Salbung Jesu zum Messias im Jahre 27 n. Chr. Nun sind 483 vergangen, nur noch eine Woche bleibt von den 70 Wochen übrig. In der Mitte dieser letzten Woche (Dan. 9, 26-27), nämlich 31 n. Chr. wurde der Messias „ausgerottet", indem er ans Kreuz geschlagen wurde. Eine zweite halbe „Woche" – 3½ Jahre – versetzen uns ins Jahr 34 n. Chr. Damals wurde nach der Steinigung des Stephanus das Evangelium den Heiden gebracht.

34 n. Chr. waren die 70 symbolischen Wochen, die 490 Jahre also, vergangen. 1810 Jahre in dieser umfassendsten aller Zeit-Weissagungen (die 2300 Jahre aus Dan. 8, 14) blieben noch übrig. Nach Ablauf dieser Zeitspanne im Jahre 1844 n. Chr. begann die „Reinigung des Heiligtums", wie sie in dieser wichtigen Schriftstelle, Dan. 8, 14, vorhergesagt worden war.

Jesus ist unser Hoherpriester im himmlischen Heiligtum, nach dessen Vorbild das irdische Heiligtum – gewissermaßen als Sandkastenmodell – erbaut worden war. 1844 begann sein Abschlußwerk dort im Heiligtum, bevor er wieder zur Erde zurückkehrt, um sein Volk zu holen.

ster ihren Dienst; in diesem dient Christus, unser großer Hoherpriester zur Rechten Gottes. Das eine Heiligtum war auf Erden, das andere ist im Himmel.

Ferner wurde das von Mose erbaute Heiligtum nach einem Vorbild gemacht. Der Herr wies ihn an: „Genau nach dem Bild, das ich dir von der Wohnung und ihrem ganzen Gerät zeige, sollt ihr's machen." Und wiederum wurde ihm der Auftrag erteilt: „Und siehe zu, daß du alles machest nach dem Bilde, das dir auf dem Berg gezeigt ist." (2. Mose 25,9.40) Und der Apostel erklärt, daß die erste Hütte „ist ein Gleichnis auf die gegenwärtige Zeit: es werden da Gaben und Opfer dargebracht"; daß seine heiligen Stätten „Abbilder der himmlischen Dinge" waren; daß die Priester, die nach dem Gesetz Gaben darbrachten, „dem Abbild und Schatten des Himmlischen" dienten; und daß „Christus ist nicht eingegangen in ein Heiligtum, das mit Händen gemacht und nur ein Abbild des wahren Heiligtums ist, sondern in den Himmel selbst, um jetzt für uns vor dem Angesicht Gottes zu erscheinen." (Hebr. 9,9.23; 8,5; 9,24)

Das Heiligtum im Himmel, wo Christus um unsertwillen dient, ist das große Original, wovon das von Mose erbaute Heiligtum ein Nachbild war. Gott legte seinen Geist auf die Bauleute des irdischen Heiligtums. Die bei seiner Erbauung entfaltete Kunstfertigkeit war eine Offenbarung der göttlichen Weisheit. Die Wände hatten das Aussehen massiven Goldes und strahlten in allen Richtungen das Licht der sieben Lampen des goldenen Leuchters wider. Der Schaubrottisch und der Räucheraltar glänzten wie reines Gold. Die prächtigen Teppiche, die die Decke bildeten und mit Engelsgestalten in Blau, Purpur und Scharlach gewirkt waren, trugen zur Schönheit des Anblicks bei. Hinter dem zweiten Vorhang war die heilige Schechina, die sichtbare Offenbarung der Herrlichkeit Gottes, vor welche niemand außer dem Hohepriester treten und leben konnte.

Der unvergleichliche Glanz der irdischen Stiftshütte widerstrahlte dem menschlichen Anblick die Herrlichkeit jenes himmlischen Tempels, wo Christus, unser Vorläufer, für uns vor dem Throne Gottes dient. Die Wohnstätte des Königs der Könige, wo tausendmal tausend ihm dienen, und zehntausendmal zehntausend vor ihm stehen; (Dan. 7,10) jener Tempel voll der Herrlichkeit des ewigen Thrones, wo Seraphim, die strahlenden Hüter, in Anbetung ihre Angesichter verhüllen, konnte in dem prächtigsten Bau, den Menschenhände je errichteten, nur einen matten Abglanz seiner Größe und Herrlichkeit finden. Doch wurden durch das Heiligtum und seine Gottesdienste wichtige Wahrheiten hinsichtlich des himmlischen Heiligtums und des großen Werkes, das dort zur Erlösung des Menschen ausgeführt wird, gelehrt.

Die heiligen Stätten des Heiligtums im Himmel werden durch die zwei Abteilungen im Heiligtum auf Erden dargestellt. Als dem Apostel Johannes in einem Gesicht ein Blick auf den Tempel Gottes im Himmel gewährt wurde, sah er, wie dort „sieben Fackeln mit Feuer brannten vor dem Thron." (Offb. 4,5) Er erblickte einen Engel, der „hatte ein goldenes Räuchergefäß; und ihm wurde viel Räuchwerk gegeben, daß er es darbringe mit den Gebeten aller Heiligen auf dem goldenen Altar vor dem Thron." (Offb. 8,3) Hier wurde dem Propheten gestattet, die erste Abteilung des Heiligtums im Himmel zu schauen; und er sah dort die „sieben Fackeln mit Feuer" und „den goldenen Altar", dargestellt durch den goldenen Leuchter, und den Räucheraltar im Heiligtum auf Erden. Wiederum heißt es: „Der Tempel Gottes im Himmel wurde aufgetan", (Offb. 11,19) und er schaute in das Innere, hinter den zweiten Vorhang, in das Allerheiligste. Hier erblickte er „die Lade seines Bundes", dargestellt durch die heilige Lade, die Mose anfertigen ließ, um das Gesetz Gottes darin aufzubewahren.

So fanden diejenigen, die den Gegenstand studierten, unbestreitbare Beweise für das Vorhandensein eines Heiligtums im Himmel. Mose machte das irdische Heiligtum nach einem Vorbild, das ihm gezeigt worden war. Paulus lehrt, daß jenes Vorbild das wahrhaftige Heiligtum sei, das im Himmel ist; und Johannes bezeugt, daß er es im Himmel gesehen habe.

In dem Tempel im Himmel, der Wohnstätte Gottes, ist sein Thron auf Gerechtigkeit und Gericht gegründet. Im Allerheiligsten ist sein Gesetz, der große Maßstab des Rechts, nach dem alle Menschen geprüft werden. Die Bundeslade, die die Tafeln des Gesetzes birgt, ist mit dem Gnadenstuhl, vor welchem Christus sein Blut zugunsten des Sünders darbietet, bedeckt. Auf diese Weise wird die Verbindung von Gerechtigkeit und Gnade im Plan der menschlichen Erlösung dargestellt. Diese Vereinigung konnte allein ewige Weisheit ersinnen und unendliche Macht vollbringen; es ist eine Verbindung, die den ganzen Himmel mit Erstaunen und Anbetung erfüllt. Die ehrerbietig auf den Gnadenstuhl niederschauenden Cherubim des irdischen Heiligtums versinnbilden die Anteilnahme, mit der die himmlischen Heerscharen das Werk der Erlösung betrachten. Dies ist das Geheimnis der Gnade, das auch die Engel gelüstet zu schauen: daß Gott gerecht sein kann, während er den reumütigen Sünder rechtfertigt und seinen Verkehr mit dem gefallenen Geschlecht erneuert; daß Christus sich herablassen konnte, unzählige Scharen aus dem Abgrund des Verderbens herauszuheben und sie mit den flekkenlosen Gewändern seiner eigenen Gerechtigkeit zu bekleiden, damit sie sich mit Engeln, die nie gefallen sind, vereinigen und ewig in der Gegenwart Gottes wohnen können.

Christi Werk als Vermittler der Menschen wird in der schönen Weissagung Sacharjas von dem, „der heißt Sproß", veranschaulicht. Der Prophet sagt: „Den Tempel des Herrn wird er bauen und wird herrlich geschmückt sein und wird sitzen und herrschen auf seinem Thron. Und ein Priester wird sein zu seiner Rechten, und es wird Friede sein zwischen den beiden." (Sach. 6,13)

„Den Tempel des Herrn wird er bauen." Durch sein Opfer und sein Mittleramt ist Christus beides, der Grund und der Baumeister der Gemeinde Gottes. Der Apostel Paulus verweist auf ihn als den Eckstein, „auf welchem der ganze Bau ineinandergefügt wächst zu einem heiligen Tempel in dem Herrn. Durch ihn werdet auch ihr mit erbaut zu einer Wohnung Gottes im Geist." (Eph. 2,20-22)

„Und wird herrlich geschmückt sein." Der Schmuck, die Herrlichkeit der Erlösung des gefallenen Geschlechts, gebührt Christus. Durch die Zeitalter der Ewigkeit hindurch wird das Lied der Erlösten sein: Dem „der uns liebt und erlöst hat von unseren Sünden mit seinem Blut, ... ihm sei Ehre und Gewalt von Ewigkeit zu Ewigkeit! Amen." (Offb. 1,5.6)

Er „wird sitzen und herrschen auf seinem Thron; und ein Priester wird sein zu seiner Rechten." Jetzt sitzt er noch nicht „auf dem Thron seiner Herrlichkeit"; denn das Reich der Herrlichkeit ist noch nicht aufgerichtet worden. Erst nach der Vollendung seines Werkes wird Gott „ihm den Thron seines Vaters David geben", ein Reich, dessen „kein Ende sein" wird. (Lk. 1,32.33) Als Priester sitzt Christus jetzt mit dem Vater auf dessen Thron. (Offb. 3,21) Auf dem Throne mit dem Ewigen, der in sich selbst sein Dasein hat, sitzt er, der da „trug unsre Krankheit und lud auf sich unsre Schmerzen", „der versucht worden ist in allem wie wir, (doch) ohne Sünde", damit er könne „helfen denen, die versucht werden." „Und wenn jemand sündigt, so haben wir einen Fürsprecher bei dem Vater." (Jes. 53,4; Hebr. 4,15; 2,18; 1. Joh. 2,1) Seine Vermittlung geschieht durch den durchbohrten und gebrochenen Leib, durch sein makelloses Leben. Die verwundeten Hände, die durchstochene Seite, die durchbohrten Füße legen Fürsprache für den gefallenen Menschen ein, dessen Erlösung so unermeßlich teuer erkauft wurde.

„Und wird Friede [der Rat des Friedens] sein zwischen den beiden." Die Liebe des Vaters, nicht weniger als die des Sohnes, ist die Quelle des Heils für die verlorene Menschheit. Jesus sagte zu seinen Jüngern, ehe er wegging: „Ich sage euch nicht, daß ich den Vater für euch bitten will; denn er selbst, der Vater, hat euch lieb." (Joh. 16,26.27) „Gott war in Christus und versöhnte die Welt mit sich selber." (2. Kor. 5,19) Und in dem Dienst des Heiligtums droben ist der Rat des Friedens zwischen den beiden. „Also hat Gott die Welt geliebt, daß er seinen eingebornen Sohn gab, damit alle, die an ihn glauben, nicht verloren werden, sondern das ewige Leben haben." (Joh. 3,16)

Die Frage: Was ist das Heiligtum? ist in der Heiligen Schrift klar beantwortet. Der Ausdruck „Heiligtum", wie er in der Bibel gebraucht wird, bezieht sich zunächst auf die von Mose als Abbild der himmlischen Dinge errichtete Stiftshütte, und zweitens auf die wahre Hütte im Himmel, auf die das irdische Heiligtum hinwies. Mit dem Tode Christi endete der bildliche Dienst. Die wahre Hütte im Himmel ist das Heiligtum des neuen Bundes. Und da die Weissagung von Daniel 8, 14 ihre Erfüllung in diesem Bund findet, muß das Heiligtum, auf das sie sich bezieht, das Heiligtum des neuen Bundes sein. Am Schluß der 2300 Tage, im Jahre 1844, war schon seit vielen Jahrhunderten kein Heiligtum mehr auf Erden gewesen. Somit verweist die Weissagung: „Bis zweitausenddreihundert Abende und Morgen vergangen sind; dann wird das Heiligtum wieder geweiht werden", ohne Zweifel auf das Heiligtum im Himmel.

Aber noch bleibt die wichtigste Frage zu beantworten: Was ist die Weihe oder Reinigung des Heiligtums? Daß ein solcher Dienst in Verbindung mit dem irdischen Heiligtum bestand, berichtet das Alte Testament. Aber kann im Himmel irgend etwas zu reinigen sein? In Hebräer 9 wird die Reinigung des irdischen sowie des himmlischen Heiligtums deutlich gelehrt. „Und es wird fast alles mit Blut gereinigt nach dem Gesetz; und ohne Blutvergießen geschieht keine Vergebung. So mußten die Abbilder der himmlischen Dinge mit Blut von Tieren gereinigt werden; die himmlischen Dinge selbst aber, müssen bessere Opfer haben, als jene" (Hebr. 9,22.23) – nämlich das köstliche Blut Christi.

Die Reinigung, sowohl im Schatten als auch im wahrhaftigen Dienst, muß mit Blut vollzogen werden; in jenem mit dem Blut

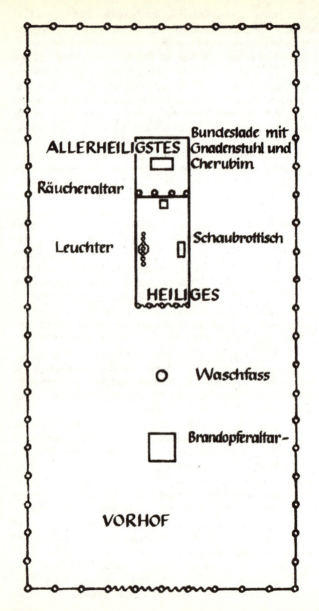

ALLERHEILIGSTES

Bundeslade mit Gnadenstuhl und Cherubim

Räucheraltar

Leuchter

Schaubrottisch

HEILIGES

Waschfass

Brandopferaltar-

VORHOF

Das irdische Heiligtum

Das Heiligtum in der Wüste wurde unter der Führung Moses gebaut und zwar in Übereinstimmung mit dem Modell, das ihm auf dem Berg Sinai gezeigt worden war. (2. Mose 25, 7-8, 40; Hebr. 8, 5.)

Die Stiftshütte (das Wüsten-Heiligtum) war von einem Hof umgeben (auch der äußere Hof oder Vorhof genannt). Die äußere Begrenzung bildete ein Vorhang aus weißen Leinentüchern, die an Ständern aufgehängt waren. (2. Mose 27, 9-18). Der Vorhof war etwa 50 m lang (100 Ellen) und 25 m breit (50 Ellen). Innen im Hof standen der Brandopferaltar, das Waschbecken und das Heiligtum (die Stiftshütte). Dieser Altar wurde auch der kupferne Altar genannt, weil es noch einen zweiten Altar, den Goldenen Altar, innerhalb des Heiligtums gab. Der äußere Altar (2. Mose 27, 1-9) war innen hohl und mit Kupfer überzogen. Er war 2,5 m lang und breit und 1,5 m hoch. Auf diesen Altar wurden die Tiere gelegt, die als Brandopfer gebracht wurden. Dahinter stand das kupferne Waschbecken (2. Mose 30, 18-21), in dem sich die Priester wuschen, bevor sie das Heiligtum betraten.

Das irdische Heiligtum (2. Mose 26, 1-37) war ein Zelt mit Holzwänden. 4 Teppiche dienten als Dach und herrliche vergoldete Vorhänge verzierten das Innere. Dieses Heiligtum war etwa 5 m x 15 m groß und tragbar. Man konnte es auseinandernehmen und auf den Reisen des Volkes durch die Wüste überallhin mitnehmen. Ein Vorhang teilte das Innere in zwei Abteilungen oder Räume, das Heilige und das Allerheiligste. Das war das Heiligste, das es auf dieser Erde gab. Der Priester betrat die erste Abteilung täglich, er hatte Blut bei sich und ging an dem siebenarmigen Goldenen Leuchter vorbei, mit seinen sieben Öllampen (2. Mose 25, 31-40). Er ging am Schaubrottisch vorbei, wo die Gott geweihten Brote lagen, die vor dem Herrn ausgelegt wurden (2. Mose 25, 30-31) und kam zum Rauchopferaltar, auch Goldener Altar genannt, von dem der Rauch einer besonderen Weihrauchmischung aufstieg und über den Vorhang, der nicht ganz bis zur Decke reichte, in das Allerheiligste drang. Der Priester sprengte auf den Goldenen Altar und auf den Trennvorhang einige Tropfen des Opferblutes (3. Mose 4, 5). In Hebräer 9, 17 findet man eine zusammengefaßte Erklärung dieses Vorganges. Alle Einrichtungsgegenstände der Ersten und zweiten Abteilung waren aus massivem Gold oder zumindest mit Gold überzogen.

Die zweite Abteilung – das Allerheiligste – (2. Mose 26, 33) enthielt die Bundeslade (2. Mose 26, 17-22). Zwischen zwei goldenen Engelstatuen (Cherubim) befand sich der Ort, an dem sich Gott offenbarte – die herrliche Schechina (2. Mose 26, 22; 40, 34). Darunter war der Gnadenstuhl, ein massiv-goldener Deckel, der die Bundeslade bedeckte. Darin befand sich die Grundlage der Gottesherrschaft: das Sittengesetz der Zehn Gebote (2. Mose 20, 3-17), die Gott mit eigenem Finger auf Steintafeln geschrieben hatte (2. Mose 24, 12). Sie hatten ihren Platz in der Bundeslade (2. Mose 40, 20). Alle Menschen sollen sich nach diesen heiligen Vorschriften richten und zwar bis zum Ende (Offb. 12, 17; 14, 12) und auch weiterhin (Offb. 22, 14; Jes. 66, 22).

Nur einmal im Jahr – am Versöhnungstag – betrat der Hohepriester die Zweite Abteilung, um das Heiligtum zu reinigen und die Sünde vom Volk wegzuschaffen (3. Mose 16, 30; Dan. 8, 14).

von Tieren, in diesem mit dem Blut Christi. Paulus gibt den Grund an, warum diese Reinigung mit Blut vollzogen werden mußte: weil ohne Blutvergießen keine Vergebung geschieht. Vergebung oder das Wegschaffen der Sünde ist das zu vollbringende Werk. Aber wie konnte Sünde mit dem Heiligtum, sei es im Himmel oder auf Erden, verbunden sein? Das können wir aus dem gegenbildlichen Dienst erkennen; denn die Priester, die auf Erden ihr Amt versahen, dienten „dem Abbild und dem Schatten des Himmlischen". (Hebr. 8,5)

Der Dienst im irdischen Heiligtum war ein zweifacher; die Priester dienten täglich im Heiligen, während der Hohepriester einmal im Jahr im Allerheiligsten ein besonderes Werk der Versöhnung zur Reinigung des Heiligtums vollbrachte. Tag für Tag führte der reumütige Sünder sein Opfer zur Tür der Stiftshütte und bekannte, seine Hand auf das Haupt des Opfertieres legend, seine Sünden, die er damit bildlich von sich selbst auf das unschuldige Opfer übertrug. Dann wurde das Tier geschlachtet. „Ohne Blutvergießen", sagt der Apostel, „geschieht keine Vergebung." „Des Leibes Leben ist im Blut." (3. Mose 17,11) Das gebrochene Gesetz Gottes verlangte das Leben des Übertreters. Das Blut, das das verwirkte Leben des Sünders darstellte, dessen Schuld das Opfertier trug, wurde vom Priester in das Heilige getragen und vor den Vorhang gesprengt, hinter dem sich die Bundeslade mit dem Gesetz befand, das der Sünder übertreten hatte. Durch diese Handlung wurde die Sünde durch das Blut bildlich auf das Heiligtum übertragen. In einigen Fällen wurde das Blut nicht in das Heilige genommen; dann aber wurde das Fleisch von dem Priester gegessen, wie Mose die Söhne Aarons anwies und sagte: „Der Herr hat es euch gegeben, daß ihr die Schuld der Gemeinde wegnehmen und sie entsühnen sollt." (3. Mose 10,17) Beide Zeremonien versinnbildeten gleicherweise die Übertragung der Sünde von dem Bußfertigen auf das Heiligtum.

So geschah der Dienst, der das ganze Jahr hindurch Tag für Tag vor sich ging. Die Sünden Israels wurden auf diese Weise auf das Heiligtum übertragen, und ein besonderes Werk war nötig, um sie wegzuschaffen. Gott befahl, daß für jede der heiligen Abteilungen eine Versöhnung gemacht werde. „Und soll so das Heiligtum entsühnen wegen der Verunreinigungen der Israeliten und wegen ihrer Übertretungen, mit denen sie sich versündigt haben. So soll er tun der Stiftshütte, die bei ihnen ist inmitten ihrer Unreinheit." Es mußte auch eine Versöhnung gemacht werden für den Altar, um ihn zu „reinigen und heiligen von der Unreinigkeit der Kinder Israel". (3. Mose 16,16.19)

Einmal im Jahr, am großen Versöhnungstag, ging der Priester in das Allerheiligste, um das Heiligtum zu reinigen. Das dort vollzogene Werk vollendete die jährliche Runde des Dienstes. Am Versöhnungstag wurden zwei Ziegenböcke vor die Tür der Stiftshütte gebracht und das Los über sie geworfen, „ein Los dem Herrn und das andre dem Asasel". (3. Mose 16,8) Der Bock, auf den des Herrn Los fiel, sollte als Sündopfer für das Volk geschlachtet werden, und der Priester mußte dessen Blut hinter den Vorhang bringen und es auf den Gnadenstuhl und vor den Gnadenstuhl sprengen. Auch mußte es auf den Räucheraltar, der vor dem Vorhang stand, gesprengt werden.

„Dann soll Aaron seine beiden Hände auf dessen Kopf legen und über ihm bekennen alle Missetat der Israeliten und alle ihre Übertretungen, mit denen sie sich versündigt haben, und soll sie dem Bock auf den Kopf legen und ihn durch einen Mann, der bereit steht, in die Wüste bringen lassen, daß also der Bock alle ihre Missetat auf sich nehme und in die Wildnis trage; und man lasse ihn in der Wüste." (3. Mose 16,21.22) Der Sündenbock kam nicht mehr in das Lager Israels, und der Mann, der ihn weggeführt hatte, mußte sich und seine Kleider mit Wasser waschen, ehe er in das Lager zurückkehren durfte.

Die ganze Handlung war dazu bestimmt, den Israeliten die Heiligkeit Gottes und seinen Abscheu vor der Sünde einzuprägen und ihnen ferner zu zeigen, daß sie mit der Sünde nicht in Berührung kommen konnten, ohne befleckt zu werden. Von einem jeden wurde, während dieses Werk der Versöhnung vor sich ging, verlangt, seine Seele zu demütigen. Alle Beschäftigung mußte beiseite gelegt werden, und alle Israeliten mußten den Tag in feierlicher Demütigung vor Gott, mit Gebet, Fasten und gründlicher Herzensdurchforschung zubringen.

Durch den vorbildlichen Dienst wurden wichtige Wahrheiten über die Versöhnung gelehrt. Ein Stellvertreter wurde an Stelle des Sünders angenommen, die Sünde wurde durch das Blut des Opfertieres jedoch nicht ausgetilgt. Vielmehr wurde dadurch ein Mittel geschaffen, um sie auf das Heiligtum zu übertragen. Durch das Darbringen des Blutes erkannte der Sünder die Autorität des Gesetzes an, bekannte seine Schuld der Übertretung und drückte sein Verlangen nach Vergebung aus, und zwar im Glauben an einen zukünftigen Erlöser; aber er war noch nicht vollständig befreit von der Verdammung des Gesetzes. Am Versöhnungstag ging der Hohepriester, nachdem er von der Gemeinde ein Opfer genommen hatte, mit dem Blut dieses Opfers in das Allerheiligste und sprengte es auf den Gnadenstuhl, unmittelbar über das Gesetz, um für dessen Ansprüche Genugtuung zu leisten. Dann nahm er in seiner Eigenschaft als Mittler die Sünden auf sich selbst und trug sie aus dem Heiligtum. Seine Hände auf das Haupt des lebendigen Bockes legend, bekannte er auf ihn alle diese Sünden und übertrug sie damit von sich auf den Bock, der sie dann wegtrug, und sie wurden jetzt als für immer vom Volk geschieden betrachtet.

So geschah der in dem „Vorbilde und dem Schatten des Himmlischen" vollzogene Dienst. Und was sinnbildlich im Dienst im irdischen Heiligtum getan wurde, geschieht im Wesen während des Dienstes im himmlischen Heiligtum. Nach seiner Himmelfahrt begann unser Heiland sein Werk als unser Hoherpriester. Paulus sagt: „Denn Christus ist nicht eingegangen in das Heiligtum, das mit Händen gemacht und nur ein Abbild des wahren Heiligtums ist, sondern in den Himmel selbst, um jetzt für uns vor dem Angesicht Gottes zu erscheinen." (Hebr. 9,24)

Der Dienst des Priesters während des ganzen Jahres in der ersten Abteilung des Heiligtums – in dem „Inwendigen des Vorhangs", der die Tür bildete und das Heilige vom Vorhofe trennte – stellt den Dienst dar, welchen Christus bei seiner Himmelfahrt antrat. Es war die Aufgabe des Priesters während des täglichen Dienstes, vor Gott das Blut des Sündopfers und den Weihrauch, der mit den Gebeten Israels emporstieg, darzubringen. So machte Christus vor dem Vater sein Blut für die Sünder geltend und brachte ihm gleichermaßen mit dem köstlichen Wohlgeruch seiner eigenen Gerechtigkeit die Gebete der reumütigen Gläubigen dar. Das war der Dienst in der ersten Abteilung des himmlischen Heiligtums.

Dorthin folgte Christus der Glaube seiner Jünger, als er, ihren Blicken entschwindend, gen Himmel fuhr. Hier wurzelte ihre Hoffnung, „diese haben wir", sagte Paulus, „als einen sichern und festen Anker unsrer Seele, der auch hineinreicht bis in das Innere hinter den Vorhang. Dahinein ist der Vorläufer für uns gegangen, Jesus, der ein Hoherpriester geworden ist in Ewigkeit." „Er ist auch nicht durch das Blut der Böcke und Kälber, sondern durch sein eigenes Blut ein für allemal in das Heiligtum eingegangen und hat eine ewige Erlösung erfunden." (Hebr. 6,19.20; 9,12)

Achtzehn Jahrhunderte lang wurde dieser Dienst im ersten Teil des Heiligtums fortgeführt. Das Blut Christi legte Fürbitte für reumütige Gläubige ein und verschaffte ihnen Vergebung und Annahme beim Vater, doch standen ihre Sünden noch immer in den Büchern verzeichnet. Wie im irdischen Heiligtum am Schluß des Jahres ein Versöhnungswerk stattfand, so geht, ehe Christi Werk zur Erlösung der Menschen vollendet wird, ein Werk der Versöhnung zur Entfernung der Sünden aus dem himmlischen Heiligtum vor sich. Dies ist der Dienst, der anfing, als die 2300 Tage zu Ende gingen. Zu jener Zeit trat, wie von Daniel dem Propheten vorhergesagt wurde, unser großer Hoherpriester in das Allerheiligste, um den letzten Teil seines feierlichen Werkes, die Reinigung des Heiligtums, zu vollziehen.

Wie die Sünden des Volkes vor alters durch den Glauben auf das Sündopfer gelegt und bildlich durch dessen Blut auf das irdische Heiligtum übertragen wurden, so werden im neuen Bund die Sünden der Bußfertigen durch den Glauben auf Christus gelegt und tatsächlich auf das himmlische Heiligtum übertragen. Und wie die vorbildliche Reinigung des irdischen Heiligtums durch das Wegschaffen der Sünden, durch die es befleckt worden war, vollbracht wurde, so soll in der Tat die Reinigung des himmlischen durch das Wegschaffen oder Austilgen der dort aufgezeichneten Sünden vollzogen werden. Ehe dies aber geschehen kann, muß eine Untersuchung der Bücher stattfinden, um zu entscheiden, wer, durch Bereuen der Sünden und den Glauben an Christus, der Wohltaten seiner Versöhnung teilhaftig werden kann. Die Reinigung des Heiligtums schließt deshalb eine Untersuchung, ein Gericht ein. Dies Werk muß stattfinden, ehe Christus kommt, um sein Volk zu erlösen; denn wenn er kommt, ist sein Lohn mit ihm, „einem jeden zu geben, wie seine Werke sind". (Offb. 22,12)

Auf diese Weise erkannten die, die dem Licht des prophetischen Wortes folgten, daß Christus, anstatt am Ende der 2300 Tage im Jahre 1844 auf die Erde zu kommen, damals in das Allerheiligste des himmlischen Heiligtums einging, um das Schlußwerk der Versöhnung, die Vorbereitung auf sein Kommen, zu vollziehen.

Man erkannte auch, daß, während der geschlachtete Bock auf Christus als ein Opfer hinwies, und der Hohepriester Christus als einen Mittler darstellte, der Sündenbock Satan, den Urheber der Sünde, versinnbildete, auf den die Sünden des wahrhaft Reumütigen schließlich gelegt werden sollen. Wenn der Hohepriester, kraft des Blutes des Sündopfers, die Sünden vom Heiligtum wegschaffte, legte er sie auf den Sündenbock; wenn Christus am

Ende seines Dienstes kraft seines eigenen Blutes die Sünden seines Volkes vom himmlischen Heiligtum wegnimmt, wird er sie auf Satan legen, der bei der Vollstreckung des Gerichts die endgültige Schuld tragen muß. Der Sündenbock wurde in die Wüste gejagt, um nie wieder in die Gemeinde der Kinder Israels zurückzukommen. So wird Satan auf ewig aus der Gegenwart Gottes und seines Volkes verbannt und in der endgültigen Vernichtung der Sünde und der Sünder vertilgt werden.

24 Im Allerheiligsten

Der Gegenstand des Heiligtums war der Schlüssel, zu dem Geheimnis der Enttäuschung vom Jahre 1844. Er eröffnete eine Reihe von Wahrheiten, die harmonisch miteinander verbunden waren und zeigten, daß die Hand Gottes die große Adventbewegung geleitet hatte; auch offenbarten sie die gegenwärtige Aufgabe des Volkes Gottes, indem sie seine Stellung und Pflicht ans Licht brachten. Gleichwie Jesu Jünger nach der schrecklichen Nacht ihres Seelenschmerzes und ihrer Enttäuschung froh wurden, „daß sie den Herrn sahen", so freuten sich nun die, die im Glauben seiner Wiederkunft entgegengesehen hatten. Sie hatten erwartet, daß er in der Herrlichkeit erscheinen werde, seine Knechte zu belohnen. Als ihre Hoffnungen enttäuscht wurden, hatten sie Jesus aus den Augen verloren und wie Maria am Grabe gerufen: „Sie haben meinen Herrn weggenommen, und ich weiß nicht, wo sie ihn hingelegt haben." Nun sahen sie ihn, ihren mitleidsvollen Hohenpriester, der bald als ihr König und Befreier erscheinen sollte, im Allerheiligsten wieder. Licht aus dem Heiligtum erhellte die Vergangenheit, die Gegenwart und die Zukunft. Sie wußten, daß Gott sie in seiner untrüglichen Vorsehung geführt hatte. Wenn sie auch wie die ersten Jünger die Botschaft, die sie selbst verkündigten, nicht verstanden hatten, so war sie doch in jeder Hinsicht richtig gewesen. Durch ihre Verkündigung hatten sie Gottes Absicht erfüllt, und ihre Arbeit war vor dem Herrn nicht vergebens gewesen. „Wiedergeboren ... zu einer lebendigen Hoffnung", freuten sie sich „mit unaussprechlicher und herrlicher Freude".

Sowohl die Weissagung von Daniel 8, 14: „Bis zweitausenddreihundert Abende und Morgen um sind; dann wird das Heiligtum wieder geweiht werden", als auch die erste Engelsbotschaft: „Fürchtet Gott und gebt ihm die Ehre; denn die Zeit seines Gerichts ist gekommen", wiesen auf den Dienst Christi im Allerheiligsten, auf das Untersuchungsgericht, und nicht auf das Kommen Christi zur Erlösung seines Volkes und Vernichtung der Gott-

losen hin. Der Fehler lag nicht in der Berechnung der prophetischen Zeitangaben, sondern in dem Ereignis, das am Ende der
2300 Tage stattfinden sollte. Durch diesen Irrtum hatten die Gläubigen Enttäuschung erlitten, obwohl sich alles, was durch die
Weissagung vorhergesagt war und was sie nach der Schrift erwarten konnten, erfüllt hatte. Zu genau derselben Zeit, als sie
den Fehlschlag ihrer Hoffnungen beklagten, hatte das durch die
Botschaft vorhergesagte Ereignis stattgefunden, das sich erfüllen mußte, ehe der Herr erscheinen konnte, seine Knechte zu
belohnen.

Christus war gekommen, nicht wie sie erwartet hatten, auf die
Erde, sondern, wie im Schatten angedeutet war, in das Allerheiligste des Tempels Gottes im Himmel. Er wird von dem Propheten Daniel dargestellt, wie er zu dieser Zeit vor den Alten der
Tage kommt: „Ich sah in diesem Gesicht in der Nacht, und siehe,
es kam einer mit den Wolken des Himmels wie eines Menschen
Sohn und gelangte [nicht zur Erde, sondern] zu dem der uralt
war, und ward vor ihn gebracht." (Dan. 7,13)

Dieses Kommen wird uns auch von dem Propheten Maleachi
vor Augen geführt: „Und plötzlich kommen zu seinem Tempel
der Herr, den ihr sucht, und der Engel des Bundes, den ihr begehrt, siehe, er kommt! spricht der Herr Zebaoth." (Mal. 3,1)
Das Kommen des Herrn zu seinem Tempel war für seine Kinder
etwas Plötzliches, Unerwartetes. Sie suchten ihn dort nicht; sie
erwarteten, daß er auf die Erde kommen werde, „mit Feuerflammen, Rache zu geben über die, so Gott nicht erkennen, und
über die, so nicht gehorsam sind dem Evangelium". (2. Thess.
1,8)

Aber auch sie waren noch nicht bereit, ihrem Herrn zu begegnen. Es sollte noch ein Werk der Vorbereitung für sie ausgeführt
werden. Ein Licht mußte ihnen leuchten, das ihre Gedanken auf
den Tempel Gottes im Himmel richtete, und wenn sie im Glauben ihrem Hohenpriester in seinem Dienst dorthin folgten, sollten ihnen neue Pflichten gezeigt werden. Noch eine Botschaft
der Warnung und Belehrung mußte der Gemeinde erteilt werden.

Der Prophet sagt: „Wer wird aber den Tag seines Kommens
erleiden können und wer wird bestehen, wenn er erscheint? Denn
er ist wie das Feuer eines Schmelzers und wie die Lauge der
Wäscher. Er wird sitzen und schmelzen und das Silber reinigen;
er wird die Söhne Levi reinigen und läutern wie Gold und Silber.
Dann werden sie dem Herrn Opfer bringen in Gerechtigkeit."

(Mal. 3,2.3) Die auf Erden leben, wenn die Fürbitte Christi im Heiligtum droben aufhören wird, werden vor den Augen eines heiligen Gottes ohne einen Vermittler bestehen müssen. Ihre Kleider müssen fleckenlos, ihre Charaktere durch das Blut der Besprengung von Sünden gereinigt sein. Durch Gottes Gnade und ihre eigenen fleißigen Anstrengungen müssen sie Sieger sein in dem Kampf mit dem Bösen. Während das Werk des Untersuchungsgerichts im Himmel vor sich geht, während die Sünden reumütiger Gläubiger vom Heiligtum entfernt werden, muß unter dem Volke Gottes auf Erden ein besonderes Werk der Reinigung, des Ablegens der Sünde stattfinden. Dies Werk wird in den Botschaften von Offenbarung 14 deutlich beschrieben.

Nach Vollendung dieses Werkes werden die Nachfolger Christi für sein Erscheinen bereit sein. Dann „wird dem Herrn wohlgefallen das Opfer Judas und Jerusalems wie vormals und vor langen Jahren." (Mal. 3,4) Dann wird die Gemeinde, die der Herr bei seinem Kommen zu sich nehmen wird, herrlich sein, eine Gemeinde „die nicht habe einen Flecken oder Runzel oder etwas dergleichen." (Eph. 5,27) Dann wird sie hervorbrechen, „wie die Morgenröte, schön wie der Mond, auserwählt wie die Sonne, schrecklich wie die Heerscharen." (Hld. 6,10)

Außer dem Kommen des Herrn zu seinem Tempel sagt Maleachi auch seine Wiederkunft, sein Kommen zur Ausführung des Gerichts mit folgenden Worten voraus: „Und ich will zu euch kommen zum Gericht und will ein schneller Zeuge sein wider die Zauberer, Ehebrecher und Meineidigen und gegen die, die Gewalt und Unrecht tun den Tagelöhnern, Witwen und Waisen und den Fremdling drücken und mich nicht fürchten, spricht der Herr Zebaoth." (Mal. 3,5) Judas verweist auf dasselbe Ereignis, wenn er sagt: „Siehe, der Herr kommt mit seinen vielen tausend Heiligen, Gericht zu halten über alle und zu strafen alle Gottlosen für alle Werke ihres gottlosen Wandels, mit denen sie gottlos gewesen sind, und für all das Freche, das die gottlosen Sünder gegen ihn geredet haben." (Jud. 14.15) Dies Kommen [Wiederkunft] und das Kommen des Herrn zu seinem Tempel sind zwei bestimmte und voneinander verschiedene Ereignisse.

Das Kommen Christi als unser Hoherpriester in das Allerheiligste, um das Heiligtum zu reinigen, wie es in Daniel 8, 14 dargelegt ist, das Kommen des Menschensohnes zu dem Hochbetagten, das uns in Daniel 7, 13 vor Augen geführt wird, und das Kommen des Herrn zu seinem Tempel, wie es von Maleachi vorausgesagt wird, sind Beschreibungen ein und desselben Ereignisses, das auch durch das Kommen des Bräutigams zur Hochzeit, wie es von Christus in dem Gleichnis von den zehn Jungfrauen in Matthäus 25 beschrieben ist, dargestellt wird.

Im Sommer und Herbst des Jahres 1844 erging die Verkündigung: „Siehe, der Bräutigam kommt!" Die beiden durch die klugen und törichten Jungfrauen dargestellten Gruppen hatten sich damals gebildet – eine Gruppe, die mit Freuden auf das Erscheinen des Herrn wartete und sich ernstlich vorbereitet hatte, ihm zu begegnen; eine andere Gruppe, die von Furcht beeinflußt und nur aus Gefühlsantrieben handelnd, sich mit der Theorie der Wahrheit zufrieden gegeben hatte, aber der Gnade Gottes ermangelte. Im Gleichnis gingen die, die bereit waren, als der Bräutigam kam, mit hinein zur Hochzeit. Das hier erwähnte Kommen des Bräutigams findet vor der Hochzeit statt. Die Hochzeit stellt Christi Übernahme seines Reiches dar. Die heilige Stadt, das neue Jerusalem, das die Hauptstadt und Vertreterin des Reiches ist, wird das Weib, die „Braut des Lammes" genannt. So sagte der Engel zu Johannes: „Komm, ich will dir das Weib zeigen, die Braut des Lammes." „Und führte mich hin im Geist", sagt der Prophet, „und zeigte mir die große Stadt, das heilige Jerusalem, herniederfahren aus dem Himmel von Gott." (Offb. 21,9.10) Demnach stellt offenbar die Braut die heilige Stadt dar, und die Jungfrauen, die ausgehen dem Bräutigam entgegen, sind ein Sinnbild der Gemeinde. Nach der Offenbarung sollen die Kinder Gottes die Gäste beim Hochzeitsmahl sein. (Offb. 19,9) Sind sie Gäste, so können sie nicht auch als die Braut dargestellt werden. Christus wird, wie uns der Prophet Daniel dies schildert, von dem Alten „Gewalt, Ehre und Reich" entgegennehmen. Er wird das neue Jerusalem, die Hauptstadt seines Reiches, empfangen, „zubereitet als eine geschmückte Braut ihrem Mann." (Dan. 7,14; Offb. 21,2) Nachdem er das Reich empfangen hat, wird er kommen in seiner Herrlichkeit als König der Könige und Herr der Herren, zur Erlösung seines Volkes, das „mit Abraham und Isaak und Jakob im Himmelreich sitzen" wird (Mt. 8,11; Lk. 22,30) an seinem Tisch in seinem Reich, um teilzunehmen an dem Hochzeitsmahl des Lammes.

Die Verkündigung: „Siehe, der Bräutigam kommt!" wie sie im Sommer des Jahres 1844 erging, veranlaßte Tausende, die unmittelbare Ankunft des Herrn zu erwarten. Zu der festgesetzten Zeit kam der Bräutigam, aber nicht, wie sein Volk erwartete, auf die Erde, sondern zum Alten im Himmel, zur Hochzeit, zur Übernahme seines Reiches. „Welche bereit waren, gingen mit ihm hinein zur Hochzeit, und die Tür wurde verschlossen." Sie sollen nicht persönlich anwesend sein bei der Hochzeit, denn diese findet im Himmel statt, während sie noch auf Erden sind. Die Nachfolger Christi sollen „auf ihren Herrn warten, wann er aufbrechen wird von der Hochzeit." (Lk. 12,36) Aber sie müssen sein Werk verstehen und ihm im Glauben folgen, wenn er hineingeht vor Gott. In diesem Sinn kann von ihnen gesagt werden, daß sie hineingehen zur Hochzeit.

Im Gleichnis gingen die, die Öl in ihren Gefäßen samt ihren Lampen hatten, hinein zur Hochzeit. Alle, die mit der Erkenntnis der Wahrheit aus der Heiligen Schrift auch den Geist und die Gnade Gottes hatten, die in der Nacht ihrer bitteren Prüfung geduldig gewartet und in der Bibel nach hellerem Licht geforscht hatten, erkannten die Wahrheit bezüglich des Heiligtums im Himmel und des Heilandes veränderten Dienst und folgten ihm im Glauben in seinem Dienst im himmlischen Heiligtum. Und alle, die durch das Zeugnis der Heiligen Schrift dieselben Wahrheiten annehmen und Christus im Glauben folgen, wenn er vor Gott tritt, um das letzte Werk der Vermittlung zu vollziehen, um bei dessen Abschluß sein Reich zu empfangen – alle diese werden als zu der Hochzeit gehend dargestellt.

In dem Gleichnis in Matthäus 22 wird das gleiche Bild von der Hochzeit angewandt, und es wird deutlich gezeigt, daß das Untersuchungsgericht vor der Hochzeit stattfindet. Vor der Hochzeit ging der König hinein, um die Gäste zu besehen (Mt. 22,11), zu sehen, ob alle mit dem hochzeitlichen Kleid, dem fleckenlosen Gewand, dem Charakter, der gewaschen und helle gemacht ist „im Blut des Lammes" (Offb. 7,14), angetan seien. Wer nicht mit einem solchen bekleidet ist, wird hinausgeworfen; aber alle, die bei der Prüfung als mit einem hochzeitlichen Kleid angetan erfunden werden, werden von Gott angenommen und für würdig erachtet, einen Anteil an seinem Reich und einen Sitz auf seinem Thron zu haben. Dieses Werk der Charakterprüfung, der Entscheidung, wer für das Reich Gottes bereit ist, bedeutet das Untersuchungsgericht, das Schlußwerk im himmlischen Heiligtum.

Wenn das Werk der Untersuchung beendet ist, wenn die Fälle derer, die sich von jeher als Nachfolger Christi bekannt haben, geprüft und entschieden worden sind, dann und nicht eher wird die Prüfungszeit zu Ende gehen und die Gnadentür geschlossen werden. Somit führt uns der kurze Satz: „Und welche bereit waren, gingen mit ihm hinein zur Hochzeit, und die Tür wurde verschlossen", durch den letzten Dienst des Heilandes zu der Zeit, da das große Werk zur Erlösung der Menschen beendet sein wird.

Im Dienst im irdischen Heiligtum, das, wie wir gesehen haben, ein Sinnbild des Dienstes im himmlischen war, ging, wenn der Hohepriester am Versöhnungstag das Allerheiligste betrat, der Dienst in der ersten Abteilung zu Ende. Gott befahl: „Kein Mensch soll in der Stiftshütte sein, wenn er hineingeht, Sühne zu schaffen im Heiligtum, bis er herauskommt." (3. Mose 16,17) So beschloß Christus, als er das Allerheiligste betrat, um das letzte Werk der Versöhnung zu vollziehen, seinen Dienst in der ersten Abteilung. Aber als dieser endete, fing der Dienst in der zweiten Abteilung an. Wenn der Hohepriester im vorbildlichen Dienst das Heilige am Versöhnungstag verließ, ging er hinein vor Gott, um das Blut des Sündopfers für alle Israeliten, die ihre Sünden wahrhaft bereuten, darzubringen. So hatte Christus nur einen Teil seines Werkes als unser Vermittler vollendet, um einen andern Teil desselben Werkes zu beginnen, wobei er noch immer kraft seines Blutes für die Sünder bei dem Vater bat.

Diese Sache wurde von den Adventisten im Jahre 1844 nicht verstanden. Nachdem die Zeit, da der Heiland erwartet wurde, verstrichen war, glaubten sie noch immer, daß sein Kommen nahe sei, daß sie eine wichtige Krisis erreicht hätten und daß das Werk Christi als Mittler der Menschen vor Gott zu Ende sei. Es schien ihnen, die Bibel lehre, daß die Prüfungszeit des Menschen kurz vor der wirklichen Ankunft des Herrn in den Wolken des Himmels zu Ende ginge. Dies schien ihnen aus jenen Schriftstellen hervorzugehen, die auf eine Zeit hinweisen, wo die Menschen die Tür der Gnade suchen, anklopfen und rufen, ihnen aber nicht geöffnet werden wird. Sie fragten sich nun, ob die Zeit, da sie das Kommen Christi erwartet hatten, nicht vielmehr den Anfang dieser Zeitperiode, die seinem Kommen unmittelbar vorausgehen sollte, bezeichnete. Da sie die Warnung von dem nahen Gericht gegeben hatten, meinten sie, daß ihr Werk für die Welt getan sei; sie verloren ihre Verantwortung für die Errettung von Sündern, und der kühne und gotteslästerliche Spott der Gottlosen schien ihnen ein weiterer Beweis, daß der Geist Gottes den Verwerfern seiner Gnade entzogen worden sei. All dies bestärkte sie in dem Glauben, daß die Gnadenzeit beendet sei, oder daß, wie sie sich damals ausdrückten, „die Tür der Gnade verschlossen war". (s. Anhang, Anm. 35.)

Aber mit der Untersuchung der Heiligtumsfrage kam helleres Licht. Sie sahen jetzt, daß sie recht hatten zu glauben, daß das

Ende der 2300 Tage im Jahre 1844 einen entscheidenden Zeitpunkt bezeichne. Doch wenn es auch wahr ist, daß die Tür der Hoffnung und Gnade, durch die die Menschen 1800 Jahre lang Zugang zu Gott gefunden hatten, geschlossen war, so wurde eine andere Tür geöffnet und den Menschen durch die Vermittlung Christi im Allerheiligsten Vergebung der Sünde angeboten. Ein Teil seines Dienstes war beendet, um einem andern Platz zu machen. Noch immer stand eine Tür zum himmlischen Heiligtum offen, wo Christus zugunsten des Sünders diente.

Nun wußte man jene Worte Christi in der Offenbarung anzuwenden, die gerade an die Gemeinde zu dieser Zeit geichtet sind: „Das sagt der Heilige, der Wahrhaftige, der da hat den Schlüssel Davids, der auftut, und niemand schließt zu, der zuschließt, und niemand tut auf: Ich kenne deine Werke. Siehe, ich habe vor dir eine Tür aufgetan, und niemand kann sie zuschließen." (Offb. 3,7.8)

Alle, die Christus durch den Glauben in dem großen Werk der Erlösung folgen, empfangen die Segnungen seiner Vermittlung, während jene, die das Licht über dies Werk des Dienstes verwerfen, keinen Nutzen davon haben. Die Juden, die das bei der ersten Ankunft Christi gegebene Licht verwarfen und sich weigerten, an ihn, als den Heiland der Welt zu glauben, konnten durch ihn keine Vergebung erlangen. Als Jesus nach seiner Himmelfahrt durch sein eigenes Blut in das himmlische Heiligtum trat, um seinen Jüngern die Segnungen seiner Vermittlung angedeihen zu lassen, verblieben die Juden in vollständiger Finsternis und setzten ihre nutzlosen Opfer und Gaben fort. Der Dienst der Vorbilder und Schatten war zu Ende gegangen. Jene Tür, durch die die Menschen früher Zugang zu Gott gefunden hatten, stand nicht länger offen. Die Juden hatten sich geweigert, den Herrn auf dem einzigen Weg zu suchen, wo er damals gefunden werden konnte, nämlich durch den Dienst im himmlischen Heiligtum. Deshalb fanden sie keine Gemeinschaft mit Gott. Für sie war die Tür verschlossen. Sie erkannten in Christus nicht das wahre Opfer und den einzigen Mittler vor Gott und konnten deshalb auch nicht der Segnungen seiner Vermittlung teilhaftig werden.

Der Zustand der ungläubigen Juden veranschaulicht den Zustand der Sorglosen und Ungläubigen unter den vorgeblichen Christen, die absichtlich über das Werk unseres gnädigen Hohenpriesters unwissend sind. Wenn in dem vorbildlichen Dienst der Hohepriester das Allerheiligste betrat, wurden alle Israeliten aufgefordert, sich um das Heiligtum zu versammeln und in der feierlichsten Weise ihre Seelen vor Gott zu demütigen, damit sie Vergebung ihrer Sünden erlangten und nicht aus der Gemeinde ausgerottet wurden. Wieviel wichtiger ist es, daß wir an diesem gegenbildlichen Versöhnungstag das Werk unseres Hohenpriesters verstehen und erkennen, welche Pflichten uns obliegen.

Die Menschen können nicht ungestraft die Warnungen, die Gott ihnen in Gnaden sendet, verwerfen. In den Tagen Noahs wurde der Welt eine Botschaft vom Himmel gesandt, und ihre Rettung hing von der Art und Weise ab, wie sie diese Warnungsbotschaft aufnahm. Weil man sie verwarf, wurde der Geist Gottes jenem sündigen Geschlecht entzogen, und es kam in den Wassern der Sintflut um. Zur Zeit Abrahams hörte die Gnade auf, mit den schuldbeladenen Einwohnern von Sodom zu rechten, und alle außer Lot mit seinem Weibe und seinen beiden Töchtern wurden von dem Feuer verzehrt, das vom Himmel herabkam. So war es auch in den Tagen Christi. Der Sohn Gottes erklärte den ungläubigen Juden jenes Geschlechts: „Euer Haus soll euch wüst gelassen werden." (Mt. 23,38) Im Hinblick auf die letzten Tage erklärte der Allmächtige hinsichtlich derer, die „die Liebe zur Wahrheit nicht haben angenommen, damit sie gerettet würden: Darum sendet ihnen Gott die Macht der Verführung, so daß sie der Lüge glauben, damit gerichtet werden alle, die der Wahrheit nicht glaubten, sondern Lust hatten an der Ungerechtigkeit." (2. Thess. 2,10-12) Wenn sie die Lehren der Bibel verwerfen, entzieht Gott ihnen seinen Geist und überläßt sie den Täuschungen, die sie lieben.

Doch Christus tritt dennoch für die Menschen ein, und Licht wird denen mitgeteilt, die danach suchen. Obwohl die Adventisten dies zuerst nicht verstanden, wurde es ihnen später klar, als die Schriftstellen sich ihnen erschlossen, die ihre wahre Stellung kennzeichneten.

Nach Ablauf der festgesetzten Zeit im Jahre 1844 folgte eine Zeit großer Prüfung für alle, die noch immer den Adventglauben bewahrten. Ihre einzige Hilfe, soweit dies die Vergewisserung ihrer wahren Stellung anbetraf, war das Licht, das ihre Aufmerksamkeit auf das Heiligtum droben richtete. Manche sagten sich von ihrem Glauben an die ehemalige Berechnung der prophetischen Ketten los und schrieben menschlichen oder satanischen Kräften den gewaltigen Einfluß des Heiligen Geistes zu, der die Adventbewegung begleitet hatte. Andere bestanden darauf, daß der Herr sie in ihrer vergangenen Erfahrung geführt habe; und da sie warteten, wachten und beteten, um den Willen des Herrn zu erfahren, sahen sie, daß ihr großer Hohepriester einen anderen Dienst angetreten hatte, und ihm im Glauben folgend, gelangten sie dahin, auch das Schlußwerk der Gemeinde zu verstehen. Sie gewannen ein klareres Verständnis der ersten und zweiten Engelsbotschaft und waren vorbereitet, die feierliche Warnung des dritten Engels von Offenbarung 14 zu empfangen und der Welt zu verkünden.

25 Gottes Gesetz ist unveränderlich

„Der Tempel Gottes im Himmel ward aufgetan, und die Lade seines Bundes ward in seinem Tempel gesehen." (Offb. 11,19) Die Lade des Bundes Gottes steht im Allerheiligsten, der zweiten Abteilung des Heiligtums. Im Dienst der irdischen Hütte, die „dem Vorbild und dem Schatten des Himmlischen" diente, wurde diese Abteilung nur am großen Versöhnungstag zur Reinigung des Heiligtums geöffnet. Darum verweist die Ankündigung, daß der Tempel Gottes im Himmel geöffnet und die Lade des Bundes darin gesehen wurde, auf das Auftun des Allerheiligsten im himmlischen Heiligtum, auf das Jahr 1844, als Christus dort eintrat, um das Schlußwerk der Versöhnung zu vollziehen. Diejenigen, welche im Glauben ihrem großen Hohenpriester folgten, als er seinen Dienst im Allerheiligsten antrat, sahen die Lade des Bundes. Weil sie den Gegenstand des Heiligtums erforscht hatten, erkannten sie den veränderten Dienst des Heilandes und sahen, daß er jetzt vor der Lade Gottes diente und dort sein Blut für die Sünder geltend machte.

Die Lade in der Hütte auf Erden enthielt die zwei steinernen Tafeln, auf welchen die Gebote des Gesetzes Gottes eingegraben waren. Die Lade war einfach ein Behälter für die Gesetzestafeln, und das Vorhandensein dieser göttlichen Gebote verlieh ihr ihren Wert und ihre Heiligkeit. Als der Tempel Gottes im Himmel aufgetan wurde, war die Lade des Bundes zu sehen. Im Allerheiligsten des himmlischen Heiligtums wird das göttliche Gesetz heilig aufbewahrt – das Gesetz, das von Gott selbst unter dem Donner am Sinai gesprochen und mit seinem eigenen Finger auf steinerne Tafeln geschrieben worden war.

Das Gesetz Gottes im himmlischen Heiligtum ist die große Urschrift, wovon die auf steinernen Tafeln geschriebenen, in den Büchern Moses verzeichneten Gebote eine untrügliche Abschrift waren. Alle, die diese wichtige Wahrheit verstehen lernten, kamen auf diese Weise dahin, das heilige, unveränderliche Wesen des göttlichen Gesetzes zu erkennen. Wie nie zuvor sahen sie die Kraft der Worte des Heilandes: „Bis Himmel und Erde vergehen, wird nicht vergehen der kleinste Buchstabe noch ein Tüpfelchen vom Gesetz, bis daß es alles geschehe." (Mt. 5,18) Das Gesetz Gottes, das eine Offenbarung seines Willens, ein Abbild seines Wesens ist, muß als ein treuer Zeuge ewig bestehen. Auch nicht ein Gebot ist aufgehoben; nicht der kleinste Buchstabe oder Tüttel ist verändert worden. Der Psalmist sagt: „Herr, dein Wort bleibt ewiglich, soweit der Himmel reicht." „Alle seine Gebote sind beständig. Sie stehen fest für immer und ewig." (Ps. 119,89; 111,7.8)

Gerade im Herzen der Zehn Gebote steht das vierte Gebot, wie es zuerst verkündigt wurde: „Gedenke des Sabbattags, daß du ihn heiligest. Sechs Tage sollst du arbeiten und alle deine Werke tun. Aber am siebenten Tage ist der Sabbat des Herrn, deines Gottes. Da sollst du keine Arbeit tun, auch nicht dein Sohn,deine Tochter, dein Knecht, deine Magd, dein Vieh, auch nicht dein Fremdling, der in deiner Stadt lebt. Denn in sechs Tagen hat der Herr Himmel und Erde gemacht und das Meer und alles, was darinnen ist, und ruhte am siebenten Tage. Darum segnete der Herr den Sabbattag und heiligte ihn." (2. Mose 20,8-11)

Der Geist Gottes beeinflußte die Herzen derer, die sein Wort erforschten. Die Überzeugung drängte sich ihnen auf, daß sie unwissentlich dieses Gebot übertreten und den Ruhetag des Schöpfers unbeachtet gelassen hatten. Sie fingen an, die Gründe für die Beobachtung des ersten Wochentages anstatt des von Gott geheiligten Tages zu prüfen. Sie konnten in der Heiligen Schrift keinen Beweis für die Abschaffung oder Veränderung des vierten Gebots finden; der Segen, der den siebenten Tag heiligte, war ihm nie entzogen worden. Aufrichtig hatten sie danach gesucht, Gottes Willen zu erfahren und ihn zu tun; jetzt erkannten sie sich als Übertreter seines Gesetzes. Tiefer Schmerz erfüllte ihre Herzen, und sie bewiesen ihre Treue gegen Gott dadurch, daß sie den Sabbat heiligten.

Viele ernste Anstrengungen wurden unternommen, ihren Glauben umzustoßen. Es war deutlich, daß, wenn das irdische Heiligtum ein Abbild des himmlischen war, auch das in der Bundeslade auf Erden aufbewahrte Gesetz eine genaue Abschrift des Gesetzes in der himmlischen Lade war, und daß die Annahme der Wahrheit von dem himmlischen Heiligtum die Anerkennung der

Ansprüche des Gesetzes Gottes, somit auch die Verbindlichkeit gegen den Sabbat des vierten Gebotes einschloß. Hier lag das Geheimnis des bitteren und entschlossenen Widerstandes gegen jene übereinstimmende Auslegung der Heiligen Schrift, die den Dienst Christi im himmlischen Heiligtum offenbarte. Menschen versuchten die Tür zu schließen, die Gott geöffnet hatte, und die Tür zu öffnen, die er geschlossen hatte. Aber „der auftut, und niemand schließt zu, der zuschließt, und niemand tut auf", hatte gesagt: „Siehe, ich habe vor dir eine Tür aufgetan, und niemand kann sie zuschließen." (Offb. 3,7.8) Christus hatte die Tür aufgeschlossen, d. h. den Dienst im Allerheiligsten aufgenommen; Licht strahlte aus jener offenen Tür des Heiligtums im Himmel und zeigte das vierte Gebot als eingeschlossen in dem hier aufbewahrten Gesetz. Was Gott eingesetzt hatte, konnte kein Mensch aufheben.

Seelen, die das Licht über den Mittlerdienst Christi und die Beständigkeit des Gesetzes Gottes angenommen hatten, fanden, daß dies die in Offenbarung 14 vorgeführten Wahrheiten waren. Die Botschaften dieses Kapitels enthalten eine dreifache Warnung (s. Anhang, Anm. 36.), die die Bewohner der Erde auf die Wiederkunft des Herrn vorbereiten soll. Die Ankündigung: „Die Zeit seines Gerichts ist gekommen", weist auf das Schlußwerk des Dienstes Christi für die Erlösung der Menschen hin. Sie erklärt eine Wahrheit, die verkündigt werden muß, ehe des Heilandes Vermittlung aufhört und er zur Erde zurückkehrt, um sein Volk zu sich zu nehmen. Das Werk des Gerichts, das im Jahre 1844 seinen Anfang nahm, muß solange dauern, bis die Schicksale aller, sowohl der Lebendigen als auch der Toten, entschieden sind; also bis zum Ende der Gnadenzeit. Damit die Menschen vorbereitet sein möchten, im Gericht zu bestehen, verlangt die Botschaft: „Fürchtet Gott und gebet ihm die Ehre", und „betet an den, der gemacht hat Himmel und Erde und Meer und die Wasserbrunnen." Welche Folge die Annahme dieser Botschaft hat, wird in den Worten angezeigt: „Hier sind, die da halten die Gebote Gottes und den Glauben an Jesus." Um auf das Gericht vorbereitet zu sein, ist es nötig, das Gesetz Gottes zu beachten. Nach diesem Gesetz wird im Gericht der Charakter beurteilt werden. Der Apostel Paulus erklärt: „Alle, die unter dem Gesetz gesündigt haben, werden durchs Gesetz verurteilt werden. ... an dem Tag, da Gott das Verborgene der Menschen durch Christus Jesus richten wird." Weiter sagt er: „Die das Gesetz tun, werden gerecht sein." (Röm. 2,12-16) Der Glaube ist notwendig, um das göttliche Gesetz zu halten; denn „ohne Glauben ist's unmöglich, Gott zu gefallen." „Was aber nicht aus dem Glauben kommt, das ist Sünde." (Hebr. 11,6; Röm. 14,23)

Durch den ersten Engel werden die Menschen aufgefordert, Gott zu fürchten, ihm die Ehre zu geben und ihn als den Schöpfer des Himmels und der Erde anzubeten. Um dies zu tun, müssen sie seinem Gesetz gehorchen. Salomo sagte: „Fürchte Gott und halte seine Gebote; denn das gilt für alle Menschen." (Pred. 12,13) Ohne Gehorsam gegen seine Gebote kann kein Gottesdienst dem Herrn gefallen. „Das ist die Liebe zu Gott, daß wir seine Gebote halten." „Wer sein Ohr abwendet, um das Gesetz nicht zu hören, dessen Gebet ist ein Greuel." (1. Joh. 5,3; Spr. 28,9)

Die Verpflichtung, Gott anzubeten, beruht auf der Tatsache, daß er der Schöpfer ist und daß ihm alle anderen Wesen ihr Dasein verdanken. Wo immer in der Bibel hervorgehoben wird, daß er ein größeres Anrecht auf Ehrfurcht und Anbetung hat als die Götter der Heiden, da werden die Beweise seiner Schöpfermacht angeführt. „Denn alle Götter der Völker sind Götzen, aber der Herr hat den Himmel gemacht." (Ps. 96,5) „Mit wem wollt ihr mich also vergleichen, dem ich gleich sei? spricht der Heilige. Hebet eure Augen in die Höhe und seht! Wer hat dies geschaffen?" „So spricht der Herr, der den Himmel geschaffen hat – er ist Gott; der die Erde bereitet und gemacht hat: ... Ich bin der Herr, und sonst keiner mehr." (Jes. 40,25.26; 45,18) Der Psalmist sagt: „Erkennet, daß der Herr Gott ist! Er hat uns gemacht, und nicht wir selbst." „Kommt, laßt uns anbeten ... und niederfallen vor dem Herrn, der uns gemacht hat." (Ps. 100,3; 95,6) Und die heiligen Wesen, die Gott im Himmel droben anbeten, erklären als Grund ihrer Huldigung: „Herr, unser Gott, du bist würdig, zu nehmen Preis und Ehre und Kraft; denn du hast alle Dinge geschaffen." (Offb. 4,11)

In Offenbarung 14 werden die Menschen aufgefordert, den Schöpfer anzubeten; und die Weissagung führt uns eine Klasse vor, die infolge der dreifachen Botschaft die Gebote Gottes hält. Eines dieser Gebote weist direkt auf Gott als den Schöpfer hin. Das vierte Gebot erklärt: „Am siebenten Tage ist der Sabbat des Herrn, deines Gottes ... Denn in sechs Tagen hat der Herr Himmel und Erde gemacht und das Meer und alles, was darinnen ist, und ruhte am siebenten Tage. Darum segnete der Herr den Sabbattag und heiligte ihn." (2. Mose 20,10.11) Vom Sabbat sagte der Herr, daß er „ein Zeichen" sei, „damit ihr wißt, daß ich, der Herr, euer Gott bin." (Hes. 20,20) Und der angegebene Grund ist: „Denn in sechs Tagen machte der Herr Himmel und Erde, aber am siebenten Tage ruhte er und erquickte sich." (2. Mose 31,17)

Der Sabbat ist darum als Gedächtnistag der Schöpfung wichtig, weil er immer den wahren Grund vor Augen führt, warum die Anbetung Gott gebührt: weil Gott der Schöpfer ist und wir seine Geschöpfe sind. Der Sabbat bildet daher die eigentliche Grundlage alles Gottesdienstes; denn er lehrt diese große Wahrheit in der eindrucksvollsten Weise. Von keiner anderen Einrichtung kann dies gesagt werden. Der wahre Grund der Gottesanbetung, nicht nur am siebenten Tage, sondern überhaupt, liegt in dem Unterschied zwischen dem Schöpfer und seinen Geschöpfen. Diese große Tatsache kann nie veralten und darf nie vergessen werden. (Andrews-Conradi, Geschichte des Sabbats, S. 561.) Um diese Wahrheit den Menschen stets vor Augen zu halten, setzte Gott den Sabbat in Eden ein; und solange der Grund fortbesteht, daß wir ihn anbeten sollen, weil er unser Schöpfer ist, solange wird der Sabbat das Zeichen und Gedächtnis sein. Wäre der Sabbat allgemein gehalten worden, so wären die Gedanken und Neigungen dem Schöpfer voller Ehrfurcht und Anbetung zugewandt worden, und es hätte nie einen Götzendiener, einen Gottesleugner oder einen Ungläubigen gegeben. Die Beachtung des Sabbats ist ein Zeichen der Treue gegen den wahren Gott, „der gemacht hat Himmel und Erde und Meer und die Wasserbrunnen." Daraus ergibt sich, daß die Botschaft, die den Menschen gebietet, Gott anzubeten und seine Gebote zu halten, sie besonders auffordert, das vierte Gebot zu befolgen.

Im Gegensatz zu denen, die die Gebote Gottes und den Glauben Jesu halten, verweist der Engel auf andere, gegen deren Irrtümer eine feierliche und schreckliche Warnung ausgesprochen wird: „Wenn jemand das Tier anbetet und sein Bild und nimmt das Malzeichen an seine Stirn oder an seine Hand, der wird von dem Wein des Zorns Gottes trinken." (Offb. 14,9.10) Eine richtige Auslegung der angewandten Sinnbilder ist zu einem Verständnis dieser Botschaft erforderlich. Was wird durch das Tier, das Bild und das Malzeichen dargestellt?

Die prophetische Kette, in der sich diese Sinnbilder vorfinden, fängt in Offenbarung 12 mit dem Drachen an, der Christus bei seiner Geburt umzubringen versuchte. Der Drache ist Satan (Offb. 12,9), denn dieser reizte Herodes, den Heiland umzubringen. Sein hauptsächliches Werkzeug, um in den ersten Jahrhunderten des christlichen Zeitalters Krieg gegen Christus und sein

Volk zu führen, war das römische Reich mit seiner vorwiegend heidnischen Religion. Während so der Drache hauptsächlich Satan darstellt, so versinnbildet er anderseits das heidnische Rom.

In Offenbarung 13, 1-10, wird ein anderes Tier beschrieben, „gleich einem Panther", welchem der Drache „seine Kraft und seinen Thron und große Macht" gab. Dies Sinnbild stellt, wie auch die meisten Protestanten geglaubt haben, das Papsttum dar, das zu der Kraft, dem Stuhl und der Macht des alten römischen Reiches gelangte. (J. F. Clarke, Zehn große Religionen.) Von dem pantherähnlichen Tier wird gesagt: „Es ward ihm gegeben ein Mund, zu reden große Dinge und Lästerungen. ... Und es tat seinen Mund auf zur Lästerung gegen Gott, zu lästern seinen Namen und seine Hütte, und die im Himmel wohnen. Und ward ihm gegeben, zu streiten mit den Heiligen und sie zu überwinden; und ihm ward gegeben Macht über alle Geschlechter und Sprachen und Heiden." Diese Weissagung, die sich fast mit der Beschreibung des kleinen Horns in Daniel 7 deckt, weist unzweifelhaft auf das Papsttum hin.

„Und ward ihm gegeben, daß es mit ihm währte zweiundvierzig Monate lang." Der Prophet sagt ferner: „Ich sah seiner Häupter eines, als wäre es tödlich wund"; und weiter berichtet er: „So jemand in das Gefängnis führt, der wird in das Gefängnis gehen; so jemand mit dem Schwert tötet, der muß mit dem Schwert getötet werden." Die 42 Monate bezeichnen dasselbe, wie „eine Zeit und zwei Zeiten und eine halbe Zeit", dreieinhalb Jahre oder 1260 Tage aus Daniel 7 – die Zeit, während der die päpstliche Macht das Volk Gottes unterdrücken sollte. Diese Zeitperiode fing, wie in früheren Kapiteln angegeben worden ist, im Jahre 538 n. Chr. mit der Oberherrschaft des Papsttums an und endete im Jahre 1798. Zu dieser Zeit wurde der Papst von der französischen Armee gefangengenommen; die päpstliche Macht erhielt eine tödliche Wunde, und die Weissagung erfüllte sich: „So jemand in das Gefängnis führt, der wird in das Gefängnis gehen."

An dieser Stelle wird ein anderes Sinnbild vorgeführt. Der Prophet sagt: „Ich sah ein anderes Tier aufsteigen aus der Erde; das hatte zwei Hörner wie ein Lamm." (Offb. 13,11) Sowohl das Aussehen dieses Tieres als auch die Art und Weise seines Emporkommens zeigen an, daß die Nation, welche es versinnbildet verschieden von den Völkern ist, die durch die vorhergegangenen Sinnbilder dargestellt wurden. Die großen Weltreiche, die die Welt regiert haben, wurden dem Propheten Daniel als Raubtiere gezeigt, die sich erhoben, als „die vier Winde unter dem Himmel stürmten widereinander auf dem großen Meer." (Dan. 7,2) In Offenbarung 17 erklärte ein Engel, daß Wasser „Völker und Scharen und Nationen und Sprachen" seien. (Offb. 17,15) Winde sind das Sinnbild des Krieges. Die vier Winde des Himmels, die auf dem großen Meer stürmen, versinnbilden die schrecklichen Vorgänge von Eroberungen und Umwälzungen, wodurch Reiche zur Macht gelangten.

Aber das Tier mit den lammähnlichen Hörnern sah der Prophet „aufsteigen aus der Erde". Anstatt andere Mächte zu stürzen, um sich deren Stelle einzunehmen, muß die so dargestellte Nation auf bisher unbewohntem Gebiet auftreten, und allmählich und friedlich emporkommen. Es konnte demnach nicht unter den sich drängenden und miteinander ringenden Völkern der Alten Welt – jenem unruhigen Meer der „Völker und Scharen und Heiden und Sprachen" – aufsteigen; es muß auf dem westlichen Erdteil gesucht werden.

Welches Volk der Neuen Welt fing gerade im Jahre 1798 an, stark und groß zu werden und die Aufmerksamkeit der Welt auf sich zu ziehen? Die Anwendung des Sinnbildes bedarf keiner Erörterung. Nur eine Nation entspricht den Angaben der Weissagung; sie weist unverkennbar auf die Vereinigten Staaten von Amerika. Wieder und wieder ist der Gedanke, ja manchmal beinahe der genaue Wortlaut des Propheten unbewußt von Rednern und Geschichtschreibern angewandt worden, wenn sie das Emporkommen und Wachstum dieser Nation beschrieben. Das Tier wurde gesehen „aufsteigen aus der Erde"; und nach einigen Übersetzungen gibt das hier mit „aufsteigen" übersetzte Wort den Sinn von „aufsprießen oder aufwachsen wie eine Pflanze." Wie wir gesehen haben, muß das Volk in bisher unbesiedeltem Gebiet aufkommen. Ein hervorragender Schriftsteller, der das Aufkommen der Vereinigten Staaten schildert, spricht von „dem Geheimnis ihres Emporkommens aus der Leere" (Townsend, Die Neue Welt mit der Alten verglichen, S. 462) und sagt: „Wie ein stiller Same wuchsen wir zu einem Reich heran." Eine europäische Zeitung sprach im Jahre 1850 von den Vereinigten Staaten als einem wunderbaren Reich, das „hervorbrach und unter dem Schweigen der Erde täglich seine Macht und seinen Stolz vermehrte." (The Dublin Nation.) Edward Everett sagte in einer Rede über die Pilgerväter dieser Nation: „Sie sahen sich nach einem zurückgezogenen Ort um, arglos durch seine Verborgenheit und sicher durch seine Abgelegenheit, wo die kleine Gemeinde aus Leyden sich der Gewissensfreiheit erfreuen könnte. Seht die ausgedehnten Gebiete, über die sie in friedlicher Eroberung ... die Fahnen des Kreuzes getragen haben." (Rede zu Plymouth, Mass., am 22. Dez. 1824.)

„Und hatte zwei Hörner wie ein Lamm." Die lammähnlichen Hörner kennzeichnen Jugend, Unschuld und Milde und stellen treffend den Charakter der Vereinigten Staaten dar zur Zeit, da der Prophet sie aufsteigen sah, nämlich im Jahre 1798. Unter den verbannten Christen, die zuerst nach Amerika flohen und eine Zufluchtsstätte vor der königlichen Unterdrückung und der priesterlichen Unduldsamkeit suchten, waren viele entschlossen, eine Regierung auf der breiten Grundlage bürgerlicher und religiöser Freiheit zu errichten. Ihre Ansichten drückten sie in der Unabhängigkeitserklärung aus, die die große Wahrheit aufstellte, daß „alle Menschen gleich geboren und mit den unveräußerlichen Rechten des Lebens, der Freiheit und des Strebens nach Glück begabt seien." Die Verfassung sicherte dem Volk das Recht der Selbstverwaltung, indem die durch allgemeines Stimmrecht gewählten Vertreter Gesetze erlassen und zur Geltung bringen sollten. Glaubensfreiheit wurde gewährt und jedem gestattet, Gott nach seinem Gewissen anzubeten. Der Republikanismus und der Protestantismus wurden die ersten Grundsätze der Nation. Diese Grundsätze sind das Geheimnis ihrer Macht und ihres Gedeihens. Die Unterdrückten und in den Staub Getretenen in der ganzen Christenheit haben sich zu Millionen mit Vorliebe und Erwartungen nach diesem Land gewandt. Die Vereinigten Staaten haben einen Platz unter den mächtigsten Nationen der Erde erlangt.

Aber das Tier mit den Hörnern gleichwie ein Lamm „redete wie ein Drache". „Und es übt alle Macht des ersten Tieres aus vor seinen Augen, und es macht, daß die Erde und die darauf wohnen, das erste Tier anbeten, dessen tödliche Wunde heil geworden war; ... und sagt denen, die auf Erden wohnen, daß sie ein Bild machen sollen dem Tier, das die Wunde vom Schwert hatte und lebendig geworden war." (Offb. 13,11-14)

Die Hörner gleich denen eines Lammes und die Drachenstimme des Sinnbildes weisen auf einen grellen Widerspruch zwischen dem Bekenntnis und der Handlungsweise der so dargestellten Nation hin. Das Reden eines Volkes sind die Beschlüsse ihrer gesetzgebenden und richterlichen Behörden. Durch solche wird es die freien und friedlichen Grundsätze, die es als die Grundlage seiner Regierungspolitik aufgestellt hat, Lügen strafen. Die Weissagung, daß es „wie ein Drache" reden und „alle Macht des ersten Tieres vor ihm" ausüben wird, sagt klar eine Entwicklung des Geistes der Unduldsamkeit und der Verfolgung voraus, der von den Mächten bekundet wurde, die durch den Drachen und das Tier gleich einem Panther dargestellt sind. Und die Angabe, daß das Tier mit zwei Hörnern „macht, daß die Erde und die darauf wohnen, das erste Tier anbeten", zeigt an, daß diese Nation ihre Macht dazu gebrauchen wird, einen Gehorsam zu erzwingen, welcher dem Papsttum huldigt.

Ein solches Handeln würde den Grundsätzen dieser Regierung, dem Geist ihrer freien Einrichtungen, den direkten und feierlichen Erklärungen der Unabhängigkeit und der Verfassung selbst zuwider sein. Die Gründer der Nation suchten sich weislich gegen die Anwendung der Staatsgewalt seitens der Kirche mit ihren unvermeidlichen Folgen – Unduldsamkeit und Verfolgung – zu sichern. Die Verfassung schreibt vor: „Der Kongreß soll kein Gesetz zur Einführung einer Religion oder gegen eine freie Ausübung derselben erlassen"; auch soll die „Religion als eine Befähigung zu irgendeinem öffentlichen Vertrauensposten in den Vereinigten Staaten niemals zur Bedingung gemacht werden." Nur durch offenkundige Verletzung dieser Schutzmauer der nationalen Freiheit kann irgendein religiöser Zwang durch die Regierung ausgeübt werden. Der innere Widerspruch solchen Handelns ist nicht größer, als er im Sinnbild dargestellt ist. Es ist das Tier mit den lammähnlichen Hörnern – in seinem Bekenntnis rein, mild und unschädlich –, das wie ein Drache redet.

„Und sagt denen, die auf Erden wohnen, daß sie ein Bild machen sollen dem Tier." Hier wird uns offenbar eine Regierungsform vorgeführt, in der die gesetzgebende Macht in den Händen des Volkes ruht; eine höchst treffende Bestätigung, daß die Vereinigten Staaten die in der Weissagung angedeutete Nation sind.

Aber was ist das Bild des Tieres, und wie soll es gemacht werden? Dem ersten Tier wird von dem zweihörnigen Tier ein Bild errichtet. Es wird auch „Bild des Tieres" genannt. Um daher zu erfahren, was das Bild ist und wie es gemacht werden soll, müssen wir die Merkmale des „Tieres" selbst, des Papsttums, betrachten.

Als die Kirche im Anfang dadurch verderbt wurde, daß sie von der Einfachheit des Evangeliums abwich und heidnische Gebräuche und Zeremonien annahm, verlor sie den Geist und die Kraft Gottes; und um die Gewissen der Menschen zu beherrschen, suchte sie den Beistand der Staatsgewalt. Die Folge war das Papsttum – eine Kirche, die die Staatsmacht beherrschte und sie zur Förderung ihrer eigenen Absichten, vornehmlich zur Bestrafung der Ketzerei, einsetzte. Damit nun die Vereinigten Staaten dem Tier ein Bild machen können, muß die religiöse Macht den Staat so beherrschen, daß dieser auch von der Kirche zur Durchführung ihrer eigenen Absichten gebraucht wird.

Wo immer die Kirche Staatsgewalt erlangte, verwandte sie sie dazu, Abweichungen von ihren Lehren zu bestrafen. Protestantische Kirchen, die, den Fußtapfen Roms folgend, Verbindungen mit weltlichen Mächten eingingen, haben ein ähnliches Verlangen bekundet, die Gewissensfreiheit zu beschränken. Ein Beispiel dafür wird uns in den lange fortgesetzten Verfolgungen der Dissenter (Andersgläubigen) der englischen Staatskirche geboten. Während des 16. und 17. Jahrhunderts waren Tausende der nonkonformistischen (andersdenkenden) Prediger gezwungen, ihre Gemeinden zu verlassen; und viele Prediger und Glieder erlitten Strafe, Gefängnis, Folter und Marterqualen.

Es war der Abfall, der die Kirche anfänglich dahin brachte, die Hilfe des Staates zu suchen, und dadurch wurde der Weg für die Entwicklung des Papsttums, des Tieres, bereitet. Paulus sagte, „denn zuvor muß der Abfall kommen und der Mensch der Sünde offenbart werden." (2. Thess. 2,3) Demnach wird der Abfall in der Gemeinde den Weg für das Bild des Tieres vorbereiten.

Die Bibel erklärt, daß vor dem Kommen des Herrn ein Zustand religiösen Verfalls, ähnlich dem der ersten Jahrhunderte, eintreten werde. „Das sollst du aber wissen, daß in den letzten Tagen greuliche Zeiten kommen werden. Denn die Menschen werden viel von sich halten, geldgierig sein, prahlerisch, hochmütig, Lästerer, den Eltern ungehorsam, undankbar, gottlos, lieblos, unversöhnlich, verleumderisch, zuchtlos, wild, dem Guten feind, Verräter, unbedacht, aufgeblasen. Sie lieben die Wollust mehr als Gott; sie haben den Schein der Frömmigkeit, aber deren Kraft verleugnen sie." „Der Geist aber sagt deutlich, daß in den letzten Zeiten einige von dem Glauben abfallen werden und verführerischen Geistern und teuflischen Lehren anhängen." Satan wird wirken „mit großer Kraft und lügenhaften Zeichen und Wundern und mit jeglicher Verführung zur Ungerechtigkeit." Und alle, die „die Liebe zur Wahrheit nicht angenommen haben, daß sie gerettet würden", werden, sich selbst überlassen, „kräftige Irrtümer" annehmen, „so daß sie der Lüge glauben." (2. Tim. 3,1-5; 1. Tim. 4,1; 2. Thess. 2,9-11) Wenn dieser Zustand der Gottlosigkeit erreicht sein wird, dann werden auch dieselben Früchte folgen, wie in den ersten Jahrhunderten.

Die in den protestantischen Kirchen herrschende große Glaubensverschiedenheit wird von vielen als ein entschiedener Beweis angesehen, daß niemals ein Versuch unternommen werden kann, eine Gleichschaltung zu erzwingen. Und doch besteht in den protestantischen Kirchen schon jahrelang ein starkes und wachsendes Bestreben zugunsten einer auf gemeinschaftlichen Lehrpunkten beruhenden Vereinigung. Um diese zu erlangen, müßte die Erörterung aller Themen, worüber nicht alle einig sind – wie wichtig sie auch vom biblischen Standpunkt aus sein mögen – notwendigerweise unterbleiben.

Charles Beecher, ein hervorragender amerikanischer Redner, erklärte in einer Predigt im Jahre 1846, daß die Geistlichkeit „der evangelisch-protestantischen Gemeinschaften nicht nur von Anfang an unter einem gewaltigen Druck rein menschlicher Furcht stehe, sondern auch in einem von der Wurzel aus verderbten Zustand lebe, atme und sich bewege, und sich mit jeder Stunde an jegliches niedere Element ihrer Natur wenden müsse, um die Wahrheit zum Schweigen zu bringen und die Knie vor der Macht des Abfalls zu beugen. Ging es nicht so mit Rom? Leben wir nicht das gleiche Leben? Und was sehen wir gerade vor uns? – Ein anderes allgemeines Konzil, eine kirchliche Weltvereinigung, eine Evangelische Allianz und ein allgemeines Glaubensbekenntnis!" (Predigt über die Bibel als genügendes Glaubensbekenntnis. 1846.) Wird dies einmal erlangt, dann wird es in der Bemühung, vollständige Übereinstimmung zu erzielen, nur noch ein Schritt zur Anwendung von Gewalt sein.

Wenn die leitenden Kirchen der Vereinigten Staaten sich in den Punkten der Lehre, die sie gemeinsam halten, vereinigen und den Staat beeinflussen, ihre Verordnungen durchzusetzen und ihre Satzungen zu unterstützen, dann wird das protestantische Amerika ein Bild von der römischen Priesterherrschaft errichtet haben, und die Verhängung bürgerlicher Strafen über die Andersgläubigen wird die unausbleibliche Folge sein.

Das Tier mit zwei Hörnern „macht [bestimmt], daß sie allesamt, die Kleinen und Großen, die Reichen und Armen, die Freien und Sklaven, sich ein Malzeichen geben an ihre rechte Hand oder an ihre Stirn, daß niemand kaufen oder verkaufen kann, wenn er nicht das Malzeichen hat, den Namen des Tieres oder die Zahl seines Namens." (Offb. 13,16.17) Die Warnung des dritten Engels lautet: „So jemand das Tier anbetet und sein Bild und nimmt das Malzeichen an seine Stirn oder an seine Hand, der wird von dem Wein des Zorns Gottes trinken." Das Tier, das in dieser Botschaft erwähnt und dessen Anbetung durch das zweihörnige Tier erzwungen wird, ist das erste oder panther-ähnliche Tier von Offenbarung 13 – das Papsttum. Das Bild des Tieres stellt jene Form des abgefallenen Protestantismus dar, die sich entwickeln wird, wenn die protestantischen Kirchen die Hilfe des Staates zur Erzwingung ihrer Lehrsätze suchen werden. Das Malzeichen des Tieres bleibt uns noch zu beschreiben übrig.

Nach der Warnung vor der Anbetung des Tieres und seines Bildes erklärt die Weissagung: „Hier sind, die da halten die Ge-bote Gottes und haben den Glauben Jesu." Da die, die Gottes Gebote halten, auf diese Weise denen gegenübergestellt werden, die das Tier und sein Bild anbeten und sein Malzeichen anneh-men, so folgt daraus, daß die Beachtung des Gesetzes Gottes einerseits und dessen Übertretung andererseits die Anbeter Got-tes von den Anbetern des Tieres unterscheiden wird.

Das besondere Merkmal des Tieres und mithin auch seines Bildes ist die Übertretung der Gebote Gottes. Daniel sagt von dem kleinen Horn, dem Papsttum: „Er ... wird sich unterstehen, Zeit und Gesetz zu ändern." (Dan. 7,25) Paulus nennt diese Macht „Mensch der Sünde", der sich über Gott erheben würde. Die eine Weissagung ergänzt die andere. Nur durch Veränderung des gött-lichen Gesetzes konnte sich das Papsttum über Gott erheben; wer aber wissentlich das so veränderte Gesetz hält, gibt dadurch jener Macht, die es verändert hat, die höchste Ehre. Ein solcher Gehorsam gegen die päpstlichen Gesetze würde ein Zeichen des Bündnisses mit dem Papsttum anstatt mit Gott sein.

Das Papsttum hat versucht, das Gesetz Gottes zu verändern. Das zweite Gebot, das die Anbetung von Bildern verbietet, ist aus dem Gesetz entfernt, und das vierte ist so verändert worden, daß es die Feier des ersten statt des siebenten Wochentages als Sabbat gut-heißt. Doch die Römlinge bestehen darauf, daß das zweite Gebot ausgelassen wurde, weil es in dem ersten enthalten und deshalb überflüssig sei, und daß sie das Gesetz genau so gäben, wie Gott es verstanden haben wollte. Dies kann aber nicht die von dem Pro-pheten vorhergesagte Veränderung sein. Es ist von einer absichtli-chen, reiflich überlegten Veränderung die Rede. „Er ... wird sich unterstehen, Zeit und Gesetz zu ändern." Die an dem vierten Gebot vorgenommene Veränderung entspricht genau der Weissagung. Als die einzige Autorität dafür verweist man auf die Kirche. Hierdurch erhebt sich die päpstliche Macht offen über Gott.

Während die Anbeter Gottes sich ganz besonders durch die Beachtung des vierten Gebotes auszeichnen – da dieses das Zei-

DIE ZEHN GEBOTE GOTTES

I

Ich bin der HERR, dein Gott, der ich dich aus Ägyptenland, aus der Knechtschaft, geführt habe. Du sollst keine anderen Götter haben neben mir.

II

Du sollst dir kein Bildnis noch irgendein Gleichnis machen, weder von dem, was oben im Himmel, noch von dem, was unten auf Erden, noch von dem, was im Wasser unter der Erde ist: Bete sie nicht an und diene ihnen nicht! Denn ich, der HERR, dein Gott, bin ein eifernder Gott, der die Missetat der Väter heimsucht bis ins dritte und vierte Glied an den Kindern derer, die mich hassen, aber Barmherzigkeit erweist an vielen Tausenden, die mich lieben und meine Gebote halten.

III

Du sollst den Namen des HERRN, deines Gottes, nicht mißbrauchen; denn der HERR wird den nicht ungestraft lassen, der seinen Namen mißbraucht.

IV

Gedenke des Sabbattages, daß du ihn heiligest. Sechs Tage sollst du arbeiten und alle deine Werke tun. Aber am siebenten Tage ist der Sabbat des HERRN, deines Gottes. Da sollst du keine Arbeit tun, auch nicht dein Sohn, deine Tochter, dein Knecht, deine Magd, dein Vieh, auch nicht dein Fremdling, der in deiner Stadt lebt. Denn in sechs Tagen hat der HERR Himmel und Erde gemacht und das Meer und alles, was darinnen ist, und ruhte am siebenten Tage. Darum segnete der HERR den Sabbattag und heiligte ihn.

V

Du sollst deinen Vater und deine Mutter ehren, auf daß du lange lebest in dem Lande, das dir der HERR, dein Gott, geben wird.

VI

Du sollst nicht töten.

VII

Du sollst nicht ehebrechen.

VIII

Du sollst nicht stehlen.

IX

Du sollst nicht falsch Zeugnis reden wider deinen Nächsten.

X

Du sollst nicht begehren deines Nächsten Haus. Du sollst nicht begehren deines Nächsten Weib, Knecht, Magd, Rind, Esel noch alles, was dein Nächster hat.

DIE VERÄNDERTEN ZEHN GEBOTE
KATHOLISCHER KATECHISMUS

I
DU SOLLST NUR AN EINEN GOTT GLAUBEN.

II
DU SOLLST DEN NAMEN GOTTES NICHT VERUNEHREN.

III
DU SOLLST DEN SONNTAG HEILIGEN.

IV
DU SOLLST VATER UND MUTTER EHREN, AUF DASS ES DIR
WOHL GEHE UND DU LANGE LEBEST AUF ERDEN.

V
DU SOLLST NICHT TÖTEN.

VI
DU SOLLST NICHT UNKEUSCHHEIT TREIBEN.

VII
DU SOLLST NICHT STEHLEN.

VIII
DU SOLLST NICHT FALSCHES ZEUGNIS GEBEN.

IX
DU SOLLST NICHT UNKEUSCHES BEGEHREN.

X
DU SOLLST NICHT BEGEHREN DEINES NÄCHSTEN GUT.

„Er wird sich unterstehen,
Zeit und Gesetz zu ändern." (Dan. 7, 25)

Quellenangabe: Katholischer Katechismus für das Bistum Basel.
Herausgegeben und verordnet vom bischöflichen Ordinariat Luzern,
Druck und Verlag von Räber & Cie. 1933.

chen seiner Schöpfungsmacht ist und bezeugt, daß Gott ein Recht auf die Ehrfurcht und Anbetung der Menschen hat –, so werden sich die Anbeter des Tieres durch ihre Bemühungen kennzeichnen, den Gedächtnistag des Schöpfers abzuschaffen, um die Einrichtung Roms zu erheben. Es war des Sonntags wegen, daß das Papsttum zuerst seine anmaßenden Ansprüche geltend machte (s. Anhang, Anm. 37.); und als es zum erstenmal den Staat zur Hilfe rief, war es, um die Feier des Sonntags als den „Tag des Herrn" zu erzwingen. Aber die Bibel verweist auf den siebenten und nicht auf den ersten Tag als den Tag des Herrn. Christus sagte: „So ist der Menschensohn ein Herr auch des Sabbats." Das vierte Gebot erklärt: „Am siebenten Tage ist der Sabbat des Herrn, deines Gottes." Und der Herr selbst spricht durch den Propheten Jesaja von ihm als von „meinem heiligen Tage." (Mk. 2,28; 2. Mose 20,10; Jes. 58,13.)

Die so oft vorgebrachte Behauptung, daß Christus den Sabbat verändert habe, wird durch seine eigenen Worte widerlegt. In der Bergpredigt sagt er: „Ihr sollt nicht meinen, daß ich gekommen bin, das Gesetz oder die Propheten aufzulösen; ich bin nicht gekommen aufzulösen, sondern zu erfüllen. Denn wahrlich ich sage euch: Bis Himmel und Erde vergehen, wird nicht vergehen der kleinste Buchstabe noch ein Tüpfelchen vom Gesetz, bis es alles geschehe. Wer nun eines von diesen kleinsten Geboten auflöst und lehrt die Leute so, der wird der Kleinste heißen im Himmelreich; wer es aber tut und lehrt, der wird groß heißen im Himmelreich." (Mt. 5,17-19)

Es ist eine von den Protestanten allgemein zugestandene Tatsache, daß die Heilige Schrift keinen Beweis für die Veränderung des Sabbats bietet. Dies wird in den verschiedensten Veröffentlichungen deutlich gelehrt. So rechnet die Augsburger Konfession den Sonntag zu den menschlichen Satzungen, „um guter Ordnung, Einigkeit und Friedens willen erfunden." (Apologia der Konfession, Art. 15.) Ein berühmter Theologe Deutschlands erklärt, daß wir den Sonntag nicht aus „dem Neuen Testament, sondern aus der kirchlichen Überlieferung" haben. Ja, er behauptet: „Daß Christus oder seine Apostel ... den Sonntag und die Feiertage verordnet, läßt sich nicht nur nicht erweisen, sondern es läßt sich sogar das Gegenteil zu aller nach Lage der Zeugnisse denkbaren Evidenz bringen." (Prof. Beyschlag, Der Altkatholizismus, S. 52. 53.)

Das gleiche sagen die Schriften der von den verschiedenen protestantischen Gemeinden gebildeten Amerikanischen Traktat-Gesellschaft und der Amerikanischen Sonntagschul-Union. Eines dieser Werke anerkennt „das gänzliche Schweigen des Neuen Testaments, soweit dies ein bestimmtes Gebot für den Sabbat [Sonntag, den ersten Wochentag] oder besondere Vorschriften für dessen Beachtung anbelangt." („The Abiding Sabbath", S. 184.)

Ein anderer sagt: „Bis zur Zeit des Todes Christi war keine Veränderung des Tages gemacht worden"; und „soweit der Bericht geht, gaben sie [die Apostel] keinen ausdrücklichen Befehl zur Aufhebung des Siebenten-Tag-Sabbats und zu dessen Feier am ersten Wochentag." (The Lord's Day, S. 185. 186.)

Die Katholiken geben zu, daß eine Veränderung des Sabbats von ihrer Kirche vorgenommen wurde, und erklären, daß die Protestanten durch die Sonntagsfeier ihre Macht anerkennen. In dem „Katholischen Katechismus der christlichen Religion" findet sich als Antwort auf die Frage, welchen Tag man nach dem vierten Gebot halten solle, diese Aussage: „Unter dem alten Gesetz war der Samstag der geheiligte Tag; aber die Kirche, angewiesen durch Jesus Christus und geleitet von dem Geist Gottes, hat den Sonntag an die Stelle des Sabbats gesetzt; so daß wir nun den ersten, nicht aber den siebenten Tag heiligen. Sonntag bedeutet und ist jetzt der Tag des Herrn."

Als das Zeichen der päpstlichen Autorität führen päpstliche Schreiber „gerade die Verlegung des Sabbats auf Sonntag an, was die Protestanten zugeben, ... da sie durch die Beachtung des Sonntags die Macht der Kirche anerkennen, Feste einzusetzen und ihre Übertretung als Sünde zu rechnen." (Tuberville, Abriß der christlichen Lehre, S. 58.) Dies wird aufs deutlichste in der Augsburger Konfession, Art. 28, bezeugt, die erklärt, daß von der katholischen Kirche „wird kein Beispiel so hoch herausgehoben und angeführt als die Verwandlung des Sabbats, und wollen daraus beweisen, daß die Gewalt der Kirche groß sei, dieweil sie von den zehn Geboten entbunden und etwas daran verändert hat." Was ist daher die Veränderung des Sabbats anders als das Malzeichen der Autorität der römischen Kirche – „das Malzeichen des Tieres"?

Die römische Kirche hat ihre Ansprüche auf Oberherrschaft nicht fahren lassen, und wenn die Welt und die protestantischen Kirchen einen von ihr geschaffenen Sabbat annehmen und den biblischen Sabbat verwerfen, so stimmen sie im Grunde dieser Anmaßung zu. Sie mögen sich wohl auf die Autorität der Väter oder der Überlieferungen für die Veränderung berufen; doch indem sie das tun, verleugnen sie gerade den Grundsatz, der sie von Rom trennt, – daß die Bibel und zwar die Bibel allein die Religion der Protestanten enthält. Der Anhänger Roms kann sehen, daß sie sich selbst betrügen und absichtlich ihre Augen vor den gegebenen Tatsachen verschließen. Wenn die Bewegung, den Sonntag zu erzwingen, Anklang findet, freut er sich in der Gewißheit, daß mit der Zeit die ganze protestantische Welt unter das Banner Roms kommen werde.

Die Katholiken behaupten, „die Beachtung des Sonntags seitens der Protestanten ist eine Huldigung, die sie, sich selbst zum Trotz, der Macht der [katholischen] Kirche zollen." (Plain Talk about Protestantism, S. 213.) Die erzwungene Sonntagsfeier seitens der protestantischen Kirchen ist eine Erzwingung der Anbetung des Papsttums – des Tieres. Wer die Ansprüche des vierten Gebots versteht und doch die Beachtung des falschen statt des wahren Sabbats wählt, huldigt dadurch jener Macht, die sie befohlen hat. Aber gerade durch die Handlungsweise, eine religiöse Pflicht durch den Staat zu erzwingen, machen die Kirchen selbst dem Tier ein Bild; demnach ist die erzwungene Durchführung der Sonntagsfeier ein Erzwingen der Anbetung des Tieres und seines Bildes.

Aber die Christen vergangener Zeiten hielten den Sonntag in der Meinung, daß sie dadurch den Sabbat der Bibel feierten; und es gibt heute noch wahre Christen in jeder Kirche, die römisch-katholische nicht ausgenommen, die aufrichtig glauben, der Sonntag sei der von Gott verordnete Sabbattag. Gott nimmt ihre aufrichtige Absicht und ihre Redlichkeit vor ihm an. Doch wenn die Sonntagsfeier durch Gesetze eingeführt und die Welt über die Verpflichtungen gegen den wahren Sabbat aufgeklärt werden wird, dann werden alle, die Gottes Gebot übertreten, um einer Verordnung nachzukommen, die keine höhere Autorität als die Roms hat, dadurch das Papsttum mehr als Gott ehren. Sie zollen Rom und der Macht, die eine von Rom eingeführte Verordnung erzwingt, ihre Huldigung; sie beten das Tier und sein Bild an. Wenn Menschen die Einrichtung, von der Gott gesagt hat, sie sei das Zeichen seiner Autorität, verwerfen und statt dessen das ehren, was Rom als Merkmal seiner Oberherrschaft erwählt hat, so nehmen sie dadurch das Zeichen des Bündnisses mit Rom, das Malzeichen des Tieres, an. Erst wenn die Entscheidung auf diese Weise deutlich den Menschen entgegentritt, wenn sie wählen müssen zwischen den Geboten Gottes und Menschengeboten, dann werden diejenigen, die in ihrer Übertretung beharren, das Malzeichen des Tieres empfangen.

Die allerschrecklichste Drohung, die je an Sterbliche gemacht wurde, findet sich in der dritten Engelsbotschaft. Es muß eine fürchterliche Sünde sein, die den Zorn Gottes ohne jede Gnade auf die Häupter der Schuldigen herabbringt. Die Menschen sollen über diese höchst wichtige Sache nicht im dunkeln gelassen werden; die Warnung vor dieser Sünde muß an die Welt ergehen, ehe Gottes Gerichte sie heimsuchen, damit alle wissen können, warum sie erfolgen, und Gelegenheit haben, ihnen zu entrinnen. Die Weissagung erklärt, daß der erste Engel seine Botschaft „allen Nationen und Stämmen und Sprachen und Völkern" richte. Die Warnung des dritten Engels, die einen Teil derselben dreifachen Botschaft bildet, soll keine geringere Ausdehnung haben. Nach der Weissagung wird sie von einem Engel, der mitten durch den Himmel fliegt, mit lauter Stimme verkündigt, und sie wird die Aufmerksamkeit der ganzen Welt auf sich lenken.

Beim Ausgang des Kampfes wird die gesamte Christenheit in zwei Klassen geteilt sein – die, welche die Gebote Gottes und den Glauben Jesu halten, und die, welche das Tier und sein Bild anbeten und sein Malzeichen annehmen. Wenn auch Kirche und Staat ihre Macht vereinigen werden, um „die Kleinen und Großen, die Reichen und Armen, die Freien und Knechte" zu zwingen, das Malzeichen des Tieres anzunehmen (Offb. 13,16), so wird doch das Volk Gottes diesem Zwang widerstehen. Der Prophet sah schon auf Patmos, „die den Sieg behalten hatten über das Tier und sein Bild und sein Malzeichen und seines Namens Zahl, die standen an dem gläsernen Meer und hatten Gottes Harfen und sangen das Lied Mose und das Lied des Lammes." (Offb. 15,2.3)

26 Ein Werk der Erneuerung

Das Werk der Sabbatreform, das in den letzten Tagen vollbracht werden soll, wird in der Weissagung Jesajas vorhergesagt: „So spricht der Herr: Wahret das Recht und übt Gerechtigkeit; denn mein Heil ist nahe, daß es komme, und meine Gerechtigkeit, daß sie offenbart werde. Wohl dem Menschen, der dies tut, und dem Menschenkind, das daran festhält, das den Sabbat hält und nicht entheiligt und seine Hand hütet, nichts Arges zu tun! ... Und die Fremden, die sich zum Herrn zugewandt haben, ihm zu dienen und seinen Namen zu lieben, damit sie seine Knechte seien, alle, die den Sabbat halten, daß sie ihn nicht entheiligen, und die an meinem Bund festhalten, die will ich zu meinem heiligen Berge bringen und will sie erfreuen in meinem Bethaus." (Jes. 56, 1. 2. 6. 7.)

Diese Worte beziehen sich auf das christliche Zeitalter, wie durch den Zusammenhang gezeigt wird: „Gott der Herr, der die Versprengten Israels sammelt, spricht: Ich will noch mehr zu der Zahl derer, die versammelt sind, sammeln." (Jes. 56, 8.) Hier wird das Sammeln der Heiden durch die Evangeliumsbotschaft dargestellt. Und über die, die dann den Sabbat ehren, ist ein Segen ausgesprochen. Auf diese Weise erstreckt sich die Verbindlichkeit des vierten Gebots weit über die Kreuzigung, die Auferstehung und die Himmelfahrt Christi hinaus, bis auf die Zeit, da seine Knechte allen Völkern die frohe Kunde predigen.

Der Herr befiehlt durch denselben Propheten: „Verschließe die Offenbarung, versiegle das Gesetz in meinen Jüngern." (Jes. 8, 16.) Das Siegel des Gesetzes Gottes wird im vierten Gebot gefunden. Dieses allein von allen zehn zeigt sowohl den Namen als auch den Titel des Gesetzgebers an. Es erklärt Gott als den Schöpfer des Himmels und der Erde und rechtfertigt auf diese Weise seinen Anspruch auf Verehrung und Anbetung vor allen anderen. Außer dieser Angabe enthalten die Zehn Gebote nichts, das die Urheberschaft des Gesetzes anzeigt. Als die päpstliche Macht den Sabbat veränderte, wurde das Gesetz des Siegels beraubt. Die Nachfolger Jesu sind berufen, es wiederherzustellen, indem sie den Sabbat des vierten Gebots zu seiner rechtmäßigen Stellung als Gedächtnistag des Schöpfers und Zeichen seiner Autorität erheben.

„Nach dem Gesetz und Zeugnis." Während widerstreitende Lehren und Theorien im Überfluß vorhanden sind, ist das Gesetz Gottes die einzige untrügliche Richtschnur, nach der alle Meinungen, Lehren und Theorien geprüft werden sollen. Darum sagt der Prophet: „Werden sie das nicht sagen, so werden sie die Morgenröte [d. h. das Licht der Wahrheit] nicht haben." (Jes. 8, 20.) Ferner wird das Gebot gegeben: „Rufe getrost, halte nicht an dich! Erhebe deine Stimme wie eine Posaune und verkündige meinem Volk seine Abtrünnigkeit und dem Hause Jakob seine Sünden." Es ist nicht die gottlose Welt, sondern es sind jene, die der Herr als „mein Volk" bezeichnet, die um ihrer Übertretungen willen zurechtgewiesen werden sollen. Er sagt weiterhin: „Sie suchen mich täglich und begehren meine Wege zu wissen, als wären sie ein Volk, das die Gerechtigkeit schon getan und das Recht seines Gottes nicht verlassen hätte." (Jes. 58, 1. 2.) Hier werden uns Menschen gezeigt, die sich gerecht dünken und großen Eifer für Gottes Sache an den Tag zu legen scheinen; aber der ernste und feierliche Tadel dessen, der die Herzen erforscht, beweist, daß sie die göttlichen Vorschriften mit Füßen treten.

Der Prophet bezeichnet das unbeachtet gelassene Gebot wie folgt: „Und es soll durch dich wieder aufgebaut werden, was lange wüst gelegen hat; und du wirst wieder aufrichten, was vorzeiten gegründet ward; und du sollst heißen: Der die Lücken zumauert und die Wege ausbessert, daß man da wohnen könne. Wenn du deinen Fuß am Sabbat zurückhältst, und nicht deinen Geschäften nachgehst an meinem heiligen Tage und den Sabbat 'Lust' nennst und den heiligen Tag des Herrn ‚geehrt', wenn du ihn dadurch ehrst, daß du nicht deine Gänge machst und nicht deine Geschäfte treibst und kein leeres Geschwätz redest, dann wirst du deine Lust haben am Herrn." (Jes. 58, 12. 13.) Diese Weissagung bezieht sich ebenfalls auf unsere Zeit. Die Lücke wurde in das Gesetz Gottes gemacht, als der Sabbat von der römischen Macht verändert wurde. Aber die Zeit ist gekommen, da jene göttliche Einrichtung wiederhergestellt werden soll. Die Lücke soll verzäunt und der Grund gelegt werden, der für und für bleibe.

Diesen durch des Schöpfers Ruhe und Segen geheiligten Sabbat feierte Adam in seiner Unschuld im Garten Eden und auch, als er, gefallen aber reumütig, aus seiner glücklichen Heimat vertrieben war. Alle Patriarchen von Abel bis auf den gerechten Noah, bis zu Abraham und Jakob beachteten ihn. Als das auserwählte Volk in der Knechtschaft in Ägypten war, verloren viele unter der herrschenden Abgötterei ihre Kenntnis des göttlichen Gesetzes; aber als der Herr Israel erlöste, verkündigte er der versammelten Menge unter feierlicher Machtentfaltung sein Gesetz, damit alle seinen Willen wissen, ihn fürchten und ihm auf ewig gehorchen möchten.

Von jenem Tage bis auf den heutigen ist die Kenntnis des göttlichen Gesetzes auf Erden bewahrt und der Sabbat des vierten Gebots gehalten worden. Und obgleich es dem „Menschen der Sünde" gelang, Gottes heiligen Tag mit Füßen zu treten, so waren doch, selbst in der Zeit der päpstlichen Oberherrschaft an geheimen Orten treue Seelen, die den Sabbat ehrten. Seit der Reformation hat es stets Menschen gegeben, die ihn feierten. Wenngleich oft unter Schmach und Verfolgung wurde doch ununterbrochen Zeugnis abgelegt für die Fortdauer des Gesetzes Gottes und für die feierliche Verpflichtung gegenüber dem Sabbat der Schöpfung.

Diese Wahrheiten, wie sie Offenbarung 14 im Zusammenhang mit dem „ewigen Evangelium" vorführt, werden die Gemeinde Christi zur Zeit seines Erscheinens kennzeichnen. Denn als Folge der dreifachen Botschaft heißt es: „Hier sind, die da halten die Gebote Gottes und haben den Glauben Jesu." Und diese Botschaft ist die letzte, die vor der Wiederkunft des Herrn verkündigt werden soll. Unmittelbar nach ihrer Verkündigung sieht der Prophet des Menschen Sohn kommen in Herrlichkeit, um die Ernte der Erde einzuholen.

Alle, die das Licht über das Heiligtum und die Unveränderlichkeit des göttlichen Gesetzes annahmen, wurden mit Freude und Staunen erfüllt, als sie die Erhabenheit und die Übereinstimmung der Wahrheiten erkannten, die sich ihrem Verständnis erschlossen. Sie wünschten, daß das Licht, das ihnen so köstlich schien, allen Christen zuteil werde, und sie glaubten zuversichtlich, daß sie es mit Freuden annehmen würden. Aber Wahrheiten, die sie in Widerspruch mit der Welt brachten, waren vielen vorgeblichen Nachfolgern Christi nicht willkommen. Der Gehorsam gegen das vierte Gebot forderte ein Opfer, vor dem die große Menge zurückschreckte.

Als die Ansprüche des Sabbats vorgebracht wurden, urteilten viele nach weltlichem Ermessen und sagten: „Wir haben immer den Sonntag gehalten, unsere Väter hielten ihn, und viele gute und fromme Leute sind selig gestorben, obgleich sie den Sonntag feierten. Die Feier dieses neuen Sabbats würde uns in Widerspruch mit der Welt bringen und wir würden keinen Einfluß auf sie gewinnen. Was vermag ein kleines Häuflein, das den siebenten Tag hält, gegen die ganze Welt, die den Sonntag feiert?" Durch ähnliche Schlußfolgerungen versuchten die Juden ihre Verwerfung Christi zu rechtfertigen. Ihre Väter waren von Gott angenommen worden, als sie die Opfer darbrachten, und warum konnten nicht die Kinder Heil finden, wenn sie denselben Weg verfolgten? Auf gleiche Weise beruhigten viele Menschen zur Zeit Luthers ihr Gewissen, daß treue Christen im katholischen Glauben gestorben seien, und daß deshalb diese Religion zur Seligkeit genüge. Solche Behauptungen ließen sich als ein wirksames Hindernis gegen jeglichen Fortschritt im Glauben und Ausüben desselben aufstellen.

Viele brachten vor, daß die Sonntagsfeier eine festbegründete Lehre und ein seit vielen Jahrhunderten weitverbreiteter Brauch der Kirche gewesen sei. Es ließ sich jedoch beweisen, daß der Sabbat und seine Feier weit älter, ja sogar ebenso alt wie die Welt selber ist und die Bestätigung Gottes und der Engel hat. Als der Erde Grund gelegt wurde, die Morgensterne miteinander sangen und alle Kinder Gottes vor Freuden jauchzten, da wurde auch die Grundlage des Sabbats gelegt. (Hiob 38, 6. 7; 1. Mose 2, 1-3.) Mit Recht erheischt diese Einrichtung unsere Ehrfurcht, sie wurde von keiner menschlichen Autorität eingesetzt und beruht nicht auf menschlichen Überlieferungen; sie wurde von „dem alten Gott" gegründet und durch sein ewiges Wort geboten.

Als die Aufmerksamkeit des Volkes auf die Sabbatreform gelenkt wurde, verdrehten beim Volk beliebte Prediger das Wort Gottes und legten sein Zeugnis so aus, wie man am besten die fragenden Gemüter beruhigen konnte. Wer die Heilige Schrift nicht für sich selbst erforschte, gab sich mit Ansichten zufrieden, die mit seinen Wünschen übereinstimmten. Durch Behauptungen, Spitzfindigkeiten, Überlieferungen der Väter und die Autorität der Kirche versuchten viele, die Wahrheit zu verwerfen. Ihre Verteidiger wurden zu ihren Bibeln gelenkt, um die Gültigkeit des vierten Gebotes zu beweisen. Demütige, allein mit dem Wort Gottes ausgerüstete Männer widerstanden den Angriffen der Gelehrten, die erstaunt und zornig erkannten, daß ihre beredten Spitzfindigkeiten machtlos waren gegenüber der einfachen, offenen Darstellungsweise von Männern, die in der Schrift mehr als in der Schulweisheit unterrichtet waren.

In Ermangelung günstiger biblischer Belege machten viele, die vergaßen, daß dieselben Einwände gegen Christus und seine Jünger vorgebracht worden waren, mit unermüdlicher Beharrlichkeit geltend: „Warum verstehen unsere Großen diese Sabbatfrage nicht? Nur wenige glauben ihr. Es kann nicht sein, daß ihr recht habt, und alle Gelehrten der Welt unrecht haben."

Um solche Beweisgründe zu widerlegen, war es nur erforderlich, die Lehren der Heiligen Schrift anzuführen und darauf zu verweisen, wie der Herr mit seinem Volk in allen Zeitaltern verfuhr. Gott wirkt durch die, die seine Stimme hören, ihr gehorchen, nötigenfalls unangenehme Wahrheiten aussprechen und sich nicht fürchten, volkstümliche Sünden zu rügen. Gott bedient sich nicht oft gelehrter und hochgestellter Männer zur Leitung in Reformbewegungen, weil diese auf ihre Glaubensbekenntnisse, Theorien und theologischen Lehrgebäude vertrauen und nicht das Bedürfnis fühlen, von Gott gelehrt zu werden. Nur wer eine persönliche Verbindung mit der Quelle der Weisheit hat, kann die Schrift verstehen oder auslegen. Manchmal werden Männer von geringer Schulbildung berufen, die Wahrheit zu verkündigen, nicht etwa weil sie ungelehrt sind, sondern weil sie nicht zu dünkelhaft sind, um sich von Gott belehren zu lassen. Sie lernen in der Schule Christi, und ihre Demut und ihr Gehorsam machen sie groß. Indem Gott ihnen die Kenntnis seiner Wahrheit anvertraut, erweist er ihnen eine Ehre, der gegenüber irdische Ehre und menschliche Größe in Nichts versinken.

Die Mehrzahl der Adventisten verwarf die Wahrheiten hinsichtlich des Heiligtums und des göttlichen Gesetzes, und viele ließen auch ihr Vertrauen in die Adventbewegung fahren und nahmen irrige und sich widersprechende Ansichten über die Weissagungen an, die sich auf dieses Werk bezogen. Einige verfielen in den Irrtum, wiederholt eine bestimmte Zeit für die Wiederkunft Christi festzusetzen. Das Licht, das nun die Heiligtumswahrheit erhellte, hätte ihnen zeigen können, daß keine prophetische Zeitperiode bis zur Wiederkunft reicht und daß die genaue Zeit dieses Ereignisses nicht vorausgesagt ist. Indem sie sich von dem Licht abwandten, fuhren sie fort, wieder und wieder die Zeit festzusetzen, wann der Herr kommen sollte, und wurden ebensooft enttäuscht.

Als die Gemeinde zu Thessalonich irrige Ansichten von Christi Wiederkunft annahm, gab der Apostel Paulus ihr den Rat, ihre Hoffnungen und Erwartungen sorgfältig nach dem Worte Gottes zu prüfen. Er verwies sie auf die Weissagungen, welche

die Ereignisse offenbarten, die vor der Wiederkunft Christi stattfinden sollten, und zeigte, daß sie keinen Grund hatten, den Heiland in ihren Tagen zu erwarten. „Lasset euch von niemandem
verführen, in keinerlei Weise!" (2. Thess. 2, 3) lauteten seine
warnenden Worte. Hegten sie aber Erwartungen, wozu die Schrift
nicht berechtigt, so würden sie zu verkehrten Handlungsweisen
angeleitet werden, Enttäuschung würde sie dem Spott der Ungläubigen aussetzen; sie würden Gefahr laufen, entmutigt und
versucht zu werden, die für ihr Seelenheil wesentlichen Wahrheiten zu bezweifeln. Des Apostels Mahnung an die
Thessalonicher enthält eine wichtige Lehre für die, welche in
den letzten Tagen leben. Viele Adventisten glauben, nicht eifrig
und fleißig in dem Werk der Vorbereitung sein zu können, wenn
sie ihren Glauben nicht auf eine bestimmte Zeit für die Wiederkunft des Herrn richten. Wenn aber ihre Hoffnung immer wieder
erregt wird, nur um wieder vernichtet zu werden, dann erhält ihr
Glaube dadurch eine solche Erschütterung, daß es beinahe unmöglich ist, daß die großen Wahrheiten der Weissagung Eindruck
auf sie machen.

Die Verkündigung einer bestimmten Zeit für das Gericht durch
die Verbreitung der ersten Engelsbotschaft geschah auf Gottes
Befehl. Die Berechnung der prophetischen Perioden, die die
Grundlage jener Botschaft war und den Ablauf der 2300 Tage in
den Herbst des Jahres 1844 festsetzte, steht unbestritten da. Wiederholte Versuche, neue Daten für den Anfang und das Ende der
prophetischen Zeitangaben zu finden, und unbegründete Behauptungen, die notwendig werden, um den eingenommenen Standpunkt zu verteidigen, leiten die Gedanken nicht nur von der gegenwärtigen Wahrheit ab, sondern häufen auch Verachtung auf
jeglichen Versuch, die Weissagungen zu erklären. Je häufiger eine
bestimmte Zeit für die Wiederkunft festgesetzt und je weiter sie
verbreitet wird, desto besser paßt es den Zwecken Satans. Ist
dann die Zeit verstrichen, so erregt er Spott und Hohn über die
Vertreter solcher Ansichten und bringt dadurch Schmach auf die
große Adventbewegung von 1843 und 1844. Die in diesem Irrtum beharren, werden schließlich eine zu weit in die Zukunft
hinausgerückte Zeit für die Wiederkunft Christi festsetzen. Sie
werden in einer falschen Sicherheit ruhen, und viele werden erst
aufgeklärt werden, wenn es zu spät ist.

Die Geschichte Israels vor alters ist eine treffliche Veranschau-
lichung der vergangenen Erfahrung der Adventisten. Gott leitete
sein Volk in der Adventbewegung, gleichwie er die Kinder Israel

bei ihrem Auszug aus Ägypten führte. In der großen Enttäuschung wurde ihr Glaube geprüft, wie der der Hebräer am Roten Meer. Hätten sie immer der leitenden Hand vertraut, die in ihrer vergangenen Erfahrung mit ihnen gewesen war, so würden sie das Heil Gottes gesehen haben. Wenn alle, die in der Bewegung des Jahres 1844 vereint arbeiteten, die dritte Engelsbotschaft angenommen und sie in der Kraft des Heiligen Geistes verkündigt hätten, so würde der Herr mächtig durch ihre Bemühungen gewirkt haben. Eine Flut von Licht hätte sich über die Welt ergossen, die Bewohner der Erde wären schon vor Jahren gewarnt, das Schlußwerk vollendet worden, und Christus wäre zur Erlösung seines Volkes gekommen.

Es lag nicht im Willen Gottes, daß Israel vierzig Jahre in der Wüste umherziehen sollte; er wollte sie direkt in das Land Kanaan führen und sie dort als ein heiliges und glückliches Volk ansiedeln. Aber „wir sehen, daß sie nicht dahin kommen konnten wegen des Unglaubens." (Hebr. 3, 19.) Infolge ihres beständigen Abfalls kamen sie in der Wüste um, und andere wurden erweckt, um in das gelobte Land einzuziehen. Ebenso war es nicht der Wille Gottes, daß die Wiederkunft Christi solange verziehen und sein Volk so viele Jahre in dieser sünden- und sorgenbeladenen Welt verweilen sollte. Aber der Unglaube trennte die Menschen von Gott. Als sie sich weigerten, das Werk zu verrichten, das er ihnen angewiesen hatte, wurden andere berufen, die Botschaft zu verkündigen. Aus Barmherzigkeit gegen die Welt verzieht Christus sein Kommen, auf daß den Sündern Gelegenheit geboten werde, die Warnung zu vernehmen und in ihm Zuflucht zu finden vor dem Zorn Gottes, der ausgegossen werden soll.

Heute wie damals erregt die Verkündigung einer Wahrheit, die die Sünden und Irrtümer der Zeit rügt, Widerstand. „Wer Böses tut, der haßt das Licht und kommt nicht zu dem Licht, damit seine Werke nicht aufgedeckt werden." (Joh. 3, 20.) Wenn Menschen sehen, daß sie ihre Stellung nicht durch die Heilige Schrift begründen können, entschließen sich viele, ihren Standpunkt auf alle Fälle zu verteidigen und greifen mit boshaftem Geist den Charakter und die Beweggründe derer an, die zur Verteidigung unbeliebter Wahrheiten auftreten. Diese Verfahrungsweise ist in allen Zeiten verfolgt worden. Elia wurde angeschuldigt, daß er Israel verwirrte; Jeremia, daß er es verriete; Paulus, daß er den Tempel schändete. Von jener Zeit bis auf den heutigen Tag sind die, die der Wahrheit treu bleiben wollten, als Empörer, Ketzer und Abtrünnige hingestellt worden. Die vielen, die zu ungläubig sind, das feste prophetische Wort anzunehmen, werden mit einer Leichtgläubigkeit, die keinen Zweifel zuläßt, den Anklagen gegen die, die es wagen, volkstümliche Sünden zu rügen, Glauben schenken. Dieser Geist wird beständig zunehmen. Und die Bibel lehrt deutlich, daß sich eine Zeit naht, in der die Gesetze des Staates dermaßen mit den Gesetzen Gottes in Widerspruch treten werden, daß jeder, der alle göttlichen Vorschriften halten will, Schmach und Strafe wie ein Übeltäter erleiden muß.

Was ist in Anbetracht von alledem die Pflicht des Boten der Wahrheit? Soll er annehmen, daß die Wahrheit nicht vorgetragen werden darf, da ihre einzige Wirkung oft nur darin besteht, die Leute aufzustacheln, ihren Forderungen auszuweichen oder ihnen zu widerstehen? Nein; er hat nicht mehr Grund, das Zeugnis des Wortes Gottes vorzuenthalten, weil es Widerstand erweckt, als früher die Reformatoren. Das Bekenntnis des Glaubens, das Heilige und Märtyrer ablegten, wurde zum Nutzen der nachfolgenden Geschlechter berichtet. Diese lebendigen Beispiele der Heiligkeit und unwandelbaren Aufrichtigkeit sind uns erhalten worden, um alle, die jetzt berufen sind, als Zeugen für den Herrn aufzutreten, mit Mut zu beseelen. Sie empfingen nicht nur Gnade und Wahrheit um ihretwillen, sondern damit durch sie die Erde von der Erkenntnis Gottes erleuchtet werde. Hat Gott seinen Knechten in diesem Geschlecht Licht gegeben? Dann sollten sie es vor der Welt leuchten lassen.

Vor alters erklärte der Herr einem, der in seinem Namen redete: „Aber das Haus Israel will dich nicht hören, denn sie wollen mich selbst nicht hören." Nichtsdestoweniger sagte er: „Du sollst ihnen meine Worte sagen, sie gehorchen oder lassen's." (Hes. 3, 7; 2, 7.) An den Diener Gottes in der jetzigen Zeit ergeht der Auftrag: „Rufe getrost, schone nicht, erhebe deine Stimme wie eine Posaune und verkündige meinem Volk ihr Übertreten und dem Hause Jakob seine Sünden." (Jes. 58, 1.)

So weit die Gelegenheiten reichen, steht jeder, der das Licht der Wahrheit erhalten hat, unter der gleichen ernsten und furchtbaren Verantwortung wie der Prophet Israels, dem das Wort des Herrn galt: „Du Menschenkind, ich habe dich zu einem Wächter gesetzt über das Haus Israel, wenn du etwas aus meinem Munde hörst, daß du sie von meinetwegen warnen sollst. Wenn ich nun zu dem Gottlosen sage: Du Gottloser mußt des Todes sterben!, und du sagst ihm solches nicht, daß sich der Gottlose warnen lasse vor seinem Wesen, so wird wohl der Gottlose um seines gottlosen Wesens willen sterben; aber sein Blut will ich von deiner Hand fordern. Warnest du aber den Gottlosen vor seinem Wesen, daß er sich davon bekehre, und er will sich nicht von seinem Wesen bekehren, so wird er um seiner Sünde willen sterben, und du hast deine Seele errettet." (Hes. 33, 7-9.)

Was die Annahme und die Verbreitung der Wahrheit am meisten hindert, ist die Tatsache, daß sie mit Unannehmlichkeiten und Schmach verbunden ist. Dies ist das einzige Argument, das ihre Verteidiger nie zu widerlegen vermochten. Das vermag aber die wahren Nachfolger Christi nicht abzuhalten. Sie warten nicht darauf, bis die Wahrheit volkstümlich wird. Überzeugt von ihrer Pflicht, nehmen sie mit Vorbedacht das Kreuz an und sind mit dem Apostel Paulus überzeugt, daß „unsere Trübsal, die zeitlich und leicht ist, schafft eine ewige und über alle Maßen wichtige Herrlichkeit" (2. Kor. 4,17), und halten, gleich jenen vor alters „die Schmach Christi für größern Reichtum denn die Schätze Ägyptens." (Hebr. 11,26)

Was auch immer ihr Bekenntnis sein mag, es werden nur solche, die im Herzen der Welt dienen, in religiösen Dingen mehr aus Weltklugheit als nach richtigen Grundsätzen handeln. Wir müssen das Rechte wählen, weil es das Rechte ist, und die Folgen Gott anheimstellen. Männern von Grundsatz, Glauben und Mut dankt die Welt ihre großen Reformen. Von solchen Männern muß das Reformationswerk in unserer Zeit weitergeführt werden.

So spricht der Herr: „Höret mir zu, die ihr die Gerechtigkeit kennt, du Volk, in dessen Herzen mein Gesetz ist! Fürchtet euch nicht, wenn euch die Leute schmähen; und wenn sie euch lästern, verzaget nicht! Denn die Motten werden sie fressen wie ein Kleid, und Würmer werden sie fressen wie wollenes Tuch; aber meine Gerechtigkeit bleibt ewiglich und mein Heil für und für." (Jes. 51,7.8)

27 Erweckungen der Neuzeit

Wo jemals das Wort Gottes gewissenhaft gepredigt wurde, zeigten sich Früchte, die seinen göttlichen Ursprung bezeugten. Der Geist Gottes begleitete die Botschaft seiner Diener, und das Wort wirkte mächtig. Sünder fühlten ihr Gewissen ergriffen. Das „Licht, welches alle Menschen erleuchtet, die in diese Welt kommen", erhellte das Innerste ihrer Seelen, und die verborgenen Dinge der Finsternis wurden offenbar. Sie zeigten sich von der Sünde, der Gerechtigkeit und dem kommenden Gericht überzeugt; ihre Gemüter und Herzen waren davon ergriffen. Sie hatten einen Begriff von der Gerechtigkeit des Herrn und erschraken bei dem Gedanken, in ihrer Schuld und Unreinigkeit vor dem Herzenskündiger zu erscheinen. In der Angst ihrer Seele riefen sie aus: „Wer wird mich erlösen von diesem Leibe des Todes?" Als das Kreuz auf Golgatha mit seinem unermeßlichen Opfer für die Sünden der Menschheit offenbar wurde, sahen sie, daß nichts anderes als die Verdienste Christi genügen könnten, ihre Übertretungen zu sühnen; nur sie allein konnten den Menschen wieder mit Gott versöhnen. In Glauben und in Demut nahmen sie das Lamm Gottes an, das der Welt Sünde trägt. Durch Jesu Blut hatten sie Vergebung ihrer Sünden erlangt.

Diese Seelen brachten rechtschaffene Früchte der Buße. Sie glaubten, ließen sich taufen und standen auf zu einem neuen Leben, zu neuen Kreaturen in Jesus Christus, nicht etwa um nach ihren früheren Lüsten zu wandeln, sondern um durch den Glauben an den Sohn Gottes seinen Fußspuren zu folgen, seinen Charakter widerzustrahlen und sich zu reinigen, gleichwie er rein ist. Was sie einst gehaßt hatten, liebten sie nun und was ihnen einst angenehm war, verabscheuten sie jetzt. Die Hochmütigen und Rechthaberischen wurden demütig und sanftmütig, die Eitlen und Anmaßenden bescheiden und zurückhaltend, die Lästerer ehrfurchtsvoll, die Säufer nüchtern und die Lasterhaften tugendhaft. Die eitlen Moden der Welt wurden abgelegt. Christen suchten nicht den äußerlichen Schmuck „wie Haarflechten, goldene Ketten oder prächtige Kleider". Ihre Zierde war „der verborgene Mensch des Herzens im unvergänglichen Schmuck des sanften und stillen Geistes; das ist köstlich vor Gott." (1. Petr. 3,3.4)

Erweckungen führten zu gründlicher Selbstprüfung und Demut. Sie waren durch feierliche, ernste Aufrufe an die Sünder und inniges Erbarmen mit denen, die durch Christi Blut erkauft worden waren, gekennzeichnet. Männer und Frauen beteten und rangen mit Gott um die Errettung von Seelen. Die Früchte solcher Erweckungen waren Menschen, die nicht zurückschreckten vor Selbstverleugnung und Opfer, sondern sich freuten, würdig erfunden zu sein, um Christi willen Schmach und Anfechtungen zu erleiden. Man nahm eine Wandlung im Leben derer wahr, die den Namen Jesu bekannt hatten. Ihr Einfluß belebte die Gemeinde. Sie sammelten mit Christus und säten auf den Geist, um das ewige Leben zu ernten.

Man konnte von ihnen sagen: „Daß ihr betrübt seid worden zur Reue. ... Denn die Traurigkeit nach Gottes Willen wirkt zur Seligkeit eine Reue, die niemanden reut; die Traurigkeit der Welt aber wirkt den Tod. Siehe: eben dies, daß ihr betrübt worden seid nach Gottes Willen, welchen Fleiß hat das in euch gewirkt, dazu Verantwortung, Unwillen, Furcht, Verlangen, Eifer, Bestrafung! Ihr habt in allen Stücken bewiesen, daß ihr rein seid in dieser Sache." (2. Kor. 7,9-11)

So wirkt der Geist Gottes. Der Beweis wahrer Reue ist eine Erneuerung unseres Wesens. Wenn der Sünder sein Gelübde erfüllt, zurückgibt, was er geraubt hat, seine Sünden bekennt und Gott und seine Mitmenschen liebt, dann darf er versichert sein, daß er Frieden mit Gott gefunden hat. Derart waren die Wirkungen, die in früheren Jahren den Zeiten religiöser Erweckung folgten. Indem man nach ihren Früchten urteilte, erkannte man, daß der Herr sie in der Errettung von Seelen und der Erhebung der Menschheit segnete.

Viele Erweckungen der Neuzeit zeigen jedoch einen bedeutenden Unterschied zu den Bekundungen der göttlichen Gnade, die in früheren Zeiten das Wirken der Diener Gottes begleiteten. Wohl wird ein weitverbreiteter Eindruck hervorgerufen; viele geben vor, bekehrt zu sein, und ein großer Zuwachs bekundet sich in den Kirchen; dennoch sind die Ereignisse nicht so, um die Annahme rechtfertigen zu können, daß ein entsprechendes Zunehmen des wirklichen geistlichen Lebens stattgefunden habe. Das eine kurze Zeit auflodernde Licht erlischt bald wieder und hinterläßt dichtere Finsternis als zuvor.

Volkstümliche Erweckungen werden nur zu oft dadurch bewirkt, daß man sich an die Einbildungskraft wendet, die Gefühle anregt und die Liebe zu etwas Neuem und Aufregendem befriedigt. Die auf solche Weise gewonnenen Bekehrten haben nur wenig Verlangen nach biblischen Wahrheiten und kaum Interesse an dem Zeugnis der Propheten und Apostel. Es sei denn, daß ein Gottesdienst aufsehenerregenden Charakter trägt, sonst hat er nichts Anziehendes für sie. Eine Botschaft, die sich an den nüchternen Verstand richtet, findet keinen Anklang. Die einfachen Warnungen des Wortes Gottes, die direkt auf ihr ewiges Wohl bezugnehmen, bleiben unbeachtet.

Jeder wahrhaft bekehrten Seele werden die Beziehungen zu Gott und zu den Dingen der Ewigkeit die große Lebensfrage sein. Doch wo findet sich in den gegenwärtigen volkstümlichen Kirchen der Geist der Hingabe an Gott? Die Bekehrten entsagen weder ihrem Hochmut noch ihrer Weltliebe. Sie sind jetzt nicht bereitwilliger, sich selbst zu verleugnen, ihr Kreuz auf sich zu nehmen und dem sanftmütigen und demütigen Jesus nachzufolgen als vor ihrer Bekehrung. Die Religion ist den Ungläubigen und Zweiflern zum Hohn geworden, weil so viele, die ihren Namen tragen, mit ihren Grundsätzen nicht bekannt sind. Die Kraft der Gottseligkeit ist fast aus den Kirchen gewichen. Ausflüge, Schauspiele, Basare, elegante Wohnungen und persönlicher Aufwand haben die Gedanken an Gott verbannt. Hab und Gut sowie weltliche Beschäftigungen nehmen die Gedanken in Anspruch, und Dinge von ewigem Wert werden kaum vorübergehend beachtet.

So sehr aber auch Glaube und Frömmigkeit schwinden, so gibt es doch noch wahre Nachfolger Christi in diesen Kirchen. Ehe Gott zum letztenmal die Welt mit seinen Gerichten heimsucht, wird unter seinem Volk eine Erweckung zur ursprünglichen Gottseligkeit stattfinden, wie sie seit dem apostolischen Zeitalter nicht gesehen wurde. Der Geist und die Kraft Gottes werden über seine Kinder ausgegossen werden. Zu der Zeit werden sich viele von den Kirchen trennen, in denen die Liebe zur Welt an Stelle der Liebe zu Gott und seinem Wort getreten ist. Viele, sowohl Prediger als auch Laien, werden mit Freuden jene großen Wahrheiten annehmen, die Gott zu dieser Zeit hat verkündigen lassen, um ein Volk auf das zweite Kommen des Herrn vorzubereiten. Der Seelenfeind möchte dieses Werk gern verhindern und wird, ehe die Zeit dieser Bewegung anbricht, versuchen, es zu verfälschen. In jenen Kirchen, die er unter seine betrügerische Macht bringen kann, wird er den Anschein erwecken, als ob der besondere Segen Gottes auf sie ausgegossen werde, weil sich hier, wie man meint, ein tiefes religiöses Erwachen bekundet. Scharen werden jubeln, daß Gott auf wunderbare Weise für sie wirke, während doch das Werk das Wirken eines anderen Geistes ist. Unter einem religiösen Gewand wird Satan versuchen, seinen Einfluß über die ganze christliche Welt auszubreiten.

Bei vielen Erweckungen, die sich während der letzten 50 Jahre zugetragen haben, waren mehr oder weniger die gleichen Einflüsse am Wirken, die sich in den ausgedehnteren Bewegungen der Zukunft zeigen werden. Es herrscht schon jetzt eine Gefühlserregung, eine Vermischung des Wahren mit dem Falschen, die trefflich dazu angetan ist, irrezuführen. Doch braucht sich niemand täuschen zu lassen. Im Licht des Wortes Gottes wird es nicht schwer sein, das Wesen dieser Bewegungen festzustellen. Wo man das Zeugnis der Bibel vernachlässigt, indem man sich von jenen deutlichen, die Seele prüfenden Wahrheiten abwendet, die Selbstverleugnung und Entsagung von der Welt erfordern, da dürfen wir versichert sein, daß Gottes Segen nicht ausgeteilt wird. Nach der Regel, die Christus selbst gegeben hat: „An ihren Früchten sollt ihr sie erkennen!" (Mt. 7,16), wird es offenbar, daß diese Bewegungen nicht das Werk des Geistes Gottes sind.

In den Wahrheiten seines Wortes hat Gott den Menschen eine Offenbarung seiner selbst geschenkt; und allen, die sie annehmen, sind sie ein Schild gegen die Täuschungen Satans. Die Vernachlässigung dieser Wahrheiten haben den Übeln, die sich jetzt in der religiösen Welt so weit verbreiten, die Tore geöffnet. Das Wesen und die Wichtigkeit des Gesetzes Gottes hat man in großem Maße aus den Augen verloren. Da man den Charakter, die Wichtigkeit und die Verbindlichkeit des göttlichen Gesetzes verkannte, ist man auch bezüglich der Bekehrung und Heiligung irregegangen und hat dadurch den Maßstab der Frömmigkeit in den Kirchen herabgedrückt. Hier liegt das Geheimnis, weshalb den Erweckungen unserer Zeit der Geist und die Kraft Gottes fehlen.

Es gibt in den verschiedenen religiösen Gemeinschaften Männer, die sich durch ihre Frömmigkeit auszeichnen und diese Tatsache anerkennen und beklagen. Prof. Eduard Park sagt bezüglich der landläufigen religiösen Gefahren Amerikas treffend: „Eine Quelle der Gefahr ist die Vernachlässigung der Kanzel, das göttliche Gesetz einzuschärfen. In früheren Tagen war die

Kanzel ein Widerhall der Stimme des Gewissens. ... Unsere glänzendsten Prediger verliehen ihren Predigten eine wunderbare Majestät dadurch, daß sie dem Beispiel des Meisters folgten und das Gesetz, seine Gebote und seine Drohungen hervorhoben. Sie wiederholten die beiden großen Grundsätze, daß das Gesetz ein Abbild der göttlichen Vollkommenheit ist, und daß ein Mensch, der das Gesetz nicht liebt, auch das Evangelium nicht liebt; denn das Gesetz sowie das Evangelium sind ein Spiegel, der den wahren Charakter Gottes widerspiegelt. Diese Gefahr führt zu einer anderen, nämlich das Übel der Sünde, ihre Ausdehnung und Strafwürdigkeit zu unterschätzen. Wie das Gesetz recht ist, ist der Ungehorsam unrecht. . . Verwandt mit den bereits erwähnten Gefahren ist die Gefahr, die Gerechtigkeit Gottes zu unterschätzen. Die Neigung des modernen Kanzelredners geht dahin, die göttliche Gerechtigkeit von der göttlichen Güte abzusondern und die Güte mehr zu einem Gefühl herabzuwürdigen, als zu einem Grundsatz zu erheben. Das neue theologische Prisma scheidet, was der Herr zusammengefügt hat. Ist das göttliche Gesetz etwas Gutes oder Böses? – Es ist etwas Gutes. Dann ist auch die Gerechtigkeit gut; denn sie ist eine Willensneigung, das Gesetz auszuführen. Aus der Gewohnheit, die göttliche Gerechtigkeit und das göttliche Gesetz, die Ausdehnung und Strafbarkeit menschlichen Ungehorsams zu unterschätzen, verfällt der Mensch leicht in die Gewohnheit, die Gnade geringzuachten, die eine Sühne für die Sünde gebracht hat." Auf diese Weise verliert das Evangelium seinen Wert und seine Wichtigkeit in den Gemütern der Menschen, und bald sind sie bereit, in Wirklichkeit die Bibel selbst zu verwerfen.

Viele Religionslehrer behaupten, daß Christus durch seinen Tod das Gesetz abgeschafft habe und die Menschen seien hinfort von seinen Anforderungen entbunden. Es gibt etliche, die es als ein schweres Joch hinstellen und im Gegensatz zu der Knechtschaft des Gesetzes die unter dem Evangelium zu genießende Freiheit hochhalten.

Ganz anders jedoch betrachteten die Propheten und Apostel das heilige Gesetz Gottes. David sagte: „Und ich wandle fröhlich; denn ich suche deine Befehle." (Ps. 119,45) Der Apostel Jakobus, der nach Christi Tod schrieb, verweist auf die Zehn Gebote als „das königliche Gesetz", „das vollkommne Gesetz der Freiheit." (Jak. 2,8; 1,25) Der Schreiber der Offenbarung sprach mehr als ein halbes Jahrhundert nach der Kreuzigung einen Segen über diejenigen aus, „die seine Gebote halten, auf daß sie Macht haben an dem Holz des Lebens und zu den Toren eingehen in die Stadt." (Offb. 22,14)

Die Behauptung, daß Christus durch seinen Tod das Gesetz seines Vaters abgeschafft habe, entbehrt jeder Grundlage. Hätte das Gesetz verändert oder beseitigt werden können, dann hätte Christus nicht zu sterben brauchen, um den Menschen von der Strafe der Sünde zu retten. Der Tod Christi, weit davon entfernt, das Gesetz abzuschaffen, beweist, daß es unveränderlich ist. Der Sohn Gottes ist gekommen, „daß er sein Gesetz herrlich und groß mache." (Jes. 42,21) Er sagte: „Ihr sollt nicht meinen, daß ich gekommen bin, das Gesetz oder die Propheten aufzulösen... Bis Himmel und Erde vergehen, wird nicht vergehen der kleinste Buchstabe noch ein Tüpfelchen vom Gesetz, bis es alles geschehe." (Mt. 5,17.18) Und von sich selbst sagt er: „Deinen Willen, mein Gott, tue ich gern und dein Gesetz habe ich in meinem Herzen." (Ps. 40,9)

Das Gesetz Gottes ist schon von Natur aus unveränderlich. Es ist eine Offenbarung des Willens und des Charakters seines Urhebers. Gott ist die Liebe, und sein Gesetz ist Liebe. Die beiden großen Grundsätze des Gesetzes sind Liebe zu Gott und zu den Menschen. „So ist nun die Liebe des Gesetzes Erfüllung." (Röm. 13,10) Der Charakter Gottes ist Gerechtigkeit und Wahrheit; derart ist auch die Beschaffenheit seines Gesetzes. Der Psalmist sagt: „Dein Gesetz ist Wahrheit"; „alle deine Gebote sind gerecht." (Ps. 119,142.172) Und der Apostel Paulus erklärt: „So ist das Gesetz heilig, und das Gebot ist heilig, gerecht und gut." (Röm. 7,12) Solch ein Gesetz, das ein Ausdruck des Geistes und des Willens Gottes ist, muß ebenso beständig sein wie sein Urheber.

Es ist das Werk der Bekehrung und der Heiligung, die Menschen dadurch mit Gott zu versöhnen, daß sie in Übereinstimmung mit den Grundsätzen seines Gesetzes gebracht werden. Im Anfang wurde der Mensch nach dem Ebenbild Gottes geschaffen. Er stand in vollkommener Übereinstimmung mit der Natur und dem Gesetz Gottes; die Grundsätze der Gerechtigkeit waren ihm ins Herz geschrieben. Doch die Sünde entfremdete ihn von seinem Schöpfer. Das göttliche Ebenbild spiegelte sich nicht länger in ihm wider. Sein Herz stand den Grundsätzen des Gesetzes Gottes feindlich gegenüber. „Denn fleischlich gesinnt sein ist Feindschaft gegen Gott, weil das Fleisch dem Gesetz Gottes nicht untertan ist; denn es vermag's auch nicht." (Röm. 8,7) Doch „also hat Gott die Welt geliebt, daß er seinen eingebornen Sohn gab", damit der Mensch mit Gott versöhnt werden könne. Durch die Verdienste Christi kann er in Übereinstimmung mit seinem Schöpfer gebracht werden; sein Herz muß durch die göttliche Gnade erneuert werden; er muß ein neues Leben von oben empfangen. Diese Umwandlung ist die Wiedergeburt, ohne die, wie Jesus sagt, niemand das Reich Gottes sehen kann.

Der erste Schritt in der Versöhnung mit Gott ist die Überzeugung von der Sünde. „Die Sünde besteht in der Übertretung des Gesetzes." „Denn durch das Gesetz kommt Erkenntnis der Sünde." (1. Joh. 3,4; Röm. 3,20) Um seine Schuld zu erkennen, muß der Sünder seinen Charakter nach Gottes großem Maßstab der Gerechtigkeit prüfen. Das Gesetz ist ein Spiegel, der die Vollkommenheit eines gerechten Charakters zeigt und den Menschen befähigt, seine Fehler einzusehen.

Das Gesetz offenbart dem Menschen seine Sünde; aber es sieht keinen Heilsweg vor. Während es dem Gehorsamen Leben verheißt, erklärt es, daß der Tod das Los des Übertreters ist. Das Evangelium Christi allein vermag ihn von der Verdammnis oder von der Befleckung der Sünde zu befreien. Er muß Buße tun vor Gott, dessen Gesetz er übertreten hat, und an Christus, sein Sühnopfer, glauben. Dadurch erhält er Vergebung seiner Sünden und wird Teilhaber der göttlichen Natur. Er ist ein Kind Gottes und hat den Geist der Kindschaft empfangen, durch welchen er ruft: „Abba, lieber Vater!"

Steht es ihm nun frei, Gottes Gesetz zu übertreten? Paulus fragt: „Wie? Heben wir denn das Gesetz auf durch den Glauben? Das sei ferne! Sondern wir richten das Gesetz auf." „Wie sollten wir in der Sünde leben wollen, der wir doch gestorben sind?" Und Johannes erklärt: „Denn das ist die Liebe zu Gott, daß wir seine Gebote halten; und seine Gebote sind nicht schwer." (Röm. 3,31; 6,2; 1. Joh. 5,3) Bei der Wiedergeburt wird das Herz in Übereinstimmung mit Gott, in Einklang mit seinem Gesetz gebracht. Hat diese gewaltige Umgestaltung im Sünder stattgefunden, so ist er vom Tode zum Leben, von der Sünde zur Heiligkeit, von der Übertretung und Empörung zum Gehorsam und zur Treue übergegangen. Das alte Leben der Entfremdung von Gott hat aufgehört; das neue Leben der Versöhnung, des Glaubens und der Liebe hat angefangen. Dann wird „die Gerechtigkeit, vom Gesetz gefordert, in uns erfüllt, ... die wir nun nicht nach dem Fleische leben, sondern nach dem Geist." (Röm. 8,4) Dann wird die Sprache der Seele sein: „Wie habe ich dein Gesetz so lieb! Täglich rede ich davon." (Ps. 119,97)

„Denn durch das Gesetz kommt Erkenntnis der Sünde." (Röm. 3,20) Ohne das Gesetz hat der Mensch keinen richtigen Begriff von der Reinheit und Heiligkeit Gottes oder von seiner eigenen Schuld und Unreinheit. Er hat keine wirkliche Überzeugung von der Sünde und fühlt kein Bedürfnis der Buße und Reue. Da er seinen verlorenen Zustand als Übertreter des Gesetzes Gottes nicht erkennt, ist er sich nicht bewußt, daß er des versöhnenden Blutes Christi bedarf. Die Hoffnung des Heils wird ohne eine gründliche Umgestaltung des Herzens oder Änderung des Wandels angenommen. Auf diese Weise gibt es viele oberflächliche Bekehrungen, und ganze Scharen werden der Kirche zugefügt, die nie mit Christus vereint worden sind.

Irrige Theorien der Heiligung, die ebenfalls der Vernachlässigung oder Verwerfung des göttlichen Gesetzes entspringen, nehmen in den heutigen religiösen Bewegungen einen hervorragenden Platz ein. Diese Ansichten sind sowohl falsch in der Lehre als auch gefährlich in ihrer praktischen Wirkung; durch die Tatsache, daß sie eine so allgemeine Annahme finden, ist es doppelt notwendig, daß alle deutlich verstehen, was die Schrift über diesen Punkt lehrt.

Wahre Heiligung ist eine biblische Lehre. Der Apostel Paulus erklärte in seinem Brief an die Gemeinde zu Thessalonich: „Denn das ist der Wille Gottes, eure Heiligung." Und er betete: „Er aber, der Gott des Friedens, heilige euch durch und durch." (1. Thess. 4,3; 5,23) Die Bibel lehrt deutlich, was Heiligung ist und wie sie erlangt werden kann. Der Heiland betete für seine Jünger: „Heilige sie in der Wahrheit; dein Wort ist die Wahrheit." (Joh. 17,17.19) Und Paulus lehrte, daß die Gläubigen durch den Heiligen Geist geheiligt werden sollen. (Röm. 15,16) Was ist denn das Werk des Heiligen Geistes? Jesus sagte seinen Jüngern: „Wenn aber jener, der Geist der Wahrheit, kommen wird, wird er euch in alle Wahrheit leiten." (Joh. 16,13) Auch der Psalmist sagte: „Dein Gesetz ist Wahrheit." Durch das Wort und den Geist Gottes werden den Menschen die großen, in dem Gesetz Gottes verkörperten Grundsätze der Gerechtigkeit erschlossen. Und da das Gesetz Gottes „heilig, recht und gut", eine Abbild der göttlichen Vollkommenheit ist, so folgt daraus, daß ein im Gehorsam gegen jenes Gesetz entwickelter Charakter auch heilig sein wird. Christus ist ein vollkommenes Beispiel eines solchen Charakters. Er sagt: „Wie ich meines Vaters Gebote halte." „Ich tue allezeit, was ihm gefällt." (Joh. 15,10; 8,29) Die Nachfolger Christi sollen ihm gleich werden, sollen durch Gottes Gnade Charaktere entwickeln, die mit den Grundsätzen seines heiligen Gesetzes übereinstimmen. Dies ist biblische Heiligung.

Dies Werk kann nur durch den Glauben an Christus, durch die Macht des innewohnenden Geistes Gottes verrichtet werden. Paulus ermahnt die Gläubigen: „Schaffet, daß ihr selig werdet, mit Furcht und Zittern. Denn Gott ist's, der in euch wirkt beides, das Wollen und das Vollbringen nach seinem Wohlgefallen." (Phil. 2,12.13) Der Christ wird den Reiz der Sünde fühlen, aber er wird sie beständig bekämpfen. Hier ist die Hilfe Christi vonnöten. Menschliche Schwäche verbindet sich mit der göttlichen Kraft, und der Glaube ruft aus: „Gott aber sei Dank, der uns den Sieg gibt durch unsern Herrn Jesus Christus." (1. Kor. 15,57)

Die Heilige Schrift zeigt deutlich, daß die Heiligung ein fortschreitendes Werk ist. Wenn der Sünder in der Bekehrung durch das Blut der Versöhnung Frieden mit Gott findet, so hat das christliche Leben eben erst begonnen. Jetzt muß er „zur Vollkommenheit fahren", heranwachsen „zum vollendeten Mann, zum vollen Maß der Fülle Christi." Der Apostel Paulus schreibt: „Eins aber sage ich: Ich vergesse, was dahinten ist, und strecke mich aus nach dem, was da vorne ist; und jage nach dem vorgesteckten Ziel, dem Siegespreis der himmlischen Berufung Gottes in Christus Jesus." (Phil. 3,13.14) Und Petrus zeigt uns die Schritte, die zur Erlangung biblischer Heiligung erforderlich sind: „So wendet alle Mühe daran und erweist in eurem Glauben Tugend und in der Tugend Erkenntnis und in der Erkenntnis Mäßigkeit und in der Mäßigkeit Geduld und in der Geduld Frömmigkeit und in der Frömmigkeit brüderliche Liebe und in der brüderlichen Liebe die Liebe zu allen Menschen. ... Denn wo ihr solches tut, werdet ihr nicht straucheln." (2. Petr. 1,5-10)

Wer die biblische Heiligung an sich erfahren hat, wird einen demütigen Geist bekunden. Gleichwie Mose hat er die ehrfurchtgebietende Majestät der Heiligkeit erblickt und seine eigene Unwürdigkeit im Gegensatz zu der Reinheit und der erhabenen Vollkommenheit des Ewigen gesehen.

Der Prophet Daniel war ein Beispiel wahrer Heiligung. Sein langes Leben war mit edlem Dienst für seinen Meister angefüllt. Der Bote vom Himmel nannte ihn „du von Gott Geliebter". (Dan. 10,11) Anstatt jedoch zu behaupten, er sei rein und heilig, rechnete dieser geehrte Prophet sich selbst zu dem wahrhaft sündigen Israel, als er vor Gott Fürbitte für sein Volk einlegte. „Wir liegen vor dir mit unserem Gebet und vertrauen nicht auf unsre Gerechtigkeit, sondern auf deine große Barmherzigkeit." „Wir haben gesündigt, wir sind gottlos gewesen." „Als ich noch so redete und betete und meine und meines Volkes Israel Sünde bekannte." Und als ihm bei einem späteren Anlaß der Sohn Gottes erschien, ihn zu belehren, erklärte er: „Ich war sehr entstellt und hatte keine Kraft mehr." (Dan. 9,18.15.20; 10,8)

Als Hiob die Stimme des Herrn aus dem Wetter hörte, rief er aus: „Darum spreche ich mich schuldig und tue Buße in Staub und Asche." (Hiob 42,6) Als Jesaja die Herrlichkeit Gottes sah und die Cherubim rufen hörte: „Heilig, heilig, heilig, ist der Herr Zebaoth!", rief er aus: „Weh mir, ich vergehe!" (Jes. 6,3.5) Nachdem Paulus in den dritten Himmel entrückt worden war und unaussprechliche Worte hörte, die kein Mensch sagen kann, sprach er von sich selbst als „dem allergeringsten unter allen Heiligen." (2. Kor. 12,2-4; Eph. 3,8) Der geliebte Johannes, der an Jesu Brust geruht und seine Herrlichkeit gesehen hatte, fiel wie tot zu den Füßen des Engels nieder. (Offb. 22,8)

Bei denen, die im Schatten des Kreuzes auf Golgatha wandeln, gibt es keine Selbsterhebung, keine prahlerische Behauptung, frei von Sünde zu sein. Sie sind sich bewußt, daß es ihre Sünde war, die die Seelenqual verursachte, die dem Sohne Gottes das Herz brach, und dieser Gedanke wird zur Selbsterniedrigung führen. Die am innigsten mit Jesus verbunden sind, erkennen am deutlichsten die Schwächen und die Sündhaftigkeit der Menschheit, und ihre einzige Hoffnung stützt sich auf das Verdienst eines gekreuzigten und auferstandenen Heilandes.

Die Heiligung, die jetzt in der Christenheit hervortritt, offenbart einen Geist der Selbsterhebung und eine Gleichgültigkeit gegen das Gesetz Gottes, die mit der Religion der Bibel nichts mehr gemein hat. Ihre Anhänger lehren, die Heiligung sei ein Werk des Augenblicks, durch das sie im Glauben allein vollkommene Heiligkeit erlangten. Glaube nur, sagen sie, und du wirst den Segen erhalten. Weitere Anstrengungen vom Empfänger werden für unnötig angesehen. Zu gleicher Zeit aber leugnen sie die Gültigkeit des göttlichen Gesetzes und behaupten, sie seien von der Verpflichtung, die Gebote zu halten, befreit. Ist es aber möglich, daß Menschen heilig und in Übereinstimmung mit dem Willen und Charakter Gottes sein können, ohne in Einklang mit den Grundsätzen zu kommen, die ein Ausdruck der Natur und des Willens Gottes sind und die dartun, was ihm wohlgefällig ist?

Das Verlangen nach einer bequemen Religion, die weder Anstrengung, Selbstverleugnung noch Trennung von den Torheiten der Welt erfordert, hat die Lehre vom Glauben, und zwar vom Glauben allein zu einer volkstümlichen Lehre gemacht. Was sagt aber Gottes Wort? Der Apostel Jakobus sagt: „Was hilft's, liebe Brüder, wenn jemand sagt, er habe Glauben und hat doch keine Werke. Kann denn der Glaube ihn selig machen? ... Willst du nun einsehen, du törichter Mensch, daß der Glaube ohne Werke nutzlos ist? Ist nicht Abraham, unser Vater, durch die Werke gerecht geworden, als er seinen Sohn Isaak auf dem Altar opferte? Da siehst du, daß der Glaube zusammengewirkt hat mit seinen Werken, und durch die Werke ist der Glaube vollkommen geworden. ... So seht ihr nun, daß der Mensch durch Werke gerecht wird, nicht durch Glauben allein." (Jak. 2,14-24)

Das Zeugnis des göttlichen Wortes ist wider diese verstrickende Lehre vom Glauben ohne Werke. Die Gunst des Himmels zu beanspruchen, ohne den Bedingungen, unter welchen Barmherzigkeit gewährt wird, nachzukommen, ist nicht Glaube, sondern Vermessenheit; denn der echte Glaube hat seinen Grund in den Verheißungen und Verordnungen der Heiligen Schrift.

Niemand gebe sich dem Glauben hin, heilig werden zu können, während vorsätzlich eins der Gebote Gottes übertreten wird. Das Begehen einer bewußten Sünde bringt die überzeugende Stimme des Heiligen Geistes zum Schweigen und trennt die Seele von Gott. Sünde ist die Übertretung des Gesetzes. Und „wer sündigt [das Gesetz übertritt], der hat ihn nicht gesehen noch erkannt." (1. Joh. 3,6) Obgleich Johannes in seinen Briefen so ausführlich von der Liebe spricht, zögert er dennoch nicht, den wahren Charakter jener zu enthüllen, die beanspruchen, geheiligt zu sein, während sie in Übertretung des göttlichen Gesetzes leben. „Wer sagt: Ich kenne ihn, und hält seine Gebote nicht, der ist ein Lügner, und in dem ist keine Wahrheit. Wer aber sein Wort hält, in dem ist wahrlich die Liebe Gottes vollkommen." (1. Joh. 2,4.5) Hier ist der Prüfstein jedes Bekenntnisses. Wir können keinen Menschen als heilig ansehen, ohne ihn mit Gottes einzigem Maßstab für Heiligkeit im Himmel und auf Erden gemessen zu haben. Wenn Menschen die Wichtigkeit des Sittengesetzes nicht erkennen, wenn sie Gottes Gebote geringschätzen und leichtfertig behandeln, wenn sie eines der geringsten dieser Gebote übertreten und die Menschen also lehren, so werden sie vor dem Himmel als unwert erachtet, und wir können wissen, daß ihre Ansprüche unbegründet sind.

Die Behauptung, ohne Sünde zu sein, ist an und für sich schon ein Beweis, daß der, der solche Ansprüche erhebt, weit davon entfernt ist, heilig zu sein. Weil der Mensch keine echte Vorstellung von der unendlichen Reinheit und Heiligkeit Gottes oder von dem Zustand derer hat, die im Einklang mit seinem Charakter sein werden, weil er keine wahre Vorstellung von der Reinheit und der erhabenen Lieblichkeit Jesu noch von der Bosheit und dem Unheil der Sünde hat, darum sieht er sich selbst als heilig an. Je größer die Entfernung zwischen ihm und Christus, je unzulänglicher seine Begriffe von dem Charakter und den Anforderungen Gottes sind, um so gerechter wird er in seinen eigenen Augen erscheinen.

Die in der Heiligen Schrift verordnete Heiligung schließt das ganze Wesen – Geist, Seele und Leib – ein. Paulus betete für die Thessalonicher, daß „der Gott des Friedens, ... bewahre euren Geist samt Seele und Leib unversehrt, untadelig für die Ankunft unseres Herrn Jesus Christus." (1. Thess. 5,23) Ein andermal schrieb er an Gläubige: „Ich ermahne euch nun, liebe Brüder, durch die Barmherzigkeit Gottes, daß ihr eure Leiber hingebt als ein Opfer, das lebendig, heilig und Gott wohlgefällig ist." (Röm. 12,1) Zur Zeit des alten Israel wurde jede Gott zum Opfer dargebrachte Gabe sorgfältig untersucht. Wurde irgendein Fehler an dem Opfertier gefunden, so wurde es abgewiesen; denn Gott hatte befohlen, daß „kein Fehl" am Opfer sein sollte. So wird auch den Christen geboten, ihre Leiber „als ein Opfer, das lebendig, heilig und Gott wohlgefällig ist", hinzugeben. Dazu aber müssen alle ihre Kräfte in dem bestmöglichen Zustand erhalten werden. Jede Handlung, die die körperliche oder geistige Kraft schwächt, macht den Menschen für den Dienst seines Schöpfers untüchtig. Könnte Gott denn Wohlgefallen an etwas finden, das nicht unser Bestes ist? Christus sagte: „Du sollst lieben Gott, deinen Herrn, von ganzem Herzen." Die Gott von ganzem Herzen lieben, werden ihm den besten Dienst ihres Lebens weihen wollen und beständig danach trachten, jedes Vermögen ihrer Persönlichkeit in Übereinstimmung mit den Gesetzen zu bringen, die ihre Fähigkeit, seinen Willen zu tun, fördern. Sie werden nicht durch die Befriedigung der Genußsucht oder Leidenschaften das Opfer schwächen oder verunreinigen, das sie ihrem himmlischen Vater darbringen.

Petrus sagt: „Enthaltet euch von fleischlichen Lüsten, die gegen die Seele streiten." (1. Petr. 2,11) Jede sündhafte Befriedigung führt zur Abstumpfung der Geisteskräfte und schwächt das geistige und geistliche Wahrnehmungsvermögen, so daß das Wort oder der Geist Gottes das Herz nur schwach beeindrucken kann.

Paulus schreibt an die Korinther: „Laßt uns von aller Befleckung des Fleisches und des Geistes reinigen und die Heiligung vollenden in der Furcht Gottes." (2. Kor. 7,1) Und den Früchten des Geistes: „Liebe, Freude, Friede, Geduld, Freundlichkeit, Güte, Treue, Sanftmut" reiht er die „Enthaltsamkeit" an. (Gal. 5,22.23)

Wie viele, die sich Christen nennen, schwächen aber trotz dieser inspirierten Aussagen dennoch ihre Kräfte im Jagen nach Gewinn oder in der Huldigung der Mode; wie viele würdigen ihr gottebenbildliches Menschentum durch Prasserei, Weintrinken und verbotene Genüsse herab! Und die Kirche, anstatt das Übel zu rügen, ermutigt es nur zu oft, indem sie die Eßlust, das Verlangen nach Gewinn oder die Liebe zum Vergnügen reizt, um ihre Kasse wieder zu füllen, wozu die Liebe zu Christus zu schwach ist. Würde Jesus die heutigen Kirchen betreten und dort das unheilige Treiben und die Schwelgerei [wie dies namentlich in Amerika der Fall ist] wahrnehmen, die im Namen der Religion dort veranstaltet werden, würde er nicht diese Tempelschänder hinaustreiben, wie er einst die Geldwechsler aus dem Tempel jagte?

Der Apostel Jakobus sagt uns, daß die Weisheit, die von oben kommt, „fürs erste rein" ist. (Jak. 3,17) Hätte er Männer getroffen, die den köstlichen Namen Jesu auf ihre von Tabak verunreinigten Lippen genommen hätten, deren Atem und Person von dem ekelhaften Geruch durchdrungen gewesen wäre, die die Luft des Himmels verpestet und ihre Umgebung gezwungen hätten, das Gift einzuatmen – hätte der Apostel einen der Reinheit des Evangeliums so sehr entgegengesetzten Brauch vorgefunden, würde er ihn nicht als irdisch, sinnlich, teuflisch verurteilt haben? Sklaven des Tabaks mögen wohl behaupten, völlig geheiligt zu sein, mögen reden von ihrer Hoffnung auf den Himmel; aber Gottes Wort sagt deutlich: „Und nichts Unreines wird hineinkommen." (Offb. 21,27)

„Oder wißt ihr nicht, daß euer Leib ein Tempel des heiligen Geistes ist, der in euch ist und den ihr von Gott habt, und daß ihr nicht euch selbst gehört? Denn ihr seid teuer erkauft; darum preist Gott mit eurem Leibe." (1. Kor. 6,19.20) Der Mensch, dessen Leib ein Tempel des Heiligen Geistes ist, wird sich nicht durch eine verderbliche Gewohnheit zum Sklaven machen lassen. Seine Kräfte gehören Christus, der ihn mit seinem Blut erkauft hat. Seine Güter sind des Herrn. Wie könnte er sich der Vergeudung der ihm anvertrauten Habe schuldig machen? Bekenntliche Christen geben alljährlich ungeheure Summen für nutzlose und schädliche Liebhabereien aus, während Seelen aus Mangel an dem Brot des Lebens verderben; sie berauben Gott an Gaben und Opfern, während sie mehr auf den Altar der verderblichen Lüste legen als sie zur Unterstützung der Armen oder zur Verbreitung des Evangeliums beitragen. Wenn alle vorgeblichen Nachfolger Christi wahrhaft geheiligt wären, so würden ihre Mittel, anstatt für nutzlose und sogar schädliche Befriedigungen verwandt zu werden, in die Schatzkammer des Herrn fließen, und sie würden andern ein Beispiel an Mäßigkeit, Selbstverleugnung und Selbstaufopferung geben. Dann würden sie das Licht der Welt sein.

Die Welt ist zügelloser Genußsucht ergeben. „Des Fleisches Lust und der Augen Lust und hoffärtiges Leben" beherrschen die Volksmenge. Aber Christi Nachfolger haben eine heiligere Berufung: „Darum geht aus von ihnen und sondert euch ab, spricht der Herr; und rührt nichts Unreines an." Im Lichte des Wortes Gottes dürfen wir mit Recht sagen, daß keine Heiligung echt sein kann, die nicht eine gänzliche Entsagung des sündhaften Trachtens und der Vergnügungen der Welt bewirkt.

Denen, die den Bedingungen: „Geht aus von ihnen und sondert euch ab ... und rührt nichts Unreines an" nachkommen, gilt Gottes Verheißung: „So will ich euch annehmen und euer Vater sein, und ihr sollt meine Söhne und Töchter sein, spricht der allmächtige Herr." (2. Kor. 6,17.18) Es ist eines jeden Christen Vorrecht und Pflicht, eine reiche und köstliche Erfahrung mit dem Göttlichen zu machen. „Ich bin das Licht der Welt", sagt der Heiland. „Wer mir nachfolgt, der wird nicht wandeln in der Finsternis, sondern wird das Licht des Lebens haben." (Joh. 8,12) „Der Gerechten Pfad glänzt wie das Licht am Morgen, das immer heller leuchtet bis zum vollen Tag." (Spr. 4,18) Jeder Schritt des Glaubens und des Gehorsams bringt die Seele in engere Verbindung mit dem Licht der Welt, in welchem „keine Finsternis" ist. Die hellen Strahlen der Sonne der Gerechtigkeit scheinen auf Gottes Diener, und sie sollen sein Licht widerstrahlen. Wie uns die Sterne lehren, daß ein großes Licht am Himmel ist, dessen Glanz sie erhellt, so sollen die Christen es bekunden, daß auf dem Thron des Weltalls ein Gott sitzt, dessen Charakter des Lobes und der Nachahmung würdig ist. Die Früchte seines Geistes, die Reinheit und Heiligkeit seines Charakters werden sich in seinen Zeugen offenbaren.

Paulus beschreibt in seinem Brief an die Kolosser die reichen Segnungen, die den Kindern Gottes verliehen werden. Er sagt: „Darum lassen ... wir nicht ab, für euch zu beten und zu bitten, daß ihr erfüllt werdet mit der Erkenntnis seines Willens in aller geistlichen Weisheit und Einsicht, daß ihr des Herrn würdig lebt, ihm in allen Stücken gefallt und Frucht bringt in jedem guten Werk und wachst in der Erkenntnis Gottes und gestärkt werdet mit aller Kraft durch seine herrliche Macht zu aller Geduld und Langmut." (Kol. 1,9-11)

An anderer Stelle schreibt er von seinem Wunsch, daß die Brüder in Ephesus die Erhabenheit der christlichen Vorrechte völlig erkennen möchten. Er erschließt vor ihnen in höchst deutlichen Worten die wunderbare Macht und Erkenntnis, die sie als Söhne und Töchter des Allerhöchsten haben können. Es war ihr Vorrecht, „stark zu werden durch seinen Geist an dem inwendigen Menschen", „in die Liebe eingewurzelt und gegründet" zu werden, zu „begreifen mit allen Heiligen, welches die Breite und die Länge und die Tiefe und die Höhe ist", und zu „erkennen die Liebe Christi, die doch alle Erkenntnis übertrifft." Aber das Gebet des Apostels erreicht den Höhepunkt des Vorrechts, wenn er betet, „damit ihr erfüllet werdet mit der ganzen Gottesfülle." (Eph. 3,16-19)

Hier wird uns das erhabene Ziel gezeigt, das wir durch den Glauben an die Verheißungen unseres himmlischen Vaters erreichen können, wenn wir den von ihm gestellten Anforderungen nachkommen. Durch Christi Verdienst haben wir Zugang zum Thron der unendlichen Macht. „Der auch seinen eigenen Sohn nicht verschont hat, sondern ihn für uns alle dahingegeben hat; wie sollte er uns mit ihm nicht alles schenken?" (Röm. 8,32) Der Vater gab seinem Sohn seinen Geist in Fülle; und auch wir dürfen teilhaben an seiner Fülle. Jesus sagt: „Wenn nun ihr, die ihr böse seid, euren Kindern gute Gaben geben könnt, wieviel mehr wird der Vater im Himmel den heiligen Geist geben denen, die ihn bitten!" „Was ihr mich bitten werdet in meinem Namen, das will ich tun." „Bittet, so werdet ihr nehmen, daß eure Freude vollkommen sei." (Lk. 11,13; Joh. 14,14; 16,24)

Während des Christen Leben sich durch Demut kennzeichnet, sollte es doch ohne Traurigkeit oder eigene Herabsetzung sein. Es ist das Vorrecht eines jeden, so zu wandeln, wie es dem Herrn wohlgefällt und er ihn segnen kann. Unser himmlischer Vater will nicht, daß wir uns ständig verdammt und in Finsternis fühlen sollen. Es ist kein Beweis wahrer Demut, mit gebeugtem Haupt und einem mit Gedanken über sich selbst erfüllten Herzen einherzugehen. Wir können zu Jesu kommen, uns von ihm reinigen lassen und ohne Scham oder Gewissensbisse vor dem Gesetz bestehen. „So gibt es nun keine Verdammnis für die, die in Christus Jesus sind, die nun nicht nach dem Fleisch leben, sondern nach dem Geist." (Röm. 8,1.4)

Durch Jesus werden die gefallenen Söhne Adams „Kinder Gottes". „Denn weil sie alle von einem kommen, beide, der heiligt und die geheiligt werden, darum schämt er sich auch nicht, sie Brüder zu nennen." (Hebr. 2,11) Das Leben des Christen sollte ein Leben des Glaubens, des Sieges und der Freude in Gott sein. „Denn alles, was von Gott geboren ist, überwindet die Welt; und unser Glaube ist der Sieg, der die Welt überwunden hat." (1. Joh. 5,4) In Wahrheit sagte Gottes Diener Nehemia: „Die Freude am Herrn ist eure Stärke." (Neh. 8,10) Und Paulus schreibt: „Freuet euch in dem Herrn allewege, und abermals sage ich: Freuet euch!" „Seid allezeit fröhlich, betet ohne Unterlaß, seid dankbar in allen Dingen; denn das ist der Wille Gottes in Christus Jesus an euch." (Phil. 4,4; 1. Thess. 5,16-18)

Das sind die Früchte biblischer Bekehrung und Heiligung; und weil die großen Grundsätze der Gerechtigkeit, wie das Gesetz Gottes sie veranschaulicht, von der christlichen Welt so gleichgültig behandelt werden, darum werden diese Früchte so selten gesehen. Aus diesem Grunde offenbart sich auch so wenig von jenem tiefen, bleibenden Wirken des Geistes Gottes, das die Erweckungen früherer Jahre kennzeichnete.

Durch Schauen auf den Herrn werden wir verwandelt. Und da jene heiligen Vorschriften, in welchen Gott den Menschen die Vollkommenheit und Heiligkeit seines Charakters offenbart, vernachlässigt werden, und der Sinn des Volkes von menschlichen Lehren und Ansichten gefesselt wird, so ist es gar nicht verwunderlich, daß eine Abnahme der lebendigen Frömmigkeit in der Kirche eingetreten ist. Der Herr sagte: „Mich, die lebendige Quelle, verlassen sie und machen sich Zisternen, die doch rissig sind und kein Wasser geben." (Jer. 2,13)

„Wohl dem, der nicht wandelt im Rat der Gottlosen, ... sondern hat Lust am Gesetz des Herrn und sinnt über sein Gesetz Tag und Nacht! Der ist wie ein Baum, gepflanzt an den Wasserbächen, der seine Frucht bringt zu seiner Zeit, und seine Blätter verwelken nicht; und was er macht, das gerät wohl." (Ps. 1,1-3) Nur dadurch, daß dem Gesetz Gottes sein rechtmäßiger Standpunkt wieder eingeräumt wird, kann eine Erweckung des ursprünglichen Glaubens und der ersten Gottseligkeit unter seinem vorgeblichen Volk stattfinden. „So spricht der Herr: Tretet hin an die Wege und schauet und fragt nach den Wegen der Vorzeit, welches der gute Weg sei, und wandelt darin, so werdet ihr Ruhe finden für eure Seele!" (Jer. 6,16)

28 Das Untersuchungsgericht

„Ich sah", schrieb der Prophet Daniel, „wie Throne aufgestellt wurden, und einer, der uralt war, setzte sich. Sein Kleid war weiß wie Schnee und das Haar auf seinem Haupt rein wie Wolle; Feuerflammen waren sein Thron und dessen Räder loderndes Feuer. Und von ihm ging aus ein langer feuriger Strahl. Tausendmal Tausende dienten ihm, und zehntausendmal Zehntausende standen vor ihm. Das Gericht wurde gehalten, und die Bücher wurden aufgetan." (Dan. 7, 9. 10.)

So wurde dem Propheten im Gesicht der große und feierliche Tag vorgeführt, da der Charakter und das Leben eines jeden Menschen vor dem großen Richter der ganzen Welt geprüft wird. Der Alte ist Gott der Vater. Der Psalmist sagt: „Ehe denn die Berge wurden und die Erde und die Welt geschaffen wurden, bist du, Gott, von Ewigkeit zu Ewigkeit." (Ps. 90, 2.) Er, der Urheber alles Daseins und aller Gesetze, wird den Vorsitz im Gericht führen. Und als Diener und Zeugen werden heilige Engel an Zahl „tausendmal Tausende und zehntausendmal Zehntausende", diesem großen Gericht beiwohnen.

„Ich sah in diesem Gesicht in der Nacht, und siehe, es kam einer mit den Wolken des Himmels wie eines Menschen Sohn und gelangte zu dem, der uralt war, und wurde vor ihn gebracht. Der gab ihm Macht, Ehre und Reich, daß ihm alle Völker und Leute aus so vielen verschiedenen Sprachen dienen sollten. Seine Macht ist ewig und vergeht nicht, und sein Reich hat kein Ende." (Dan. 7, 13. 14.) Das hier beschriebene Kommen Christi ist nicht seine Wiederkunft zur Erde. Er kommt vor den „Alten" im Himmel, um Gewalt, Ehre und Reich zu empfangen, die ihm am Schluß seines Werkes als Vermittler gegeben werden. Von diesem Kommen, und nicht von seiner Wiederkunft zur Erde wird in der Weissagung bezeugt, daß es am Schluß der 2300 Tage, im Jahre 1844, stattfinden werde. In Begleitung himmlischer Engel betritt unser großer Hoherpriester das Allerheiligste und erscheint dort vor Gott, um die letzten Handlungen seines Dienstes für die

Menschen zu verrichten, um das Werk des Untersuchungsgerichtes auszuführen und eine Versöhnung zu bewerkstelligen für alle, die sich der Wohltaten dieser Versöhnung würdig erweisen.

In dem vorbildlichen Dienst hatten nur die, die mit Bekenntnis und Reue zu Gott kamen, deren Sünden durch das Blut des Sündopfers auf das Heiligtum übertragen worden waren, einen Anteil an dem Dienst des Versöhnungstages. So werden auch an dem großen Tag der Endversöhnung und des Untersuchungsgerichts nur die Fälle des bekennenden Volkes Gottes in Betracht gezogen. Das Gericht über die Gottlosen ist ein besonderes, von diesem getrenntes Werk, das später stattfinden wird. „Denn die Zeit ist da, daß das Gericht anfängt an dem Hause Gottes. Wenn aber zuerst an uns, was wird es für ein Ende nehmen mit denen, die dem Evangelium Gottes nicht glauben?" (1. Petr. 4, 17)

Die Bücher des Himmels, in welchen die Namen und Taten der Menschen verzeichnet stehen, werden die Entscheidungen des Gerichts bestimmen. Der Prophet Daniel sagt: „Das Gericht ward gehalten, und die Bücher wurden aufgetan." Der Schreiber der Offenbarung fügt bei der Schilderung desselben Vorgangs hinzu: „Und ein anderes Buch wurde aufgetan, welches ist das Buch des Lebens. Und die Toten wurden gerichtet nach dem, was in den Büchern geschrieben steht, nach ihren Werken." (Offb. 20, 12.)

Das Buch des Lebens enthält die Namen aller, die jemals in den Dienst Gottes getreten waren. Jesus sagte zu seinen Jüngern: „Freut euch aber, daß eure Namen im Himmel geschrieben sind." (Luk. 10, 20.) Paulus spricht von seinen getreuen Mitarbeitern, deren „Namen im Buch des Lebens stehen." (Phil. 4, 3.) Im Hinblick auf „eine Zeit so großer Trübsal", „wie sie nie gewesen ist, seitdem es Menschen gibt", erklärte Daniel, daß Gottes Volk errettet werden soll, „alle, die im Buch geschrieben stehen." (Dan. 12, 1.) Und in der Offenbarung heißt es, daß nur solche die Stadt Gottes betreten dürfen, deren Namen „geschrieben stehen im Lebensbuch des Lammes." (Offb. 21, 27.)

„Ein Gedächtnisbuch" [Grundtext] ist vor dem Herrn geschrieben worden, in dem die guten Taten aller verzeichnet stehen, die „den Herrn fürchten und an seinen Namen gedenken." (Mal. 3, 16.) Ihre Worte des Glaubens, ihre Taten der Liebe stehen im Himmel verzeichnet. Nehemia nimmt Bezug hierauf, wenn er sagt: „Gedenke, mein Gott, um dessentwillen an mich und lösche nicht aus, was ich in Treue am Hause meines Gottes und für den Dienst in ihm getan habe!" (Neh. 13, 14.) In dem Gedächtnisbuch Gottes wird jede gerechte Tat verewigt. Dort findet sich eine jede widerstandene Versuchung, jegliches überwundene Übel, jedes ausgesprochene Wort zärtlichen Mitleids getreu berichtet; jede aufopfernde Tat, jeder um Christi willen ausgestandene Schmerz oder Kummer sind dort eingetragen. Der Psalmist sagt: „Zähle die Wege meiner Flucht; fasse meine Tränen in deinen Krug. Ohne Zweifel, du zählest sie." (Stehen sie nicht in deinem Buche? [Grundtext]) (Ps. 56, 9.)

Es wird dort auch ein Bericht über die Sünden der Menschen geführt. „Denn Gott wird alle Werke vor Gericht bringen, alles, was verborgen ist, es sei gut oder böse." (Pred. 12, 14.) Der Heiland sagte: „Ich sage euch aber, daß die Menschen Rechenschaft geben müssen am Tage des Gerichts von jedem unnützen Wort, das sie geredet haben. Aus deinen Worten wirst du gerechtfertigt werden, und aus deinen Worten wirst du verdammt werden." (Matth. 12, 36. 37.) Die geheimen Absichten und Beweggründe erscheinen in jenem unfehlbaren Verzeichnis, denn Gott „wird ans Licht bringen, was im Finstern verborgen ist, und wird das Trachten der Herzen offenbar machen." (1. Kor. 4, 5.) „Siehe, es steht vor mir geschrieben: Ich will nicht schweigen, sondern heimzahlen; ja, ich will es ihnen heimzahlen, beides, ihre Missetaten und ihrer Väter Missetaten miteinander, spricht der Herr." (Jes. 65, 6. 7.)

Eines jeden Taten werden einer Untersuchung vor Gott unterzogen und als treu oder untreu eingetragen. In den himmlischen Büchern wird gegenüber dem Namen eines jeden mit peinlicher Genauigkeit jedes schlechte Wort, jede selbstsüchtige Handlung, jede unerfüllte Pflicht, jegliche verborgene Sünde und jede listige Verstellung eingeschrieben. Vom Himmel gesandte, vernachlässigte Warnungen oder Rügen, verschwendete Augenblicke, unbenutzte Gelegenheiten, der zum Guten oder Bösen ausgeübte Einfluß mit seinen weitreichenden Folgen, alles wird von dem berichtführenden Engel niedergeschrieben.

Das Gesetz Gottes ist das Richtmaß, nach dem das Leben und der Charakter der Menschen im Gericht gemessen werden. Der weise Mann sprach: „Fürchte Gott und halte seine Gebote; denn das gilt für alle Menschen. Denn Gott wird alle Werke vor Gericht bringen, alles, was verborgen ist, es sei gut oder böse." (Pred. 12, 13. 14.) Der Apostel Jakobus ermahnt seine Brüder: „Redet so und handelt so wie Leute, die durchs Gesetz der Freiheit gerichtet werden sollen." (Jak. 2, 12.)

Wer im Gericht für würdig befunden wird, wird an der Auferstehung der Gerechten teilnehmen. Jesus sagte: „Welche aber würdig sein werden, jene Welt zu erlangen und die Auferstehung von den Toten, ... sind den Engel gleich und Gottes Kinder, weil sie Kinder der Auferstehung sind." (Luk. 20, 35. 36.) „Und werden hervorgehen, die da Gutes getan haben, zur Auferstehung des Lebens." (Joh. 5, 29.) Die gerechten Toten werden erst nach dem Gericht auferweckt, in welchem sie der „Auferstehung des Lebens" für würdig befunden werden. Sie werden also nicht persönlich im Gericht zugegen sein, wenn ihre Lebensberichte untersucht und ihre Fälle entschieden werden.

Jesus wird als ihr Fürsprecher auftreten und vor Gott für sie Fürbitte einlegen. „Und wenn jemand sündigt, so haben wir einen Fürsprecher bei dem Vater, Jesus Christus, der gerecht ist." (1. Joh. 2, 1.) „Denn Christus ist nicht eingegangen in das Heiligtum, das mit Händen gemacht und nur ein Abbild des wahren Heiligtums ist, sondern in den Himmel selbst, um jetzt für uns vor dem Angesicht Gottes zu erscheinen." „Daher kann er auch für immer selig machen, die durch ihn zu Gott kommen; denn er lebt für immer und bittet für sie." (Hebr. 9, 24; 7, 25.)

Wenn die Bücher aufgeschlagen werden, wird der Lebenslauf aller, die an Jesus geglaubt haben, vor Gott untersucht. Unser Fürsprecher beginnt mit jenen, die zuerst auf Erden lebten, geht dann von Geschlecht zu Geschlecht weiter und schließt mit den Lebenden. Jeder Name wird erwähnt, der Fall jedes einzelnen genau untersucht. Namen werden angenommen, Namen verworfen. Finden sich bei manchen Sünden in den Büchern verzeichnet, die nicht bereut und vergeben sind, so werden ihre Namen aus dem Buch des Lebens getilgt und das Verzeichnis ihrer guten Taten aus dem Gedächtnisbuch Gottes ausgelöscht. „Der Herr sprach zu Mose: Ich will den aus meinem Buch tilgen, der an mir sündigt." (2. Mose 32, 33.) Und der Prophet Hesekiel sagte: „Und wenn sich der Gerechte abkehrt von seiner Gerechtigkeit und tut Unrecht ... sollte der am Leben bleiben? An alle seine Gerechtigkeit, die er getan hat, soll nicht gedacht werden." (Hes. 18, 24.)

Bei den Namen all derer, die wahrhaft ihre Sünden bereut und durch den Glauben das Blut Christi als ihr versöhnendes Opfer beansprucht haben, wird Vergebung in die Himmelsbücher eingeschrieben; da sie Teilhaber der Gerechtigkeit Christi geworden sind und ihr Charakter in Übereinstimmung mit dem Gesetz Gottes gefunden wird, werden ihre Sünden ausgetilgt und sie selbst des ewigen Lebens für würdig angesehen. Der Herr erklärte durch den Propheten Jesaja: „Ich, ich tilge deine Übertretung um meinetwillen und gedenke deiner Sünden nicht." (Jes. 43, 25.) Jesus sagte: „Wer überwindet, der soll mit weißen Kleidern angetan werden, und ich werde seinen Namen nicht austilgen aus dem Buch des Lebens, und ich will seinen Namen bekennen vor meinem Vater und seinen Engeln." „Wer nun mich bekennt vor den Menschen, den will ich auch bekennen vor meinem himmlischen Vater. Wer mich aber verleugnet vor den Menschen, den will ich auch verleugnen vor meinem himmlischen Vater." (Offb. 3, 5; Matth. 10, 32. 33.)

Die regste Teilnahme der Menschen an den Entscheidungen irdischer Gerichtshöfe stellt nur schwach die bekundete Anteilnahme an dem himmlischen Gerichtshof dar, wenn die in dem Buch des Lammes eingetragenen Namen zur Untersuchung vor den Richter der ganzen Welt gebracht werden. Der göttliche Vermittler bittet darum, daß alle, die durch den Glauben an sein Blut überwunden haben, Vergebung ihrer Übertretungen erhalten, daß sie wieder in das Paradies eingesetzt und gekrönt werden als Miterben mit ihm für die „frühere Herrschaft". (Micha 4, 8.) Satan hatte mittels seiner Bemühungen, die Menschen zu versuchen und zu täuschen, gehofft, den göttlichen Plan bei der Erschaffung des Menschen vereiteln zu können; Christus aber bittet nun, daß dieser Plan ausgeführt werde, als wäre der Mensch nie gefallen. Er beansprucht für sein Volk nicht nur eine völlige Vergebung und Rechtfertigung, sondern auch einen Anteil an seiner Herrlichkeit und einen Sitz auf seinem Thron.

Während Jesus für diese Menschen Fürbitte einlegt, beschuldigt Satan sie vor Gott als Übertreter. Der große Betrüger suchte sie in den Unglauben zu verstricken, sie zu veranlassen, ihr Gottvertrauen fahren zu lassen, sich von seiner Liebe zu trennen und sein Gesetz zu brechen. Nun verweist er auf den Bericht ihres Lebens, auf die Unvollkommenheiten in ihrem Charakter, ihre Unähnlichkeit mit Christus, womit sie ihrem Erlöser Schande bereitet haben, und auf alle Sünden, zu denen er sie verleitet hat, und beansprucht sie, indem er sich auf diese Vorkommnisse stützt, als seine Untertanen.

Jesus entschuldigt ihre Sünden nicht, verweist aber auf ihre Reue und ihren Glauben und bittet für sie um Vergebung; er hält seine verwundeten Hände vor dem Vater und den heiligen Engeln empor und ruft aus: „Ich kenne sie bei Namen, ich habe sie in meine Hände gezeichnet. 'Die Opfer, die Gott gefallen, sind ein geängsteter Geist; ein geängstet und zerschlagenes Herz wirst du, Gott, nicht verachten.'" (Ps. 51, 19.) Und dem Ankläger seines Volkes erklärt er: „Der Herr schelte dich, du Satan! Ja, der Herr, der Jerusalem erwählt hat, schelte dich! Ist dieser nicht ein Brandscheit, das aus dem Feuer gerettet ist?" (Sach. 3, 2.) Christus wird seine Getreuen mit seiner eigenen Gerechtigkeit kleiden, damit er sie seinem Vater darstellen kann, „eine Gemeinde, die herrlich sei, und keinen Flecken oder Runzel oder etwas dergleichen habe, sondern die heilig und untadelig sei." (Eph. 5, 27.) Ihre Namen stehen im Lebensbuch, und von ihnen heißt es: „Die werden mit mir einhergehen in weißen Kleidern, denn sie sind's wert." (Offb. 3, 4.)

So wird die vollkommene Erfüllung der Verheißung des neuen Bundes verwirklicht werden: „Denn ich will ihnen ihre Missetat vergeben und ihrer Sünde nimmermehr gedenken." „Zur selben Zeit und in jenen Tagen wird man die Missetat Israels suchen", spricht der Herr, „aber es wird keine da sein, und die Sünden Judas, aber es wird keine gefunden werden." (Jer. 31, 34; 50, 20.) „Zu der Zeit wird, was der Herr sprießen läßt, lieb und wert sein und die Frucht des Landes herrlich und schön bei denen, die erhalten bleiben in Israel. Und wer da wird übrig sein in Zion und übrigbleiben in Jerusalem, der wird heilig heißen, ein jeder, der geschrieben ist zum Leben in Jerusalem."(Jes. 4, 2. 3.)

Das Untersuchungsgericht und die Austilgung der Sünden muß vor der Wiederkunft des Herrn vollendet werden. Da die Toten gerichtet werden sollen nach dem, was in den Büchern geschrieben steht, so ist es unmöglich, daß die Sünden der Menschen vor Ablauf des Gerichts, in dem ihre Fälle untersucht werden, ausgetilgt werden können. Aber der Apostel Petrus sagt deutlich, daß die Sünden der Gläubigen ausgetilgt werden sollen, „damit die Zeit der Erquickung komme vom Angsicht des Herrn und er den sende, der euch zuvor zum Christus bestimmt ist: Jesus." (Apg. 3, 19. 20.) Wenn das Untersuchungsgericht beendet ist, kommt Christus und bringt seinen Lohn mit sich, einem jeglichen zu geben, wie seine Werke sein werden.

Im bildlichen Dienst trat der Hohepriester, nachdem er die Versöhnung für Israel erwirkt hatte, heraus und segnete die Gemeinde. So wird auch Christus nach Beendigung seines Mittleramtes erscheinen „ohne Sünde ... zur Seligkeit", (Hebr. 9, 28) um seinem harrenden Volk das ewige Leben zu verleihen. Gleichwie der Priester, als er die Sünden aus dem Heiligtum entfernte, sie auf das Haupt des Sündenbockes bekannte, so wird auch Christus alle diese Sünden auf Satan, den Urheber und Anstifter der Sünde, legen. Der lebendige Bock, der die Sünden Israels trug, wurde weggeführt „in die Wüste" (3. Mose 16, 22); also wird Satan, die Schuld aller Sünden tragend, zu denen er Gottes Volk veranlaßte, tausend Jahre lang auf die Erde, die dann wüst und ohne Einwohner sein wird, gebannt sein, und wird zuletzt die volle Strafe für die Sünde in dem Feuer erleiden, das alle Gottlosen vernichten wird. Auf diese Weise wird der große Erlösungsplan mit der endgültigen Ausrottung der Sünde und in der Befreiung aller, die willens waren, dem Bösen zu widerstehen, seine Vollendung erreichen.

Zu der für das Gericht vorhergesagten Zeit – mit dem Ablauf der 2300 Tage im Jahre 1844 – begann das Werk der Untersuchung und der Austilgung der Sünden. Alle, die jemals den Namen Christi angenommen haben, werden einer genauen Prüfung unterzogen. Lebende und Tote sollen gerichtet werden „nach der Schrift in den Büchern, nach ihren Werken."

Sünden, die nicht bereut und unterlassen wurden, werden nicht vergeben und nicht aus den Büchern ausgetilgt, sondern werden als Zeugen gegen den Sünder am Tage Gottes dastehen. Er mag seine bösen Taten beim Licht des Tages oder in der Finsternis der Nacht begangen haben; sie waren „bloß und entdeckt" vor dem, in dessen Händen wir sind. Die Engel Gottes sahen jede Sünde und verzeichneten sie in den untrüglichen Büchern. Man mag die Sünde verhehlen, verleugnen, vor Vater, Mutter, Weib, Kindern oder Freunden verdecken; kein einziger außer den schuldigen Tätern mag den allergeringsten Verdacht von dem Unrecht hegen; aber es ist offenbar vor den himmlischen Wesen. Das Dunkel der finstersten Nacht, die Heimlichkeit der täuschendsten Künste genügt nicht, um auch nur einen Gedanken vor der Allwissenheit des Ewigen zu verschleiern. Gott hat von jedem ungerechten Bericht, von jeder unbilligen Handlung ein genaues Verzeichnis. Er wird nicht durch den Schein eines gottseligen Wesens getäuscht. Er macht keinen Fehler in der Beurteilung des Charakters. Die Menschen mögen von denen, die verderbten Herzens sind, betrogen werden; aber Gott durchdringt alle Verstellung und erkennt das innere Leben.

Wie ernst ist der Gedanke! Ein Tag nach dem andern sinkt hinab in die Ewigkeit und belastet die himmlischen Bücher mit seinen Berichten. Einmal gesprochene Worte, einmal begangene Taten lassen sich nie mehr ungeschehen machen. Die Engel haben beides, das Gute und das Böse, eingetragen. Der gewaltigste Eroberer auf Erden ist nicht imstande, den Bericht auch nur eines einzigen Tages zurückzunehmen. Unsere Handlungen, unsere Worte, ja unsere geheimsten Beweggründe tragen alle zur Entscheidung unseres Schicksals bei, sei es zum Leben oder zum Tode. Obgleich wir sie vergessen, so werden sie Zeugnis zu unserer Rechtfertigung oder Verdammung ablegen.

So wie die Gesichtszüge auf der glänzenden Platte des Photographen entworfen werden, so getreu wird der Charakter in den Büchern droben dargestellt. Doch wie wenig Sorge macht man sich um den Bericht, der unter die Augen himmlischer Wesen kommen muß. Könnte der Schleier, der die sichtbare Welt von der unsichtbaren trennt, zurückgeschlagen werden und die Menschenkinder einem Engel zusehen, der jedes Wort und jede Tat verzeichnet, die im Gericht offenbar werden müssen, wie viele täglich ausgestoßene Worte würden unausgesprochen, wie viele Taten ungetan bleiben!

Im Gericht wird der Gebrauch jeder anvertrauten Gabe genau geprüft werden. Wie haben wir die uns vom Himmel verliehenen Güter verwendet? Wird der Herr bei seinem Erscheinen das Seine mit Zinsen wiedernehmen? Haben wir die uns anvertrauten Kräfte in Hand, Herz und Hirn zur Verherrlichung Gottes und der Welt zum Segen eingesetzt? Wie haben wir unsere Zeit, unsere Feder, unsere Stimme, unser Geld, unseren Einfluß verwertet? Was haben wir für Christus in der Person der Armen, der Heimgesuchten, der Witwen oder der Waisen getan? Gott hat uns zu Bewahrern seines heiligen Wortes gemacht; was haben wir mit dem Licht und der Wahrheit getan, die uns verliehen wurden, damit wir die Menschen zur Seligkeit unterweisen sollten? Einem bloßen Glaubensbekenntnis an Christus wird kein Wert beigemessen; nur die durch Werke tätige Liebe wird als echt anerkannt. Es ist doch die Liebe allein, die in den Augen des Himmels eine Handlung wertvoll macht. Was aus Liebe geschieht, wie klein es auch den Menschen scheinen mag, wird von Gott angenommen und belohnt.

Die verborgene Selbstsucht der Menschen ist in den Büchern des Himmels offenbart. Dort findet sich der Bericht unerfüllter Pflichten gegen die Mitmenschen, die Vernachlässigung der Ansprüche des Heilandes. Dort werden sie sehen, wie oft dem Satan die Christus gebührende Zeit, die Gedanken und die Kraft gegeben wurden. Traurig ist der Bericht, den Engel gen Himmel tragen. Vernunftbegabte Wesen, bekenntliche Nachfolger Christi sind gänzlich in Anspruch genommen von dem Trachten nach weltlichen Besitztümern oder nach den Genüssen irdischer Vergnügungen. Geld, Zeit und Kräfte werden dem Aufwand der Genußsucht geopfert; nur wenige Augenblicke werden dem Gebet, dem Forschen in der Schrift, der Demütigung der Seele und dem Bekennen der Sünde geweiht.

Satan erfindet unzählige Pläne, um unsere Gedanken zu beschäftigen, damit sie sich nicht mit dem Werk befassen möchten, mit dem wir am besten vertraut sein sollten. Der Erzbetrüger haßt die großen Wahrheiten, die ein versöhnendes Opfer und einen allmächtigen Mittler erkennen lassen. Er weiß, daß für ihn alles davon abhängt, die Gedanken von Jesus und seiner Wahrheit abzulenken.

Wer die Wohltaten der Fürsprache Christi empfangen möchte, sollte sich durch nichts von seiner Pflicht, die Heiligung in der Furcht Gottes zu vervollkommnen, abhalten lassen. Statt kostbare Stunden dem Vergnügen, dem Aufwand oder der Gewinnsucht zu opfern, sollten sie einem ernsten andachtsvollen Studium des Wortes der Wahrheit gewidmet werden. Der Gegenstand des Heiligtums und des Untersuchungsgerichts sollte klar und deutlich von dem Volk Gottes verstanden werden. Alle bedürfen einer persönlichen Erkenntnis der Stellung und des Werkes ihres großen Hohenpriesters; sonst wird es für sie unmöglich sein, den in dieser Zeit so wesentlichen Glauben zu üben oder den Platz einzunehmen, den sie nach Gottes Willen ausfüllen sollen. Jeder Mensch hat eine Seele zu retten oder zu verlieren. Jeder harrt auf die Entscheidung über sein Leben im Gericht Gottes. Jeder muß dem großen Richter unter die Augen treten. Wie wichtig ist es daher für jeden, oft die ernste Tatsache zu erwägen, daß Gericht gehalten wird und die Bücher aufgetan werden; wenn ein jeder mit Daniel in seinem Erbteil stehen muß am Ende der Tage.

Alle, die das Licht über diese Dinge erhalten haben, müssen Zeugnis ablegen von den großen Wahrheiten, die Gott ihnen anvertraut hat. Das himmlische Heiligtum ist gerade der Mittelpunkt des Werkes Christi für die Menschen. Es erschließt unseren Blicken den Erlösungsplan bis an das unmittelbare Ende der Zeit und offenbart den siegreichen Ausgang des Kampfes zwischen der Gerechtigkeit und der Sünde. Es ist von größter Wichtigkeit, daß wir alle diese Vorgänge aufs gründlichste untersuchen und imstande sind, jedermann, der uns fragt, einen Grund zu geben der Hoffnung, die in uns ist.

Die Fürsprache Christi für den Menschen im Heiligtum droben ist ein ebenso wesentlicher Teil des Heilsplanes wie sein

Tod am Kreuz. Mit seinem Tode begann er das Werk, das zu vollenden er nach seiner Auferstehung gen Himmel fuhr. Wir müssen im Glauben eingehen „in das Inwendige des Vorhangs", „dahinein ist der Vorläufer für uns gegangen." (Hebr. 6, 20.) Dort spiegelt sich das vom Kreuz auf Golgatha ausstrahlende Licht wider. Dort vermögen wir eine klarere Einsicht in die Geheimnisse der Erlösung zu gewinnen. Die Seligkeit des Menschen ist mit unermeßlichen Kosten des Himmels erreicht worden; das dargebrachte Opfer entspricht allen Anforderungen des gebrochenen Gesetzes Gottes. Jesus hat den Weg zum Thron des Vaters gebahnt, durch ihn kann das aufrichtige Verlangen aller, die gläubig zu ihm kommen, vor Gott gebracht werden.

„Wer seine Sünde leugnet, dem wird's nicht gelingen; wer sie aber bekennt und läßt, der wird Barmherzigkeit erlangen." (Spr. 28, 13.) Könnten diejenigen, die ihre Fehler verbergen und entschuldigen, sehen, wie Satan über sie jubelt, wie er Christus und die heiligen Engel mit ihrem Wandel schmäht, so würden sie sich beeilen, ihre Sünden zu bekennen und abzulegen. Durch Schwächen des Charakters sucht Satan sich des ganzen Gemütes zu bemächtigen, und er weiß, daß, falls diese Schwächen genährt werden, es ihm gelingen wird. Darum sucht er beständig, die Nachfolger Christi mit seiner verderblichen Vorspiegelung zu täuschen, daß es ihnen unmöglich sei, zu überwinden. Aber Jesus tritt für sie ein aufgrund seiner verwundeten Hände, seines zerschlagenen Leibes und sagt allen, die ihm nachfolgen wollen: „Laß dir an meiner Gnade genügen." (2. Kor. 12, 9.) „Nehmet auf euch mein Joch und lernet von mir; denn ich bin sanftmütig und von Herzen demütig; so werdet ihr Ruhe finden für eure Seelen. Denn mein Joch ist sanft und meine Last ist leicht." (Matth. 11, 29. 30.) Es erachte daher niemand seine Fehler als unheilbar. Gott wird Glauben und Gnade verleihen, sie zu überwinden.

Wir leben in der Zeit des großen Versöhnungstages. In dem vorbildlichen Dienst mußten alle, während der Hohepriester die Versöhnung für Israel erwirkte, sich durch Reue über ihre Sünden und Demütigung vor dem Herrn kasteien, damit sie nicht von dem Volk ausgerottet würden. In gleicher Weise sollten alle, die ihren Namen in dem Buch des Lebens erhalten wollen, jetzt in den wenigen noch verbleibenden Tagen ihrer Gnadenzeit ihre Seelen durch Reue über ihre Sünden und wahrhafte Buße vor dem Herrn demütigen. Es muß eine tiefgehende, gewissenhafte Prüfung des Herzens vorgenommen werden. Der leichtfertige, oberflächliche Geist, den so viele bekenntliche Christen bekunden, muß abgelegt werden. Es steht allen, die die üble Neigung, nach Macht zu streben, überwinden wollen, ein schwerer Kampf bevor. Das Werk der Vorbereitung ist ein persönliches. Wir werden nicht gruppenweise erlöst. Die Frömmigkeit und Reinheit des einen kann nicht die Ermangelung dieser Eigenschaften bei einem anderen ersetzen. Obgleich alle Völker vor Gott ins Gericht kommen müssen, so wird er doch den Fall eines jeden einzelnen mit solcher Gründlichkeit untersuchen, als ob es keine anderen Wesen auf Erden gäbe. Jeder muß geprüft und ohne Flecken, ohne Runzel oder sonst etwas Derartiges erfunden werden.

Sehr ernst sind die mit dem Schlußwerk der Versöhnung zusammenhängenden Vorgänge, folgenschwer die damit verbundenen Tatsachen. Das Gericht geht jetzt im himmlischen Heiligtum vor sich. Schon viele Jahre ist dies Werk im Gange. Bald – niemand weiß wie bald – werden die Fälle der Lebenden behandelt werden. In der Ehrfurcht gebietenden Gegenwart Gottes wird unser Leben untersucht werden. Mehr denn je ist es jetzt am Platze, daß jede Seele die Ermahnung des Heilandes beherzige: „Sehet euch vor, wachet! Denn ihr wißt nicht, wann die Zeit da ist." (Mark. 13, 33.) „Wenn du aber nicht wachen wirst, werde ich kommen wie ein Dieb, und du wirst nicht wissen, zu welcher Stunde ich über dich kommen werde." (Offb. 3, 3.)

Geht dann das Untersuchungsgericht zu Ende, so wird das Schicksal aller zum Leben oder Tod entschieden sein. Die Gnadenzeit endet kurze Zeit vor der Erscheinung des Herrn in den Wolken des Himmels. Christus erklärt in der Offenbarung, im Hinblick auf diese Zeit: „Wer Böses tut, der tue weiterhin Böses, und wer unrein ist, der sei weiterhin unrein; aber wer gerecht ist, der übe weiterhin Gerechtigkeit, und wer heilig ist, der sei weiterhin heilig. Siehe, ich komme bald und mein Lohn mit mir, einem jeden zu geben, wie seine Werke sind." (Offb. 22, 11. 12.)

Die Gerechten die Gottlosen werden dann noch in ihrem sterblichen Zustand auf Erden leben – man wird pflanzen und bauen, essen und trinken, sich gänzlich unbewußt, daß die endgültige, unwiderrufliche Entscheidung im himmlischen Heiligtum bereits gefallen ist. Vor der Sintflut machte Gott, nachdem Noah in die Arche gegangen war, hinter ihm zu und schloß die Gottlosen aus; sieben Tage lang fuhren die Menschen in ihrer gleichgültigen, vergnügungssüchtigen Lebensweise fort und spotteten der Warnungen eines drohenden Gerichtes, ohne zu wissen, daß ihr

Schicksal entschieden war. „So", sagt der Heiland, „wird es auch sein beim Kommen des Menschensohns." (Matth. 24, 39.) Stillschweigend, unbeachtet, wie ein Dieb um Mitternacht, wird die entscheidungsvolle Stunde kommen, in der das Schicksal jedes Menschen bestimmt und die den sündigen Menschen angebotene Gnade auf immer entzogen wird.

„So wacht nun, ... damit er euch nicht schlafend finde, wenn er plötzlich kommt." (Mark. 13, 35. 36.) Gefahrvoll ist der Zustand derer, die des Wachens müde, sich den Verführungen der Welt zuwenden. Zur selben Zeit, da der Geschäftsmann sich ganz dem Jagen nach Gewinn hingibt, der Vergnügungssüchtige seine Befriedigung sucht und die Tochter der Mode ihren Schmuck anlegt, kann der Richter der ganzen Welt den Urteilsspruch aussprechen: „Man hat dich auf der Waage gewogen und zu leicht gefunden." (Dan. 5, 27.)

29 Der Ursprung des Bösen

Vielen Menschen ist der Ursprung der Sünde und der Grund für deren Dasein eine Quelle großer Verwirrung. Sie sehen das Werk der Sünde mit seinen schrecklichen Folgen von Kummer und Verwüstung und sie fragen sich, wie dies alles unter der Herrschaft dessen bestehen kann, der unendlich an Weisheit, an Macht und an Liebe ist. Das ist ein Geheimnis, das sie nicht zu ergründen vermögen. Und in ihrer Ungewißheit und ihrem Zweifel sind sie blind gegenüber den so deutlich in Gottes Wort offenbarten und zur Erlösung so wesentlichen Wahrheiten. Es gibt Menschen, die in ihrem Forschen über das Dasein der Sünde das zu ergründen suchen, was Gott nie offenbart hat, und daher finden sie auch keine Lösung ihrer Schwierigkeiten; und solche Menschen, die einen Hang zum Zweifeln oder zu Spitzfindigkeiten haben, führen dies als Entschuldigung dafür an, die Worte der Heiligen Schrift zu verwerfen. Andere ermangeln eines befriedigenden Verständnisses des großen Problemes über das Böse, weil Überlieferungen und falsche Auslegungen die Lehren der Bibel über den Charakter Gottes, die Art und Weise seiner Regierung und die Grundsätze seines Verfahrens mit der Sünde verdunkelt haben.

Es ist unmöglich, den Ursprung der Sünde so zu erklären, daß dadurch eine Begründung für ihr Dasein gegeben würde. Doch kann genug von dem Ursprung und dem endgültigen Schicksal der Sünde verstanden werden, um die Gerechtigkeit und Güte Gottes in all seinem Verfahren mit dem Bösen völlig zu offenbaren. Nichts lehrt die Heilige Schrift deutlicher, als daß Gott in keiner Hinsicht für das Eindringen der Sünde verantwortlich war, und daß weder ein willkürliches Entziehen der göttlichen Gnade noch eine Unvollkommenheit in der göttlichen Regierung Anlaß zum Entstehen einer Empörung gab. Die Sünde ist ein Eindringling, für dessen Erscheinen keine Ursache angegeben werden kann. Sie ist geheimnisvoll, unerklärlich; sie zu entschuldigen, hieße sie verteidigen. Könnte eine Entschuldigung für sie gefunden oder ein Grund für ihr Dasein nachgewiesen werden, so würde sie aufhören, Sünde zu sein. Unsere einzige Auslegung von der Sünde entnehmen wir dem Worte Gottes, sie ist „die Übertretung des Gesetzes"; sie ist die Ausübung eines Grundsatzes, der in Feindschaft steht mit dem großen Gesetz der Liebe, das die Grundlage der göttlichen Regierung bildet.

Ehe das Böse Eingang fand, walteten Friede und Freude im ganzen Weltall. Alles befand sich in vollkommener Übereinstimmung mit dem Willen des Schöpfers. Die Liebe zu Gott war über alles erhaben, die Liebe zueinander rein in ihren Beweggründen. Christus, das Wort, der eingeborene Sohn Gottes, war eins mit dem ewigen Vater – eins in Natur, im Wesen und im Vorhaben – das einzige Wesen im ganzen Weltall, das mit allen Ratschlüssen und Absichten Gottes vollkommen vertraut war. Durch Christus wirkte der Vater bei der Erschaffung aller himmlischen Wesen. „Denn in ihm ist alles geschaffen, was im Himmel ... ist, das Sichtbare und Unsichtbare, es seien Throne oder Herrschaften oder Mächte oder Gewalten" (Kol. 1, 16); und Christus samt dem Vater gelobte der ganze Himmel Treue und Gehorsam.

Da das Gesetz der Liebe die Grundlage der Regierung Gottes war, so hing die Glückseligkeit aller erschaffenen Wesen von ihrer vollkommenen Übereinstimmung mit den erhabenen Grundsätzen der Gerechtigkeit ab. Gott sieht bei allen seinen Geschöpfen auf den Dienst der Liebe, auf eine Huldigung, die einer einsichtsvollen Wertschätzung seines Charakters entspringt. Ihm gefällt keine erzwungene Treue, und er verleiht allen Wesen Willensfreiheit, damit sie ihm einen freiwilligen Dienst darbringen.

Es lebte jedoch einer, der es vorzog, diese Freiheit zu verkehren. Die Sünde hatte ihren Ursprung bei dem, der nächst Christus am meisten von Gott geehrt worden war und der unter den Bewohnern des Himmels an Macht und Ehre am höchsten stand. Vor seinem Fall war Luzifer der erste der schirmenden Engel, heilig und unbefleckt. „So spricht Gott der Herr: Du warst das Abbild der Vollkommenheit, voller Weisheit und über die Maßen schön. ... Du warst ein glänzender, schirmernder Cherub, und auf den heiligen Berg hatte ich dich gesetzt; ... und wandeltest inmitten der feurigen Steine. Du warst ohne Tadel in deinem Tun von dem Tage an, als du geschaffen wurdest, bis an dir Missetat gefunden wurde" (Hes. 28, 12-15).

Luzifer hätte, geliebt und geehrt von allen Engelscharen, in der Gunst Gottes bleiben und alle seine hohen Begabungen zum Segen anderer und zur Verherrlichung seines Schöpfers anwenden können. Aber der Prophet sagt: „Dein Herz erhob sich wegen deiner Schönheit, du verlorest deinen Verstand wegen deines Glanzes" (Hes. 28, 17; v. Eß). Ganz allmählich ließ Luzifer eine Neigung zur Selbsterhebung in sich aufkommen. „Weil sich denn dein Herz erhebt, als wäre es eines Gottes Herz." „Du aber gedachtest in deinem Herzen: Ich will ... meinen Thron über die Sterne Gottes erhöhen; ich will mich setzen auf den Berg der Versammlung. ... Ich will auffahren über die hohen Wolken und gleich sein dem Allerhöchsten" (Hes. 28, 6; Jes. 14, 13. 14). Anstatt danach zu trachten, Gott durch die Anhänglichkeit und Treue seiner Geschöpfe über alles zu erhöhen, war es Luzifers Bestreben, ihren Dienst und ihre Huldigung für sich zu gewinnen. Und, indem ihn nach der Ehre gelüstete, die der unendliche Vater seinem Sohn gegeben hatte, strebte dieser Engelfürst nach einer Macht, die ausschließlich Christus vorbehalten war.

Der ganze Himmel hatte Freude daran gefunden, die Herrlichkeit des Schöpfers widerzustrahlen und seine Gerechtigkeit zu rühmen. Und während Gott auf diese Weise geehrt wurde, war alles voller Friede und Freude gewesen. Doch störte nun ein Mißton den himmlischen Einklang. Die Selbsterhebung und ihr Dienst, die dem Plan des Schöpfers zuwider sind, erweckten Vorahnungen des Übels in Gemütern, denen die Verherrlichung Gottes das Höchste bedeutete. Der himmlische Rat verhandelte die Sache mit Luzifer. Der Sohn Gottes stellte ihm die Größe, die Güte und die Gerechtigkeit des Schöpfers und das heilige und unveränderliche Wesen seines Gesetzes vor. Gott selbst habe die Ordnung des Himmels eingeführt, und Luzifer würde seinen Schöpfer verachten und sich selbst ins Verderben stürzen, wenn er davon abwiche. Aber die in unendlicher Liebe und Barmherzigkeit erteilte Warnung erregte nur den Geist des Widerstandes. Luzifer ließ sich von der Eifersucht gegen Christus beherrschen und handelte um so entschlossener.

Der Stolz auf seine Herrlichkeit nährte das Verlangen nach der Oberherrschaft. Die Luzifer erwiesenen hohen Ehren wurden von ihm nicht als die Gabe Gottes anerkannt und riefen keine Dankbarkeit gegen den Schöpfer wach. Er brüstete sich mit seiner Herrlichkeit und erhabenen Stellung und strebte danach, Gott gleich zu sein. Die himmlischen Heerscharen liebten und ehrten ihn. Engel fanden Freude daran, seine Anordnungen auszuführen, und er war mehr als sie alle mit Weisheit und Herrlichkeit ausgestattet. Dennoch war der Sohn Gottes der anerkannte Fürst des Himmels, eins mit dem Vater an Macht und Gewalt.

An allen Beratungen Gottes nahm Christus teil, während es Luzifer nicht gestattet war, so tief in die göttlichen Absichten eingeweiht zu werden. Warum, so fragte sich dieser gewaltige Engel, sollte Christus die Oberherrschaft haben? Warum wird er auf diese Weise höher geehrt als ich?

Seinen Platz in der unmittelbaren Nähe Gottes verlassend, ging Luzifer hin und säte den Geist der Unzufriedenheit unter die Engel. Sein Werk mit geheimnisvoller Verborgenheit betreibend und eine Zeitlang seine wahren Absichten unter dem Anschein der Ehrfurcht vor Gott verbergend, versuchte er, Unzufriedenheit zu erregen über die den himmlischen Wesen gegebenen Gesetze, und deutete an, daß diese unnötige Einschränkungen auferlegten. Er behauptete, daß, da die Engel von Natur heilig seien, sie auch den Eingebungen ihres eigenen Willens gehorchen dürften, und versuchte, Mitgefühl für sich selbst zu gewinnen, indem er es so darstellte, als ob Gott ihn ungerecht behandelte, indem er Christus die höchste Ehre erzeigte. Er gab vor, daß er nicht nach Selbsterhebung trachte, wenn er nach größerer Macht und Ehre suche, sondern Freiheit für alle Bewohner des Himmels sichern wolle, damit sie dadurch eine höhere Stufe des Daseins erreichen möchten.

Gott trug Luzifer lange mit großer Barmherzigkeit. Er enthob ihn nicht sofort seiner hohen Stellung, als er anfing, den Geist der Unzufriedenheit aufkommen zu lassen, selbst dann noch nicht, als er seine falschen Ansprüche den getreuen Engeln unterbreitete. Er wurde noch lange im Himmel geduldet. Wieder und wieder wurde ihm unter der Bedingung der Reue und der Unterwürfigkeit Vergebung angeboten. Anstrengungen, wie sie nur die unendliche Liebe und Weisheit ersinnen konnte, wurden unternommen, ihn seines Irrtums zu überführen. Bisher hatte man im Himmel den Geist der Unzufriedenheit nicht gekannt. Luzifer selbst sah anfangs nicht, wohin er getrieben wurde; er erkannte die wahre Natur seiner Gefühle nicht. Als dann seine Unzufriedenheit als grundlos nachgewiesen wurde, kam er zu der Überzeugung, daß er im Unrecht gewesen, daß die göttlichen Ansprüche gerecht waren, und er sie als solche vor dem ganzen Himmel anerkennen müßte. Hätte er dies getan, so hätte er sich selbst und viele Engel retten können. Zu dieser Zeit hatte er seine Unterwürfigkeit gegen Gott noch nicht ganz fahren lassen, und obgleich er seine Stellung als schirmender Engel verlassen hatte, hätte er doch, wenn er zu Gott zurückgekehrt wäre, die Weisheit des Schöpfers anerkannt und sich begnügt hätte, den

ihm nach dem großen Plane Gottes bestimmten Platz zu bekleiden, wieder in sein Amt eingesetzt werden können. Aber der Stolz
hinderte ihn, sich zu unterwerfen. Er verteidigte beharrlich sein
eigenes Verhalten, behauptete, keiner Buße zu bedürfen, und über-
ließ sich völlig dem großen Streit mit seinem Schöpfer.

Alle Kräfte seines gewaltigen Geistes wurden nun auf Täuschung gerichtet, um das Mitgefühl der Engel zu erregen, die
unter seinem Befehl gestanden hatten. Sogar die Tatsache, daß
Christus ihn gewarnt und ihm Rat erteilt hatte, wurde verdreht,
um seinen verräterischen Zwecken zu dienen. Denen, die durch
liebevolles Vertrauen am innigsten mit ihm verbunden waren,
hatte er vorgehalten, daß er ungerecht beurteilt werde, daß man
seine Stellung nicht achte und daß seine Freiheit beschränkt werden solle. Von falschen Darstellungen der Worte Christi ging er
auf Verdrehungen und direkte Unwahrheiten über und beschuldigte den Sohn Gottes der Absicht, ihn vor den Bewohnern des
Himmels demütigen zu wollen. Auch suchte er Streitigkeiten zwischen sich und den treuen Engeln hervorzurufen. Alle, die er
nicht verführen und völlig auf seine Seite bringen konnte, klagte
er der Gleichgültigkeit gegen das Wohl der himmlischen Wesen
an. Gerade das Werk, das er selbst betrieb, legte er denen zur
Last, die Gott treu blieben. Und um seiner Anklage über Gottes
Ungerechtigkeit gegen ihn Nachdruck zu geben, nahm er seine
Zuflucht zu falschen Darstellungen der Worte und Handlungen
des Schöpfers. Es lag in seiner Absicht, die Engel mit spitzfindigen Beweisführungen hinsichtlich der Absichten Gottes zu verwirren, alles, was einfach war, hüllte er ins Geheimnisvolle und
erregte durch listige Verdrehung Zweifel gegen die deutlichsten
Aussagen des Allerhöchsten. Seine hohe Stellung in solch enger
Verbindung mit der göttlichen Regierung verlieh seinen Vorspiegelungen eine um so größere Kraft, und viele Engel wurden veranlaßt, sich ihm in der Empörung gegen die Autorität des Himmels anzuschließen.

Der allweise Gott gestattete Satan, sein Werk weiterzuführen,
bis der Geist der Unzufriedenheit zu einem offenen Aufruhr her-
anreifte. Seine Pläne mußten sich völlig entwickeln, damit ihr
wahres Wesen und Streben von allen erkannt werden konnten.
Luzifer war als der gesalbte Cherub hoch erhöht gewesen; er war
von den himmlischen Wesen sehr geliebt worden und hatte großen Einfluß auf sie ausgeübt. Gottes Regierung erstreckte sich
nicht nur über die Geschöpfe des Himmels, sondern über die
aller Welten, die er geschaffen hatte, und Satan glaubte, falls er

die Engel des Himmels mit in die Empörung hineinziehen könnte, er das gleiche auch bei den andern Welten zustandebringen würde. Mit großem Geschick hatte er seine Stellung in der Angelegenheit klargemacht und Scheingründe und Betrug angewandt, um seine Absichten zu erreichen. Seine Macht, zu täuschen, war sehr groß, und indem er sich in ein Lügengewand kleidete, hatte er einen großen Vorteil gewonnen. Sogar die treuen Engel konnten seinen Charakter nicht völlig durchschauen oder erkennen, wohin sein Werk führte.

Satan war so hoch geehrt worden, und alle seine Handlungen waren derart in Geheimnis gehüllt, daß es schwierig war, den Engeln die wahre Natur seines Wirkens zu enthüllen. Bis zu ihrer völligen Entfaltung konnte die Sünde nicht so böse erscheinen, wie sie wirklich war. Bis dahin hatte sie keinen Platz in Gottes Weltall gehabt, und die heiligen Wesen hatten keinen Begriff von ihrer Natur und Bösartigkeit. Sie konnten die schrecklichen Folgen, die aus einer Beiseitesetzung des göttlichen Gesetzes hervorgehen würden, nicht erkennen. Satan hatte anfangs sein Werk verborgen, indem er eine scheinbare Anhänglichkeit an Gott heuchelte. Er gab vor, die Ehre Gottes, die Beständigkeit seines Reiches und das Wohl aller Himmelsbewohner fördern zu wollen. Während er den ihm untergeordneten Engeln Unzufriedenheit einflößte, wußte er sich sehr geschickt den Anschein zu geben, als wolle er jede Unzufriedenheit beseitigen. Als er darauf drang, daß Veränderungen an den Gesetzen und Verordnungen der Regierung Gottes vorgenommen werden sollten, geschah es unter dem Vorwand, daß sie notwendig seien, um die Eintracht des Himmels zu bewahren.

In dem Verfahren mit der Sünde konnte Gott nur mit Gerechtigkeit und Wahrheit vorgehen. Satan benutzte das, dessen Gott sich nicht bedienen konnte – Schmeichelei und Betrug. Er hatte versucht, das Wort Gottes zu verfälschen, und hatte den Plan seiner Regierung den Engeln falsch dargestellt, indem er behauptete, Gott sei nicht gerecht, wenn er den Bewohnern des Himmels Gesetze und Vorschriften auferlege; er wolle sich durch die Forderung der Unterwürfigkeit und des Gehorsams seitens seiner Geschöpfe nur selbst erheben. Deshalb müsse es sowohl den Bewohnern des Himmels als auch denen aller Welten klar gezeigt werden, daß Gottes Regierung gerecht und sein Gesetz vollkommen sei. Satan hatte sich den Schein gegeben, daß er selbst das Wohl des Weltalls zu fördern suchte. Der wahre Charakter dieses Aufrührers und seine eigentlichen Absichten sollten von allen verstanden werden, und deshalb mußte er Zeit haben, sich durch seine gottlosen Werke zu offenbaren.

Die Uneinigkeit, die durch sein Verhalten im Himmel entstanden war, legte Satan dem Gesetz und der Regierung Gottes zur Last. Alles Böse, erklärte er, sei die Folge der göttlichen Regierung. Seine Absicht sei, die Satzungen Gottes zu verbessern. Deshalb war es notwendig, daß er das Wesen seiner Ansprüche entfaltete und die Wirkung seiner vorgeschlagenen Veränderungen am göttlichen Gesetz praktisch zeigte. Satans eigenes Werk mußte ihn verdammen. Er hatte von Anfang an behauptet, daß er kein Empörer sei; daher mußte das ganze Weltall den Betrüger entlarvt sehen.

Selbst als es beschlossen war, daß Satan nicht länger im Himmel bleiben könnte, vernichtete ihn die unendliche Weisheit nicht. Da nur der Dienst der Liebe Gott angenehm sein kann, so muß sich die Treue seiner Geschöpfe auf die Überzeugung von seiner Gerechtigkeit und Güte gründen. Die Bewohner des Himmels und anderer Welten hätten, da sie unvorbereitet waren, das Wesen oder die Folgen der Sünde zu begreifen, die Gerechtigkeit und Barmherzigkeit Gottes bei der Vernichtung Satans nicht erkennen können. Wäre er unmittelbar aus dem Dasein ausgetilgt worden, so hätten sie Gott mehr aus Furcht als aus Liebe gedient. Der Einfluß des Betrügers wäre nicht völlig verwischt noch der Geist der Empörung gänzlich ausgetilgt worden. Das Böse mußte reifen. Zum Besten des gesamten Weltalls für ewige Zeiten mußte Satan seine Grundsätze ausführlicher entfalten, damit seine Anklagen gegen die göttliche Regierung von allen erschaffenen Wesen in ihrem wahren Lichte gesehen und die Gerechtigkeit und Barmherzigkeit Gottes sowie die Unveränderlichkeit seines Gesetzes für immer ohne allen Zweifel hinaus festgestellt werden könnten.

Satans Empörung sollte dem Weltall für alle kommenden Zeiten eine Lehre sein, ein beständiges Zeugnis für die Natur und die schrecklichen Folgen der Sünde. Die Befolgung der Grundsätze Satans und ihre Auswirkung auf Menschen und Engel sollten zeigen, was die Frucht der Mißachtung der göttlichen Autorität sein würde. Sie mußten bezeugen, daß mit dem Bestehen der Regierung Gottes und seines Gesetzes die Wohlfahrt aller von ihm geschaffenen Wesen verbunden ist. So sollte die Geschichte dieses schrecklichen Empörungsversuches allen heiligen Wesen eine beständige Schutzwehr sein, um sie vor einer Täuschung hinsichtlich des Wesens der Übertretung, dem Begehen der Sünde und dem Erleiden der Strafe zu bewahren.

Bis zum Ende des Streites im Himmel fuhr der große Machtanmaßer fort, sich zu rechtfertigen. Als angekündigt wurde, daß er mit allen seinen Anhängern aus den Stätten der Wonne ausgestoßen werden müsse, erklärte der Rädelsführer kühn seine Verachtung gegen des Schöpfers Gesetz. Er wiederholte immer wieder seine Behauptung, daß die Engel keiner Aufsicht bedürften, sondern frei sein müßten, ihrem eigenen Willen zu folgen, der sie allezeit richtig führen werde. Er schmähte die göttlichen Satzungen als eine Beschränkung ihrer Freiheit und erklärte, daß es sein Vorhaben sei, die Abschaffung des Gesetzes herbeizuführen, auf daß, befreit von diesem Zwang, die Heerscharen des Himmels zu einem erhabeneren, herrlicheren Dasein gelangen möchten.

In völligem Einverständnis legten Satan und seine Scharen die Verantwortlichkeit für ihre Empörung gänzlich Christus zur Last und behaupteten, daß, falls sie nie gerügt worden wären, sie sich auch nie aufgelehnt hätten. Da der Erzempörer und alle seine Anhänger hartnäckig und herausfordernd in ihrer Treulosigkeit verharrten, sich vergeblich bemühten, die Regierung Gottes zu stürzen und dennoch sich, Gott lästernd, als unschuldige Opfer einer ungerechten Macht hinstellten, wurden sie schließlich aus dem Himmel verbannt.

Derselbe Geist, der die Empörung im Himmel anstiftete, erregt noch immer Aufruhr auf Erden. Satan verfolgt denselben Plan bei den Menschen wie unter den Engeln. Sein Geist herrscht nun in den Kindern des Ungehorsams. Gleich ihm versuchen auch sie die Schranken des Gesetzes Gottes niederzureißen und versprechen den Menschen Freiheit durch die Übertretung seiner Vorschriften. Rüge wegen der Sünde erweckt noch immer den Geist des Hasses und des Widerstandes. Wirken Gottes Warnungsbotschaften auf das Gewissen, so verleitet Satan die Menschen, sich zu rechtfertigen und bei andern Teilnahme für ihr sündiges Leben zu suchen. Anstatt ihre Irrtümer zu berichtigen, nähren sie den Unwillen gegen den Mahnenden, als sei er die einzige Ursache ihrer Schwierigkeit. Von den Tagen des gerechten Abels bis in unsere Zeit hat sich dieser Geist denen gegenüber offenbart, die es wagten, die Sünde zu rügen.

Durch die gleiche verkehrte Darstellung des Charakters Gottes, deren Satan sich im Himmel bediente und wodurch Gott als streng und herrschsüchtig abgestempelt wurde, verleitete er auf Erden die Menschen zur Sünde. Und als er damit erfolgreich war, behauptete er, Gottes ungerechte Einschränkungen hätten zum Fall des Menschen geführt, gleichwie sie auch Anlaß zu seiner eigenen Empörung gewesen wären.

Aber der Ewige selbst verkündet seinen Charakter, als „Herr, Herr, Gott, barmherzig und gnädig und geduldig und von großer Gnade und Treue, der da Tausenden Gnade bewahrt und vergibt Missetat, Übertretung und Sünde, und vor welchem niemand unschuldig ist" (2. Mose 34, 6. 7).

Durch die Verbannung Satans aus dem Himmel bekundete Gott seine Gerechtigkeit und behauptete die Ehre seines Thrones. Als aber der Mensch sündigte, weil er auf die Täuschungen dieses abgefallenen Engelfürsten einging, bewies Gott seine Liebe dadurch, daß er seinen eingeborenen Sohn für die sündigen Menschen in den Tod gab. In der Versöhnung bekundet sich der Charakter Gottes. Das Kreuz ist für das ganze Weltall der offenbare und mächtigste Beweis, daß das sündige Verhalten Luzifers in keiner Hinsicht der Regierung Gottes zur Last gelegt werden kann.

In dem Kampf zwischen Christus und Satan wurde zur Zeit des irdischen Wirkens Jesu der Charakter des großen Betrügers entlarvt. Nichts hätte Satan so gründlich von der Liebe der himmlischen Engel und des ganzen untertänigen Weltalls trennen können als dieser grausame Streit gegen den Erlöser der Welt. Die vermessene Lästerung in seiner Forderung, daß Christus ihn anbeten sollte, seine anmaßende Dreistigkeit, ihn auf den Bergesgipfel und die Tempelzinne zu tragen, die heimtückische Absicht, die sich in dem Vorschlag zu erkennen gab, daß Christus sich von dieser schwindelnden Höhe hinabstürzen solle, die nie ruhende Bosheit, die ihn von Ort zu Ort verfolgte und die Herzen von Priestern und Volk anfeuerte, seine Liebe zu verwerfen, und schließlich der Schrei: „Kreuzige ihn! Kreuzige ihn!" – dies alles erregte das Staunen und die Entrüstung des Weltalls.

Satan verführte die Welt, Christus zu verwerfen. Der Fürst des Bösen wandte alle seine Macht und seine Verschlagenheit an, Jesus zu verderben; denn er sah, daß des Heilandes Barmherzigkeit und Liebe, seine mitleidsvolle Zärtlichkeit und Teilnahme der Welt den Charakter Gottes veranschaulichten. Satan machte jeglichen Anspruch des Sohnes Gottes streitig und benutzte Männer als seine Werkzeuge, um das Leben des Heilandes mit Leiden und Sorge anzufüllen. Die Spitzfindigkeiten und Unwahrheiten, durch die er das Werk Christi zu hindern versucht hatte, der durch die Kinder des Ungehorsams bekundete Haß, seine grausamen Anschuldigungen gegen den, dessen Leben ein beispielloser Liebesdienst war, alles entsprang einer tiefgewurzelten

Rachsucht. Das zurückgehaltene Feuer des Neides und der Bosheit, des Hasses und der Rachsucht brach auf Golgatha gegen den Sohn Gottes los, während der gesamte Himmel in stillem Entsetzen auf dieses Geschehen herabblickte.

Als das große Opfer vollbracht war, fuhr Christus auf zum Vater, weigerte sich jedoch, die Anbetung der Engel entgegenzunehmen, ehe er dem Vater die Bitte vorgelegt hatte: „Vater, ich will, daß, wo ich bin, auch die bei mir seien, die du mir gegeben hast" (Joh. 17, 24). Dann kam mit unaussprechlicher Liebe und Macht vom Throne Gottes die Antwort. „Es sollen ihn alle Engel Gottes anbeten" (Hebr. 1, 6). Kein einziger Flecken ruhte auf Jesus. Nach Beendigung seiner Erniedrigung, nach der Vollendung seines Opfers wurde ihm ein Name gegeben, der über alle Namen ist.

Nun stand Satans Vergehen ohne Entschuldigung da. Er hatte seinen wahren Charakter als Lügner und Mörder offenbart. Es erwies sich, daß er denselben Geist, mit dem er die unter seiner Macht stehenden Menschenkinder beherrschte, auch im Himmel bekundet haben würde, wäre ihm gestattet gewesen, dessen Bewohner zu regieren. Er hatte behauptet, daß die Übertretung des Gesetzes Gottes Freiheit und Erhebung bringen würde; statt dessen zeigte es sich, daß die Folgen nur Knechtschaft und Entartung waren.

Satans lügenhafte Anschuldigungen gegen den göttlichen Charakter und die göttliche Regierung erschienen in ihrem wahren Licht. Er hatte Gott angeschuldigt, daß er um seiner eigenen Erhebung willen Unterwerfung und Gehorsam von seinen Geschöpfen fordere, und hatte erklärt, daß der Schöpfer, während er von allen anderen Selbstverleugnung erpresse, sie selbst nicht übe noch Opfer bringe. Nun zeigte es sich, daß zum Heil der gefallenen und sündigen Menschen der Herrscher des Weltalls das größte Opfer gebracht hatte, das die Liebe zu bringen vermochte; „denn Gott war in Christus und versöhnte die Welt mit sich selber" (2. Kor. 5, 19). Man sah ferner, daß Luzifer durch sein Verlangen nach Ehre und Oberherrschaft der Sünde Einlaß verschafft hatte, daß Christus aber, um die Sünde auszutilgen, sich gedemütigt hatte und bis zum Tode gehorsam geworden war.

Gott hatte seinen Abscheu gegen die Grundsätze der Empörung deutlich bekundet. Der gesamte Himmel sah sowohl in der Verdammung Satans als auch in der Erlösung des Menschen eine Offenbarung seiner Gerechtigkeit. Luzifer hatte erklärt, daß, falls das Gesetz Gottes unveränderlich und seine Strafe unerläßlich

sei, jeder Übertreter auf ewig von der Gunst des Schöpfers ausgeschlossen sein müsse. Er hatte behauptet, daß das sündige Geschlecht nicht erlöst werden könne und deshalb seine rechtmäßige Beute sei. Aber der Tod Christi war eine Beweisführung zugunsten der Menschen, die nicht widerlegt werden konnte. Die
Strafe des Gesetzes fiel auf den, der Gott gleich war, und der
Mensch konnte die Gerechtigkeit Christi annehmen und durch
einen reumütigen und demütigen Wandel über die Macht Satans
siegen, wie auch der Sohn Gottes gesiegt hatte. Somit ist Gott
gerecht und ist dennoch der Rechtfertiger aller, die an Jesus glauben.

Aber es war nicht nur, um die Erlösung des Menschen zu vollbringen, daß Christus auf diese Erde kam, um zu leiden und zu
sterben. Er kam, um das „Gesetz herrlich und groß" zu machen.
Nicht nur, damit die Bewohner dieser Welt das Gesetz achten
möchten, wie es ihm gebührt, sondern um allen Welten der ganzen Schöpfung zu beweisen, daß das Gesetz Gottes unveränderlich ist. Hätten seine Ansprüche beiseitegesetzt werden können,
dann hätte Gottes Sohn nicht sein Leben opfern müssen, um die
Übertretung zu sühnen. Der Tod Christi beweist seine Unveränderlichkeit. Und das Opfer, zu dem die unendliche Liebe den
Vater und den Sohn drang, damit Sünder erlöst werden möchten,
zeigt dem ganzen Weltall – wie nichts Geringeres als dieser Erlösungsplan es hätte zeigen können –, daß Gerechtigkeit und
Barmherzigkeit die Grundlage des Gesetzes und der Regierung
Gottes sind.

In der endgültigen Vollstreckung des Gerichtes wird es sich
herausstellen, daß kein Grund für die Sünde besteht. Wenn der
Richter der ganzen Erde Satan fragen wird: Warum hast du dich
wider mich empört und mich der Untertanen meines Reiches
beraubt?, dann wird der Urheber des Übels keine Entschuldigung vorbringen können. Aller Mund wird verstopft werden, und
die aufrührerischen Scharen werden stumm dastehen. Während
das Kreuz auf Golgatha das Gesetz als unveränderlich erklärt,
verkündigt es der Welt, daß der Tod der Sünde Sold ist. Mit dem
Todesruf des Heilandes: „Es ist vollbracht!" wurde dem Satan
die Sterbeglocke geläutet. Der große so lange andauernde Streit
wurde entschieden und die endgültige Austilgung der Sünde sichergestellt. Der Sohn Gottes ging durch die Tore des Todes,
„damit er durch seinen Tod die Macht nähme dem, der Gewalt
über den Tod hatte, nämlich dem Teufel" (Hebr. 2, 14). Luzifers
Verlangen nach Selbsterhebung hatte ihn verleitet zu sagen: „Ich

will ... meinen Thron über die Sterne Gottes erhöhen. ... Ich will ... gleich sein dem Allerhöchsten." Gott sagt: „Darum ... will ich dich zu Asche machen auf der Erde, daß du ... nicht mehr aufkommen kannst" (Jes. 14, 13. 14; Hes. 28, 18. 19). „Denn siehe, es kommt ein Tag, der brennen soll wie ein Ofen. Da werden alle Verächter und Gottlosen Stroh sein, und der kommende Tag wird sie anzünden, spricht der Herr Zebaoth, und er wird ihnen weder Wurzel noch Zweig lassen" (Mal. 3, 19).

Das ganze Weltall wird Zeuge von dem Wesen und den Folgen der Sünde geworden sein, und ihre gänzliche Ausrottung, die, wäre sie gleich am Anfang geschehen die Engel in Furcht versetzt und Gott Schande gebracht hätte, wird nun seine Liebe rechtfertigen und seine Ehre vor allen Wesen des Weltalls erheben, deren größte Freude es ist, seinen Willen zu tun, und in deren Herzen sein Gesetz geschrieben steht. Nie wird das Übel wieder auftreten. Das Wort Gottes sagt: „Es wird das Unglück nicht zweimal kommen" (Nahum 1, 9). Das Gesetz Gottes, das Satan als ein Joch der Knechtschaft geschmäht hat, wird als das Gesetz der Freiheit geehrt werden. Die geprüfte und bewährte Schöpfung wird nie wieder abfallen von ihrer Ergebenheit gegen den, dessen Charakter sich völlig in unergründlicher Liebe und unendlicher Weisheit offenbart hat.

30 Feindschaft zwischen dem Menschen und Satan

„Und ich will Feindschaft setzen zwischen dir und dem Weibe und zwischen deinem Nachkommen und ihrem Nachkommen; der soll dir den Kopf zertreten und du wirst ihn in die Ferse stechen" (1. Mose 3, 15). Der göttliche Richterspruch, der nach dem Fall des Menschen über Satan ausgesprochen wurde, war gleichzeitig eine Weissagung, die alle Zeitalter bis zum Ende dieser Welt umschließt und auf den großen Kampf hinweist, an welchem sich alle Menschengeschlechter, die auf Erden wohnen, beteiligen würden.

Gott erklärt: „Ich will Feindschaft setzen." Diese Feindschaft wird nicht von Natur aus gehegt. Als der Mensch das göttliche Gesetz übertrat, wurde seine Natur böse und er gelangte in Übereinstimmung, nicht aber in Streit, mit Satan. Es besteht natürlicherweise keine Feindschaft zwischen dem sündigen Menschen und dem Urheber der Sünde. Beide wurden durch ihren Abfall böse. Der Abtrünnige gibt sich nie zufrieden, ausgenommen wenn er dadurch Mitgefühl und Stärkung erhält, indem er andere veranlaßt, seinem Beispiel zu folgen. Aus diesem Grunde vereinen sich gefallene Engel und gottlose Menschen in verzweifelter Genossenschaft. Wäre Gott nicht dazwischengetreten, so würden Satan und die Menschen ein Bündnis gegen den Himmel eingegangen sein, und statt Feindschaft gegen Satan zu hegen, würde die ganze menschliche Familie sich zum Aufstand gegen Gott vereint haben.

Satan versuchte den Menschen zur Sünde, wie er die Engel zur Empörung veranlaßt hatte, um sich dadurch Helfer in seinem

Krieg gegen den Himmel zu sichern. Betreffs des Hasses gegen Christus bestand keine Uneinigkeit zwischen ihm und den gefallenen Engeln; wenn auch in allen anderen Dingen Zwietracht herrschte, so waren sie doch fest vereint in ihrer Auflehnung gegen die Oberhoheit des Weltenherrschers. Als aber Satan die Erklärung hörte, daß Feindschaft zwischen ihm und dem Weibe, zwischen seinem Samen und ihrem Samen bestehen sollte, wußte er, daß seine Anstrengung, die menschliche Natur zu verderben, unterbrochen und der Mensch durch irgendein Mittel befähigt würde, seiner Macht zu widerstehen.

Satans Feindschaft wider die Menschen wurde dadurch erregt, weil diese durch Christus ein Gegenstand der Liebe und Barmherzigkeit Gottes sind. Er möchte den göttlichen Plan zur Erlösung des Menschen vereiteln und durch Entstellung und Verunreinigung des Schöpfungswerkes Schmach auf Gott bringen; er möchte Leid im Himmel anstiften und die Erde mit Weh und Verwüstung erfüllen und dann auf all diese Übel hinweisen, die nur eine Folge davon seien, daß Gott den Menschen geschaffen habe.

Die von Christus dem Menschen verliehene Gnade erweckt im Menschen Feindschaft gegen Satan. Ohne diese bekehrende Gnade und erneuernde Kraft würde der Mensch fortfahren, der Gefangene Satans zu sein – ein stets beflissener Diener, seine Befehle auszuführen. Aber das neue Element in der Seele schafft da Streit, wo bisher Friede gewesen war. Die Kraft, die Christus mitteilt, befähigt den Menschen, dem Tyrannen und Thronräuber zu widerstehen. Wer bekundet, daß er die Sünde verabscheut, anstatt sie zu lieben, wer den ihn beherrschenden Leidenschaften widersteht und sie besiegt, zeigt die Wirksamkeit einer Kraft, die nur von oben kommt.

Die Feindschaft, die zwischen dem Geist Christi und dem Satans besteht, offenbarte sich in höchst überraschender Weise beim Empfang Jesu auf Erden. Die Juden verwarfen ihn nicht so sehr deshalb, weil er ohne weltlichen Reichtum, ohne Prachtentfaltung oder Größe erschien; sie sahen, daß er eine Macht besaß, die für den Mangel dieser äußerlichen Vorzüge mehr als einen Ersatz zu leisten vermochte. Doch die Reinheit und Heiligkeit Christi rief den Haß der Gottlosen gegen ihn hervor. Sein Leben der Selbstverleugnung und sündlosen Hingebung war für das stolze und sinnliche Volk ein beständiger Vorwurf und forderte die Feindschaft gegen den Sohn Gottes heraus. Satan und böse Engel vereinten sich mit bösen Menschen. Alle Kräfte des Abfalls verschworen sich gegen den Verteidiger der Wahrheit.

Gegen die Nachfolger Christi offenbart sich derselbe Geist der Feindschaft wie gegen ihren Meister. Wer den abschreckenden Charakter der Sünde sieht und in der Kraft von oben der Versuchung widersteht, wird sicherlich den Zorn Satans und seiner Untergebenen erwecken. Haß gegen die reinen Grundsätze der Wahrheit und Schmach und Verfolgung gegen deren Verteidiger werden bestehen, solange es Sünde und Sünder gibt. Die Nachfolger Christi und die Knechte Satans können nicht übereinstimmen. Das Ärgernis des Kreuzes hat nicht aufgehört. „Und alle, die fromm leben wollen in Christus Jesus, müssen Verfolgung leiden" (2. Tim. 3, 12).

Satans Werkzeuge arbeiten beständig unter seiner Leitung, um seine Herrschaft zu festigen und sein Reich als Gegenstück zur Regierung Gottes aufzubauen. Zu diesem Zweck versuchen sie, die Nachfolger Christi zu täuschen und sie von ihrer Untertanentreue abzuziehen. Gleich ihrem Anführer mißdeuten und verdrehen sie die Heilige Schrift, um ihren Zweck zu erreichen. Wie Satan versuchte, Gott zu schmähen, so trachten seine Werkzeuge danach, das Volk Gottes zu verleumden. Der Geist, der Christus ans Kreuz schlug, regt die Gottlosen an, seine Nachfolger zu verderben. Dies alles wird in jener ersten Weissagung angedeutet: „Ich will Feindschaft setzen zwischen dir und dem Weibe und zwischen deinem Samen und ihrem Samen." Und diese Feindschaft wird bis zum Ende der Zeit fortdauern.

Satan bietet alle seine Kräfte auf und wirft sich mit aller Macht in den Kampf. Wie kommt es, daß er auf keinen größeren Widerstand stößt? Warum sind Christi Streiter so schläfrig und gleichgültig? – Weil sie so wenig wirkliche Verbindung mit Christus haben; weil sie seines Geistes so gänzlich ermangeln. Die Sünde ist ihnen nicht, wie ihrem Meister, abschreckend und verabscheuungswürdig. Sie treten ihr nicht mit festem und entschiedenem Widerstand entgegen, wie Christus es tat. Sie erkennen nicht das außerordentlich Böse und Verderbliche der Sünde und sind sowohl hinsichtlich des Charakters wie auch der Macht des Fürsten der Finsternis verblendet. Es besteht nur wenig Feindseligkeit gegen Satan und seine Werke, weil über seine Macht und Bosheit und die weite Ausdehnung seines Krieges gegen Christus und seine Gemeinde eine große Unkenntnis herrscht. Tausende werden hier betrogen. Sie wissen nicht, daß ihr Feind ein mächtiger Feldherr ist, der die Gemüter böser Engel beherrscht und mit reiflich überlegten Plänen und kunstvollen Maßnahmen Krieg führt gegen Christus, um die Rettung von Seelen zu verhindern. Unter den vorgeblichen Christen und sogar unter Dienern des Evangeliums hört man kaum eine Bemerkung über Satan, es sei denn vielleicht eine beiläufige Erwähnung von der Kanzel. Sie übersehen die Anzeichen seiner beständigen Tätigkeit und seines Erfolges; sie vernachlässigen die vielen Warnungen vor seiner Verschlagenheit, sie scheinen selbst sein Dasein unbeachtet zu lassen.

Während die Menschen seiner listigen Anschläge unkundig sind, stellt dieser wachsame Feind ihnen jeden Augenblick nach. Er verschafft sich Eingang in jeden Teil der Haushaltung, in jede Straße unserer Städte, in die Kirchen, Beratungsräume, Gerichtshöfe; er verwirrt, täuscht, verführt, richtet überall Männer, Frauen und Kinder an Leib und Seele zugrunde, löst Familien auf, sät Haß, Neid, Streit, Empörung und Mord. Und die Christenheit scheint diese Dinge zu betrachten, als ob Gott sie angeordnet hätte und sie so sein müßten.

Satan versucht beständig, Gottes Volk zu überwinden, indem er die Schranken, die es von der Welt trennen, niederreißt. Das alte Israel wurde zur Sünde verleitet, als es wagte, mit den Heiden verbotenen Umgang zu pflegen. In ähnlicher Weise wird das Israel der Neuzeit irregeleitet. „Denen der Gott dieser Welt den Sinn verblendet hat, daß sie nicht sehen das helle Licht des Evangeliums von der Herrlichkeit Christi, welcher ist das Ebenbild Gottes" (2. Kor. 4, 4). Alle, die nicht entschiedene Nachfolger Christi sind, sind Knechte Satans. In dem unerneuerten Herzen herrscht Liebe zur Sünde und eine Neigung, sie zu pflegen und zu entschuldigen. In dem erneuten Herzen lebt Haß und entschlossener Widerstand gegen die Sünde. Wenn Christen sich in die Gesellschaft der Gottlosen und Ungläubigen begeben, setzen sie sich der Versuchung aus. Satan verbirgt sich ihren Blicken und zieht heimlich seinen trügerischen Deckmantel über ihre Augen. Sie können nicht erkennen, daß eine solche Gesellschaft bestimmt ist, ihnen Schaden zuzufügen, und indem sie fortwährend in Charakter, Worten und Taten der Welt ähnlicher werden, nimmt ihre Verblendung zu.

Indem sich die Kirche weltlichen Gebräuchen anpaßt, wird sie zur Welt bekehrt; nie bekehrt sie dadurch die Welt zu Christus. Vertrautheit mit der Sünde läßt sie unvermeidlich weniger abschreckend erscheinen. Wer mit den Knechten Satans verkehrt, wird bald aufhören, sich vor ihrem Meister zu fürchten. Werden wir auf dem Wege der Pflicht in Versuchungen gebracht, wie Daniel am Hofe des Königs, so können wir sicher sein, daß Gott uns beschützt; begeben wir uns aber selbst in Versuchung, dann werden wir früher oder später fallen.

Der Versucher wirkt oft höchst erfolgreich durch jene, die am wenigsten verdächtig sind, unter seiner Herrschaft zu stehen. Begabte und gebildete Menschen werden bewundert und geehrt, als könnten diese Eigenschaften für den Mangel an Gottesfurcht Ersatz bieten oder sie zu Gottes Gunst berechtigen. Bildung und Begabung sind an sich Gaben Gottes; wenn sie aber an die Stelle von Frömmigkeit gesetzt werden, wenn sie, anstatt die Seele näher zu Gott zu bringen, sie von ihm abwenden, dann werden sie dem Menschen zum Fluch und zum Fallstrick. Bei vielen herrscht die Meinung, daß alles was als Höflichkeit oder als feine Lebensart erscheint in einem gewissen Sinne zu Christus gehören muß. Nie gab es einen größeren Irrtum. Diese Eigenschaften sollten den Charakter eines jeden Christen zieren und würden zugunsten der wahren Religion einen gewaltigen Einfluß ausüben; aber sie müssen Gott geweiht sein oder sie sind eine Macht zum Bösen. Mancher Gebildete mit angenehmen Auftreten, der sich nicht herablassen würde zu dem, was gewöhnlich als eine unsittliche Handlung betrachtet wird, ist nur ein geschliffenes Werkzeug in den Händen Satans. Der heimtückische, trügerische Charakter seines Einflusses und Beispiels macht ihn zu einem gefährlicheren Feind der Sache Christi als jene, die unwissend und ungebildet sind.

Durch ernstes Gebet und Vertrauen auf Gott erlangte Salomo die Weisheit, die das Erstaunen und die Bewunderung der Welt erregte. Als er sich aber von der Quelle seiner Stärke abwandte und, auf sich selbst vertrauend, vorwärts ging, fiel er der Versuchung zum Opfer, und die diesem weisesten der Könige gewährten wunderbaren Gaben machten ihn nur zu einem wirksameren Werkzeug des Seelenfeindes.

Während Satan beständig die Gemüter der Tatsache gegenüber zu verblenden sucht, sollten die Christen nie vergessen, daß sie nicht mit Fleisch und Blut zu kämpfen haben, „sondern mit Mächtigen und Gewaltigen, nämlich mit den Herren der Welt, die in dieser Finsternis herrschen, mit den bösen Geistern unter dem Himmel" (Eph. 6, 12). Die inspirierte Warnung klingt durch die Jahrhunderte bis zu uns: „Seid nüchtern und wacht; denn euer Widersacher, der Teufel, geht umher wie ein brüllender Löwe und sucht, wen er verschlinge" (1. Petr. 5, 8). „Zieht an die Waffenrüstung Gottes, damit ihr bestehen könnt gegen die listigen Anschläge des Teufels" (Eph. 6, 11).

Von den Tagen Adams an bis in unsere Zeit hat unser gewaltiger Feind seine Macht ausgeübt, um zu unterdrücken und zu verderben. Jetzt bereitet er sich auf den letzten großen Feldzug gegen die wahre Gemeinde vor. Alle, die Jesus nachfolgen, werden mit diesem beharrlichen Feind zusammentreffen. Je sorgfältiger der Christ dem göttlichen Beispiel folgt, desto sicherer wird er ein Ziel der Angriffe Satans sein. Alle, die für Gott wirken, die danach trachten, die Täuschungen des Bösen aufzudecken und den Menschen Christus vor Augen zu führen, können mit in des Apostels Zeugnis einstimmen, wo er davon spricht, dem Herrn zu dienen in aller Demut des Geistes mit vielen Tränen und Anfechtungen.

Satan bestürmte Christus mit den heftigsten und listigsten Versuchungen; aber er wurde bei jedem Treffen zurückgeschlagen. Jene Kämpfe wurden unseretwegen gekämpft; jene Siege ermöglichen es uns, zu überwinden. Christus will allen Kraft geben, die danach verlangen. Kein Mensch kann ohne seine eigene Zustimmung von Satan überwunden werden. Der Versucher hat keine Macht, den Willen zu beherrschen oder die Seele zur Sünde zu zwingen. Er mag peinigen, aber er kann nicht beschmutzen. Er kann Seelenangst verursachen, aber keine Verunreinigung. Die Tatsache, daß Christus überwunden hat, sollte seine Nachfolger mit Mut erfüllen, mannhaft im Kampf gegen Sünde und Satan zu kämpfen.

31 Die Wirksamkeit der bösen Geister

Die Verbindung der sichtbaren mit der unsichtbaren Welt, der Dienst der Engel Gottes und die Wirksamkeit der bösen Geister werden in der Bibel deutlich offenbart und sind unzertrennbar mit der menschlichen Geschichte verwoben. Man neigt immer mehr dazu, die Existenz böser Geister anzuzweifeln, während die heiligen Engel, welche sind „ausgesandt zum Dienst um derer willen, die das Heil ererben sollen" (Hebr. 1, 14), von vielen als die Geister der Verstorbenen angesehen werden. Aber die Schrift lehrt nicht nur das Dasein der guten und der bösen Engel, sondern bringt auch unbezweifelbare Beweise, daß diese nicht die entkörperten Geister toter Menschen sind.

Schon vor der Erschaffung des Menschen gab es Engel; denn als die Gründe der Erde gelegt wurden, „lobten die Morgensterne Gott miteinander, und alle Kinder Gottes jauchzten" (Hiob 38, 7). Nach dem Sündenfall wurden Engel ausgesandt, den Baum des Lebens zu bewachen, und dies geschah, noch ehe ein menschliches Wesen gestorben war. Die Engel stehen von Natur höher als die Menschen; denn der Psalmist sagt, der Mensch sei „ein wenig unter die Engel erniedrigt" (Ps. 8, 6; Elberfelder Übersetzung).

Die Schrift gibt uns Aufschluß über die Zahl, die Macht und die Herrlichkeit der himmlischen Wesen sowie über ihre Verbindung zur Regierung Gottes und auch über ihr Verhältnis zum Erlösungswerk. „Der Herr hat seinen Thron im Himmel errichtet, und sein Reich herrscht über alles." Und der Prophet sagt: „Ich hörte eine Stimme vieler Engel um den Thron." Sie stehen in der Gegenwart des Königs aller Könige – starke Helden, die seine Befehle ausrichten und auf die Stimme seines Wortes hören (Ps. 103, 19-21; Offb. 5, 11). Zehntausendmal zehntausend und tausendmal tausend war die Schar der himmlischen Boten, die der Prophet Daniel sah. Der Apostel Paulus erklärte, ihrer seien „viel Tausende", eine Unzahl (Hebr. 12, 22; Dan. 7, 10). Sie ziehen dahin als Boten Gottes, „wie Blitze", so blendend in ihrer Herrlichkeit und so schnell in ihrem Flug (Hes. 1, 14). Beim Anblick des Engels, der am Grabe Christi erschien, dessen „Gestalt war wie der Blitz und sein Gewand weiß wie der Schnee", erbebten die Wächter aus Furcht vor ihm und „wurden, als wären sie tot" (Matth. 28, 3. 4). Als Sanherib, der hochmütige Assyrer, Gott schmähte und lästerte und Israel mit Verderben drohte, fuhr in derselben Nacht aus „der Engel des Herrn und schlug im Lager von Assyrien hundertfünfundachtzigtausend Mann." „Der vertilgte alle Kriegsleute und Obersten und Hauptleute aus dem Heer Sanheribs, ... daß er mit Schanden wieder in sein Land zog" (2. Kön. 19, 35; 2. Chron. 32, 21).

Die Engel werden mit Aufträgen der Barmherzigkeit zu den Kindern Gottes gesandt: zu Abraham mit Verheißungen des Segens; an die Tore Sodoms, um den gerechten Lot vor dem Verderben der Stadt durch Feuer zu erretten; zu Elia, als er vor Ermattung und Hunger in der Wüste beinahe verschmachtete; zu Elisa mit feurigen Wagen und Rossen um die kleine Stadt herum, in der er von seinen Feinden eingeschlossen war; zu Daniel, als er am Hofe eines heidnischen Königs nach göttlicher Weisheit suchte oder den Löwen vorgeworfen wurde; zu Petrus, als er, zum Tode verurteilt, in Herodes' Gefängnis lag; zu den Gefangenen in Philippi; zu Paulus und seinen Begleitern in der stürmischen Nacht auf dem Meer; zu Kornelius, um sein Gemüt für das Evangelium empfänglich zu machen; zu Petrus, um ihn mit der Botschaft des Heils zu dem heidnischen Fremdling zu senden – auf diese Weise haben heilige Engel in allen Zeitaltern dem Volke Gottes gedient.

Einem jeden Nachfolger Christi ist ein Schutzengel gegeben. Diese himmlischen Hüter beschirmen die Gerechten vor der Macht des Bösen. Dies erkannte selbst Satan; denn er sagte: „Meinst du, daß Hiob Gott umsonst fürchtet? Hast du doch ihn, sein Haus und alles, was er hat, ringsumher beschützt" (Hiob 1, 9. 10). Der Psalmist schildert uns die Art und Weise, wie der Herr sein Volk beschützt in den Worten: „Der Engel des Herrn lagert sich um die her, die ihn fürchten, und hilft ihnen heraus" (Ps. 34, 8). Als der Heiland von denen redete, die an ihn glauben, sagte er: „Sehet zu, daß ihr nicht einen von diesen Kleinen verachtet! Denn ich sage euch: Ihre Engel im Himmel sehen allezeit das Angesicht meines Vaters im Himmel" (Matth. 18, 10).

Die zum Dienst der Kinder Gottes bestimmten Engel haben allezeit Zugang zu ihm.

Somit ist Gottes Volk, obgleich es der betrügerischen Macht und der nie ruhenden Bosheit des Fürsten der Finsternis ausgesetzt ist und mit allen Gewalten des Bösen im Kampf steht, des beständigen Schutzes der himmlischen Engel versichert, und diese Gewißheit tut ihm auch not. Daß Gott seinen Kindern Gnade und Schutz verhieß, geschah, weil sie mit mächtigen Werkzeugen des Bösen zusammentreffen würden – mit zahlreichen, entschlossenen und unermüdlichen Helfern Satans, von deren Bosheit und Macht keiner unwissend oder verschont bleibt. Die bösen Geister, im Anfang sündlos erschaffen, waren ihrer Natur, Macht und Herrlichkeit nach den heiligen Wesen gleich, die jetzt Gottes Boten sind. Doch durch die Sünde gefallen, sind sie miteinander verbündet, Gott zu schmähen und die Menschen zu verderben. Mit Satan bei seiner Empörung vereint und mit ihm aus dem Himmel verstoßen, haben sie in allen darauffolgenden Zeiten mit ihm in seinem Streit wider die göttliche Autorität zusammengewirkt. Die Heilige Schrift spricht von ihrem Bündnis, ihrer Führung und ihren verschiedenen Ordnungen, von ihren Fähigkeiten, ihrer Verschlagenheit und ihren heimtückischen Anschlägen gegen den Frieden und das Glück der Menschen.

Die alttestamentliche Geschichte erwähnt gelegentlich das Dasein und die Wirksamkeit böser Geister; aber besonders während der Zeit, da Christus auf Erden lebte, bekundeten sie ihre Macht in höchst auffallender Weise. Christus war gekommen, um den für die Erlösung des Menschen entworfenen Plan auszuführen, und Satan war entschlossen, sein Recht, die Welt zu beherrschen, geltend zu machen. Es war ihm gelungen, in allen Teilen der Erde, mit Ausnahme von Palästina, Abgötterei einzuführen. Zu diesem einzigen Land, das sich nicht völlig der Herrschaft des Versuchers ergeben hatte, kam Christus, um dem Volk das Licht des Himmels scheinen zu lassen. Hier beanspruchten zwei gegeneinander wetteifernde Mächte die Oberherrschaft. Jesus streckte seine Arme der Liebe aus und lud alle ein, in ihm Vergebung und Frieden zu finden. Die Scharen der Finsternis erkannten, daß sie keine unbeschränkte Macht besaßen, und sahen, daß ihre Herrschaft, falls Christi Mission erfolgreich war, bald enden müßte. Satan wütete gleich einem gefesselten Löwen und stellte herausfordernd seine Macht sowohl über die Leiber als auch über die Seelen der Menschen zur Schau.

Die Tatsache, daß Menschen von bösen Geistern besessen gewesen sind, wird im Neuen Testament klar dargelegt. Die auf diese Weise gequälten Leute litten nicht nur an Krankheit aus natürlichen Ursachen. Christus hatte ein vollkommenes Verständnis von den vor ihm liegenden Fällen und erkannte die unmittelbare Gegenwart und Wirksamkeit böser Geister.

Ein schlagendes Beispiel von ihrer Zahl, Macht und Bösartigkeit sowie auch von der Kraft und Barmherzigkeit Christi wird uns in dem biblischen Bericht von der Heilung der Besessenen in Gadara gegeben. Jene unglücklichen Wahnsinnigen, die alle Hemmungen abwarfen, knirschten, schäumten und rasten, erfüllten die Luft mit ihrem Geschrei, taten sich selbst Gewalt an und gefährdeten alle, die sich ihnen nähern wollten. Ihre blutenden und entstellten Körper und ihr verwirrter Verstand boten dem Fürsten der Finsternis einen wohlgefälligen Anblick. Einer der bösen Geister, der die Leidenden beherrschte, erklärte: „Legion heiße ich, denn wir sind viele" (Mark. 5, 9). Im römischen Heer bestand eine Legion aus drei- bis fünftausend Mann. Satans Heere sind ebenfalls in Abteilungen aufgeteilt, und die Schar, zu der diese Dämonen gehörten, zählte nicht weniger als eine Legion.

Auf Jesu Befehl verließen die bösen Geister ihre Opfer, und diese setzten sich ruhig, untertänig, verständnisvoll und friedlich zu des Heilandes Füßen. Den Dämonen aber wurde gestattet, eine Herde Säue ins Meer zu stürzen, und für die Einwohner in Gadara überwog dieser Verlust die von Jesus gewährten Segnungen, und der göttliche Arzt wurde ersucht, von dannen zu gehen. Dies war der Erfolg, den Satan erreichen wollte. Indem er die Schuld für den Verlust Jesus zuschrieb, erweckte er die selbstsüchtigen Befürchtungen der Leute und hinderte sie daran, seinen Worten zu lauschen. Satan klagt die Christen beständig an, sie seien die Ursache von Verlusten, Unglück und Leiden, anstatt den Vorwurf dorthin zu richten, wohin er gehört, auf sich selbst und seine Werkzeuge.

Aber Jesu Absichten wurden nicht vereitelt. Er gestattete den bösen Geistern, die Herde Säue zugrunde zu richten als Vorwurf gegen jene Juden, die diese unreinen Tiere um des Gewinnes willen züchteten. Hätte Christus die Dämonen nicht zurückgehalten, so würden sie nicht nur die Schweine, sondern auch deren Hüter und Eigentümer in das Meer gestürzt haben. Die Bewahrung beider, der Hüter und der Eigentümer, war nur seiner Macht zu verdanken, die er gnädiglich für deren Befreiung eingesetzt hatte. Ferner sollten die Jünger durch dies Ereignis die grausame Macht Satans sowohl über Menschen als auch über Tiere sehen. Der Heiland wünschte, daß seine Nachfolger den

Feind genau kennen sollten, dem sie gegenübertreten mußten. Er wünschte, daß sie nicht von seiner List getäuscht und überwunden würden. Es war auch sein Wille, daß die Einwohner jener Gegend seine Kraft sehen möchten, die Fesseln Satans zu brechen und seine Gefangenen zu befreien. Und wenn Jesus auch selbst von dannen ging, blieben doch die so wunderbar befreiten Männer zurück, um die Barmherzigkeit ihres Wohltäters zu verkündigen.

Andere Beispiele ähnlicher Art werden in der Heiligen Schrift berichtet. Die Tochter des syrophönizischen Weibes wurde von einem Teufel übel geplagt, den Jesus durch sein Wort austrieb (Mark. 7, 26-30). „Ein Besessener, ... der war blind und stumm" (Matth. 12, 22); ein Jüngling, der einen stummen Geist hatte, der ihn oft „ins Feuer und ins Wasser geworfen, daß er ihn umbrächte" (Mark. 9, 17-27); der Wahnsinnige, der von „einem unreinen Geist" (Luk. 4, 33-36) gequält, die Sabbatruhe der Schule zu Kapernaum störte; sie wurden alle von dem barmherzigen Heiland geheilt. Fast jedesmal redete Jesus den bösen Geist als ein verständiges Wesen an und befahl ihm, aus seinem Opfer auszufahren und es nicht mehr zu quälen. Als die Anbetenden zu Kapernaum seine gewaltige Macht sahen, „kam eine Furcht über sie alle, und redeten miteinander und sprachen: Was ist das für ein Wort? Er gebietet mit Vollmacht und Gewalt den unreinen Geistern, und sie fahren aus" (Luk. 4, 36).

Die von Teufeln Besessenen werden gewöhnlich dargestellt, als ob sie sich in einem Zustand großen Leidens befinden; doch gab es Ausnahmen von dieser Regel. Um übernatürliche Macht zu erlangen, hießen manche den satanischen Einfluß willkommen. Diese hatten natürlich keinen Kampf mit den bösen Geistern. Zu solchen gehörten diejenigen, die den Geist des Wahrsagens besaßen – Simon der Zauberer, Elymas der Zauberer und die Magd, die Paulus und Silas zu Philippi nachlief.

Keiner steht in größerer Gefahr vor dem Einfluß böser Geister als die, die ungeachtet des bestimmten und umfassenden Zeugnisses der Heiligen Schrift das Dasein und die Wirksamkeit des Teufels und seiner Engel leugnen. Solange wir ihrer List unkundig sind, haben sie einen fast unbegreiflichen Vorteil; viele achten auf ihre Einflüsterungen, während sie meinen, daß sie den Eingebungen ihrer eigenen Weisheit folgen. Weil wir uns dem Ende der Zeit nähern, da Satan mit der größten Macht wirken wird, um zu betrügen und zu verderben, streut er überall den

Glauben aus, daß er überhaupt nicht existiere. Es ist seine listige Methode, sich und seine Wirkungsweise zu verbergen.

Nichts fürchtet der große Betrüger so sehr, als daß wir mit seinen Plänen bekannt werden. Um seinen wahren Charakter und seine Absichten besser zu tarnen, hat er sich so darstellen lassen, daß sein Name keine stärkere Erregung als Spott oder Verachtung erweckt. Es gefällt ihm sehr wohl, sich als ein lächerliches oder abscheuliches Wesen, als Ungestalt, halb Tier und halb Mensch, abgebildet zu sehen. Es ist ihm angenehm, seinen Namen in Spaß und Spott von jenen nennen zu hören, die sich selbst für verständig und wohlunterrichtet halten.

Weil er sich mit größter Geschicklichkeit verstellt hat, erhebt sich so häufig die Frage: Ist solch ein Wesen wirklich vorhanden? Es ist ein Beweis seines Erfolges, daß Ansichten, die die deutlichsten Zeugnisse der Heiligen Schrift Lügen strafen, in der religiösen Welt so allgemein angenommen werden. Und weil Satan die Gemüter aufs leichteste beherrscht, die sich seines Einflusses unbewußt sind, gibt Gottes Wort uns so viele Beispiele von seinem boshaften Wirken und enthüllt uns seine geheimen Kräfte, damit wir uns vor seinen Angriffen in acht nehmen können.

Die Macht und Bosheit Satans und seiner Scharen könnten uns mit Recht beunruhigen, wenn wir nicht Zuflucht und Befreiung in der überlegenen Macht unseres Erlösers fänden. Unsere Häuser versehen wir sorgfältig mit Riegeln und Schlössern, um unser Eigentum und unser Leben vor bösen Menschen zu schützen, denken aber selten an die bösen Engel, die beständig Zugang zu uns suchen und gegen deren Angriffe wir uns in unserer Kraft nicht verteidigen können. Falls es ihnen erlaubt wird, können sie unseren Geist verwirren, den Körper krank machen und quälen, unser Besitztum zerstören und unser Leben vernichten. Ihre einzige Freude ist Elend und Verderben. Schrecklich ist der Zustand jener, die sich dem Einfluß Gottes entziehen und den Versuchungen Satans nachgeben, bis Gott sie der Herrschaft der bösen Geister überläßt. Die aber Christus nachfolgen, sind stets sicher unter seiner Obhut. Starke Engel werden vom Himmel gesandt, um sie zu beschützen. Der Böse kann die Schutzwache nicht durchbrechen, die Gott um sein Volk gestellt hat.

32 Die Schlingen Satans

Der große Streit zwischen Christus und Satan, der schon nahezu 6000 Jahre währt, wird bald zu Ende gehen, und der Boshafte verdoppelt seine Bemühungen, Christi Werk für die Menschen zu vereiteln und Seelen in seinen Schlingen zu verstricken. Das Ziel, wonach er strebt, ist, die Menschen in Dunkel und Unbußfertigkeit zu halten, bis das Mittleramt Christi beendet ist und es für die Sünde kein Opfer mehr gibt.

Wird keine besondere Anstrengung gemacht, seiner Macht zu widerstehen, herrscht in der Gemeinde und der Welt Gleichgültigkeit, dann ist Satan unbekümmert; denn da ist keine Gefahr vorhanden, die zu verlieren, die er nach seinem Willen gefangenführt. Wird aber die Aufmerksamkeit auf ewige Dinge gelenkt und fragen Seelen: „Was muß ich tun, daß ich selig werde?", so ist er da, sucht mit seiner Stärke der Macht Christi zu widerstehen und wirkt dem Einfluß des Heiligen Geistes entgegen.

Die Heilige Schrift sagt, daß bei einem bestimmten Anlaß, „da die Gottessöhne kamen und vor den Herrn traten, kam auch der Satan unter ihnen" (Hiob 1, 6), nicht etwa, um vor dem ewigen König anzubeten, sondern um seine böswilligen Anschläge gegen die Gerechten zu fördern. Dasselbe Ziel verfolgend, ist er zugegen, wo die Menschen sich zum Gottesdienst versammeln. Wenn auch dem Auge verborgen, wirkt er doch mit allem Fleiß, die Gedanken der Anbetenden zu beherrschen. Einem geschickten Feldherrn gleich, legt er seine Pläne im voraus. Sieht er, daß Gottes Boten die Heilige Schrift durchforschen, so merkt er sich den Gegenstand, der den Leuten vorgetragen werden soll. Dann wendet er alle seine List und Verschlagenheit an, um die Umstände so einzurichten, daß die Botschaft jene nicht erreichen kann, die er gerade über diesen Punkt täuschen will. Wer der Warnung am meisten bedarf, wird in irgendeine dringende Geschäftssache verwickelt, die seine Anwesenheit verlangt, oder durch irgendein anderes Mittel vom Anhören der Worte abgehalten, die sich für ihn zu einem „Geruch des Lebens zum Leben" erweisen könnten.

Satan sieht auch, wenn des Herrn Diener bedrückt sind wegen der geistlichen Finsternis, die das Volk einhüllt; er hört ihre ernsten Gebete um göttliche Gnade und um Kraft, den Bann der Gleichgültigkeit, der Sorglosigkeit und der Trägheit zu brechen. Dann betreibt er mit erneutem Eifer seine Anschläge. Er versucht die Menschen, der Eßlust zu frönen oder sich irgendeiner anderen Genußsucht hinzugeben, und betäubt auf diese Weise ihr Feingefühl, so daß sie gerade die Dinge nicht hören, die zu lernen sie so sehr nötig haben.

Der böse Feind weiß wohl, daß alle, die er verleiten kann, das Gebet und das Forschen in der Heiligen Schrift zu vernachlässigen, durch seine Angriffe überwunden werden. Deshalb erfindet er alle möglichen Pläne, um den Geist in Anspruch zu nehmen. Es hat von jeher eine Klasse von Menschen gegeben, die vorgibt, gottselig zu leben, die aber statt in der Erkenntnis der Wahrheit fortzuschreiten, es zu ihrer Religion macht, irgendeinen Fehler des Charakters oder einen Irrtum im Glauben an jenen zu suchen, mit denen sie nicht übereinstimmen. Solche Seelen sind Satans Hauptgehilfen. Es gibt viele Verkläger der Brüder, und man findet sie stets tätig, wenn Gott am Wirken ist und seine Diener ihm wahre Huldigung erweisen. Sie werfen auf die Worte und Handlungen derer, die die Wahrheit lieben und ihr gehorchen, ein falsches Licht und stellen die sehr ernsten, eifrigen, selbstverleugnenden Diener Christi als Betrogene oder als Betrüger hin. Sie mißdeuten die Beweggründe jeder guten und edlen Tat, bringen Gerüchte in Umlauf und erwecken Argwohn in den Gemütern der Unerfahrenen. In jeder denkbaren Weise trachten sie danach, daß das Reine und Gerechte als verderbt und trügerisch angesehen werde.

Aber niemand braucht ihretwegen getäuscht zu werden. Es läßt sich leicht ersehen, wessen Kinder sie sind, wessen Beispiel sie folgen und wessen Werke sie tun. „An ihren Früchten sollt ihr sie erkennen" (Matth. 7, 16). Ihr Benehmen gleicht demjenigen Satans, dem giftigen Verleumder, dem „Verkläger der Brüder" (Offb. 12, 10).

Der große Betrüger hat viele Vertreter, die bereitwillig alle und jede Art von Irrtum ersinnen, um Seelen zu verstricken – Ketzereien, die dazu angelegt sind, sich dem jeweiligen Geschmack und Fassungsvermögen derer anzupassen, die er verderben möchte. Es ist sein Plan, unaufrichtige, unwiedergeborene Personen in die Gemeinde zu bringen, die Zweifel und Unglauben ermutigen und all denen hindernd in den Weg treten, die Gottes Werk wachsen sehen und mit ihm vorwärtskommen möchten. Viele, die keinen wirklichen Glauben an Gott oder an sein Wort haben, stimmen gewissen Grundsätzen der Wahrheit zu und gelten als Christen und führen dadurch ihre Irrtümer als schriftgemäße Lehren ein.

Die Behauptung, daß es gleichgültig sei, was die Menschen glauben, ist eine der erfolgreichsten Täuschungen Satans. Er weiß, daß die in Liebe aufgenommene Wahrheit die Seele des Empfängers heiligt; deshalb sucht er beständig falsche Theorien, Fabeln, ja ein anderes Evangelium unterzuschieben. Von Anbeginn haben Gottes Diener gegen falsche Lehrer gekämpft, nicht nur gegen lasterhafte Menschen, sondern auch gegen Verbreiter von Irrtümern, die der Seele zum Verderben gereichen. Elia, Jeremia, Paulus widersetzten sich jenen, die die Menschen dem Worte Gottes abspenstig machten, mit Entschiedenheit und Furchtlosigkeit. Jener Freisinn, der einen richtigen religiösen Glauben als unwichtig betrachtet, fand keine Anerkennung bei diesen heiligen Verteidigern der Wahrheit.

Die leeren und überspannten Auslegungen der Heiligen Schrift und die vielen sich widersprechenden Ansichten über den religiösen Glauben, wie sie unter Christen gefunden werden, sind das Werk unseres großen Widersachers, der die Gemüter so verwirren will, daß sie die Wahrheit nicht unterscheiden können. Und die Uneinigkeit und Spaltungen, wie sie in den christlichen Gemeinschaften bestehen, sind vorwiegend dem herrschenden Brauch zuzuschreiben, die Heilige Schrift zu verdrehen, um eine beliebte Ansicht zu unterstützen. Statt Gottes Wort sorgfältig mit demütigem Herzen zu studieren, um die Kenntnis seines Willens zu erlangen, suchen viele nur darin, um etwas Wunderliches oder Eigentümliches zu entdecken.

Um Irrlehren oder unchristliche Bräuche zu unterstützen, greifen manche gewisse Schriftstellen aus dem Zusammenhang heraus und führen vielleicht die Hälfte eines einzelnen Verses zur Bestätigung ihrer Behauptung an, obgleich der übrige Teil den Sinn als ganz entgegengesetzt zeigen würde. Mit der List der Schlange verschanzen sie sich hinter unzusammenhängenden Äußerungen, aufgestellt, um ihren fleischlichen Gelüsten zu entsprechen. So verdrehen viele absichtlich das Wort Gottes. Andere, die eine lebendige Einbildungskraft besitzen, nehmen die Bilder und Sinnbilder der Heiligen Schrift, legen sie aus, wie es ihrer Phantasie paßt, mit wenig Rücksicht auf das Zeugnis des Wortes Gottes als eigener Ausleger und tragen dann ihre Einfälle als die Lehren der Bibel vor.

Wird das Studium der Heiligen Schrift ohne einen betenden, demütigen, lernbegierigen Geist unternommen, dann werden stets sowohl die einfachsten und deutlichsten als auch die schweren Stellen ihrem wahren Sinne nach entstellt. Die päpstlichen Würdenträger wählen solche Teile der Heiligen Schrift, die ihrer Absicht am besten dienen, legen sie aus, wie es ihnen paßt, und tragen sie dann dem Volke vor, während sie ihm das Vorrecht, die Bibel zu studieren und deren heilige Wahrheiten für sich selbst zu verstehen, versagen. Die ganze Bibel in ihrem vollständigen Wortlaut sollte dem Volk zugänglich sein. Es wäre besser, ihm überhaupt keinen biblischen Unterricht zu erteilen, als die Lehren der Heiligen Schrift auf so grobe Weise zu verfälschen.

Die Bibel war bestimmt, allen denen ein Führer zu sein, die mit dem Willen ihres Schöpfers bekannt zu werden wünschten. Gott gab dem Menschen das feste prophetische Wort; Engel und sogar Christus selbst kamen, um Daniel und Johannes die Dinge kundzutun, die sich in Kürze zutragen müssen. Jene wichtigen Angelegenheiten betreffs unseres Heils blieben keineswegs geheimnisvoll, wurden auch nicht in einer solchen Weise offenbart, daß sie den aufrichtigen Forscher nach Wahrheit verwirren oder irreleiten konnten. Der Herr sagte durch den Propheten Habakuk: „Schreib auf, was du geschaut hast, deutlich auf eine Tafel, daß es lesen könne, wer vorüberläuft!" (Hab. 2, 2). Das Wort Gottes ist allen verständlich, die darin mit betendem Herzen forschen. Jede wahrhaft aufrichtige Seele wird zum Licht der Wahrheit gelangen. „Dem Gerechten muß das Licht immer wieder aufgehen" (Ps. 97, 11). Keine Gemeinde kann in der Heiligung Fortschritte machen, es sei denn, ihre Mitglieder suchen nach der Wahrheit wie nach einem verborgenen Schatz.

Durch den Ruf: Nur nicht engherzig! werden die Menschen blind gegen die Pläne ihres Widersachers, während er beständig auf die Erreichung seiner Absicht hinwirkt. Gelingt es ihm, die Bibel durch menschliche Ansichten zu verdrängen, dann wird das Gesetz Gottes beiseitegesetzt, und die Kirchen stehen unter der Knechtschaft der Sünde, während sie den Anspruch erheben, frei zu sein.

Vielen ist die wissenschaftliche Forschung zum Fluch geworden. Gott hat der Welt viel Licht zu den Entdeckungen in der Wissenschaft und Kunst gegeben; aber selbst die größten Geister werden, wenn nicht vom Geiste Gottes geleitet, verwirrt, wenn sie versuchen, die Beziehungen zwischen Wissenschaft und Offenbarung zu ergründen.

Die menschliche Erkenntnis, sowohl in materiellen als auch in geistlichen Dingen, ist Stückwerk und unvollkommen; deshalb sind viele nicht imstande, ihre wissenschaftlichen Ansichten mit schriftgemäßen Erklärungen in Übereinstimmung zu bringen. Manche nehmen bloße Theorien und Spekulationen als wissenschaftliche Tatsachen an und meinen, das Wort Gottes müsse an „der fälschlich so genannten Erkenntnis" geprüft werden (1. Tim. 6, 20). Der Schöpfer und seine Werke gehen über ihr Begriffsvermögen hinaus, und weil sie diese nicht durch natürliche Gesetze erklären können, wird die biblische Geschichte als unzuverlässig betrachtet. Und wenn sie die Berichte des Alten und Neuen Testaments bezweifeln, gehen sie nur zu oft noch einen Schritt weiter und stellen das Dasein Gottes in Frage und schreiben der Natur eine unendliche Macht zu. Wenn sie so ihren Anker losgelassen haben, werden sie an die Felsen des Unglaubens verschlagen.

Auf diese Weise irren viele vom Glauben ab und werden vom Teufel verführt. Die Menschen haben danach getrachtet, weiser zu sein als ihr Schöpfer; menschliche Weisheit hat es versucht, Geheimnisse zu ergründen und zu erklären, die in Ewigkeit nicht offenbar werden. Wollten die Menschen doch untersuchen und verstehen, was Gott von sich selbst und seinen Ratschlägen bekanntgemacht hat, so würden sie einen solchen Blick von der Herrlichkeit, Majestät und Macht Gottes gewinnen, daß sie ihre eigene Kleinheit einsähen und zufrieden wären mit dem, was ihnen und ihren Kindern offenbart worden ist.

Satans Meisterstück der Täuschung besteht darin, den Geist der Menschen am Suchen und Vermuten zu erhalten bezüglich dessen, was Gott nicht kundgetan hat und was er nicht will, daß wir verstehen sollen. Auf diese Weise verlor Luzifer seinen Platz im Himmel. Er wurde unzufrieden, weil ihm nicht alle Geheimnisse der Ratschläge Gottes anvertraut wurden, und mißachtete das völlig, was ihm offenbart wurde über seine Aufgabe in der ihm zugewiesenen erhabenen Stellung. Indem er in den Herzen der seinem Befehl unterstellten Engel die gleiche Unzufriedenheit erweckte, verursachte er ihren Fall. Jetzt versucht er, denselben Geist auf die Menschen zu übertragen und sie ebenfalls zu verleiten, die klaren Gebote Gottes zu mißachten.

Die nicht willens sind, die deutlichen, tiefgreifenden Wahrheiten der Bibel anzunehmen, suchen beständig nach angenehmen Fabeln, die das Gewissen beruhigen. Je weniger geistlich, selbstverleugnend und demütigend die vorgetragenen Lehren sind, mit desto größerer Gunst werden sie aufgenommen. Solche Leute würdigen die Kräfte des Verstandes herab, um ihren fleischlichen Begierden zu frönen. In ihrem Hochmut zu weise, um in der Heiligen Schrift mit bußfertigem Herzen und unter ernstem Gebet um göttliche Leitung zu suchen, haben sie keinen Schild gegen die Verblendung. Satan steht bereit, das Verlangen des Herzens zu stillen und setzt seine Täuschungen an die Stelle der Wahrheit. Auf diese Weise gewann das Papsttum seine Macht über die Menschen, und durch die Verwerfung der Wahrheit, weil diese ein Kreuz in sich schließt, verfolgen die Protestanten den gleichen Pfad. Alle, die das Wort Gottes vernachlässigen, um sich mit Bequemlichkeit und Klugheit zu beraten, damit sie sich nicht von der Welt unterscheiden, werden verdammungswürdige Ketzerei für religiöse Wahrheit empfangen. Jede erdenkliche Form des Irrtums wird von denen angenommen werden, die die Wahrheit vorsätzlich verwerfen. Wer mit Schrecken auf eine Täuschung sehen mag, wird eine andere willig annehmen. Der Apostel Paulus spricht von Menschen, die „die Liebe zur Wahrheit nicht angenommen haben, daß sie gerettet würden", und sagt von ihnen: „Darum sendet ihnen Gott die Macht der Verführung, so daß sie der Lüge glauben, damit gerichtet werden alle, die der Wahrheit nicht glaubten, sondern Lust hatten an der Ungerechtigkeit" (2. Thess. 2, 10-12). Mit solcher Warnung vor Augen geziemt es uns, auf der Hut zu sein bezüglich der Lehren, die wir annehmen.

Zu den erfolgreichsten Werkzeugen des großen Betrügers gehören die trügerischen Lehren und lügenhaften Wunder des Spiritismus. Indem er sich zu einem Engel des Lichts verstellt, wirft er seine Netze aus, wo es am wenigsten vermutet wird. Möchten die Menschen doch das Buch Gottes unter ernstem Gebet durchforschen, um seine Lehren zu verstehen, so würden sie nicht in der Finsternis bleiben und falsche Lehren annehmen. Weil sie aber die Wahrheit verwerfen, fallen sie Täuschungen zum Opfer.

Ein anderer gefährlicher Irrtum ist die Lehre, die die Gottheit Christi verleugnet und behauptet, daß er vor seinem Kommen in diese Welt nicht existiert habe. Diese Ansicht wird von vielen günstig aufgenommen, die vorgeben, an die Bibel zu glauben; dennoch widerspricht sie den eindeutigen Erklärungen unseres Heilandes über seine Verwandtschaft zum Vater, seinen göttlichen Charakter und sein früheres Dasein. Man kann diese Ansicht nicht aufrechthalten, ohne die Heilige Schrift auf die unverantwortlichste Weise zu verdrehen. Sie erniedrigt nicht nur des Menschen Begriff vom Erlösungswerk, sondern untergräbt auch den Glauben an die Bibel als eine Offenbarung Gottes. Je gefährlicher sie dadurch wird, desto schwieriger ist es, ihr entgegenzutreten. Stellen die Menschen das Zeugnis der von Gott eingegebenen Heiligen Schrift über die Gottheit Christi in Abrede, so wird man diesen Punkt vergebens mit ihnen behandeln, denn kein auch noch so folgerichtiger Beweis wird sie überzeugen können. „Der natürliche Mensch aber vernimmt nichts vom Geist Gottes; es ist ihm eine Torheit, und er kann es nicht erkennen; denn es muß geistlich beurteilt sein" (1. Kor. 2, 14). Wer in diesem Irrtum befangen ist, kann weder vom Charakter und Werk Christi, noch von dem großen Plan Gottes zur Erlösung der Menschen eine rechte Vorstellung haben.

Noch ein anderer geschickt angelegter und unheilvoller Irrtum besteht in der sich schnell verbreitenden Auffassung, daß Satan kein persönliches Wesen sei; daß dieser Name in der Heiligen Schrift nur gebraucht werde, um der Menschen böse Gedanken und Begierden zu veranschaulichen.

Die so weithin von volkstümlichen Kanzeln herab ertönende Lehre, daß die zweite Ankunft Christi in seinem Kommen zu jedem einzelnen bei dessen Tode bestehe, ist eine Erfindung, die die Gedanken der Menschen von seinem persönlichen Erscheinen in den Wolken des Himmels ablenken soll. Jahrelang hat Satan auf diese Weise gesagt: „Siehe, er ist drinnen im Haus" (Matth. 24, 23-26); und viele Seelen sind verloren gegangen, weil sie diese Täuschung angenommen hatten.

Wiederum lehrt die weltliche Weisheit, daß das Gebet nicht wesentlich sei. Männer der Wissenschaft behaupten, daß es keine wirkliche Antwort auf ein Gebet geben könne; daß dies eine Verkehrung der Gesetze, ein Wunder sein würde, und daß es keine Wunder gebe. Das Weltall, sagen sie, wird von feststehenden Gesetzen regiert, und Gott selbst tut nichts, was diesen Gesetzen entgegen ist. Auf diese Weise stellen sie Gott dar, als ob er durch seine eigenen Gesetze gebunden sei; als ob die Wirkung göttlicher Gesetze die göttliche Freiheit ausschließen könne. Solche Lehre ist dem Zeugnis der Heiligen Schrift zuwider. Wurden nicht Wunder gewirkt durch Christus und seine Apostel? Derselbe erbarmungsvolle Heiland lebt heute noch, und er ist jetzt ebenso bereit, auf die Gebete des Glaubens zu hören wie damals, als er sichtbar unter den Menschen wandelte. Das Natürliche wirkt zusammen mit dem Übernatürlichen. Es ist ein Teil von Gottes Plan, uns in Erhörung des im Glauben dargebrachten Gebetes das zu gewähren, was er uns nicht verleihen würde, wenn wir nicht zu ihm beteten.

Unzählig sind die irrtümlichen Lehren und die überspannten Vorstellungen, die in den Kirchen der Christenheit bestehen. Es ist unmöglich, die üblen Folgen der Verrückung von auch nur einem durch das Wort Gottes festgesetzten Grenzstein abzuschätzen. Nur wenige von denen, die dies zu tun wagen, bleiben bei der Verwerfung einer Wahrheit stehen; die Mehrheit fährt fort, einen Grundsatz der Wahrheit nach dem andern zu verwerfen, bis sie tatsächlich Ungläubige werden.

Die Irrtümer der volkstümlichen Theologie haben manchen Menschen der Zweifelsucht in die Arme getrieben, der sonst bibelgläubig hätte werden können. Es ist ihm unmöglich, Lehren anzunehmen, die seinen Begriffen von Gerechtigkeit, Gnade und Güte Gewalt antun; und wenn solche Auffassungen als Lehren der Bibel hingestellt werden, weigert er sich, sie als Gottes Wort anzuerkennen.

Das ist es, was Satan zu erreichen sucht. Nichts wünscht er mehr, als das Vertrauen zu Gott und seinem Wort zu zerstören. Satan steht an der Spitze des großen Heeres von Zweiflern, und er arbeitet mit größter Anstrengung, um Menschen in seine Reihen zu ziehen. Das Zweifeln fängt an, Mode zu werden. Zahlreiche Menschen sehen das Wort Gottes aus demselben Grunde wie seinen Urheber mit Mißtrauen an, weil es die Sünde straft und verurteilt. Die nicht willens sind, seinen Anforderungen zu gehorchen, versuchen seine Autorität über den Haufen zu werfen. Sie lesen die Bibel oder lauschen auf deren Lehren, wie sie von der Kanzel herab verkündigt werden, nur um an der Heiligen Schrift oder an der Predigt etwas Tadelnswertes zu finden. Nicht wenige werden Ungläubige, um sich für die Vernachlässigung ihrer Pflicht zu rechtfertigen oder zu entschuldigen. Andere nehmen aus Stolz und Trägheit zweifelhafte Grundsätze an. Zu sehr für ein bequemes Leben eingenommen, um irgend etwas zu vollbringen, was der Ehre wert wäre oder was Anstrengung und Selbstverleugnung erforderte, streben sie danach, sich einen Ruf höherer Weisheit zu verschaffen, indem sie die Bibel bekritteln. Es gibt dort vieles, was der von der göttlichen Weisheit unerleuchtete Verstand unmöglich verstehen kann; und auf diese Weise finden sie Anlaß zum Kritisieren. Viele scheinen anzunehmen, daß es eine Tugend sei, auf der Seite des Unglaubens und des Zweifels zu stehen. Aber man wird finden, daß solche Menschen unter dem Anschein von Aufrichtigkeit in Wirklichkeit von Selbstvertrauen und Stolz angetrieben werden. Viele machen sich das größte Vergnügen daraus, etwas in der Heiligen Schrift zu finden, das andere in Verlegenheit bringt. Etliche kritisieren und diskutieren auf der Seite des Unrechts, nur aus Liebe zum Wortstreit. Sie werden nicht gewahr, daß sie sich auf diese Weise selbst in den Schlingen des Voglers verstricken. Da sie aber offen ihrem Unglauben Ausdruck gegeben haben, glauben sie, ihre Stellung behaupten zu müssen. Auf diese Weise verbinden sie sich mit den Gottlosen und verschließen sich die Tore des Paradieses.

Gott hat in seinem Wort genügend Beweise von dessen göttlichem Ursprung gegeben. Die großen Wahrheiten, die sich auf unsere Erlösung beziehen, sind klar dargelegt. Mit der Hilfe des Heiligen Geistes, der allen, die aufrichtig darum bitten, verheißen ist, vermag jeder diese Wahrheiten für sich selbst zu verstehen. Gott hat den Menschen einen starken Grund verliehen, auf den sie ihren Glauben stützen können.

Doch der begrenzte Verstand der Menschen ist unzureichend, um die Pläne und Ratschlüsse des ewigen Gottes völlig zu erfassen. Wir können durch Forschen nie Gott ergründen. Wir dürfen es nicht wagen, mit vermessener Hand den Vorhang zu heben, mit dem er seine Majestät verhüllt. Der Apostel ruft aus: „Wie unbegreiflich sind seine Gerichte und unerforschlich seine Wege!" (Röm. 11, 33). Wir können sein Verfahren mit uns und die ihn leitenden Beweggründe so weit begreifen, daß wir unbegrenzte Liebe und Barmherzigkeit, mit unendlicher Macht verbunden, erkennen können. Unser himmlischer Vater ordnet alles in Weisheit und Gerechtigkeit, und wir dürfen nicht unzufrieden oder mißtrauisch sein, sondern müssen uns in ehrfurchtsvoller Demut beugen. Er wird uns so viel von seinen Ratschlüssen enthüllen, wie zu unserem Besten dient; darüber hinaus müssen wir vertrauen auf die Hand, die allmächtig, auf das Herz, das voller Liebe ist.

Während Gott reichliche Beweise für den Glauben gibt, wird er niemals alles beseitigen, was zur Entschuldigung des Unglaubens dienen könnte. Wer nach irgendeiner Stütze für seinen Zweifel sucht, wird sie auch finden. Und wer sich weigert, Gottes Wort anzunehmen und zu befolgen, bis jeglicher Einwand beseitigt worden ist, so daß nicht länger ein Anlaß zum Zweifel besteht, wird nie zum Licht kommen.

Das Mißtrauen gegen Gott ist eine Folge des nicht erneuerten Herzens, das in Feindschaft gegen Gott ist. Aber der Glaube wird von dem Heiligen Geist eingegeben und wird nur dann gedeihen, wenn er gepflegt wird. Niemand kann ohne eine entschlossene Anstrengung im Glauben wachsen. Der Unglaube verstärkt sich, je nachdem er ermutigt wird; und wenn Menschen, statt sich mit den Beweisen zu beschäftigen, die Gott zur Bestätigung ihres Glaubens gegeben hat, es sich erlauben, zu zweifeln und zu kritteln, werden sie ihre Zweifel mehr und mehr bestätigt finden.

Die an Gottes Verheißungen zweifeln und den Versicherungen seiner Gnade mißtrauen, entehren ihn, und ihr Einfluß neigt dahin, andere von Christus zu entfernen, statt sie zu ihm zu ziehen. Sie sind unfruchtbare Bäume, die ihre dürren Zweige weit und breit ausbreiten und dadurch anderen Pflanzen das Sonnenlicht wegnehmen, so daß sie in dem kalten Schatten welken und sterben. Ihr Lebenswerk wird als ein unaufhörliches Zeugnis gegen sie erscheinen. Sie säen den Samen des Zweifels und des Unglaubens, der eine unausbleibliche Ernte tragen wird.

Es gibt nur einen Weg, den die einschlagen müssen, die aufrichtig danach trachten, von Zweifeln befreit zu werden: anstatt das, was sie nicht verstehen, zu bezweifeln und zu bekritteln, müssen sie auf das bereits auf sie scheinende Licht achtgeben und sie werden größeres Licht empfangen. Erfüllen sie jede Pflicht, die sie klar erkannt haben, dann werden sie befähigt, auch diejenige zu verstehen und auszuführen, über die sie jetzt noch im Zweifel sind.

Satan vermag Fälschungen zu entwerfen, die der Wahrheit so genau gleichen, daß Seelen von ihnen getäuscht werden, die willig sind, sich täuschen zu lassen, die das von der Wahrheit geforderte Opfer und die Selbstverleugnung umgehen möchten; es ist ihm jedoch unmöglich, eine Seele unter seiner Macht zu halten, die aufrichtig wünscht, die Wahrheit zu erkennen, – koste es, was es wolle. Christus ist die Wahrheit und „das wahre Licht, das alle Menschen erleuchtet, die in diese Welt kommen" (Joh. 1, 9). Der Geist der Wahrheit ist gesandt worden, um die Menschen in alle Wahrheit zu leiten. Und mit Vollmacht des Sohnes Gottes ist geschrieben: „Suchet, so werdet ihr finden." „Wenn jemand dessen (Vaters) Willen tun will, wird er innewerden, ob diese Lehre von Gott ist" (Matth. 7, 7; Joh. 7, 17).

Die Nachfolger Christi wissen wenig von den Intrigen, die Satan und seine Scharen gegen sie schmieden. Er aber, der im Himmel thront, wird alle diese Anschläge zur Erfüllung seiner unerforschlichen Pläne lenken. Der Herr läßt es zu, daß seine Kinder in die Feuerprobe der Versuchung geraten, nicht weil er an ihren Leiden und an ihrer Trübsal Wohlgefallen hätte, sondern weil dieses Verfahren zu ihrem Sieg wesentlich ist. Er kann sie nicht in Übereinstimmung mit seiner eigenen Vollkommenheit vor der Versuchung schützen; denn es ist gerade der Zweck der Prüfung, sie zuzubereiten, allen bösen Lockungen widerstehen zu können.

Weder gottlose Menschen noch Teufel können Gottes Werk hindern oder seine Gegenwart seinem Volk entziehen, wenn es mit gebeugtem, zerschlagenem Herzen seine Sünden bekennt und läßt und im Glauben seine Verheißungen beansprucht. Jeder Versuchung, jedem widerstreitenden Einfluß, ob offen oder geheim, kann erfolgreich widerstanden werden, „nicht durch Heer oder Kraft, sondern durch meinen Geist, ... spricht der Herr Zebaoth" (Sach. 4, 6).

„Die Augen des Herrn sehen auf die Gerechten und seine Ohren hören auf ihr Gebet. ... Und wer ist, der euch schaden könnte, wenn ihr dem Guten nacheifert?" (1. Petr. 3, 12. 13). Als Bileam, verlockt durch das Versprechen einer großen Belohnung, Zauberformeln gegen Israel anwandte und durch dem Herrn dargebrachte Opfer einen Fluch über Gottes Volk zu bringen versuchte, wandte Gottes Geist das Übel, das ausgesprochen werden sollte, ab, und Bileam sah sich gezwungen auszurufen: „Wie soll ich fluchen, dem Gott nicht flucht? Wie soll ich verwünschen, den der Herr nicht verwünscht? ... Meine Seele möge sterben den Tod der Gerechten, und mein Ende werde wie ihr Ende!" Als abermals geopfert worden war, erklärte der gottlose Prophet: „Siehe, zu segnen ist mir befohlen; er hat gesegnet und ich kann's nicht wenden. Man sieht kein Unheil [Ungerechtigkeit] in Jakob und kein Verderben [Verkehrtheit] in Israel. Der Herr, sein Gott, ist bei ihm, und es jauchzt dem König zu. ... Denn es gibt kein Zaubern in Jakob und kein Wahrsagen in Israel. Zu rechter Zeit wird Jakob und Israel gesagt, welche Wunder Gott tut" (4. Mose 23, 8. 10. 20. 21. 23; 24, 9). Dennoch wurden zum drittenmal Altäre gebaut, und abermals versuchte Bileam einen Fluch auszusprechen. Durch die unwilligen Lippen des Propheten erklärte der Geist Gottes jedoch das Gedeihen seiner Auserwählten und strafte die Torheit und Bosheit ihrer Feinde: „Gesegnet sei, wer dich segnet, und verflucht, wer dich verflucht!"

Zu dieser Zeit war das Volk Israel Gott treu, und solange es im Gehorsam gegen sein Gesetz beharrte, konnte keine Macht der Erde oder der Hölle es überwältigen. Aber schließlich gelang es Bileam doch, den Fluch, den er nicht über Gottes Volk aussprechen durfte, über es zu bringen, indem er es zur Sünde verleitete. Als es Gottes Gebote übertrat, trennte es sich von ihm und mußte die Macht des Verderbers fühlen.

Satan ist sich wohl bewußt, daß die schwächste Seele, die in Christus bleibt, den Scharen der Finsternis überlegen ist und daß er, wenn er sich offen zeigt, ihr nicht standhalten kann, sondern überwunden wird. Deshalb versucht er, die Streiter des Kreuzes aus ihrer Festung herauszulocken, während er mit seinen Streitkräften im Hinterhalt liegt, bereit, alle zu verderben, die sich auf sein Gebiet wagen sollten. Nur in demütigem Vertrauen auf Gott und im Gehorsam gegen alle seine Gebote können wir sicher sein.

Niemand ist auch nur für einen Tag oder eine Stunde ohne das Gebet sicher. Besonders sollten wir den Herrn um Weisheit bitten, sein Wort zu verstehen. Hier werden die Anschläge des Versuchers offenbart sowie auch die Mittel, durch die er erfolgreich zurückgeschlagen werden kann. Satan ist sachkundig in der Anführung von Bibelstellen, denen er seine eigene Auslegung beifügt, um uns zu Fall zu bringen. Wir müssen die Bibel mit demütigem Herzen studieren und nie unsere Abhängigkeit von Gott außer Augen lassen. Während wir vor den Anschlägen Satans beständig auf der Hut sein müssen, sollten wir ohne Unterlaß im Glauben beten: „Führe uns nicht in Versuchung."

33 Die erste große Täuschung

In der frühesten Geschichte des Menschen begann Satan seine Bemühungen, unser Geschlecht zu verführen. Er, der im Himmel Empörung angestiftet hatte, wollte die Bewohner der Erde veranlassen, sich mit ihm in dem Streit gegen die Regierung Gottes zu verbinden. Adam und Eva hatten sich im Gehorsam gegen das Gesetz Gottes eines vollkommenen Glückes erfreut, und diese Tatsache war ein beständiges Zeugnis gegen die Behauptung, die Satan im Himmel vorgebracht hatte, daß Gottes Gesetz knechtend und dem Glück seiner Geschöpfe entgegenstehe. Auch war Satans Neid gereizt worden durch die schöne, dem sündlosen Paar bereitete Heimat. Er faßte daher den Entschluß, die Menschen zu Fall zu bringen, um dann, nachdem er sie von Gott getrennt und unter seine eigene Macht gebracht hatte, von der Erde Besitz zu nehmen und hier sein Reich, dem Allerhöchsten zum Trotz, aufzurichten.

Hätte er seinen wahren Charakter offenbart, wäre er ohne weiteres zurückgewiesen worden; denn Adam und Eva waren vor diesem gefährlichen Feind gewarnt worden. Doch er arbeitete im Dunkeln und verbarg seine Absicht, um sein Ziel um so sicherer zu erreichen. Die Schlange, damals ein Geschöpf von anziehendem Äußeren, als Werkzeug benutzend, wandte er sich an Eva: „Ja, sollte Gott gesagt haben: Ihr sollt nicht essen von allen Bäumen im Garten?" (1. Mose 3, 1). Wäre Eva nicht auf eine Unterredung mit dem Versucher eingegangen, so wäre sie bewahrt geblieben; doch sie wagte es, sich mit ihm einzulassen, und fiel seinen listigen Anschlägen zum Opfer. Auf diese Weise werden noch immer viele überwunden. Sie bezweifeln und erwägen Gottes Anforderungen und nehmen, statt den göttlichen Vorschriften zu gehorchen, menschliche Theorien an, die nur die Pläne Satans verdecken.

„Da sprach das Weib zu der Schlange: Wir essen von den Früchten der Bäume im Garten; aber von den Früchten des Baumes mitten im Garten hat Gott gesagt: Esset nicht davon, rühret sie auch nicht an, daß ihr nicht sterbet! Da sprach die Schlange zum Weibe: Ihr werdet keineswegs des Todes sterben, sondern Gott weiß: an dem Tage, da ihr davon esset, werden eure Augen aufgetan, und ihr werdet sein wie Gott und wissen was gut und böse ist" (1. Mose 3, 2-5). Sie erklärte, daß sie würden wie Gott, begabt mit größerer Weisheit als zuvor und zu einer höheren Daseinsstufe befähigt. Eva gab der Versuchung nach, und durch ihren Einfluß wurde auch Adam zur Sünde verführt. Sie nahmen die Worte der Schlange an, daß Gott nicht meinte, was er sagte; sie mißtrauten ihrem Schopfer und bildeten sich ein, daß er ihre Freiheit beschränke und sie durch die Übertretung seines Gesetzes große Weisheit und hohe Stellung erlangen könnten.

Doch welchen Sinn fand Adam, nachdem er gesündigt hatte, hinter den Worten: „Denn an dem Tage, da du von ihm issest, mußt du des Todes sterben?" Fand er ihre Bedeutung dem entsprechend, was Satan ihn glauben gemacht hatte, daß er in eine erhabenere Daseinsstufe versetzt werden sollte? Dann wäre in der Tat durch die Übertretung ein großer Gewinn zu erzielen, und Satan erwiese sich als der Wohltäter unseres Geschlechts. Aber Adam fand, daß dies keineswegs der Sinn des göttlichen Ausspruchs war. Gott erklärte, daß der Mensch als eine Strafe für seine Sünde wieder zu Erde werden müsse, von der er genommen worden war: „Du bist Erde und sollst zu Erde werden" (1. Mose 3, 19). Die Worte Satans: Dann „werden eure Augen aufgetan", erwiesen sich als wahr nur in diesem Sinne: nachdem Adam und Eva Gott nicht gehorcht hatten, wurden ihnen die Augen geöffnet, um ihre Torheit einzusehen; sie erkannten das Böse und kosteten die bittere Frucht der Übertretung.

In der Mitte des Gartens wuchs der Baum des Lebens, dessen Frucht die Kraft hatte, das Leben immerwährend zu unterhalten. Wäre Adam Gott gehorsam geblieben, so hätte er sich stets des freien Zugangs zu diesem Baum erfreuen dürfen und würde ewig gelebt haben. Als er aber sündigte, wurde er von dem Genuß des Lebensbaumes abgeschnitten und dem Tode unterworfen. Der göttliche Urteilsspruch: „Du bist Erde und sollst zu Erde werden", verweist auf eine gänzliche Austilgung des Lebens.

Die Unsterblichkeit, dem Menschen unter der Bedingung des Gehorsams verheißen, war durch die Übertretung verwirkt worden. Adam konnte seiner Nachkommenschaft nichts überlassen, was er selbst nicht besaß; und es hätte keine Hoffnung für das gefallene Geschlecht gegeben, wenn Gott nicht durch die Hingabe seines Sohnes dem Menschen die Unsterblichkeit nahegebracht

hätte. Während „der Tod zu allen Menschen durchgedrungen"
ist, „weil sie alle gesündigt haben", hat Christus „das Leben und
ein unvergängliches Wesen ans Licht gebracht durch das Evangelium" (Röm. 5, 12; 2. Tim. 1, 10). Durch Christus allein kann
Unsterblichkeit erlangt werden. Jesus sagte: „Wer an den Sohn
glaubt, der hat das ewige Leben. Wer aber dem Sohn nicht gehorsam ist, der wird das Leben nicht sehen" (Joh. 3, 36). Jeder
Mensch kann in den Besitz dieses unschätzbaren Segens gelangen, wenn er die Bedingungen erfüllt. Alle, „die in aller Geduld
mit guten Werken trachten nach Herrlichkeit," empfangen „Ehre
und unvergängliches Leben" (Röm. 2, 7).

Der große Betrüger versprach Adam Leben im Ungehorsam,
und die der Eva im Paradies durch die Schlange gemachte Erklärung: „Ihr werdet keineswegs des Todes sterben!" war die erste
je über die Unsterblichkeit der Seele gehaltene Predigt. Und doch
hallt diese Erklärung, die einzig auf der Autorität Satans beruht,
von den Kanzeln der Christenheit wider und wird von der Mehrzahl der Menschen ebenso bereitwillig angenommen wie von unseren ersten Eltern. Der göttliche Richterspruch: „Nur wer sündigt, der soll sterben" (Hes. 18, 20), wird danach gedeutet: Die
Seele, welche sündigt, die soll nicht sterben, sondern ewig leben. Wir können uns nur wundern über die seltsame Verblendung, die die Menschen hinsichtlich der Worte Satans so leicht-
gläubig und bezüglich der Worte Gottes so ungläubig macht.

Hätte der Mensch nach seinem Fall freien Zugang zu dem Baum
des Lebens gehabt, so würde er ewig gelebt haben, und auf diese
Weise wäre die Sünde unsterblich geworden. Aber „Cherubim
mit dem flammenden, blitzenden Schwert" bewahrten „den Weg
zu dem Baum des Lebens" (1. Mose 3, 24), und keinem der
Adamsfamilie ist es gestattet worden, die Schranke zu überschreiten und von der lebenspendenden Frucht zu genießen. Deshalb
gibt es keinen unsterblichen Sünder.

Aber nach dem Fall gebot Satan seinen Engeln, besondere
Anstrengungen zu machen, den Glauben an des Menschen natürliche Unsterblichkeit einzuschärfen; wenn sie das Volk verleitet hätten, diesen Irrtum anzunehmen, sollten sie es zu der
Schlußfolgerung führen, daß der Sünder ewig im Elend leben
würde. Der Fürst der Finsternis stellt durch seine Diener Gott
als einen rachsüchtigen Tyrannen dar und erklärt, daß er alle,
die ihm nicht gefallen, in die Hölle verstoße, wo er sie auf ewig
seinen Zorn fühlen lasse, und daß ihr Schöpfer, während sie unaussprechliche Qualen erdulden und sich in den ewigen Flam-

men vor Schmerzen krümmen, mit Befriedigung auf sie nieder-
blicke.

Auf diese Weise bekleidet der Erzfeind den Schöpfer und
Wohltäter des Menschengeschlechts mit den Eigenschaften, die
er selbst besitzt. Grausamkeit ist satanisch. Gott ist die Liebe,
und alles, was er schuf, war rein, heilig und lieblich, bis durch
den ersten großen Empörer die Sünde hereingebracht wurde.
Satan selbst ist der Feind, der den Menschen zur Sünde verführt
und ihn dann womöglich vernichtet. Hat er sein Opfer sicher,
frohlockt er über das bewirkte Verderben. Könnte er, wie er wollte,
so würde er das ganze Menschengeschlecht in sein Netz einfan-
gen. Legte sich nicht die göttliche Macht ins Mittel, dann würde
nicht ein Sohn, nicht eine Tochter Adams entrinnen.

Der böse Feind sucht die Menschen heute zu überwinden, wie
er unsere ersten Eltern überwand, indem er ihr Vertrauen auf den
Schöpfer erschüttert und sie verleitet, die Weisheit seiner Regierung und die Gerechtigkeit seiner Gesetze in Zweifel zu ziehen.
Satan und seine Gesandten stellen Gott schlimmer dar, als sie
selbst sind, um ihre eigene Bosheit und Empörung zu rechtfertigen. Der große Betrüger versucht, seinen eigenen schrecklich
grausamen Charakter unserem himmlischen Vater unterzuschieben, damit er selbst als ein Wesen erscheine, dem durch die Ver-
stoßung aus dem Himmel ein großes Unrecht zugefügt wurde,
da er sich einem so ungerechten Herrscher nicht unterwerfen
wollte. Er stellt der Welt die Freiheit vor, der sie sich unter seiner
milden Herrschaft erfreuen könnte, im Gegensatz zu der durch
die strengen Erlasse Gottes auferlegten Knechtschaft. Auf diese
Weise gelingt es ihm, Seelen von ihrer Treue zu Gott abwendig
zu machen.

Wie unvereinbar mit jeder Regung von Liebe und Barmherzigkeit und sogar unserem Sinn von Gerechtigkeit ist die Lehre,
daß die gottlosen Toten mit Feuer und Schwefel in einer ewig
brennenden Hölle gequält werden; daß sie für die Sünden in einem kurzen irdischen Leben Qual leiden müssen, solange Gott
lebt! Und doch ist dies allgemein gelehrt worden, und die Lehre
findet sich noch heute in vielen Glaubensbekenntnissen der Christenheit. Ein angesehener Doktor der Theologie sagte: „Der Anblick der Höllenqualen wird die Glückseligkeit der Heiligen für
immer erhöhen. Wenn sie sehen, wie andere, gleicher Natur mit
ihnen und unter den gleichen Umständen geboren, in solches
Elend verstoßen sind, während sie selbst erhaben dastehen, werden sie innewerden, wie glücklich sie sind." Ein anderer bedien-

te sich folgender Worte: „Während der Verdammungsbefehl ewig an den Gefäßen des Zornes ausgeübt wird, wird der Rauch ihrer Qual ewiglich, vor den Gefäßen der Gnade aufsteigen, und diese werden, anstatt Teilnahme mit diesen Elenden zu empfinden, sagen: Amen, Halleluja, lobet den Herrn!"

Wo finden sich im Worte Gottes solche Lehren? Werden die Erlösten im Himmel für alle Gefühle des Mitleids und des Erbarmens und sogar für die Empfindungen gewöhnlicher Menschlichkeit unzugänglich sein? Sollen diese gegen den Gleichmut des Stoikers oder die Grausamkeit des Wilden eingetauscht werden? – Nein nein; das lehrt das Wort Gottes nicht! Männer, die die in den oben angeführten Worten ausgedrückten Ansichten verkündigen, mögen Gelehrte und sogar aufrichtige Menschen sein, aber sie sind durch die Trugschlüsse Satans betrogen. Er verleitet sie, wichtige Ausdrücke der Heiligen Schrift zu entstellen und dem Wortlaut eine Färbung der Bitterkeit und Bosheit zu geben, die ihm selbst, aber nicht unserem Schöpfer, eigen ist. „So wahr ich lebe, spricht Gott der Herr: ich habe keinen Gefallen am Tode des Gottlosen, sondern daß der Gottlose umkehre von seinem Wege und lebe. So kehrt nun um von euren bösen Wegen! Warum wollt ihr sterben?" (Hes. 33, 11).

Könnte es zu Gottes Gunsten sein, wenn wir zugeben wollten, daß er sich beim Anblick unaufhörlicher Qualen ergötze; daß er erquickt werde durch das Stöhnen, das Geschrei und die Verwünschungen der leidenden Geschöpfe, die er in den Flammen der Hölle gefangen hält? Können diese entsetzlichen Töne Musik sein in den Ohren unendlicher Liebe? Man behauptet, daß die Verhängung endlosen Elends über die Gottlosen den Haß Gottes gegen die Sünde als gegen ein Übel bekunde, das den Frieden und die Ordnung im Weltall störe. O schreckliche Gotteslästerung! Als ob Gottes Haß gegen die Sünde ein Grund sei, sie zu verewigen! Denn nach den Lehren dieser Theologen macht die fortgesetzte Qual ohne Hoffnung auf Erbarmen ihre elenden Opfer rasend, und da sich ihre Wut in Flüchen und Gotteslästerungen ergießt, vermehren sie ihre Schuldenlast ständig. Gottes Herrlichkeit wird nicht erhöht durch eine derartige endlose Verewigung der beständig zunehmenden Sünde.

Es liegt außerhalb der Fähigkeit des menschlichen Geistes, das Übel abzuschätzen, das durch die falsche Lehre von der ewigen Qual geschaffen worden ist. Die Religion der Bibel, voll Liebe und Güte und überaus reich an Erbarmen, wird verfinstert durch den Aberglauben und in Schrecken gehüllt. Wenn wir bedenken, in welchen falschen Farben Satan den Charakter Gottes gemalt hat, können wir uns dann wundern, daß unser gnadenreicher Schöpfer gefürchtet, gescheut und sogar gehaßt wird? Die erschreckenden Vorstellungen von Gott, wie sie durch jene Lehren von der Kanzel über die Welt verbreitet wurden, haben Tausende, ja Millionen von Zweiflern und Ungläubigen geschaffen.

Die Ansicht von einer ewigen Qual ist eine der falschen Lehren, die den Greuelwein des geistlichen Babylons ausmachen, mit welchem es die Völker trunken macht (Offb. 14, 8; 17, 2). Wie Diener Christi diese falsche Lehre annehmen und sie von geweihter Stätte herab verkündigen konnten, ist in der Tat unverständlich. Sie empfingen sie, wie auch den falschen Sabbat, von Rom. Wohl haben große und gute Männer diese Lehre auch gepredigt; aber jenen war nicht die Erkenntnis über diesen Gegenstand geworden wie uns heute. Sie waren nur für das Licht verantwortlich, das zu ihrer Zeit schien; wir müssen Rechenschaft ablegen über das Licht, das in unserer Zeit scheint. Wenden wir uns von dem Zeugnis des Wortes Gottes ab und nehmen falsche Lehren an, weil unsere Väter sie verbreiteten, so fallen wir unter die über Babylon ausgesprochene Verdammnis; wir trinken von dem Wein ihrer Greuel.

Sehr viele Menschen, denen die Lehre von einer ewigen Qual anstößig ist, werden zu dem entgegengesetzten Irrtum getrieben. Sie sehen, daß die Heilige Schrift Gott als ein Wesen der Liebe und des Erbarmens darstellt, und sie können nicht glauben, daß er seine Geschöpfe dem Feuer einer ewig brennenden Hölle überlassen werde. Aber durch den Glauben, daß die Seele an und für sich unsterblich sei, kommen sie zu dem Schluß, daß alle Menschen schließlich gerettet werden. Sie betrachten die Drohungen der Bibel als nur dazu bestimmt, die Menschen durch Furcht zum Gehorsam zu bringen, aber nicht, um buchstäblich erfüllt zu werden. Auf diese Weise kann der Sünder in selbstsüchtigem Vergnügen dahinleben, die Anforderungen Gottes mißachten und doch erwarten, schließlich in Gnaden angenommen zu werden. Eine solche Lehre, die auf Gottes Gnade pocht, aber seine Gerechtigkeit unbeachtet läßt, gefällt dem fleischlichen Herzen und macht die Gottlosen kühn in ihrer Ungerechtigkeit.

Um zu zeigen, wie die an eine allgemeine Erlösung Glaubenden die Bibel verdrehen, um ihre seelenverderbenden Glaubenssätze zu unterstützen, braucht man nur ihre eigenen Aussprüche anzuführen. Beim Begräbnis eines nicht religiösen jungen Mannes, der durch einen Unfall plötzlich getötet worden war, wählte

ein universalistischer Geistlicher als Text die auf David bezoge-
ne Aussage der Bibel: „Er hatte sich getröstet über Amnon, daß
er tot war" (2. Sam. 13, 39).

„Man fragt mich häufig", sagte der Redner, „was das Schicksal jener sein werde, die in Sünden die Welt verlassen; vielleicht
in einem Zustand der Trunkenheit sterben; abscheiden mit den
unabgewaschenen Scharlachflecken des Verbrechens an ihren
Kleidern oder dahinfahren wie dieser junge Mann, ohne je nach
Religion gefragt oder ihren Segen erfahren zu haben. Wir sind
zufrieden mit der Heiligen Schrift; ihre Antwort soll die schwierige Aufgabe lösen. Amnon war überaus sündig; er war unbuß-
fertig, er wurde trunken gemacht und in diesem Zustand umgebracht. David war ein Prophet Gottes; er muß gewußt haben, ob
Amnon es in der zukünftigen Welt böse oder gut haben werde.
Was waren die Äußerungen seines Herzens? 'Und es verlangte
den König David hinauszuziehen zu Absalom; denn er hatte sich
getröstet über Amnon, daß er tot war.'

Welchen Schluß können wir aus diesen Worten ziehen? Ist es
nicht dieser, daß die endlose Qual keinen Teil seines religiösen
Glaubens ausmachte? So denken wir; und hier entdecken wir
einen trefflichen Beweis als Stütze der angenehmen, er-
leuchtenden, wohltätigen Annahme von einer schließlichen allgemeinen Reinheit und einem dauernden Frieden. Er war getröstet darüber, daß sein Sohn tot war. Und warum? Weil sein pro-
phetisches Auge vorwärts in die herrliche Zukunft blicken und
den Sohn sehen konnte, der, nachdem er, von allen Versuchungen weit entfernt, der Knechtschaft entbunden, von der Verderbtheit der Sünde gereinigt, hinreichend geheiligt und erleuchtet
worden war und in die Versammlung aufgefahrener, frohlockender Geister aufgenommen wurde. Sein einziger Trost war, daß
sein geliebter Sohn durch die Entrückung aus dem gegenwärtigen Zustand der Sünde und des Leidens dorthin versetzt sei, wo
die erhabensten Einflüsse des Heiligen Geistes sich in seine verfinsterte Seele ergießen würden, wo sein Gemüt der Weisheit
des Himmels und dem süßen Entzücken unsterblicher Liebe geöffnet würde und er, auf diese Weise heilig geworden, die Ruhe
und die Gemeinschaft des himmlischen Erbes genießen könnte.

In diesem Gedanken möchten wir so verstanden werden, daß
wir glauben, die Seligkeit des Himmels hänge von nichts ab, was
wir in diesem Leben tun können, weder von einer gegenwärtigen
Veränderung des Herzens noch von dem jetzigen Glauben oder
einem gegenwärtigen Religionsbekenntnis."

Auf diese Weise wiederholte der vorgebliche Diener Christi die von der Schlange im Paradies ausgesprochene Lüge: „Ihr werdet keineswegs des Todes sterben. ... An dem Tage, da ihr davon esset, werden eure Augen aufgetan und ihr werdet sein wie Gott." Er erklärt, daß der gröbste Sünder, ein Mörder, Dieb und Ehebrecher, nach dem Tode vorbereitet werde, um in unsterbliche Wonne einzugehen.

Und woraus zieht dieser Verdreher der Heiligen Schrift seine Schlüsse? Aus dem einzigen Satz, der Davids Unterwerfung unter die Fügung der Vorsehung ausdrückt. „David hörte auf, auszuziehen wider Absalom; denn er hatte sich getröstet über Amnon, daß er tot war." Nachdem die Heftigkeit seines Schmerzes mit der Zeit nachgelassen hatte, wandten sich seine Gedanken von dem toten zu dem lebendigen Sohn, der aus Furcht vor der gerechten Strafe seines Verbrechens freiwillig in die Verbannung gegangen war. Und dies wäre der Beweis, daß der blutschänderische, betrunkene Amnon unmittelbar nach dem Tode an den Ort der Wonne entrückt wurde, um dort gereinigt und zubereitet zu werden für die Gemeinschaft sündloser Engel! Eine angenehme Fabel, in der Tat wohl geeignet, das fleischliche Herz zu befriedigen! Dies ist Satans eigene Lehre, und sie verrichtet erfolgreich sein Werk. Sollten wir uns wundern, daß bei solcher Belehrung die Gottlosigkeit überhandnimmt?

Das Verfahren dieses einen falschen Lehrers veranschaulicht das vieler anderer. Einige wenige Worte der Heiligen Schrift werden aus dem Zusammenhang gerissen, der in vielen Fällen zeigen würde, daß der Sinn gerade der entgegengesetzte ist. Dann werden diese zerstückelten Stellen verdreht und zu Beweisen von Lehren gebraucht, die in dem Worte Gottes keine Grundlage haben. Das als Beweis angeführte Zeugnis, daß der betrunkene Amnon im Himmel sei, ist ein bloßer Trugschluß, dem die deutliche und bestimmte Erklärung der Heiligen Schrift, daß kein Trunkenbold das Reich Gottes ererben kann (1. Kor. 6, 10), direkt widerspricht. Auf diese Weise verwandeln Zweifler, Ungläubige und Skeptiker die Wahrheit Gottes in eine Lüge, und viele sind durch ihre Trugschlüsse getäuscht und in der Wiege fleischlicher Sicherheit eingeschläfert worden.

Wenn es wahr wäre, daß die Seelen aller Menschen bei ihrem Tod sofort in den Himmel gingen, dann möchten wir wohl eher den Tod begehren als das Leben. Viele sind durch diesen Glauben dazu verleitet worden, ihrem Dasein ein Ende zu machen. Von Sorgen, Schwierigkeiten und Enttäuschungen überwältigt, scheint es ein Leichtes zu sein, den schwachen Lebensfaden zu zerreißen und sich zur Wonne der ewigen Welt aufzuschwingen.

Gott hat in seinem Wort klare Beweise gegeben, daß er die Übertreter seines Gesetzes strafen will. Wer annimmt, daß Gott zu barmherzig sei, um an dem Sünder Gerechtigkeit zu üben, braucht nur auf das Kreuz auf Golgatha zu schauen. Der Tod des unbefleckten Sohnes Gottes bezeugt, daß der Tod der Sünde Sold ist, und jede Übertretung des Gesetzes Gottes muß ihre gerechte Vergeltung erfahren. Christus, der Sündenfreie, wurde zur Sünde gemacht um des Menschen willen. Er trug die Schuld der Übertretung, seines Vaters Angesicht wurde vor ihm verhüllt, bis sein Herz brach und das Leben in ihm erstickte. Dies Opfer wurde gebracht, damit Sünder erlöst werden könnten. Auf keine andere Weise war es möglich, den Menschen von der Strafe der Sünde zu befreien. Und jede Seele, die sich weigert, an der so teuer erkauften Versöhnung teilzuhaben, muß in eigener Person die Schuld und Strafe der Übertretung tragen.

Wir wollen betrachten, was die Bibel weiter über die Gottlosen und Unbußfertigen lehrt, die der Universalist als heilige, glückliche Engel in den Himmel versetzt.

„Ich will dem Durstigen geben von der Quelle des lebendigen Wassers umsonst." Diese Verheißung gilt nur denen, die dürsten. Nur die, die ihr Bedürfnis nach dem Wasser des Lebens fühlen und es unter allen Umständen suchen, werden damit versehen werden. „Wer überwindet, der wird es alles ererben, und ich werde sein Gott sein, und er wird mein Sohn sein" (Offb. 21, 6. 7). Hier werden ebenfalls Bedingungen aufgestellt. Um alles zu ererben, müssen wir der Sünde widerstehen und sie überwinden.

Der Herr erklärt durch den Propheten Jesaja: „Heil den Gerechten, sie haben es gut! ... Wehe aber den Gottlosen, sie haben es schlecht! Denn es wird ihnen vergolten werden, wie sie es verdienen" (Jes. 3, 10. 11). „Wenn ein Sünder auch hundertmal Böses tut und lange lebt, so weiß ich doch, daß es wohlgehen wird denen, die Gott fürchten, die sein Angesicht scheuen. Aber dem Gottlosen wird es nicht wohlgehen, und wie ein Schatten werden nicht lange leben, die sich vor Gott nicht fürchten", sagt Salomo (Pred. 8, 12. 13). Und Paulus bezeugt, daß der Gottlose sich selber aufhäufe „Zorn auf den Tag des Zorns und der Offenbarung des gerechten Gerichtes Gottes, der einem jeden geben wird nach seinen Werken. ... Ungnade und Zorn aber denen, die streitsüchtig sind und der Wahrheit nicht gehorchen, gehorchen aber der Ungerechtigkeit" (Röm. 2, 5. 6. 8).

„Denn das sollt ihr wissen, daß kein Unzüchtiger oder Unreiner oder Habsüchtiger – das sind Götzendiener – ein Erbteil hat im Reich Christi und Gottes" (Eph. 5, 5). „Jaget dem Frieden nach mit jedermann und der Heiligung, ohne die niemand den Herrn sehen wird" (Hebr. 12, 14). „Selig sind, die seine Gebote halten, auf daß sie Macht haben an dem Holz des Lebens und zu den Toren eingehen in die Stadt. Draußen sind die Hunde und die Zauberer und die Unzüchtigen und die Mörder und die Götzendiener und alle, die die Lüge lieben und tun" (Offb. 22, 14. 15).

Gott hat den Menschen eine Beschreibung seines Charakters und seiner Verfahrensweise mit der Sünde gegeben: „Herr, Herr, Gott, barmherzig und gnädig und geduldig und von großer Gnade und Treue; der da Tausenden Gnade bewahrt und vergibt Missetat, Übertretung und Sünde, und vor dem niemand unschuldig ist" (2. Mose 34, 6. 7). „Der Herr ... wird vertilgen alle Gottlosen." „Die Übertreter aber werden miteinander vertilgt, und die Gottlosen werden zuletzt ausgerottet" (Ps. 145, 20; 37, 38). Wohl wird Macht und Autorität der göttlichen Regierung zur Unterdrückung der Empörung angewandt; dennoch werden alle Bekundungen der vergeltenden Gerechtigkeit vollkommen übereinstimmen mit dem Charakter Gottes als eines barmherzigen, langmütigen, wohlwollenden Wesens.

Gott zwingt niemandes Willen oder Urteil. Er hat keinen Gefallen an sklavischem Gehorsam. Er wünscht, daß die Geschöpfe seiner Hände ihn lieben, weil er der Liebe wert ist. Er will, daß sie ihm gehorchen, weil sie seine Weisheit, Gerechtigkeit und Großmut würdigen können. Wer eine richtige Vorstellung von diesen Eigenschaften hat, wird ihn lieben, weil er in Bewunderung seines Charakters zu ihm gezogen wird.

Die Grundsätze der Freundlichkeit, Barmherzigkeit und Liebe, wie sie von unserem Heiland gelehrt und ausgelebt wurden, sind ein Abbild des Willens und Charakters Gottes. Christus erklärte, daß er nichts gelehrt habe, was er nicht von seinem Vater empfangen hätte. Die Grundsätze der göttlichen Regierung sind in vollkommener Übereinstimmung mit der Lehre des Heilandes: „Liebet eure Feinde!" Gott läßt Gerechtigkeit ergehen über die Bösen zum Besten des Weltalls und selbst zum Besten derer, die von seinen Gerichten heimgesucht werden. Er würde sie glücklich machen, wenn er dies in Übereinstimmung mit den Gesetzen seiner Regierung und der Gerechtigkeit seines Charakters tun könnte. Er umgibt sie mit Zeichen seiner Liebe, er schenkt ihnen die Kenntnis seines Gesetzes und geht ihnen nach mit dem Anerbieten seiner Gnade; aber sie verachten seine Liebe, übertreten sein Gesetz und verwerfen seine Gnade. Während sie beständig seine Gaben empfangen, entehren sie den Geber; sie hassen Gott, weil sie wissen, daß er ihre Sünden verabscheut. Der Herr hat lange Geduld mit ihrer Bosheit; aber die Stunde wird schließlich doch kommen, da ihr Schicksal entschieden werden muß. Wird er dann diese Empörer an sich ketten? Wird er sie zwingen, seinen Willen zu tun?

Seelen, die Satan zu ihrem Führer erwählten und sich von seiner Macht haben beherrschen lassen, sind nicht vorbereitet, in die Gegenwart Gottes zu treten. Stolz, Trug, Ausschweifung, Grausamkeit haben sich in ihrem Herzen eingewurzelt. Könnten sie in den Himmel eingehen, um ewig mit jenen zusammenzuleben, die sie auf Erden verachteten und haßten? Die Wahrheit wird einem Lügner nie angenehm sein; Sanftmut kann Eigendünkel und Stolz nicht befriedigen; Reinheit wird von dem Verderbten nicht angenommen, und selbstlose Liebe erscheint dem Selbstsüchtigen nicht anziehend. Welche Freuden vermöchte der Himmel denen zu bieten, die von irdischen und selbstsüchtigen Beweggründen ganz und gar in Anspruch genommen sind?

Könnten die Menschen, die ihr Leben in Empörung gegen Gott zugebracht haben, plötzlich in den Himmel versetzt werden und den hohen und heiligen Zustand der Vollkommenheit ertragen, der stets dort herrscht, wo jede Seele mit Liebe erfüllt ist, jedes Angesicht vor Freude strahlt, wo entzückende Musik in klangvollen Weisen zur Ehre Gottes und des Lammes aufsteigt und auf die Erlösten sich unaufhörliche Ströme des Lichtes ergießen, die ausgehen vom Angesichte dessen, der auf dem Stuhl sitzt? Könnten Seelen, deren Herzen mit Haß gegen Gott, gegen Wahrheit und Heiligkeit erfüllt sind, sich unter die himmlische Schar mischen und in ihren Lobgesang mit einstimmen? Könnten sie die Herrlichkeit Gottes und des Lammes ertragen? Nein, nein! Ihnen wurden Jahre der Gnadenzeit gewährt, um einen Charakter für den Himmel heranzubilden; aber sie haben sich nie darin geübt, das Reine zu lieben, haben niemals die Sprache des Himmels gelernt – und nun ist es zu spät. Ein Leben der Empörung gegen Gott hat sie für den Himmel untauglich gemacht. Seine Reinheit, seine Heiligkeit und sein Friede würden ihnen eine Qual, die Herrlichkeit Gottes würde ein verzehrendes Feuer sein. Sie würden sich danach sehnen, von jenem heiligen Orte zu fliehen. Sie würden den Untergang willkommen heißen, auf daß sie vor dem Angesichte dessen, der starb, um sie zu erlösen, verborgen sein möchten. Das Schicksal der Gottlosen wird durch ihre eigene Wahl besiegelt. Ihr Ausschluß vom Himmel ist ihrerseits freiwillig und von seiten Gottes gerecht und barmherzig.

Gleich den Wassern der Sintflut verkünden die Feuer des großen Tages das Urteil Gottes, daß die Gottlosen unheilbar sind. Sie wollen sich der göttlichen Autorität nicht unterwerfen. Ihr Wille hat sich in Empörung geübt, und wenn das Leben zu Ende ist, wird es zu spät sein, den Lauf ihrer Gedanken nach der entgegengesetzten Richtung zu lenken, zu spät, um sich von der Übertretung zum Gehorsam und vom Haß zur Liebe zu wenden.

Dadurch, daß Gott Kain, den Mörder, am Leben erhielt, zeigte er der Welt, was die Folge ist, wenn der Sünder am Leben bleibt und seinen Wandel in ungezügelter Gottlosigkeit weiterführt. Durch den Einfluß von Kains Lehren und Beispiel wurden Tausende seiner Nachkommen zur Sünde verleitet, bis „der Menschen Bosheit groß war auf Erden, und alles Dichten und Trachten ihres Herzens nur böse war immerdar. ... Die Erde war verderbt vor Gottes Augen und voller Frevel" (1. Mose 6, 5. 11).

Aus Barmherzigkeit gegen die Welt vertilgte Gott ihre verderbten Bewohner zur Zeit Noahs. Aus Barmherzigkeit vernichtete er die gottlosen Einwohner Sodoms. Durch die trügerische Macht Satans erlangen die Übeltäter Mitgefühl und Bewunderung und führen dadurch beständig andere zur Empörung. So war es in Kains und in Noahs Tagen, zur Zeit Abrahams und Lots; so ist es auch jetzt. Aus Erbarmen mit dem Weltall wird Gott schließlich die Verwerfer seiner Gnade vernichten.

„Der Sünde Sold ist der Tod; die Gabe Gottes aber ist das ewige Leben in Christus Jesus, unserm Herrn" (Röm. 6, 23). Während das Leben das Erbe der Gerechten ist, ist der Tod das Teil der Gottlosen. Mose erklärte Israel: „Siehe, ich habe dir heute vorgelegt das Leben und das Gute, den Tod und das Böse" (5. Mose 30, 15). Der in dieser Schriftstelle erwähnte Tod ist nicht der über Adam ausgesprochene Tod, denn alle Menschen erleiden die Strafe der Übertretung, sondern es ist der „zweite Tod", der dem unvergänglichen Leben gegenübergestellt wird.

Der Tod ist infolge der Sünde Adams auf das ganze menschliche Geschlecht gekommen. Alle ohne Unterschied sinken ins Grab. Und durch die Vorkehrung des Erlösungsplanes werden alle wieder aus ihren Gräbern hervorgebracht werden. Es gibt eine zukünftige „Auferstehung der Gerechten wie der Ungerechten" (Apg. 24, 15). „Denn wie sie in Adam alle sterben, so werden sie in Christus alle lebendig gemacht werden" (1. Kor. 15, 22). Dennoch wird ein Unterschied bestehen zwischen den beiden Klassen, die aus dem Gräbern hervorgehen werden. „Alle, die in den Gräbern sind, werden seine Stimme hören, und werden hervorgehen, die Gutes getan haben, zur Auferstehung des Lebens, die aber Böses getan haben zur Auferstehung des Gerichts" (Joh. 5, 28. 29). Die der Auferstehung des Lebens würdig befunden wurden, sind „selig und heilig, ... Über diese hat der zweite Tod keine Macht" (Offb. 20, 6). Die Menschen hingegen, die nicht durch Buße und Glauben Vergebung erlangt haben, müssen die Strafe für ihre Übertretung, „der Sünde Sold", erdulden. Sie erleiden Pein „nach ihren Werken", unterschiedlich in Dauer und Grad, die mit dem zweiten Tod endet. Da es Gott in Übereinstimmung mit seiner Gerechtigkeit und Gnade unmöglich ist, den Sünder in seinen Sünden zu erretten, nimmt er ihm das Dasein, das er durch seine Übertretungen verwirkt hat und dessen er sich unwürdig erwies. Ein inspirierter Schreiber sagt: „Noch eine kleine Zeit, so ist der Gottlose nicht mehr da; und wenn du nach seiner Stätte siehst, ist er weg" (Ps. 37, 10). Ein anderer erklärt, sie „sollen sein, als wären sie nie gewesen" (Obadja 16). Mit Schande bedeckt, versinken sie in hoffnungslose ewige Vergessenheit.

So wird der Sünde mit allem Weh und Verderben, die aus ihr hervorgegangen sind, ein Ende gemacht. Der Psalmist sagt: „Du ... bringst die Gottlosen um; ihren Namen vertilgst du auf immer und ewig ... jedes Gedenken an sie ist vergangen" (Ps. 9, 6. 7). In der Offenbarung hört Johannes, indem er auf den zukünftigen ewigen Zustand vorausblickt, einen allgemeinen Lobgesang, der von keinem einzigen Mißklang gestört wird. Jede Kreatur im Himmel und auf Erden gibt Gott die Ehre (Offb. 5, 13). Es gibt keine verlorenen Seelen mehr, die Gott lästern, während sie sich unter ihren Qualen krümmen; keine elenden Wesen der Hölle werden ihre Schreie mit den Gesängen der Erlösten vermischen.

Auf dem Grundirrtum der natürlichen Unsterblichkeit beruht die Lehre von dem Bewußtsein im Tode – eine Lehre, die gleich der von der ewigen Qual den Aussprüchen der Heiligen Schrift, den Eingebungen der Vernunft und unseren Gefühlen von Menschlichkeit widerstrebt. Nach dem volkstümlichen Glauben sind die Erlösten im Himmel mit allem bekannt, was auf Erden stattfindet, besonders mit dem Leben der Freunde, die sie zurückgelassen haben. Wie könnte es aber für die Toten eine Quelle der Glückseligkeit sein, die Widerwärtigkeiten der Lebenden zu kennen, die von ihren Lieben begangenen Sünden wahrzunehmen und zu sehen, wie sie Leiden, Enttäuschungen und Sorgen des Lebens erdulden? Wieviel würden jene, deren Gedanken bei ihren Freunden auf Erden verweilen, von der Wonne des Himmels genießen? Und wie außerordentlich empörend ist ferner der Glaube, daß, sobald der Odem den Leib verläßt, die Seele des Unbußfertigen sofort den Flammen der Hölle übergeben werde! Welch große Angst müßten die Menschen erleiden, die ihre Freunde unvorbereitet ins Grab sinken sehen, um eine Ewigkeit der Pein und Sünde anzutreten! Viele sind durch diesen qualvollen Gedanken zum Wahnsinn getrieben worden.

Was sagt die Heilige Schrift über diese Dinge? David erklärt, daß der Mensch im Tode kein Bewußtsein hat: „Des Menschen Geist muß davon, und er muß wieder zu Erde werden; dann sind verloren alle seine Pläne" (Ps. 146, 4). Salomo legt das gleiche Zeugnis ab: „Denn die Lebendigen wissen, daß sie sterben werden; die Toten aber wissen nichts, sie haben auch keinen Lohn mehr – denn ihr Andenken ist vergessen. Ihr Lieben und ihr Hassen und ihr Eifern ist längst dahin, sie haben keinen Teil mehr auf der Welt an allem, was unter der Sonne geschieht. ... Denn bei den Toten, zu denen du fährst, gibt es weder Tun noch Denken, weder Erkenntnis noch Weisheit" (Pred. 9, 5. 6. 10).

Als Hiskias Leben in Antwort auf sein Gebet um fünfzehn Jahre verlängert wurde, huldigte der dankbare König Gott mit Lob und Preis für seine große Barmherzigkeit. In diesem Lobgesang gibt er den Grund seiner Freude an: „Denn die Toten loben dich nicht, und der Tod rühmt dich nicht, und die in die Grube fahren, warten nicht auf deine Treue, sondern allein, die da leben, loben dich" (Jes. 38, 18. 19). Die volkstümliche Theologie stellt die gerechten Toten als im Himmel befindlich dar, wo sie, in Wonne lebend, Gott mit unsterblicher Zunge preisen; aber Hiskia konnte im Tode keine solche herrliche Aussicht erblicken. Mit seinen Worten stimmt das Zeugnis des Psalmisten überein: „Denn im Tode gedenkt man deiner nicht; wer wird dir bei den Toten danken?" „Die Toten werden dich, Herr, nicht loben, keiner, der hinunterfährt in die Stille" (Ps. 6, 6; 115, 17).

Petrus sagte am Pfingsttag von dem Erzvater David: „Er ist gestorben und begraben, und sein Grab ist bei uns bis auf diesen Tag. ... Denn David ist nicht gen Himmel gefahren." (Apg. 2, 29. 34). Daß David im Grabe bleibt bis zur Auferstehung, beweist, daß die Gerechten beim Tode nicht in den Himmel gehen. Nur durch die Auferstehung und kraft der Tatsache, daß

Christus auferstanden ist, kann David schließlich zur Rechten Gottes sitzen.

Paulus erklärte: „Denn wenn die Toten nicht auferstehen, so ist Christus auch nicht auferstanden. Ist Christus aber nicht auferstanden, so ist euer Glaube nichtig, so seid ihr noch in euren Sünden; so sind auch die, die in Christus entschlafen sind, verloren" (1. Kor. 15, 16-18). Wären 4000 Jahre lang die Gerechten beim Tode sofort in den Himmel gekommen, wie hätte Paulus dann sagen können, daß, wenn es keine Auferstehung gäbe, „auch die, die in Christus entschlafen sind, verloren" seien? Es würde dann überhaupt keine Auferstehung nötig sein.

Der Märtyrer Tyndale sagte über den Zustand der Toten: „Ich gestehe frei, daß ich nicht davon überzeugt bin, daß sie schon in der Herrlichkeit leben, wie Christus und die erwählten Engel Gottes. Auch ist diese Lehre kein Artikel meines Glaubensbekenntnisses; denn wenn dem so wäre, so erachte ich die Predigt von der Auferstehung des Leibes als ganz vergeblich" (Vorwort zum Neuen Test., 1534). Es ist eine unleugbare Tatsache, daß die Hoffnung, bei dem Tode sofort in eine unsterbliche Glückseligkeit versetzt zu werden, zu einer weitverbreiteten Vernachlässigung der biblischen Lehre über die Auferstehung geführt hat. Dr. Adam Clarke bemerkte dies und sagte: „Die Auferstehungslehre scheint unter den ersten Christen von weit größerer Wichtigkeit gewesen zu sein, als sie es heute ist! Wie kommt das? Die Apostel betonten sie beständig und ermahnten durch sie die Gotteskinder zum Fleiß, Gehorsam und Freudigkeit. Ihre Nachfolger in der Gegenwart erwähnen sie nur selten! So predigten die Apostel und so glaubten die ersten Christen; so predigen wir und so glauben unsere Zuhörer. Es gibt keine Lehre im Evangelium, auf die mehr Nachdruck gelegt wird, und es findet sich keine Lehre in der gegenwärtigen theologischen Verkündigung, die mehr vernachlässigt wird" (Auslegung des Neuen Test. über 1. Kor. 15).

Dies hat angedauert, bis die herrliche Wahrheit von der Auferstehung beinahe gänzlich verdunkelt und von der christlichen Welt fast ganz aus den Augen verloren worden ist. Ein hervorragender religiöser Schriftsteller sagt in seinen Anmerkungen zu den Worten Pauli in 1. Thess. 4, 13-18: „Für alle praktischen Zwecke des Trostes nimmt die Lehre von der seligen Unsterblichkeit der Gerechten für uns die Stelle irgendeiner zweifelhaften Lehre von dem zweiten Kommen Christi ein. Bei unserem Tode kommt der Herr für uns. Darauf sollen wir harren, dafür wachen. Die Toten sind bereits in die Herrlichkeit eingegangen. Sie warten nicht auf die Posaune, ihr Urteil und ihre Seligkeit zu erlangen."

Aber als Jesus im Begriff stand, seine Jünger zu verlassen, sagte er ihnen nicht, daß sie bald zu ihm kommen würden. „Ich gehe hin", sagte er, „euch die Stätte zu bereiten. Und wenn ich hingehe, euch die Stätte zu bereiten, will ich wiederkommen und euch zu mir nehmen" (Joh. 14, 2. 3). Und Paulus sagt uns weiter: „Er selbst, der Herr, wird, wenn der Befehl ertönt, wenn die Stimme des Erzengels und die Posaune Gottes erschallen, herabkommen vom Himmel, und zuerst werden die Toten, die in Christus gestorben sind auferstehen. Danach werden wir, die wir leben und übrigbleiben, zugleich mit ihnen entrückt werden auf den Wolken in die Luft, dem Herrn entgegen; und so werden wir bei dem Herrn sein allezeit." Und er fügt hinzu: „So tröstet euch mit diesen Worten untereinander!" (1. Thess. 4, 16-18). Wie groß ist der Unterschied zwischen diesen Worten des Trostes und jenen des vorhin angeführten Universalistenpredigers! Dieser tröstete die trauernden Freunde mit der Versicherung, daß, wie sündig der Tote auch gewesen sein möge, er doch, sobald er sein Leben hier ausgehaucht habe, unter die Engel aufgenommen würde. Paulus weist seine Brüder auf das zukünftige Kommen des Herrn hin, wenn die Fesseln des Grabes gebrochen und „die Toten in Christus" zum ewigen Leben auferweckt werden sollen.

Bevor irgendwelche Seelen die Wohnungen der Seligen betreten können, müssen ihre Fälle untersucht, ihre Charaktere und Werke von Gott beurteilt werden. Alle werden nach den in den Büchern geschriebenen Berichten gerichtet, alle werden den Lohn empfangen nach ihren Werken. Dieses Gericht findet nicht beim Tode statt. Man beachte Pauli Worte: „Denn er hat einen Tag festgesetzt, an dem er den Erdkreis richten will mit Gerechtigkeit durch einen Mann, den er dazu bestimmt hat, und hat jedermann den Glauben angeboten, indem er ihn von den Toten auferweckt hat" (Apg. 17, 31). Hier erklärt der Apostel deutlich, daß das Gericht damals noch zukünftig war.

Judas verweist auf denselben Zeitpunkt: „Auch die Engel, die ihren himmlischen Rang nicht bewahrten, sondern ihre Behausung verließen, hat er für das Gericht des großen Tages festgehalten mit ewigen Banden in der Finsternis." Und ferner führt er die Worte Henochs an: „Siehe, der Herr kommt mit vielen tausend Heiligen, Gericht zu halten über alle" (Judas 6. 14. 15). Johannes erklärt, daß er „sah die Toten, beide, groß und klein, stehen vor dem Thron ... Und die Toten wurden gerichtet, nach dem, was in den Büchern geschrieben steht, nach ihren Werken" (Offb. 20, 12).

Wenn sich aber die Toten bereits der Wonne des Himmels erfreuen oder sich in den Flammen der Hölle winden, wozu ist dann noch ein künftiges Gericht notwendig? Die Lehren des Wortes Gottes über diese wichtigen Punkte sind weder dunkel noch widersprechend; sie können von einfachen Leuten verstanden werden. Welches aufrichtige Gemüt kann aber in der üblichen Lehre Weisheit oder Gerechtigkeit sehen? Sollen die Gerechten nach der Untersuchung ihrer Fälle im Gericht das Lob empfangen: „Recht so, du tüchtiger und treuer Knecht, ... geh hinein zu deines Herrn Freude!" (Matth. 25, 21), wenn sie vielleicht schon jahrhundertelang in seiner Gegenwart verweilt haben? Sollen die Gottlosen von dem Ort der Qual weggerufen werden, um von dem Richter der ganzen Erde das Urteil zu vernehmen: „Geht weg von mir, ihr Verfluchten, in das ewige Feuer!" (Matth. 25, 41). Welch ein Spott! Eine schändliche Anklage der Weisheit und Gerechtigkeit Gottes!

Die Theorie von der Unsterblichkeit der Seele war eine der falschen Lehren, die Rom dem Heidentum entlehnte und der Religion des Christentums einverleibte. Martin Luther reihte sie „den zahllosen Ausgeburten des römischen Misthaufens der Dekretalen an" (Petavel, Die Unsterblichkeitsfrage, S. 255). In seinen Anmerkungen zu den Worten Salomos im Prediger, daß die Toten nichts wissen, sagt der Reformator: „Ein weiterer Beweis, daß die Toten bewußtlos sind. Salomo denkt deshalb, die Toten schliefen gänzlich und dächten an nichts. Sie liegen, ohne Tage oder Jahre zu rechnen, doch wenn sie aufwachen, wird es ihnen vorkommen, als ob sie nur einen Augenblick geschlafen hätten" (Luthers Werke, St. L., Bd. 5, S. 1535 f).

Nirgends in der Heiligen Schrift ist die Erklärung zu finden, daß die Gerechten ihre Belohnung oder die Gottlosen ihre Strafe beim Tode erhalten. Die Erzväter und Propheten haben keine solche Zusicherung hinterlassen. Christus und seine Apostel haben keine Andeutung davon gegeben. Die Bibel lehrt deutlich, daß die Toten nicht unmittelbar in den Himmel gehen, sondern bis zur Auferstehung schlafen (1. Thess. 4, 14; Hiob 14, 10-12). An demselben Tage, wo der „silberne Strick" wegkommt, und die „goldene Schale" zerbricht (Pred. 12, 6), werden des Menschen Gedanken zunichte. Die in das Grab hinunterfahren, verharren in Stillschweigen. Sie wissen nichts mehr von allem, was unter der Sonne geschieht (Hiob 14, 21). Selige Ruhe für die müden Gerechten! Die Zeit, sei sie kurz oder lang, ist nur ein Augenblick für sie! Sie entschlafen und werden durch die Posaune Gottes zu einer herrlichen Unsterblichkeit auferweckt. „Denn es wird die Posaune erschallen, und die Toten werden auferstehen unverweslich. ... Wenn aber dies Verwesliche anziehen wird die Unverweslichkeit, und dies Sterbliche anziehen wird die Unsterblichkeit, dann wird erfüllt werden das Wort, das geschrieben steht: Der Tod ist verschlungen in den Sieg" (1. Kor. 15, 52-55). Wenn sie aus ihrem tiefen Schlummer herausgerufen werden, fangen sie gerade da an zu denken, wo sie seiner Zeit aufhörten. Das letzte Gefühl war die Todesangst, der letzte Gedanke, daß sie der Macht des Grabes anheimfielen. Wenn sie aus der Gruft auferstehen, wird ihr erster froher Gedanke in dem frohlockenden Ruf widerhallen: „Tod, wo ist dein Stachel? Hölle, wo ist dein Sieg?" (1. Kor. 15, 55).

34 Der Spiritismus

Der Dienst der heiligen Engel, wie ihn das Wort Gottes dar-stellt, ist für jeden Nachfolger Christi eine höchst trostreiche und köstliche Wahrheit. Aber die biblische Lehre über diesen Ge-genstand ist durch die Irrtümer einer volkstümlichen Theologie verdunkelt und verfälscht worden. Die Lehre von einer natürli-chen Unsterblichkeit, anfangs der heidnischen Philosophie ent-lehnt und in der Finsternis des großen Abfalls dem christlichen Glauben einverleibt, hat die in der Heiligen Schrift so deutlich gelehrte Wahrheit, daß die Toten nichts wissen, verdrängt. Tau-sende sind dahin gekommen zu glauben, daß die „dienstbaren Geister, ausgesandt zum Dienst um derer willen, die das Heil ererben sollen", Geister der Toten seien, obwohl die Heilige Schrift das Dasein himmlischer Engel und ihre Verbindung mit der Geschichte des Menschen bezeugt, ehe noch ein menschli-ches Wesen gestorben war.

Die Lehre von dem Bewußtsein des Menschen im Tode, ins-besondere der Glaube, daß die Geister der Verstorbenen zurück-kehren, um den Lebenden zu dienen, hat den Weg für den Spiri-tismus der Neuzeit vorbereitet. Wenn die Toten in die Gegen-wart Gottes und der heiligen Engel treten dürfen und mit weit mehr Erkenntnis begünstigt werden, als sie vorher besaßen, war-um sollten sie dann nicht auf diese Erde zurückkehren, um die Lebenden zu erleuchten und zu unterweisen? Wenn die Geister der Toten, wie von den volkstümlichen Theologen gelehrt wird, ihre Freunde auf Erden umschweben, warum sollte ihnen dann nicht gestattet sein, mit ihnen zu verkehren, um sie vor der Sün-de zu warnen oder sie in ihrem Kummer zu trösten? Wie können Seelen, die glauben, daß der Mensch im Tode bewußt fortlebt, das verwerfen, was verklärte Geister ihnen als göttliches Licht mitteilen? Hier ist ein als heilig betrachtetes Mittel, durch das Satan auf die Erreichung seiner Absichten hinwirkt. Die gefalle-nen Engel, die seine Befehle ausführen, erscheinen als Boten aus der Geisterwelt. Unter der Vorgabe, die Lebenden mit den Toten zu verbinden, übt der Fürst des Bösen seinen bestrickenden Einfluß aus.

Er hat die Macht, den Menschen die Erscheinung ihrer abgeschiedenen Freunde vorzuführen. Die Nachahmung ist vollkommen; das bekannte Aussehen, die Worte, der Ton werden mit unglaublicher Deutlichkeit wiedergegeben. Viele werden durch die Versicherung getröstet, daß ihre Lieben die Wonne des Himmels genießen, und schenken ohne Argwohn vor Gefahr den „verführerischen Geistern und teuflischen Lehren" Gehör.

Sind sie alsdann zu dem Glauben verleitet worden, daß die Toten tatsächlich zurückkehren, um mit ihnen zu verkehren, so läßt Satan Menschen erscheinen, die unvorbereitet in das Grab sanken, und diese behaupten, im Himmel glücklich zu sein und dort sogar erhabene Stellungen einzunehmen. Auf diese Weise wird der Irrtum verbreitet, daß zwischen den Gerechten und den Gottlosen kein Unterschied gemacht werde. Die angeblichen Besucher aus der Geisterwelt äußern zuweilen Mahnungen zur Vorsicht und Warnungen, die sich als richtig erweisen. Wenn sie dann das Vertrauen gewonnen haben, bringen sie Lehren vor, die den Glauben an die Heilige Schrift direkt untergraben. Mit dem Anschein großer Anteilnahme für die Wohlfahrt ihrer Freunde auf Erden flößen sie ihnen die gefährlichsten Irrtümer ein. Die Tatsache, daß sie einige Wahrheiten darlegen und zuzeiten imstande sind, zukünftige Ereignisse vorauszusagen, gibt ihren Aussagen einen Anschein der Zuverlässigkeit; und ihre falschen Lehren werden von der Menge so bereitwillig angenommen und so einfältig geglaubt, als seien es die heiligsten Wahrheiten der Bibel. Das Gesetz Gottes wird beiseitegesetzt, der Geist der Gnade verachtet, das Blut des Bundes als etwas Unheiliges betrachtet. Die Geister verleugnen die Gottheit Christi und stellen sich sogar mit dem Schöpfer auf eine Stufe. So führt der große Empörer unter einer neuen Maske seinen Kampf gegen Gott, den er im Himmel begonnen und beinahe 6000 Jahre auf Erden fortgesetzt hat, noch immer weiter.

Viele bemühen sich, die spiritistischen Kundgebungen dadurch zu erklären, daß sie sie gänzlich dem Betrug und den Kunstgriffen des Mediums zuschreiben. Während es zwar wahr ist, daß die Künste der Taschenspielerei oft als echte Offenbarungen ausgegeben wurden, hat man auch außerordentliche Kundgebungen übernatürlicher Kräfte wahrgenommen. Das geheimnisvolle Klopfen, womit der moderne Spiritismus begann, war nicht die Folge menschlicher Kunstgriffe oder Schlauheit, sondern das unmittelbare Werk böser Engel, die auf diese Weise eine der erfolgreichsten seelenverderbenden Täuschungen einführten. Viele werden verstrickt durch den Glauben, daß der Spiritismus eine rein menschliche Betrügerei sei; werden sie aber Kundgebungen gegenübergestellt, die sie nur als übernatürlich betrachten können, dann werden sie verblendet und verführt, sie als die große Macht Gottes anzunehmen.

Diese Leute übersehen das Zeugnis der Heiligen Schrift über die durch Satan und seine Engel gewirkten Wunder. Durch satanische Hilfe wurden Pharaos Zauberer in den Stand gesetzt, das Werk Gottes nachzuahmen. Paulus bezeugt, daß vor der Wiederkunft Christi ähnliche Offenbarungen der satanischen Macht stattfinden werden. Dem Kommen des Herrn muß „Satans Auftreten mit großer Kraft und lügenhaften Zeichen und Wundern und mit jeglicher Verführung zur Ungerechtigkeit" (2. Thess. 2, 9. 10) vorangehen. Und der Apostel Johannes beschreibt die wunderwirkende Macht, die in den letzten Tagen offenbart werden wird, folgendermaßen: „Und es tut große Zeichen, so daß es auch Feuer vom Himmel auf die Erde fallen läßt vor den Augen der Menschen; und es verführt, die auf Erden wohnen, durch die Zeichen, die zu tun vor den Augen des Tieres ihm Macht gegeben ist" (Offb. 13, 13. 14). Keine bloßen Betrügereien werden hier vorhergesagt. Die Menschen werden verführt durch die Wunder, die Satans Werkzeuge ausüben können und nicht etwa nur vorgeben auszuüben.

Der Fürst der Finsternis, der so lange die Kräfte seines gewaltigen Geistes dem Werk der Täuschung geweiht hat, paßt seine Versuchungen den Menschen aller Klassen und Stände geschickt an. Den Gebildeten stellt er den Spiritismus in seinen verfeinerten und verstandesmäßigen Gesichtspunkten dar, wodurch es ihm gelingt, viele in sein Netz zu ziehen. Die Weisheit, die der Spiritismus mitteilt, ist, wie der Apostel Jakobus sagt, „nicht die Weisheit, die von oben herabkommt; sondern sie ist irdisch, niedrig und teuflisch" (Jak. 3, 15). Dies verbirgt der große Betrüger jedoch, wenn die Verstellung seinem Zweck am besten dient. Er, der in der Wüste der Versuchung vor Christus im Glanz der himmlischen Seraphim erscheinen konnte, kommt zu den Menschen in einer höchst anziehenden Weise als ein Engel des Lichts. Er wendet sich an den Verstand, indem er gewichtige Themen vorbringt; er entzückt die Einbildungskraft durch bestrickende Darstellungen und erwirbt sich die Zuneigung durch beredte Schilderungen von Liebe und Menschenfreundlichkeit. Er reizt die

Phantasie zu einem erhabenen Aufschwung und verleitet die Menschen, eine so hohe Meinung von ihrer eigenen Weisheit zu haben, daß sie in ihrem Herzen den Ewigen verachten. Jenes mächtige Wesen, das den Erlöser der Welt auf einen sehr hohen Berg nehmen und ihm alle Reiche der Erde und ihre Herrlichkeit zeigen konnte, wird sich mit seinen Versuchungen den Menschen in einer Weise nahen, daß die Sinne aller verwirrt werden, die nicht unter dem Schutz der göttlichen Macht stehen.

Satan verführt die Menschen heute, wie er Eva in Eden verführte, indem er ihnen schmeichelt, in ihnen ein Verlangen, verbotene Kenntnisse zu erlangen und ein ehrgeiziges Streben nach Selbsterhebung anfacht. Weil er sich diesen bösen Begierden hingab, kam er selbst zu Fall, und nun versucht er, durch sie das Verderben des Menschen zu bewerkstelligen. Ihr „werdet sein wie Gott", erklärt er, „und wissen, was gut und böse ist" (1. Mose 3, 5). Der Spiritismus lehrt, der Mensch sei ein Geschöpf des Fortschritts; seine Bestimmung sei, von Geburt an sich zur Gottheit hinzuentwickeln bis in die Ewigkeit. Und abermals: „Jeder Geist wird sich selbst richten, und nicht ein anderer. ... Das Gericht wird ein richtiges sein, denn es ist ein Selbstgericht. ... Der Thron ist in dir selbst." Ein spiritistischer Lehrer sagte, als das „geistige Bewußtsein" in ihm erwachte: „Alle meine Mitmenschen, waren nichtgefallene Halbgötter." Und ein anderer behauptet: „Jedes gerechte und vollkommene Wesen ist Christus."

So hat Satan an die Stelle der Gerechtigkeit und Vollkommenheit des ewigen Gottes, dem allein Anbetung gebührt, und an die Stelle der vollkommenen Gerechtigkeit seines Gesetzes, des wahren Maßstabes menschlichen Strebens, die sündhafte, irrende Natur des Menschen selbst gesetzt als den einzigen Gegenstand der Verehrung, die einzige Richtschnur des Gerichts, den einzigen Maßstab des Charakters. Dies ist der Fortschritt, aber nicht aufwärts, sondern abwärts.

Es ist ein Gesetz sowohl der geistigen als auch der geistlichen Natur, daß wir durch Betrachten umgestaltet werden. Das Gemüt paßt sich allmählich den Dingen an, bei denen man es verweilen läßt. Es wird dem ähnlich, was zu lieben und zu verehren ihm Gewohnheit geworden ist. Der Mensch wird nie höher kommen als das von ihm vorgesteckte Ziel von Reinheit, Güte oder Wahrheit. Ist das eigene Ich sein höchstes Ideal, so wird er nie etwas Erhabeneres erreichen. Im Gegenteil, er wird beständig tiefer und tiefer sinken. Die Gnade Gottes allein hat die Macht, den Menschen zu erheben. Bleibt er sich selbst überlassen, so muß sein Lauf unvermeidlich abwärts führen.

Den ihren Leidenschaften nachgehenden, vergnügungssüchtigen, sinnlichen Menschen tritt der Spiritismus unter einer weniger feinen Maske entgegen als den Gebildeten und Geistreichen; denn sie finden in seinen gröberen Formen gerade das, was mit ihren Neigungen im Einklang steht. Satan studiert jedes Anzeichen einer Gebrechlichkeit der menschlichen Natur, er merkt sich die Sünden, welche zu begehen jeder einzelne Mensch geneigt ist, und gibt dann acht, daß es nicht an Gelegenheiten fehlt, die Neigung zum Bösen zu befriedigen. Er verleitet die Menschen, das, was an und für sich recht und gut ist, zu übertreiben, so daß sie durch Unmäßigkeit die körperliche, geistige und sittliche Kraft schwächen. Er verdarb und verdirbt Tausende durch die Befriedigung der Leidenschaften, wodurch die ganze Natur des Menschen auf die Stufe des Tieres absinkt. Um sein Werk vollständig zu machen, behauptet er durch die Geister, daß die wahre Erkenntnis den Menschen über alle Gesetze erhaben mache, daß alles, was bestehe, recht sei, daß Gott nicht verdamme und daß alle Sünden, die begangen werden, harmlos seien. Wenn die Leute auf diese Weise zu dem Glauben verleitet werden, daß die Lust das höchste Gesetz sei, daß Freiheit ein vollständiges Ungebundensein bedeute, und daß der Mensch nur sich selbst Rechenschaft zu geben habe, kann man sich dann wundern, daß Verderbtheit und sittliche Verkommenheit sich überall breitmachen? Tausende nehmen begierig die Lehren an, die ihnen die Freiheit gestatten, den Neigungen des fleischlichen Herzens freien Lauf zu geben. Die Zügel der Selbstbeherrschung werden der Lust überlassen, die Kräfte des Geistes und der Seele den tierischen Neigungen unterworfen, und Satan treibt frohlockend Tausende in sein Netz, welche vorgeben, Nachfolger Christi sein zu wollen.

Aber niemand braucht durch die lügenhaften Ansprüche des Spiritismus getäuscht zu werden. Gott hat der Welt hinreichend Licht gegeben, um die Schlinge entdecken zu können. Wie bereits gezeigt wurde, steht die Lehre, die die eigentliche Grundlage des Spiritismus bildet, in direktem Widerspruch zu den deutlichsten Aussagen der Heiligen Schrift. Die Bibel lehrt, daß die Toten nichts wissen, daß ihre Anschläge dahin sind, daß sie keinen Teil haben an irgend etwas, das unter der Sonne geschieht, und nichts wissen von den Freuden und Schmerzen derer, die ihnen auf Erden am teuersten waren.

Ferner hat Gott ausdrücklich jeden angeblichen Verkehr mit abgeschiedenen Geistern verboten. Unter den Hebräern gab es Leute, die wie die Spiritisten heutzutage behaupteten, Verkehr mit den Toten zu unterhalten. Aber die „Wahrsagegeister", wie man diese Besucher aus der andern Welt nannte, werden von der Bibel als „Geister der Teufel" bezeichnet (Vergleiche 4. Mose 25, 1-3; Ps. 106, 28; 1. Kor. 10, 20; Offb. 16, 14). Mit Wahrsagegeistern zu verkehren, wurde vom Herrn als ein Greuel erklärt und unter Todesstrafe feierlich verboten (3. Mose 19, 31; 20, 27). Schon der Name „Zauberei" wird jetzt verachtet. Die Behauptung, daß Menschen mit bösen Geistern in Verbindung stehen können, wird als eine Fabel des dunklen Mittelalters betrachtet. Der Spiritismus aber, der seine Anhänger nach Hunderttausenden, ja nach Millionen zählt, der sich seinen Weg in wissenschaftliche Kreise gebahnt, sich in Kirchen gedrängt hat, dem in gesetzgebenden Körperschaften, ja sogar an den Höfen der Könige günstiger Empfang widerfuhr – diese Riesentäuschung ist nur eine Wiederbelebung der vor alters verdammten und verbotenen Zauberei in einem neuen Gewande.

Selbst wenn es kein anderes Kennzeichen des wahren Charakters des Spiritismus gäbe, sollte es für den Christen genug sein, daß die Geister keinen Unterschied zwischen Gerechtigkeit und Sünde, zwischen den edelsten und reinsten Aposteln Christi und den verkommensten Dienern Satans machen. Dadurch daß Satan die schlechtesten Menschen in den Himmel versetzt und als dort hoch erhaben darstellt, erklärt er der Welt: Gleichviel wie gottlos ihr auch seid; ob ihr Gott und der Bibel glaubt oder nicht – lebt, wie es euch gefällt; der Himmel ist eure Heimat. Die spiritistischen Lehrer behaupten tatsächlich: „Wer Böses tut, der gefällt dem Herrn, und an solchen hat er Freude", oder: „Wo ist der Gott, der da straft?" (Mal. 2, 17). Gottes Wort aber sagt: „Weh denen, die Böses gut und Gutes böse nennen, die aus Finsternis Licht und aus Licht Finsternis machen!" (Jes. 5, 20).

Diese Lügengeister stellen die Apostel so hin, daß sie dem widersprechen, was sie unter Eingebung des Heiligen Geistes schrieben, als sie noch auf Erden waren. Sie verleugnen den göttlichen Ursprung der Bibel und reißen dadurch die Grundlage der Hoffnung des Christen hinweg und löschen das Licht aus, das den Weg zum Himmel offenbart. Satan stellt der Welt vor, daß die Bibel nur eine Erdichtung oder wenigstens ein nur für unsere Vorahnen passendes Buch sei, das jetzt geringgeschätzt oder als veraltet beiseite geworfen werden sollte. Und als Ersatz für das

Wort Gottes weist er auf spiritistische Offenbarungen hin. Hier ist ein Weg, der völlig unter seiner Herrschaft steht; durch dies Mittel kann er die Welt glauben machen, was er will. Das Buch, das ihn und seine Nachfolger richten wird, stellt er in den Schatten, gerade wo er es haben will; den Heiland der Welt würdigt er zu einem gewöhnlichen Menschen herab. Und wie die römischen Soldaten, die das Grab Jesu bewachten, das lügenhafte Gerücht verbreiteten, das die Priester und Ältesten ihnen in den Mund legten, um Christi Auferstehung zu widerlegen, so versuchen die Anhänger spiritistischer Offenbarungen den Schein zu erwecken, daß in dem Leben unseres Heilandes nichts Wunderbares sei. Nachdem sie auf diese Weise versucht haben, Jesus in den Hintergrund zu stellen, richten sie die Aufmerksamkeit auf ihre eigenen Wunder und erklären, daß diese die Werke Christi bei weitem übertreffen.

Wohl verändert der Spiritismus jetzt seine Form und hängt sich, einige seiner verwerflicheren Züge verbergend, ein christliches Mäntelchen um. Aber seine Aussprüche von der Rednerbühne herab und durch die Presse sind dem Volk schon viele Jahre bekannt, und in ihnen offenbart sich sein wirklicher Charakter. Diese Lehren können weder verleugnet noch verborgen werden.

Selbst in der gegenwärtigen Form ist die Täuschung weit davon entfernt, der Duldung würdiger zu sein als früher; in Wirklichkeit ist sie gefährlicher, weil sie weit verfänglicher ist. Während sie früher Christus und die Bibel verwarf, gibt sie nun vor, beide anzunehmen. Doch wird die Bibel in einer Weise ausgelegt, die dem nicht erneuerten Herzen gefällt, während ihre feierlichsten und wichtigsten Wahrheiten als wertlos hingestellt werden. Man spricht von der Liebe als der Haupteigenschaft Gottes, erniedrigt sie aber zu einer schwachen Gefühlsseligkeit, die wenig Unterschied zwischen dem Guten und dem Bösen macht. Gottes Gerechtigkeit, seine Verdammung der Sünde, die Forderungen seines heiligen Gesetzes werden nicht beachtet. Das Volk wird gelehrt, die Zehn Gebote als einen toten Buchstaben zu betrachten. Angenehme, bezaubernde Fabeln nehmen die Sinne gefangen und veranlassen die Menschen, die Bibel als Grundlage ihres Glaubens zu verwerfen. Christus wird ebenso verleugnet wie ehemals; aber Satan hat die Augen der Leute so verblendet, daß die Täuschung nicht wahrgenommen wird.

Es gibt nur wenige, die eine richtige Vorstellung haben von der täuschenden Macht des Spiritismus und der Gefahr, unter seinen Einfluß zu kommen. Viele beschäftigen sich damit, nur um ihre Neugierde zu befriedigen. Sie glauben nicht wirklich daran und würden zurückschrecken vor dem Gedanken, sich unter die Herrschaft der Geister zu stellen. Aber sie wagen sich auf verbotenes Gebiet, und der gewaltige Verderber übt gegen ihren Willen seine Macht auf sie aus. Können sie einmal bewogen werden, sich von ihm leiten zu lassen, so hält er sie gefangen. Es ist ihnen unmöglich, aus eigener Macht sich von diesem bezaubernden, verlockenden Bann loszureißen. Nichts außer der Macht Gottes, die in Erhörung eines ernsten, im Glauben verrichteten Gebetes gewährt wird, kann diese verstrickten Seelen befreien.

Alle, die sündhaften Neigungen nachgeben oder vorsätzlich eine bewußte Sünde pflegen, laden dadurch die Versuchungen Satans ein. Sie trennen sich von Gott und von der Fürsorge seiner Engel; und wenn der Böse dann mit seinen Täuschungen an sie herantritt, sind sie schutzlos und fallen ihm leicht zur Beute. Die sich auf diese Weise in seine Macht begeben, ahnen nicht, wo ihr Leben enden wird. Nachdem der Versucher ihren Sturz zustande gebracht hat, wird er sich ihrer als Werkzeuge bedienen, um andere ins Verderben zu locken.

Der Prophet Jesaja sagt: „Wenn sie aber zu euch sagen: Ihr müsset die Totengeister und Beschwörer befragen, die da flüstern und murmeln, so sprecht: Soll nicht ein Volk seinen Gott befragen? Oder soll man für Lebendige die Toten befragen? Hin zum Gesetz und hin zum Zeugnis! Werden sie das nicht sagen, so wird ihnen kein Morgenrot scheinen" (Jes. 8, 19. 20). Hätten die Menschen die in der Heiligen Schrift so deutlich dargelegte Wahrheit über die Natur des Menschen und des Zustandes der Toten angenommen, so würden sie in den Behauptungen und Kundgebungen des Spiritismus Satans Wirken mit Macht und Zeichen und betrügerischen Wundern erblicken. Aber anstatt die dem fleischlichen Herzen so angenehme Freiheit aufzugeben und sich von den liebgewordenen Sünden loszureißen, verschließen viele dem Licht die Augen und wandeln unbekümmert aller Warnungen weiter, während Satan seine Schlingen um sie zuzieht und sie ihm zur Beute fallen. „Weil sie die Liebe zur Wahrheit nicht angenommen haben, daß sie gerettet würden, darum sendet ihnen Gott die Macht der Verführung, so daß sie der Lüge glauben" (2. Thess. 2, 10. 11).

Die sich den Lehren des Spiritismus widersetzen, greifen nicht nur Menschen, sondern auch den Teufel und seine Engel an. Sie haben den Kampf aufgenommen mit Fürsten und Gewaltigen und mit den bösen Geistern unter dem Himmel. Satan wird auch nicht einen Zollbreit von seinem Bereich preisgeben, es sei denn, daß er durch die Macht himmlischer Boten zurückgetrieben wird. Gottes Volk sollte imstande sein, ihm wie unser Heiland mit den Worten zu begegnen: „Es steht geschrieben." Wie in den Tagen Christi führt Satan auch heute noch Schriftstellen an und verdreht ihre Lehren, um seine Täuschungen zu unterstützen. Wer in dieser Zeit der Gefahr standhalten möchte, muß das Zeugnis der Heiligen Schrift verstehen.

Viele werden Geistern der Teufel gegenübergestellt werden, die in Gestalt geliebter Verwandter oder Freunde erscheinen und die gefährlichsten Irrlehren verkünden. Diese Besucher werden unsere zärtlichsten Gefühle anregen und Wunder wirken, um ihren Behauptungen Nachdruck zu geben. Wir müssen bereit sein, ihnen mit der Bibelwahrheit entgegenzutreten, daß die Toten nichts wissen und daß alle, die auf diese Weise erscheinen, Geister der Teufel sind.

Unmittelbar vor uns steht die „Stunde der Versuchung, die kommen wird über den ganzen Weltkreis, zu versuchen, die auf Erden wohnen" (Offb. 3, 10). Alle, deren Glauben nicht fest auf das Wort Gottes gegründet ist, werden hintergangen und überwunden werden. Satan wirkt „mit allerlei Verführung zur Ungerechtigkeit", um die Menschenkinder unter seine Kontrolle zu bringen; und seine Täuschungen werden sich beständig mehren.

Er kann jedoch seinen Zweck nur dann erreichen, wenn die Menschen freiwillig auf seine Versuchungen eingehen. Wer ernstlich nach der Erkenntnis der Wahrheit sucht und bestrebt ist, seine Seele durch Gehorsam zu läutern, und auf diese Weise alles tut, was in seinen Kräften steht, um sich auf den Kampf vorzubereiten, der wird in dem Gott der Wahrheit eine sichere Schutzwehr finden. „Weil du mein Wort von der Geduld bewahrt hast, will ich auch dich bewahren" (Offb. 3, 10), lautet die Verheißung des Heilandes. Er würde eher jeden Engel des Himmels senden, um sein Volk zu beschützen, als eine Seele, die ihm vertraut, preiszugeben, um von Satan überwunden zu werden.

Der Prophet Jesaja weist auf die furchtbare Täuschung hin, die über die Gottlosen kommen wird, so daß sie sich vor den Gerichten Gottes sicher fühlen: „Wir haben mit dem Tod einen Bund geschlossen und mit dem Totenreich einen Vertrag gemacht. Wenn die brausende Flut daherfährt, wird sie uns nicht treffen; denn wir haben Lüge zu unserem Schutz gemacht" (Jes. 28, 15). Zu der hier beschriebenen Menschenklasse gehören die, die in hartnäckiger Unbußfertigkeit sich mit der Versicherung trösten, daß es keine Strafe für den Sünder geben wird, daß alle Menschen, wie verderbt sie auch sein mögen, in den Himmel erhoben werden sollen, um den Engeln Gottes gleich zu werden. Noch weit mehr aber machen diejenigen mit dem Tode einen Bund und mit der Hölle einen Vertrag, die die Wahrheiten, die der Himmel zur Schutzwehr für die Gerechten in den Tagen der Trübsal vorgesehen hat, verwerfen und zu den von Satan angebotenen Lügen – den betrügerischen Vorspiegelungen des Spiritismus – ihre Zuflucht nehmen.

Über alle Maßen erstaunlich ist die Blindheit des gegenwärtigen Menschengeschlechts. Tausende verwerfen das Wort Gottes als unglaubwürdig und nehmen mit eifrigem Vertrauen die Täuschungen Satans an. Zweifler und Spötter verhöhnen den blinden Eifer derer, die für den Glauben der Propheten und Apostel kämpfen, und belustigen sich damit, die feierlichen Erklärungen der Heiligen Schrift über Christus, den Erlösungsplan und die Wiedervergeltung, die alle Verwerfer der Wahrheit heimsuchen soll, ins Lächerliche zu ziehen. Sie heucheln, großes Mitleid mit denen zu haben, die so beschränkt, schwach und abergläubisch sind, Gottes Ansprüche anzuerkennen und den Anforderungen seines Gesetzes zu gehorchen. Sie legen eine solche Gewißheit an den Tag, als ob sie in der Tat einen Bund mit dem Tode und einen Vertrag mit der Hölle gemacht hätten – ja als ob sie eine unübersteigbare, undurchdringliche Scheidewand zwischen sich und der Rache Gottes aufgerichtet hätten. Nichts kann ihre Furcht erwecken. So völlig haben sie sich dem Versucher hingegeben, so innig sind sie mit ihm verbunden, so gründlich von seinem Geist erfüllt, daß sie weder die Kraft noch die Neigung haben, sich aus seinen Schlingen loszureißen.

Lange hat Satan sich auf seine letzte Anstrengung, die Welt zu täuschen, vorbereitet. Die Grundlage zu seinem Werk wurde bereits durch die der Eva im Paradiese gegebene Versicherung gelegt: „Ihr werdet keineswegs des Todes sterben. ... An dem Tag, da ihr davon esset, werden eure Augen aufgetan, und ihr werdet sein wie Gott und wissen, was gut und böse ist" (1. Mose 3, 4. 5). Nach und nach hat er die Vorbereitungen für sein Meisterstück des Betrugs in der Entwicklung des Spiritismus getroffen. Er hat seine Absichten noch nicht völlig ausgeführt, wird aber in der allerletzten Zeit sein Ziel erreichen. Der Prophet sagt: „Und ich sah ... drei unreine Geister kommen, gleich Fröschen; es sind Geister von Teufeln, die tun Zeichen und gehen aus zu den Königen der ganzen Welt, sie zu versammeln zum Kampf am großen

Tag Gottes, des Allmächtigen" (Offb. 16, 13. 14). Mit Ausnahme derer, die durch die Macht Gottes im Glauben an sein Wort bewahrt bleiben, wird die ganze Welt in die Arme dieses Blendwerkes getrieben werden. Ohne Verzug werden die Menschen in eine gefährliche Sicherheit gewiegt und werden erst durch die Ausgießung des Zornes Gottes aufgeweckt.

Gott der Herr sagt: „Und ich will das Recht zur Richtschnur und die Gerechtigkeit zur Waage machen. So wird Hagel die falsche Zuflucht zerschlagen, und Wasser sollen den Schutz wegschwemmen, daß hinfalle euer Bund mit dem Tode und euer Vertrag mit dem Totenreich nicht bestehen bleibe. Wenn die Flut daherfährt wird sie euch zermalmen" (Jes. 28, 17. 18).

35 Bestrebungen des Papsttums

Der Katholizismus wird gegenwärtig von den Protestanten viel günstiger angesehen als in früheren Jahren. In den Ländern, wo der Katholizismus nicht im Zunehmen begriffen ist und die Päpstlichen eine versöhnende Haltung einnehmen, um Einfluß zu gewinnen, herrscht eine wachsende Gleichgültigkeit über die Lehren, die die protestantischen Kirchen von der päpstlichen Hierarchie trennen. Die Ansicht setzt sich immer mehr durch, daß wir in den wichtigsten Punkten nicht so weit auseinandergehen, wie vermutet wurde, und daß ein kleines Zugeständnis unsererseits uns in ein besseres Verhältnis mit Rom bringen werde. Es gab eine Zeit, da die Protestanten einen hohen Wert auf die Gewissensfreiheit legten, welche so teuer erkauft worden war. Sie lehrten ihre Kinder, das Papsttum zu verabscheuen und waren der Ansicht daß ein Streben nach Übereinstimmung mit Rom der Untreue gegen Gott gleichkäme. Aber wie weit weicht die Gesinnung davon ab, die sich heute kundtut!

Die Verteidiger des Papsttums erklären, daß ihre Kirche verleumdet worden sei; und die protestantische Welt ist geneigt, diese Erklärung anzunehmen. Viele machen geltend, daß es ungerecht sei, die römische Kirche der Neuzeit nach den Greueln und Ungerechtigkeiten zu richten, die ihre Herrschaft während der Jahrhunderte der Unwissenheit und der Finsternis kennzeichneten. Sie entschuldigen ihre entsetzliche Grausamkeit mit der Roheit der Zeiten und behaupten, daß die Einflüsse der modernen Zivilisation ihre Gesinnung gewandelt hätten.

Haben diese Leute den Anspruch auf Unfehlbarkeit vergessen, der 800 Jahre lang von dieser anmaßenden Macht geltend gemacht wurde? Weit davon entfernt, diesen Anspruch fahren zu lassen, wurde er im 19. Jahrhundert mit größerer Bestimmtheit als je zuvor bestätigt. Wenn Rom behauptet, daß die Kirche nie geirrt habe und nie irren könne (Mosheim, Inst. Hist. Eccl., 3. Buch, 1. Jahrh., 2. Abschn., Sek. 9, Anm.: Dictates Hildebrandt), wie kann es sich dann von den Grundsätzen lossagen, die sein Verhalten in vergangenen Zeiten bestimmten?

Die päpstliche Kirche wird ihren Anspruch auf Unfehlbarkeit nie aufgeben. Sie besteht darauf, in allem, was sie in ihren Verfolgungen gegen die, die ihre Glaubenssätze verwarfen, getan hat, recht gehandelt zu haben; und würde sie nicht die gleichen Taten wiederholen, falls sich die Gelegenheit dazu bieten sollte? Würden die jetzt von weltlichen Mächten auferlegten Schranken beseitigt und würde Rom wieder in seine frühere Macht eingesetzt werden, dann würde sofort eine Wiederbelebung seiner Gewaltherrschaft und Verfolgung stattfinden.

Ein bekannter Geschichtsschreiber äußert sich über die Stellung der päpstlichen Priesterherrschaft zu der Gewissensfreiheit und den Gefahren, die ganz besonders den Vereinigten Staaten drohen, wenn sie ihre Pläne durchsetzen kann:

„Es gibt viele, die geneigt sind, irgendwelche Furcht vor dem römischen Katholizismus in den Vereinigten Staaten als engherzig oder kindisch hinzustellen. Sie sehen eben in dem Charakter und der Stellung des Romanismus nichts, was unseren freien Einrichtungen gegenüber feindselig sei, oder finden nichts Unheilverkündendes in seinem Wachstum. Wir wollen deshalb zuerst etliche der Hauptgrundsätze unserer Regierung mit denen der katholischen Kirche vergleichen.

Die Verfassung der Vereinigten Staaten sichert <MI>Gewissensfreiheit zu. Nichts ist teurer oder wesentlicher. Papst Pius IX. sagte in seiner Enzyklika vom 15. Aug. 1854: 'Die abgeschmackten und irrigen Lehren oder Faseleien zur Verteidigung der Gewissensfreiheit sind ein höchst verderblicher Irrtum – eine Pest, die vor allem anderen in einem Staat am meisten zu fürchten ist.' Der nämliche Papst spricht in seiner Enzyklika vom 8. Dezember 1864 den Bannfluch aus über 'diejenigen, die die Freiheit des Gewissens und des Glaubens behaupten', wie auch über 'alle solche, die darauf bestehen, daß die Kirche nicht Gewalt üben dürfe.'

Der friedfertige Ton Roms in den Vereinigten Staaten schließt keineswegs eine Sinnesänderung in sich. Es ist duldsam, wo es ohne Hilfe ist. Bischof O'Connor sagt: 'Die Religionsfreiheit wird nur geduldet, bis das Gegenteil durchgesetzt werden kann, ohne die katholische Welt zu gefährden.' ... Der Erzbischof von St. Louis sagte bei einer Gelegenheit: 'Ketzerei und Unglaube sind Verbrechen; und in christlichen Ländern, wie zum Beispiel in Italien und Spanien, wo die ganze Bevölkerung katholisch ist, und wo die katholische Religion einen wesentlichen Teil der Landesgesetze bildet, werden sie wie andere Verbrechen bestraft.' ...

Jeder Kardinal, Erzbischof und Bischof in der katholischen Kirche legt dem Papst den Treueid ab, der folgende Worte enthält: 'Ketzer, Schismatiker und Rebellen wider unsern besagten Herrn (den Papst) oder seine vorerwähnten Nachfolger, will ich nach Kräften verfolgen und mich ihnen aufs äußerste widersetzen.'" (Strong, Dr. Josiah, Our Country, Kap. 5, Abschn. 1-3.)

Allerdings gibt es auch echte Christen in der römisch-katholischen Gemeinschaft. Tausende dienen Gott nach der besten Erkenntnis, die sie besitzen. Ihnen ist der Zugang zu seinem Wort nicht gestattet, und deshalb können sie die Wahrheit nicht erkennen. Sie haben nie den Unterschied zwischen einem lebendigen Herzensdienst und einer Reihe bloßer Formen und Zeremonien gesehen. Gott sieht mit zärtlichem Mitleid auf diese Seelen, die in einem trügerischen und unbefriedigenden Glauben erzogen worden sind, und er wird es so führen, daß Lichtstrahlen die dichte, sie umgebende Finsternis durchdringen. Er wird ihnen die Wahrheit, wie sie in Jesus ist, offenbaren, und viele werden sich noch auf die Seite seines Volkes stellen.

Aber der Katholizismus als Religionssystem stimmt heute nicht mehr als zu irgendeiner früheren Zeit seiner Geschichte mit dem Evangelium Christi überein. Die protestantischen Kirchen sind in großer Finsternis, sonst würden sie die Zeichen der Zeit wahrnehmen. Die römische Kirche ist weitblickend in ihren Plänen und Unternehmungen. Sie bedient sich jeder List, um ihren Einfluß auszudehnen und ihre Macht zu mehren, während sie sich auf einen grimmigen und entschlossenen Kampf vorbereitet, um die Herrschaft der Welt wieder zu gewinnen, die Verfolgung wieder einzuführen und alles zu vernichten, was der Protestantismus geschaffen hat. Der Katholizismus gewinnt überall Boden. Man sehe auf die wachsende Zahl seiner Kirchen und Kapellen in protestantischen Ländern und betrachte die Popularität seiner von den Protestanten in so großer Zahl besuchten Hochschulen und Seminare in Amerika. Man achte auf das Wachstum des Ritualismus in England (eine seit 1833 in Oxford gestiftete Religionspartei, die durch Anerkennung der kirchlichen Überlieferung, Wiedereinführung des Fastens, der Kirchenbuße, der Messe usw. die englische Hochkirche der katholischen anzunähern sucht) und die häufigen Übertritte zum Katholizismus. Diese Dinge sollten die Besorgnis aller erregen, die die reinen Grundsätze des Evangeliums wertschätzen.

Die Protestanten haben sich mit dem Papsttum eingelassen und es begünstigt; sie haben Verträge und Zugeständnisse gemacht, die selbst die Katholiken überraschten und die sie nicht verstehen konnten. Die Menschen verschließen ihre Augen gegen den wahren Charakter der römischen Kirche und die Gefahren, die von ihrer Oberherrschaft zu befürchten sind. Sie müssen aufgerüttelt werden, um dem Vordringen dieses höchst gefährlichen Feindes der bürgerlichen und religiösen Freiheit zu widerstehen.

Viele Protestanten nehmen an, die katholische Religion sei reizlos und ihr Gottesdienst eine schale, bedeutungslose Reihenfolge von Zeremonien. Hierin irren sie. Wenn die katholische Religion auf Täuschung gegründet ist, so ist doch der Betrug nicht roh und ungeschickt. Der Gottesdienst der römischen Kirche ist durch seine Zeremonien sehr eindrucksvoll. Die glänzende Prachtentfaltung und die feierlichen Gebräuche bezaubern die Sinne des Volkes und bringen die Stimme der Vernunft und des Gewissens zum Schweigen. Das Auge ist entzückt. Prachtvolle Kirchen, großartige Festzüge, goldene Altäre, mit Juwelen verzierte Reliquienschreine, auserlesene Gemälde und kostbare Bildhauerarbeit fesseln den Schönheitssinn. Auch das Ohr wird angesprochen. Die Musik ist unübertroffen. Wenn die reichen Klänge der tieftönenden Orgel, vermischt mit dem Gesang vieler Stimmen, durch die hohen Kuppeln und säulenreichen Chorgänge der großartigen Kathedralen schwellen, können sie nicht verfehlen, die Gemüter mit Ehrfurcht und heiliger Scheu zu erfüllen.

Dieser äußerliche Glanz, dies Gepränge und diese Zeremonien, die mit dem Verlangen der sündenkranken Seele nur Spott treiben, sind ein Beweis ihrer inneren Verderbnis. Christi Religion bedarf zu ihrer Empfehlung solcher Reize nicht. In dem vom Kreuz ausstrahlenden Licht erscheint das Christentum so rein und lieblich, daß keine äußerlichen Zierden seinen echten Wert vergrößern können. Es ist der heilige Schmuck eines sanftmütigen und stillen Geistes, der bei Gott Wert hat.

Ein glanzvoller Stil ist nicht notwendigerweise ein Anzeichen reiner, erhabener Gedanken. Eine hohe Auffassung von der Kunst und ein sehr kultivierter Geschmack finden sich oft in einem irdischen und sinnlichen Gemüt. Sie werden oft von Satan benutzt, damit die Menschen die Bedürfnisse ihrer Seele vergessen, die Zukunft und das ewige Leben aus den Augen verlieren, sich von ihrem allmächtigen Helfer abwenden und ausschließlich für diese Welt leben.

Eine Religion der Äußerlichkeiten ist für das unerneuerte Herz anziehend. Das Gepränge und die Zeremonien der katholischen Kirche haben eine verführerische, bestrickende Kraft, durch die viele getäuscht werden, und zwar so sehr, daß sie auf die katholische Kirche als auf das wirkliche Tor zum Himmel schauen. Nur solche, die ihre Füße fest auf den Grund der Wahrheit gestellt haben und deren Herzen durch den Geist Gottes erneuert sind, sind gegen ihren Einfluß gesichert. Tausende, die keine lebendige Erfahrung mit Christus haben, werden dahin geführt, den Schein der Gottseligkeit ohne die Kraft anzunehmen. Gerade solche Religion wünschen sich die meisten Menschen.

Der Anspruch der Kirche , das Recht zu besitzen, Sünden zu vergeben, führt den Katholiken dazu, Sünde leicht zu nehmen. Die Einrichtung der Beichte, ohne die die Vergebung der Kirche nicht erlangt wird, gewährt dem Bösen ebenfalls freien Spielraum. Wer vor einem sterblichen Menschen kniet und ihm beichtend die geheimen Gedanken und Triebe seines Herzens erschließt, erniedrigt seine Persönlichkeit und entehrt jede edle Regung seines Herzens. Indem er die Sünden seines Lebens vor einem Priester enthüllt – einem irrenden, sündigen Sterblichen, der nur zu oft befleckt ist durch Wein und Ausschweifung – wird sein Maßstab des Charakters erniedrigt und er selbst infolgedessen verunreinigt. Sein Begriff von Gott wird herabgewürdigt zur Ähnlichkeit mit der gefallenen Menschheit; denn der Priester gilt als ein Vertreter Gottes. Diese erniedrigende Beichte von Mensch zu Mensch ist die verborgene Quelle, aus der viel des Übels geflossen ist, das die Welt verderbt hat und sie für die endgültige Zerstörung vorbereitet. Doch für den, der die Genußsucht liebt, ist es angenehmer, einem Mitsterblichen zu beichten, als sein Herz vor Gott zu offenbaren; es sagt der menschlichen Natur mehr zu, Bußübungen zu verrichten, als der Sünde zu entsagen. Es ist leichter, sein Fleisch in Sack und mit Nesseln und verwundenden Ketten zu kasteien, als die fleischlichen Lüste zu kreuzigen. Das fleischliche Herz ist eher gewillt, ein schweres menschliches Joch zu tragen, als sich unter das Joch Christi zu beugen.

Es besteht eine überraschende Ähnlichkeit zwischen der Kirche von Rom und der jüdischen Kirche zur Zeit Christi. Während die Juden insgeheim die Grundsätze des Gesetzes Gottes mit Füßen traten, achteten sie nach außen hin streng auf die Einhaltung dieser Verordnungen, indem sie es mit menschlichen Überlieferungen und Anforderungen beschwerten, die die Befolgung des göttlichen Gesetzes quälend und lästig machten. Wie die Juden vorgaben, das Gesetz zu verehren, so behaupten die Römlinge, das Kreuz zu verherrlichen. Sie erhöhen das Symbol der Leiden Christi, während sie in ihrem Leben denjenigen verleugnen, den es darstellt.

Die Katholiken bringen auf ihren Kirchen, auf ihren Altären und auf ihren Gewändern Kreuze an. Überall sieht man das Zeichen des Kreuzes. Allenthalben wird es äußerlich verehrt und erhöht. Die Lehren Christi aber werden unter einer Menge sinnloser Überlieferungen, falscher Auslegungen und strenger Vorschriften begraben. Die Worte des Heilandes über die verblendeten Juden passen noch viel besser auf die Würdenträger der römisch-katholischen Kirche: „Sie binden schwere und unerträgliche Bürden und legen sie den Menschen auf die Schulter; aber sie selbst wollen keinen Finger dafür krümmen." (Matth. 23, 4.) Gewissenhafte Menschen werden in einem beständigen Schrecken und Furcht vor dem Zorn eines beleidigten Gottes gehalten, während die Würdenträger der Kirche in Luxus und sinnlichen Vergnügen leben.

Die Anbetung von Bildern und Reliquien, die Anrufung der Heiligen und die Erhöhung des Papstes sind listige Anschläge Satans, um die Gemüter des Volkes von Gott und von seinem Sohn abzuziehen. Um ihren Untergang zu erreichen, versucht Satan, ihre Aufmerksamkeit von Christus, durch den sie allein Rettung finden können, abzuwenden. Er verweist sie an irgend einen Gegenstand, der an die Stelle des Einen gesetzt werden kann, der gesagt hat: „Kommet her zu mir alle, die ihr mühselig und beladen seid, ich will euch erquicken". (Matth. 11, 28)

Es ist Satans beständiges Bemühen, das Wesen Gottes, die Natur der Sünde und den wahren Ausgang des großen Kampfes verkehrt darzustellen.Seine Trugschlüsse verringern die Verpflilchtung gegen das göttliche Gesetz und gestatten den Menschen zu sündigen. Gleichzeitig flößt er ihnen falsche Anschauungen von Gott ein, so daß sie ihn eher mit Furcht und Haß als mit Liebe ansehen. Die seinem eigenen Charakter anhaftende Grausamkeit schreibt er dem Schöpfer zu; sie ist in den Religionssystemen verkörpert und findet Ausdruck in den Formen des Gottesdienstes. So werden die Gemüter der Menschen verblendet, und Satan versichert sich ihrer als seiner Werkzeuge, um gegen Gott Krieg zu führen. Durch verkehrte Vorstellung vom göttlichen Wesen wurden die heidnischen Völker verleitet zu glauben, menschliche Opfer seien notwendig, um sich der Gunst Gottes zu versichern; und die schrecklichsten

Grausamkeiten wurden unter den verschiedenen Formen des Götzendienstes verübt.

Die römische Kirche, die die Bräuche des Heidentums mit denen des Christentums vereinigte, und gleich dem Heidentum den Charakter Gottes entstellte, hat zu nicht weniger grausamen und empörenden Gewohnheiten Zuflucht genommen. In den Tagen der Oberherrschaft Roms gab es Folterwerkzeuge, mit denen es die Annahme seiner Lehren erzwang. Es gab den Scheiterhaufen für diejenigen, die dem Anspruch Roms nicht nachgeben wollten. Blutbäder fanden in einem Umfang statt, der nie bekannt werden wird, bis ihn der Tag des Gerichtes enthüllt. Würdenträger der Kirche ersannen, beeinflußt von Satan, ihrem Meister, Mittel, die die größtmöglichen Qualen verursachten, ohne doch dabei ihr Opfer zu töten. In vielen Fällen wurde dieses teuflische Verfahren bis zur äußersten Grenze des für Menschen noch Erträglichen wiederholt, bis die Natur den Kampf aufgab und der Leidende den Tod als angenehme Befreiung begrüßte.

Solcherart war das Schicksal der Gegner Roms. Auch für seine Anhänger hatte es das Zuchtmittel der Geißel, des Hungers und der körperlichen Kasteiung in jeder nur denkbaren, das Herz kränkenden Form. Um die Gunst des Himmels zu erlangen, verletzten die Büßenden die Gesetze Gottes dadurch, daß sie die Gesetze der Natur übertraten. Sie wurden gelehrt, jedes Band zu zerreißen, das Er eingesetzt hatte, um des Menschen irdischen Aufenthalt zu segnen und zu erheitern. Die Friedhöfe enthalten Millionen von Opfern, die ihr Leben mit fruchtlosen Bemühungen zur Unterdrückung ihrer natürlichen Neigungen und zur Zurückdrängung eines jeden Gedankens und jeden Gefühles von Mitleid für ihre Mitmenschen, als beleidigend für Gott, zubrachten.

Wenn wir die ganze Grausamkeit Satans verstehen wollen, die er jahrhundertelang offenbarte, nicht etwa durch diejenigen, die nie etwas von Gott hörten, sondern gerade inmitten und durch das Christentum, brauchen wir nur die Geschichte des Romanismus zu betrachten . Durch dieses Riesensystem des Betruges verrichtet der Fürst des Übels seinen Zweck, Gott Unehre und den Menschen Elend zu bringen. Und wenn wir sehen, wie es ihm gelingt, sich zu verkleiden und durch die Leiter der Kirche sein Werk zu vollenden, dann können wir besser verstehen, warum er einen so großen Widerwillen gegen die Bibel hat. Wenn man die Bibel liest, wird das Erbarmen und die Liebe Gottes offenbar, und man erkennt, daß Gott den Menschen keine von diesen schweren Lasten auferlegt. Er verlangt nur ein reuiges und zerschlagenes Herz, einen demütigen, gehorsamen Geist.

Wir können aus dem Leben Christi keine Beispiele anführen, daß Männer und Frauen sich in Klöster einschließen sollen, um für den Himmel tauglich zu werden. Er hat nie gelehrt, daß Liebe und Mitgefühl unterdrückt werden müssen. Das Herz des Heilandes floß von Liebe über. Je näher der Mensch der sittlichen Vollkommenheit kommt, desto schärfer sind seine Empfindungen, desto genauer seine Wahrnehmung der Sünde und desto tiefer sein Mitgefühl für die Leidenden. Der Papst behauptet, der Stellvertreter Christi zu sein; aber wie hält sein Tun einen Vergleich mit demjenigen unseres Heilandes aus? Hat Christus jemals Menschen dem Gefängnis oder der Folter überliefert, weil sie ihm als dem König des Himmels keine Huldigung erwiesen? Hat er seine Stimme erhoben, um die zum Tode zu verurteilen, die ihn nicht annahmen? Als die Menschen eines samaritanischen Dorfes seiner nicht achteten, wurde der Apostel Johannes mit Entrüstung erfüllt und fragte: „Herr, willst du, so wollen wir sagen, daß Feuer vom Himmel falle und sie verzehre." Jesus blickte mit Mitleid auf den Jünger und tadelte seine Härte, indem er sagte: „Der Menschensohn ist nicht gekommen, das Leben der Menschen zu vernichten, sondern zu erhalten." (Luk. 9, 54. 56.) Wie verschieden von dem Geist, welchen Christus offenbarte, ist derjenige seines angeblichen Stellvertreters.

Die römische Kirche bietet heute der Welt ein äußeres Bild der Sauberkeit, indem sie über ihren Bericht schrecklicher Grausamkeiten einen Mantel von Entschuldigungen breitet. Sie hat sich wohl in christliche Gewänder gekleidet, aber ihr Wesen ist unverändert. Jeder Grundsatz des Papsttums, der in vergangenen Zeiten bestand, ist auch heute noch gültig. Die in den finstersten Zeiten erlassenen Verordnungen werden noch immer aufrecht erhalten. Es täusche sich niemand. Das Papsttum, das die Protestanten nun so bereitwillig ehren, ist dasselbe, das in den Tagen der Reformation die Welt regierte, als Männer Gottes unter Einsatz ihres Lebens aufstanden, um die Bosheit der römischen Kirche bloßzustellen. Sie besitzt den gleichen Stolz, die gleiche hochmütige Anmaßung, die sie sich über Könige und Fürsten erheben ließ und die die Vorrechte Gottes beanspruchte. Ihr Geist ist jetzt nicht weniger grausam und gewalttätig als zu der Zeit, da sie die menschliche Freiheit verbannte und die Heiligen des Allerhöchsten umbrachte.

Auf das Papsttum trifft genau das von der Prophezeiung gebrauchte Bild zu von dem „Abfall, der da kommen soll". (2. Thess.

2, 3. 4.) Es gehört zu seinem diplomatischen Geschick, immer den Charakter anzunehmen, der seinen Absichten am besten dient; aber unter der veränderlichen Erscheinung eines Chamäleons verbirgt es das unveränderliche Gift einer Schlange. „Wir sind nicht gebunden, den Ketzern Treue und Glauben zu halten," erklärt das Papsttum. Soll diese Macht, deren Geschichte während eines Jahrtausends mit dem Blut der Heiligen geschrieben ist, nun zur Gemeinde Christi gerechnet werden?

Nicht ohne Grund ist in protestantischen Ländern die Behauptung aufgestellt worden, daß der Katholizismus nicht mehr so sehr vom Protestantismus verschieden sei wie in früheren Zeiten. Wohl hat eine Veränderung stattgefunden, aber nicht im Papsttum. Der Katholizismus ist in der Tat dem heutigen Protestantismus ähnlich, weil dieser seit den Tagen der Reformation sehr entartet ist.

Indem die protestantischen Kirchen die Gunst der Welt gesucht haben, hat falsche Nächstenliebe ihre Augen verblendet. Sie können nicht einsehen, warum es nicht recht sein sollte, von allem Bösen Gutes zu denken; und als unausbleibliche Folge werden sie schließlich Böses von allem Guten glauben. Statt den einst den Heiligen übergebenen Glauben zu verteidigen, entschuldigen sie sich nun sozusagen bei Rom wegen ihrer lieblosen Beurteilung dieses Glaubens und bitten um Verzeihung ihres blinden Eifers.

Sogar viele von denen, welche den Romanismus nicht günstig betrachten, fürchten nichts von seiner Macht und seinem Einfluß. Viele machen geltend, daß die geistige und sittliche Finsternis, welche während des Mittelalters herrschte, die Ausbreitung seiner Glaubenssätze, seines Aberglaubens und seiner Unterdrückungen begünstigte, und daß die größere Bildung der Neuzeit, die allgemeine Ausbreitung des Wissens und die zunehmende Freiheit in Sachen der Religion ein Wiederaufleben von Unduldsamkeit und Tyrannei unmöglich machen. Schon der Gedanke, daß ein solcher Zustand bestehen könne, wird verlacht. Es ist wahr, daß großes geistiges, sittliches und religiöses Licht auf unser Geschlecht scheint. Durch die erschlossenen Seiten des Heiligen Wortes Gottes hat sich himmlisches Licht über die Welt ergossen. Man sollte aber bedenken, daß je größer das gewährte Licht, desto tiefer auch die Finsternis derer ist, welche es verdrehen oder verwerfen.

Ein Studium der Bibel unter Gebet würde den Protestanten den wahren Charakter des Papsttums zeigen; aber viele sind ihrer eigenen Meinung nach so weise, daß sie kein Bedürfnis fühlen, Gott demütig zu suchen, um in die Wahrheit geleitet zu werden. Obwohl sie sich mit ihrer Erleuchtung brüsten, sind sie doch sowohl der Heiligen Schrift als auch der Kraft Gottes unkundig. Sie müssen irgendein Mittel haben, um ihr Gewissen zu beruhigen; und sie suchen das, was am wenigsten geistlich und demütigend ist. Sie möchten gern Gott vergessen, aber in irgendeiner Weise, daß es scheint, als ob sie seiner gedächten. Das Papsttum kann den Bedürfnissen dieser Menschen entsprechen. Es hat sich auf zwei Klassen der Menschheit wohl eingestellt; und diese umfassen beinahe die ganze Erde – diejenigen, die durch ihre eigenen Verdienste gerettet werden möchten, und jene, die in ihren Sünden gerettet werden wollen. Hier liegt das Geheimnis seiner Macht.

Es hat sich erwiesen, daß eine Zeit großer geistlicher Finsternis dem Erfolg des Papsttums günstig ist, und es wird sich noch zeigen, daß eine Zeit großen geistlichen Lichtes sein Gedeihen nicht minder fördert. In vergangenen Zeiten, als die Menschen ohne Gottes Wort und ohne eine Erkenntnis der Wahrheit lebten, wurden ihre Augen verblendet und Tausende gefesselt, weil sie das Netz nicht sahen, das für ihre Füße gelegt war. In diesem Geschlecht gibt es viele, deren Augen durch den Glanz menschlicher Spekulationen, fälschlich „Wissenschaft" genannt, geblendet werden, so daß sie das Netz nicht wahrnehmen und so bereitwillig hineinlaufen, als wären ihre Augen verbunden. Gott beabsichtigte, daß der menschliche Verstand als eine Gabe seines Schöpfers betrachtet und im Dienst der Wahrheit und Gerechtigkeit eingesetzt werde; wenn aber Stolz und Ehrgeiz gepflegt werden, wenn die Menschen ihre eigenen Ansichten über das Wort Gottes erheben, dann kann der Verstand mehr Schaden anrichten als die Unwissenheit. Auf diese Weise wird die falsche Wissenschaft der heutigen Zeit, die den Glauben an die Bibel untergräbt, sich ebenso wirksam erweisen, der Annahme des Papsttums mit seinen anziehenden Gebräuchen den Weg zu bereiten, wie das Vorenthalten von Kenntnissen im Mittelalter zu seiner Erhebung beitrug.

Bei den jetzt in den Vereinigten Staaten vor sich gehenden Bewegungen, für die Einrichtungen und Gebräuche der Kirche die Unterstützung des Staates zu erlangen, folgen die Protestanten den Fußtapfen der Katholiken. Ja noch mehr, sie öffnen dem Papsttum die Tore, damit es in dem protestantischen Amerika die Oberherrschaft gewinne, die es in der Alten Welt verloren hat. Und was dieser Bewegung größere Bedeutung gibt, ist die Tatsache, daß der beabsichtigte Hauptzweck die Durchsetzung der Sonntagsfeier ist – eines Gebrauches, der in Rom seinen Ursprung hat, und der, wie es geltend macht, ein Zeichen seiner Macht ist. Es ist der Geist des Papsttums – der Geist der Übereinstimmung mit weltlichen Sitten, die Verehrung menschlicher Überlieferungen statt der Gebote Gottes –, der die protestantischen Kirchen durchdringt und sie dahinbringt, den Sonntag zu erheben, wie es das Papsttum vor ihnen getan hat.

Wünscht der Leser die in dem bald anbrechenden Kampf wirkenden Kräfte zu verstehen, so braucht er nur den Bericht über die Mittel zu verfolgen, die Rom für denselben Zweck in der Vergangenheit angewandt hat. Möchte er wissen, wie die Katholiken und Protestanten gemeinsam jene behandeln werden, die ihre Glaubenssätze verwerfen, dann achte er auf den Geist, welchen Rom gegen den Sabbat und dessen Verteidiger bekundet hat.

Königliche Erlasse, allgemeine Konzilien und Kirchenverordnungen, unterstützt von weltlicher Macht, waren die Stufen, auf denen der heidnische Festtag zu seiner Ehrenstellung in der christlichen Welt emporstieg. Die erste öffentliche Maßnahme, die die Sonntagsfeier einschärfte, war das von Konstantin erlassene Gesetz (im Jahre 321 n. Chr., siehe Anh., Anm. 3). Dies Edikt verlangte von der Stadtbevölkerung am „ehrwürdigen Tag der Sonne" zu ruhen, gestattete jedoch der Landbevölkerung, in ihrer ländlichen Arbeit fortzufahren. Wenngleich dies eine ursprünglich heidnische Verordnung war, so wurde sie doch vom Kaiser durchgeführt, nachdem er angeblich das Christentum angenommen hatte.

Da der kaiserliche Befehl sich nicht als genügendes Ersatzmittel für die göttliche Autorität erwies, stellte Eusebius, ein Bischof, der die Gunst der Fürsten suchte und ein besonderer Freund und Schmeichler Konstantins war, die Behauptung auf, daß Christus den Sabbat auf den Sonntag verlegt habe. Kein einziges Zeugnis der Schrift wurde als Beweis für die neue Lehre angeführt. Selbst Eusebius bekennt offen, daß sie falsch sei und weist auf den wirklichen Urheber dieser Veränderung hin, indem er sagt: „Alles, was man am Sabbat zu tun verpflichtet war, haben wir auf des Herrn Tag übertragen." (Cox, Sabbatgesetze und Sabbatpflichten, S. 538; s. auch Andrews-Conradi, Gesch. des Sabbats, 1893, S. 339.) Aber so unbegründet die Einsetzung des Sonntags auch war, diente sie doch dazu, die Menschen zu ermutigen, den Sabbat des Herrn mit Füßen zu treten. Alle, die von der Welt geehrt werden wollten, nahmen den volkstümlichen Festtag an.

Mit der festeren Gründung des Papsttums bürgerte sich auch die Erhöhung des Sonntags ein. Eine Zeitlang befaßten sich die Leute mit landwirtschaftlichen Arbeiten, wenn sie nicht die Kirche besuchten, während der siebente Tag noch immer als Sabbat betrachtet wurde. Langsam aber sicher trat eine Änderung ein. Allen, die kirchliche Ämter bekleideten, wurde es untersagt, am Sonntag über zivile Streitigkeiten zu verhandeln. Bald darauf erging das Gebot, daß die Leute aller Klassen – bei Geldstrafen für die Freien und Rutenstreichen im Falle von Dienenden – sich am Sonntag der gewöhnlichen Arbeit enthalten sollten. Später wurde verordnet, Reiche mit dem Verlust der Hälfte ihres Vermögens zu bestrafen; und schließlich, falls sie sich noch immer widersetzlich zeigten, sie zu Sklaven zu machen. Die niederen Klassen aber sollten lebenslängliche Verbannung erleiden.

Angebliche Wunderzeichen wurden vorgebracht. Unter anderem wurde berichtet, daß ein Landmann, der im Begriff stand, am Sonntag sein Feld zu pflügen, vorerst den Pflug mit einem Eisen reinigte, wobei das Eisen fest in seiner Hand steckenblieb und er es zwei Jahre lang mit sich herumtragen mußte „unter großen Schmerzen und zu seiner Schande." (West, F., Geschichtliche und praktische Abhandlungen über des Herrn Tag, S. 174.)

Später gab der Papst Anweisungen, daß der Priester jeder Pfarrgemeinde die Übertreter des Sonntagsgesetzes ermahnen und bewegen sollte, in die Kirche zu gehen und zu beten, da sie sonst irgendein großes Unglück über sich und ihre Nachbarn bringen könnten. Eine Kirchenversammlung führte den seither so allgemein, sogar von Protestanten angewendeten Nachweis an, daß der Sonntag der Sabbat sein müsse, weil Leute, die an diesem Tage arbeiteten, vom Blitz getroffen worden waren. „Es ist augenscheinlich", sagten die Prälaten, „daß das Mißfallen Gottes schwer auf der Vernachlässigung dieses Tages ruht." Dann wurde ein Aufruf erlassen, daß Priester und Prediger, Könige und Fürsten und alle treuen Leute „ihre äußerste Anstrengung und Sorgfalt anwenden sollten, damit der Tag wieder zu seiner Ehre gelange und künftig zum Lobe der Christenheit andächtiger beachtet werde." (Morer, T., Abhandlung in 6 Gesprächen über Namen, Bedeutung und Feier des Tages des Herrn, S. 271.)

Als sich die Beschlüsse der Kirchenversammlungen als unzulänglich erwiesen, wurden die weltlichen Behörden ersucht, ein

Edikt zu erlassen, das die Herzen des Volkes mit Schrecken erfüllen und sie zwingen würde, sich am Sonntag der Arbeit zu enthalten. Anläßlich einer in Rom abgehaltenen Synode wurden alle früher getroffenen Entscheide mit größerer Kraft und Feierlichkeit erneut bestätigt. Sie wurden auch dem Kirchengesetz hinzugefügt und von den zivilen Behörden in fast der ganzen Christenwelt durchgesetzt. (Siehe Heylyn, Gesch. des Sabbats, 2. Teil, 5. Kap., 7. Abschn.)

Immer noch verursachte der Mangel an biblischen Beweisen für die Sonntagsfeier nicht geringe Bedenken. Das Volk bezweifelte das Recht seiner Lehrer, die bestimmte Erklärung des Herrn, „der siebente Tag ist der Sabbat des Herrn, deines Gottes" beiseitezusetzen, um den Tag der Sonne zu ehren. Um den Mangel an biblischen Zeugnissen zu beheben, waren andere Hilfsmittel nötig. Einem eifrigen Verteidiger des Sonntags, der ungefähr am Ende des zwölften Jahrhunderts die Kirchen Englands besuchte, wurde von treuen Zeugen für die Wahrheit widerstanden, und seine Bemühungen waren so fruchtlos, daß er das Land eine Zeitlang verließ und versuchte, irgendein Mittel ausfindig zu machen, um seine Lehren durchzusetzen. Als er zurückkehrte, hatte er sich das Erforderliche verschafft und erntete bei seinem späteren Wirken größeren Erfolg. Er brachte eine Schriftrolle mit, die angeblich von Gott selbst kam und das für die Beobachtung des Sonntags benötigte Gebot sowie auch schreckliche Drohungen enthielt, um die Ungehorsamen einzuschüchtern. Er gab vor, dies kostbare Schriftstück – eine ebenso niederträchtige Fälschung wie die Einrichtung, die es unterstützte –, sei vom Himmel gefallen und in Jerusalem auf dem Altar des heiligen Simeon auf Golgatha gefunden worden. In Wirklichkeit war der päpstliche Palast in Rom der Ort, woher sie kam. Betrug und Fälschungen, um die Macht und das Wohlergehen der Kirche zu fördern, sind von der päpstlichen Hierarchie zu allen Zeiten als berechtigt angesehen worden.

Das Schriftstück verbot alle Arbeit von der neunten Stunde an, von drei Uhr Samstag nachmittags bis zum Sonnenaufgang am Montag; und seine Echtheit, wurde behauptet, sei durch viele Wunder bestätigt worden. Es wurde berichtet, daß Leute, die über die bestimmte Zeit hinaus arbeiteten, vom Schlage getroffen worden seien. Ein Müller, der Korn gemahlen habe, hätte statt Mehl einen Blutstrom herauskommen sehen, und das Mühlrad wäre ungeachtet des starken Wasserstroms stehengeblieben. Eine Frau, die Teig in den Ofen setzte, habe ihn noch roh gefunden, als sie ihn herausnahm, obwohl der Ofen sehr heiß war. Eine andere, deren Teig um die neunte Stunde zum Backen bereit war, die sich jedoch entschloß, ihn bis Montag stehenzulassen, habe am nächsten Tage festgestellt, daß er durch göttliche Macht zu Laiben geformt und gebacken worden sei. Ein Mann, der nach der neunten Stunde am Samstag Brot gebacken habe, hätte, als er es am nächsten Morgen brach, gefunden, daß Blut herausfloß. Durch solche lächerlichen und abergläubischen Erfindungen versuchten die Verteidiger des Sonntags, dessen Heiligkeit zu begründen. (Siehe Roger de Hoveden, Annalen, II, S. 528-530.)

In Schottland wie in England wurde eine größere Rücksicht auf den Sonntag dadurch erreicht, daß man einen Teil des alten Sabbats damit vereinte. Aber die heilig zu haltende Zeit war unterschiedlich. Ein Erlaß des Königs von Schottland erklärte, daß „der Samstag von zwölf Uhr mittags an heilig erachtet werden sollte", und daß niemand von dieser Stunde an bis Montag morgen sich an weltlichen Geschäften beteiligen dürfe. (Morer, Gespräche über den Tag des Herrn, S. 290. 291.)

Aber ungeachtet aller Bemühungen, die Heiligkeit des Sonntags einzuführen, haben die Päpstlichen selbst öffentlich den göttlichen Ursprung des Sabbats und den menschlichen Ursprung der Einrichtung, durch die er ersetzt worden ist, zugegeben. Im 16. Jahrhundert erklärte ein päpstliches Konzil eindeutig, alle Christen sollten bedenken, daß der siebente Tag von Gott geheiligt und nicht nur von den Juden, sondern auch von allen anderen, die vorgaben, Gott zu verehren, angenommen und beachtet wurde; obgleich wir Christen ihren Sabbat in den Tag des Herrn umgewandelt haben. (Ebd., S. 281. 282.) Diejenigen, die sich erdreisteten, Hand an das göttliche Gesetz zu legen, waren sich des Charakters ihres Werkes wohl bewußt. Sie erhoben sich absichtlich über Gott.

In der langen und blutigen Verfolgung der Waldenser, von denen etliche den Sabbat hielten, zeigte sich in auffallender Weise Roms Verfahren denen gegenüber, die nicht mit ihm übereinstimmten. Andere litten auf ähnliche Weise wegen ihrer Treue gegen das vierte Gebot. Die Geschichte der Christen in Äthiopien ist dafür besonders bezeichnend. Inmitten der Finsternis des Mittelalters verlor man die Christen in Mittelafrika aus den Augen; sie wurden von der Welt vergessen und erfreuten sich viele Jahrhunderte der Freiheit, ihres Glaubens zu leben; schließlich aber erfuhr Rom von ihrem Dasein, und der Kaiser von Äthiopien wurde bald darauf gedrängt, den Papst als den Stellvertreter

Christi anzuerkennen. Andere Zugeständnisse folgten. Ein Edikt wurde erlassen, welches die Sabbatfeier unter den härtesten Strafen verbot. (Siehe Kirchengesch. Äthiopiens, S. 311. 312.) Aber die päpstliche Tyrannei wurde bald zu einem so drückenden Joch, daß die Äthiopier sich entschlossen, es von ihrem Nacken abzuschütteln. Nach einem schrecklichen Kampf wurden die Römlinge von ihren Besitzungen verbannt und der alte Glaube wiederhergestellt. Die Gemeinden erfreuten sich abermals ihrer Freiheit und vergaßen nie die Lehre, die sie hinsichtlich des Betruges, des Fanatismus und der bedrückenden Macht Roms erfahren hatten. In ihrer Abgeschlossenheit waren sie es zufrieden, der übrigen Christenheit unbekannt zu bleiben.

Die Gemeinden Afrikas hielten den Sabbat, wie er von der Kirche vor ihrem vollständigen Abfall im vierten und fünften Jahrhundert gehalten worden war. Während sie den siebenten Tag im Gehorsam gegen Gottes Gebot feierten, enthielten sie sich in Übereinstimmung mit dem Gebrauch der Kirche auch am Sonntag der Arbeit. Nachdem Rom zu höchster Macht gelangt war, trat es den Sabbat Gottes mit Füßen, um seinen eigenen Feiertag zu erhöhen; aber die nahezu ein volles Jahrtausend verborgen gebliebenen Gemeinden Afrikas nahmen an dieser Veränderung keinen Anteil. Als sie unter die Herrschaft Roms kamen, wurden sie gezwungen, den wahren Sabbat beiseitezusetzen und den falschen zu erhöhen; aber kaum hatten sie ihre Unabhängigkeit wiedererlangt, so kehrten sie auch wieder zum Gehorsam gegen das vierte Gebot zurück. (Siehe Anhang, Anm. 38.)

Diese Berichte aus der Vergangenheit enthüllen deutlich die Feindseligkeit Roms gegen den wahren Sabbat und dessen Verteidiger sowie die Mittel, die es anwandte, um seine selbstgeschaffene Einrichtung zu ehren. Das Wort Gottes lehrt, daß diese Dinge sich wiederholen werden, wenn die Katholiken und die Protestanten sich zur Erhöhung des Sonntags zusammenschließen.

Die in Offenbarung 13 durch das Tier mit „Hörnern wie ein Lamm" dargestellte Macht wird machen, „daß die Erde, und die darauf wohnen" das Papsttum anbeten. Das Tier mit den zwei Hörnern wird auch sagen „denen, die auf Erden wohnen, daß sie dem Tier ein Bild machen sollen"; und ferner wird es machen, daß „die Kleinen und Großen, die Reichen und Armen, die Freien und Knechte" das Malzeichen des Tieres annehmen. (Offb. 13, 11-16.) Es wurde bereits dargelegt, daß die Vereinigten Staaten die Macht sind, die durch das Tier mit „Hörnern wie ein Lamm" versinnbildet wird, und daß diese Weissagung in Erfüllung gehen wird, wenn die Vereinigten Staaten die Sonntagsheiligung, die Rom als die besondere Anerkennung seiner Oberherrschaft beansprucht, erzwingen werden. Aber in dieser Huldigung dem Papsttums gegenüber werden die Vereinigten Staaten nicht allein stehen; Roms Einfluß in den Ländern, die seine Herrschaft einst anerkannten, ist noch längst nicht abgetan. Und die Weissagung sagt eine Wiederherstellung seiner Macht voraus: „Ich sah eines seiner Häupter, als wäre es tödlich verwundet, und seine tödliche Wunde wurde heil. Und die ganze Erde wunderte sich über das Tier." (Offb. 13, 3.) Das Beibringen der tödlichen Wunde weist auf den Sturz des Papsttums im Jahre 1798 hin. Auf die hierauf folgende Zeit verweisend, sagt der Prophet: „Seine tödliche Wunde wurde heil. Und die ganze Erde wunderte sich über das Tier." Paulus sagt ausdrücklich, daß der Mensch der Sünde bis zur Wiederkunft Christi fortbestehen werde. (2. Thess. 2, 3. 8.) Bis ganz zum Ende der Zeit wird er sein Werk der Täuschung fortsetzen. Der Schreiber der Offenbarung erklärt: „Und alle, die auf Erden wohnen, beten es an, deren Namen nicht vom Anfang der Welt an geschrieben stehen in dem Lebensbuch des Lammes, das geschlachtet ist." (Offb. 13, 8.) In der Alten wie der Neuen Welt wird dem Papsttum durch die Einführung der Sonntagsheiligung gehuldigt, da diese einzig und allein auf der Autorität der römischen Kirche beruht.

Schon länger als ein halbes Jahrhundert haben Forscher der Weissagungen in den Vereinigten Staaten der Welt dies Zeugnis vor Augen gehalten. Die jetzt stattfindenden Ereignisse zeigen einen raschen Fortschritt zur Erfüllung der Weissagung. Protestantische Lehrer erheben den gleichen Anspruch auf göttliche Autorität der Sonntagsfeier, und es herrscht ihrerseits der gleiche Mangel an schriftgemäßen Beweisen wie bei den päpstlichen Leitern. Die Behauptung, daß Gottes Gerichte die Menschen wegen der Übertretung des Sonntags heimsuchen, den man als den Sabbat hinstellt, wird wiederholt werden; man fängt bereits an, sie vorzubringen, und eine Bewegung, die Sonntagsheiligung zu erzwingen, macht schnelle Fortschritte.

Die List und Verschlagenheit der römischen Kirche ist erstaunlich. Sie spürt geradezu, was kommen wird. Sie wartet ruhig ihre Zeit ab, da sie sieht, daß die protestantischen Kirchen ihr durch die Annahme des falschen Sabbats Huldigung erweisen, und daß sie sich vorbereiten, denselben mit den nämlichen Mitteln einzuschärfen, deren sie sich in den früheren Tagen selbst bediente. Diejenigen, die das Licht der Wahrheit verwerfen, werden einst noch die Hilfe dieser nach eigener Aussage unfehlbaren Macht suchen, um eine Einrichtung zu erhöhen, die von ihr herstammt. Wie bereitwillig sie den Protestanten in diesem Werke zu Hilfe kommen wird, ist nicht schwer zu erraten. Wer versteht besser als die päpstlichen Leiter, mit jenen umzugehen, die der Kirche ungehorsam sind?

Die römische Kirche mit allen ihren Verzweigungen über die ganze Welt hin bildet eine riesige Organisation, die unter der Leitung des päpstlichen Stuhles steht und dazu bestimmt ist, ihreInteressen wahrzunehmen. Ihre Millionen Mitglieder in allen Ländern der Erde werden unterwiesen, dem Papst Untertanentreue zu bewahren. Was auch ihre Nationalität oder ihre Regierung sein mag, sie müssen die Autorität der Kirche über alles schätzen. Selbst wenn sie dem Staat Treue schwören, steht doch darüber das Gelübde des Gehorsams gegen Rom, das sie von jedem Versprechen entbindet, das Roms Interessen beeinträchtigen könnte.

Die Geschichte der römischen Kirche zeugt von ihren geschickten und hartnäckigen Bemühungen, sich in die Angelegenheiten der Nationen einzudrängen. Hat sie da erst einmal Fuß gefaßt, verfolgt sie ohne Rücksicht auf das Wohl von Fürsten und Volk ihre eigenen Ziele. Im Jahre 1204 zwang Papst Innozenz III. den König von Aragonien, Peter II., folgenden außergewöhnlichen Eid abzulegen: „Ich, Peter, König der Aragonier, bekenne und verspreche, meinem Herrn, Papst Innozenz, seinen katholischen Nachfolgern und der römischen Kirche stets treu und gehorsam zu sein und gewissenhaft mein Reich im Gehorsam gegen ihn zu bewahren, den köstlichen Glauben zu verteidigen und ketzerische Verderbtheit zu verfolgen." (Dowling, Gesch. des Romanismus, 5. Buch, 6. Kap., 55. Abschn.) Dies stimmt mit den Ansprüchen betreffs der Macht des römischen Oberpriesters überein, daß „es ihm gesetzlich zustehe, Kaiser abzusetzen" und daß „er Untertanen von ihrer Pflicht ungerechten Herrschern gegenüber freisprechen kann." ((Mosheim, Inst. Hist. Eccl., 3. Bd., 11. Jahrh., Abschn. 2, Kap. 2, Sek. 9, Anm. 1. Siehe auch Anhang, Anm. 6.)

Wir dürfen nicht vergessen, daß Rom sich damit brüstet, unveränderlich zu sein. Die Grundsätze Gregors VII. und Innozenz ' III. sind noch immer die Grundsätze der römischen Kirche. Und wenn sie die Macht hätte, so würde sie dieselbe heute mit ebenso großer Energie ausüben wie in vergangenen Jahrhunderten. Die Protestanten wissen kaum, was sie tun, wenn sie vorschlagen, in dem Werk der Erhöhung des Sonntags den Beistand Roms annehmen zu wollen. Während sie sich auf die Erreichung ihres Zweckes verlegen, strebt Rom die Wiederherstellung seiner Macht an, um seine verlorene Oberherrschaft wiederzugewinnen. Man lasse in den Vereinigten Staaten erst den Grundsatz eingeführt sein, daß die Kirche die Macht des Staates benützen oder beherrschen kann, daß religiöse Verordnungen durch weltliche Gesetze erzwungen werden können - kurz, daß die Autorität von Kirche und Staat über das Gewissen gebieten kann, und der Triumph Roms wird in jenem Lande gesichert sein.

Das Wort Gottes hat vor der herannahenden Gefahr gewarnt; bleibt diese Warnung unbeachtet, so wird die protestantische Welt erfahren, was Roms Absichten wirklich sind, doch erst wenn es zu spät ist, den Schlingen zu entrinnen. Rom nimmt im stillen an Macht zu. Seine Lehren üben ihren Einfluß auf Parlamente, auf Kirchen und auf die Herzen der Menschen aus. Es türmt seine hohen und gewaltigen Bauwerke auf, in deren geheimen Verliesen sich seine früheren Verfolgungen wiederholen werden. Heimlich und unverdächtig stärkt es seine Kräfte, um seine Endziele zu fördern, wenn die passende Zeit da ist, zum Schlag auszuholen. Alles, wonach es verlangt, ist eine günstige Angriffsposition, und diese wird ihm bereits zugestanden. Wir werden bald sehen und fühlen, was die Absicht des römischen Elementes ist. Wer dem Worte Gottes glauben und gehorchen will, wird sich dadurch Schmach und Verfolgung zuziehen.

36 Der kommende Kampf

Seit dem Anfang des großen Streites im Himmel ist es Satans Vorsatz gewesen, Gottes Gesetz umzustoßen. Um dies zu erreichen, hat er sich gegen den Schöpfer empört, und obgleich er deshalb aus dem Himmel verstoßen wurde, hat er denselben Kampf auf Erden fortgesetzt. Die Menschen zu täuschen und sie zur Übertretung des Gesetzes Gottes zu veranlassen, ist das vorgesteckte Ziel, dem er beharrlich nachjagt. Ob dies nun erreicht wird durch eine gänzliche Umstoßung des Gesetzes oder durch Verwerfung einer seiner Vorschriften, so werden die Folgen schließlich dieselben sein. Wer da „sündiget an einem", bekundet dadurch Verachtung für das ganze Gesetz; sein Einfluß sowie sein Beispiel stehen auf der Seite der Übertretung; er wird „des ganzen Gesetzes schuldig". (Jak. 2, 10.)

Indem Satan die göttlichen Vorschriften verächtlich zu machen suchte, hat er die Lehren der Bibel verfälscht und dadurch Irrtümer in den Glauben von Tausenden, die bekennen, sich an die Schrift zu halten, eingepflanzt. Der letzte große Kampf zwischen Wahrheit und Irrtum ist nur das entscheidende Ringen in dem lange bestehenden Streit über Gottes Gesetz. Wir sind jetzt im Begriff, diesen Kampf aufzunehmen – einen Kampf zwischen den Gesetzen der Menschen und den Vorschriften des Herrn, zwischen der Religion der Bibel und der Religion der Fabeln und Überlieferungen.

Die Kräfte, die sich in diesem Streit gegen Wahrheit und Gerechtigkeit vereinen, sind nun an der Arbeit. Gottes heiliges Wort, das uns unter soviel Leiden und Blutvergießen überliefert worden ist, wird nur wenig geschätzt. Die Bibel ist allen erreichbar; aber nur wenige nehmen sie wirklich zum Führer des Lebens an. Der Unglaube nimmt in erschreckendem Maße überhand, nicht nur in der Welt, sondern auch in der Kirche. Viele sind dahin gekommen, Lehren zu verleugnen, die die eigentlichen Grundpfeiler des christlichen Glaubens sind. Die großen Tatsachen der Schöpfung, wie sie von durch Gottes Geist geleiteten Schreibern dargestellt werden, der Fall des Menschen, die Versöhnung und die ewige Gültigkeit des Gesetzes Gottes werden tatsächlich von einem großen Teil der angeblichen Christen entweder ganz oder teilweise verworfen. Tausende, die sich mit ihrer Weisheit und Unabhängigkeit brüsten, betrachten es als ein Zeichen der Schwäche, unbedingtes Vertrauen in die Bibel zu setzen; sie halten es für einen Beweis von Überlegenheit und Gelehrsamkeit, die Heilige Schrift zu bekritteln und ihre wichtigsten Wahrheiten zu vergeistigen und zu entkräften. Viele Prediger lehren in ihren Gemeinden und viele Professoren und Lehrer unterweisen ihre Schüler, daß Gottes Gesetz verändert oder aufgehoben worden sei, und daß alle, die glauben, seine Anforderungen seien noch immer gültig und müßten buchstäblich beachtet werden, nur Spott und Schmach verdienen.

Durch die Verachtung der Wahrheit verwerfen die Menschen deren Urheber. Indem sie das Gesetz Gottes mit Füßen treten, verleugnen sie die Autorität des Gesetzgebers. Es ist ebenso leicht, sich einen Götzen aus falschen Lehren und Theorien zu machen, wie ein Götzenbild aus Holz oder Stein zu formen. Durch Satans falsche Darstellung der Eigenschaften Gottes machen die Menschen sich einen verkehrten Begriff vom Charakter ihres Schöpfers. Von vielen wird ein philosophischer Götze an Stelle Gottes, des Allerhöchsten, auf den Thron erhoben, und der lebendige Gott, wie er in seinem Wort, in Christus und in den Werken der Schöpfung offenbart ist, wird nur von wenigen verehrt. Tausende vergöttern die Natur, während sie den Gott der Natur verleugnen. Obwohl in verschiedener Form besteht doch der Götzendienst in der heutigen christlichen Welt ebenso wirklich, wie er im alten Israel in den Tagen Elias ausgeübt wurde. Der Gott vieler vorgeblich weiser Männer, Philosophen, Dichter, Staatsmänner, Zeitungsschreiber – der Gott vornehmer Kreise, vieler Hochschulen und Universitäten, sogar einiger theologischer Anstalten – ist nicht viel besser als Baal, der Sonnengott der Phönizier.

Kein von der christlichen Welt angenommener Irrtum setzt sich kühner gegen die Autorität des Himmels, keiner geht direkter gegen die Vernunft oder ist verderblicher in seinen Folgen als die Lehre der Neuzeit, die so schnell um sich greift, daß Gottes Gesetz für die Menschen nicht länger bindend sei. Jedes Land hat seine Gesetze, die Achtung und Gehorsam gebieten; keine

Regierung könnte ohne sie bestehen; wie kann man sich denn vorstellen, daß der Schöpfer des Himmels und der Erde kein Gesetz habe, um die Geschöpfe, die er gemacht hat, zu regieren? Gesetzt den Fall, daß hervorragende Geistliche öffentlich lehrten, daß die Verordnungen, die das Land regieren und die Rechte seiner Bürger beschützen, nicht verbindlich seien, daß sie die Freiheit des Volkes einschränkten und deshalb nicht befolgt werden sollten – wie lange würden solche Männer auf der Kanzel geduldet werden? Ist es aber ein schwereres Vergehen, die Gesetze von Staaten und Ländern zu mißachten, als jene göttlichen Vorschriften mit Füßen zu treten, die die Grundlage jeder Regierung sind?

Es wäre eher verständlich, daß Staaten ihre Satzungen aufheben und den Leuten gestatten, zu handeln wie es ihnen gefällt, als das Gesetz des Herrschers der Welt zunichte zu machen und die Welt ohne einen Maßstab zur Verurteilung der Schuldigen oder Rechtfertigung der Gehorsamen zu lassen. Kennen wir die Folgen der Aufhebung des Gesetzes Gottes? Der Versuch ist gemacht worden. Schrecklich waren die in Frankreich sich abspielenden Vorgänge, als der Atheismus zur herrschenden Macht wurde. Damals wurde der Welt gezeigt, daß das Abwerfen der Beschränkungen, die Gott auferlegt hat, soviel heißt, als die Herrschaft der grausamsten Tyrannen anzunehmen. Wenn die Richtschnur der Gerechtigkeit beiseitegesetzt wird, steht dem Fürsten der Finsternis der Weg offen, seine Herrschaft auf Erden aufzurichten.

Wo immer die göttlichen Vorschriften verworfen werden, hört die Sünde auf sündhaft oder die Gerechtigkeit wünschenswert zu erscheinen. Die sich weigern, der Herrschaft Gottes untertan zu sein, sind völlig unfähig, sich selbst zu regieren. Durch ihre verderblichen Lehren pflanzen sie den Geist der Zuchtlosigkeit in die Herzen der Kinder und der Jugend, die von Natur aus Beschränkungen nur mit Ungeduld ertragen, und ein gesetzloser, ungezügelter Zustand der Gesellschaft ist die Folge. Während viele über die Leichtgläubigkeit jener spotten, die den Anforderungen Gottes gehorchen, nehmen sie bereitwillig die Täuschungen Satans an. Sie lassen der Lust freien Lauf und begehen Sünden, die einst Gerichte über die Heiden gebracht haben.

Wer das Volk lehrt, die Gebote Gottes geringzuachten, sät Ungehorsam, um Ungehorsam zu ernten. Beseitigte man völlig die durch das göttliche Gesetz auferlegten Schranken, so würde eine Mißachtung aller menschlichen Gesetze nicht lange ausbleiben.

Weil Gott unehrbare Handlungen, Begierden, Lügen und Betrug verbietet, wollen die Menschen seine Verordnungen als ein Hindernis für ihr weltliches Wohlergehen mit Füßen treten; aber die Folgen dieser Handlungsweise würden derartig sein, wie sie sie nicht erwarteten. Wäre das Gesetz nicht bindend, warum sollte sich irgend jemand fürchten, es zu übertreten? Das Eigentum wäre nicht länger sicher. Die Menschen würden sich das Besitztum ihres Nächsten mit Gewalt aneignen, und die Stärksten würden die Reichsten werden. Selbst vor dem Leben hätte man keine Ehrfurcht. Das Ehegelübde stände nicht länger da als ein heiliges Bollwerk, die Familie zu beschützen. Wer die Macht hätte, würde, falls ihn danach verlangte, seines Nächsten Weib mit Gewalt nehmen. Das fünfte Gebot bliebe samt dem vierten unbeachtet. Kinder würden nicht davor zurückschrecken, das Leben ihrer Eltern zu nehmen, wenn sie dadurch das Verlangen ihres verderbten Herzens stillen könnten. Die zivilisierte Welt würde eine Horde von Räubern und Mördern werden, und Friede, Ruhe und Glück wären von der Erde verbannt.

Bereits hat die Lehre, daß die Menschen vom Gehorsam gegen Gottes Anforderungen entbunden seien, die Kraft der sittlichen Verbindlichkeit geschwächt und der Welt die Schleusen der Ungerechtigkeit geöffnet. Gesetzlosigkeit, Verschwendung und Verderbtheit strömen auf uns herein gleich einer überschwemmenden Flut. In der Familie ist Satan am Wirken. Sein Banner weht sogar in angeblich christlichen Häusern. Man findet dort Neid, böse Mutmaßungen, Heuchelei, Entfremdung, Zwietracht, Streit, Verrat des heilig Anvertrauten, Befriedigung der Lust. Der ganze Bau religiöser Grundsätze und Lehren, die die Grundlage und das Gerüst des gesellschaftlichen Lebens bilden sollten, scheint ins Schwanken gekommen zu sein, bereit, in Trümmer zu fallen. Die gemeinsten Verbrecher, um ihrer Vergehen willen ins Gefängnis geworfen, werden oft mit Gaben und Aufmerksamkeiten bedacht, als seien sie zu einer beneidenswerten Auszeichnung gelangt. Ihr Charakter und ihre Verbrechen werden weit und breit vor die Öffentlichkeit gebracht. Die Presse veröffentlicht die empörenden Einzelheiten eines Verbrechens und führt auf diese Weise andere in die Ausübung von Betrug, Räuberei und Mord ein, während Satan über den Erfolg seiner höllischen Anschläge frohlockt. Die Freude am Laster, die leichtfertigen Mordtaten, die schreckliche Zunahme von Unmäßigkeit und Bosheit jeder Art und jeden Grades sollten alle Gottesfürchtigen veranlassen zu forschen, was getan werden kann, um der Flut des Übels Einhalt zu tun.

Die Gerichtshöfe sind verderbt. Herrscher werden von der Begierde nach Gewinn und Liebe zu sinnlichen Vergnügungen bewegt. Unmäßigkeit hat die Fähigkeiten vieler getrübt, so daß Satan eine nahezu vollständige Herrschaft über sie hat. Rechtsgelehrte werden verführt, bestochen, hintergangen. Trunksucht und Schwelgerei, Leidenschaft, Neid, Unehrlichkeit aller Art werden von jenen verübt, die die Gesetze handhaben. „Das Recht ist zurückgewichen und Gerechtigkeit fern getreten; denn die Wahrheit fällt auf der Gasse, und Recht kann nicht einhergehen." (Jes. 59, 14.)

Die Bosheit und geistliche Finsternis, welche unter der Oberherrschaft Roms überhandnahmen, waren die unausbleibliche Folge seiner Unterdrückung der Heiligen Schrift; aber wo liegt die Ursache der weitverbreiteten Gottlosigkeit, der Verwerfung des Gesetzes Gottes und der daraus folgenden Verderbtheit unter dem vollen Licht des Evangeliums in einem Zeitalter religiöser Freiheit? Jetzt, da Satan die Welt nicht länger durch Entziehung der Heiligen Schrift unter seiner Herrschaft halten kann, nimmt er zu andern Mitteln seine Zuflucht, um denselben Zweck zu erreichen. Den Glauben an die Bibel zu zerstören, dient seiner Absicht ebensowohl als die Bibel selbst zu vernichten. Durch Einführung des Glaubens, daß Gottes Gesetz nicht bindend sei, bringt er die Menschen ebenso erfolgreich dazu, es zu übertreten, als wenn sie hinsichtlich dessen Vorschriften völlig unwissend wären. Auch gegenwärtig hat er, wie in früheren Zeiten, durch die Kirche gewirkt, um seine Absichten zu fördern. Die heutigen Religiösen Gemeinschaften haben sich geweigert, auf die in der Heiligen Schrift deutlich vor Augen geführten unvolkstümlichen Wahrheiten zu lauschen, und haben, indem sie sie bekämpfen, Auslegungen angenommen und Stellungen behauptet, durch die sie mit voller Hand den Samen des Unglaubens gesät haben. Den päpstlichen Irrtum von der natürlichen Unsterblichkeit und dem bewußten Zustand des Menschen im Tode festhaltend, haben sie die einzige Schutzwehr gegen die Täuschungen des Spiritismus verworfen. Die Lehre von der ewigen Qual hat viele verleitet, der Bibel nicht zu glauben. Und wenn die Ansprüche des vierten Gebotes dem Volke deutlich gemacht werden und es sich zeigt, daß die Beachtung des Siebenten-Tag-Sabbats verlangt wird, dann erklären viele volkstümliche Lehrer als einzigen Ausweg, sich von einer Pflicht zu befreien, die sie nicht erfüllen wollen, daß Gottes Gesetz nicht mehr bindend sei. Auf diese Weise verwerfen sie das Gesetz und den Sabbat miteinander. Wenn das Werk der Sabbatreform sich ausdehnt, wird die Verwerfung des göttlichen Gesetzes, um die Ansprüche des vierten Gebotes zu umgehen, nahezu allgemein üblich werden. Die Lehren religiöser Leiter haben dem Unglauben, dem Spiritismus und der Verachtung des heiligen Gesetzes Gottes die Tore geöffnet, und auf diesen Führern ruht eine furchtbare Verantwortung für die Gottlosigkeit, die in der christlichen Welt vorhanden ist.

Dennoch erhebt gerade diese selbe Klasse die Behauptung, daß die schnell überhandnehmende Verderbnis größtenteils der Entheiligung des sogenannten „christlichen Sabbats" zuzuschreiben sei, und daß die Einschärfung der Sonntagsfeier die Sitten der Gesellschaft um vieles verbessern würde. Diese Behauptung wird besonders in Amerika vorgebracht, wo die Lehre vom wahren Sabbat schon weit und breit gepredigt worden ist. Dort wird das Mäßigkeitswerk, eine der hervorragendsten und wichtigsten aller sittlichen Reformen, oft mit der Sonntagsbewegung verbunden, und ihre Vertreter stellen sich dar, als ob sie für das größte Wohl der Gesellschaft wirkten; und alle, die sich weigern, sich mit ihnen zu verbinden, werden als Feinde der Mäßigkeit und der Reform verschrien. Aber die Tatsache, daß mit einem an und für sich guten Werk eine Bewegung verbunden ist, die einen Irrtum einführt, spricht nicht zu Gunsten des Irrtums. Wir können das Gift unkenntlich machen, indem wir es mit gesunder Nahrung vermischen; aber dadurch verändern wir seine Natur nicht. Im Gegenteil, es wird nur um so gefährlicher, da man es desto leichter unversehens nimmt. Es ist Satans List, mit der Lüge gerade genug Wahrheit zu verbinden, um ihr Wahrscheinlichkeit zu verleihen. Die leitenden Männer der Sonntagsbewegung mögen Reformen, die das Volk nötig hat, und Grundsätze, die in Übereinstimmung mit der Bibel sind, vertreten; und doch können des Herrn Knechte sich nicht mit ihnen vereinen, weil damit eine Forderung verbunden ist, die dem Gesetz Gottes zuwiderläuft. Nichts kann die Beseitigung der Gebote Gottes zugunsten menschlicher Vorschriften rechtfertigen.

Durch die zwei großen Irrtümer, die Unsterblichkeit der Seele und die Heiligung des Sonntags, wird Satan das Volk unter seine Täuschungen bringen. Während jener den Grund für den Spiritismus legt, webt dieser ein Band der Übereinstimmung mit Rom. Die Protestanten der Vereinigten Staaten werden die ersten sein, die ihre Hände über den Abgrund ausstrecken, um die Hand des Spiritismus zu erfassen; sie werden über die Kluft hinüberreichen zum Handschlag mit der römischen Macht, und unter dem

Einfluß dieser dreifachen Vereinigung wird jenes Land den Fußtapfen Roms folgen und die Rechte des Gewissens mit Füßen treten.

Da der Spiritismus sich dem heutigen Namenchristentum anpaßt, hat er größere Macht, zu hintergehen und zu verstricken. Satan selbst hat sich zu der neuen Ordnung der Dinge bekehrt. Er wird als ein Engel des Lichts erscheinen. Durch die Wirksamkeit des Spiritismus werden Wunder geschehen; Kranke werden geheilt und viele unleugbar übernatürliche Taten vollbracht werden. Und da die Geister ihren Glauben an die Bibel beteuern und Achtung für die Einrichtungen der Kirche bekunden, wird ihr Werk als eine Offenbarung göttlicher Macht angenommen werden.

Die Grenzlinie zwischen den vorgeblichen Christen und den Gottlosen ist gegenwärtig kaum erkennbar. Angehörige der Kirche lieben, was die Welt liebt, und sind bereit, sich mit ihr zu vereinen, und Satan ist fest entschlossen, sie zu einer Körperschaft zu verbinden und seine Sache dadurch zu stärken, daß er alle in die Reihen des Spiritismus treibt. Katholiken, die Wunder als ein Zeichen der wahren Kirche ansehen, werden durch diese wunderwirkende Macht leicht getäuscht werden; und Protestanten, die den Schild der Wahrheit weggeworfen haben, werden ebenfalls hintergangen. Katholiken, Protestanten und Weltmenschen werden den Schein eines gottseligen Wesens annehmen, während sie dessen Kraft verleugnen und werden in dieser Vereinigung eine große Bewegung zur Bekehrung der Welt und den Anbruch des langerwarteten tausendjährigen Reiches sehen.

Durch den Spiritismus erscheint Satan als Wohltäter des Menschengeschlechts, indem er die Krankheiten des Volkes heilt und vorgibt, eine neue und erhabenere Religion einzuführen; gleichzeitig aber wirkt er als Zerstörer. Seine Versuchungen führen ganze Volksmengen ins Verderben. Die Unmäßigkeit entthront die Vernunft; sinnliche Befriedigung, Streit und Blutvergießen folgen. Satan ergötzt sich am Krieg; denn dieser erweckt die schlimmsten Leidenschaften der Seele und rafft dann seine in Laster und Blut versunkenen Opfer hinweg in die Ewigkeit. Es ist daher Satans Absicht, die Völker gegeneinander zum Krieg aufzuhetzen; denn auf diese Weise kann er die Gedanken der Menschen von dem Werk der Vorbereitung ablenken, das sie befähigen würde, am Tage Gottes zu bestehen.

Satan wirkt auch durch die Elemente, um seine Ernte, die unvorbereiteten Seelen, einzuheimsen. Er hat die Geheimnisse der

Werkstätten der Natur studiert, und er gebraucht seine ganze Macht, die Elemente zu beherrschen, soweit Gott es zuläßt. Als es ihm gestattet war, Hiob heimzusuchen, da waren Herden, Knechte, Häuser, Kinder schnell hinweggerafft, ein Unglück folgte unmittelbar auf das andere. Gott behütet seine Geschöpfe und bewahrt sie vor der Macht des Verderbers. Die christliche Welt hat für das Gesetz des Herrn Verachtung bekundet, und der Herr wird gerade das ausführen, was er zu tun erklärt hat – er wird der Erde seinen Segen entziehen und seine schützende Sorgfalt von jenen nehmen, die sich gegen sein Gesetz empören und andere lehren und zwingen, dasselbe zu tun. Satan hat die Herrschaft über alle, die Gott nicht besonders beschützt. Er wird einige begünstigen und fördern, um seine eigenen Absichten voranzubringen; auf andere wird er Schwierigkeiten bringen und die Menschen dann glauben machen, es sei Gott, der sie peinige.

Während er den Menschenkindern als ein großer Arzt erscheint, der alle ihre Krankheiten heilen kann, wird er Gebrechen und Unheil bringen, bis volkreiche Städte in Trümmer und Einöden verwandelt sind. Gerade jetzt ist er am Wirken. In Unfällen und Not zu Wasser und zu Lande, in großen Feuersbrünsten, in wütenden Wirbelstürmen und schrecklichen Hagelwettern, in Orkanen, Überschwemmungen, Springfluten und Erdbeben, an allen Orten und in tausenderlei Gestalt übt Satan seine Macht aus. Er fegt die reifende Ernte hinweg, und Hungersnot und Elend folgen. Er erfüllt die Luft mit einer tödlichen Seuche, und Tausende kommen durch Pestilenz um. Diese Heimsuchungen werden häufiger und unheilvoller werden. Das Verderben wird sowohl auf Menschen als auch auf Tieren lasten. „Das Land stehet jämmerlich und verderbt. ...die Höchsten des Volkes ... nehmen ab. Das Land ist entheiligt von seinen Einwohnern; denn sie übertreten das Gesetz und ändern die Gebote und lassen fahren den ewigen Bund." (Jes. 24, 4. 5.)

Alsdann wird der große Betrüger Menschen einreden, daß diejenigen, die Gott dienen, diese Übel verursachen. Die Seelen, die das Mißfallen des Himmels herausgefordert haben, werden all ihr Unglück denen zur Last legen, deren Gehorsam gegen Gottes Gebote den Übertretern ein beständiger Vorwurf ist. Man wird erklären, daß die Menschen durch die Mißachtung der Sonntagsfeier Gott beleidigen, daß diese Sünde ein Elend herbeigeführt habe, das nicht aufhören werde, bis man die Heiligung des Sonntags streng einschärfe; und daß die, die die Ansprüche des vierten Gebots aufrecht halten und dadurch die Achtung für den Sonntag zugrunde richten, das Volk beschweren und verhindern, daß es von Gott wieder begnadigt und zeitlich gesegnet werde. Auf diese Weise wird die vor alters gegen die Knechte Gottes vorgebrachte Anklage, und zwar aus denselben Gründen, wiederholt werden: „Und da Ahab Elia sah, sprach Ahab zu ihm: Bist du, der Israel verwirrt? Er aber sprach: Ich verwirre Israel nicht, sondern du und deines Vaters Haus, dadurch daß ihr des Herrn Gebote verlassen habt und wandelt Baalim nach." (1. Kön. 18, 17. 18.) Wenn der Zorn der Menschen durch falsche Anschuldigungen erregt sein wird, werden sie gegen die Gesandten Gottes ein ähnliches Verfahren einschlagen wie damals das abtrünnige Israel gegen Elia.

Die wunderwirkende, durch den Spiritismus sich offenbarende Macht wird ihren Einfluß gegen alle ausüben, die es vorziehen, Gott mehr zu gehorchen als den Menschen. Mitteilungen werden von den Geistern kommen, welche erklären, daß Gott sie gesandt habe, um die Verwerfer des Sonntags ihres Irrtums zu überführen und zu bestätigen, daß die Gesetze des Landes als Gottes Gesetze beachtet werden sollten. Sie werden die große Gottlosigkeit in der Welt beklagen und die Zeugnisse religiöser Lehrer, daß der gesunkene Zustand der Sitten durch die Entheiligung des Sonntags verursacht werde, unterstützen. Eine große Entrüstung wird sich gegen alle erheben, die sich weigern, ihr Zeugnis anzunehmen.

Satans Verfahren mit dem Volke Gottes in diesem letzten Kampf ist das gleiche, das er in der Eröffnung des großen Streites im Himmel einschlug. Er gab vor, die Festigkeit der göttlichen Regierung fördern zu wollen, während er heimlich jegliche Anstrengung machte, sie zu stürzen. Und gerade das Werk, das er auf diese Weise durchzuführen hoffte, legte er den treugebliebenen Engeln zur Last. Ganz dieselbe List hat die Geschichte der römischen Kirche gekennzeichnet. Sie hat vorgegeben, als Stellvertreter des Herrn vom Himmel zu handeln, während sie sich über Gott erheben und sein Gesetz verändern wollte. Unter der Herrschaft Roms wurden die, die, um ihrer Treue zum Evangelium willen den Tod erlitten, als Übeltäter gebrandmarkt; man erklärte, sie seien mit Satan im Bunde und man wandte alle möglichen Mittel an, um sie mit Schmach zu überhäufen, damit sie in den Augen des Volkes und sogar vor sich selbst als die gemeinsten Verbrecher erschienen. So wird es auch jetzt sein. Indem Satan danach trachtet, diejenigen umzubringen, die Gottes Gebote ehren, wird er es veranlassen, daß sie als Übertreter des

Gesetzes, als Leute, die Gott entehren und seine Gerichte über die Welt bringen, angeklagt werden.

Gott zwingt nie, weder den Willen noch das Gewissen; Satan hingegen nimmt, um jene in seine Macht zu bringen, die er auf keine andere Weise verführen kann, beständig Zuflucht zum Zwang durch Grausamkeit. Mit Furcht oder Gewalt bemüht er sich, das Gewissen zu beherrschen und Huldigung für sich selbst zu gewinnen. Um dies durchzusetzen, wirkt er sowohl durch religiöse als auch weltliche Mächte, indem er sie antreibt, dem göttlichen Gesetz zum Trotz Gehorsam gegen menschliche Gesetze zu erzwingen.

Die den biblischen Sabbat ehren, werden als Feinde des Gesetzes und der Ordnung verschrien werden, die die sittlichen Schranken der Gesellschaft niederreißen, Anarchie und Verderbnis verursachen und die Strafgerichte Gottes über die Erde hervorrufen. Ihre gewissenhaften Bedenken wird man als Eigensinn, Hartnäckigkeit und Verachtung der Obrigkeit erklären. Sie werden als Feinde der Regierung beschuldigt werden. Prediger, welche die Verbindlichkeit des göttlichen Gesetzes leugnen, werden von der Kanzel die Pflicht verkündigen, den bürgerlichen Behörden, als von Gott eingesetzt, Gehorsam zu leisten. In gesetzgebenden Kreisen und an Gerichtshöfen werden die Menschen, die Gottes Gebote beachten, verleumdet und verurteilt werden. Ihren Worten wird man eine falsche Deutung beilegen und die schlechtesten Beweggründe ihren Handlungen unterschieben.

Wenn die protestantischen Gemeinden die deutlichen, schriftgemäßen Beweise zur Verteidigung des Gesetzes Gottes verwerfen, werden sie danach verlangen, alle zum Schweigen zu bringen, deren Glauben sie mit der Bibel nicht umstürzen können. Obwohl sie die Augen den Tatsachen gegenüber verschließen, schlagen sie nichtsdestoweniger ein Verfahren ein, das zur Verfolgung jener führen wird, die sich gewissenhaft weigern, das zu tun, was die übrige christliche Welt tut, und sie erkennen ihrerseits die Ansprüche des päpstlichen Sonntags an.

Die Würdenträger der Kirche und des Staates werden sich vereinen, alle Menschen zu bestechen, zu überreden oder zu zwingen, den Sonntag zu ehren. Der Mangel an göttlichen Beweisen wird durch gewalttätige Forderungen ersetzt werden. Die politische Verderbtheit untergräbt die Liebe zur Gerechtigkeit und die Achtung vor der Wahrheit, und selbst im freien Amerika werden Beamte und Gesetzgeber, um sich die öffentliche Gunst zu sichern, dem Verlangen des Volkes nach einem Gesetz, das die

Sonntagsfeier erzwingt, nachgeben. Die Gewissensfreiheit, die so große Opfer gekostet hat, wird nicht länger geachtet werden. In dem bald kommenden Kampf werden uns die Worte des Propheten durch Tatsachen veranschaulicht werden: „Und der Drache ward zornig über das Weib und ging hin, zu streiten mit den übrigen von ihrem Samen, die da Gottes Gebote halten und haben das Zeugnis Jesu Christi." (Offb. 12, 17.)

37 Die Bibel eine Schutzwehr

„Hin zum Gesetz und zum Zeugnis! Werden sie das nicht sagen, so wird ihnen keine Morgenröte scheinen." (Jes. 8, 20.) Das Volk Gottes wird auf die Heilige Schrift verwiesen, als seinen Schutz gegen den Einfluß falscher Lehrer und die trügerische Macht der Geister der Finsternis. Satan wendet jede mögliche List an, die Menschen zu hindern, sich Kenntnisse aus der Bibel zu erwerben; denn ihre deutlichen Aussagen enthüllen seine Täuschungen. Bei jeder Wiederbelebung des Werkes Gottes wird der Fürst des Bösen zu größerer Betriebsamkeit angespornt; nun bietet er seine äußersten Anstrengungen zu einem letzten Kampf gegen Christus und seine Nachfolger auf. Die letzte große Täuschung wird sich bald vor uns entfalten. Der Antichrist wird seine erstaunlichen Werke vor unseren Augen ausführen. So genau wird das Nachgebildete dem Wahren gleichkommen, daß es unmöglich sein wird, zwischen ihnen zu unterscheiden, außer durch die Heilige Schrift. Durch ihr Zeugnis muß jede Behauptung und jedes Wunder geprüft werden.

Jene, die versuchen, allen Geboten Gottes zu gehorchen, werden angefeindet und verlacht werden. Sie können nur in Gott standhalten. Um die ihnen bevorstehende Prüfung aushalten zu können, müssen sie den Willen Gottes, wie er in seinem Wort offenbart ist, verstehen; sie können ihn nur ehren, wenn sie ein richtiges Verständnis seines Charakters, seiner Regierung und seiner Absichten haben und auch danach handeln. Nur wenn sie ihre Seelen mit den Wahrheiten der Bibel gestählt haben, werden sie den letzten großen Kampf überstehen. Ein jeder wird vor die prüfende Frage gestellt: Soll ich Gott mehr gehorchen als den Menschen? Die entscheidende Stunde ist sehr nahe. Stehen unsere Füße auf dem Felsen des unveränderlichen Wortes Gottes? Sind wir vorbereitet, fest zu bleiben in der Verteidigung der Gebote Gottes und des Glaubens an Jesus?

Vor der Kreuzigung erklärte der Heiland seinen Jüngern, daß er getötet werden und aus dem Grabe wieder auferstehen würde, und es waren Engel zugegen, um seine Worte den Gemütern und Herzen einzuprägen. Die Jünger aber erwarteten eine zeitliche Befreiung vom römischen Joch und konnten den Gedanken nicht ertragen, daß er, der Mittelpunkt ihrer Hoffnungen, einen schmachvollen Tod erleiden sollte. Die Worte, an die sie sich hätten erinnern sollen, entschwanden ihrem Gedächtnis, und als die Zeit der Prüfung kam, waren sie unvorbereitet. Jesu Tod zerstörte ihre Hoffnungen vollständig, als ob er sie nie darauf hingewiesen hätte. So wird uns in den Weissagungen die Zukunft ebenso deutlich erschlossen, wie sie den Jüngern durch Christi Worte eröffnet wurde. Die Ereignisse, die mit dem Ende der Gnadenzeit und dem Werk der Vorbereitung auf die trübselige Zeit in Verbindung stehen, werden uns klar veranschaulicht. Aber Tausende haben kein Verständnis für diese wichtigen Wahrheiten, als wären sie ihnen nie offenbart worden. Satan wacht, um jeden Einfluß abzulenken, der sie weise machen könnte zur Seligkeit, und dann wird die trübselige Zeit sie unvorbereitet finden.

Wenn Gott den Menschen so wichtige Warnungen sendet, daß sie dargestellt werden als verkündigt von heiligen Engeln, die mitten durch den Himmel fliegen, dann verlangt er von jedem vernünftigen Wesen, die Botschaft zu beachten. Die furchtbaren Strafgerichte, die gegen die Anbetung des Tieres und seines Bildes ausgesprochen werden (Offb. 14, 9-11), sollten alle zu einem eifrigen Studium der Weissagungen anspornen, um zu erfahren, was das Malzeichen des Tieres ist, und wie sie vermeiden können, es anzunehmen. Aber die meisten Menschen haben taube Ohren für die Wahrheit und wenden sich den Fabeln zu. Der Apostel Paulus erklärte im Hinblick auf die letzten Tage: „Es wird eine Zeit kommen, da sie die heilsame Lehre nicht ertragen werden." (2. Tim. 4, 3.) Diese Zeit ist jetzt da. Die Menge wünscht keine Bibelwahrheit, weil sie dem sündigen, weltliebenden Herzen nicht gefällt; und Satan versorgt sie mit den Täuschungen, die sie liebt.

Aber Gott will ein Volk auf Erden haben, das die Bibel und nur die Bibel allein beibehält als die Richtschnur aller Lehre und die Grundlage aller Reformen. Die Meinungen gelehrter Männer, die Schlußfolgerungen der Wissenschaft, die Glaubenssätze oder Beschlüsse von Kirchenversammlungen, zahlreich und uneins wie die Kirchen, die sie vertreten, die Stimme der Mehrheit – weder eins von diesen noch alle zusammen, können als Beweis für oder gegen irgendeinen Punkt religiösen Glaubens betrachtet werden. Ehe wir eine Lehre oder Vorschrift annehmen, sollten wir ein klares „So spricht der Herr" als Beweis dafür verlangen.

Satan ist ständig bemüht, die Aufmerksamkeit auf Menschen statt auf Gott zu richten. Er verleitet das Volk, auf Bischöfe, Geistliche und Theologieprofessoren als Führer zu sehen, statt die Heilige Schrift zu erforschen, um ihre Pflicht selbst zu erfahren. Wenn er dann den Verstand dieser geistlichen Führer beherrscht, kann er die Menge nach seinem Willen beeinflussen.

Als Christus kam, um Worte des Lebens zu verkünden, hörte das gemeine Volk ihm gern zu; und viele sogar der Priester und Obersten glaubten an ihn. Aber die führenden Köpfe der Priesterschaft und die tonangebenden Männer des Volkes waren entschlossen, seine Lehren zu verdammen und zu verschmähen. Obwohl sie in allen ihren Anstrengungen, Anklagen gegen ihn zu finden, scheiterten, obwohl sie den Einfluß göttlicher Macht und Weisheit fühlten, der seine Worte begleitete, ließen sie sich doch von ihren Vorurteilen gefangennehmen; sie verwarfen die deutlichsten Beweise seines Messiasamtes, damit sie nicht gezwungen wären, seine Jünger zu werden. Diese Widersacher Jesu waren Männer, die zu ehren das Volk von Kindheit an gelehrt worden, deren Autorität es sich bedingungslos zu beugen gewohnt war. Wie kommt es, fragten viele, daß unsere Obersten und weisen Schriftgelehrten nicht an Jesus glauben? Würden diese frommen Männer ihn nicht annehmen, falls er Christus wäre? Es war der Einfluß solcher Lehrer, der die Juden dazu verleitete, ihren Erlöser zu verwerfen.

Der Geist, der jene Priester und Obersten bewegte, wird auch jetzt noch von vielen bekundet, die mit ihrer Frömmigkeit viel Aufhebens machen. Sie weigern sich, das Zeugnis der Heiligen Schrift hinsichtlich der besonderen Wahrheiten für diese Zeit zu prüfen. Sie verweisen auf ihre große Zahl, ihren Reichtum und ihre Volkstümlichkeit und sehen mit Geringschätzung auf die Verteidiger der Wahrheit als wenige, arme und unbeliebte Leute, die einen Glauben haben, der sie von der Welt trennt.

Christus sah voraus, daß die ungebührliche Machtanmaßung, wie sie von den Schriftgelehrten und Pharisäern ausgeübt wurde, mit der Zerstreuung der Juden nicht aufhören werde. Er hatte einen prophetischen Blick für die Erhebung menschlicher Macht zur Beherrschung des Gewissens, was für die Kirche zu allen Zeiten ein schrecklicher Fluch gewesen ist. Und seine furchtbaren Strafreden gegen die Schriftgelehrten und Pharisäer sowie seine Warnungen an das Volk, diesen blinden Führern nicht zu folgen, wurden als Mahnung für künftigen Geschlechter aufgezeichnet.

Die römische Kirche beschränkt das Recht, die Heilige Schrift auszulegen, auf die Geistlichkeit. Gestützt darauf, daß diese allein imstande sei, Gottes Wort zu erklären, entzieht sie die Bibel den gewöhnlichen Leuten. Wenngleich die Reformation allen die Heilige Schrift gab, so hindert doch gerade der Grundsatz, den Rom geltend machte, viele in den protestantischen Kirchen an einem persönlichen Studium der Bibel. Sie werden unterwiesen, ihre Lehren anzunehmen, wie die Kirche sie auslegt; und es gibt Tausende, die es nicht wagen, irgend etwas anzunehmen, das ihrem Glaubensbekenntnis oder den eingeführten Lehrsätzen der Kirche entgegengesetzt ist, sei es auch noch so deutlich in der Schrift offenbart.

Obgleich die Bibel viele Warnungen vor falschen Lehrern enthält, so vertrauen viele auf diese Weise ihr Seelenheil der Geistlichkeit an. Es gibt heute Tausende von bekenntlichen Christen, die keinen anderen Grund für die Glaubenspunkte, die sie bekennen, angeben können, als daß sie von ihren religiösen Leitern so unterrichtet wurden. Sie lassen die Lehren des Heilandes beinahe ganz unbeachtet und setzen unbedingtes Vertrauen in die Worte der Prediger. Sind diese aber unfehlbar? Wie können wir unsere Seelen ihrer Führung anvertrauen, es sei denn, daß wir aus Gottes Wort wissen, daß sie Träger des Lichtes sind? Ein Mangel an sittlichem Mut, den von der Welt eingeschlagenen Weg zu verlassen, verleitet viele, den Fußtapfen gelehrter Männer zu folgen; und durch ihre Abneigung, selbst zu forschen, werden sie hoffnungslos in den Ketten des Irrtums festgehalten. Sie sehen, daß die Lehren der gegenwärtigen Wahrheiten in der Bibel klar hervorgehoben werden und fühlen die Macht des Heiligen Geistes, der ihre Verkündigung begleitet; und doch lassen sie sich durch den Widerstand der Geistlichkeit von dem Licht wegführen. Obwohl die Vernunft und das Gewissen überzeugt sind, wagen diese verblendeten Seelen es nicht, anders zu denken als der Prediger; und ihr persönliches Urteil, ihr ewiges Wohl werden dem Unglauben, dem Stolz und Vorurteil eines andern geopfert.

Satan hat viele Möglichkeiten durch menschlichen Einfluß, seine Gefangenen zu binden. Er sichert sich ganze Scharen, indem er sie mit den seidenen Banden der Zuneigung an die Feinde des Kreuzes Christi bindet. Gleichviel mit wem man so verbunden sein mag, ob mit Eltern, Kindern, Ehegatten oder Freunden, die Wirkung ist die gleiche; die Gegner der Wahrheit üben ihre Macht aus und beherrschen das Gewissen, und die durch sie festgehaltenen Seelen haben nicht hinreichend Mut oder Unabhängigkeit, ihrem eigenen Pflichtgefühl zu gehorchen.

Die Wahrheit und die Verherrlichung Gottes sind unzertrennlich; es ist unmöglich, Gott durch irrige Ansichten zu ehren, wenn wir die Bibel in unserem Bereich haben . Viele behaupten, daß es nicht darauf ankomme, was man glaube, wenn man nur recht lebe; aber das Leben erhält sein Gepräge durch den Glauben. Wenn Licht und Wahrheit uns dargeboten werden und wir es vernachlässigen, das Vorrecht, sie zu hören und zu sehen, auszukaufen, so verwerfen wir diese Gabe im Grunde genommen; wir ziehen die Finsternis dem Lichte vor.

„Manchem scheint ein Weg recht; aber zuletzt bringt er ihn zum Tode." (Spr. 16, 25.) Unwissenheit ist keine Entschuldigung für den Irrtum oder die Sünde, wenn man jede Gelegenheit hat, Gottes Willen zu erkennen. Ein Reisender kommt an eine Stelle, wo mehrere Wege abzweigen; aber ein Wegweiser zeigt, wohin ein jeder führt. Läßt er ihn außer acht und schlägt den Weg ein, der ihm der rechte zu sein scheint, so wird er sich doch höchstwahrscheinlich, mag er auch noch so aufrichtig dabei sein, auf dem verkehrten Wege befinden.

Gott hat uns sein Wort gegeben, damit wir mit dessen Lehren bekannt werden und selbst wissen, was er von uns verlangt. Als der Schriftgelehrte zu Jesus kam mit der Frage: „Meister, was muß ich tun, daß ich das ewige Leben ererbe?" sprach er zu ihm: „Was steht im Gesetz geschrieben? Was liest du?" (Luk. 10, 25. 26.) Die Unwissenheit kann weder jung noch alt entschuldigen, noch sie von der Strafe befreien, die die Übertretung des Gesetzes Gottes nach sich zieht, weil sie eine getreue Darstellung jenes Gesetzes sowie seiner Grundsätze und Anforderungen zur Hand haben. Gute Absichten genügen keineswegs, auch reicht es nicht hin, das zu tun, was man für recht hält oder was der Prediger für recht erklärt; das Heil der Seele steht auf dem Spiel, und jeder muß für sich selbst in der Schrift forschen. Wie stark auch seine Überzeugungen sein mögen, wie zuversichtlich er auch glaubt, daß der Geistliche wisse, was Wahrheit sei, er hat dadurch keine sichere Grundlage. Er hat eine Karte, die ihm genau den Weg der Reise nach dem Himmel bezeichnet, und er sollte deshalb nichts zu erraten suchen.

Es ist die erste und höchste Pflicht eines jeden vernünftigen Wesens, aus der Heiligen Schrift zu lernen, was Wahrheit ist, und dann in dem Licht zu wandeln und andere zu ermutigen, ihrem Beispiel zu folgen. Wir sollten Tag für Tag fleißig in der Bibel forschen, jeden Gedanken erwägen und Schriftstelle mit Schriftstelle vergleichen. Mit dem Beistand Gottes müssen wir uns selbst unsere Meinungen bilden, da wir für uns selbst vor Gott Rechenschaft abzulegen haben.

Die in der Bibel aufs deutlichste offenbarten Wahrheiten sind in Zweifel und Dunkelheit gehüllt worden von gelehrten Männern, die unter der Vorgabe, große Weisheit zu besitzen, lehren, daß die Heilige Schrift eine mystische, geheimnisvolle, geistliche Bedeutung habe, die in der angewandten Sprache nicht ersichtlich sei. Diese Männer sind falsche Lehrer. Solchen erklärte Jesus: „Ihr irrt, weil ihr weder die Schrift kennt noch die Kraft Gottes." (Mark. 12, 24.) Die Sprache der Bibel sollte ihrer unverkennbaren Bedeutung gemäß erklärt werden, es sei denn, daß ein Sinnbild oder eine bildliche Rede gebraucht ist. Christus hat die Verheißung gegeben: „Wenn jemand dessen Willen tun will, wird er innewerden, ob diese Lehre von Gott ist." (Joh. 7, 17.) Wenn die Menschen die Bibel nehmen würden, wie sie lautet, wenn es keine falschen Lehrer gäbe, um die Gemüter irrezuleiten und zu verwirren, dann würde ein Werk vollbracht werden, das die Engel erfreuen und Tausende und aber Tausende, die jetzt im Irrtum wandeln, zur wahren Herde Christi bringen würde.

Wir sollten bei dem Studium der Bibel alle unsere Geisteskräfte anwenden und den Verstand anstrengen, die tiefen Dinge Gottes, soweit dies Sterblichen möglich ist, zu erfassen; doch dürfen wir nicht vergessen, daß die Fügsamkeit und Unterwerfung eines Kindes der richtige Geist zum Lernen ist. Biblische Schwierigkeiten können nie auf dieselbe Weise überwunden werden, die bei der Ergründung philosophischer Fragen angewandt wird. Wir dürfen uns nicht mit jenem Selbstvertrauen an das Studium der Bibel machen, mit dem so viele das Gebiet der Wissenschaft betreten, sondern mit einem andächtigen Vertrauen auf Gott und einem aufrichtigen Verlangen, seinen Willen zu erkennen. Wir müssen mit demütigem und gelehrigem Geist kommen, um Erkenntnis vom großen „Ich bin" zu erlangen; sonst werden böse Engel unseren Verstand so verblenden und unsere Herzen so verhärten, daß die Wahrheit keinen Eindruck mehr auf uns macht.

Mancher Teil der Heiligen Schrift, den gelehrte Männer als ein Geheimnis hinstellen oder als unwichtig übergehen, ist voller Trost und Unterweisung für den, der in der Schule Christi gelehrt worden ist. Ein Grund dafür, daß viele Theologen kein klareres Verständnis des Wortes Gottes haben, ist, daß sie vor den Wahrheiten, die sie nicht ausleben wollen, die Augen verschließen. Ein Verständnis der Bibelwahrheiten hängt nicht so sehr von der Kraft des Verstandes ab als von der Aufrichtigkeit der Absicht, dem ernsten Verlangen nach Gerechtigkeit.

Nie sollte die Bibel ohne Gebet studiert werden. Der Heilige Geist allein kann uns die Wahrheit der leichtverständlichen Teile einprägen und uns von dem Verdrehen schwerverständlicher Wahrheiten abhalten. Es ist das Werk himmlischer Engel, die Herzen zuzubereiten, Gottes Wort so zu verstehen, daß wir von dessen Schönheit entzückt, von seinen Warnungen ermahnt oder durch die Verheißungen ermutigt und gestärkt werden. Wir sollten des Psalmisten Bitte: „Öffne mir die Augen, daß ich sehe die Wunder an deinem Gesetz" (Ps. 119, 18) zu unserer eigenen machen. Die Versuchungen erscheinen oft unwiderstehlich, weil der Versuchte wegen der Vernachlässigung des Gebets und des Studiums der Bibel sich nicht gleich der Verheißungen Gottes zu erinnern und Satan mit den biblischen Waffen entgegenzutreten vermag. Aber Engel lagern sich um die her, die willig sind, sich in göttlichen Dingen belehren zu lassen, und werden sie in der Zeit großer Not gerade an die Wahrheiten erinnern, deren sie bedürfen. Wenn der Widersacher kommen wird wie ein Strom, wird der Geist Jahwes das Panier des Herrn gegen ihn aufrichten.

Jesus verhieß seinen Jüngern: „Aber der Tröster, der heilige Geist, den mein Vater senden wird in meinem Namen, der wird euch alles lehren und euch an alles erinnern, was ich euch gesagt habe." (Joh. 14, 26.) Aber die Lehren Christi müssen zuvor dem Gedächtnis eingeprägt worden sein, damit Gottes Geist uns sie zur Zeit der Gefahr in Erinnerung bringen kann. David sagte: „Ich behalte dein Wort in meinem Herzen, damit ich nicht wider dich sündige." (Ps. 119, 11.)

Alle, die ihre ewige Seligkeit schätzen, sollten vor der Zweifelsucht auf der Hut sein. Auf die eigentlichen Grundpfeiler der Wahrheit wird der Angriff gerichtet werden. Es ist unmöglich, von den Spötteleien, Spitzfindigkeiten und den trügerischen, hinterlistigen Lehren des modernen Unglaubens verschont zu bleiben. Satan paßt seine Versuchungen allen Klassen an. Die Ungebildeten greift er mit Gespött oder Hohn an, während er den Gebildeten mit wissenschaftlichen Einwänden und philosophi-

schen Bedenken gegenübertritt, beides darauf berechnet, um Mißtrauen oder Geringschätzung der Heiligen Schrift gegenüber zu
erwecken. Selbst die unerfahrene Jugend maßt sich an, auf Zweifel
an den wesentlichsten Grundsätzen des Christentums anzuspie-
len. Und dieser jugendliche Unglaube, oberflächlich wie er ist,
hat seinen Einfluß. Viele werden auf diese Weise dazu verleitet,
über den Glauben ihrer Väter zu spotten und den Geist der Gnade zu schmähen. (Hebr. 10, 29.) Manches Leben, das verspre-
chend schien, Gott zur Ehre und für die Welt ein Segen zu sein,
ist durch den giftigen Hauch des Unglaubens verderbt worden.
Alle, die auf die prahlerischen Schlüsse der menschlichen Vernunft vertrauen und sich einbilden, göttliche Geheimnisse erklären und ohne den Beistand der Weisheit Gottes zur Wahrheit
gelangen zu können, sind in Satans Schlingen verstrickt.

Wir leben in dem feierlichsten Abschnitt der Geschichte dieser Welt. Das Schicksal der auf der Erde geschäftig dahin-
treibenden Menschenmassen steht im Begriff, entschieden zu
werden. Unser eigenes zukünftiges Wohl und auch das Heil anderer Seelen hängen davon ab, welchen Weg wir jetzt einschlagen. Es tut uns not, von dem Geist der Wahrheit geleitet zu werden. Jeder Nachfolger Christi muß ernstlich fragen: Herr, was
willst du, das ich tun soll? Wir müssen uns vor dem Herrn demütigen mit Fasten und Beten und viel über sein Wort, besonders
über die Gerichtsszenen nachdenken. Wir sollten jetzt nach einer tiefen und lebendigen Erfahrung in den göttlichen Dingen
suchen. Wir haben keinen Augenblick zu verlieren. Rings um
uns her tragen sich Ereignisse von höchster Wichtigkeit zu; wir
befinden uns auf Satans bezaubertem Boden. Schlafet nicht,
Wächter Gottes; der Feind lauert in der Nähe, stets bereit, euch
anzufallen und euch zu seiner Beute zu machen, falls ihr matt
und schläfrig werdet.

Viele sind hinsichtlich ihrer wahren Lage vor Gott im Irrtum.
Sie schätzen sich glücklich wegen der bösen Handlungen, die sie
nicht begehen, und vergessen die guten und edlen Taten, die Gott
von ihnen verlangt, die sie jedoch unterlassen haben. Es genügt
nicht, daß sie Bäume im Garten Gottes sind. Sie müssen seinen
Erwartungen entsprechen und Frucht tragen. Er macht sie verantwortlich für all das Gute, das sie durch seine stärkende Gnade
hätten verrichten können, und nicht getan haben. In den Büchern
des Himmels werden sie als solche, die das Erdreich hindern,
eingetragen. Doch selbst der Fall dieser Menschen ist nicht gänzlich hoffnungslos. Für die, die Gottes Barmherzigkeit geringge-

achtet und seine Gnade mißbraucht haben, fleht noch immer das Herz der langmütigen Liebe. Darum spricht er: „Wache auf, der du schläfst, und stehe auf von den Toten, so wird dich Christus erleuchten. So seht nun sorgfältig darauf, wie ihr euer Leben führt, ... und kauft die Zeit aus; denn es ist böse Zeit." (Eph. 5, 14-16.)

Wenn die Zeit der Prüfung kommt, werden die, die Gottes Wort zu ihrer Lebensregel machten, offenbar werden. Im Sommer sieht man keinen wahrnehmbaren Unterschied zwischen den immergrünen Bäumen und den anderen; wenn aber die Winterstürme kommen, bleiben die immergrünen unverändert, während die anderen Bäume ihren Blätterschmuck verlieren. So mag der falschgesinnte Namenschrist jetzt von dem wahren Christen nicht zu unterscheiden sein; aber die Zeit ist nahe, da der Unterschied sich zeigen wird. Wenn Widerstand sich anhebt, religiöser Fanatismus und Unduldsamkeit wiederum das Zepter führen und Verfolgung aufs neue einsetzt, dann werden die Halbherzigen und Heuchler wanken und ihren Glauben aufgeben; der wahre Christ aber wird feststehen wie ein Fels mit einem stärkeren Glauben, einer größeren Hoffnung als in den Tagen des Wohlergehens.

Der Psalmist sagt: „Über deine Mahnungen sinne ich nach. ... Dein Wort macht mich klug; darum hasse ich alle falschen Wege." (Ps. 119, 99. 104.)

„Wohl dem Menschen, der Weisheit erlangt." „Der ist wie ein Baum am Wasser gepflanzt, der seine Wurzeln zum Bach hin streckt. Denn obgleich die Hitze kommt, fürchtet er sich doch nicht, sondern seine Blätter bleiben grün; und er sorgt sich nicht, wenn ein dürres Jahr kommt, sondern bringt ohne Aufhören Früchte." (Spr. 3, 13; Jer. 17, 8.)

38   Die letzte Warnung

„Darnach sah ich einen andern Engel herniederfahren vom Himmel, der hatte eine große Macht, und die Erde ward erleuchtet von seiner Klarheit. Und er schrie aus Macht mit großer Stimme und sprach: Sie ist gefallen, sie ist gefallen, Babylon, die große, und eine Behausung der Teufel geworden und ein Behältnis aller unreinen Geister und ein Behältnis aller unreinen und verhaßten Vögel. ... Und ich hörte eine andere Stimme vom Himmel, die sprach: Gehet aus von ihr, mein Volk, daß ihr nicht teilhaftig werdet ihrer Sünden, auf daß ihr nicht empfanget etwas von ihren Plagen!" (Offb. 18, 1. 2. 4.)

Diese Schriftstelle zeigt vorwärts auf eine Zeit, da die Ankündigung des Falles Babylons, wie sie der zweite Engel (Offb. 14, 8) in Offenbarung 14 macht, wiederholt wird, erwähnt aber außerdem die Verderbnisse, die in die verschiedenen Gemeinschaften, aus denen sich Babylon zusammensetzt, eingedrungen sind, seitdem jene Botschaft im Sommer 1844 zuerst verkündigt wurde. Ein schrecklicher Zustand der religiösen Welt wird hier beschrieben. Mit jedem Verwerfen der Wahrheit werden die Gemüter des Volkes finsterer und die Herzen hartnäckiger, bis sie sich hinter einer ungläubigen Vermessenheit verschanzt haben. Den von Gott gegebenen Warnungen zum Trotz fahren sie fort, eines der Zehn Gebote zu verhöhnen, bis sie dahinkommen, diejenigen zu verfolgen, die es heilighalten. Christus wird durch die Geringschätzung, mit der sein Wort und sein Volk behandelt werden, für nichts geachtet. Wenn die Lehren des Spiritismus von den Kirchen angenommen werden, fällt die dem fleischlichen Herzen auferlegte Schranke, und das etwaige Religionsbekenntnis wird zu einem Mantel, um die niedrigste Sünde zu verdecken. Der Glaube an spiritistische Offenbarungen öffnet den verführerischen Geistern und Lehren der Teufel die Tür, und auf diese Weise wird der Einfluß der bösen Engel in den Kirchen verspürt werden.

Von Babylon, zu der Zeit, da es in der Weissagung uns vor Augen geführt wird, heißt es: „Ihre Sünden reichen bis in den

Himmel, und Gott denkt an ihren Frevel." (Offb. 18, 5.) Sie hat das Maß ihrer Schuld angefüllt, und das Verderben wird sie schnell überfallen. Aber Gott hat noch ein Volk in Babylon, und vor der Heimsuchung durch seine Strafgerichte müssen diese Getreuen herausgerufen werden, auf daß, wie er erklärt, „ihr nicht teilhaftig werdet ihrer Sünden, auf daß ihr nicht empfanget etwas von ihren Plagen!" Deshalb wird auch die Bewegung durch den Engel, der vom Himmel herabkommt, die Erde mit seiner Herrlichkeit erleuchtet und mit Macht und starker Stimme die Sünde Babylons verkündigt, versinnbildet. In Verbindung mit seiner Botschaft wird der Ruf gehört: „Gehet aus von ihr, mein Volk!" Diese Ankündigungen bilden vereint mit der dritten Engelsbotschaft die letzte Warnung, die den Bewohnern der Erde erteilt werden soll.

Furchtbar ist das Ende, dem die Welt entgegeneilt. Die im Kampf gegen die Gebote Gottes sich vereinenden Mächte der Erde werden verordnen, daß „die Kleinen und Großen, die Reichen und Armen, die Freien und Knechte" (Offb. 18, 5) sich durch die Feier des falschen Sabbats nach den Gebräuchen der Kirche richten müssen. Alle, die sich weigern, diesen Gebräuchen nachzukommen, werden gesetzlich bestraft werden, und man wird schließlich erklären, daß sie des Todes schuldig sein sollen. Dahingegen verlangt das Gesetz Gottes, das den Ruhetag des Herrn einschärft, Gehorsam und bedroht alle Übertreter mit Zorn.

Wem auf diese Weise der Ausgang des Kampfes deutlich vorgeführt worden ist, wer Gottes Gesetz mit Füßen tritt, um einer menschlichen Verordnung zu gehorchen, der empfängt das Malzeichen des Tieres; er nimmt das Zeichen der Untertanentreue gegenüber der Macht an, der er anstatt Gott gehorchen will. Die Warnung vom Himmel lautet: „So jemand das Tier anbetet und sein Bild und nimmt das Malzeichen an seine Stirn oder an seine Hand, der wird von dem Wein des Zornes Gottes trinken, der lauter eingeschenkt ist in seines Zornes Kelch." (Offb. 14, 9. 10.)

Niemand aber wird den Zorn Gottes erleiden, ehe nicht die Wahrheit seinem Herzen und Gewissen vorgehalten und dann von ihm verworfen worden ist. Es gibt viele, die nie Gelegenheit gehabt haben, die besonderen Wahrheiten für diese Zeit zu hören. Die Verbindlichkeit des vierten Gebots ist ihnen nie in ihrem wahren Licht vorgeführt worden. Er, der alle Herzen liest und jeden Beweggrund prüft, wird keinen, den nach Erkenntnis der Wahrheit verlangt, über den Ausgang des Kampfes im unklaren lassen. Der Erlaß soll dem Volk nicht blindlings aufgenötigt werden, sondern ein jeder wird hinreichendes Licht bekommen, um seinen Entscheid einsichtsvoll treffen zu können.

Der Sabbat wird der große Prüfstein der Treue sein; denn er ist der besonders bekämpfte Punkt der Wahrheit. Wenn die Menschen der letzten endgültigen Prüfung unterstellt werden, dann wird die Grenzlinie gezogen werden zwischen denen, die Gott dienen und denen, die das nicht tun. Während die Feier des falschen Sabbats in Übereinstimmung mit den Landesgesetzen, jedoch im Widerspruch zum vierten Gebot, ein offenes Treuebekenntnis gegenüber einer Macht sein wird, die Gott feindlich gegenübersteht, wird das Halten des wahren Sabbats im Gehorsam gegen Gottes Gesetz ein Beweis der Treue gegen den Schöpfer sein. Während eine Klasse durch die Annahme des Zeichens der Unterwerfung unter irdische Mächte das Malzeichen des Tieres empfängt, nimmt die andere, indem sie sich das Zeichen der Treue gegen die göttliche Autorität erwählt, das Siegel Gottes an. (Siehe Anhang, Anm. 39.)

Ehedem wurden Personen, die die Wahrheiten der dritten Engelsbotschaft verkündigten, oft nur als Bangemacher betrachtet. Ihre Vorhersagen, daß religiöse Unduldsamkeit in den Vereinigten Staaten die Oberhand gewinnen werde, daß Kirche und Staat sich vereinigen würden, um die zu verfolgen, die Gottes Gebote halten, wurden für grundlos und lächerlich erklärt, und man hat zuversichtlich erklärt, daß dieses Land nie anders werden könne, als es gewesen ist: der Verteidiger der religiösen Freiheit. Da aber die Frage der Erzwingung der Sonntagsfeier überall erörtert wird, sieht man das solange bezweifelte und nicht geglaubte Ereignis heranrücken, und die dritte Engelsbotschaft wird eine Wirkung erzeugen, die vorher nicht da sein konnte.

In jedem Zeitalter hat Gott seine Diener gesandt, um nicht allein in der Welt, sondern auch in der Kirche die Sünde zu strafen. Das Volk aber wünscht sanfte Reden zu hören, und die lautere, ungeschminkte Wahrheit ist nicht beliebt. Viele Reformatoren beschlossen beim Antritt ihres Werkes, mit großer Vorsicht gegen die Sünden der Kirche und des Landes vorzugehen. Sie hofften durch das Beispiel eines reinen, christlichen Lebens das Volk zu den Lehren der Bibel zurückzuführen. Aber der Geist Gottes kam auf sie, wie er über Elia kam und ihn antrieb, die Sünden eines gottlosen Königs und eines abtrünnigen Volkes zu tadeln; sie konnten sich nicht zurückhalten, die deutlichen Aussprüche der Bibel, selbst die Lehren, die sie vorzubringen zögerten, zu predigen. Sie mußten die Wahrheit und die Gefahr, die den Seelen drohte, eifrig verkündigen. Ohne Furcht vor den Folgen sprachen sie die Worte aus, die der Herr ihnen gab, und das Volk war gezwungen, die Warnung zu hören.

Auf diese Weise wird auch die dritte Engelsbotschaft verkündigt werden. Wenn die Zeit kommt, da sie mit größter Kraft erteilt werden soll, wird der Herr durch geringe Werkzeuge wirken, indem er die Gemüter derer leitet, die sich ihm zum Dienst weihen. Die Arbeiter werden viel mehr durch die Salbung seines Geistes als durch die Ausbildung wissenschaftlicher Schulen befähigt werden. Männer des Glaubens und des Gebets werden sich gedrungen fühlen, mit heiligem Eifer aufzutreten, um Worte zu verkündigen, die Gott ihnen geben wird. Die Sünden Babylons werden offenbar werden; die furchtbaren Folgen des Erzwingung der kirchlichen Gebräuche durch den Staat, die Anmaßungen des Spiritismus, der heimliche, aber rasche Fortschritt der päpstlichen Macht, alles wird entlarvt werden. Durch diese feierlichen Warnungen wird das Volk aufgerüttelt. Tausende und aber Tausende, die noch nie solche Worte gehört haben, lauschen diesen Warnungen. Mit Erstaunen hören sie das Zeugnis, daß Babylon wegen seiner Irrtümer und Sünden die gefallene Kirche ist, weil sie die ihr vom Himmel gesandte Wahrheit verworfen hat. Wendet das Volk sich dann mit der brennenden Frage: Sind diese Dinge so? an seine früheren Lehrer, so reden die Prediger Fabeln, predigen sanft, um die Besorgnis zu beschwichtigen und das erwachte Gewissen zu beruhigen. Viele werden sich weigern, mit der bloßen Autorität von Menschen zufrieden zu sein, und ein deutliches „So spricht der Herr" verlangen. Die volkstümlichen Prediger werden, gleich den Pharisäern vor alters mit Zorn erfüllt, weil ihre Autorität in Frage gestellt wird, erklären, die Botschaft sei von Satan, und wiegeln die sündenliebende Menge auf, diejenigen zu verunglimpfen und zu verfolgen, die sie verkündigen.

Sowie der Kampf sich auf neue Gebiete ausdehnt und die Aufmerksamkeit des Volkes auf das mit Füßen getretene Gesetz Gottes gelenkt wird, wird Satan aufgebracht. Die Kraft, die die Botschaft begleitet, wird die, die ihr widerstehen, in Wut versetzen. Die Geistlichen werden beinahe übermenschliche Anstrengungen aufbieten, das Licht fernzuhalten, damit es nicht auf ihre Herde scheine, und werden mit allen ihnen zu Gebote stehenden Mitteln sich bemühen, die Besprechung dieser wichtigen Fragen zu unterdrücken. Die Kirche wendet sich an den starken Arm der Staatsgewalt, und zwar werden sich Katholiken und Protestanten darin vereinigen. Wenn die Bewegung zur Erzwingung der Sonntagsfeier kühner und entschiedener wird, wird das Gesetz gegen die Beobachter der Gebote Gottes angerufen werden. Man wird sie mit Geldstrafen und Gefängnis bedrohen; einigen wird man einflußreiche Stellungen und andere Belohnungen und Vorteile anbieten, um sie zu bewegen, ihrem Glauben zu entsagen. Ihre standhafte Antwort aber lautet: „Beweist uns unseren Irrtum aus dem Worte Gottes" – dieselbe Bitte, die Luther unter ähnlichen Umständen stellte. Vor Gericht geführt, werden sie die Wahrheit durch klare Darlegung rechtfertigen, und einige Zuhörer werden den Entschluß fassen, alle Gebote Gottes zu halten. Auf diese Weise wird das Licht vor Tausende gebracht werden, die sonst nie etwas von diesen Wahrheiten gewußt hätten.

Gewissenhafter Gehorsam gegen Gottes Wort wird als Empörung angesehen werden. Von Satan verblendet, werden Eltern das gläubige Kind mit Härte und Strenge behandeln; Herrschaften werden ihre die Gebote haltenden Bedienten unterdrücken. Die Liebe wird erkalten; Kinder werden enterbt und von zu Hause vertrieben. Die Worte Pauli: „Alle, die fromm leben wollen in Christus Jesus, müssen Verfolgung leiden", (2. Tim. 3, 12) werden buchstäblich in Erfüllung gehen. Da die Verteidiger der Wahrheit sich weigern, den Sonntag als Sabbat zu ehren, werden einige von ihnen ins Gefängnis geworfen, andere verbannt und etliche wie Sklaven behandelt werden. Dem menschlichen Verstand scheint dies alles jetzt unmöglich; wenn aber der zügelnde Geist Gottes den Menschen entzogen wird und sie der Herrschaft Satans, der die göttlichen Vorschriften haßt, überlassen bleiben, dann werden sich seltsame Dinge entwickeln. Das Herz kann sehr grausam sein, wenn Gottesfurcht und Liebe daraus verschwunden sind.

Wenn der Sturm herannaht, werden viele, die sich zum Glauben an die dritte Engelsbotschaft bekannt haben, aber nicht durch den Gehorsam gegen die Wahrheit geheiligt worden sind, ihren Standpunkt aufgeben und sich zu den Reihen der Gegner schlagen. Durch ihre Vereinigung mit der Welt und Teilnahme an ihrem Geist sind sie dahingekommen, Dinge in nahezu demselben Licht zu betrachten, und wenn die Prüfung an sie herantritt, wählen sie die leichte, volkstümliche Seite. Talentvolle Männer mit angenehmem Benehmen, die sich einst der Wahrheit erfreuten, wenden ihre Kräfte an, um Seelen zu täuschen und irrezuleiten, und werden die bittersten Feinde ihrer ehemaligen Brüder. Wenn jene, die den Sabbat halten, vor Gericht gestellt werden, um sich ihres Glaubens willen zu verantworten, sind diese Abtrünnigen die wirksamsten Werkzeuge Satans, sie zu verleumden und anzuklagen und durch falsche Berichte und Einflüsterungen die Herrscher gegen sie aufzuhetzen.

In dieser Zeit der Verfolgung wird der Glaube der Diener des Herrn geprüft werden. Sie haben im Hinblick auf Gott und sein Wort die Warnung treulich verkündet; Gottes Geist wirkte auf ihre Herzen und zwang sie zum Reden. Von heiligem Eifer angeregt und vom Geist Gottes mit Macht getrieben, gingen sie an die Ausübung der ihnen auferlegten Pflichten, ohne die Folgen zu berechnen, die ihnen durch die Verkündigung des ihnen von Gott eingegebenen Wortes erwachsen könnten. Sie waren nicht auf ihr zeitliches Wohlergehen bedacht, noch haben sie danach getrachtet, ihren guten Ruf oder ihr Leben zu bewahren; und doch werden etliche, wenn der Sturm des Widerstandes und der Schmach über sie hereinbricht, von Bestürzung überwältigt, bereit sein auszurufen: Hätten wir die Folgen unserer Worte vorhergesehen, würden wir geschwiegen haben. Sie sind ringsum von Schwierigkeiten umgeben. Satan bestürmt sie mit grimmigen Versuchungen. Das Werk, das sie unternommen haben, scheint weit über ihre Fähigkeit hinauszugehen, es zu vollenden. Man droht ihnen, sie umzubringen. Die Begeisterung, die sie beseelte, ist dahin; sie können nicht umkehren. Dann, sich ihrer gänzlichen Ohnmacht bewußt, flehen sie zu dem Allmächtigen um Kraft. Sie denken daran, daß die Worte, die sie gesprochen haben, nicht die ihrigen waren, sondern die Worte dessen, der ihnen befahl, die Warnung zu erteilen. Gott pflanzte die Wahrheit in ihre Herzen, und sie konnten nicht anders, sie mußten sie verkündigen.

Die gleichen Prüfungen haben Männer Gottes in vergangenen Zeiten durchgemacht. Wiklif, Hus, Luther, Tyndale, Baxter und Wesley verlangten, daß alle Lehren mit der Bibel geprüft werden sollten, und erklärten, daß sie sich von allem lossagen wollten, was diese verdamme. Gegen diese Männer wütete die Verfolgung mit unerbittlicher Wut, und doch hörten sie nicht auf, die Wahrheit zu verkündigen. Verschiedene Abschnitte der Kirchengeschichte zeichnen sich durch die Enthüllung irgendeiner besonderen Wahrheit aus, die den Bedürfnissen des Volkes Gottes zu jener Zeit angemessen war. Jede neue Wahrheit hat sich ihren Weg durch Haß und Widerstand gebahnt; wer mit dem Licht gesegnet war, wurde versucht und geprüft. Stets wenn es not tut, gibt der Herr dem Volk eine besondere Wahrheit. Wer wagt es, sich zu weigern, sie zu verkündigen? Er gebietet seinen Dienern, der Welt die letzte Einladung der Gnade anzubieten. Sie können nicht schweigen, es sei denn unter Gefahr ihrer eigenen Seele. Die Gesandten Christi haben mit den Folgen nichts zu tun. Sie müssen ihre Pflicht erfüllen und das übrige Gott überlassen.

Wird der Widerstand grimmiger, so werden Gottes Diener aufs neue bestürzt; denn es scheint ihnen, als ob sie die Entscheidung herbeigeführt hätten. Aber das Gewissen und das Wort Gottes geben ihnen die Gewißheit, daß ihr Verhalten richtig war; und wenn die Prüfungen fortdauern, werden sie gestärkt, sie zu ertragen. Der Kampf wird entschlossener und heftiger; aber ihr Glaube und ihr Mut steigen mit der Notlage. Ihr Zeugnis ist: Wir wagen es nicht, gegen Gottes Wort zu verstoßen, indem wir sein heiliges Gesetz teilen und den einen Teil wesentlich und den anderen unwesentlich nennen, um die Gunst der Welt zu gewinnen. Der Herr, dem wir dienen, ist imstande, uns zu befreien. Christus hat die Mächte der Erde überwunden, sollten wir uns fürchten vor einer bereits besiegten Welt?

Die Verfolgung in ihren verschiedenen Formen ist die Entfaltung eines Grundsatzes, der so lange bestehen wird, wie Satan lebt und das Christentum Lebenskraft hat. Kein Mensch kann Gott dienen, ohne den Widerstand der Scharen der Finsternis zu erregen; die bösen Engel, beunruhigt, daß sein Einfluß den Raub aus ihren Händen nehmen möchte, werden ihn bestürmen, und böse Menschen, die sich durch sein Beispiel gestraft fühlen, werden sich mit jenen Engeln vereinen, ihn durch lockende Versuchungen von Gott zu trennen. Haben diese keinen Erfolg, dann wird Gewalt angewendet, um das Gewissen zu zwingen.

Doch solange Jesus im himmlischen Heiligtum der Vermittler des Menschen bleibt, wird von Herrschern und Volk der zurückhaltende Einfluß des Heiligen Geistes gefühlt werden. Noch immer beherrscht er in einem gewissen Grade die Gesetze des Landes. Wäre es nicht um dieser Gesetze willen, so würde der Zustand der Welt viel schlimmer sein, als er jetzt ist. Während viele unserer hohen Beamten tätige Werkzeuge Satans sind, hat Gott auch seine Werkzeuge unter den Leitern des Volkes. Der Feind gibt seinen Knechten ein, Maßregeln vorzuschlagen, die das Werk Gottes sehr hindern würden; aber Staatsmänner, die den Herrn fürchten, werden von den heiligen Engeln beeinflußt, sich solchen Vorschlägen mit unwiderleglichen Beweisen zu widersetzen. Auf diese Weise werden wenige Männer einen mächtigen Strom des Übels aufhalten. Der Widerstand der Feinde der Wahr-

heit wird zurückgedrängt werden, auf daß die dritte Engelsbotschaft ihr Werk tun könne. Wird dann die letzte Warnung verkündigt, so wird die Aufmerksamkeit dieser leitenden Männer,
durch die der Herr nun wirkt, gefesselt, und einige von ihnen
werden sie annehmen und sich während der trübseligen Zeit dem
Volke Gottes anschließen.

Der Engel, der sich der Verkündigung der dritten Engelsbotschaft anschließt, soll die ganze Erde mit seiner Herrlichkeit
erleuchten. Hier wird ein Werk von weltumfassender Ausdehnung und ungewöhnlicher Macht vorhergesagt. Die Adventbewegung von 1840–1844 war eine herrliche Offenbarung der
Macht Gottes; die erste Engelsbotschaft wurde zu jeder Missi-
onsstation in der Welt getragen, und in einigen Ländern herrschte die größte religiöse Bewegung, die seit der Reformation des
16. Jahrhunderts in irgendeinem Lande gesehen wurde; aber noch
weit größer wird die mächtige Bewegung unter der letzten Warnung des dritten Engels sein.

Das Werk wird dem des Pfingsttages ähnlich sein. Wie der
„Frühregen" in der Ausgießung des Heiligen Geistes beim Anfang der Evangeliumsbotschaft fiel, um das Aufsprießen des köstlichen Samens zu bewirken, so wird der „Spätregen" am Schluß
derselben ausgegossen werden, damit die Ernte reife. „Laßt uns
darauf achthaben und danach trachten, den Herrn zu erkennen;
denn er wird hervorbrechen wie die schöne Morgenröte und wird
zu uns kommen wie ein Regen, wie ein Spätregen, der das Land
feuchtet." (Hos. 6, 3.) „Und ihr, Kinder Zions, freuet euch und
seid fröhlich im Herrn, eurem Gott, der euch gnädigen Regen
gibt und euch herabsendet Frühregen und Spätregen wie zuvor."
(Joel 2, 23.) „Und es soll geschehen in den letzten Tagen, spricht
Gott, da will ich ausgießen von meinem Geist auf alles Fleisch;
... Und es soll geschehen; wer den Namen des Herrn anrufen
wird, der soll gerettet werden." (Apg. 2, 17. 21.)

Das große Werk des Evangeliums wird nicht mit weniger Offenbarung der Macht Gottes schließen, als derjenigen die seinen Anfang gekennzeichnet hat. Die Weissagungen, die in der Ausgießung
des Frühregens am Anfang des Evangeliums erfüllt wurden, werden sich wiederum bei ihrem Abschluß im Spätregen erfüllen. Hier
ist die Zeit der Erquickung, der der Apostel Petrus entgegensah, als
er sagte: „So tut nun Buße und bekehret euch, daß eure Sünden
ausgetilgt werden, damit die Zeit der Erquickung komme von dem
Angesicht des Herrn und er den sende, der euch jetzt zuvor gepredigt wird, Jesus Christus." (Apg. 3, 19. 20.)

Diener Gottes mit leuchtendem und vor heiligem Eifer strahlendem Angesicht werden von Ort zu Ort eilen, um die Botschaft vom Himmel zu verkündigen. Tausende von Stimmen werden die Warnung über die ganze Erde hin erteilen. Wundertaten werden gewirkt werden, Kranke geheilt und Zeichen und Wunder werden den Gläubigen folgen. Auch Satan wird lügenhafte Wunder wirken und sogar Feuer vom Himmel fallen lassen vor den Menschen. (Offb. 13, 13.) Auf diese Weise werden die Bewohner der Erde zur Entscheidung gebracht werden, ihren Standort einzunehmen.

Die Botschaft wird nicht so sehr durch Beweisführungen als durch die tiefe Überzeugung des Geistes Gottes verbreitet werden. Die Beweise sind vorgetragen worden. Der Same ist ausgestreut worden und wird nun aufsprießen und Frucht bringen. Die durch Missionsarbeiter verbreiteten Druckschriften haben ihren Einfluß ausgeübt; doch sind viele, deren Gemüter ergriffen wurden, verhindert worden, die Wahrheit völlig zu verstehen oder ihr Gehorsam zu leisten. Nun dringen die Lichtstrahlen überall durch, die Wahrheit wird in ihrer Klarheit gesehen, und die aufrichtigen Kinder Gottes zerschneiden die Bande, die sie gehalten haben. Familienverhältnisse, kirchliche Beziehungen sind jetzt machtlos, sie zurückzuhalten. Die Wahrheit ist köstlicher als alles andere. Ungeachtet der wirkenden Kräfte, die gegen die Wahrheit verbündet sind, stellt sich doch eine große Schar auf die Seite des Herrn.

39 Die trübselige Zeit

„Zu jener Zeit wird Michael, der große Engelsfürst der für dein Volk eintritt, sich aufmachen. Denn es wird eine Zeit so großer Trübsal sein, wie sie nie gewesen ist, seitdem es Menschen gibt, bis zu jener Zeit. Aber zu jener Zeit wird dein Volk errettet werden, alle, die im Buch geschrieben stehen." (Dan. 12, 1.)

Wenn die dritte Engelsbotschaft beendet ist, bittet die Gnade Christi nicht länger für die sündigen Bewohner der Erde. Gottes Volk hat sein Werk vollendet; es hat den „Spätregen", „die Erquickung von dem Angesicht des Herrn" empfangen und ist auf die bevorstehende schwere Stunde vorbereitet. Engel eilen im Himmel hin und her. Einer, der von der Erde zurückkehrt, verkündigt, daß sein Werk getan ist; die letzte Prüfung ist über die Welt gegangen, und allen, die sich gegen die göttlichen Vorschriften treu erwiesen haben, ist „das Siegel des lebendigen Gottes" aufgedrückt worden. Dann stellt Jesus seine Vermittlung im himmlischen Heiligtum ein. Er erhebt seine Hände und sagt mit lauter Stimme: „Es ist vollbracht!" und die gesamte Schar der Engel legt ihre Kronen nieder, wenn er die feierliche Ankündigung macht: „Wer Böses tut, der tue weiterhin Böses, und wer unrein ist, der sei weiterhin unrein; wer aber gerecht ist, der übe weiterhin Gerechtigkeit, und wer heilig ist, der sei weiterhin heilig." (Offb. 22, 11.) Jeder Fall ist zum Leben oder zum Tode entschieden worden. Christus hat sein Volk versöhnt und dessen Sünden ausgetilgt. Die Vollzahl seiner Untertanen ist erreicht; „Reich, Gewalt und Macht ... unter dem ganzen Himmel" stehen im Begriff den Erben des Heils gegeben zu werden, und Jesus wird als König der Könige und Herr der Herren regieren.

Wenn er das Heiligtum verläßt, bedeckt Finsternis die Bewohner der Erde. In jener schrecklichen Zeit müssen die Gerechten ohne einen Vermittler vor einem heiligen Gott leben. Die Macht, die bis dahin die Gottlosen zurückhielt, ist beseitigt, und Satan hat eine vollkommene Herrschaft über die endgültig Unbußfertigen. Gottes Langmut ist zu Ende. Die Welt hat seine Gnade verworfen, seine Liebe verachtet und sein Gesetz mit Füßen getreten. Die Gottlosen haben die Grenzen ihrer Gnadenzeit überschritten; der Geist Gottes, dem sie hartnäckig widerstanden, ist ihnen schließlich entzogen worden. Von der göttlichen Gnade nicht mehr beschirmt, haben sie keinen Schutz vor dem bösen Feind. Satan wird dann die Bewohner der Erde in die große letzte Trübsal stürzen. Wenn die Engel Gottes aufhören, die grimmigen Stürme menschlicher Leidenschaften im Zaum zu halten, werden alle Mächte des Streites entfesselt sein. Die ganze Welt wird in ein Verderben hineingezogen werden, schrecklicher als jenes, das über das alte Jerusalem hereinbrach.

Ein einziger Engel brachte alle Erstgeborenen der Ägypter um und erfüllte das Land mit Wehklagen. Als David sich gegen Gott verging, indem er das Volk zählte, verursachte ein Engel jene schreckliche Verwüstung, durch die seine Sünde bestraft wurde. Dieselbe zerstörende Macht, die die heiligen Engel ausüben, wenn Gott es befiehlt, wird von den bösen Engeln ausgeübt werden, wenn er es zuläßt. Die Kräfte stehen jetzt bereit und warten nur auf das göttliche Gewähren, überall Verwüstung anzurichten.

Diejenigen, die Gottes Gesetz ehren, sind beschuldigt worden, Gerichte über die Welt gebracht zu haben, und sie werden jetzt als die Ursache der fürchterlichen Erschütterungen der Natur und des Streites und Blutvergießens unter den Menschen angesehen, welche die Erde mit Leid erfüllen. Die Kraft, die die letzte Warnung begleitete, hat die Gottlosen in Wut versetzt; ihr Zorn ist geschürt gegen alle, die die Botschaft angenommen haben, und Satan wird den Geist des Hasses und der Verfolgung zu noch größerer Stärke anfachen.

Als Gottes Gegenwart schließlich dem jüdischen Volk entzogen wurde, wußten es weder die Priester noch das Volk. Obwohl unter der Herrschaft Satans und hingerissen von den schrecklichsten und abscheulichsten Leidenschaften, betrachteten sie sich selbst noch immer als die Auserwählten Gottes. Der Dienst im Tempel wurde fortgesetzt, die Opfer wurden auf seinen verunreinigten Altären dargebracht, und täglich wurde der göttliche Segen auf ein Volk herabgerufen, das sich des Blutes des teuren Sohnes Gottes schuldig gemacht und seine Diener und Apostel umzubringen versucht hatte. So werden die Bewohner der Erde es auch nicht wissen, wann die unwiderrufliche Entscheidung im Heiligtum ausgesprochen und das Schicksal der Welt auf ewig bestimmt worden ist. Ein Volk, dem der Geist Gottes schließlich entzogen worden ist, wird fortfahren, die Formen der Religion zu beobachten; und der satanische Eifer, mit dem der Fürst des Bösen es zur Ausführung seiner boshaften Anschläge begeistern wird, wird dem Eifer für Gott gleichen.

Da der Sabbat in der ganzen Christenheit zum besonderen Gegenstand des Kampfes geworden ist und Staat und Kirche sich vereint haben, die Beachtung des Sonntags zu erzwingen, wird die hartnäckige Weigerung einer kleinen Minderzahl, der volkstümlichen Forderung nachzukommen, sie zum Gegenstand allgemeinen Fluches machen. Es wird hervorgehoben werden, daß die wenigen, die sich einer Verordnung der Kirche und den Gesetzen des Staates widersetzen, nicht geduldet werden sollten, daß es besser sei, diese leiden zu lassen, als daß ganze Nationen in Verwirrung und Gesetzlosigkeit gestürzt würden. Dieselbe Behauptung wurde vor mehr als 1800 Jahren seitens der Obersten der Juden gegen Christus angewandt. Der verschlagene Kaiphas sagte: „Es ist besser für euch, ein Mensch sterbe für das Volk, als daß das ganze Volk verderbe." (Joh. 11, 50.) Dieses Argument wird einleuchtend sein, und schließlich wird gegen alle, die den Sabbat des vierten Gebots heiligen, ein Erlaß ergehen, worin sie als der härtesten Strafen würdig hingestellt werden und man dem Volk die Freiheit gibt, sie nach einer gewissen Zeit umzubringen. Der Katholizismus in der Alten und der abgefallene Protestantismus in der Neuen Welt werden in ähnlicher Weise gegen die verfahren, die alle göttlichen Gebote ehren. Dann wird Gottes Volk in jene Ereignisse der Trübsal und des Jammers geraten, die von dem Propheten als die Angst in Jakob beschrieben wurde: „So spricht der Herr: Wir hören ein Geschrei des Schreckens; nur Furcht ist da und kein Friede. ... Wie kommt es denn, daß ... alle Angesichter so bleich sind? Wehe, es ist ein gewaltiger Tag, und seinesgleichen ist nicht gewesen, und es ist eine Zeit der Angst für Jakob; doch soll ihm daraus geholfen werden." (Jer. 30, 5-7.)

Jakobs Nacht der Angst, als er im Gebet um die Befreiung aus der Hand Esaus rang (1. Mose 32, 24-30), stellt die Erfahrung des Volkes Gottes in der trübseligen Zeit dar. Wegen der Täuschung, die von Jakob begangen worden war, um sich seines Vaters Segen zu verschaffen, der für Esau bestimmt war, war er, erschreckt durch die tödlichen Drohungen seines Bruders, zur Rettung seines Lebens geflohen. Nachdem er viele Jahre als Verbannter gelebt, hatte er sich Gottes Befehl zufolge auf den Weg gemacht, um mit seinen Weibern und Kindern und mit seinen

Herden nach seiner Heimat zurückzukehren. Als er die Grenzen des Landes erreichte, wurde er durch die Nachricht von der Annäherung Esaus an der Spitze einer Horde Krieger, die ohne Zweifel Rache üben wollten, mit Schrecken erfüllt. Es schien, als ob Jakobs unbewaffnete und wehrlose Schar der Gewalt und dem Gemetzel hilflos zum Opfer fallen müsse. Und zu der Sorgenlast und der Furcht kam noch das erdrückende Gewicht des Selbstvorwurfs hinzu; denn es war seine eigene Sünde, die diese Gefahr herbeigeführt hatte. Seine einzige Hoffnung bestand in der Gnade Gottes; seine einzige Verteidigung mußte das Gebet sein. Doch ließ er seinerseits nichts ungetan, um für das dem Bruder zugefügte Unrecht Sühne zu leisten und die drohende Gefahr abzuwenden. So sollten die Nachfolger Christi, wenn sie sich der trübseligen Zeit nähern, jede Anstrengung machen, sich dem Volk gegenüber in das richtige Licht zu setzen, das Vorurteil zu entkräften und die Gefahr, die die Freiheit des Gewissens bedroht, abzuwenden.

Nachdem Jakob seine Familie weggeschickt hat, damit sie seinen Jammer nicht sehe, bleibt er allein, um Gott zu bitten, sich für ihn ins Mittel zu legen. Er bekennt seine Sünde und anerkennt dankbar die Gnade Gottes gegen ihn, während er sich mit tiefer Demut auf den mit seinen Vätern gemachten Bund und die ihm in jener Nacht des Gesichtes zu Bethel und im Lande der Verbannung zuteil gewordenen Verheißungen beruft. Der Wendepunkt in seinem Leben ist gekommen; alles steht auf dem Spiel. In der Finsternis und Einsamkeit fährt er fort, zu beten und sich vor Gott zu demütigen. Plötzlich legt sich eine Hand auf seine Schulter. Er glaubt, daß ein Feind ihm nach dem Leben trachte, und ringt mit der ganzen Kraft der Verzweiflung mit seinem Angreifer. Als der Tag zu dämmern beginnt, zeigt der Fremde seine übermenschliche Kraft; bei seiner Berührung scheint der starke Mann gelähmt, fällt als hilfloser, weinender Bittsteller seinem geheimnisvollen Widersacher um den Hals. Jakob weiß jetzt, daß er mit dem Engel des Bundes gerungen hat. Obwohl kampfunfähig, leidend unter den heftigsten Schmerzen, läßt er seine Absicht nicht fahren. Lange hat er Unruhe, Gewissensbisse und Leid um seiner Sünde willen erduldet; jetzt muß er die Versicherung haben, daß ihm verziehen ist. Der göttliche Besucher scheint fortgehen zu wollen; aber Jakob hängt sich an ihn und fleht um seinen Segen. Der Engel drängt: „Laß mich gehen, denn die Morgenröte bricht an"; aber der Patriarch ruft aus: „Ich lasse dich nicht, du segnest mich denn." Welches Vertrauen, welche Entschiedenheit, welche Ausdauer werden hier an den Tag gelegt! Wäre dies eine prahlerische, anmaßende Forderung gewesen, so wäre Jakob sofort vernichtet worden; aber er sprach mit einer Gewißheit, die der besitzt, der seine Schwachheit und Unwürdigkeit kennt und doch auf die Gnade eines wahrhaftigen Gottes vertraut.

„Er kämpfte mit dem Engel und siegte." (Hos. 12, 5.) Durch Demut, Reue und Selbstübergabe gewann dieser sündhafte, irrende Sterbliche die Anerkennung der Majestät des Himmels. Zitternd hatte er sich auf die Verheißungen Gottes gestützt, und das Herz der unendlichen Liebe konnte die Bitte des Sünders nicht abweisen. Als Beweis seines Sieges und zur Ermutigung für andere, seinem Beispiel zu folgen, wurde sein Name, der an die Sünde erinnerte, geändert zu einem Gedächtnis seines Sieges. Und die Tatsache, daß er mit Gott gerungen und gesiegt hatte, war eine Bürgschaft, daß er auch bei den Menschen den

Sieg davontragen werde. Er fürchtete nicht länger den Zorn seines Bruders, denn der Herr war sein Schutz.

Satan hatte Jakob vor den Engeln Gottes verklagt und das Recht beansprucht, ihn wegen seiner Sünde zu vernichten. Er hatte Esau beeinflußt, gegen ihn zu ziehen; und während der Patriarch die lange Nacht hindurch rang, bemühte sich Satan, ihm ein Gefühl seiner Schuld aufzudrängen, um ihn zu entmutigen und seinen Halt an Gott zu brechen. Jakob wurde beinahe zur Verzweiflung getrieben; aber er wußte, daß er ohne Hilfe vom Himmel umkommen müßte. Er hatte seine große Sünde aufrichtig bereut und er berief sich nun auf die Gnade Gottes. Er wollte sich von seinem Ziel nicht abbringen lassen, sondern hielt den Engel fest und brachte seine Bitte mit ernstem, flehentlichem Schreien vor, bis er dessen Anerkennung errang.

Wie Satan Esau beeinflußte, gegen Jakob zu ziehen, so wird er in der trübseligen Zeit die Bösen aufwiegeln, Gottes Kinder umzubringen. Und wie er Jakob verklagte, wird er seine Anklagen gegen Gottes Volk vorbringen. Er zählt die Welt zu seinen Untertanen; aber die kleine Schar, die die Gebote Gottes hält, widersteht seiner Oberherrschaft. Könnte er diese von der Erde vertilgen, so würde sein Sieg vollkommen sein. Er sieht, daß heilige Engel sie bewahren, und nimmt an, daß ihre Sünden verziehen worden sind; aber er weiß nicht, daß ihre Fälle im himmlischen Heiligtum entschieden wurden. Er hat eine genaue Kenntnis von den Sünden, zu denen er sie verführt hat, und stellt sie Gott im grellsten Licht dar und behauptet, daß dies Volk es ebensosehr verdiene, von der Gnade Gottes ausgeschlossen zu werden, wie er selbst. Er erklärt, der Herr könne nicht in Gerechtigkeit ihre Sünden vergeben, ihn und seine Engel jedoch vertilgen. Er beansprucht sie als seine Beute und verlangt, daß sie zur Vernichtung in seine Hände gegeben werden.

Während Satan Gottes Kinder wegen ihrer Sünden verklagt, gestattet ihm der Herr, sie aufs äußerste zu versuchen. Ihr Gottvertrauen, ihr Glaube und ihre Entschiedenheit werden schwer geprüft. Wenn sie die Vergangenheit überblicken, sinkt ihre Hoffnung; denn in ihrem ganzen Leben können sie wenig Gutes entdecken. Sie sind sich ihrer Schwachheit und Unwürdigkeit völlig bewußt. Satan versucht sie mit dem Gedanken zu erschrecken, daß ihre Fälle hoffnungslos seien, daß der Makel ihrer Verunreinigung nie ausgewaschen werde. Er hofft, ihren Glauben so zu vernichten, daß sie seinen Versuchungen nachgeben und ihre Untertanentreue gegen Gott aufgeben.

Obwohl die Kinder Gottes von Feinden umgeben sein werden, die es auf ihren Untergang abgesehen haben, so ist doch die Angst, die sie ausstehen, nicht eine Furcht vor der Verfolgung um der Wahrheit willen, sondern sie fürchten, nicht jede Sünde bereut zu haben und durch irgendeinen Fehler ihrerseits die Erfüllung der Worte Christi nicht zu erfahren, wenn er verheißt, sie zu „bewahren vor der Stunde der Versuchung, die kommen wird über den ganzen Weltkreis." (Offb. 3, 10.) Könnten sie die Versicherung der Vergebung haben, so würden sie nicht zurückschrecken vor Marter und Tod; sollten sie sich aber unwürdig erweisen und ihr Leben verlieren wegen ihrer eigenen Charakterfehler, dann würde Gottes heiliger Name geschmäht werden.

Überall hören sie die Anschläge des Verrats und sehen das Wirken der Empörung; und es erhebt sich in ihnen ein heftiges Verlangen, eine ernste Sehnsucht der Seele, daß dieser große Abfall beendigt werde und die Bosheit der Gottlosen zum Abschluß komme möge. Aber während sie Gott bitten, dem Werk der Empörung Einhalt zu gebieten, machen sie sich selbst Vorwürfe, keine Kraft zu haben, dem mächtigen Strom des Übels zu widerstehen und ihn zurückzudämmen. Sie fühlen, falls sie alle ihre Fähigkeit im Dienste Christi verwendet hätten und von Kraft zu Kraft vorangegangen wären, Satans Heere weniger Macht haben würden, gegen sie zu stehen.

Sie kasteien ihre Seelen vor Gott, wobei sie auf die Reue über ihre vielen Sünden hinweisen und sich auf das Versprechen des Heilandes berufen: Er „wird mir Frieden schaffen; Frieden wird er mir dennoch schaffen." (Jes. 27, 5.) Ihr Glaube wankt nicht, weil ihre Gebete nicht augenblicklich erhört werden. Obwohl sie die heftigste Angst, Schrecken und Not erleiden, hören sie doch nicht auf mit ihrem Flehen. Sie ergreifen die Kraft Gottes, wie Jakob sich an den Engel klammerte, und ihre Seelen sprechen: „Ich lasse dich nicht, du segnest mich denn!"

Hätte Jakob nicht zuvor seine Sünde, die Erstgeburt durch Betrug erlangt zu haben, bereut, so würde Gott sein Gebet nicht erhört und sein Leben nicht gnädig bewahrt haben. Ebenso würden auch die Kinder Gottes überwältigt werden, wenn in der trübseligen Zeit, da sie von Furcht und Angst gepeinigt sind, noch unbekannte Sünden vor ihnen auftauchen würden; Verzweiflung würde ihren Glauben ersticken, und sie könnten kein Vertrauen haben, mit Gott um Befreiung zu ringen. Aber während sie sich eines tiefen Gefühls ihrer Unwürdigkeit bewußt sind, haben sie keine verborgenen Fehler zu enthüllen. Ihre Sünden sind schon vorher im Gericht gewesen und sind ausgetilgt worden, und sie gedenken ihrer nicht mehr.

Satan verleitet viele zu glauben, daß Gott ihre Untreue in geringeren Sachen des Lebens übersehe; aber der Herr zeigt in seiner Handlungsweise mit Jakob, daß er in keiner Weise das Böse gutheißen oder dulden will. Alle, die sich bemühen, ihre Sünden zu entschuldigen oder zu verbergen und sie unbekannt und unvergeben in den Büchern des Himmels stehen lassen, werden von Satan überwunden werden. Je größer ihr Anspruch auf Frömmigkeit und je ehrbarer die Stellung, die sie innehaben, desto ärger ist ihr Benehmen in den Augen Gottes und desto sicherer der Sieg ihres großen Gegners. Wer die Vorbereitung für den

Tag Gottes aufschiebt, kann sie nicht in der trübseligen oder zu irgendeiner späteren Zeit erlangen. Sein Fall ist hoffnungslos.

Diejenigen Namenschristen, die unvorbereitet in den letzten schrecklichen Kampf gehen, werden in ihrer Verzweiflung ihre Sünden in Worten brennender Angst bekennen, während die Gottlosen über ihren Jammer frohlocken. Diese Bekenntnisse sind gleich Esaus oder Judas' Anklagen. Personen, die sie machen, beklagen die Folgen der Übertretung, nicht aber ihre Schuld. Sie fühlen keine wahre Reue, keinen Abscheu vor dem Übel. Sie gestehen ihre Sünde aus Furcht vor der Strafe ein; doch wie Pharao vor alters würden sie wiederum dem Himmel Trotz bieten, falls die Gerichte zurückgezogen werden.

Die Geschichte Jakobs ist auch eine Versicherung, daß Gott diejenigen nicht verwerfen will, die betrogen, versucht und zur Sünde verleitet worden sind, sich aber in aufrichtiger Reue zu ihm gewandt haben. Während Satan versucht, diese Menschen zu vernichten, wird Gott seine Engel senden, sie in der Zeit der Gefahr zu trösten und zu beschützen. Die Anläufe Satans sind grimmig und entschlossen, seine Täuschungen schrecklich; aber das Auge des Herrn wacht über seine Kinder, und sein Ohr horcht auf ihr Geschrei. Ihre Trübsal ist groß, die Flammen des Feuerofens scheinen sie verschlingen zu wollen; aber Gott wird sie hindurchbringen wie im Feuer bewährtes Gold. Gottes Liebe zu seinen Kindern ist während der trübseligen Zeit ihrer schwersten Prüfungen ebenso stark und zärtlich wie in den sonnigsten Tagen ihres Wohlergehens; aber es tut ihnen not, in den Feuerofen gebracht zu werden; das Irdische an ihnen muß vernichtet werden, damit das Bild Christi vollkommen hervorstrahlen kann.

Die vor uns stehende Zeit der Trübsal und Angst wird einen Glauben erfordern, der Mühsal, Verzug und Hunger erdulden kann – einen Glauben, der nicht wankt, wenn er auch schwer geprüft wird. Die Gnadenzeit wird allen gewährt, um sich auf jene Zeit vorzubereiten. Jakob siegte, weil er ausdauernd und entschlossen war. Sein Sieg ist ein Beweis von der Kraft des anhaltenden Gebets. Alle, die sich wie er auf die Verheißungen Gottes stützen und ebenso ernst und standhaft sind, wie er war, werden gleich ihm Erfolg haben. Wer aber nicht willens ist, sich selbst zu verleugnen, vor Gott Reue zu zeigen, lang und ernstlich zu beten, wird seinen Segen nicht erlangen. Mit Gott ringen – wie wenige wissen, was das ist! Wie wenige Seelen haben vor Gott mit heftigem Verlangen ausgeharrt, bis jede Kraft aufs äußerste angespannt war! Wie wenige halten sich mit unerschütterlichem Glauben an die Verheißungen Gottes, wenn die Wogen der Verzweiflung, die keine Sprache beschreiben kann, über den Bittenden hereinbrechen!

Die jetzt nur wenig Glauben üben, sind in der größten Gefahr, der Macht satanischer Täuschungen und dem Gewissenszwang zu unterliegen. Und selbst wenn sie die Prüfung überstehen, werden sie in der trübseligen Zeit in tieferen Jammer und größere Angst geraten, weil sie es nie gewohnt waren, auf Gott zu vertrauen. Die Lehren des Glaubens, die sie vernachlässigt haben, werden sie unter einem schrecklichen Druck der Entmutigung lernen müssen.

Wir sollten uns nun mit dem Wesen Gottes vertraut machen, indem wir seine Verheißungen erproben. Die Engel berichten jedes Gebet, das ernst und aufrichtig ist. Wir sollten eher die selbstsüchtigen Befriedigungen aufgeben, als die Gemeinschaft mit Gott vernachlässigen. Die tiefste Armut, die größte Selbstverleugnung mit seinem Beifall sind besser als Reichtümer, Ehren, Bequemlichkeit und Freundschaft ohne ihn. Wir müssen uns Zeit nehmen zum Gebet. Lassen wir es zu, daß unsere Gemüter von weltlichen Angelegenheiten in Anspruch genommen werden, so gibt Gott uns vielleicht dazu die Zeit, indem er uns unsere Götzen, die in Gold, Häusern oder fruchtbaren Ländereien bestehen, wegnimmt.

Die Jugend würde nicht zur Sünde verführt werden, wenn sie sich weigerte, irgendeinen Pfad zu betreten, auf dem sie nicht Gottes Segen erbitten kann. Würden die Boten, die der Welt die letzte feierliche Warnung bringen, um den Segen Gottes bitten – nicht in einer kalten, gleichgültigen, nachlässigen Weise, sondern inbrünstig und im Glauben wie Jakob –, so würden sie oft Gelegenheit haben zu sagen: „Ich habe Gott von Angesicht gesehen, und doch wurde mein Leben gerettet." (1. Mose 32, 31.) Sie würden vom Himmel als Fürsten angesehen werden, da sie Macht haben, den Sieg über Gott und Menschen davonzutragen.

Eine trübselige Zeit, wie sie nie zuvor dagewesen ist, wird bald über uns hereinbrechen, und wir werden einer Erfahrung bedürfen, die wir jetzt nicht besitzen und die zu erlangen viele zu träge sind. Es ist oft der Fall, daß die Trübsal in der Vorstellung viel größer erscheint, als sie in Wirklichkeit ist; dies ist aber nicht der Fall bei den uns bevorstehenden entscheidenden Prüfungen. Die lebhafteste Vorstellung kann nicht die Größe der Feuerprobe ermessen. In jener Zeit der Prüfung muß eine jede Seele für sich vor Gott stehen. Wenngleich Noah, Daniel und Hiob im

Lande wären, „so wahr ich lebe, spricht Gott der Herr: sie würden durch ihre Gerechtigkeit weder Söhne noch Töchter retten, sondern allein ihr eigenes Leben." (Hes. 14, 20.)

Während jetzt unser großer Hoherpriester die Versöhnung für uns vollbringt, sollten wir versuchen, in Christus vollkommen zu werden. Nicht einmal mit einem Gedanken gab unser Heiland der Macht der Versuchung nach. Satan findet in menschlichen Herzen diesen oder jenen Makel, den er sich zunutze macht; die eine oder andere sündhafte Neigung wird gepflegt, durch die seine Versuchungen ihre Macht behaupten. Christus aber erklärte von sich: „Es kommt der Fürst dieser Welt und hat nichts in mir." (Joh. 14, 30.) Satan vermochte nichts im Herzen des Sohnes Gottes zu finden, das ihm hätte helfen können, den Sieg davonzutragen. Er hatte seines Vaters Gebote gehalten, und es war keine Sünde in ihm, deren sich Satan zu seinem Vorteil hätte bedienen können. Dies ist der Zustand, in dem jene gefunden werden müssen, die in der trübseligen Zeit bestehen sollen.

Schon in diesem Leben müssen wir uns durch den Glauben an das versöhnende Blut Christi von der Sünde trennen. Unser mächtiger Heiland lädt uns ein, uns ihm anzuschließen, unsere Schwäche mit seiner Kraft, unsere Unwissenheit mit seiner Weisheit, unsere Unwürdigkeit mit seinem Verdienst zu verbinden. Gottes Vorsehung ist die Schule, in der wir die Sanftmut und Demut Jesu lernen sollen. Der Herr setzt uns stets das wahre Lebensziel vor, nicht den Weg, den wir wählen möchten, der leichter und angenehmer scheint. Es bleibt uns anheimgestellt, vereint mit den Kräften zu wirken, die der Himmel benutzt, um unsere Charaktere nach dem göttlichen Vorbild zu gestalten. Keiner kann dies Werk vernachlässigen oder aufschieben, ohne in furchtbarer Weise seine Seele zu gefährden.

Der Apostel Johannes hörte in einem Gesicht eine laute Stimme im Himmel, die ausrief: „Wehe aber der Erde und dem Meer! Denn der Teufel kommt zu euch hinab und hat einen großen Zorn und weiß, daß er wenig Zeit hat." (Offb. 12, 12.) Schrecklich sind die Ereignisse, die diesen Ausruf der himmlischen Stimme hervorrufen. Der Zorn Satans nimmt zu, sowie seine Zeit kürzer wird, und sein Werk der Täuschung und der Zerstörung erreicht in der trübseligen Zeit seinen Höhepunkt.

Furchtbare, übernatürliche Erscheinungen werden sich bald am Himmel bekunden als Zeichen der Macht wunderwirkender Dämonen. Die Geister der Teufel werden hingehen zu den Königen der Erde und zu der ganzen Welt, um sie in Täuschung gefangenzuhalten und sie zu veranlassen, sich mit Satan in seinem letzten Kriegszug gegen die Regierung des Himmels zu vereinen. Durch diese wirkenden Kräfte werden Herrscher sowie Untergebene betrogen werden. Personen werden sich als Christus selber ausgeben und den Titel und die Verehrung beanspruchen, die dem Erlöser der Welt gehören. Sie werden erstaunliche Wunder der Heilung verrichten und vorgeben, Offenbarungen vom Himmel zu haben, die dem Zeugnis der Heiligen Schrift widersprechen.

Als krönende Tat in dem großen Drama der Täuschung wird sich Satan als Christus ausgeben<+>. Die Kirche hat lange vorgegeben, auf die Ankunft des Heilandes als auf die Vollendung ihrer Hoffnung zu warten. Nun wird der große Betrüger den Schein erwecken, daß Christus gekommen sei. In verschiedenen Teilen der Erde wird Satan sich unter den Menschen als ein majestätisches Wesen von blendendem Glanz offenbaren, das der von Johannes in der Offenbarung gegebenen Beschreibung des Sohnes Gottes gleicht. (Offb. 1, 13-15.) Die Herrlichkeit, die ihn umgibt, ist unübertroffen von allem, was sterbliche Augen je gesehen haben. Der Jubelruf tönt durch die Luft: „Christus ist gekommen! Christus ist gekommen!" Das Volk wirft sich anbetend vor ihm nieder, während er seine Hände erhebt und einen Segen über sie ausspricht, wie Christus seine Jünger segnete, da er auf Erden lebte. Seine Stimme ist sanft und gedämpft, doch voller Wohlklang. In mildem, mitleidigem Ton bringt er einige derselben gnadenreichen himmlischen Wahrheiten vor, die der Heiland aussprach; er heilt die Gebrechen des Volkes und behauptet dann in seinem angenommenen Charakter Christi, daß er den Sabbat in den Sonntag verändert habe, und gebietet allen, den Tag, den er gesegnet habe, zu heiligen. Er erklärt, daß die, die in der Beachtung des siebenten Tages verharren, seinen Namen lästern, indem sie sich weigern, auf seine Engel zu hören, die er mit Licht und Wahrheit zu ihnen sandte. Dies ist das starke, beinahe überwältigende Blendwerk. Gleich den Samaritern, die von Simon dem Zauberer hintergangen wurden, achtet die Menge, vom Kleinsten bis zum Größten, auf die Zaubereien und sagt: „Der ist die Kraft Gottes, die die Große genannt wird." (Apg. 8, 10.)

Aber Gottes Volk wird nicht irregeleitet werden. Die Lehren dieses falschen Christus sind nicht in Übereinstimmung mit der Heiligen Schrift. Sein Segen wird über die Verehrer des Tieres und seines Bildes ausgesprochen – gerade über die Klasse, von der die Bibel erklärt, daß der ungemischte Zorn Gottes über sie ausgegossen werden soll.

Es wird Satan auch nicht gestattet werden, die Art und Weise des Kommens Christi vorzutäuschen. Der Heiland hat sein Volk vor Täuschung diesbezüglich gewarnt und sein Kommen deutlich beschrieben: „Denn es werden falsche Christi und falsche Propheten aufstehen und große Zeichen und Wunder tun, so daß sie, wenn es möglich wäre, auch die Auserwählten verführten. ... Wenn sie also zu euch sagen werden: Siehe, er ist in der Wüste!, so geht nicht hinaus; siehe, er ist drinnen im Haus!, so glaubt es nicht. Denn wie der Blitz ausgeht vom Osten und leuchtet bis zum Westen , so wird auch das Kommen des Menschensohns sein." (Matth. 24, 24-27. 31; 25, 31; Offb. 1, 7; 1. Thess. 4, 16. 17.) Es ist keine Möglichkeit vorhanden, dies Kommen vorzutäuschen. Es wird allgemein bekannt und von der ganzen Welt gesehen werden.

Nur die, die eifrige Bibelforscher waren und die Liebe zur Wahrheit angenommen haben, werden vor der gewaltigen Täuschung, die die Welt gefangennimmt, geschützt sein. Durch das Zeugnis der Heiligen Schrift werden sie den Betrüger in seiner Verkleidung entdecken. Durch das Sichten infolge der Versuchung wird der echte Christ offenbar werden. Ist Gottes Volk jetzt so fest auf sein Wort gegründet, daß es sich nicht auf seine Sinneswahrnehmungen verläßt? Wird es sich in einer solchen Entscheidungsstunde an die Bibel und nur an die Bibel halten? Satan wird es, wenn möglich, davon abhalten, Vorbereitungen zu treffen, um an dem großen Tage bestehen zu können. Er wird die Sachen so anordnen, daß den Gotteskindern der Weg versperrt wird, wird sie mit irdischen Schätzen bestricken, ihnen eine schwere, mühsame Last aufbürden, damit ihre Herzen mit den Sorgen dieses Lebens überladen werden möchten und der Tag der Prüfung wie ein Dieb über sie komme.

Da das von verschiedenen Herrschern der Christenheit erlassene Gesetz gegen die Gläubigen, die Gottes Gebote halten, diesen den Schutz der Regierung entzieht und sie denen preisgibt, die ihren Untergang wollen, wird Gottes Volk aus den Städten und Dörfern fliehen, sich in Gruppen sammeln und an den ödesten und einsamsten Orten wohnen. Viele werden Zuflucht finden in den Bergfesten. Gleich den Christen der piemontesischen Täler werden sie die hohen Örter der Erde zu ihrem Heiligtum machen und Gott danken für den Schutz der Felsen. (Jes. 33, 16.) Aber viele aus allen Völkern und Ständen, hoch und niedrig, reich und arm, schwarz und weiß, werden in höchst ungerechte und grausame Gefangenschaft geworfen werden. Die Geliebten Gottes müssen beschwerliche Tage verbringen: in Ketten gebunden, hinter Schloß und Riegel, zum Tode verurteilt, einige scheinbar dem Hungertode überlassen in finsteren und ekelhaften Verliesen, kein menschliches Ohr steht ihren Wehklagen offen, keine menschliche Hand ist bereit, ihnen Hilfe zu leisten.

Wird der Herr sein Volk in dieser schweren Stunde vergessen? Vergaß er Noah, als die vorsintflutliche Welt von den Gerichten heimgesucht wurde? Vergaß er Lot, als Feuer vom Himmel herabfuhr, um die Städte der Ebene zu verzehren? Vergaß er den von Götzendienern umgebenen Joseph in Ägypten? Vergaß er Elia, als der Eid Isebels ihn mit dem Schicksal der Baalspropheten bedrohte? Vergaß er Jeremia in der finsteren, schauerlichen Grube des Gefängnisses? Vergaß er die drei tapferen Jünglinge im Feuerofen oder Daniel in der Löwengrube?

„Zion aber sprach: Der Herr hat mich verlassen, der Herr hat meiner vergessen. Kann auch ein Weib ihres Kindleins vergessen, daß sie sich nicht erbarme über den Sohn ihres Leibes? Und ob sie seiner vergäße, so will ich doch deiner nicht vergessen. Siehe, in die Hände habe ich dich gezeichnet;" (Jes. 49, 14-16.) Der Herr der Heerscharen hat gesagt: „Wer euch antastet, der tastet meinen Augapfel an." (Sach. 2, 12.)

Obwohl die Feinde sie ins Gefängnis werfen, so können die Kerkermauern den Verkehr zwischen ihren Seelen und Christus doch nicht absperren. Einer, der ihre Schwächen sieht, mit einer jeglichen Prüfung vertraut ist, thront über allen irdischen Mächten, und Engel werden sie in ihren einsamen Kerkerzellen besuchen und Licht und Frieden vom Himmel bringen. Das Gefängnis wird wie ein Palast sein, denn die Glaubensreichen befinden sich dort; die düsteren Mauern werden von himmlischem Licht erhellt wie damals, als Paulus und Silas im Gefängnis zu Philippi um Mitternacht beteten und Loblieder sangen.

Gottes Gerichte werden jene heimsuchen, die sein Volk unterdrücken und verderben. Seine große Langmut mit den Gottlosen macht die Menschen in ihrer Übertretung kühn; aber ihre Strafe, wenn auch lange aufgeschoben, ist nichtsdestoweniger gewiß und sie wird schrecklich sein. „Denn der Herr wird sich aufmachen wie am Berge Perazim und zürnen wie im Tal Gibeon, daß er sein Werk vollbringe, aber fremd ist sein Werk, und daß er seine Tat tue, aber seltsam ist seine Tat!" (Jes. 28, 21.) Unserm barmherzigen Gott ist das Strafen etwas Fremdes. „So wahr ich lebe,

spricht Gott der Herr, ich habe kein Gefallen am Tode des Gottlosen." (Hes. 33, 11.) Der Herr ist „barmherzig und gnädig und
geduldig und von großer Gnade und Treue; ... und vergibt Missetat, Übertretung und Sünde", und doch läßt er nichts ungestraft.
„Der Herr ist geduldig und von großer Kraft, vor dem niemand
unschuldig ist." (2. Mose 34, 6. 7; Nah. 1, 3.) Durch schreckliche Gerechtigkeit wird er die Autorität seines mit Füßen getretenen Gesetzes rechtfertigen. Die strenge Vergeltung, die den Übertreter erwartet, zeigt sich in der Zögerung des Herrn, das Gericht
zu vollstrecken. Das Volk, mit dem er so lange Geduld hat und
das er nicht schlagen will, bis es das Maß seiner Ungerechtigkeit
gegen Gott angefüllt hat, wird schließlich den Kelch des Zorns
trinken, dem keine Gnade beigemischt ist.

Wenn Christus sein Mittleramt im Heiligtum niederlegt, wird
der lautere Zorn, der denen angedroht wurde, die das Tier und
sein Bild anbeten und sein Malzeichen annehmen (Offb. 14, 9.
10), ausgegossen werden. Die Plagen, die über Ägypten kamen,
als Gott im Begriff war, Israel zu befreien, waren im Charakter
jenen schrecklicheren und umfassenderen Gerichten ähnlich, die
die Welt gerade vor der endgültigen Befreiung des Volkes Gottes heimsuchen werden. Der Schreiber der Offenbarung sagt,
indem er diese furchtbaren Geißeln beschreibt: „Und es entstand
ein böses und schlimmes Geschwür an den Menschen, die das
Zeichen des Tieres hatten und die sein Bild anbeteten." Das Meer
„wurde zu Blut wie von einem Toten, und alle lebendigen Wesen
im Meer starben. ... Und der dritte Engel goß aus seine Schale in
die Wasserströme und die Wasserquellen; und sie wurden zu
Blut." So schrecklich wie diese Plagen auch sind, so steht doch
die Gerechtigkeit Gottes völlig gerechtfertigt da. Der Engel erklärt: „Gerecht bist du, der du bist, ... daß du dieses Urteil gesprochen hast; denn sie haben das Blut der Heiligen und der Propheten vergossen, und Blut hast du ihnen zu trinken gegeben; sie
sind's wert." (Offb. 16, 2-6.) Indem sie die Kinder Gottes zum
Tode verurteilten, haben sie die Schuld ihres Blutes ebenso wahrhaftig auf sich geladen, als wenn es von ihren eigenen Händen
vergossen worden wäre. In gleicher Weise erklärte Christus die
Juden seiner Zeit all des Blutes der Heiligen schuldig, das seit
den Tagen Abels vergossen worden war; denn sie besaßen denselben Geist wie diese Mörder der Propheten und wollten dasselbe Werk tun.

In der darauffolgenden Plage wird der Sonne Macht gegeben,
„die Menschen zu versengen mit Feuer. Und die Menschen wur-

den versengt von der großen Hitze." (Offb. 16, 8. 9.) Die Propheten schildern den Zustand der Erde zu dieser schrecklichen Zeit wie folgt: „Das Feld ist verwüstet, ... das Getreide ist verdorben. ... Alle Bäume auf dem Felde sind verdorrt. So ist die Freude der Menschen zum Jammer geworden. ... Der Same ist unter der Erde verdorrt, die Kornhäuser stehen wüst. ... O wie seufzt das Vieh! Die Rinder sehen kläglich drein, denn sie haben keine Weide. ... Die Wasserbäche sind ausgetrocknet, und das Feuer hat die Auen in der Steppe verbrannt. ... Die Lieder im Tempel sollen in Heulen verkehrt werden zur selben Zeit, spricht Gott der Herr. Es werden an allen Orten viele Leichname liegen, die man heimlich verwirft." (Joel 1, 10-12. 17-20; Amos 8, 3.)

Diese Plagen sind nicht allgemein, sonst würden die Bewohner der Erde vollständig ausgerottet werden. Doch werden sie die schrecklichsten Heimsuchungen sein, die Sterbliche je erfahren haben. Alle Gerichte, die vor dem Schluß der Gnadenzeit über die Menschen kamen, waren mit Gnade vermischt. Das flehende Blut Christi hat den Sünder vor dem vollen Maß seiner Schuld verschont; aber in dem Endgericht wird der Zorn Gottes lauter, ohne Gnade ausgegossen werden.

An jenem Tage werden viele den Schutz der göttlichen Gnade begehren, die sie solange verachtet haben. „Siehe, es kommt die Zeit, spricht der Herr, daß ich einen Hunger ins Land schicken werde, nicht einen Hunger nach Brot oder Durst nach Wasser, sondern nach dem Wort des Herrn, es zu hören; daß sie hin und her von einem Meer zum andern, von Norden nach Osten laufen und des Herrn Wort suchen und doch nicht finden werden." (Amos 8, 11. 12.)

Gottes Volk wird nicht frei von Leiden sein; aber während es verfolgt und bedrängt wird, während es Entbehrung erträgt und Hunger leidet, wird es doch nicht umkommen. Gott, der für Elia sorgte, wird an keinem seiner sich selbstaufopfernden Kinder vorübergehen. Er, der die Haare auf ihrem Haupt zählt, wird für sie sorgen, und zur Zeit der Teuerung werden sie genug haben. Während die Gottlosen an Hunger und Seuche sterben, werden Engel die Gerechten beschützen und ihre Bedürfnisse befriedigen. Für den, „der in Gerechtigkeit wandelt", gilt die Verheißung: „Sein Brot wird ihm gegeben, sein Wasser hat er gewiß." „Die Elenden und Armen suchen Wasser und ist nichts da; ihre Zunge verdorrt vor Durst. Aber ich, der Herr, will sie erhören; ich, der Gott Israels, will sie nicht verlassen." (Jes. 33, 15. 16; 41, 17.)

„Da wird der Feigenbaum nicht grünen, und es wird kein Gewächs sein an den Weinstöcken. Der Ertrag des Ölbaums bleibt aus, und die Äcker bringen keine Nahrung; Schafe werden aus den Hürden gerissen, und in den Ställen werden keine Rinder sein. Aber ich will mich freuen des Herrn und fröhlich sein in Gott, meinem Heil." (Hab. 3, 17. 18.)

„Der Herr behütet dich, der Herr ist dein Schatten über deiner rechten Hand, daß dich des Tages die Sonne nicht steche noch der Mond des Nachts. Der Herr behüte dich vor allem Übel, er behüte deine Seele." „Er errettet dich vom Strick des Jägers und von der verderblichen Pest. Er wird dich mit seinen Fittichen decken, und Zuflucht wirst du haben unter seinen Flügeln. Seine Wahrheit ist Schirm und Schild, daß du nicht erschrecken mußt vor dem Grauen der Nacht, vor den Pfeilen, die des Tages fliegen, vor der Pest, die im Finstern schleicht, vor der Seuche, die am Mittag Verderben bringt. Wenn auch tausend fallen zu deiner Seite und zehntausend zu deiner Rechten, so wird es doch dich nicht treffen. Ja, du wirst es mit eigenen Augen sehen und schauen, wie den Gottlosen vergolten wird. Denn der Herr ist deine Zuversicht. Es wird dir kein Übel begegnen, und keine Plage wird sich deinem Hause nahen." (Ps. 121, 5-7; 91, 3-10.)

Dennoch wird es nach menschlichem Dafürhalten scheinen, als ob Gottes Volk bald sein Zeugnis mit dem Blute besiegeln müsse, wie einst die Märtyrer. Sie selbst fangen an zu befürchten, der Herr habe sie verlassen, damit sie in die Hand ihrer Feinde fallen. Es ist eine Zeit schrecklicher Seelenangst. Tag und Nacht schreien sie zu Gott um Befreiung. Die Gottlosen frohlocken, und der höhnende Ruf wird vernommen: „Wo ist nun euer Glaube? Warum befreit Gott euch nicht aus unseren Händen, wenn ihr in der Tat sein Volk seid?" Aber die Wartenden denken daran, daß die Hohenpriester und Obersten beim Tode Jesu am Kreuz auf Golgatha spottend ausriefen: „Andern hat er geholfen und kann sich selber nicht helfen. Ist er der König von Israel, so steige er nun vom Kreuz herab. Dann wollen wir an ihn glauben." (Matth. 27, 42.) Wie Jakob ringen alle mit Gott. Ihre Angesichter drücken den inneren Kampf aus. Blässe liegt auf allen Gesichtern. Doch fahren sie mit ihrer ernsten Fürbitte fort.

Würden den Menschen die Augen geöffnet, so würden sie Scharen von starken Engeln erblicken, die um jene lagern, die das Wort der Geduld Christi bewahrt haben. Mit zärtlichem Mitleid haben die Engel ihren Jammer gesehen und ihre Gebete gehört. Sie warten auf das Wort ihres Gebieters, um sie aus der

Gefahr herauszureißen. Sie müssen jedoch noch ein wenig länger warten. Die Kinder Gottes müssen den Kelch trinken und mit der Taufe getauft werden. Gerade der für sie so quälende Verzug ist die beste Antwort auf ihre Bitten. Indem sie danach trachten, vertrauensvoll auf den Herrn zu warten, daß er wirke, kommen sie dahin, Glauben, Hoffnung und Geduld zu üben, die in ihrem religiösen Leben zu wenig geübt worden sind. Dennoch wird um der Auserwählten willen die trübselige Zeit verkürzt werden. „Sollte Gott nicht auch Recht schaffen seinen Auserwählten, die zu ihm Tag und Nacht rufen? ... Ich sage euch: Er wird ihnen Recht schaffen in Kürze." (Luk. 18, 7. 8.) Das Ende wird schneller kommen, als die Menschen es erwarten. Der Weizen wird gesammelt und in Garben gebunden für die Scheune Gottes; das Unkraut aber wird für das Feuer der Verwüstung in Bündel gebunden werden.

Die himmlischen Wächter fahren, ihrer Aufgabe getreu, in ihrer Wache fort. Obwohl ein allgemeines Gebot die Zeit bestimmt hat, um diejenigen, die Gottes Gebote halten, umzubringen, so werden doch ihre Feinde in einigen Fällen dem Erlaß zuvorkommen wollen und vor der bestimmten Zeit versuchen, sie zu töten. Aber niemand kann an den mächtigen Wächtern vorbeikommen, die eine jede treue Seele bewahren. Einige werden auf ihrer Flucht aus den Städten und Dörfern angegriffen; aber die gegen sie erhobenen Schwerter brechen und fallen machtlos wie ein Strohhalm zu Boden. Andere werden von Engeln in der Gestalt von Kriegern verteidigt.

Zu allen Zeiten hat Gott zur Hilfe und Befreiung seines Volkes durch heilige Engel gewirkt. Himmlische Wesen haben an den Angelegenheiten der Menschen tätigen Anteil genommen. Sie sind erschienen in Gewändern, die wie der Blitz leuchteten, oder sind gekommen als Menschen in der Tracht von Wanderern. Engel sind den Männern Gottes in menschlicher Gestalt erschienen. Sie haben des Mittags unter den Eichen geruht, als ob sie müde wären, haben die Gastfreundschaft menschlicher Wohnungen angenommen, bei Nacht verspäteten Reisenden als Führer gedient, mit ihren eigenen Händen das Feuer auf dem Altar angezündet, Gefängnistüren geöffnet und die Knechte Gottes in Freiheit gesetzt. Mit der Waffenrüstung des Himmels angetan, kamen sie, um den Stein vom Grabe des Heilandes wegzurollen.

In Gestalt von Menschen sind Engel oft in den Versammlungen der Gerechten und besuchen die Zusammenkünfte der Gottlosen, wie sie einst nach Sodom kamen, um einen Bericht ihrer Taten aufzunehmen und zu entscheiden, ob sie das Maß der Langmut Gottes überschritten hatten. Der Herr hat Wohlgefallen an der Barmherzigkeit; und um einiger weniger willen, die ihm wirklich dienen, wendet er Unglück ab und verlängert die Ruhe der Menge. Wie wenige der Sünder wider Gott erkennen, daß sie ihr eigenes Leben dem Häuflein Gottgetreuer verdanken, die sie, um sich zu ergötzen, verspotten und unterdrücken!

Wenn die Herrscher dieser Welt es auch nicht wissen, so haben doch oft in ihren Versammlungen Engel das Wort gefuhrt. Menschliche Augen haben auf sie geblickt, menschliche Ohren ihren Aufforderungen gelauscht; menschliche Lippen haben sich ihren Vorschlägen widersetzt und ihre Ratschläge verlacht; menschliche Hände haben sie beleidigt und mißhandelt. In den Rathaussälen, an den Gerichtshöfen haben sich diese himmlischen Boten mit der menschlichen Geschichte sehr vertraut gezeigt; sie haben die Sache der Unterdrückten besser vertreten als deren fähigste und beredteste Verteidiger. Sie haben Absichten vereitelt und böse Taten aufgehalten, die das Werk Gottes sehr behindert und seinem Volk große Leiden verursacht hätten. In der Stunde der Gefahr und der Trübsal lagert „der Engel des Herrn ... sich um die her, die ihn fürchten, und hilft ihnen aus." (Ps. 34, 8.)

Mit großer Sehnsucht erwartet das Volk Gottes die Anzeichen seines kommenden Königs. Wenn die Wächter angerufen werden: „Wächter, ist die Nacht bald hin?", wird unumwunden die Antwort gegeben: „Wenn auch der Morgen kommt, so wird es doch Nacht bleiben." (Jes. 21, 11. 12.) Licht erglänzt auf den Wolken über den Bergesspitzen. Bald wird sich seine Herrlichkeit offenbaren. Die Sonne der Gerechtigkeit wird bald hervorleuchten. Der Morgen und die Nacht – der Beginn des endlosen Tages für die Gerechten, der Anfang der ewigen Nacht für die Gottlosen – stehen nahe bevor.

Während die Ringenden ihre Bitten zu Gott emporsenden, scheint der Schleier, der sie von der unsichtbaren Welt trennt, fast weggezogen zu werden. Die Himmel erglühen von der Dämmerung des ewigen Tages, und gleich einem klangvollen Engelchor erschallen die Worte an das Ohr: „Steht fest in eurer Treue! Die Hilfe kommt!" Christus, der allmächtige Sieger, hält seinen müden Streitern eine Krone unvergänglicher Herrlichkeit hin, und seine Stimme ertönt aus den halbgeöffneten Toren: „Siehe, ich bin mit euch. Fürchtet euch nicht! Ich kenne all euren Kum-

mer, ich habe eure Sorgen getragen. Ihr kämpft nicht gegen unüberwindliche Feinde. Ich habe den Kampf eurethalben gefoch-
ten, und in meinem Namen seid ihr unüberwindlich."

Der liebevolle Heiland wird gerade dann Hilfe senden, wenn
wir sie brauchen. Der Weg zum Himmel ist durch seine Fußtapfen
geheiligt. Jeder Dorn, der unseren Fuß verwundet, hat auch den
seinen verletzt. Jedes Kreuz, das zu tragen wir berufen werden,
hat er vor uns getragen. Der Herr läßt Kämpfe zu, um die Seele
für den Frieden vorzubereiten. Die trübselige Zeit ist eine schreckliche Feuerprobe für Gottes Volk; aber es ist auch für jeden wahren Gläubigen die Zeit emporzublicken, und er wird im Glauben
über sich den Bogen der Verheißung sehen.

„Also werden die Erlösten des Herrn heimkehren und nach
Zion kommen mit Jauchzen, und ewige Freude wird auf ihrem
Haupte sein. Wonne und Freude werden sie ergreifen, aber Trauern und Seufzen wird von ihnen fliehen. Ich, ich bin euer Tröster! Wer bist du denn, daß du dich vor Menschen gefürchtet
hast, die doch sterben, und vor Menschenkindern, die wie Gras
vergehen, und hast des Herrn vergessen, der dich gemacht hat,
der den Himmel ausgebreitet und die Erde gegründet hat, und
hast dich ständig gefürchtet den ganzen Tag vor dem Grimm des
Bedrängers, als er sich vornahm, dich zu verderben? Wo ist nun
der Grimm des Bedrängers? Der Gefangene wird eilends los-
gegeben, daß er nicht sterbe und begraben werde und daß er keinen Mangel an Brot habe. Denn ich bin der Herr, dein Gott, der
das Meer erregt, daß seine Wellen wüten – sein Name heißt Herr
Zebaoth –; ich habe mein Wort in deinen Mund gelegt und habe
dich unter dem Schatten meiner Hände geborgen.

... Darum höre dies, du Elende, die du trunken bist, doch nicht
von Wein! So spricht dein Herrscher, der Herr, und dein Gott,
der die Sache seines Volks führt: Siehe, ich nehme den Taumel-
kelch aus deiner Hand, den Becher meines Grimmes. Du sollst
ihn nicht mehr trinken, sondern ich will ihn deinen Peinigern in
die Hand geben, die zu dir sprachen: Wirf dich nieder, daß wir
darüberhin gehen! Und du machtest deinen Rücken dem Erdboden gleich und wie eine Gasse, daß man darüberhin laufe." (Jes.
51, 11-16. 21-23.)

Das alle Zeiten überschauende Auge Gottes war auf die
Entscheidungsstunde gerichtet, die Gottes Kinder durchmachen
müssen, wenn die irdischen Mächte sich gegen sie in Schlacht-
ordnung aufstellen. Den gefangenen Verbannten gleich werden
sie sich fürchten vor dem Tod durch Hunger oder Gewalt. Aber

der Heilige, der das Rote Meer vor Israel teilte, wird seine gewaltige Macht offenbaren und ihre Gefangenschaft wenden. „Sie sollen, spricht der Herr Zebaoth, an dem Tage, den ich machen will, mein Eigentum sein, und ich will mich ihrer erbarmen, wie ein Mann sich seines Sohnes erbarmt, der ihm dient." (Mal. 3, 17.) Würde das Blut der treuen Zeugen Christi zu dieser Zeit vergossen, könnte es nicht gleich dem Blut der Märtyrer wie ein Same sein, gesät, damit eine Ernte zu Gottes Ehre reife. Ihre Treue würde kein Zeugnis sein, um andere von der Wahrheit zu überzeugen; denn die Wogen der Barmherzigkeit haben sich an dem verhärteten Herzen gebrochen, bis sie nicht mehr wiederkehrten. Würden die Gerechten jetzt ihren Feinden zur Beute fallen, so würde es für den Fürsten der Finsternis einen Sieg bedeuten. Der Psalmist sagt: „Denn er deckt mich in seiner Hütte zur bösen Zeit, er birgt mich im Schutz seines Zeltes." (Ps. 27, 5.) Christus hat die Worte gesprochen: „Gehe hin, mein Volk, in deine Kammer, und schließ die Tür hinter dir zu! Verbirg dich einen kleinen Augenblick, bis der Zorn vorübergehe. Denn siehe, der Herr wird ausgehen von seinem Ort, heimzusuchen die Bosheit der Bewohner der Erde." (Jes. 26, 20. 21.) Herrlich wird die Befreiung jener sein, die geduldig auf seine Ankunft gewartet haben und deren Namen im Buch des Lebens geschrieben stehen!

40 Gottes Volk wird befreit

Wenn der Schutz menschlicher Gesetze denen entzogen wird, die die Gebote Gottes ehren, wird in verschiedenen Ländern gleichzeitig eine Bewegung entstehen, sie zu vernichten. Wenn die in dem Erlaß bestimmte Zeit herannaht, verschwört sich das Volk, die verhaßte Sekte auszurotten. Es wird beschlossen, in einer Nacht den entscheidenden Schlag zu tun, der die Stimme der abweichenden Ansichten und des Tadels für immer zum Schweigen bringen soll.

Gottes Kinder – etliche in Gefängniszellen, etliche in einsamen Schlupfwinkeln der Wäldern und Berge verborgen – flehen noch immer um göttlichen Schutz, während überall bewaffnete Männer, angetrieben von Scharen böser Engel, Vorkehrungen für das Werk des Todes treffen. Jetzt, in der Stunde der äußersten Gefahr wird der Gott Israels zur Errettung seiner Auserwählten einschreiten. Der Herr hat gesagt: „Da werdet ihr singen wie in der Nacht des heiligen Festes und euch von Herzen freuen, wie wenn man mit Flötenspiel geht zum Berge des Herrn, zum Hort Israels. Und der Herr wird seine herrliche Stimme erschallen lassen, und man wird sehen, wie sein Arm herniederfährt mit zornigem Drohen und mit Flammen verzehrenden Feuers, mit Wolkenbruch und Hagelschlag." (Jes. 30, 29. 30.)

Mit Siegesrufen, mit Spott und Verwünschungen sind Scharen gottloser Menschen im Begriff, sich auf ihre Beute zu stürzen, aber siehe, eine dichte Finsternis, schwärzer als die dunkelste Nacht, senkt sich auf die Erde hernieder. Dann überspannt ein Regenbogen, strahlend von der Herrlichkeit des Thrones Gottes, den Himmel und scheint jede betende Gruppe einzuschließen. Die zornigen Scharen werden plötzlich aufgehalten. Ihre spottenden Rufe ersterben. Die, auf die sich ihre mörderische Wut richtete, sind vergessen. Mit schrecklichen Ahnungen starren sie auf das Sinnbild des Bundes Gottes und möchten gern vor dessen überwältigendem Glanz geschützt sein.

Das Volk Gottes vernimmt eine helle, klangvolle Stimme, die sagt: „Sehet auf!" und die Augen zum Himmel erhebend erblickt es den Bogen der Verheißung. Die schwarzen, drohenden Wolken, die das Himmelsgewölbe bedeckten, haben sich zerteilt und gleich Stephanus sieht es unverwandt in den Himmel und erblickt die Herrlichkeit Gottes und des Menschen Sohn sitzend auf seinem Thron. An seiner göttlichen Gestalt erkennen die Auserwählten die Zeichen seiner Erniedrigung, und von seinen Lippen vernehmen sie die vor seinem Vater und den heiligen Engeln dargebrachte Bitte: „Ich will, daß, wo ich bin, auch die bei mir seien, die du mir gegeben hast." (Joh. 17, 24.) Wiederum erklingt eine liebliche und frohlockende Stimme, die sagt: „Sie kommen! Sie kommen! Heilig, harmlos und unbefleckt, sie haben das Wort meiner Geduld gehalten, sie sollen unter den Engeln wandeln." Und die blassen, zitternden Lippen derer, die an ihrem Glauben festgehalten haben, brechen in ein Siegesgeschrei aus.

Es ist mitten in der Nacht, da Gott seine Macht zur Befreiung seines Volkes offenbart. Die Sonne wird sichtbar und leuchtet in voller Kraft. Zeichen und Wunder folgen rasch aufeinander. Die Gottlosen schauen mit Schrecken und Bestürzung auf die Vorgänge, während die Gerechten mit feierlicher Freude die Zeichen ihrer Befreiung betrachten. In der Natur scheint alles außer der gewohnten Ordnung zu sein. Die Ströme hören auf zu fließen. Dunkle, schwere Wolken steigen herauf und stoßen gegeneinander. Mitten an dem aufgerührten Himmel ist eine Stelle von unbeschreiblicher Herrlichkeit, von wo aus die Stimme Gottes gleich der Stimme vieler Wasser ertönt und sagt: „Es ist geschehen!" (Offb. 16, 17. 18.)

Jene Stimme erschüttert die Himmel und die Erde. Es geschieht „ein großes Erdbeben, wie es noch nicht gewesen ist, seit Menschen auf Erden sind, – ein solches Erdbeben, also groß." (Offb. 16, 17. 18.) Der Himmel scheint sich zu öffnen und zu schließen. Die Herrlichkeit vom Throne Gottes scheint durchzublitzen. Die Berge erbeben gleich einem Rohr im Winde, und zerrissene Felsen werden überall hin zerstreut. Es erhebt sich ein Getöse wie von einem heranziehenden Sturm. Das Meer wird aufgewühlt. Man hört das Brüllen des Orkans, der Stimme von Dämonen gleich, wenn sie sich zur Zerstörung aufmachen. Die ganze Erde hebt und senkt sich wie die Wogen des Meeres; ihre Oberfläche bricht auf; selbst ihre Grundfesten scheinen zu weichen. Bergketten versinken. Bewohnte Inseln verschwinden. Die Seehäfen, die an Lasterhaftigkeit Sodom gleich geworden sind, werden von den zornigen Wassern verschlungen. Babylon, der großen, wird

„gedacht vor Gott, daß ihr gegeben werde der Kelch mit dem Wein seines grimmigen Zorns." (Offb. 16, 19. 20.) Große Hagelsteine, jeder schwer wie „ein Zentner", vollbringen ihr Zerstörungswerk. Die stolzesten Städte der Erde werden in Trümmer gelegt. Die herrlichsten Paläste, an denen die Großen der Welt ihre Reichtümer verschwendet haben, um sich selbst zu verherrlichen, zerfallen vor ihren Augen. Gefängnismauern werden niedergerissen, und Gottes Volk, das um seines Glaubens willen gefangengehalten worden war, wird in Freiheit gesetzt.

Gräber öffnen sich, und „viele, die unter der Erde schlafen liegen, werden aufwachen; die einen zum ewigen Leben, die anderen zu ewiger Schmach und Schande." (Dan. 12, 2.) Alle, die im Glauben an die dritte Engelsbotschaft gestorben sind, kommen verklärt aus ihren Gräbern hervor, um mit denen, die Gottes Gesetz gehalten haben, den Friedensbund Gottes zu vernehmen. Und auch „die ihn durchbohrt haben" (Offb. 1, 7), die Christus in seinem Todesschmerz verspotteten und verlachten, und die heftigsten Widersacher seiner Wahrheit und seines Volkes werden auferweckt, um ihn in seiner Herrlichkeit zu schauen und die den Treuen und Gehorsamen verliehenen Ehren wahrzunehmen.

Dichte Wolken bedecken noch den Himmel; doch hier und da bricht die Sonne hindurch, wie das rächende Auge des Herrn; wütende Blitze zucken vom Himmel und hüllen die Erde in ein Flammenmeer. Lauter als das schreckliche Grollen des Donners ertönen geheimnisvolle, furchterregende Stimmen und verkünden das Schicksal der Gottlosen. Die gesprochenen Worte werden nicht von allen erfaßt, aber deutlich verstanden von den falschen Lehrern. Seelen, die kurz zuvor noch so sorglos, so prahlerisch und herausfordernd, so siegesbewußt in ihrer Grausamkeit gegen das die Gebote haltende Volk Gottes waren, sind jetzt von Bestürzung überwältigt und beben vor Furcht. Ihre Wehrufe übertönen das Getöse der Elemente. Dämonen anerkennen die Gottheit Christi und zittern vor seiner Macht, während die Menschen um Gnade flehen und vor Schrecken im Staube kriechen.

Die Propheten des Alten Bundes sagten, als sie im Gesicht den Tag Gottes sahen: „Heulet, denn des Herrn Tag ist nahe; er kommt wie eine Verwüstung vom Allmächtigen." (Jes. 13, 6.) „Geh in die Felsen und verbirg dich in der Erde vor dem Schrecken des Herrn und vor seiner herrlichen Majestät! Denn alle hoffärtigen Augen werden erniedrigt werden, und, die stolze Männer sind, werden sich beugen müssen; der Herr aber wird allein hoch sein an jenem Tage. Denn der Tag des Herrn Zebaoth wird kommen über alles Hoffärtige und Hohe und über alles Erhabene, daß es erniedrigt werde. ... An jenem Tage wird jedermann wegwerfen seine silbernen und goldenen Götzen, die er sich hatte machen lassen, um sie anzubeten, zu den Maulwürfen und Fledermäusen, damit er sich verkriechen kann in die Felsspalten und Steinklüfte vor dem Schrecken des Herrn und vor seiner herrlichen Majestät, wenn er sich aufmachen wird, zu schrecken die Erde." (Jes. 2, 10-12. 20. 21.)

Durch die aufreißenden Wolken strahlt ein Stern, dessen Glanz im Gegensatz zu der Finsternis viermal heller ist. Er spricht den Treuen Hoffnung und Freude, den Übertretern des Gesetzes Gottes aber Strenge und Zorn zu. Die alles für Christus geopfert haben, sind nun sicher, geborgen wie in der Hütte des Herrn. Sie sind geprüft worden und haben vor der Welt und den Verächtern der Wahrheit ihre Treue zu dem bewiesen, der für sie starb. Eine wunderbare Verwandlung ist mit denen vorgegangen, die selbst angesichts des Todes ihre Rechtschaffenheit bewahrt haben. Sie sind plötzlich von der finsteren, schrecklichen Wüterei der in Dämonen verwandelten Menschen befreit worden. Ihre vor kurzem noch blassen, ängstlichen und verstörten Angesichter erglühen nun vor Erstaunen, Glauben und Liebe. Ihre Stimmen erheben sich in dem siegesfrohen Gesang: „Gott ist unsere Zuversicht und Stärke, eine Hilfe in den großen Nöten, die uns getroffen haben. Darum fürchten wir uns nicht, wenngleich die Welt unterginge und die Berge mitten ins Meer sänken, wenngleich das Meer wütete und wallte und von seinem Ungestüm die Berge einfielen." (Ps. 46, 2-4.)

Während diese Worte des heiligen Vertrauens zu Gott emporsteigen, reißen die Wolken ganz auf und der sternenbesäte Himmel wird sichtbar, unaussprechlich herrlich im Gegensatz zu dem schwarzen und zornigen Firmament auf beiden Seiten. Die Herrlichkeit der himmlischen Stadt erstrahlt aus den offenstehenden Toren. Dann erscheint am Himmel eine Hand, die zwei zusammengelegte Tafeln hält. Der Prophet sagt: „Die Himmel werden seine Gerechtigkeit verkündigen; denn Gott selbst ist Richter." (Ps. 50, 6.) Jenes heilige Gesetz, die Gerechtigkeit Gottes, das unter Donner und Flammen vom Sinai herab als Richtschnur des Lebens verkündigt wurde, wird nun den Menschen offenbart als Maßstab des Gerichtes. Die Hand öffnet die Tafeln und die Zehn Gebote werden sichtbar, wie mit einer feurigen Feder geschrieben. Die Worte sind so deutlich, daß alle sie lesen können. Die Erinnerung wird wach, die Finsternis des Aberglaubens und der

Ketzerei ist von jedem Gemüt verschwunden, und die zehn kurzen, verständlichen und vollgültigen Worte Gottes stehen allen Bewohnern der Erde deutlich vor Augen.

Es ist unmöglich, den Schrecken und die Verzweiflung derer zu beschreiben, die Gottes heilige Anforderungen mit Füßen getreten haben. Der Herr gab ihnen sein Gesetz; sie hätten ihren Charakter damit vergleichen und ihre Fehler erkennen können, als noch Zeit zur Buße und Besserung war; aber um die Gunst der Welt zu erlangen, setzten sie seine Vorschriften beiseite und lehrten andere, sie zu übertreten. Sie haben Gottes Volk zu zwingen versucht, seinen Sabbat zu entheiligen. Jetzt werden sie durch jenes Gesetz, das sie verachtet haben, verdammt. Mit schrecklicher Deutlichkeit sehen sie, daß sie keine Entschuldigung haben. Sie erwählten selbst, wem sie dienen und wen sie anbeten wollten. „Ihr werdet am Ende doch sehen, was für ein Unterschied ist zwischen dem Gerechten und dem Gottlosen, zwischen dem, der Gott dient, und dem, der ihm nicht dient." (Mal. 3, 18.)

Die Feinde des Gesetzes Gottes, vom Prediger an bis hinunter zu dem geringsten unter ihnen, haben einen neuen Begriff von Wahrheit und Pflicht. Zu spät sehen sie, daß der Sabbat des vierten Gebots das Siegel des lebendigen Gottes ist. Zu spät erkennen sie die wahre Natur ihres falschen Sabbats und den sandigen Grund, auf welchen sie gebaut haben. Es wird ihnen klar, daß sie gegen Gott gekämpft haben. Religionslehrer haben Seelen ins Verderben geführt, während sie vorgaben, sie zu den Toren des Paradieses zu geleiten. Erst am Tage der endgültigen Abrechnung wird man begreifen, wie groß die Verantwortlichkeit der in heiligen Ämtern stehenden Menschen ist, und wie schrecklich die Folgen ihrer Untreue sind. Nur in der Ewigkeit können wir den Verlust einer einzigen Seele richtig schätzen. Schrecklich wird dessen Los sein, zu dem Gott sagen wird: Gehe hinweg von mir, du gottloser Knecht!

Die Stimme Gottes erschallt vom Himmel, verkündigt den Tag und die Stunde der Ankunft Christi und übergibt seinem Volk den ewigen Bund. Gleich den lautesten Donnerschlägen rollen seine Worte über die Erde. Das Israel Gottes lauscht, die Augen nach oben gerichtet. Die Angesichter werden von seiner Herrlichkeit erleuchtet und scheinen wie das Antlitz Moses, als er vom Sinai herniederkam. Die Gottlosen können sie nicht ansehen. Und wenn der Segen über die ausgesprochen wird, die Gott dadurch ehrten, daß sie seinen Sabbat heilig hielten, erschallt ein gewaltiges Siegesgeschrei.

Im Osten erscheint eine kleine schwarze Wolke, ungefähr halb so groß wie eines Mannes Hand. Es ist die Wolke, die den Heiland umgibt, und die in der Entfernung in Finsternis gehüllt zu sein scheint. Gottes Volk weiß, daß dies das Zeichen des Menschensohnes ist. In feierlichem Schweigen blicken alle unverwandt auf sie, wie sie der Erde näherrückt und zusehends heller und herrlicher wird, bis sich eine große weiße Wolke entwickelt, deren Grund wie verzehrendes Feuer aussieht und über der der Regenbogen des Bundes schwebt. Jesus reitet voraus als ein mächtiger Sieger. Er kommt jetzt nicht als Schmerzensmann, den bittern Kelch der Schmach und des Weh's zu trinken, sondern als Sieger im Himmel und auf Erden, um die Lebendigen und die Toten zu richten. Er hieß „Treu und Wahrhaftig, und er richtet und kämpft mit Gerechtigkeit. ... Und ihm folgte das Heer des Himmels." (Offb. 19, 11. 14.) Mit Wechselgesängen himmlischer Weisen begleitet ihn ein unzählbar großes Gefolge heiliger Engel. Das Firmament scheint mit leuchtenden Gestalten bedeckt zu sein, zehntausend mal zehntausend und tausendmal tausend. Keine menschliche Feder kann die Herrlichkeit dieses Anblicks beschreiben, kein sterblicher Verstand seine Pracht erfassen. „Seines Lobes war der Himmel voll und seiner Ehre war die Erde voll. Sein Glanz war wie Licht." (Hab. 3, 4.) Da die lebendige Wolke noch näher kommt, sieht jedes Auge den Lebensfürsten. Keine Dornenkrone entstellt sein erhabenes Haupt, sondern ein Diadem der Herrlichkeit ruht auf seiner heiligen Stirn. Sein Angesicht leuchtet heller als die blendende Mittagsonne. „Und trägt einen Namen geschrieben auf seinem Gewand und auf seiner Hüfte; König aller Könige und Herr aller Herren." (Offb. 19, 16.)

Vor seiner Gegenwart sind alle Angesichter bleich, und auf die Verwerfer der Gnade Gottes fällt der Schrecken ewiger Verzweiflung. „Nun muß ... aller Herzen verzagen und die Knie schlottern, aller Lenden zittern und aller Angesicht bleich wird." (Jer. 30, 6; Nah. 2, 11.) Die Gerechten rufen mit Zittern: „Wer kann bestehen?" Der Gesang der Engel verstummt, und es herrscht eine Zeitlang tiefes Schweigen. Dann vernimmt man die Stimme Jesu, die sagt: „Meine Gnade ist genügend für euch." Die Gesichter der Gerechten hellen sich auf, Freude erfüllt jedes Herz. Und die Engel singen im Chor und jubeln wiederum, indem sie sich der Erde noch mehr nähern.

Der König aller Könige steigt auf der Wolke herab, in Feuerflammen gehüllt. Der Himmel entweicht wie ein zusammengerolltes Buch, die Erde zittert vor ihm, und alle Berge und alle Inseln werden aus ihren Örtern bewegt. „Unser Gott kommt und schweiget nicht. Fressendes Feuer gehet vor ihm her und um ihn her ein mächtiges Wetter. Er ruft Himmel und Erde zu, daß er sein Volk richten wolle:“ (Ps. 50, 3. 4.)

„Und die Könige auf Erden und die Großen und die Obersten und die Reichen und die Gewaltigen und alle Sklaven und alle Freien verbargen sich in den Klüften und Felsen der Berge und sprachen zu den Bergen und Felsen: Fallt über uns und verbergt uns vor dem Angesicht dessen, der auf dem Thron sitzt, und vor dem Zorn des Lammes! Denn es ist gekommen der große Tag ihres Zorns, und wer kann bestehen?“ (Offb. 6, 15-17.)

Das höhnische Gespött hat aufgehört. Lügende Lippen sind zum Schweigen gebracht. Das Waffengeklirr und Schlachtgetümmel und alles Ungestüm und die blutigen Kleider sind verschwunden. (Jes. 9, 5.) Nur die Stimme des Gebets und Laute des Weinens und Wehklagens werden jetzt vernommen. Von den Lippen der jüngst noch Spottenden ertönt der Schrei: „Es ist gekommen der große Tag ihres Zorns, und wer kann bestehen?“ Die Gottlosen bitten, eher unter den Felsen der Berge begraben zu werden, als dem Angesicht dessen zu begegnen, den sie verachtet und verworfen haben.

Sie kennen jene Stimme, die an das Ohr der Toten dringt. Wie oft hat ihr sanfter, flehender Ton sie zur Buße gerufen! Wie oft ist sie in den rührenden Bitten eines Freundes, eines Bruders, eines Erlösers vernommen worden! Den Verwerfern seiner Gnade könnte keine andere Stimme so verdammend, so urteilsschwer sein als jene, die solange gefleht hat: „So kehrt nun um von euren bösen Wegen. Warum wollt ihr sterben, ihr vom Hause Israel?“ (Hes. 33, 11.) Ach, daß es für sie die Stimme eines Fremdlings wäre! Jesus sagt: „Wenn ich aber rufe und ihr euch weigert, wenn ich meine Hand ausstrecke und niemand darauf achtet, wenn ihr fahren laßt all meinen Rat und meine Zurechtweisung nicht wollt.“(Spr. 1, 24. 25.) Jene Stimme weckt Erinnerungen, die sie gern austilgen möchten – verachtete Warnungen, abgeschlagene Einladungen, geringgeschätzte Vorrechte.

Dort sind jene, die Christus in seiner Erniedrigung verspotteten. Mit durchdringender Macht kommen ihnen die Worte des Dulders ins Gedächtnis, die er, von dem Hohenpriester beschworen, feierlich erklärte: „Von nun an werdet ihr sehen den Menschensohn sitzen zur Rechten der Kraft und kommen auf den Wolken des Himmels.“ (Matth. 26, 64.) Jetzt erblicken sie ihn in seiner Herrlichkeit, und sie müssen ihn noch sehen zur Rechten der Kraft sitzen.

Die seinen Anspruch, der Sohn Gottes zu sein, verspotteten, sind nun sprachlos. Da ist der hochmütige Herodes, der über seinen königlichen Titel spottete und den höhnenden Soldaten befahl, ihn zum König zu krönen. Da sind ganz dieselben Männer, die mit verruchten Händen das purpurne Gewand um seine Gestalt legten und auf seine heilige Stirn die Dornenkrone setzten; die in seine widerstandslose Hand das Zepter des Spottes legten und sich in gotteslästerlichen Hohnreden vor ihm verbeugten. Die Männer, die den Fürsten des Lebens schlugen und anspien, wenden sich nun von seinem durchdringenden Blick ab und versuchen, aus dem überwältigenden Glanz seiner Gegenwart zu fliehen. Die Knechte, die die Nägel durch seine Hände und Füße trieben, der Soldat, der seine Seite durchstach, sehen diese Male mit Schrecken und Gewissensbissen.

Mit schrecklicher Deutlichkeit erinnern sich die Priester und Obersten der Ereignisse auf Golgatha. Mit Schaudern und Schrecken denken sie daran, wie sie in satanischem Frohlocken ihr Haupt schüttelnd ausriefen: „Andern hat er geholfen und kann sich selber nicht helfen. Ist er der König von Israel, so steige er nun vom Kreuz herab. Dann wollen wir an ihn glauben. Er hat Gott vertraut; der erlöse ihn nun, wenn er Gefallen an ihm hat." (Matth. 27, 42. 43.)

Lebhaft erinnern sie sich des Gleichnisses Jesu von den Weingärtnern, die sich weigerten, ihrem Herrn die Frucht des Weinbergs zu geben, seine Knechte mißhandelten und seinen Sohn erschlugen. Auch gedenken sie des Ausspruches, den sie selbst äußerten: Der Herr des Weinberges „wird die Bösewichte übel umbringen." In der Sünde und Bestrafung jener untreuen Männer sehen die Priester und Ältesten ihr eigenes Verhalten und ihre eigene gerechte Verurteilung. Und jetzt erhebt sich ein Schrei der Todesangst. Lauter als der Ruf: „Kreuzige ihn! kreuzige ihn!", der in den Straßen Jerusalems ertönte, erschallt der schreckliche, verzweiflungsvolle Wehruf: „Es ist Gottes Sohn! Es ist der wahre Messias!" Sie bemühen sich, aus der Gegenwart des Königs aller Könige zu fliehen. In den tiefen Höhlen der Erde, die sich durch den Aufruhr der Elemente bildeten, versuchen sie sich vergebens zu verbergen.

In dem Leben aller, die die Wahrheit verwerfen, gibt es Augenblicke, da das Gewissen erwacht, da ihnen ihr Gedächtnis qualvolle Erinnerungen an Taten und Worte der Heuchelei vorhält und die Seele von Reue geplagt wird. Aber was sind diese, verglichen mit den Gewissensbissen jenes Tages, da „Angst und Not kommt", da das „Unglück wie ein Wetter" kommt. (Spr. 1, 27.) Die Christus und seine Nachfolger gern umgebracht hätten, sehen nun die Herrlichkeit, die auf ihnen ruht. Inmitten des Schreckens hören sie die Stimmen der Heiligen freudig ausrufen: „Siehe, das ist unser Gott, auf den wir hofften, daß er uns helfe." (Jes. 25, 9.)

Während des Schwankens der Erde, des Zuckens der Blitze und des Grollens des Donners ruft die Stimme des Sohnes Gottes die schlafenden Heiligen hervor. Er blickt auf die Gräber der Gerechten und ruft dann, seine Hand zum Himmel erhebend: „Erwachet, erwachet, erwachet, die ihr im Staube schlaft, und stehet auf!" Über die Länge und Breite der Erde hin werden die Toten diese Stimme hören, und die sie hören, werden leben. Und die ganze Erde dröhnt von den Tritten der außerordentlich großen Schar aus allen Heiden, Geschlechtern, Völkern und Sprachen. Aus den Gefängnissen des Todes kommen sie, angetan mit unsterblicher Herrlichkeit, und rufen: „Tod, wo ist dein Stachel? Hölle, wo ist dein Sieg?" (1. Kor. 15, 55.) Und die lebenden Gerechten und die auferstandenen Heiligen vereinen ihre Stimmen in einem langen fröhlichen Siegesjubel.

Alle kommen in derselben Größe aus ihren Gräbern, wie sie hineingelegt wurden. Adam, der mitten unter der auferstandenen Schar steht, ist von erhabener Höhe und majestätischer Gestalt, nur wenig kleiner als der Sohn Gottes. Er bietet einen auffallenden Gegensatz zu dem Volk späterer Geschlechter; in dieser einen Beziehung sieht man die große Entartung des Menschengeschlechtes. Alle aber stehen auf in der Frische und Kraft ewiger Jugend. Im Anfang wurde der Mensch nach dem Bilde Gottes geschaffen, nicht nur in Charakter, sondern auch in Gestalt und Aussehen. Die Sünde hat das göttliche Bild entstellt und nahezu verwischt; aber Christus kam, um das, was verlorengegangen war, wiederherzustellen. Er wird unseren nichtigen Leib verwandeln und ihn seinem verklärten Leibe ähnlich machen. Die sterbliche, vergängliche, anmutlose Gestalt, einst mit Sünde befleckt, wird vollkommen, schön und unsterblich. Alle Fehler und Gebrechen werden im Grabe gelassen. Wieder zum Baum des Lebens in dem lange verlorenen Paradiese zugelassen, werden die Erlösten zunehmen, bis sie zu der vollen Größe des Menschengeschlechtes in seiner ursprünglichen Herrlichkeit herangewachsen sind. Die letzten noch gebliebenen Spuren des Fluches der Sünde werden beseitigt, und die Getreuen Christi erscheinen in der Herrlichkeit des Herrn, unseres Gottes, und werden an Geist, Seele und Leib das vollkommene Bild ihres Herrn widerstrahlen. O, wunderbare Erlösung, lange besprochen, lange erhofft, mit eifriger Erwartung betrachtet, aber nie völlig verstanden!

Die lebenden Gerechten werden „plötzlich, in einem Augenblick", verwandelt. Beim Ertönen der Stimme Gottes wurden sie verherrlicht; nun empfangen sie Unsterblichkeit und werden mit den auferstandenen Heiligen dem Herrn entgegengerückt in der Luft. „Und dann wird er die Engel senden und wird seine Auserwählten versammeln von den vier Winden, vom Ende der Erde bis zum Ende des Himmels." (Mark. 13, 27.) Kleine Kinder werden von den heiligen Engeln in die Arme ihrer Mütter getragen. Freunde, die der Tod lange getrennt hatte, werden vereint, um nie mehr zu scheiden, und gemeinsam steigen sie unter Freudengesängen auf zu der Stadt Gottes.

Auf jeder Seite des Wolkenwagens sind Flügel, und unter ihm lebendige Räder, und wenn der Wagen aufwärts rollt, rufen die Räder: „Heilig!", und die Flügel, indem sie sich bewegen, rufen: „Heilig!", und das Gefolge der Engel ruft: „Heilig, heilig, heilig ist Gott der Herr, der Allmächtige." Und die Erlösten rufen: „Halleluja!", während der Wagen sich aufwärts nach dem neuen Jerusalem bewegt.

Vor dem Einzug in die Gottesstadt verleiht der Heiland seinen Nachfolgern die Auszeichnungen des Sieges und kleidet sie mit den Abzeichen ihres königlichen Standes. Die glänzenden Reihen stellen sich in Form eines offenen Vierecks auf, um ihren König herum, dessen Gestalt sich hoheitsvoll über die Heiligen und Engel erhebt und dessen Antlitz voll gütiger Liebe strahlt. Von dieser unzähligen Schar der Erlösten ist ein jeglicher Blick auf ihn gerichtet, jedes Auge schaut seine Herrlichkeit, dessen „Gestalt häßlicher ... denn andrer Leute und sein Aussehen denn der Menschenkinder war." (Jes. 52, 14.) Auf die Häupter der Überwinder setzt der Heiland mit eigener Hand die Krone der Herrlichkeit. Jeder erhält eine Krone, die seinen „neuen Namen" (Offb. 2, 17) und die Inschrift trägt: „Heilig dem Herrn!" In jede Hand wird die Siegespalme und die leuchtende Harfe gelegt. Dann, indem die leitenden Engel den Ton angeben, gleitet jede Hand geschickt über die Harfensaiten und entlockt ihnen liebliche Musik in reichen melodischen Akkorden. Unaussprechliche Wonne entzückt jedes Herz, und jede Stimme erhebt sich in dankbarem Lobgesang: „Ihm, der uns liebt und uns erlöst hat von unseren Sünden mit seinem Blut und uns zu Königen und Priestern gemacht hat vor Gott, seinem Vater, ihm sei Ehre und Gewalt von Ewigkeit zu Ewigkeit! Amen." (Offb. 1, 5. 6.)

Vor der erlösten Schar liegt die heilige Stadt. Jesus öffnet die Perlentore weit, und die Seligen, die die Wahrheit gehalten haben, ziehen ein. Dort schauen sie das Paradies Gottes, die Heimat Adams in seiner Unschuld. Und nun ertönt jene Stimme, klangvoller als irgendwelche Musik, die je an eines Sterblichen Ohr gelangte, und sagt: „Euer Kampf ist beendet! Kommt her, ihr Gesegneten meines Vaters, ererbet das Reich, das euch bereitet ist von Anbeginn der Welt!"

Jetzt geht das Gebet des Heilandes für seine Jünger in Erfüllung: „Ich will, daß, wo ich bin, auch die bei mir seien, die du mir gegeben hast." Christus bringt dem Vater den Erlös seines Blutes „untadelig ... vor das Angesicht seiner Herrlichkeit mit Freuden" (Jud. 24) und erklärt: „Hier bin ich und die Kinder, die mir der Herr gegeben hat." „Die du mir gegeben hast, die habe ich bewahrt." (Jes. 8, 18, Joh. 17, 12.) O Wunder der erlösenden Liebe! O Wonne jener Stunde, da der ewige Vater, auf die Erlösten blickend, sein Ebenbild sieht, der Mißklang der Sünde beseitigt, der Bannfluch hinweggenommen und das Menschliche wiederum in Einklang mit dem Göttlichen gebracht ist!

Mit unaussprechlicher Liebe heißt Jesus seine Getreuen zu der „Freude ihres Herrn" willkommen. Des Heilandes Freude aber besteht darin, daß er in dem Reich der Herrlichkeit die Seelen sieht, die durch sein Leiden und seine Erniedrigung errettet worden sind. Und die Erlösten werden an dieser Freude teilhaben, indem sie unter den Seligen diejenigen entdecken, die durch ihre Gebete, ihre Arbeit und ihre Opfer der Liebe für Christus gewonnen wurden. Wenn sie sich um den großen weißen Thron versammeln, wird eine unaussprechliche Freude ihre Herzen erfüllen, denn sie erblicken nicht nur die, die sie zum Herrn gebracht haben, sondern erkennen auch, daß jene andere Seelen gewonnen haben, und diese wiederum andere, die nun alle, in den Hafen der Ruhe gebracht, ihre Kronen zu Jesu Füßen niederlegen, um ihn in den endlosen Zeiten der Ewigkeit zu loben.

Wenn die Erlösten in der Stadt Gottes willkommen geheißen werden, durchdringt ein frohlockender Jubelruf der Anbetung die Luft. Der erste und der zweite Adam sind im Begriff sich zu begegnen. Der Sohn Gottes steht mit ausgestreckten Armen, um den Vater unseres Geschlechtes zu empfangen – das Wesen, das er schuf, welches gegen seinen Schöpfer sündigte, um dessen Sünden willen der Heiland die Zeichen der Kreuzigung trägt.

Wenn Adam die Spuren der grausamen Nägel erkennt, fällt er nicht an die Brust seines Herrn, sondern wirft sich demütig ihm zu Füßen und ruft: „Würdig, würdig ist das Lamm, das geschlachtet ist!" Zärtlich hebt der Heiland ihn auf und bittet ihn, wiederum seine Heimat in Eden zu schauen, aus der er solange verbannt gewesen ist.

Nach seiner Vertreibung aus Eden war Adams Leben auf Erden voller Kummer; jedes welkende Blatt, jedes Opfertier, jede Trübung in der schönen Natur, jeder Makel an der Reinheit des Menschen erinnerte ihn aufs neue an seine Sünde. Schrecklich war der Schmerz der Reue, als er die überhandnehmende Gottlosigkeit sah und in Antwort auf seine Warnungen die Vorwürfe hinnehmen mußte, daß er die Veranlassung zur Sünde gegeben habe. Mit geduldiger Demut trug er beinahe tausend Jahre die Strafe der Übertretung. Aufrichtig bereute er seine Sünde, vertraute auf die Verdienste des verheißenen Heilandes und starb in der Hoffnung auf eine Auferstehung. Der Sohn Gottes machte des Menschen Fehltritt und Fall wieder gut, und nun wird Adam durch das Werk der Versöhnung wieder in seine erste Herrschaft eingesetzt.

Entzückt vor Freude betrachtet er die Bäume, die einst sein Ergötzen waren, – ganz dieselben Bäume, von denen er in den Tagen seiner Unschuld und des Glückes Früchte brach. Er sieht die Reben, die seine eigenen Hände gezogen haben, dieselben Blumen, die er so gern gepflegt hat. Sein Verstand erfaßt die Wirklichkeit des Anblicks; er begreift, daß dies in der Tat das wiederhergestellte Eden ist, viel schöner jetzt, als da er daraus verbannt wurde. Der Heiland führt ihn zum Baum des Lebens, bricht die herrliche Frucht und bittet ihn zu essen. Er blickt um sich und sieht viele Glieder seiner Familie erlöst im Paradiese Gottes. Jetzt legt er seine glänzende Krone Jesus zu Füßen, fällt an seine Brust und umarmt den Erlöser. Er greift in die goldene Harfe, und die Gewölbe des Himmels widerhallen von dem triumphierenden Gesang: „Würdig, würdig, würdig ist das Lamm, das geschlachtet wurde und wieder lebt!" Adams Familie stimmt in den Gesang ein, und alle legen die Kronen zu des Heilandes Füßen wieder und beugen sich vor ihm in Anbetung.

Diese Wiedervereinigung wird von den Engeln gesehen, die über Adams Fall weinten und sich freuten, als Jesus nach seiner Auferstehung gen Himmel fuhr, nachdem er das Grab für alle geöffnet hatte, die an seinen Namen glauben würden. Nun sehen sie das Erlösungswerk vollendet und stimmen mit in den Lobgesang ein.

Auf dem kristallenen Meer vor dem Thron – jenem gläsernen Meer, das so von der Herrlichkeit Gottes glänzt, als wäre es mit Feuer vermengt, – steht die Schar derer, „die den Sieg behalten hatten über das Tier und sein Bild und sein Malzeichen und die Zahl seines Namens." (Offb. 15, 2.) Auf dem Berge Zion stehen mit dem Lamm die Hundertvierundvierzigtausend, die aus den Menschen erlöst wurden, und haben Harfen Gottes; und man hört eine Stimme wie das Gebrause eines großen Wassers und wie die Stimme eines großen Donners, die Stimme „der Harfenspieler, die auf ihren Harfen spielen". (Offb. 14, 1-3; 15, 3.) Sie singen „ein neues Lied" vor dem Stuhl, ein Lied, das niemand lernen kann ausgenommen die 144000. Es ist das Lied Moses und des Lammes, ein Lied der Befreiung. Niemand außer den 144000 kann dieses Lied lernen, denn es ist das Lied ihrer Erfahrung, und niemand sonst hat eine solche Erfahrung gehabt wie sie. Diese sind's, die dem Lamm nachfolgen, wo es hingeht. Sie werden, da sie aus den Lebendigen von der Erde entrückt wurden, zu „Erstlingen Gott und dem Lamm" erachtet. (Offb. 14, 4.) „Diese sind's, die gekommen sind aus großer Trübsal" (Offb. 7, 14); sie haben die trübselige Zeit, solche, wie sie nie auf Erden war, seit Menschen darauf wohnen, durchgemacht; sie haben die Angst der Zeit der Trübsal Jakobs ausgehalten; sie haben während der letzten Ausgießung der Gerichte Gottes ohne Vermittler dagestanden. Aber sie sind befreit worden, denn sie „haben ihre Kleider gewaschen und haben ihre Kleider hell gemacht im Blut des Lammes." „Und in ihrem Mund wurde kein Falsch gefunden, sie sind untadelig." „Darum sind sie vor dem Thron Gottes und dienen ihm Tag und Nacht in seinem Tempel; und der auf dem Thron sitzt, wird über ihnen wohnen." (Offb. 14, 5; 7, 15.) Sie haben gesehen, wie die Erde durch Hungersnot und Seuchen verwüstet wurde, wie die Sonne Macht hatte, die Menschen mit großer Hitze zu quälen, und sie selbst haben Leiden, Hunger und Durst erduldet. Aber nun wird sie „nicht mehr hungern noch dürsten; es wird auch nicht auf ihnen lasten die Sonne oder irgendeine Hitze; denn das Lamm mitten auf dem Thron wird sie weiden und leiten zu den Quellen des lebendigen Wassers, und Gott wird abwischen alle Tränen von ihren Augen." (Offb. 7, 16. 17.)

Zu allen Zeiten sind die Auserwählten des Heilandes in der Schule der Prüfung erzogen und ausgebildet worden. Sie wandelten auf Erden schmale Wege; sie wurden im Feuerofen der Trübsal gereinigt. Um Jesu willen ertrugen sie Widerstand, Haß, Verleumdung. Sie folgten ihm durch schmerzliche Kämpfe; sie ertrugen Selbstverleugnung und machten bittere Enttäuschungen durch. Aus ihrer eigenen bitteren Erfahrung lernten sie das Übel der Sünde, deren Macht, Strafbarkeit und Weh kennen und sie mit Abscheu zu betrachten. Das Wissen um das unermeßliche Opfer, das zu ihrer Heilung gebracht wurde, demütigte sie in ihren eigenen Augen und füllte ihre Herzen mit Dankbarkeit und Preis, was Wesen, die nie gefallen sind, gar nicht würdigen können. Sie lieben viel, weil ihnen viel vergeben worden ist. Da sie Teilhaber der Leiden Christi gewesen sind, können sie jetzt auch an seiner Herrlichkeit teilnehmen.

Die Erben Gottes sind aus Dachkammern, aus Hütten, aus Gefängniszellen, von Schafotten, von Bergen, aus Wüsten, aus Grüften der Erde und aus den Höhlen am Meer gekommen. Auf Erden hatten sie „Mangel, Bedrängnis, Mißhandlung erduldet". Millionen stiegen mit Schmach bedeckt in das Grab, weil sie sich standhaft weigerten, den trügerischen Ansprüchen Satans nachzugeben. Von menschlichen Gerichten wurden sie zu den verkommensten Verbrechern gezählt. Aber jetzt ist Gott Richter. (Ps. 50, 6.) Nun werden irdische Urteile umgekehrt. Er „wird aufheben die Schmach seines Volks," „Man wird sie nennen „Heiliges Volk", „Erlöste des Herrn"." (Jes. 25, 8; Jes. 62, 12.) Er hat verordnet, daß „Schmuck statt Asche, Freudenöl statt Trauerkleid, Lobgesang statt eines betrübten Geistes gegeben werden." (Jes. 61, 3.) Sie sind nicht mehr schwach, betrübt, zerstreut und unterdrückt. Von nun an sollen sie immer beim Herrn sein. Sie stehen vor dem Thron mit reicheren Gewändern angetan als die Geehrtesten auf Erden sie je getragen haben. Sie sind mit herrlicheren Kronen geschmückt als sie je auf die Stirn irdischer Herrscher gesetzt wurden. Die Tage der Schmerzen und des Weinens sind für immer vorüber. Der König der Herrlichkeit hat die Tränen von allen Angesichtern abgewischt; jede Ursache des Kummers ist beseitigt worden. Unter dem Wehen der Palmzweige lassen sie einen hellen, lieblichen, harmonischen Lobgesang ertönen; alle Stimmen nehmen die Melodie auf, bis der Chor durch die Gewölbe des Himmels anschwillt: „Das Heil ist bei dem, der auf dem Thron sitzt, unserm Gott, und dem Lamm!" Und alle Bewohner des Himmels antworten mit dem Zuruf: „Amen, Lob und Ehre und Weisheit und Dank und Preis und Kraft und Stärke sei unserm Gott von Ewigkeit zu Ewigkeit." (Offb. 7, 10. 12.)

In diesem Leben fangen wir nur an, den wunderbaren Gegenstand der Erlösung zu verstehen. Mit unserem beschränkten Verstand können wir ernsthaft die Schande und die Herrlichkeit, das

Leben und den Tod, die Gerechtigkeit und die Gnade, die sich im Kreuz begegnen, betrachten und ermangeln doch – trotz äußerster Anstrengung der notwendigen Geisteskräfte, um deren volle Bedeutung zu erfassen. Die Länge und Breite, die Höhe und Tiefe der erlösenden Liebe werden nur dunkel begriffen. Der Erlösungsplan wird selbst dann nicht völlig verstanden werden, wenn die Erlösten sehen, wie sie gesehen, und erkennen, wie sie erkannt werden; sondern durch die Zeitalter der Ewigkeit hindurch werden dem staunenden und entzückten Gemüt stets neue Wahrheiten eröffnet werden. Obwohl der Kummer, die Schmerzen und Versuchungen der Erde beendet sind und deren Ursache entfernt ist, wird Gottes Volk doch stets klar und deutlich bewußt sein, was seine Seligkeit gekostet hat.

Das Kreuz Christi wird in Ewigkeit die Wissenschaft und der Gesang der Erlösten sein. In dem verherrlichten Christus werden sie den gekreuzigten Christus sehen. Nie wird es vergessen werden, daß er, dessen Macht in dem unendlichen Bereich des Himmelsgewölbes die unzähligen Welten schuf und erhielt, der Geliebte Gottes, die Majestät des Himmels, er, den Cherubim und glänzende Seraphim freudig anbeteten, sich erniedrigte, um den gefallenen Menschen zu erheben; daß er die Schuld und Schande der Sünde und das Verbergen des Antlitzes seines Vaters erduldet hat, bis das Weh über eine verlorene Welt sein Herz brach und sein Leben am Kreuz von Golgatha verlöschte. Daß er, der alle Welten schuf und jedes Geschick entscheidet, seine Herrlichkeit beiseite legte und sich aus Liebe zu den Menschen so sehr demütigte, wird stets das Erstaunen und die Verehrung des Weltalls wachrufen. Wenn die Scharen der Erretteten auf ihren Erlöser sehen und die ewige Herrlichkeit des Vaters auf seinem Angesicht erblicken, wenn sie seinen Thron schauen, der von Ewigkeit zu Ewigkeit gegründet ist, und wissen, daß sein Reich kein Ende nehmen soll, brechen sie in den begeisterten Gesang aus: „Würdig, würdig ist das Lamm, das erwürget wurde, und uns mit Gott versöhnt hat durch sein eigenes köstliches Blut."

Das Geheimnis des Kreuzes erklärt alle anderen Geheimnisse. In dem Licht, das von Golgatha leuchtet, erscheinen die Eigenschaften Gottes, die uns mit Furcht und Scheu erfüllten, erhaben und anziehend. Gnade, Zärtlichkeit und väterliche Liebe sieht man mit Heiligkeit, Gerechtigkeit und Macht vereint. Während wir die Majestät seines hohen und erhabenen Thrones betrachten, sehen wir seinen Charakter in seinen gnädigen Offenbarungen und verstehen wie nie zuvor die Bedeutung des teuren Namens: Unser Vater.

Man wird sehen, daß er, der unendlich in Weisheit ist, keinen anderen Plan für unsere Seligkeit ersinnen konnte als die Opferung seines Sohnes. Der Lohn für dies Opfer ist die Freude, die Erde mit erlösten, heiligen, glücklichen und unsterblichen Wesen zu bevölkern. Die Folge des Kampfes unseres Heilandes mit den Mächten der Finsternis ist die Freude der Erlösten, die in Ewigkeit zur Verherrlichung Gottes widerhallt. Und so groß ist der Wert der Seele, daß der Vater durch den bezahlten Preis entschädigt ist und Christus selbst Genugtuung empfindet, wenn er die Früchte seines großen Opfers sieht.

41 Die Verwüstung der Erde

„Ihre Sünden reichen bis an den Himmel, und Gott denkt an ihren Frevel. ... In den Kelch, in den sie euch eingeschenkt hat, schenkt ihr zweifach ein! Wieviel Herrlichkeit und Üppigkeit sie gehabt hat, soviel Qual und Leid schenkt ihr ein! Denn sie spricht in ihrem Herzen: Ich throne hier und bin eine Königin und bin keine Witwe, und Leid werde ich nicht sehen. Darum werden ihre Plagen an einem Tag kommen, Tod, Leid und Hunger, und mit Feuer wird sie verbrannt werden; denn stark ist Gott der Herr, der sie richtet. Und es werden sie beweinen und beklagen die Könige auf Erden, die mit ihr gehurt und gepraßt haben, wenn sie sehen werden den Rauch von ihrem Brand, in dem sie verbrennt. Sie werden fernab stehen aus Furcht vor ihrer Qual und sprechen: Weh, weh, du große Stadt Babylon, du starke Stadt, in einer Stunde ist dein Gericht gekommen!"

„Die Kaufleute auf Erden", die von ihr „sind reich geworden von ihrer großen Üppigkeit, ... werden fernab stehen aus Furcht vor ihrer Qual, werden weinen und klagen; Weh, weh du große Stadt, die bekleidet war mit feinem Leinen und Purpur und Scharlach und geschmückt war mit Gold und Edelsteinen und Perlen, denn in einer Stunde ist verwüstet solcher Reichtum!" (Offb. 18, 5-10. 3. 15-17.)

Derart sind die Gerichte, die am Tage der Heimsuchung des Zornes Gottes auf die Stadt Babylon fallen. Sie hat das Maß ihrer Ungerechtigkeit gefüllt; ihre Zeit ist gekommen; sie ist reif für die Zerstörung.

Wenn die Stimme Gottes die Gefangenschaft seines Volkes wendet, gibt es ein schreckliches Erwachen für jene, die in dem Kampf des Lebens alles verloren haben. Während der Gnadenzeit waren sie durch Satans Täuschungen verblendet und rechtfertigten ihren sündhaften Lebenswandel. Die Reichen brüsteten sich mit ihrem Vorzug vor den weniger Begünstigten, obgleich sie ihre Reichtümer durch Übertretung des Gesetzes Gottes erlangt hatten. Sie hatten es unterlassen, die Hungrigen zu speisen, die Nackten zu kleiden, gerecht zu handeln und Barmherzigkeit zu üben. Sie hatten versucht, sich zu erheben und die Huldigung ihrer Mitmenschen zu erlangen. Nun sind sie alles dessen, was sie groß machte, beraubt und stehen mittellos und wehrlos. Sie sehen mit Schrecken auf die Zerstörung der Götzen, die sie ihrem Schöpfer vorzogen. Sie haben ihre Seelen für irdische Reichtümer und Freuden verkauft und nicht danach getrachtet, reich zu werden in Gott. Die Folge ist: ihr Leben ist ein Fehlschlag; ihre Vergnügungen sind in Bitternis verwandelt, ihre Schätze in Fäulnis. Der Gewinn einer Lebenszeit wird in einem Augenblick hinweggerafft. Sie bejammern die Zerstörung ihrer Häuser, das Zerstieben ihres angehäuften Goldes und Silbers. Aber ihre Klagen verstummen vor Furcht, daß sie selbst mit ihren Götzen umkommen müssen.

Die Gottlosen werden mit Reue erfüllt, nicht wegen ihrer sündhaften Vernachlässigung Gottes und ihrer Mitmenschen, sondern weil Gott gesiegt hat. Sie bejammern diese Folgen, aber bereuen nicht ihre Gottlosigkeit. Sie würden kein Mittel unversucht lassen, um zu siegen, falls sie könnten.

Die Welt sieht gerade die Menschen, die sie verspottete und verlachte und die sie zu vertilgen wünschte, unbeschädigt durch Pestilenz, Stürme und Erdbeben gehen. Er, der den Übertretern seines Gesetzes ein verzehrendes Feuer ist, ist seinem Volk eine sichere Hütte.

Der Prediger, der die Wahrheit preisgab, um Menschengunst zu gewinnen, erkennt jetzt den Charakter und den Einfluß seiner Lehren. Es wird offenbar, daß ein allwissendes Auge ihm folgte, als er auf der Kanzel stand, in den Straßen ging oder in den verschiedenen Umständen des Lebens mit den Menschen in Berührung kam. Jede Erregung der Seele, jede geschriebene Zeile, jedes geäußerte Wort, jede Tat, wodurch Menschen in eine falsche Zuversicht gewiegt wurden, ist ein ausgestreuter Same gewesen, und in den elenden, verlorenen Seelen um sich herum erblickt er die Ernte.

Der Herr sagt: „Und heilen den Schaden meines Volks nur obenhin, indem sie sagen: „Friede! Friede!", und ist doch nicht Friede." „Weil ihr das Herz der Gerechten betrübt habt, die ich nicht betrübt habe, und die Hände der Gottlosen gestärkt habt, damit sie sich von ihrem bösen Wandel nicht bekehren, um ihr Leben zu retten." (Jer. 8, 11; Hes. 13, 22.)

„Wehe euch Hirten, die ihr die Herde meiner Weide umkommen laßt und zerstreut! ... Siehe, ich will euch heimsuchen um eures bösen Tuns willen." „Heulet nun, ihr Hirten, und schreiet, wälzt euch in der Asche, ihr Herren der Herde; denn die Zeit ist erfüllt, daß ihr geschlachtet und zerstreut werdet ... Und die Hirten werden nicht fliehen können, und die Herren der Herde werden nicht entrinnen können." (Jer. 23, 1. 2; 25, 34. 35.)

Prediger und Volk sehen, daß sie nicht die richtige Beziehung zu Gott pflegten. Sie erkennen, daß sie sich gegen den Urheber des vollkommen gerechten und rechtschaffenen Gesetzes empört hatten. Ihre Mißachtung der göttlichen Vorschriften gab Anlaß zu tausenderlei Ursachen zum Bösen, zu Zwietracht, Haß und Ungerechtigkeit, bis die Erde ein weites Feld des Streites, ein Sumpf der Verderbnis wurde. Solch ein Anblick liegt jetzt vor jenen, die die Wahrheit verwarfen und den Irrtum pflegten. Keine Sprache kann die Sehnsucht ausdrücken, die die Ungehorsamen und Treulosen nach dem empfinden, was sie für immer verloren haben – dem ewigen Leben. Menschen, die von der Welt um ihrer Gaben und Beredsamkeit willen verehrt wurden, sehen nun diese Dinge in ihrem wahren Licht. Sie erkennen, was sie durch Übertretung verwirkt haben, und sie werfen sich denen zu Füßen, deren Treue sie verachteten und verspotteten, und bekennen, daß Gott sie geliebt habe.

Das Volk sieht, daß es hintergangen worden ist. Einer klagt den andern an, daß er ihn ins Verderben geführt habe; alle aber häufen die bitterste Verdammung auf die Prediger. Untreue Hirten haben Angenehmes geweissagt, haben ihre Zuhörer dazu verleitet, Gottes Gesetz beiseitezusetzen und die zu verfolgen, die es heilig halten wollten. In ihrer Verzweiflung bekennen sie jetzt vor der Welt ihr betrügerisches Werk. Die Mengen werden mit Wut erfüllt. „Wir sind verloren!", schreien sie, „und ihr seid die Ursache unseres Untergangs"; und sie wenden sich gegen die falschen Hirten. Gerade diejenigen, die sie am meisten bewunderten, werden die furchtbarsten Verwünschungen über sie aussprechen. Dieselben Hände, die sie einst mit Lorbeeren krönten, werden sich zu ihrer Vernichtung erheben. Die Schwerter, die das Volk Gottes erschlagen sollten, werden nun gebraucht, um dessen Feinde umzubringen. Überall herrscht Streit und Blutvergießen.

Sein „Ruf" wird „erschallen ... über alle Bewohner der Erde hin. ... Der Herr will mit den Völkern rechten und mit allem Fleisch Gericht halten; die Schuldigen wird er dem Schwert übergeben." (Jer. 25, 30. 31.) Sechstausend Jahre hat der große Kampf gedauert; der Sohn Gottes und seine himmlischen Boten haben gegen die Macht des Bösen gestritten, um die Menschenkinder zu warnen, zu erleuchten und zu retten. Nun haben alle ihren Entscheidung getroffen; die Gottlosen haben sich vollständig mit Satan vereint im Kampf gegen Gott. Die Zeit ist gekommen, daß Gott die Autorität seines mit Füßen getretenen Gesetzes rechtfertige. Der Streit besteht jetzt nicht allein mit Satan, sondern auch mit Menschen. „Der Herr will mit den Völkern rechten." „Die Schuldigen wird er dem Schwert übergeben."

Das Zeichen der Befreiung ist jenen aufgedrückt worden, „die da seufzen und jammern über alle Greuel, die ... geschehen." Nun geht der Todesengel aus, der in dem Gesicht Hesekiels durch die mit mörderischen Waffen versehenen Männer dargestellt wird, denen das Gebot gegeben wird: „Erschlagt Alte, Jünglinge, Jungfrauen, Kinder und Frauen, schlagt alle tot; aber die das Zeichen an sich haben, von denen sollt ihr keinen anrühren. Fangt aber an bei meinem Heiligtum!" Der Prophet sagt: „Und sie fingen an bei den Ältesten, die vor dem Tempel waren." (Hes. 9, 1-6.) Das Werk der Vernichtung beginnt unter jenen, die vorgegeben haben, die geistlichen Hüter des Volkes zu sein. Die falschen Wächter sind die ersten, die fallen sollen. Keiner wird bemitleidet, keiner verschont. Männer, Weiber, Jungfrauen und Kindlein kommen miteinander um.

„Der Herr wird ausgehen von seinem Ort, heimzusuchen die Bosheit der Einwohner der Erde. Dann wird die Erde offenbar machen das Blut, das auf ihr vergossen ist, und nicht weiter verbergen, die auf ihr getötet sind." (Jes. 26, 21.) „Und dies wird die Plage sein, mit der der Herr alle Völker schlagen wird, die gegen Jerusalem in den Kampf gezogen sind; ihr Fleisch wird verwesen, während sie noch auf ihren Füßen stehen, und ihre Augen werden in ihren Höhlen verwesen und ihre Zungen im Mund. Zu der Zeit wird der Herr eine große Verwirrung unter ihnen anrichten, so daß einer den andern bei der Hand packen und seine Hand wider des anderen Hand erheben wird." (Sach. 14, 12. 13.) In dem wütenden Kampf ihrer eigenen grimmigen Leidenschaften und durch das schreckliche Ausgießen des ungemischten Zornes Gottes fallen die gottlosen Bewohner der Erde – Priester, Oberste und Volk, reich und arm, hoch und niedrig. „Zu der Zeit werden die vom Herrn Erschlagenen liegen von einem Ende der Erde bis ans andere Ende; sie werden nicht beklagt noch aufgehoben noch begraben werden." (Jer. 25, 33.)

Bei dem Kommen Christi werden die Gottlosen von der ganzen Erde vertilgt – verzehrt von dem Geist seines Mundes und vernichtet durch die Erscheinung seiner Herrlichkeit. Christus führt sein Volk zu der Stadt Gottes, und die Erde hat keine Bewohner mehr. „Siehe, der Herr macht das Land leer und wüst und wirft um, was auf ihr ist, und zerstreut ihre Bewohner. ... Die Erde wird leer und beraubt sein; denn der Herr hat solches geredet. ... Denn sie übertreten das Gesetz und ändern die Gebote und brechen den ewigen Bund. Darum frißt der Fluch die Erde, und büßen müssen's, die darauf wohnen. Darum nehmen die Bewohner der Erde ab, so daß wenig Leute übrigbleiben." (Jes. 24, 1. 3. 5. 6.)

Die ganze Welt sieht aus wie eine öde Wüste. Ruinen der von dem Erdbeben zerstörten Städte und Dörfer, entwurzelte Bäume, rauhe, vom Meer ausgeworfene oder aus der Erde selbst gerissene Felsen liegen auf der Oberfläche verstreut, während gähnende Abgründe die Stätte kennzeichnen, wo die Berge aus ihren Grundfesten gerissen worden sind.

Jetzt findet das Ereignis statt, von dem die letzte feierliche Handlung am Versöhnungstag ein Schatten war. Nachdem der Dienst im Allerheiligsten vollendet und die Sünden Israels kraft des Blutes des Sündopfers aus dem Heiligtum entfernt worden waren, wurde der Sündenbock lebendig vor den Herrn gebracht; und in der Gegenwart des Volkes bekannte der Hohepriester „auf ihn alle Missetat der Kinder Israel und alle ihre Übertretung in allen ihren Sünden" und legte sie dem lebendigen Bock auf das Haupt. (3. Mose 16, 21.) Auf gleiche Weise werden, wenn das Werk der Versöhnung im himmlischen Heiligtum vollendet ist, in der Gegenwart Gottes und der heiligen Engel und der Schar der Erlösten die Sünden des Volkes Gottes auf Satan gelegt; er wird all des Bösen schuldig erklärt werden, das er veranlaßt hat. Und wie der lebendige Bock in ein unbewohntes Land gesandt wurde, so wird Satan auf die verwüstete Erde verbannt werden, in eine unbewohnte und öde Wildnis.

Der Schreiber der Offenbarung sagt Satans Verbannung sowie den Zustand des Chaos und der Verödung, in den die Erde versetzt werden soll, voraus und erklärt, daß dieser Zustand tausend Jahre lang bestehen soll. Nach der Schilderung der Ereignisse bei der Wiederkunft des Herrn und des Untergangs der Gottlosen fährt die Weissagung fort: „Und ich sah einen Engel vom Himmel herabfahren, der hatte den Schlüssel zum Abgrund und eine große Kette in seiner Hand. Und er griff den Drachen, die alte Schlange, das ist der Teufel und der Satan, und fesselte ihn für tausend Jahre und warf ihn in den Abgrund und verschloß ihn und setzte ein Siegel oben darauf, damit er die Völker nicht mehr verführen sollte, bis vollendet würden die tausend Jahre. Danach muß er losgelassen werden eine kleine Zeit." (Offb. 20, 1-3.)

Daß der Ausdruck „Abgrund" die Erde in einem Zustand der Verwirrung und der Finsternis bedeutet, erhellen andere Schriftstellen. Über den Zustand der Erde „am Anfang" sagt der biblische Bericht: „Die Erde war wüst und leer, und es war finster auf der Tiefe.". Mose 1, 2; das hier mit „Tiefe" übersetzte Wort ist in der Septuaginta das gleiche wie das in Offb. 20, 3 mit „Abgrund" wiedergegebene.Die Weissagung lehrt uns, daß die Erde wenigstens teilweise in diesen Zustand zurückgebracht werden wird. Im Hinblick auf den großen Tag Gottes erklärt der Prophet Jeremia: „Ich schaute das Land [Grundtext: die Erde] an, siehe, das war wüst und öde, und den Himmel, und er war finster. Ich sah die Berge an, und siehe, sie bebten, und alle Hügel wankten. Ich sah, und siehe, da war kein Mensch, und alle Vögel unter dem Himmel waren weggeflogen. Ich sah, und siehe, das Fruchtland war eine Wüste, und alle seine Städte waren zerstört." (Jer. 4, 23-26.)

Diese Einöde soll tausend Jahre die Heimat Satans mit seinen bösen Engeln sein. Auf die Erde beschränkt, wird er keinen Zugang zu anderen Welten haben, um die zu versuchen und zu belästigen, die nie gefallen sind. In diesem Sinne ist er gebunden; niemand ist übriggeblieben, an dem er seine Macht ausüben könnte. Er ist gänzlich von dem Werk der Täuschung und des Verderbens abgeschnitten, das so viele Jahrhunderte lang seine einzige Freude gewesen ist.

Der Prophet Jesaja, der Zeit des Sturzes Satans entgegensehend, ruft aus: „Wie bist du vom Himmel gefallen, du schöner Morgenstern! Wie wurdest du zu Boden geschlagen, der du alle Völker niederschlugst! Du aber gedachtest in deinem Herzen: „Ich will in den Himmel steigen und meinen Thron über die Sterne Gottes erhöhen, ich will ... gleich sein dem Allerhöchsten. Ja, hinunter zu den Toten fuhrest du, zur tiefsten Grube! Wer dich sieht, wird auf dich schauen, wird dich ansehen und sagen: Ist das der Mann, der die Welt zittern und die Königreiche beben machte, der den Erdkreis zur Wüste machte und seine Städte zerstörte und seine Gefangenen nicht nach Hause entließ?" (Jes. 14, 12-17.)

Sechstausend Jahre lang machte Satans Werk der Empörung „die Welt zittern." Er ist es, „der den Erdkreis zur Wüste machte und seine Städte zerstörte." Und er „entließ seine Gefangenen nicht nach Hause." Sechstausend Jahre hat sein Gefängnis das Volk Gottes aufgenommen, und er würde es auf ewig dort behalten haben; aber Christus hat die Bande gesprengt und die Gefangenen freigesetzt.

Selbst die Gottlosen sind jetzt außerhalb der Macht Satans; und er kann allein mit seinen bösen Engeln die Wirkung des Fluches, den die Sünde brachte, wahrnehmen. „Alle Könige der Völker ruhen doch in Ehren, ein jeder in seiner Kammer; du aber bist hingeworfen ohne Grab wie ein verachteter Zweig, ... Du wirst nicht wie jene begraben werden, ... denn du hast dein Land verderbt und dein Volk erschlagen." (Jes. 14, 18-20.)

Tausend Jahre lang wird Satan auf der verwüsteten Erde umherwandern, um die Folgen seiner Empörung gegen Gottes Gesetz zu schauen. Während dieser Zeit leidet er aufs äußerste. Seit seinem Fall hat seine rastlose Tätigkeit das Nachdenken verbannt; aber nun, seiner Macht entblößt, bleibt ihm nur noch übrig, die Rolle zu betrachten, die er gespielt hat, seit er sich zuerst gegen die Regierung des Himmels empörte, und mit Zittern und Schrecken schaut er vorwärts auf die furchtbare Zukunft, da er für all das Böse, das er getan, leiden und für die Sünden, die er verursacht hat, bestraft werden muß.

Dem Volke Gottes wird das Gebundensein Satans Freude und Frohlocken bringen. Der Prophet sagt: „Und zu der Zeit, wenn dir der Herr Ruhe geben wird von deinem Jammer und Leid und von dem harten Dienst, in dem du gewesen bist, wirst du dies Lied anheben gegen den König von Babel und sagen: Wie ist's mit dem Treiber so gar aus, ... Der Herr hat den Stock der Gottlosen zerbrochen, die Rute der Herrscher. Der schlug die Völker im Grimm ohne Aufhören und herrschte mit Wüten über die Nationen und verfolgte ohne Erbarmen." (Jes. 14, 3-6.)

Während der tausend Jahre zwischen der ersten und der zweiten Auferstehung findet das Gericht über die Gottlosen statt. Der Apostel Paulus verweist auf dies Gericht als ein auf Christi Wiederkunft folgendes Ereignis. „Darum richtet nicht vor der Zeit, bis der Herr kommt, der auch ans Licht bringen wird, was im Finstern verborgen ist, und wird das Trachten der Herzen offenbar machen." (1. Kor. 4, 5.) Daniel erklärt, daß, als der Alte kam, „das Gericht gegeben wurde den Heiligen des Höchsten." (Dan. 7, 22, Lange u. Grundtext.) Um diese Zeit herrschen die Gerechten als Könige und Priester Gottes. Johannes erklärt in der Offenbarung: „Und ich sah Throne, und sie setzten sich darauf, und ihnen wurde das Gericht übergeben. ... Sie werden Priester Gottes und Christi sein und mit ihm regieren tausend Jahre." (Offb. 20, 4. 6.) Zu dieser Zeit werden, wie Paulus vorausgesagt hat,

„die Heiligen die Welt richten." (1. Kor. 6, 2.) Mit Christus richten sie die Gottlosen, indem sie ihre Taten mit dem Gesetzbuch, der Bibel, vergleichen und jeden Fall nach den zu Lebzeiten geschehenen Werken entscheiden. Dann wird die Strafe, die die Gottlosen erleiden müssen, nach ihren Werken zugemessen und ihrem Namen gegenüber in das Buch des Todes eingetragen.

Auch Satan und die bösen Engel werden von Christus und seinem Volk gerichtet. Paulus sagt: „Wisset ihr nicht, daß wir über die Engel richten werden?" (1. Kor. 6, 3.) Und Judas erklärt: „Die Engel, die ihren himmlischen Rang nicht bewahrten, sondern ihre Behausung verließen, hat er für das Gericht des großen Tages festgehalten mit ewigen Banden in der Finsternis." (Jud. 6.)

Am Schluß der tausend Jahre wird die zweite Auferstehung stattfinden. Dann werden die Gottlosen vom Tode auferweckt werden und vor Gott zur Vollstreckung des geschriebenen Urteils erscheinen. So sagt der Schreiber der Offenbarung, nachdem er die Auferstehung der Gerechten beschrieben hat: „Die anderen Toten aber wurden nicht wieder lebendig, bis die tausend Jahre vollendet wurden." (Offb. 20, 5.) Und Jesaja erklärt hinsichtlich der Gottlosen: „Daß sie gesammelt werden als Gefangene im Gefängnis und verschlossen werden im Kerker und nach langer Zeit heimgesucht werden." (Jes. 24, 22.)

42 Des Kampfes Ende

Am Ende der tausend Jahre kommt Christus wieder auf die Erde. Die erlöste Schar und ein Gefolge von Engeln begleiten ihn. Während er in schreckenserregender Majestät herniedersteigt, befiehlt er den gottlosen Toten aufzustehen, um ihr Urteil zu empfangen. Sie kommen hervor, eine mächtige Schar, zahllos wie der Sand am Meer. Welch ein Gegensatz zu denen, die bei der ersten Auferstehung erweckt wurden! Die Gerechten waren mit unsterblicher Jugend und Schönheit bekleidet; die Gottlosen tragen die Spuren der Krankheit und des Todes.

Jedes Auge der ungeheuren Menge erblickt die Herrlichkeit des Sohnes Gottes, und einstimmig rufen diese gottlosen Scharen aus: „Gesegnet ist, der da kommt im Namen des Herrn!" Nicht aus Liebe zu Jesus entsteht dieser Ausruf; die Kraft der Wahrheit nötigt die Worte von unwilligen Lippen. Wie die Gottlosen in ihre Gräber gingen, so kommen sie heraus, mit derselben Feindseligkeit gegen Christus, mit demselben Geist der Empörung. Ihnen wird keine neue Gnadenzeit zuteil, in der sie die Fehler ihres vergangenen Lebens gutmachen können. Dadurch würde nichts gewonnen werden. Ein Leben voll Übertretung hat ihre Herzen nicht erweicht, und eine zweite Gnadenzeit, falls sie ihnen gewährt wäre, würde wie die erste in Mißachtung der Gebote Gottes und Anstiften von Empörung gegen ihn zugebracht werden.

Christus steigt auf den Ölberg herab, von wo er nach seiner Auferstehung gen Himmel fuhr, und wo die Engel die Verheißung seiner Rückkehr wiederholten. Der Prophet sagt: „Da wird dann kommen der Herr, mein Gott, und alle Heiligen mit ihm. ... Und seine Füße werden stehen zu der Zeit auf dem Ölberg, der vor Jerusalem liegt nach Osten hin. Und der Ölberg wird sich in der Mitte spalten, ... sehr weit auseinander." „Und der Herr wird König sein über alle Lande. Zu der Zeit wird der Herr der einzige sein und sein Name der einzige." (Sach. 14, 5. 4. 9.) Wenn das neue Jerusalem in seinem blendenden Glanz vom Himmel herniederkommt, ruht es auf dem gereinigten und zum Empfang vorbereiteten Platz, und Christus mit seinem Volk und den Engeln ziehen ein in die heilige Stadt.

Nun bereitet sich Satan für den letzten mächtigen Kampf um die Oberherrschaft vor. Während er seiner Macht beraubt und von seinem Werk der Täuschung abgeschnitten war, war der Fürst des Bösen elend und niedergeschlagen; sobald jedoch die gottlosen Toten auferweckt sind und er die ungeheure Menge auf seiner Seite sieht, kehrt seine Hoffnung zurück, und er ist entschlossen, den großen Kampf nicht aufzugeben. Er will alle Heere der Verlorenen unter sein Banner rufen und mit ihrer Hilfe versuchen, seine Pläne auszuführen.

Die Gottlosen sind Satans Gefangene. Durch die Verwerfung Christi haben sie die Herrschaft des empörerischen Anführers angenommen. Sie sind bereit, seine Vorschläge anzunehmen und seine Befehle auszuführen. Seiner früheren Schlauheit getreu, gibt er sich jedoch nicht für Satan aus. Er behauptet, der Fürst, der rechtmäßige Eigentümer der Welt zu sein, dem das Erbe auf eine unrechtmäßige Weise entrissen wurde. Er stellt sich seinen betörten Untertanen als Erlöser vor und versichert ihnen, daß seine Macht sie aus ihren Gräbern hervorgebracht habe und er jetzt im Begriffe stehe, sie von der grausamsten Gewaltherrschaft zu befreien. Da Christus sich entfernt hat, wirkt Satan Wunder, um seine Ansprüche zu unterstützen. Er macht die Schwachen stark und beseelt alle mit seinem eigenen Geist und seiner Tatkraft. Er schlägt vor, sie gegen das Lager der Heiligen zu führen und von der Stadt Gottes Besitz zu nehmen. In feindseligem Frohlocken zeigt er auf die unzähligen Millionen, die von den Toten auferweckt wurden, und erklärt, daß er als ihr Führer wohl imstande sei, die Stadt zu erobern und seinen Thron und sein Reich wiederzugewinnen.

Unter jener ungeheuren Menge sind viele von dem langlebigen Geschlecht aus den Tagen vor der Sintflut; Menschen von großem Körperbau und riesenhaftem Verstand, welche, sich der Herrschaft gefallener Engel überlassend, alle ihre Geschicklichkeit und Kenntnisse der Selbsterhebung widmeten; Männer, deren wunderbare Kunstwerke die Welt verleitete, ihre Gaben zu vergöttern, deren Grausamkeit und Erfindungen zum Bösen jedoch, da sie die Erde befleckten und das Bild Gottes entstellten, dem Herrn Anlaß gaben, sie auf ewig aus seiner Schöpfung zu vertilgen. Da sind Könige und Feldherren, die Völker besiegten, tapfere Männer, die nie eine Schlacht verloren haben, stolze, ehrgeizige Krieger, deren Heranrücken Königreiche erzittern machte. Der Tod hat sie nicht verändert. Dem Grabe entstiegen, nehmen sie ihren Gedankengang gerade da wieder auf, wo er aufhörte. Die Gier nach Eroberung beherrscht sie wie damals, als sie fielen.

Satan berät sich mit seinen Engeln und dann mit diesen Königen, Eroberern und mächtigen Männern. Sie betrachten die Macht und die Zahl auf ihrer Seite und erklären, daß das Heer innerhalb der Stadt klein sei im Vergleich mit dem ihren und daß es überwunden werden könne. Sie legen Pläne, um von den Reichtümern und Herrlichkeiten des neuen Jerusalems Besitz zu ergreifen. Sofort fangen alle an, sich auf den Kampf vorzubereiten. Geschickte Handwerker stellen Kriegsgeräte her. Militärische Anführer, die um ihres Erfolges willen berühmt geworden waren, ordnen die Scharen kriegstüchtiger Männer in Bataillone und Regimenter.

Schließlich wird der Befehl zum Vorrücken gegeben, und die zahllose Schar bewegt sich vorwärts – ein Heer, wie nie eins von irdischen Eroberern befehligt wurde, dem die vereinigten Kräfte aller Zeitalter, seitdem Krieg auf Erden begann, nicht gleichkommen könnten. Satan, der mächtigste der Krieger, führt die Vorhut, und seine Engel sammeln ihre Heere zu diesem letzten Kampf. Könige und Krieger umgeben Satan, und die Menge folgt in großen Abteilungen, jede unter ihrem bestimmten Anführer. Mit militärischer Genauigkeit rücken die gedrängten Reihen über die zerbrochene und unebene Oberfläche der Erde gegen die Stadt Gottes vor. Auf Jesu Befehl werden die Tore des neuen Jerusalems geschlossen, und die Heere Satans umgeben die Stadt und machen sich bereit für den Angriff.

Nun erscheint Christus wiederum angesichts der Feinde. Hoch über der Stadt, auf einem Grunde von schimmerndem Gold ist ein Thron, hehr und erhaben. Auf diesem Thron sitzt der Sohn Gottes, und um ihn herum sind die Untertanen seines Reiches. Die Macht und Erhabenheit Christi kann keine Sprache schildern, keine Feder beschreiben. Die Herrlichkeit des ewigen Vaters umgibt seinen Sohn. Der Glanz seiner Gegenwart erfüllt die Stadt Gottes und scheint bis außerhalb der Tore und überflutet die ganze Erde mit seinem Strahlenglanz.

Neben dem Thron stehen die, die einst eifrig die Sache Satans förderten, die aber, wie Brände aus dem Feuer errettet, ihrem Heiland mit tiefer, inniger Hingabe gefolgt sind. Neben diesen befinden sich die, die inmitten Betrug und Unglauben einen vollkommenen christlichen Charakter entwickelt haben, das Gesetz Gottes ehrten, als die christliche Welt es für null und nichtig erklärte, und die Millionen aller Zeitalter, die um ihres Glaubens willen Marter erlitten. Außerdem ist hier die „große Schar, die niemand zählen konnte, aus allen Nationen und Stämmen und Völkern und Sprachen; die standen vor dem Thron und vor dem Lamm, angetan mit weißen Kleidern und mit Palmzweigen in ihren Händen." (Offb. 7, 9.) Ihr Kampf ist zu Ende, der Sieg ist gewonnen. Sie sind in den Schranken gelaufen und haben das Kleinod erlangt. Der Palmzweig in ihrer Hand ist das Sinnbild ihres Sieges, das weiße Kleid ein Zeichen der fleckenlosen Gerechtigkeit Christi, die ihnen nun gehört.

Die Erlösten stimmen einen Lobgesang an, der durch die Gewölbe des Himmels ertönt und widerhallt: „Das Heil ist unserm Gott, der auf dem Thron sitzt, und dem Lamm." Und Engel und Seraphim vereinigen ihre Stimmen in Anbetung. Nachdem die Erlösten die Macht und Bosheit Satans erblickt haben, erkennen sie wie nie zuvor, daß keine andere Macht als die des Sohnes Gottes sie zu Siegern hätte machen können. In der ganzen glänzenden Schar finden sich keine, die sich die Errettung selbst zuschreiben, als ob sie durch ihre eigene Kraft und Vorzüglichkeit überwunden hätten. Nichts wird gesagt von dem, was sie getan oder gelitten haben; aber der Hauptinhalt eines jeden Gesanges, der Grundton jedes Chores ist: Heil unserm Gott und dem Lamm!

In Gegenwart der versammelten Bewohnerschaft der Erde und des Himmels findet die endgültige Krönung des Sohnes Gottes statt. Dann mit höchster Majestät und Macht angetan, spricht der König der Könige den Richterspruch über die Empörer gegen seine Regierung aus und übt Gerechtigkeit an jenen, die sein Gesetz übertreten und sein Volk unterdrückt haben. Der Prophet Gottes sagt: „Und ich sah einen großen, weißen Thron und den, der darauf saß; vor seinem Angesicht flohen die Erde und der Himmel, und es wurde keine Stätte für sie gefunden. Und ich sah die Toten, groß und klein stehen vor dem Thron, und Bücher wurden aufgetan. Und ein anderes Buch wurde aufgetan, welches ist das Buch des Lebens. Und die Toten wurden gerichtet nach dem, was in den Büchern geschrieben steht, nach ihren Werken." (Offb. 20, 11. 12.)

Sobald die Bücher geöffnet werden und Jesu Auge auf die Gottlosen schaut, sind sie sich jeder Sünde bewußt, die sie je begangen haben. Sie sehen, wo ihr Fuß von dem Pfad der Reinheit und Heiligkeit abwich, wie weit Stolz und Empörung sie zur

Übertretung des Gesetzes Gottes geführt haben. Die verführerischen Anfechtungen, die sie nährten, indem sie der Sünde nachgaben, die mißbrauchten Segnungen, die Verachtung der Boten Gottes, die verworfenen Warnungen, die Wogen der Barmherzigkeit, die an ihren eigenen unbußfertigen Herzen wirkungslos abprallten – alles steht vor ihnen wie mit feurigen Buchstaben geschrieben.

Über dem Thron wird das Kreuz sichtbar; und wie in einem Rundgemälde werden die Vorfälle der Versuchung und des Falles Adams und die aufeinanderfolgenden Schritte in dem großen Erlösungsplan vorgeführt. Des Heilandes Geburt in Niedrigkeit, die Einfachheit und der Gehorsam seiner Jugend, seine Taufe im Jordan, das Fasten und die Versuchung in der Wüste; sein öffentliches Lehramt, das den Menschen die köstlichen Segnungen des Himmels entfaltete, die mit Taten der Liebe und des Erbarmens gekrönten Tage und die Nächte des Betens und Wachens in der Einsamkeit der Berge; die Anschläge des Neides, des Hasses und der Bosheit, die seine Wohltaten vergalten; der furchtbare, geheimnisvolle Seelenkampf in Gethsemane unter der erdrükkenden Last der Sünden der ganzen Welt; sein Verrat in die Hände des mörderischen Haufens, die furchtbaren Ereignisse jener Schreckensnacht, der widerstandslose Gefangene, verlassen von seinen geliebtesten Jüngern, gewaltsam durch die Straßen Jerusalems geschleppt; der Sohn Gottes, von frohlockenden Menschen Hannas vorgeführt, in dem Palast des Hohenpriesters vor Gericht gestellt; in dem Richthaus des Pilatus und vor dem feigen und grausamen Herodes verhöhnt, geschmäht, gegeißelt, gemartert, schließlich zum Tode verurteilt – alles wird lebendig dargestellt.

Und dann werden der zitternden Menge die letzten Ereignisse offenbart: der stille Dulder auf dem Wege nach Golgatha, der Fürst des Himmels am Kreuz, die hochmütigen Priester und der höhnende Pöbel, die seinen Todeskampf verspotteten; die übernatürliche Finsternis, das Beben der Erde, die zerrissenen Felsen, die offenen Gräber, die den Augenblick bezeichneten, da der Erlöser der Welt sein Leben aufgab.

Das schreckliche Schauspiel erscheint vor ihren Augen, wie es einst war. Satan, seine Engel und seine Untertanen haben keine Macht, sich von dem Bild ihres eigenen Werkes abzuwenden. Jeder Beteiligte erinnert sich dessen, was er ausgeführt hat. Herodes, der die unschuldigen Kinder zu Bethlehem ermorden ließ, auf daß er den König Israels verderbe; die gemeine Herodias, deren schuldige Seele mit dem Blut Johannes des Täufers befleckt ist; Pilatus, der schwache Sklave der Umstände; die spottenden Soldaten; die Priester und Obersten und die rasende Menge, die schrie: „Sein Blut komme über uns und unsere Kinder!" – alle erblicken die Ungeheuerlichkeit ihrer Schuld. Vergebens versuchen sie, sich vor der göttlichen Hoheit seines die Sonne überstrahlenden Angesichtes zu verbergen, während die Erlösten ihre Kronen zu des Heilandes Füßen werfen mit dem Ausruf: „Er starb für mich!"

Unter der erlösten Schar sind die Apostel Christi, der heldenmütige Paulus, der feurige Petrus, der geliebte und liebende Johannes und ihre treugesinnten Brüder, und mit ihnen die große Schar der Märtyrer; während außerhalb der Mauern mit allem Gemeinen und Abscheulichen diejenigen stehen, von denen sie verfolgt, eingekerkert und erschlagen wurden. Dort ist Nero, das Ungeheuer der Grausamkeit und des Lasters; er sieht die Freude und Erhöhung derer, die er einst marterte und an deren äußerster Angst er satanisches Ergötzen fand. Seine Mutter ist dort, um die Folgen ihres eigenen Werkes wahrzunehmen, um zu sehen, wie die bösen Eigenschaften, die sie auf ihren Sohn übertrug, und wie die durch ihren Einfluß und ihr Beispiel ermutigten und entwickelten Leidenschaften Früchte getragen haben in Verbrechen, die die Welt schaudern machte.

Es befinden sich dort päpstliche Priester und Prälaten, die behaupteten, die Gesandten Christi zu sein und dennoch Folter, Kerker und Marterpfahl anwandten, um die Gewissen der Gotteskinder zu beherrschen. Es stehen hier die stolzen Päpste, die sich über Gott erhoben und sich anmaßten, das Gesetz des Allerhöchsten zu ändern. Jene angeblichen Kirchenväter haben vor Gott Rechenschaft abzulegen, der sie sich gern entziehen möchten. Zu spät erkennen sie, daß der Allwissende für sein Gesetz eifert und niemand ungestraft läßt. Sie erfahren nun, daß Christus das Wohl seines Volkes dem seinen gleichstellt, und sie fühlen die Bedeutung seiner Worte: „Was ihr getan habt einem von diesen meinen geringsten Brüdern, das habt ihr mir getan." (Matth. 25, 40.)

Die ganze gottlose Welt steht vor den Schranken Gottes unter der Anklage des Hochverrats gegen die Regierung des Himmels. Niemand verteidigt ihre Sache; sie haben keine Entschuldigung, und das Urteil des ewigen Todes wird über sie ausgesprochen.

Es wird nun allen klar, daß der Sünde Sold nicht eine edle Unabhängigkeit und ewiges Leben, sondern Sklaverei, Untergang und Tod ist. Die Gottlosen sehen, was sie durch ihr Leben der Empörung verwirkt haben. Der alles bei weitem übersteigende ewige Wert der Herrlichkeit wurde verachtet, als diese ihnen angeboten wurde; doch wie begehrenswert erscheint sie ihnen jetzt. „Dies alles", schreit die verlorene Seele, „hätte ich haben können; aber ich zog es vor, diese Dinge von mir zu stoßen. O, seltsame Verblendung! Ich habe Frieden, Glückseligkeit und Ehre für Elend, Schmach und Verzweiflung vertauscht!" Alle sehen, daß ihr Ausschluß aus dem Himmel ein gerechtes Verfahren ist, denn durch ihr Leben haben sie erklärt: „Wir wollen nicht, daß dieser Jesus über uns herrsche!"

Wie bezaubert haben die Gottlosen der Krönung des Sohnes Gottes zugeschaut. Sie sehen in seinen Händen die Tafeln des göttlichen Gesetzes, der Satzungen, die sie verachtet und übertreten haben. Sie nehmen den Ausbruch des Erstaunens, der Entzückung und der Anbetung seitens der Heiligen wahr und rufen, indem die Wogen des Gesanges über die Menge außerhalb der Stadt dahinrollen, alle einstimmig: „Groß und wundersam sind deine Werke, Herr, Gott, Allmächtiger, gerecht und wahrhaftig deine Wege, o König der Nationen!" (Offb. 15, 3. Elb. Üb.) Und indem sie sich niederwerfen, beten sie den Fürsten des Lebens an.

Satan scheint beim Anblick der Herrlichkeit und Hoheit Christi wie gelähmt. Er, der einst ein deckender Cherub war, erinnert sich, von wo er gefallen ist. Ein scheinender Seraph, ein „Morgenstern"; wie verändert, wie tief gefallen! Aus der Ratsversammlung, wo er einst geehrt war, ist er für immer ausgeschlossen. Er sieht einen andern in der Nähe des Vaters stehen und seine Herrlichkeit verhüllen. Er hat gesehen, daß die Krone von der Hand eines Engels von erhabener Gestalt und majestätischem Aussehen auf das Haupt Christi gesetzt wurde, und er weiß, daß das hohe Amt dieses Engels das seinige hätte sein können.

Er ruft sich die Heimat seiner Unschuld und Reinheit ins Gedächtnis zurück, den Frieden und das Glück, die sein waren, bis er sich in Murren gegen Gott und Neid gegen Christus erging. Seine Anklagen, seine Empörung, seine Täuschungen, um das Mitleid und die Unterstützung der Engel zu gewinnen, seine hartnäckige Beharrlichkeit, sich nicht um seine Errettung zu bemühen, obwohl Gott ihm Verzeihung gewährt hätte – alles erscheint lebhaft vor ihm. Er blickt zurück auf sein Werk auf Erden und dessen Folgen – die Feindschaft des Menschen gegen seine Mitmenschen, die schreckliche Zerstörung des Lebens, das Entstehen und der Fall von Königreichen, das Stürzen von Thronen, die lange Reihe von Aufruhr, Kämpfen und Aufständen. Er erinnert sich seiner beständigen Anstrengungen, sich dem Werke Christi zu widersetzen und die Menschen immer tiefer sinken zu lassen. Er erkennt, daß seine höllischen Anschläge machtlos waren, die zu vernichten, die ihr Vertrauen auf Jesus setzten. Er sieht sein Reich, die Früchte seiner Arbeit, und erblickt nichts als Fehlschlag und Verderben. Er hat die Menge verleitet zu glauben, daß die Stadt Gottes leicht einzunehmen sei; aber er weiß, daß dies nicht wahr ist. Immer und immer wieder ist er während des großen Kampfes geschlagen und gezwungen worden nachzugeben. Er kennt die Macht und Majestät des Ewigen nur zu gut.

Das Bestreben des großen Empörers war stets, sich selbst zu rechtfertigen und die göttliche Regierung für die Empörung verantwortlich zu machen. Darauf hat er alle Kräfte seines riesenhaften Verstandes gerichtet. Er hat absichtlich, planmäßig und mit wunderbarem Erfolg gearbeitet und große Mengen verleitet, seine Auffassung von dem großen, so lange andauernden Kampf anzunehmen. Während Tausenden von Jahren hat dieser Oberste aller Verschwörung den Irrtum an die Stelle der Wahrheit gesetzt; aber die Zeit ist nun gekommen, da der Aufstand endgültig besiegt und die Geschichte und der Charakter Satans enthüllt werden sollen. In dieser letzten großen Anstrengung, Christus zu entthronen, sein Volk zu vernichten und Besitz von der Stadt Gottes zu nehmen, ist der Erzbetrüger völlig entlarvt worden. Alle, die sich mit ihm verbunden haben, erkennen das vollständige Fehlschlagen seiner Sache. Christi Nachfolger und die getreuen Engel begreifen den vollen Umfang seiner Anschläge gegen die Regierung Gottes. Er ist der Gegenstand allgemeinen Abscheus.

Satan sieht, daß seine freiwillige Empörung ihn für den Himmel untauglich gemacht hat. Er hat seine Kräfte geschult, um Krieg gegen Gott zu führen; die Reinheit, der Friede und die Eintracht des Himmels würden ihm die höchste Qual sein. Seine Anklagen gegen die Gnade und Gerechtigkeit Gottes sind nun verstummt. Der Vorwurf, den er auf den Allmächtigen zu werfen suchte, fällt völlig auf ihm selbst zurück. Und nun beugt sich Satan vor Gott und bekennt die Gerechtigkeit seiner Verurteilung.

„Wer sollte dich, Herr, nicht fürchten und deinen Namen nicht preisen? Denn du allein bist heilig! Ja, alle Völker werden kommen und anbeten vor dir, denn deine gerechten Gerichte sind offenbar geworden." (Offb. 15, 4.) Jede Frage über Wahrheit und Irrtum in dem lang anhaltenden Kampf ist nun klargestellt worden. Die Folgen der Empörung, die Früchte der Mißachtung der göttlichen Satzungen sind dem Blick aller geschaffenen Wesen offen dargelegt, und die Wirkung der Herrschaft Satans im Gegensatz zur Regierung Gottes ist dem ganzen Weltall gezeigt worden. Satans eigene Werke haben ihn verdammt. Gottes Weisheit, seine Gerechtigkeit und seine Güte stehen völlig gerechtfertigt da. Es zeigt sich, daß all seine Handlungen in dem großen Kampf mit Rücksicht auf das ewige Wohl seines Volkes und zum Besten aller von ihm erschaffenen Welten verrichtet worden sind. „Es sollen dir danken, Herr, alle deine Werke und deine Heiligen dich loben." (Ps. 145, 10.) Die Geschichte der Sünde wird ewiglich dastehen als Zeuge, daß mit dem Bestehen des Gesetzes Gottes die Glückseligkeit aller Wesen, die er geschaffen hat, zusammenhängt. Mit all den Tatsachen des großen Kampfes vor Augen wird das ganze Weltall, sowohl das treue als auch das rebellische, einstimmig erklären: „Gerecht und wahrhaftig sind deine Wege, o König der Nationen."

Dem ganzen Weltall ist das große Opfer, das von dem Vater und dem Sohn um des Menschen willen gebracht wurde, deutlich gezeigt worden. Jetzt ist die Stunde gekommen, da Christus die ihm gebührende Stellung einnimmt und über Fürstentümer und Gewalten und jeden Namen, der genannt werden mag, verherrlicht wird. Es war um der Freude willen, die ihm in Aussicht gestellt wurde, – daß er viele Kinder zur Herrlichkeit bringe –, daß er das Kreuz erduldete und die Schande gering achtete. Waren auch die Schmerzen und die Schande unbegreiflich groß, so ist die Freude und die Herrlichkeit doch noch größer. Er schaut auf die Erlösten, die nach seinem Ebenbild erneuert sind, von denen jedes Herz das vollkommene Gepräge des Göttlichen trägt, jedes Antlitz das Bild ihres Königs widerstrahlt. Er sieht in ihnen den Erfolg der Arbeit seiner Seele und ist zufrieden. Dann erklärt er mit einer Stimme, die die versammelten Mengen der Gerechten und Gottlosen erreicht: „Seht den Erlös meines Blutes! Für diese habe ich gelitten; für diese bin ich gestorben, damit sie auf ewig in meiner Gegenwart weilen möchten!" Und der Lobgesang steigt auf von den Weißgekleideten um den Thron herum: „Das Lamm, das geschlachtet ist, ist würdig, zu nehmen Kraft und Reichtum und Weisheit und Stärke und Ehre und Preis und Lob." (Offb. 5, 12.)

Obwohl Satan gezwungen worden ist, Gottes Gerechtigkeit anzuerkennen und sich vor der Übermacht Christi zu beugen, bleibt sein Charakter doch unverändert. Der Geist der Empörung bricht abermals gleich einer mächtigen Flut hervor. Mit Wut erfüllt, entschließt er sich, den großen Streit nicht aufzugeben. Die Zeit für das letzte verzweifelte Ringen mit dem König des Himmels ist gekommen. Er stürzt sich in die Mitte seiner Untertanen, versucht sie mit seiner eigenen Wut zu begeistern und zum sofortigen Kampf anzufeuern. Aber von all den zahllosen Millionen, die er zur Empörung verführt hat, ist keiner, der nun seine Oberherrschaft anerkennt. Seine Macht ist zu Ende. Wohl sind die Bösen mit demselben Haß gegen Gott erfüllt wie Satan; aber sie sehen, daß ihr Fall hoffnungslos ist, daß sie gegen Gott nicht standhalten können. Ihr Zorn entbrennt gegen Satan und die, die bei den Täuschungen seine Werkzeuge gewesen sind, und mit der Wut von Dämonen wenden sie sich gegen sie.

Der Herr sagt: „Weil sich dein Herz überhebt, als wäre es eines Gottes Herz, darum siehe, ich will Fremde über dich schicken, die Gewalttätigsten unter den Völkern; die sollen ihr Schwert zücken gegen deine schöne Weisheit und sollen deinen Glanz entweihen. Sie sollen dich hinunterstoßen in die Grube. ... Da verstieß ich dich vom Berge Gottes und tilgte dich, du schirmender Cherub, hinweg aus der Mitte der feurigen Steine. ... Darum habe ich dich zu Boden gestürzt und ein Schauspiel aus dir gemacht vor den Königen. ... Darum habe ich ein Feuer aus dir hervorbrechen lassen, das dich verzehrte und zu Asche gemacht hat auf der Erde vor aller Augen. Alle, die dich kannten unter den Völkern, haben sich über dich entsetzt, daß du so plötzlich untergegangen bist und nicht mehr aufkommen kannst." (Hes. 28, 6-8. 16-19.)

„Denn jeder Stiefel, der mit Gedröhn dahergeht, und jeder Mantel, durch Blut geschleift, wird verbrannt und vom Feuer verzehrt." „Denn der Herr ist zornig über alle Heiden und ergrimmt über alle ihre Scharen." „Er wird regnen lassen über die Gottlosen Feuer und Schwefel und Glutwind ihnen zum Lohne geben." (Jes. 9, 4; 34, 2; Ps. 11, 6.) Feuer von Gott kommt aus dem Himmel hernieder. Die Erde spaltet sich. Die in ihrer Tiefe verborgenen Waffen kommen hervor. Verzehrende Flammen brechen aus allen gähnenden Schlünden auf. Die Felsen selbst stehen in Flammen. Der Tag ist gekommen, „der brennen soll wie ein Ofen". „Die Elemente aber werden vor Hitze schmelzen, und die Erde und die Werke, die darauf sind, werden verbrennen." (Mal. 3,

19; 2. Petr. 3, 10.) Die Oberfläche der Erde scheint eine geschmolzene Masse zu sein – ein ungeheurer, kochender Feuersee. Es ist die Zeit des Gerichts und des Verderbens der gottlosen Menschen – „der Tag der Rache des Herrn und das Jahr der Vergeltung, um Zion zu rächen." (Jes. 34, 8.)

Die Gottlosen erhalten ihre Belohnung auf Erden. (Spr. 11, 31.) Sie werden Stroh sein, „und der kommende Tag wird sie anzünden, spricht der Herr Zebaoth". (Mal. 3, 19.) Einige werden wie in einem Augenblick vertilgt, wogegen andere tagelang leiden. Alle werden nach ihren Werken gestraft. Da die Sünden der Gerechten auf Satan gelegt wurden, muß er nicht nur für seine eigene Empörung leiden, sondern für alle Sünden, in die er das Volk Gottes verführt hat. Seine Strafe wird weit größer sein als die Strafe derer, die er getäuscht hat. Nachdem alle durch ihn Betörten vernichtet sind, muß er noch weiter leben und leiden. In den reinigenden Flammen werden die Gottlosen völlig vertilgt – Wurzel und Zweige – Satan die Wurzel, seine Nachfolger die Zweige. Himmel und Erde sehen, daß die volle Gesetzesstrafe ausgeteilt worden, allen Forderungen des Rechtes nachgekommen ist, und sie anerkennen die Gerechtigkeit des Herrn.

Satans Werk der Zerstörung ist auf immer beendet. Sechstausend Jahre lang hat er nach seinem Willen gehandelt, die Erde mit Weh angefüllt und Kummer über das ganze Weltall gebracht. Die ganze Schöpfung hat gestöhnt und sich geängstigt. Jetzt sind Gottes Geschöpfe auf ewig von des Feindes Gegenwart und von Versuchungen befreit. „Nun hat Ruhe und Frieden alle Welt und jubelt fröhlich." (Jes. 14, 7.) Lobpreisungen und Freudenrufe steigen von dem ganzen getreuen Weltall empor. Eine Stimme einer großen Schar, als eine Stimme großer Wasser und als eine Stimme starker Donner hört man sagen: „Halleluja! Denn Gott, der Herr, regiert allmächtig." (Offb. 19, 6.)

Während die Erde von dem Vernichtungsfeuer eingehüllt war, wohnten die Gerechten sicher in der heiligen Stadt. An denen, welche teilhatten an der ersten Auferstehung, hat der zweite Tod keine Macht. Während Gott für die Gottlosen ein verzehrendes Feuer ist, ist er für sein Volk Sonne und Schild. (Offb. 20, 6; Ps. 84, 12.)

„Und ich sah einen neuen Himmel und eine neue Erde; denn der erste Himmel und die erste Erde sind vergangen." (Offb. 21, 1.) Das Feuer, welches die Gottlosen verzehrt, reinigt die Erde. Jede Spur des Fluches ist beseitigt. Keine ewig brennende Hölle wird den Erlösten die schrecklichen Folgen der Sünde vorhalten.

Nur ein Denkmal bleibt übrig: unser Heiland wird stets die Male seiner Kreuzigung tragen. An seinem einst verwundeten Haupt, seinen Händen und Füßen zeigen sich die einzigen Spuren des grausamen Werkes, das die Sünde gewirkt hat. Der Prophet sagt, indem er Christus in seiner Herrlichkeit schaut: „Sein Glanz brach hervor wie Sonnenlicht; Strahlen gingen von seiner Seite; daselbst lag seine Macht verborgen." (Hab. 3, 4, Grundtext.) In jener Seite, die zerstochen wurde, aus der der blutige Strom hervorquoll, der den Menschen mit Gott versöhnte, liegt die Herrlichkeit des Heilandes, dort ist seine Macht verborgen. Er war ein Meister, zu helfen durch das Opfer der Erlösung, und deshalb mächtig, Gericht zu üben an denen, die die Barmherzigkeit Gottes verachtet hatten. Diese Zeichen seiner Erniedrigung sind seine höchsten Ehren; von Ewigkeit zu Ewigkeit werden die Wunden von Golgatha ihn rühmen und seine Macht verkündigen.

„Und du, Turm der Herde, du Feste der Tochter Zion, zu dir wird kommen und wiederkehren die frühere Herrschaft." (Micha 4, 8.) Die Zeit ist gekommen, auf die heilige Männer mit Sehnsucht gewartet haben, seit das Flammenschwert das erste Paar aus Eden verbannte – die Zeit unserer Erlösung, „daß wir sein Eigentum würden". (Eph. 1, 14.) Die Erde, ursprünglich dem Menschen als sein Reich gegeben, von ihm in die Hände Satans verraten und von dem mächtigen Feind so lange im Besitz gehalten, ist durch den großen Erlösungsplan wieder zurückgebracht worden. Alles, was durch die Sünde verloren war, ist wieder erkauft worden. „Denn so spricht der Herr, ... der die Erde bereitet und gemacht hat – er hat sie gegründet, er hat sie nicht geschaffen, daß sie leer sein soll, sondern sie bereitet, daß man auf ihr wohnen solle." (Jes. 45, 18.) Gottes ursprüngliche Absicht bei der Erschaffung der Erde ist erfüllt, da sie zum ewigen Wohnort der Erlösten gemacht ist. „Die Gerechten werden das Land ererben und darin wohnen allezeit." (Ps. 37, 29.)

Eine Besorgnis, das zukünftige Erbe zu sinnlich erscheinen zu lassen, hat viele dahin gebracht, gerade die Wahrheiten zu vergeistigen, die uns veranlassen, es als unsere wahre Heimat zu betrachten. Christus versicherte seinen Jüngern, daß er hingehe, die Stätte in des Vaters Haus für sie zu bereiten. Wer die Lehren des Wortes Gottes annimmt, wird hinsichtlich des himmlischen Aufenthaltortes nicht völlig unwissend sein, und doch erklärt der Apostel Paulus: „Was kein Auge gesehen hat und kein Ohr gehört hat und in keines Menschen Herz gekommen ist, was Gott bereitet hat denen, die ihn lieben." (1. Kor. 2, 9.) Die menschliche Sprache reicht nicht aus, um die Belohnung der Gerechten zu beschreiben. Nur die werden es können, die sie sehen. Kein sterblicher Verstand kann die Herrlichkeit des Paradieses Gottes begreifen.

In der Bibel wird das Erbe der Erlösten ein Vaterland genannt. (Hebr. 11, 14-16.) Dort führt der himmlische Hirte seine Herde zu Brunnen lebendigen Wassers. Der Baum des Lebens gibt seine Frucht jeden Monat, und die Blätter des Baumes dienen zur Gesundheit der Völker. Dort sind ewig fließende Ströme, hell wie Kristall, und an ihren Ufern werfen wehende Bäume ihren Schatten auf die für die Erlösten des Herrn bereiteten Wege. Dort steigen die weit ausgedehnten Ebenen zu Hügeln der Schönheit an, und die Berge Gottes erheben ihre erhabenen Gipfel. Auf diesen friedlichen Ebenen an jenen lebendigen Strömen wird Gottes Volk, so lange Pilger und Wanderer, eine Heimat finden.

„Daß mein Volk in friedlichen Auen wohnen wird, in sicheren Wohnungen und in stolzer Ruhe." „Man soll nicht mehr von Frevel hören in deinem Lande noch von Schaden oder Verderben in deinen Grenzen, sondern deine Mauern sollen »Heil« und deine Tore »Lob« heißen." „Sie werden Häuser bauen und bewohnen, sie werden Weinberge pflanzen und ihre Früchte essen. Sie sollen nicht bauen, was ein anderer bewohne, und nicht pflanzen, was ein anderer esse. ... und ihrer Hände Werk werden meine Auserwählten genießen." (Jes. 32, 18; 60, 18; 65, 21. 22.)

„Die Wüste und Einöde wird frohlocken, und die Steppe wird jubeln und wird blühen wie die Lilien." „Es sollen Zypressen statt Dornen wachsen und Myrten statt Nesseln." (Jes. 35, 1; 55, 13.) „Da werden die Wölfe bei den Lämmern wohnen und die Panther bei den Böcken lagern. Ein kleiner Knabe wird Kälber und junge Löwen und Mastvieh miteinander treiben. ... Man wird nirgends Sünde tun noch freveln auf meinem ganzen heiligen Berge." (Jes. 11, 6. 9.)

Schmerzen sind in der himmlischen Umgebung nicht möglich. Dort werden keine Tränen mehr sein, keine Leichenzüge, keine Zeichen der Trauer. „Der Tod wird nicht mehr sein, noch Leid, noch Geschrei ... denn das Erste ist vergangen." (Offb. 21, 4. 11.) „Und kein Einwohner wird sagen: „Ich bin schwach"; denn das Volk, das darin wohnt, wird Vergebung der Sünde haben." (Jes. 33, 24.)

Dort ist das neue Jerusalem, die Hauptstadt der veredelten neuen Erde, „eine schöne Krone in der Hand des Herrn und ein königlicher Reif in der Hand deines Gottes." (Jes. 62, 3.) „Ihr Licht war gleich dem alleredelsten Stein, einem Jaspis, klar wie Kristall. ... und die Völker werden wandeln in ihrem Licht; und die Könige auf Erden werden ihre Herrlichkeit in sie bringen." (Offb. 21, 11. 24.) Der Herr sagt: „Ich will fröhlich sein über Jerusalem und mich freuen über mein Volk." (Jes. 65, 19.) „Siehe da, die Hütte Gottes bei den Menschen! Und er wird bei ihnen wohnen, und sie werden sein Volk sein, und er selbst, Gott mit ihnen, wird ihr Gott sein." (Offb. 21, 3.)

In der Stadt Gottes wird keine Nacht sein. Niemand wird der Ruhe bedürfen oder danach verlangen. Keiner wird ermüden, den Willen Gottes zu verrichten und seinen Namen zu preisen. Wir werden beständig die Lebensfrische des Morgens fühlen, und nie wird sein Ende kommen. „Und sie bedürfen keiner Leuchte und nicht des Lichts der Sonne; denn Gott der Herr wird sie erleuchten." (Offb. 22, 5.) Das Sonnenlicht wird verdrängt durch einen Glanz, der nicht unangenehm blendend ist, aber doch die Helle des Mittags weit übertrifft. Die Herrlichkeit Gottes und des Lammes überflutet die heilige Stadt mit ungetrübtem Licht. Die Erlösten wandeln in der sonnenlosen Herrlichkeit eines ewigen Tages.

„Und ich sah keinen Tempel darin; denn der Herr, der allmächtige Gott, ist ihr Tempel, er und das Lamm." (Offb. 21, 22.) Gottes Volk genießt das Vorrecht, sich frei mit dem Vater und dem Sohn zu unterhalten. „Wir sehen jetzt durch einen Spiegel ein dunkles Bild." (1. Kor. 13, 12.) Gottes Bild erscheint jetzt wie in einem Spiegel in den Werken der Natur und in seiner Verfahrensweise mit den Menschen; dann aber werden wir ihn von Angesicht zu Angesicht sehen, ohne einen verdunkelnden Schleier dazwischen. Wir werden vor ihm stehen und die Herrlichkeit seines Angesichtes schauen.

Die Erlösten werden dort erkennen, wie auch sie erkannt werden. Die Gefühle der Liebe und der Teilnahme, die Gott selbst in die Seele gepflanzt hat, werden sich dort in der edelsten und lieblichsten Weise betätigen. Der reine Umgang mit heiligen Wesen; das ungetrübte gesellschaftliche Leben mit den erhabenen Engeln und den Gottgetreuen aller Zeitalter, die ihre Kleider gewaschen und hell gemacht haben im Blut des Lammes; das heilige Band, das alles, „was da Kinder heißt im Himmel und auf Erden" (Eph. 3, 15), miteinander verbindet – dies wird zum Glück der Erlösten beitragen.

Dort werden die Erlösten, nun unsterblich, mit unermüdlicher Freude die Wunder der schöpferischen Macht und die Geheimnisse der erlösenden Liebe betrachten. Dort wird kein grausamer, betrügerischer Feind sein, um zur Gottvergessenheit zu verführen. Jede Anlage wird entwickelt, jede Fähigkeit vermehrt werden. Die Vermehrung der Kenntnisse wird weder das Gedächtnis ermüden noch die Tatkraft erschöpfen. Die größten Unternehmungen können dort ausgeführt, die erhabensten Bemühungen erreicht, das höchste Verlangen verwirklicht werden, und doch werden immer neue Höhen zu erklimmen, neue Wunder anzustaunen, neue Wahrheiten zu erfassen sein, und neue Gegenstände werden die Kräfte des Verstandes, der Seele und des Leibes entwickeln.

Alle Schätze des Weltalls werden den Erlösten Gottes zur Erforschung offen stehen. Frei von den Banden der Sterblichkeit, erreichen sie in einem sie nicht ermüdenden Flug ferne Welten – Welten, die beim Anblick des menschlichen Wehs von Schmerz ergriffen wurden und bei der frohen Kunde von einer erlösten Seele von Jubelliedern widerhallten. Mit unaussprechlicher Wonne erfassen die Erdenkinder die Freuden und die Weisheit der nie gefallenen Wesen. Sie nehmen teil an den Schätzen des Wissens und der Erkenntnis, die jene durch die jahrhundertelange Betrachtung der Werke Gottes gewonnen haben. Mit ungetrübtem Blick schauen sie die Herrlichkeit der Schöpfung – Sonnen und Sterne und Planetensysteme, wie sie alle in ihrer bestimmten Ordnung den Thron der Gottheit umkreisen. Auf allen Dingen, von den geringsten bis zu den größten, steht der Name des Schöpfers geschrieben, und in allen ist der Reichtum seiner Macht entfaltet.

Und die dahinrollenden Jahre der Ewigkeit werden ihnen reichere und immer herrlichere Offenbarungen Gottes und Christi bringen. Mit der fortschreitenden Erkenntnis wird auch die Liebe, Ehrfurcht und Glückseligkeit zunehmen. Je mehr die Menschen von Gott lernen, desto größer wird ihre Bewunderung seines Charakters sein. Und wenn Jesus ihnen die Reichtümer der Erlösung und die erstaunlichen Großtaten in dem großen Kampf mit Satan erschließt, werden die Herzen der Erlösten immer mehr in Liebe erglühen; mit stürmischer Wonne greifen sie in ihre goldenen Harfen, und unzählige Tausende von Stimmen vereinen sich, um den mächtigen Chor des Lobgesanges erschallen zu lassen.

„Und jedes Geschöpf, das im Himmel ist und auf Erden und unter der Erde und auf dem Meer und alles, was darin ist, hörte ich sagen: Dem, der auf dem Thron sitzt, und dem Lamm sei Lob und Ehre und Preis und Gewalt von Ewigkeit zu Ewigkeit." (Offb. 5, 13.)

Der große Kampf ist beendet. Sünde und Sünder sind nicht mehr. Das ganze Weltall ist rein. Eintracht und Freude herrschen in der ganzen unermeßlichen Schöpfung. Von dem, der alles erschuf, fließt Leben, Licht und Glückseligkeit über alle Gebiete des grenzenlosen Raumes. Vom kleinsten Atom bis zum größten Weltenkörper erklären alle lebendigen und leblosen Dinge in ungetrübter Schönheit und vollkommener Freude: Gott ist die Liebe.

Anhang

1.Titel.

In einem Abschnitt, der einen Teil der römischen kanonischen Gesetze bildet, erklärt Papst Innozenz III., daß der römische Papst „der Vizeregent auf Erden ist, nicht nur eines Menschen, sondern des wahren Gottes", und in der Erläuterung zu diesem Abschnitt wird ausgeführt, daß dies der Fall wäre, weil er Christi Stellvertreter und dieser (Christus) tatsächlich Gott und Mensch sei.

Der Titel „Der Herr Gott, der Papst" ist zu finden in einer Glosse zu den „Extravagantes" des Papstes Johann XXII. als der vierzehnte Titel im vierten Kapitel, das die Überschrift „Deklaramus" hat. In der Antwerpener Ausgabe der „Extravagantes" vom Jahre 1584 stehen die Worte: „Dominum Deum nostrum Papam" (unser Herr Gott der Papst) in der 153. Spalte. In der Pariser Ausgabe vom Jahre 1612 kommen sie in der 140. Zeile vor. In verschiedenen Ausgaben, die seit dem Jahre 1612 herausgegeben wurden, fehlt das Wort „Deum" (Gott).

„Alle Namen, die in der Schrift Christus beigelegt werden, durch die er als Oberhaupt der Kirche bezeichnet wird, – alle diese Namen werden auch dem Papste beigelegt." (Bellarmine, über die Autorität der Konzilien, 2. Buch, 17. Kapitel.)

„Denn du bist der Hirte; du bist der Arzt; du bist der Leiter; du bist der Weingärtner; zuletzt, du bist ein anderer Gott auf Erden." (Rede an den Papst, gehalten vom Kardinal Christoph Marcellus in der vierten Sitzung des fünften lateranischen Konzils, im Jahre 1512. – Lebbe und Cossart, Konziliengeschichte, 14. Bd. 109. Sp.)

2. Bilderdienst.

Die anfängliche Kirche hegte weder einen Haß gegen Kunst, noch begünstigte sie das Herstellen von Christusbildern. Irenäus (Adr. haer. 1, 25, 6) tadelt die Karpokrates, weil bei ihnen Bilder Christi zu finden waren. Eusebius (Kirchengesch. 7, 18) nennt den Gebrauch der Bildnisse der Apostel Paulus und Petrus sowie der Bildnisse des Heilandes einen heidnischen Gebrauch. Er sucht die Konstantia, die Witwe des Licinius, davon abzubringen, ein Bild Christi zu verlangen, indem er die Frage an sie stellt, ob sie ein solches in der Kirche gesehen habe, und er empfiehlt ihr, lieber das Ebenbild Christi in der Schrift zu suchen. – Der Gebrauch und die Verehrung von Bildern verbreitete sich im Morgenlande mehr und mehr. Seit Ende des vierten Jahrhunderts wurden heidnische Ideen, Sitten und Gebräuche des Gottesdienstes eingeführt und die Hypothesen des Neuplatonismus theologisch bewiesen. (Haucks Realencyclopädie Bd. 3, S. 222.)

Von der frühesten Zeit an wurden Bilder anfänglich zum Schmuck, später zur Belehrung an Begräbnisplätzen, Kirchen, Gedächtniskapellen, Häusern und an Möbeln angebracht. Es hatte wohl Widerstand gegeben, aber im Zeitalter Konstantins hörte derselbe auf. Für den Menschen ist es eine natürliche Sache, Gegenstände und Bilder aus dem Nachlaß verehrter Persönlichkeiten dem gemeinen Gebrauch zu entziehen und sie mit tiefer Verehrung zu behandeln. Christus-, Marien- und Heiligenbilder wurden schon seit dem fünften (vierten) Jahrhundert mit Segenswünschen, Küssen und Verneigungen begrüßt, was ein Wiedereinführen alter, heidnischer Gebräuche war. In der naiven und gewissen Überzeugung, daß Christen keine Gefahr mehr liefen, in Abgötterei zu fallen, duldete die Kirche nicht nur, sondern begünstigte sogar den Eintritt des Heidentums in die Kirche.

Ein lebhafter Handel wurde im siebenten und Anfang des achten Jahrhunderts mit Heiligenbildern besonders von den Mönchen betrieben. Kirchen und Kapellen waren mit Bildern und Reliquien überfüllt; der frühere Schönheitssinn wurde nicht mehr gepflegt, aber sonst wurde die Handlungsweise des heidnischen Zeitalters von neuem ins Leben gerufen. Mönchische Frömmigkeit, die in einem sinnlosen Anstarren heiliger Dinge bestand, regierte das Volk und riß das Christentum in immer größere Tiefen. (Siehe Harnack, Dogma, IV, S. 317-319.)

Der Zwist, der dann über den Bilderdienst entstand, wirft viel Licht auf diesen Gegenstand. Die siebente allgemeine Kirchenversammlung, die im Jahre 787 zu Nizäa zusammenkam, hatte mit der Zustimmung des Papstes Hadrian I. beschlossen, daß der Beschauer den Abbildungen „seinen Gruß und seine Verehrung zu widmen habe, nicht die eigentliche Latreia, die bloß der Gottheit zuzuwenden sei, sondern daß er ihnen, wie dem Bilde des heiligen Kreuzes, wie den heiligen Evangelium(-Büchern) und anderen heiligen Geräten Weihrauch und Lichter zu ihrer Verehrung darbringe, wie dies schon bei den Alten eine fromme Gewohnheit gewesen sei; denn die Ehre, die man dem Bilde erweist, gehe auf das Urbild über, und wer ein Bild verehre, verehre die darin dargestellte Person."

Alle Gegner sowie auch ihre Schriften wurden mit dem Bannfluch belegt. Im Jahre 794 jedoch rief Kaiser Karl der Große zu

Frankfurt eine fränkische Synode zusammen; der Papst war gezwungen, nachzugeben, und das schließliche Ergebnis war das folgende: „Alle anwesenden Bischöfe verweigerten den Bildern alle Adoratio (Anbetung) und allen Servitus (Dienst) und verwarfen (jene Synode) einmütig." (Hefele, Konziliengeschichte III, 441-482, 689; Kardinal Hergenröther, Kirchengeschichte, I, 541; Hauck, Kirchengeschichte, II, 342.)

3.Konstantins Sonntagsgesetz.

Konstantins Sonntagsgesetz, aufgestellt im Jahre 321 n. Chr., lautet wie folgt:

„Es sollen alle Richter und Stadtleute, und der Betrieb aller Handwerke am ehrwürdigen Tage der Sonne ruhen; diejenigen aber, die auf dem Lande wohnen, dürfen ungehindert und mit voller Freiheit ihren landwirtschaftlichen Pflichten nachgehen; denn es trägt sich oft zu, daß kein anderer Tag so geeignet ist zum Säen von Samen und Pflanzen von Reben; auf daß man nicht durch Versäumung des günstigen Augenblicks, der vom Himmel verliehenen Segnungen verlustig gehe."

Eine so hohe Autorität wie das «Encyclopædia Brittannica» sagt über dieses Gesetzes: „Konstantin der Große machte das erste Sonntagsgesetz zur besseren Beobachtung dieses Tages und, wie Eusebius berichtet, war er es, der bestimmte, daß der Sonntag über das ganze römische Reich hin regelmäßig beobachtet werden sollte. Vor ihm, und sogar zu seiner Zeit, hielt man den jüdischen Sabbat, ebensowohl wie den Sonntag." Was den Grad der Feierlichkeit anbelangt, mit welchem der Sonntag begangen wurde, so sagt Mosheim, daß infolge des von Konstantin eingeführten Sonntagsgesetzes der erste Wochentag „heiliger, als vorher" gefeiert wurde. (Kirchengesch., 4. Jahrh., 4. Hauptst. 5.) Doch Konstantin ließ zu, daß allerlei landwirtschaftliche Arbeiten am Sonntag verrichtet wurden! Bischof Taylor macht die Aussage, daß „die ersten Christen allerlei Arbeit am [Sonntag] Tag des Herr verrichteten." (Duct. Dubitant. 1. Teil, 2. Buch, 2. Kap., 6. Regel, Abschn. 59.) Morer macht dieselbe Aussage: „Der Tag [Sonntag] wurde nicht gänzlich durch Enthaltung von weltlichen Geschäften beobachtet; auch ruhten sie [die Christen] nicht länger von ihren gewöhnlichen Angelegenheiten (derart waren die Erfordernisse jener Zeit), als während des Gottesdienstes." (Dialogues on the Lord's Day, S. 233.) Cox sagt: „Es liegt kein Beweis vor, daß weder zu dieser [der Zeit Konstantins], noch zu einer weit späteren Zeitperiode, die Beobachtung je betrachtet wurde, als ob sie etwelche Verpflichtungen dafür dem vierten Gebot entlehne; sie scheint als eine nach ihrer Beschaffenheit mit Weihnachten, Karfreitag und anderen Kirchenfesten übereinstimmende Einrichtung betrachtet worden zu sein." (Cox's Sabbath Laws, S. 281.)

4. Offenbarung 12 und 13.

Im zwölften Kapitel der Offenbarung haben wir das Symbol eines großen roten Drachens. Im neunten Vers jenes Kapitels wird uns dasselbe wie folgt erklärt: „Und es ward ausgeworfen der große Drache, die alte Schlange, die da heißt der Teufel, und Satanas, der die ganze Welt verführet und ward geworfen auf die Erde, und seine Engel wurden auch dahin geworfen." Unzweifelhaft stellt der Drache in erster Linie Satan dar. Aber Satan wirkt vornehmlich durch Werkzeuge auf Erden. In Gestalt gottloser Menschen suchte er Jesus zu verderben, sobald er geboren war. Wo auch immer Satan imstande war eine Regierung so völlig zu beherrschen, daß sie seine Anschläge in Ausführung brachte, da wurde diese Nation für die betreffende Zeit Satans Stellvertreter. Dies war der Fall mit allen großen heidnischen Reichen. Man sehe z. B. Hes. 28, wo Satan als der eigentliche König zu Tyrus dargestellt wird. Dies geschah, weil er jene Regierung völlig beherrschte. In den ersten Jahrhunderten des christlichen Zeitalters war vor allen heidnischen Nationen Rom das Hauptwerkzeug Satans, dem Evangelium hindernd entgegenzutreten, und wurde deshalb durch einen Drachen dargestellt.

Es kam jedoch eine Zeit, in der das Heidentum vor der Macht des Christentums im römischen Reiche fallen mußte. Dann hatte das Heidentum dem Papsttum Platz gemacht. Der Drache hatte dem Tier „seine Kraft, und seinen Stuhl, und große Macht" gegeben. Das will sagen, Satan fing dann an durch das Papsttum zu wirken, gerade wie er damals durch das Heidentum gewirkt hatte. Aber das Papsttum wird nicht durch den Drachen dargestellt, weil es notwendig ist, ein weiteres Symbol einzuführen, um eine andere Macht, die diesen Widerstand gegen Gott aufnimmt, darzustellen. Vor dem Emporkommen des Papsttums war aller Widerstand gegen das Gesetz Gottes in Gestalt des Heidentums gemacht worden – man hatte Gott offen Trotz geboten; doch von jener Zeit an wurde der Widerstand, unter dem Deckmantel bekenntlicher Anhänglichkeit zu ihm, weitergeführt. Das Papsttum war jedoch nicht weniger wie das heidnische Rom das Werkzeug Satans; denn alle Kraft, der Sitz und die große Macht des

Papsttums wurden ihm von dem Drachen gegeben. Und so, wenngleich der Papst behauptet, der Statthalter Christi zu sein, ist er dennoch in Wirklichkeit des großen Drachen Statthalter – der Antichrist.

Das Tier, das ein Symbol des Papsttums ist, wird in Offb. 13 vorgeführt, und ihm folgt, in derselben prophetischen Kette, „ein anderes Tier," das gesehen wird „aufsteigen," (Offb. 13, 11-14) und tut „alle Macht des ersten Tiers vor ihm," d. h. vor seinen Augen. Es muß dieses andere Tier deshalb ebenfalls eine Verfolgungsmacht sein. Dies wird angedeutet durch die Worte: „und redete wie ein Drache." Das Papsttum erhielt alle seine Macht von Satan, und das zweihörnige Tier übt die gleiche Macht aus; es wird gleichfalls das unmittelbare Werkzeug Satans. Sein satanischer Charakter wird uns weiter gezeigt dadurch, daß es durch falsche Wunder die Anbetung des Bildes des Tieres zu erzwingen sucht. „Und tut große Zeichen, daß es auch macht Feuer vom Himmel fallen, vor den Menschen, und verführet die auf Erden wohnen, um der Zeichen willen, die ihm gegeben sind zu tun."

Die erste verfolgende Macht wird durch Satan selbst dargestellt; im Heidentum fand sich eine offene Verbindung mit Satan und offener Trotz gegen Gott wurde geboten. In der zweiten Verfolgungsmacht verstellt sich der Drache, doch der Geist Satans treibt ihn an – der Drache stellt die Antriebskraft. Der dritten verfolgenden Macht mangeln alle Spuren des Drachens, und ein lammähnliches Tier erscheint; doch wenn es redet gibt seine Drachenstimme die satanische Macht, die unter einem unschuldigen Äußeren verborgen ist, zu erkennen und zeigt, daß es von derselben Familie ist wie die zwei vorhergegangenen Mächte. In allem Widerstand, der Christus und seiner lauteren Religion entgegengebracht wurde, ist „der große Drache, die alte Schlange, die da heißt der Teufel und Satan" – „der Gott dieser Welt" – die Triebkraft; irdische Verfolgungsmächte sind einfach Werkzeuge in seinen Händen.

5. Gefälschte Schriften.

Unter den Urkunden, die gegenwärtig allgemein als Fälschungen angesehen werden, sind die sogenannte Schenkung Konstantins und die Pseudo-Isidorischen Dekretalen von der größten Wichtigkeit.

Die Schenkung Konstantins wurde nach Dr. Döllinger zwischen den Jahren 752 und 777 zu Rom verfertigt (Papstfabeln, S. 118). In seiner Kirchengeschichte nimmt der Bischof H. Brück an, daß sie im 9. Jahrhundert in Frankreich entstanden sind und führt an, daß sie bis zum 12. Jahrhundert nur wenig Glauben fanden. Er behauptet, daß zu jener Zeit weder Freunde noch Gegner des Papsttums an ihrer Echtheit zweifelten, aber daß gegenwärtig ihre Fälschung allgemein zugestanden wird. (Brück, Kirchengeschichte, S. 275).

Über die Dekretalen schreibt Döllinger: „Nun aber ereignete sich in der Mitte dieses Jahrhunderts (um 845) die großartige Erdichtung der Isidorischen Dekretalen, deren Wirkung weit über die Absichten der Urheber hinausreichte, und, wenn auch langsam, allmählich eine vollständige Umwandlung der kirchlichen Verfassung und Verwaltung herbeiführte." „Etwa hundert angebliche Dekretalen der ältesten Päpste, zugleich mit einigen Schreiben anderer Kirchenhäupter und Akten einiger Synoden, wurden damals im westfränkischen Gebiet erdichtet, wurden begierig sofort in Rom von dem Papst Nikolaus I. (858-867) ergriffen und als echte Dokumente den neuen, von ihm und seinen Nachfolgern erhobenen Ansprüchen zugrunde gelegt." (Dölliger, Papsttum, S. 36, München 1892. Siehe auch Mosheim, Kirchengeschichte, 3. Buch, 9. Jahrh., 2. Teil, 2. Kap., 8. Abschn.; Gosselin, Pouvoir du Pape au Moyen Age, Bd. 1; Mosheim, Kirchengeschichte, Bd. 3, 9. Jahrh., 2. Teil, 2. Kap. 8. Abschn.)

6. Vorschriften Hildebrands.

Die sogenannten „Dictatus" des Papstes Hildebrand (Gregor VII.) oder die Erfindungen der Gregorianischen Partei, auf die dieser Papst seine stolzen Anmaßungen gründete, werden in Döllingers Papsttum, S. 40-55, behandelt. (Siehe ferner Migue, Patroligae, tom. 148, 407; Baronius, Annual. Eccl, An. 1076, Antwerpen, 1608, XI, 479; Gieseler, Lehrb. der Kirchengeschichte, Bd. 3, 3. Periode, 47. Abschn., Anm. 4; Mosheim, Kirchengeschichte, 3. Buch, 11. Jahrh., 2. Teil, 2. Kap. 9. Abschn.)

7. Fegefeuer.

Die römische Kirche lehrt, daß es ein Reinigungsfeuer (Fegefeuer) gäbe, in welchem die Seelen der Frommen, nachdem sie eine bestimmte Zeit darin gepeinigt worden sind, gereinigt würden. Es wird behauptet, daß die Schmerzen des Fegefeuers besonders groß wären und daß es selten einen Erwachsenen gäbe, der so rein ist, daß er direkt in den Himmel gehen könne, ohne durch das Fegefeuer geläutert werden zu müssen. Deshalb wird aufgefordert, daß man mit den Verstorbenen Mitleid haben und ihre Lage erleichtern solle. Dies geschieht „durch Gebete, Oblationen, das Meßopfer, Fasten, Almosen und andere fromme

Werke, ... wodurch die im Fegefeuer auszuhaltende Strafe nachgelassen wird." (Hefele, Konziliengeschichte, IX, 888. Siehe auch Stolz, Kat. III, 354; Catholic Encyclopaedia, Art. „Purgatory"; Hagenbach, Lehrbuch der Dogmengeschichte, Bd. I, S. 231-237, 405, 408; Bd. VI, S. 135-150, 308-309; Zellers Theol. Wörterbuch, Art. „Fegefeuer".)

8. Ablaß.

Die römische Kirche lehrt, daß der Ablaß eine gänzliche oder teilweise Erlassung jener zeitlichen Strafen sei, die wir hier oder im Fegefeuer büßen müßten, nachdem die Sündenschuld und die ewige Strafe der Sünde durch die überfließenden Verdienste Christi und der Heiligen vergeben worden sei. (Siehe Gibbons, Glaube unsrer Väter, 27. Kap.) Das Konzil zu Trient selbst befürwortete die Abschaffung der vielen Mißbräuche, die bei dem Gewähren des Ablasses vorkamen. Man faßte deshalb den Beschluß, daß „aller schändliche Handel" damit aufhören solle. – 25. Sitzung des Konzils zu Trient – (Siehe Ullmann, Reformatoren vor der Reformation, Bd. I, 2. Buch, 1. Teil, 2. Kap.; Ranke, Zeitalter der Reformation, 2. Buch, 1. Kap., Par. 131-132. 153-155; Lea, Hist. of Auricular Confession and Indulgences; Zellecs Theol. Handwörterbuch, Art. Ablaß.)

9. Die Messe.

Der katholischen Lehre gemäß ist die Messe „die nie versiegende Quelle", aus der alle Gnaden strömten, deren man in der katholischen Kirche teilhaftig werden könne. Möhler erklärt in seiner „Katholischen Symbolik", daß das Opfer Christi am Kreuz nur ein Teil des großen Versöhnungswerkes gewesen wäre; was daran noch fehlte, würde durch das Meßopfer erfüllt, das von jedem des Amtes waltenden Priester sowohl für seine eigenen als auch für aller Anwesenden Sünde geopfert würde, sowie für die Sünden aller Christen, die gelebt haben, der lebendigen wie der toten. (Siehe Konzil zu Trient, 22. Sitzung; Catholic Encyclopaedia, Art. Eucharist; Hauck, Realencycl. XII, Art. Messe; Hagenbach, Lehrb. der Dogmen, Bd. I, S. 214-223. 393-398; Bd. II, S. 88-114; Zellers Theol. Wörterbuch, Art. Messe.)

10. Waldensische Bibelübersetzungen.

Über frühe romanische Bibelübersetzungen siehe die Abhandlung von E. Reuß in Haucks Realencycl. III, 125-145; Meyer,

Romania, 1895; E. Petavel, Die Bibel in Frankreich, 2. Kap. Abschn. 3. 4. 8-10. 13. 21, (Paris 1864).

11. Erlasse gegen die Waldenser.

Papst Lucian III. (1183) veröffentlichte in der Gegenwart Friedrich Barbarossas und mit dessen Unterstützung den ersten Erlaß; hierauf folgten päpstliche, kaiserliche und königliche Erlasse in den Jahren 1192, 1220, 1229, 1236, 1243, 1253, 1332, 1380, 1400, 1487, 1532. (Siehe Hahn, Geschichte der Waldenser, S. 703-753; Döllinger, Dokumente der Valdesier; Hefele, Konziliengeschichte, V, 725, 914, 979 f., 992; Hauck, Realencycl. Art. Waldenser; Andrews-Conradi, Geschichte des Sabbats, S. 551-559.)

12. Wiklif.

Über die Einzelheiten der von Papst Gregor XI. erlassenen Bullen siehe Hefele, Konziliengeschichte VI, 948; Lechler, Johannes von Wiklif und die Vorgeschichte der Reformation; Neander, Kirchengeschichte, 6. Periode, 2. Abschn., 1. Teil, 8. Par.

13. Unfehlbarkeit.

Siehe Hettinger, Kath. Fundamentaltheologie, II, 686-750; Hauck, Realencycl. XX, Art. Vatikanisches Konzil; Kardinal Gibbons, Glaube unserer Väter, 7. Kap.; Hase, Polemik, S. 155-201.

14. Konzil zu Konstanz.

Das Konzil wurde auf fortwährendes Drängen Sigismunds einberufen. (Siehe Palacky, Geschichte Böhmens, VI, 310; Mosheim, Kirchengesch., 3. Buch, 15. Jahr., Abschn.; Hauck, Realencycl., B. 31, Art. Konstanz.)

15. Sigismunds Geleitbrief.

Der Kaiser gewährte Hus das Versprechen eines sicheren Geleites. Trotz dem Widerstand des Papstes und dem Einspruch des Ritters Chlum und des schriftlichen Protest des Kaisers wurde Hus dennoch am 6. Dezember ins Gefängnis geworfen. Als der Kaiser am 24. Dezember ankam, hatte er deswegen sogleich mit den Kardinälen mehrere aufgeregte Besprechungen; er drohte sogar, das Konzil zu verlassen. Die Kardinäle auf der anderen Seite drohten hingegen mit einer Auflösung des Konzils. (Palacky, Geschichte Böhmens, VI, 327-330; Hefele, Konziliengesch. VII, 76; Oncken, Weltgesch. II, 2. S. 377.) Da Hus in den Augen des

Kaisers von zu geringer Bedeutung war, um seine Hoffnung auf eine Reformation der Kirche, die er sich von diesem Konzil versprach, durch ihn verwirklicht sehen zu können, so beruhigte er sich mit der so vielfach vertretenen Ansicht, daß nach menschlichem und auch göttlichem Recht kein Versprechen gültig sein könne, das zum Nachteil der Kirche gereichen würde, und daß er deshalb unter keiner Verpflichtung sein könne, einem „Ketzer" gegenüber sein Wort halten zu müssen. (Von der Hardt, IV, 521 f.) Im Einklang hiermit faßte das Konzil bei seiner 19. Sitzung am 23. Sept. 1415 denselben Entschluß. Ranke sagt, daß dies ein eitler Versuch gewesen sei, den König von der Beschuldigung des Wortbruchs zu befreien. Sigismund war sich dessen auch wohl bewußt; er wollte sein Versprechen halten, aber es wurde ihm nicht zugestanden. (Ranke, Weltgesch. IX, 186.) Was aber den böhmischen Adel am meisten verdroß, war, daß Sigismund selbst gegen Hus Anklage erhob. Es kostete ihn die Krone Böhmens.

16. Fanatismus.

In den Tagen der Reformation gab es viele in Europa, deren Herzen dem Worte Gottes zugetan waren, die aber den deutschen Reformatoren nicht nachfolgten. Manche dieser Männer waren ernste Gelehrte und von einigen derselben rühren Übersetzungen von Teilen der Heiligen Schrift her, deren Vorzüglichkeit von Luther anerkannt wurde. Es gab solche unter ihnen, die mit Luther in manchen Punkten nicht übereinstimmten, z. B. in bezug auf die Kindertaufe. Sie hielten nämlich dafür, daß nur getaufte Gläubige Mitglieder der Kirche Christi sein könnten. Manchmal kam es über streitige Punkte zu heftigen Auseinandersetzungen.

Es fanden sich auch Leute mit überspannten und schwärmerischen Ansichten, die sich vom blinden Eifer zu Ausschreitungen, zu grundlosen Schlüssen und zum Fanatismus hinreißen ließen. Manche befähigte Männer hatten mit diesen Leuten ohne Zweifel gewisses Mitgefühl bewiesen, weil Luther und seine Genossen gegen sie eine so strenge und unerbittliche Stellung einnahmen; wäre es jedoch diesen Enthusiasten gelungen, die Oberhand zu gewinnen, so würde ihre Lehre die Reformation zugrunde gerichtet haben. Diese Uneinigkeiten und Streitereien, jene Bezeigungen eines unverständigen menschlichen Eifers, diese Feindseligkeiten, dieselbe Unduldsamkeit und dasselbe Schwärmertum haben sich bei jeder Reformbewegung seit den Tagen der Apostel offenbart. Es sind dies die Anstrengungen Satans, um das Evangelium Gottes durch menschliche Schwachheit und Mängel in ein falsches Licht zu stellen und ihm Hindernisse in den Weg zu legen. Aber jeder aufrichtige Mensch wird ohne Schwierigkeit zwischen dem Wahren und dem Falschen unterscheiden können, wenn er auf die Grundsätze achtet, die sich dabei offenbaren, und auf die Früchte, die dabei getragen werden.

17. Jesuitenorden.

Ein Bericht über den Ursprung, die Grundsätze und die Absichten der „Gesellschaft Jesu", wie Glieder dieser Vereinigung ihn abgegeben haben, findet sich in einem Werk von John Gerard, S. J., herausgegeben in London 1902. In diesem Werk heißt es S. 6: „Die Hauptursache dieser Organisation ist ein Geist des vollkommenen Gehorsams." „Möchte doch jeder", schreibt St. Ignatius, „sich klar machen, daß alle, die im Gehorsam wandeln, sich leiten lassen sollen von der göttlichen Vorsehung durch ihre Vorgesetzten, geradeso als ob sie selbst ein Leichnam wären, den man überall hintragen und mit dem man tun kann, was man will, oder wie eines alten Mannes Stab, der jedem, der ihn in der Hand hält, dient wie der Betreffende es will."

„Diese vollständige Unterwerfung wird durch den Beweggrund veredelt und sollte" – fährt der Grundtext fort – „pünktlich, freudig und ausdauernd sein. ... Der religiöse Gehorsam führt alles freudig aus, was seine Vorgesetzten von ihm zum allgemeinen Besten verlangen, und weiß gewiß, daß es mit dem göttlichen Willen übereinstimmt." (Siehe auch L. E. Dupin, L'Histoire de l'Eglise, 16. Jahrh., 33. Kap.; Mosheim, Kirchengesch., 16. Jahrh., 3. Abteil., 1.Teil, 1.Kap., 10. Par.; Encycop. Britannica, 9. Ausg., Art. „Jesuits"; C. Paroissien, Grundsätze der Jesuiten, dargestellt durch ausgewählte Schriften ihrer eigenen Schriftsteller, London, 1860.)

18. Inquisition.

Siehe Catholic Encycl., Art. Inquisition (von J. Blötzer, Jesuit, München); H. C. Lea, History of the Inquisition in the Middle Ages; Limborch, Historia Inquisitionis, 1. Bd., 1. Buch, Kap. 25. 27-31; L. v. Ranke, Die römischen Päpste, 2. Buch, 6. Kap.

19. Protestantische Verfolgungen.

Kein Bibel-Protestant kann unduldsam oder verfolgungssüchtig gegen solche sein, die mit ihm in religiösen Fragen nicht übereinstimmen, weil dieses nicht mit der Lehre dessen übereinstimmen würde, der da sagte: „Des Menschen Sohn ist nicht gekommen, der Menschen Seelen zu verderben, sondern zu erhalten" (Luk. 9, 56.); „Und wer meine Worte hört und glaubt nicht, den werde ich nicht richten; denn ich bin nicht gekommen, daß ich die Welt richte, sondern daß ich die Welt selig mache." (Joh. 12, 47.) Und durch seine Apostel gab er diese Lehre: „Denn wie er ist, so sind auch wir in dieser Welt." (1. Joh. 4, 17.); „Nicht, daß wir Herren wären über euren Glauben, sondern wir sind Gehilfen eurer Freude; denn ihr steht im Glauben." (2. Kor. 1, 24.); „Darum richtet nicht vor der Zeit, bis der Herr kommt." (1. Kor. 4, 5.); „Weil wir nun wissen, daß der Herr zu fürchten ist, suchen wir Menschen zu gewinnen." (2. Kor. 5, 11.) Die Reformatoren erkannten den großen Grundsatz der Rechtfertigung durch den Glauben und den hohen Wert des Wortes; aber sie begriffen nicht, wie weit sich diese Grundsätze erstreckten, die sie von menschlichen Glaubenspunkten und der wesentlichen Vereinigung mit menschlicher Amtsgewalt geschieden hätte.

Menschliche Glaubenssätze ersticken das Wort Gottes, und eine Vereinigung von Religion und Staat setzt einen Menschen an Gottes Stelle. Eine solche Verbindung der Religion mit der staatlichen Macht hat im Evangeliumsplan jedoch keinen Platz und kein Anrecht. Wird ihr aber eine Stelle eingeräumt, wie dies mancherorts in den ersten Anfängen der Reformation des sechzehnten Jahrhunderts getan wurde, so folgten Unduldsamkeit gegen Andersdenkende und deren Verfolgung auf dem Fuße.

Männer von starker Willenskraft, die von der Richtigkeit ihres Glaubens überzeugt sind, und die dem Staate das Recht zugestehen, den rechten Glauben aufrechtzuerhalten, werden in Verfolgung dieses verkehrten Grundsatzes zu Verfolgern. Die wahren Grundsätze des Protestantismus, wenn recht verstanden, lassen sich mit der Aufstellung von Glaubensformeln und mit einer Verbindung mit der bürgerlichen Gewalt nicht vereinbaren; infolgedessen haben Protestanten im allgemeinen nicht nur über päpstliche, sondern auch über protestantische Verfolgungen ein Verdammungsurteil ausgesprochen. Wahre Protestanten rechtfertigen weder das Verfahren des Johann Kalvin gegen Servetus, noch heißen sie die Handlungsweise des protestantischen Englands gegen römisch-Katholische, gegen Puritaner und gegen Baptisten gut, noch billigen sie die Unduldsamkeit der Puritaner in Amerika gegen Andersgläubige. Das Evangeliumsprinzip, das Jesus Christus verkündigt hatte, faßte von neuem Wurzel in der

Kolonie, die in Rhode Island von Roger Williams gegründet wurde. Derselbe Grundsatz wurde dann auch von anderen religiösen Gemeinschaften angenommen und befolgt. Hierin liegt der Unterschied zwischen dem römischen Katholizismus und dem Protestantismus: der römische Katholizismus verteidigt seine Verfolgungen, weil er an dem falschen Grundsatz, der eine Verbindung von Kirche und Staat befürwortet, festhält; wahrer Protestantismus hingegen bedauert die Befolgung dieses Grundsatzes in der Vergangenheit und verweigert ihm irgendwelche Anerkennung in der Gegenwart.

20. Ursachen der Französischen Revolution.

Über die weitreichenden Folgen der Verwerfung der Bibel und der biblischen Religion durch die Franzosen siehe H. von Sybel, Geschichte der Revolutionszeit, 5. Buch, 1. Kap., Abschn. 3-7; H. T. Buckle, History of Civilization in England, 8. 12. Kap (N. Y.-Ausg., 1895, 1. Bd., S. 364-366. 369-371. 537. 540. 541. 550); J. G. Lorimer, An Historical Sketch of the Protestant Church of France, 8. Kap., 6. 7. Abschn.

21. Anstrengungen, die Bibel zu unterdrücken und zu vernichten.

Über die fortgesetzten Anstrengungen, die man in Frankreich unternahm, die Bibel, besonders die Übersetzung in der Volkssprache, zu unterdrücken, sagt Gaußen: „Der Erlaß von Toulouse 1229, wodurch der Inquisitionsgerichtshof für alle Leser der Bibel in der Volkssprache eingerichtet wurde, ... war ein Edikt des Feuers, des Blutvergießens und der Verwüstung. In seinem 3., 4., 5. und 6. Kapitel wurde befohlen, die völlige Vernichtung der Häuser, der einfachsten Verbergungsstätten und selbst der unterirdischen Verliese solcher, die die Heilige Schrift besaßen; daß sie in den Wäldern und Höhlen der Erde verfolgt werden sollten; und daß selbst solche, die ihnen Unterschlupf gewährten, schwer bestraft werden sollten." Als Folge davon war die Bibel „überall verboten; sie verschwand sozusagen unter der Erde und stieg ins Grab." Diesem Befehle folgte „eine fünfjährige unbeschreibliche Verfolgung, während der das Blut der Heiligen wie Wasser vergossen wurde." (L. Gaußen, The Canon of the Holy Scriptures, 2. Teil, 2. Buch, 7. Kap., Abt. 5; Kap. 13, Abt. 2, Abschn. 2.)

Über die besonderen Anstrengungen, die während der Schrekkensherrschaft im Jahre 1793 gemacht wurden, um die Bibel zu vernichten, sagt Dr. Lorimer: „Wo sich eine Bibel fand, kann man sagen, wurde sie bis in den Tod verfolgt, und zwar so sehr, daß verschiedene angesehene Ausleger der Schrift das Töten der beiden Zeugen im 11. Kapitel der Offenbarung auf den allgemeinen Druck sowie auf die Vernichtung des Alten und Neuen Testaments in Frankreich zu dieser Zeit beziehen." (J. G. Lorimer, An Historical Sketch of the Protestant Church of France, Kap. 8, Abschn. 4. 5.)

Siehe auch G. P. Fisher, The Reformation, Kap. 15. Abschn. 16; E. Petavel, The Bibel in France, Kap. 2, Abschn. 3, 8-10. 13. 21; G. H. Putnam, The Censorship of the Church of Rome, Bd. 1, Kap. 4, Bd. 2, Kap. 2.

22. Die Schreckensherrschaft.

Über die Verantwortlichkeit der irregeführten Leiter in Kirche und Staat, besonders in der Kirche, für die Vorgänge während der Französischen Revolution siehe W. M. Sloane, The French Revolution und Religious Reform, Vorwort und Kap. 2, Abschn. 1. 2. 10-14, (Ausg. 1901, S. 7-9. 19. 20. 26-31. 40); Philipp Schaff in Papers of the American Society of Church History, Bd. 1, S. 38. 44; J. G. Lorimer, An Historical Sketch of the Protestant Church of France, Kap. 8, Abschn. 6. 7; A. Galton, Church and State in France, 1300-1907, Kap. 3, Abt. 2 (London, 1907); Sir J. Stephen, Lecturesw on the History of France, 16. Vorl., Abschn. 60.

23. Die Massen und die Bevorzugten.

Wegen der gesellschaftlichen Zustände in Frankreich vor der Zeit der Revolution siehe H. von Holst, Lowell Lectures on the French Revolution, 1. Vorl.; auch Taine, Ancient Regime, und A. Young, Travels in France.

24. Wiedervergeltung.

Wegen Einzelheiten über den wiedervergeltenden Charakter der Französischen Revolution siehe Thos. H. Gill, The Papal Drama, Buch 16; E. de Pressence, L'Eglise et la Revolution Francaise, Buch 3, Kap. 1.

25. Die Grausamkeiten der Schreckensherrschaft.

Siehe M. A. Thiers, Histoire de la Revolution Francaise, Bd. 3, S. 42-44, 62-74. 106. (N. Y., 1890); F. A. Mignet, Histoire de la Revolution Francaise, Kap. 9, Abschn. 1 (Bohn, 1894); A. Alison, History of Europe, 1789-1815, Bd. 1, Kap. 14 (N. Y., 1872, Bd. 1, S. 293-312).

26. Die Verbreitung der Heiligen Schrift.

Erst durch die Bibelgesellschaften erhielt die Heilige Schrift eine weitere Verbreitung. Die erste Bibelgesellschaft wurde 1711 von Canstein unter Mitwirkung von A. H. Francke gegründet. Doch im Jahre 1804, dem Gründungsjahr der Britischen und Ausländischen Bibelgesellschaft, gab es nach Angaben dieser Gesellschaft nicht mehr als vier Millionen Bibeln in gedruckter und geschriebener Form. Die Zahl der Sprachen, in die Gottes Wort damals übersetzt war, betrug etwa 50.

Die Amerikanische Bibelgesellschaft hat in der Zeit von 1816 bis 1980 weit über eine Milliarde Bibeln, Neue Testamente und Teile aus dem Alten und Neuen Testament verbreitet.

Allein im Jahre 1980 wurden in der ganzen Welt 440.054.483 Bibeln, Neue Testamente, Bibelteile und Auswahlhefte verbreitet. Die vollständige Bibel gibt es in 268 Sprachen, Teile daraus sogar in 1660 Sprachen von den rund 3000 Sprachen. Es kommen ständig neue Sprachen hinzu.

Die Deutsche Bibelgesellschaft in Stuttgart hat seit ihrem Bestehen schon weit mehr als 50 Millionen Bibeln und Bibelteile verbreitet.

27. William Miller.

Die Adventbotschaft fand in Amerika hauptsächlich durch William Miller und dessen Mitarbeiter ihre Verbreitung. Gott gebrauchte diese Leute in mächtiger Weise für die Verbreitung der Botschaft in dem großen Land der Vereinigten Staaten, dem Land, in welchem alle Völker der Erde ihre Vertretung fanden und dessen Einwohner aus den Nachkommen solcher bestanden, die von fast allen zivilisierten Ländern Europas eingewandert waren. Die Adventbotschaft war jedoch eine weltweite, wie die folgenden Kapitel des Buches klar darlegen. William Miller war mit seiner Berechnung prophetischer Zeit und seiner Annahme des Jahr-Tag-Prinzips, auf die er seine Berechnung gründete, im Recht. Welchen Fehler er in der Bestimmung des Ereignisses für den Ablauf dieser prophetischen Zeit machte, geht aus dem Folgenden hervor. Nach der Enttäuschung, die Miller zuteil wurde, teilte sich die Zahl der vorgeblichen Adventgläubigen in verschiedene Zweige. Indem sie die Grundlage der Botschaft Millers verließen, erstrebten sie eine Anpassung der prophetischen Perioden oder sie bestimmten Zeiten für das Kommen des Herrn, oder sie wandten sich ganz von Miller ab. Manche von denen, die behaupten, seine Nachfolger zu sein – aber schriftwidrige

Ansichten von Christus und seinem Priestertum, von einer zukünftigen Gnadenzeit, von einem Plan der Zeitalter, von der
Gottheit Christi haben –, sind so weit entfernt von den Grundsätzen, die William Miller befolgte, wie der Westen vom Osten.
Die wahren Nachfolger William Millers sowie aller gottgesandten
Reformatoren sind solche, die wahre Grundsätze der Schrift-
auslegung befolgen und im Einklang mit diesen Grundsätzen von
dem immer heller scheinenden Worte geleitet werden. Miller war
einer jener Hüter Gottes, die da rufen: „Der Morgen kommt,"
und seinem Ruf schlossen sich eine Menge Stimmen aus allen
Ländern der Erde an.

28. Prophetische Daten.

Damit der Leser das Vernünftige der Stellung Millers über die
prophetischen Zeitangaben einsehe, führen wir nachfolgende Auseinandersetzung an, welche, in Antwort an einen Korresponden-
ten, im März 1850 im «Advent Herald», Boston, veröffentlicht
wurde:

„Die große prophetische Periode wird durch den Kanon des
Ptolemäus festgestellt. Dieser Kanon setzt das siebente Jahr des
Artaxerxes auf das Jahr 457 v. Chr.; und die Richtigkeit dieses
Kanons wird durch das zutreffende Übereinstimmen von mehr
als zwanzig Finsternissen dargetan. Die siebzig Wochen sind von
der Veröffentlichung eines Erlasses hinsichtlich der Wiederherstellung Jerusalems an zu rechnen. Zwischen dem siebenten und
zwanzigsten Jahr des Artaxerxes erschien kein Dekret. Die
vierhundertneunzig Jahre müssen beim siebten anfangen und im
Jahre 457 v. Chr. beginnen, wonach sie im Jahre 34 nach Christus enden würden. Mit dem zwanzigsten anfangend, müssen sie
im Jahre 444 v. Chr. beginnen, und im Jahre 47 n. Chr. enden. Da
sich im Jahre 47 nichts ereignete, das ihren Ablauf gekennzeichnet hätte, können wir nicht vom zwanzigsten an rechnen; wir
müssen deshalb auf das siebente Jahr des Artaxerxes sehen. Diesen Zeitpunkt können wir nicht vom Jahre 457 v. Chr. woanders-
hin verlegen, ohne erst die Unrichtigkeit des ptolemäischen
Kanons darzutun. Zu dem Zweck würde es nötig sein, zu beweisen, daß die große Zahl von Finsternissen, durch die seine Genauigkeit zu wiederholten Malen dargetan wurde, nicht richtig
berechnet worden ist, und ein solches Ergebnis würde eine jede
chronologische Zeitangabe unsicher machen und die Bestimmung
von Epochen und die Berichtigung von Zeitaltern völlig der
Gnade eines jeglichen Träumers überlassen, so daß die Chrono-

logie von keinem größeren Werte wäre als bloße Vermutungen. Da die siebzig Wochen im Jahre 34 zu Ende gehen müssen, es sei denn, daß das siebente Jahr des Artaxerxes unrichtig bestimmt ist, und da dasselbe nicht verändert werden kann, ohne jegliche Beweise dafür, so fragen wir: Welches Ereignis kennzeichnete den Ablauf derselben? Die Zeit, wo die Apostel sich zu den Heiden wandten, stimmt besser mit jener Zeitangabe überein, als irgend etwas anderes, das genannt wurde. Und die Kreuzigung im Jahre 31, in der Mitte der siebzigsten Woche, wird durch eine Menge von Zeugnissen, die nicht leicht ungültig gemacht werden können, aufrecht erhalten."

Da die siebzig Wochen und die 2300 Tage einen gemeinsamen Ausgangspunkt haben, wird die Berechnung Millers in einem Augenblick bestätigt, wenn wir die 457 Jahre v. Chr. von den 2300 abziehen. Also 2300 - 457 = 1843. Das Jahr 1843 n Chr. wurde jedoch als bis zum Frühjahr 1844 sich erstreckend betrachtet. Der Grund hierfür ist kurz folgender: Vor alters begann das Jahr nicht wie jetzt mitten im Winter, sondern mit dem ersten Neumond nach der Frühjahrs Tag- und Nachtgleiche. Da deshalb die Periode der 2300 Tage in einem nach den Methoden des Altertums berechneten Jahr anfing, wurde es für nötig erachtet, nach dieser Methode bis zu deren Schluß zu rechnen. Deshalb wurde 1843 als im Frühjahr anstatt im Winter zu Ende gehend, berechnet.

Die 2300 Tage können aber nicht vom Anfang des Jahres 457 v. Chr. an gerechnet werden; denn der Erlaß des Artaxerxes – der den Anfangspunkt bildet – trat nicht in Kraft bis zum Herbst jenes Jahres. Folglich müssen die 2300 Tage, da sie im Herbst 457 v. Chr. anfangen, sich bis auf den Herbst des Jahres 1844 n. Chr. erstrecken.

Da Miller und seine Gefährten diese Tatsachen zuerst nicht erkannten, sahen sie der Ankunft Christi 1843 oder im Frühjahr des Jahres 1844 entgegen; daher kam die erste Täuschung und die scheinbare Verzögerung. Es war die Entdeckung der richtigen Zeit, im Zusammenhang mit anderen biblischen Aussagen, die zu der unter dem Namen „Mitternachtsruf" von 1844 bekannten Bewegung führten. Und bis auf diesen Tag steht die Berechnung der prophetischen Perioden, die den Schluß der 2300 Tage auf den Herbst des Jahres 1844 bringen, unbestritten da.

29. Der Fall des Osmanischen Reiches.

Wegen Einzelheiten zum vorhergesagten Fall des Osmanischen Reiches während des Monats August 1840 siehe J. Litch, The

Probability of the Second Coming of Christ about A. D. 1843 (veröffentlicht Juni 1838); J. Litch, An Addreß to the Clergy (veröffentlicht Frühjahr 1840; eine zweite Ausgabe mit geschichtlichen Daten, die die Genauigkeit der früheren Berechnungen der prophetischen Zeit bis zum Fall des Osmanischen Reiches darlegten, wurde veröffentlicht 1841); Advent Shield and Review, Bd. 1 (1844), Nr. 1, S. 56-61; J. N. Loughborough, Entstehung und Fortschritt der Siebenten-Tag-Adventisten, S. 47-50.)

30. Bibelverbot.

Wegen des Verhaltens der römisch-katholischen Kirche zur Bibelverbreitung in der Volkssprache siehe Catholic Encycl., Art. Bibel; Zeller, Theol. Handwörterbuch, Art. Bibellesen der Laien und Bibelverbote in der kath. Kirche; auch G. P. Fisher, The Reformation, Kap. 15, Abschn. 16 (1873, S. 530-532); Kardinal J. Gibbons, Glaube unserer Väter, Kap. 8; J. Dowling, History of Romanism, Buch 7, Kap. 2, Sek. 14, und Buch 9, Kap. 3, Sek. 24-27 (1871, S. 491-496. 621-625).

31. Die Adventbotschaft in Deutschland.

Bengel stand in seinem Verkündigen der Wahrheit nicht allein da. Die Pastoren Büehrlin, Roos, Peters, Kelber, Stilling und andere predigten das nahe Kommen Christi. Bengel gründete seine Botschaft auf Beweise aus dem Buch der Offenbarung. Stilling war der Ansicht, daß die buchstäbliche Erfüllung dieses Buches begonnen hatte. Roos und Kelber, von denen jener im Jahre 1770 und dieser im Jahre 1805 schrieb, fanden die Begründung für ihre Botschaften in den prophetischen Perioden des Buches Daniel. In demselben Jahre erklärte Stilling, daß die warnende Botschaft des dritten Engels von Offb. 14, 9-12 noch nicht verkündigt worden sei, aber daß dies in Kürze geschehen würde. Über das zweite Kommen Jesu schrieb Kelber die Werke: „Das Ende kommt" und „Antichrist". Die vierte Ausgabe des letztgenannten Buches erschien im Jahre 1842.

32. Himmelfahrtskleider.

Die Fabel, daß die Adventisten sich Kleider anfertigten, um dem Herrn „in der Luft" zu begegnen, wurde von solchen erdichtet, die die Sache verhöhnten; sie wurde so eifrig verbreitet, daß viele sie glaubten; aber eine sorgfältige Untersuchung enthüllte das Gerede eben als Fabel. Viele Jahre hindurch ist eine große Belohnung ausgesetzt worden, einen Beweis der Richtigkeit zu bringen; aber nicht einer ist gebracht worden. Keiner, der die Erscheinung des Herrn liebte, war den Lehren der Heiligen Schrift so unkundig, daß er hätte annehmen können, für diese Gelegenheit Kleider anfertigen zu müssen. Das einzige Gewand, das die Heiligen nötig haben, um dem Herrn entgegenzugehen, ist die Gerechtigkeit Jesu. Siehe Offb. 19, 8.

33. Die Zeitrechnung der Weissagung.

Dr. G. Bush, Professor der hebräischen und orientalischen Literatur an der Universität der Stadt New York, machte in einem an Miller gerichteten und im „Advent Herald" vom März 1844 veröffentlichten Brief mehrere wichtige Zugeständnisse über dessen Berechnungen der prophetischen Zeiten. Er schrieb:

„Es kann nach meinem Dafürhalten weder Ihnen noch Ihren Freunden der Vorwurf gemacht werden, daß Sie dem Studium der Zeitrechnung der Weissagung zu viel Zeit und Aufmerksamkeit geschenkt und sich zuviel Mühe gegeben haben, das Anfangs- und das Schlußdatum ihrer großen Perioden festzustellen. Falls diese Perioden tatsächlich durch den Heiligen Geist in den prophetischen Büchern eingegeben sind, so war es unzweifelhaft zu dem Zweck, daß sie studiert und wahrscheinlich am Ende völlig verstanden werden sollten, und niemand kann man vermessene Torheit zur Last legen, der ehrfurchtsvoll den Versuch macht, dies zu tun. ... In der Annahme, daß ein Tag nach prophetischem Sprachgebrauch ein Jahr bedeutet, glaube ich, daß Sie sich auf die sicherste Bibelauslegung stützen und auch bestärkt werden durch die angesehenen Namen von Mede, Sir Isaak Newton, Kirby, Scott, Keith und vielen andern, die schon längst auf wesentlich dieselben Schlüsse wie Sie über diesen Punkt gekommen sind. Sie stimmen alle dahin überein, daß die von Daniel und Johannes erwähnten leitenden Perioden tatsächlich ungefähr in diesem Zeitalter der Welt ablaufen, und es müßte eine seltsame Logik sein, die Sie der Ketzerei überführen wollte, weil Sie in Wirklichkeit dieselben Ansichten hegen, die in den Angaben dieser hervorragenden Gelehrten so sehr hervortreten. ... Ihre Ergebnisse auf diesem Gebiet der Forschung dünken mich bei weitem nicht so sehr abweichend, als daß sie irgendwie die großen Grundsätze der Wahrheit und der Pflicht beeinträchtigen könnten. ... Ihr Irrtum liegt nach meiner Auffassung in einer anderen Richtung als derjenigen der Zeitrechnung. ... Sie haben die Natur der Ereignisse, die sich beim Ablauf der Perioden zutragen sollen, gänzlich mißverstanden. Dies ist der Kern und die Summe Ihres Fehlers in der Auslegung."

34. Das Heiligtum.

Daß die Erde das Heiligtum sei, wurde aus jenen Bibelstellen geschlossen, die lehren, daß dieselbe gereinigt und nach der ursprünglichen Absicht des Schöpfers zur ewigen Wohnstätte der Heiligen hergerichtet werden solle. Die Adventisten faßten dies auf, gerade wie es von Wesley und anderen gelehrt wurde. Und ihre Gedanken verweilten bei keiner anderen Wohnstätte, oder irgend etwas anderem, was der Reinigung oder Rechtfertigung bedürfte. Die einzigen Bibelstellen, die unseres Wissens je zu Gunsten der Ansicht, daß die Erde oder irgend ein anderer Wohnort der Menschen das Heiligtum genannt werde, angeführt wurden, beweisen deutlich die Unhaltbarkeit dieser Behauptung. Es sind ihrer nur drei an Zahl, nämlich:

2. Mose 15, 17: „Bringe sie hinein, und pflanze sie auf dem Berge deines Erbteils, den du, Herr, dir zur Wohnung gemacht hast; zu deinem Heiligtum, Herr, das deine Hand bereitet hat."

Ohne die Zeit oder den Raum zu nehmen, eine Erklärung dieser Stelle zu geben, genügt für den gegenwärtigen Zweck die Bemerkung, daß sie den Gedanken, die Erde sei das Heiligtum, widerlegt. Man mag die Stelle auffassen wie man will, so lehrt sie, daß das Volk damals nicht im Heiligtum, sondern auf der Erde war. Dann wird behauptet, daß es sich auf jenen Teil der Erde beziehe, in welchen Israel gebracht werden sollte, nämlich Palästina. Dies wird widerlegt durch die zweite Stelle:

Jos. 24, 26: „Und Josua schrieb dies alles ins Gesetzbuch Gottes; und nahm einen großen Stein, und richtete ihn auf unter einer Eiche, die bei dem Heiligtum des Herrn war." Der Stein und die Eiche waren in Palästina; aber sie waren nur bei dem Heiligtum des Herrn – nicht aber in demselben. Und die andere Stelle ist noch einschränkender und ebenso entschieden gegen den Schluß, zu welchem sie verwendet wurde:

Josaphats Gebet gibt die richtige Vorstellung von dem Verhältnis jenes Landes zum Heiligtum: „Hast du, unser Gott, nicht die Einwohner dieses Landes vertrieben vor deinem Volk Israel, und hast es gegeben dem Samen Abrahams, deines Liebhabers, ewiglich? Daß sie darinnen gewohnt, und dir ein Heiligtum zu deinem Namen darinnen gebauet haben." (2. Chron. 20, 7. 8.)

Dies entspricht dem Auftrag in 2. Mose 25, 8: „Sie sollen mir ein Heiligtum machen, daß ich unter ihnen wohne." In demselben Buche wird auch eine bis ins Einzelne gehende Beschreibung des Heiligtums, seiner Erbauung und seiner Annahme von Gott, gegeben. Der Vorgang der Reinigung oder Rechtfertigung des Heiligtums wird in 3. Mose 16 beschrieben. Als die Kinder Israel Kanaan besaßen, baute Salomo einen Tempel, in welchem ein Heiliges und Allerheiligstes war; auch wurden die Gefäße des beweglichen Heiligtums, das in der Wüste Arabiens gemacht worden war, in den Tempel gebracht. Das war damals das Heiligtum, die Wohnstätte der Herrlichkeit Gottes auf Erden. Etliche folgerten, daß das irdische Heiligtum, auf Grund jener Schriftstellen, in welchen die Gemeinde der Tempel Gottes genannt wird, ein Symbol der Gemeinde sein müsse. Es kommt jedoch in der Hl. Schrift nicht selten vor, daß dieselbe Redefigur in verschiedenem Zusammenhang auch auf verschiedene Gegenstände angewandt wird. Die Bibel lehrt deutlich, daß die heiligen Stätten des irdischen Heiligtums „der himmlischen Dinge Vorbilder" sind. Hebr. 9, 23. Der Ausdruck: „Tempel Gottes," wird manchmal angewandt, um das Heiligtum im Himmel, manchmal aber die Gemeinde zu bezeichnen. Seine Bedeutung muß in jedem Fall durch den Zusammenhang festgestellt werden.

35. Die Reinigung des Heiligtums.

Beinahe alle Adventisten, Miller nicht ausgeschlossen, glaubten eine Zeitlang nach der Enttäuschung vom Jahre 1844, daß die Welt ihre letzte Warnung erhalten habe. Sie konnten bei ihrem Glauben an die Botschaft, die sie erteilt hatten – „die Zeit des Gerichtes ist gekommen" (Offb. 14, 6. 7) – kaum etwas anderes glauben. Sie nahmen natürlicherweise an, daß diese Verkündigung die Gnadenzeit zum Abschluß bringen müsse. Aber der Gedanke, daß das Werk des Evangeliums beendigt sei, wurde bald aufgegeben, ausgenommen von einigen Schwärmern, die weder Rat noch Unterweisung annehmen wollten. Es gab eine Klasse, die den Gedanken, daß die „Gnadentür" geschlossen sei, bald aufgab, weil sie entdeckten, daß nach jener Erklärung: „Die Zeit des Gerichtes ist gekommen," andere Botschaften verkündigt werden sollten; und daß jene des dritten Engels, die letzte, zu allen „Heiden und Sprachen und vielen Königen" gehen sollte. Sie erfuhren, daß vor dem Kommen des Herrn das Gericht im Himmel Sitzung hält, daß das Gericht der Gerechten ganz vollendet wird, während Christus noch ihr Fürsprecher vor des Vaters Thron ist; daß das ewige Leben den Heiligen augenblicklich gegeben wird, wenn ihr Heiland kommt, was ein Beweis ist, daß sie gerichtet und freigesprochen wurden. Mit dem Licht über die dritte Engelsbotschaft empfingen sie auch Licht über das Heiligtum und seine Reinigung, wodurch sie verstanden, daß das große Werk des vorbildlichen Versöhnungstages, das im Allerheiligsten vollzogen wurde, das war, was durch die Botschaft, die sie erteilt hatten, bezeichnet worden war. Sie sahen, daß im Tempel Gottes zwei Türen oder Vorhänge waren (Hebr. 9, 3) und daß zu jener Zeit die eine geschlossen und die andere geöffnet wurde. Mit ernstem Eifer und neuer Hoffnung predigten sie diese Wahrheiten und drangen auf ihre Mitmenschen ein, durch den Glauben Eingang zu suchen in das Allerheiligste, in das Inwendige des zweiten Vorhangs, wo unser großer Hoherpriester hingegangen ist, um die Sünden aller seiner Getreuen auszutilgen, von Abel bis auf die gegenwärtige Zeit.

36. Eine dreifache Botschaft.

Offb. 14, 6. 7 sagt die Verkündigung der ersten Engelsbotschaft vorher. Dann fährt der Prophet fort: „Ein anderer Engel folgte nach, der sprach: Sie ist gefallen, sie ist gefallen, Babylon, die große Stadt. ... Und der dritte folgte diesem nach." Das hier mit „folgte nach" wiedergegebene Wort aus dem griechischen Grundtext hat in Zusammenstellungen wie die vorliegende den Sinn von „mitgehen, begleiten", wie dies auch die Wörterbücher als erste Bedeutung des Wortes gelten lassen. So z. B. Pape: „Mit jemandem einen Weg machen, ihn begleiten." Desgleichen andere. Es ist das gleiche Wort, das in Mark. 5, 24 gebraucht wird: „Und er ging hin mit ihm, und es folgte ihm viel Volks nach und sie drängten ihn." Es wird auch angewendet, wo von den 144.000 Erlösten die Rede ist und es heißt: „Diese ... folgen dem Lamm nach, wo es hingeht." (Offb. 14, 4.) In diesen beiden Stellen gibt sich der Sinn des Wortes deutlich als „begleiten, mitgehen" zu erkennen. Desgleichen in 1. Kor. 10, 4, wo wir von den Kindern Israel lesen, daß sie „tranken von dem geistlichen Fels, der mitfolgte", das im Grundtext das gleiche Wort ist. Hieraus ersehen wir, daß der Sinn in Offb. 14, 8. 9 nicht einfach der ist, daß der zweite und der dritte Engel dem ersten in Reihenfolge der Zeit folgte, sondern daß sie mit ihm gingen. Die drei Botschaften sind nur eine dreifache Botschaft. Sie sind nur drei Botschaften in der Reihenfolge ihres Anfangs. Doch nachdem sie angefangen, gehen sie miteinander und sind unzertrennlich.

37. Die Oberherrschaft der römischen Bischöfe.

Der Bischof von Rom begann sehr früh schon von allen Kirchen Unterwürfigkeit zu verlangen. Hiervon ist der Streit zwischen der orientalischen und der westlichen Kirche ein schlagendes Beispiel. Dieser Streit erhob sich im zweiten Jahrhundert. Mosheim sagt: „Die Christen dieser Zeiten widmeten ihre jährlichen Festtage dem Andenken des Todes und der Auferstehung unseres Heilandes. ... Der Festtag des Versöhnungstodes Jesu hieß Passah." Wie die Juden, so feierten auch die Christen „eine heilige Mahlzeit, oder sie aßen das Passahlamm, zum Andenken des letzten Abendmahls unseres Erlösers." Die asiatischen Christen hielten ihre Ostern am vierzehnten Tage des ersten jüdischen Monats, zur selben Zeit mit den Juden, zu der auch Christus das Osterlamm mit seinen Jüngern gegessen haben soll. Drei Tage später feierten sie das Andenken an die Auferstehung Jesu von den Toten. Die abendländischen Kirchen hingegen, feierten den Auferstehungstag Christi am Sonntag nach dem jüdischen Osterfest, und beobachteten das Passah in der Nacht vor Sonntag, wodurch sie das Andenken an den Tod Christi mit demjenigen an seine Auferstehung vereinten.

„Gegen Ende des [zweiten] Jahrhunderts hielt Victor, Bischof zu Rom, es für nötig, die asiatischen Christen durch Gesetze und Verordnungen zur Befolgung der Regel, nach der sich der größte Teil der Christenheit richtete, zu zwingen. ... So gebot er den asiatischen Bischöfen durch einen befehlshaberischen Brief, daß sie bei der Feier des Osterfestes den übrigen Christen folgen sollten. Diese antworteten, ... sie würden von der heiligen Gewohnheit ihrer Vorfahren nicht abgehen. Victor, der durch diesen Schluß erbittert wurde, schloß sie von seiner und seiner Kirche Gemeinschaft ... aus, das ist, er erklärte sie unwürdig, von ihm Brüder genannt zu werden." (Mosheim: Kirchengeschichte, zweites Jahrhundert, zweiter Teil, IV. Hauptstück, 9. 11.) „Dies," sagt Bower, „war der erste Versuch päpstlicher Usurpation."

Eine Zeitlang jedoch konnten die Anstrengungen Victors nur wenig erzielen. Seine Briefe ließ man unbeachtet und die asiatischen Christen fuhren in der Beobachtung ihrer herkömmlichen Weise fort. Doch indem es die Stütze des kaiserlichen Armes für sich gewann, den die Kirche so lange für ihre Zwecke beherrschte, trug Rom endlich den Sieg davon. Das Konzil von Nicäa, „um Konstantin dem Großen zu gefallen, bestimmte, daß die Osterfestlichkeiten überall an ein und demselben Tage gefeiert werden sollten, nach römischem Brauch." Bower: Geschichte der Päpste, Bd. 1, Seite 18. 18.) Dieser Erlaß, „unterstützt durch die Autorität eines so großen Kaisers," war entscheidend; „nur etliche hier und da zerstreute Schismatiker, die gelegentlich auftraten, wagten es dem Beschluß jener berühmten Synode entgegenzutreten." (Heylyn: History of the Sabbath, Teil 2, Kap. 2, Abschn. 4. 5.)

38. Die abessinische Kirche.

Über die Feier des biblischen Sabbats bei den Abessiniern siehe Gibbon, Roms Sinken und Verfall, Spalte 1713-1715; engl. Ausg., Kap. 47, Abschn. 37-39; Andrews-Conradi, Gesch. des Sabbats, S. 412-416; A. P. Stanley, Lectures on the History of the Eastern Church, 1. Vorl., Abschn. 15 (N. Y. Ausg., 1862, S. 96, 97); Samuel Gobat, Journal of Three Years' Residence in Abyssinia, S. 55-58. 83. 93-98 (N. Y. Ausg., 1850); A. H. Lewis, A Critical History of the Sabbath and the Sunday in the Christian Church, S. 208-215 (2. rev. Ausg.).

39. Malzeichen, Siegel.

Das Wort „Siegel" wird in der Heiligen Schrift in verschiedenem Sinne gebraucht, gerade wie auch im gewöhnlichen Leben. Die beste Begriffsbestimmung dafür, von dem weltberühmten Lexikographen Noah Webster, lautet wie folgt: „Das, was bestätigt, bekräftigt, oder fest macht; Versicherung; das, was authentisch macht; was versichert, zuverlässig oder bestehend macht." Die Ausdrücke „Malzeichen" und „Zeichen", die er ebenfalls angibt, werden in der Heiligen Schrift als gleichbedeutend mit Siegel benützt. Siehe Röm. 4, 11.

In dem Bund mit Noah wird es im Sinne von Versicherung oder Beweis der Zuverlässigkeit gebraucht. Der Bogen in den Wolken wurde als ein Siegel oder Zeichen gegeben, daß Gott die Erde nicht wieder durch eine Flut zerstören werde. (1. Mose 9, 13). In dem Bund mit Abraham war die Beschneidung das Zeichen oder Siegel. Dieses bestätigte oder machte sicher; denn diejenigen, die dieses Zeichen nicht hatten, wurden ausgerottet. (1. Mose 17, 11. 14). Dieses Siegel oder Zeichen war eine Einrichtung, ein Ritus. Gesenius bezeichnet „Gedächtnis" als eine Begriffsbestimmung des im Urtext dieser Stelle gefundenen Wortes. Aber ein Gedächtnis, oder etwas, das erinnert oder an etwas ermahnt, ist ein Zeichen oder Siegel.

In 2. Mose 31, 17 und Hes. 20, 12. 20 wird der Sabbat des Herrn ein Zeichen genannt. Er dient zur Erinnerung an das Werk des Schöpfers, und ist somit ein Zeichen seiner Macht und Gottheit. (Röm. 1, 20). Er ist ebensowohl eine Einrichtung Gottes wie dies die Beschneidung war; aber es besteht folgender Unterschied: die Beschneidung war ein Zeichen im Fleische, während der Sabbat ein Zeichen im Geiste ist. „Und meine Sabbate sollt ihr heiligen, daß sie zum Zeichen seien zwischen mir und euch, damit ihr lernet, daß ich der Herr, euer Gott bin." (Hes. 20, 20).

In Hes. 9, 4 ist das im Urtext gebrauchte Wort mit „Zeichen" übersetzt. Gesenius verdeutscht es mit „ein Malzeichen, Zeichen." Die Septuaginta hat an dieser Stelle dasselbe Wort, das im Griechischen in Röm. 4, 11 steht und mit „Zeichen" übersetzt ist. Somit werden die Wörter Zeichen, Malzeichen und Siegel in der Heiligen Schrift auf dieselben Dinge angewandt oder als gleichbedeutend benutzt.

In Hes. 9, 4 und Offb. 7, 2. 3 heißt es, daß das Malzeichen an der Stirn der Knechte Gottes angebracht werde. Diese Bibelstellen beziehen sich aber auf eine Zeit, wo völliges Verderben über die Gottlosen kommt. Das Siegel wird als Schutzmittel am Volke Gottes angebracht, um dasselbe vor dem drohenden Übel zu bewahren. Aber „die Stirn" ist offenbar sinnbildlich benutzt, um den Verstand oder die Einsicht zu bedeuten, wie das „Herz" gebraucht wird, um die Neigungen und Stimmungen zu bezeichnen. An der Stirn zu kennzeichnen oder versiegeln ist dasselbe wie „in die Sinne zu schreiben." (Hebr. 10, 16).

Der Sabbat ist das Zeichen Gottes; er ist das Siegel seines Gesetzes. (Jes. 8, 16). Er ist das Zeichen seines Ansehens und seiner Macht. Er ist ein Zeichen, wodurch wir erkennen können, daß er Gott ist, und deshalb heißt es passend, es sei an der Stirn angebracht. Die Anbeter des Tieres (Offb. 13) nehmen, heißt es, sein Malzeichen an ihre Stirn oder an ihre Hand. Wie die Stirn den Verstand bezeichnet, so die Hand die Macht, wie Ps. 89, 49: „Wo ist ein Mann, der seine Seele errette aus der Hölle Hand?" Erzwungene Verehrung ist Gott nicht angenehm; seine Knechte sind nur an ihren Stirnen versiegelt. Aber sie ist gottlosen Mächten angenehm; danach trug die römische Priesterherrschaft stets ein Verlangen. Siehe das 25. Kapitel, zum Beweis für die Natur dieses Malzeichens. Das Zeichen oder Siegel Gottes ist sein Sabbat, und das Siegel oder Malzeichen des Tieres steht in direktem Gegensatz dazu; es ist ein nachgemachter Sabbat am „Tag der Sonne." In Offb. 14, 9-12 halten diejenigen, die das Malzeichen des Tieres nicht annehmen, die Gebote Gottes; und der Sabbat ist im vierten Gebot; sie halten den Sabbat des Herrn; sie haben das Zeichen oder Siegel. Die Wichtigkeit dieses Zeichens wird daraus ersichtlich, daß das vierte Gebot das einzige in dem Gesetz ist, das den Schöpfer von falschen Göttern unterscheidet. Vergl. Jer. 10, 10-12; Apg. 17, 23. 24; Offb. 14, 6. 7 usw. Und es ist wegen der Beobachtung jenes Teils seines Gesetzes, daß sein Volk Verfolgung leiden wird. Wenn aber der Zorn Gottes auf die Verfolger kommt, die erfunden werden, daß sie das Malzeichen des Tieres einschärfen, dann werden sie die Wichtigkeit des Sabbats – des Siegels des lebendigen Gottes – einsehen. Diejenigen, die sich von dem abwenden, was der Herr gesprochen hat, als seine Stimme die Erde erschütterte, werden ihren verderblichen Irrtum bekennen, wenn seine Stimme Himmel und Erde erschüttern wird. (Hebr. 12, 25. 26; Joel 3, 9-16).

Gleichnisse aus der Natur

Jesus hatte eine Art, komplexe Wahrheiten zu erklären, so daß selbst ein Kind verstand. Seine Gleichnisse faszinieren, weil ihre Motive und ihre Sprache die
Grenzen aller Epochen und Kulturen überschreiten.
Sie geben Antworten auf die Grundfragen menschlichen Lebens, Hilfe im Alltag und öffnen den Zugang
zur Bibel.

Zu beziehen bei: **siehe Impressum**

Wie findet man inneren Frieden?

Ein Mensch kann so eng mit Jesus verbunden sein wie Weinstock und Rebe. Das bringt Veränderung im persönlichen Leben. Vergangenheit, Schuld und Trauer werden bewältigt. Eine tiefe positive Wesensveränderung findet statt. Gedanken und Gefühle erfahren eine völlige Neuorientierung.

Schritt für Schritt einfache Erklärungen von Anfang an. Sie können erleben, wie Sie Jesus innerlich so festigt, daß Sie als Schiff mitten im stürmischen Ozean der Weltereignisse unbeirrt Kurs halten können auf das Land der Verheißung

Zu beziehen bei: **siehe Impressum**

Der Weg zur Gesundheit

Wer die Zukunft durchleben will, braucht klare Gedanken und gesunde Gefühle. Und da Heilung des Körpers und der Psyche Anliegen der Bibel sind, wird in diesem Buch der große Arzt Jesus vorgestellt, seine Heilmethoden, seine Umgangsart mit den Kranken sowie die Gesundheitsprinzipien der Bibel.

„Reine Luft, Sonnenschein, Mäßigkeit, Ruhe, Bewegung, richtige Ernährung, Wasser und Vertrauen in die göttliche Kraft – dies sind die wahren Heilmittel"

Zu beziehen bei: **siehe Impressum**

Leben in Fülle

Ein Buch über die Bergpredigt Jesu:
  Die Seligpreisungen als erfahrbarer Weg zum inneren Heilwerden. Gottes Gebote als Ausdruck seines Wesens. Liebe als wahre Motivation des Christseins und Schutz vor Heuchelei und Formalismus. Gebete als ehrliches Reden mit Gott und Atmen der Seele. Sowie viele weitere Themen.

Erhältlich bei: **siehe Impressum**

Notizen

Notizen

Notizen

Notizen